# Windows 11

## Die Anleitung in Bildern

von
Robert Klaßen und Philip Kiefer

Vierfarben

Wir hoffen, dass Sie Freude an diesem Buch haben und sich Ihre Erwartungen erfüllen. Falls Sie Anregungen, Wünsche und Kommentare haben, lassen Sie es uns wissen: **service@rheinwerk-verlag.de**.

Informationen zu unserem Verlag und Kontaktmöglichkeiten finden Sie auf unserer Verlagswebsite **www.rheinwerk-verlag.de**. Dort können Sie sich auch umfassend über unser aktuelles Programm informieren und unsere Bücher und E-Books bestellen.

**Autoren** Robert Klaßen, Philip Kiefer
**Lektorat** Erik Lipperts
**Copy-Editing** Annette Lennartz, Bonn
**Typografie & Layout** Vera Brauner
**Satz** Tilly Mersin, Großerlach
**Herstellung** Denis Schaal
**Covergestaltung** Julia Schuster, Silke Braun
**Coverbild** iStock: 1090217396 ©fizkes, 1212978860 ©PixelsEffect
**Druck** mediaprint solutions, Paderborn

PEFC
PEFC/04-31-0810

Dieses Buch wurde auf PEFC©-zertifiziertem Papier gedruckt.
Hergestellt in Deutschland.



Bibliografische Information der Deutschen Nationalbibliothek:
Die Deutsche Nationalbibliothek verzeichnet diese Publikation in der Deutschen Nationalbibliografie; detaillierte bibliografische Daten sind im Internet über *http://dnb.dnb.de* abrufbar.

**ISBN 978-3-8421-1154-7**

7. aktualisierte Auflage 2026
Vierfarben ist eine Marke des Rheinwerk Verlags.


Rheinwerk Verlag GmbH • Rheinwerkallee 4 • 53227 Bonn
service@rheinwerk-verlag.de

## Liebe Leserin, lieber Leser,

mit dem Ende des Supports für Windows 10 im Oktober 2025 ist für viele Anwenderinnen und Anwender der Zeitpunkt gekommen, sich mit Windows 11 zu beschäftigen. Das muss kein Nachteil sein, denn Windows 11 bietet eine sehr übersichtliche und schön gestaltete Oberfläche. Zudem hat sich das Betriebssystem seit seiner Veröffentlichung in vielen Bereichen weiterentwickelt.

Umso wichtiger ist es, dass dieses Buch auf dem aktuellen Stand ist und alle relevanten Updates berücksichtigt. Alle wichtigen Funktionen, Einsatzzwecke und Neuerungen haben unsere Autoren Robert Klaßen und Philip Kiefer für Sie in diesem Buch zusammengestellt. Sie erfahren Schritt für Schritt, wie Sie sich in Windows 11 zurechtfinden, wie Sie sicher im Internet unterwegs sind, E-Mails schreiben, Fotos auf den PC übertragen, dort bearbeiten und ausdrucken, Musik hören und Filme anschauen. Einfach alles, was man braucht. Jeder Schritt wird Ihnen dabei an einem Bild gezeigt. Folgen Sie ganz einfach den Anleitungen.

Dieses Buch wurde mit größter Sorgfalt geschrieben und hergestellt. Sollten Sie dennoch einmal einen Fehler finden oder inhaltliche Anregungen haben, freue ich mich, wenn Sie mit mir in Kontakt treten. Für Kritik bin ich dabei genauso offen wie für lobende Worte. Doch nun wünsche ich Ihnen viel Freude mit Windows 11 und diesem Buch!

**Ihr Erik Lipperts**
Lektorat Vierfarben

erik.lipperts@rheinwerk-verlag.de

# Inhalt

# Inhalt

# Kapitel 1
# So bedienen Sie Ihren Computer

Je nachdem, welches Gerät Sie verwenden (PC, Notebook oder Tablet), steuern Sie es auf unterschiedliche Weise. So wird der PC in erster Linie mit der Maus bedient, während am Notebook ein Touchpad zur Verfügung steht. Moderne Touchscreens und Tablets hingegen werden direkt auf dem Bildschirm bedient – und zwar mit den Fingern.

**Am PC die Maus benutzen**

Das klassische Eingabegerät ist die Maus ❶. Damit werden die Befehle schnell und effizient an den Computer übergeben. Wenn Sie zum ersten Mal einen PC benutzen, erschließen sich Ihnen die vielen Möglichkeiten sicher nicht auf den ersten Blick. Deshalb erfahren Sie im ersten Teil dieses Kapitels, was es mit Mausklick, Doppelklick und Rechtsklick auf sich hat.

**Auf dem Notebook mit dem Touchpad arbeiten**

Sie besitzen ein Notebook? Dann können Sie alternativ zur Maus auch das eingebaute Touchpad ❷ nutzen. Es funktioniert fast wie eine Maus. Denn auch hier lassen sich Mausklick, Doppelklick und Rechtsklick ausführen – und sogar noch einiges mehr.

**Auf dem Tablet per Geste steuern**

Auf dem Tablet kommen Sie ganz ohne Maus und Touchpad aus. Die Bildschirmoberfläche dient nicht nur der Anzeige, sondern fungiert auch als Eingabegerät. Welche Bewegungen Ihre Finger machen müssen ❸, um die eine oder andere Funktion aufzurufen, erfahren Sie in diesem Kapitel.

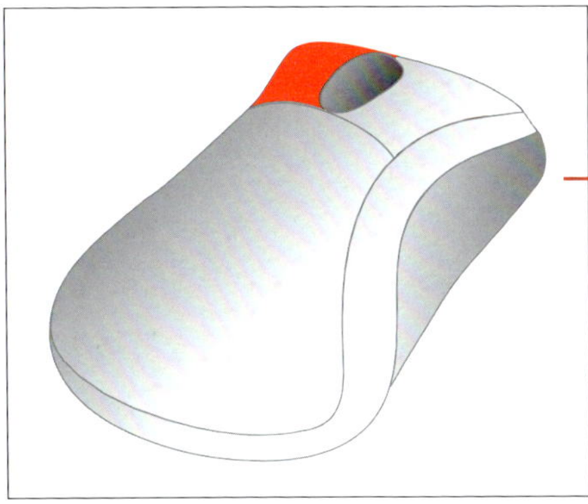

1 Die Bedienung mit der Maus ist ganz leicht zu erlernen.

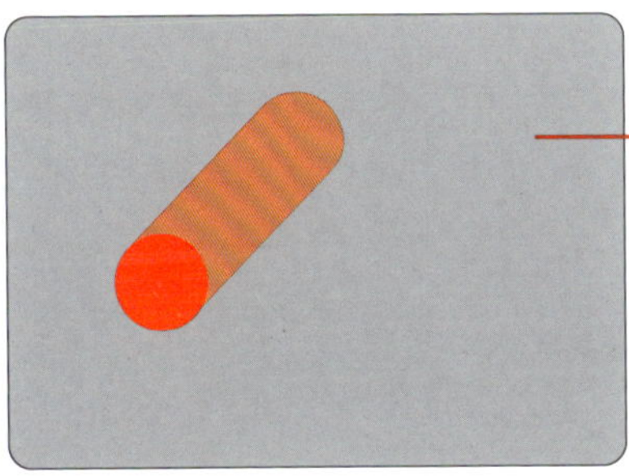

2 Das Touchpad können Sie ebenfalls für die Eingabe benutzen.

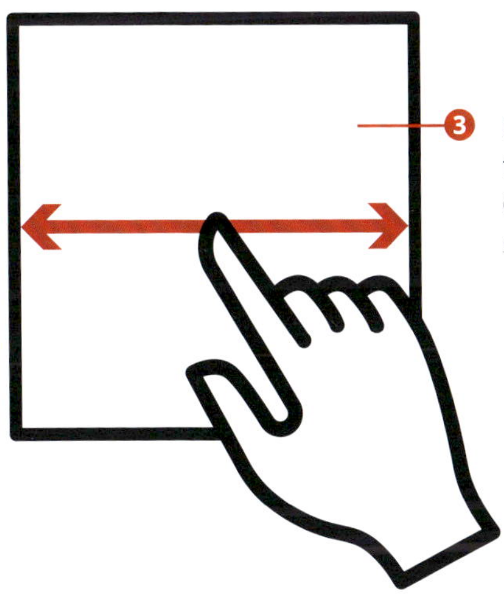

3 Die Eingabe mit dem Finger funktioniert bei manchen Geräten auch auf dem Bildschirm.

# So funktioniert die Maus

1
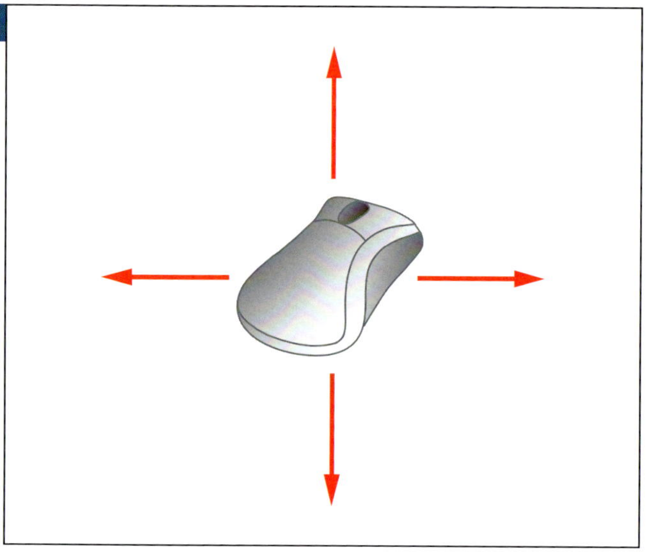

2
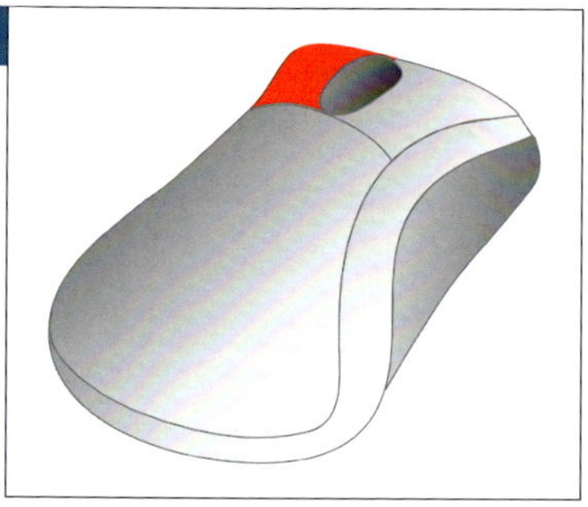

3
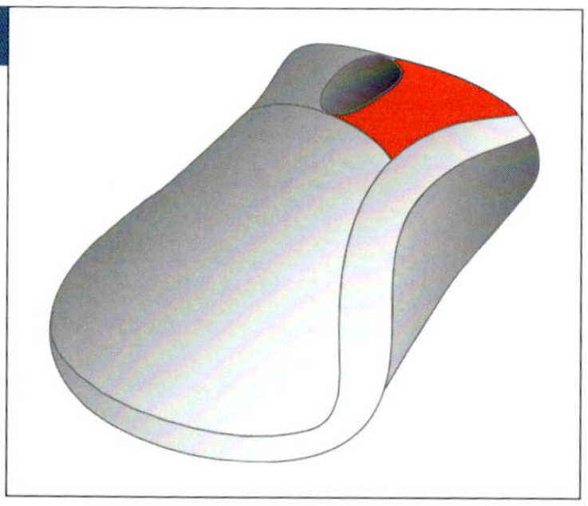

*Bevor es losgeht, hier eine kurze Einweisung in Sachen Mausbedienung. Haben Sie damit schon Erfahrung, können Sie diesen Abschnitt natürlich überspringen.*

### 1 Maus verschieben

Wenn Sie die Maus verschieben, wandert der Zeiger auf dem Bildschirm entsprechend mit. Sie können auf diese Weise bestimmte Bereiche des Bildschirms aufsuchen und dort anschließend Aktionen ausführen.

### 2 Mausklick

Sie führen eine Aktion aus, indem Sie mit dem Zeigefinger auf die obere linke Taste klicken. Das ist der herkömmliche Mausklick.

### 3 Rechtsklick

Mitunter ist ein rechter Mausklick erforderlich. Dazu drücken Sie die rechte Taste herunter und lassen sie anschließend wieder los. Diese Art des Klickens wird auch *Rechtsklick* genannt.

### 4 Doppelklick

Wenn ein Doppelklick erwartet wird, müssen Sie zweimal schnell hintereinander auf die linke Taste drücken.

4

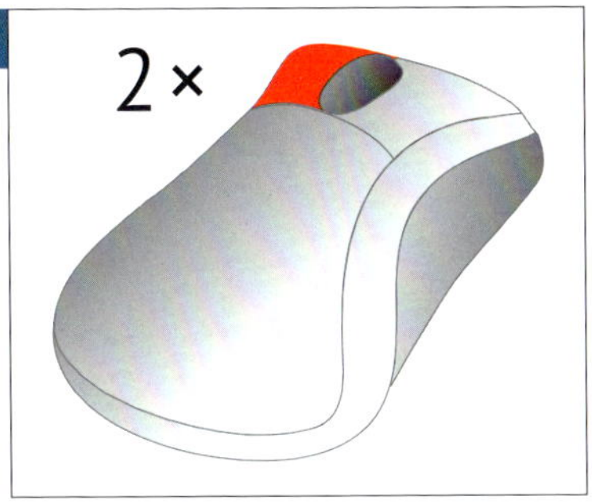


### 5 Scrollrad

Zwischen den beiden erwähnten Tasten befindet sich bei vielen Mäusen das sogenannte *Scrollrad* ❶. Drehen Sie das Rad, lässt sich der Inhalt eines geöffneten Fensters nach oben oder unten verschieben.

5

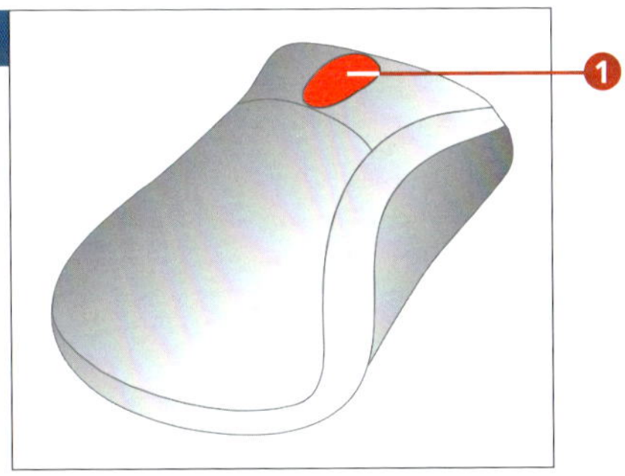


### 6 Scrollrad kippen

Bei einigen Zeigegeräten können Sie das Scrollrad außerdem noch mit dem Zeigefinger nach links und rechts kippen. Damit verschieben Sie auch den Inhalt des Fensters entsprechend, sofern dieser nicht bereits komplett angezeigt wird.

6

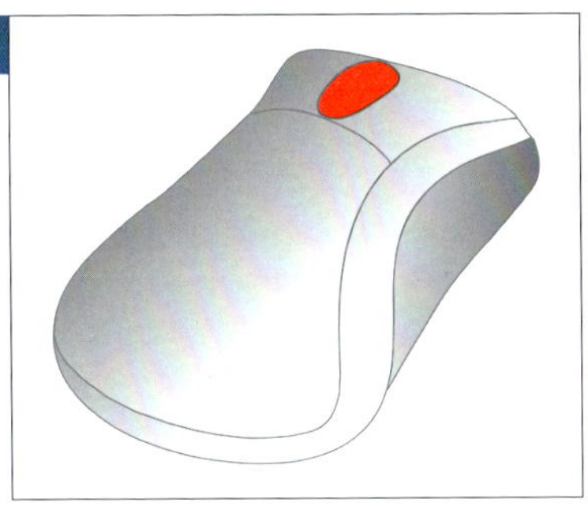

**Plug and Play**

Bei einer Maus handelt es sich ebenso wie bei einer Tastatur um ein *Plug-and-Play-Gerät*. Das bedeutet, Sie können es mit dem Computer verbinden und dann sofort loslegen. Dennoch können die Geräte danach auch noch konfiguriert werden. Darüber erfahren Sie mehr in Kapitel 2, »Erste Schritte mit Windows 11«, ab Seite 24.

# Windows mit dem Touchpad steuern

1

2

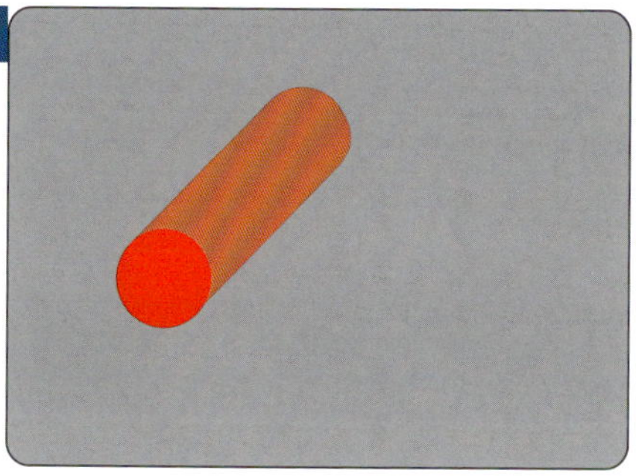

3

*Notebooks warten in der Regel mit einem Touchpad auf, das die gleichen Funktionen übernimmt wie die Maus. Die Bedienung mit einer Maus ist also optional. Auch als Einsteiger werden Sie sich schnell an die Touchpad-Bedienung gewöhnen.*

## 1 Touchpad

Das Touchpad ist fester Bestandteil der meisten tragbaren Rechner (Notebook, Netbook, Laptop). Sie können damit die gleichen Funktionen ausführen wie mit einer Maus.

## 2 Bewegen

Um den Mauszeiger zu bewegen, legen Sie einen Finger auf die Fläche und schieben in die gewünschte Richtung. Halten Sie permanent Kontakt mit der Fläche. Sobald Sie den Finger anheben, bleibt der Zeiger stehen.

## 3 Mausklick

Einen linken Mausklick führen Sie aus, indem Sie mit dem Finger kurz auf die Fläche tippen.

## 4 Doppelklick

Einen Doppelklick setzen Sie, indem Sie zweimal schnell hintereinander auf die Fläche tippen. Hier ist etwas Fingerspitzengefühl gefragt: Der Abstand zwischen den Berührungen darf nicht zu lang, aber auch nicht zu kurz sein.

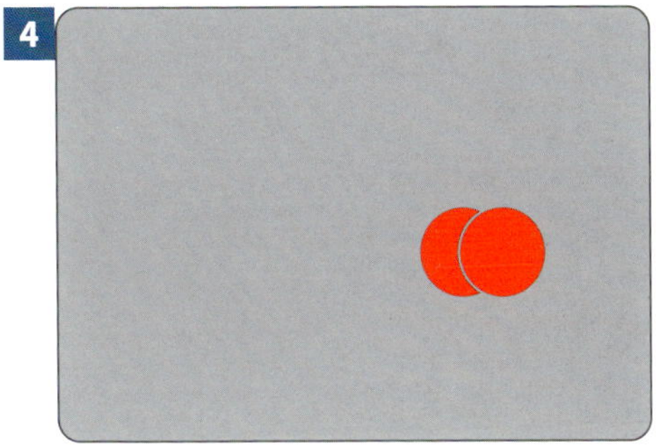


## 5 Rechtsklick

Einen Rechtsklick erzeugen Sie, indem Sie mit zwei Fingern nebeneinander auf die Touchfläche klicken. (Abhängig von den jeweiligen Touchpad-Einstellungen gibt es noch weitere Möglichkeiten für einen Rechtsklick.)

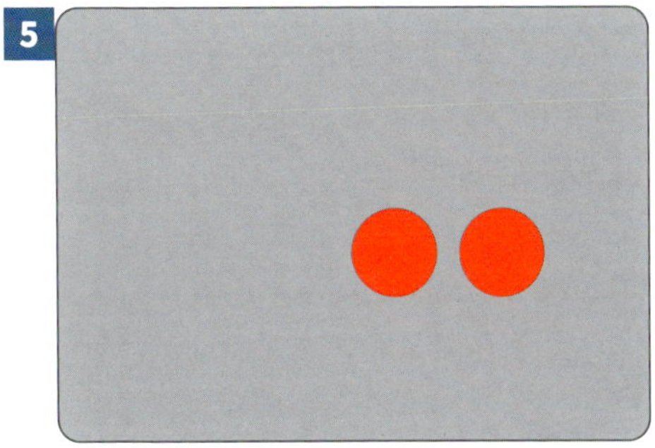


## 6 Scrollen

Wenn Sie die Funktion des Scrollrades nachvollziehen wollen, ziehen Sie mit zwei Fingern über die Fläche. Wenn das nicht funktioniert, wundern Sie sich nicht: Dann besitzen Sie vielleicht ein etwas älteres Modell. Nur moderne Touchpads unterstützen diese Funktion.

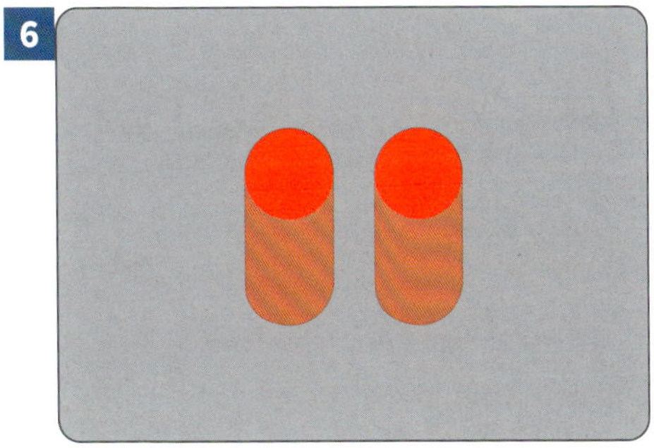


**!**

**Weitere Funktionen**

Möglicherweise verfügt Ihr Touchpad neben den hier dargestellten Standards über weitere Funktionen. Schauen Sie dazu am besten in die Bedienungsanleitung Ihres PCs oder Notebooks.

# Windows auf dem Tablet

1
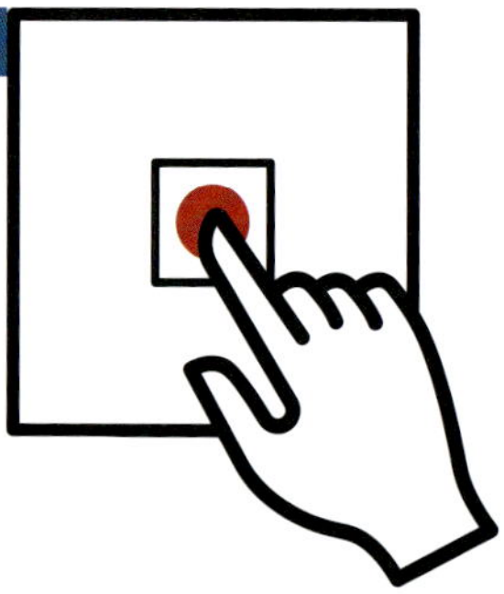

2
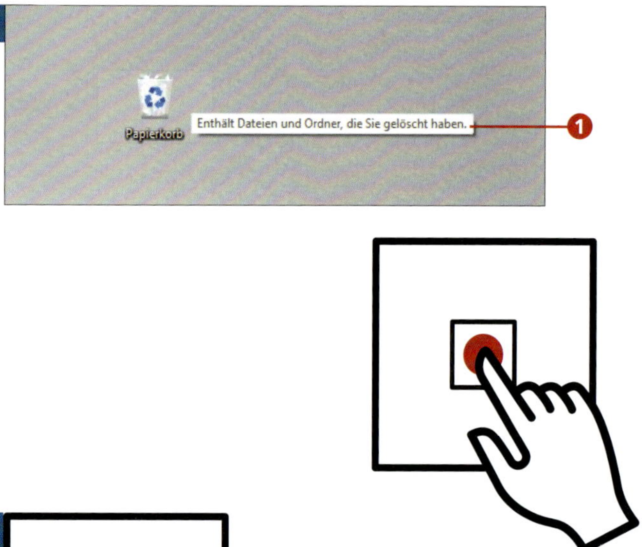


3
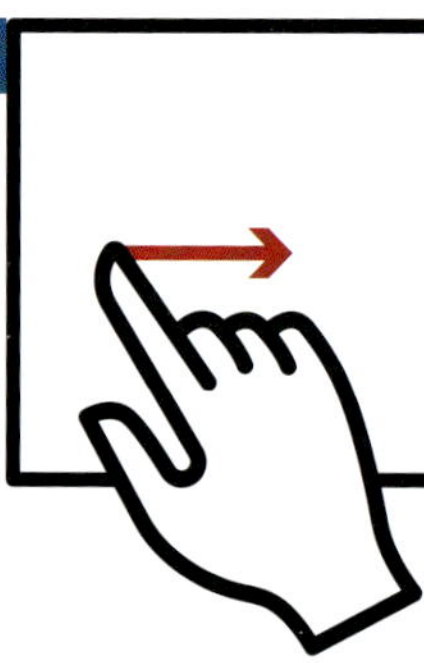

*Moderne Tablet-PCs werden zumeist mithilfe der sogenannten Fingereingabe bedient. Dabei werden die Befehle, die Sie an das Gerät richten, mit Gesten übermittelt, und zwar direkt auf dem Bildschirm.*

## 1 Mausklick

Der herkömmliche Mausklick wird ausgeführt, indem Sie kurz mit einem Finger auf den gewünschten Punkt Ihres Tablets klicken (z. B. auf das Symbol einer Anwendung).

## 2 Antippen

Wenn Sie mit der Maus auf ein Objekt zeigen, wird in der Regel eine Information (*QuickInfo*) eingeblendet ❶. Diese erhalten Sie am Tablet, indem Sie das Objekt antippen und den Finger anschließend an dieser Position lassen – also die Oberfläche weiterhin berühren.

## 3 Verschieben

Tippen Sie ein Objekt an und lassen Sie den Finger auf dem Tablet. Bewegen Sie die Hand anschließend, um das Objekt, das sich unter Ihrem Finger befindet, zu verschieben. (Beachten Sie auch den Hinweis im Kasten rechts.)

### 4 Spreizen

Platzieren Sie mindestens zwei Finger auf dem Tablet und spreizen Sie sie voneinander ab. Das hat zur Folge, dass die gezeigten Inhalte, z. B. Fotos oder Webseiten, vergrößert werden. Zum Verkleinern ziehen Sie die Finger wieder zusammen.

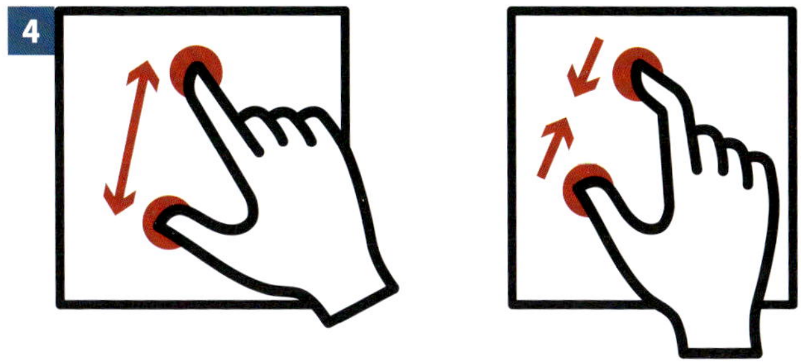

### 5 Drehen

Um Objekte zu drehen, führen Sie mit zwei Fingern eine Drehbewegung aus. Dasselbe lässt sich in der Regel auch durch Kippen des Tablets um 90° erreichen.

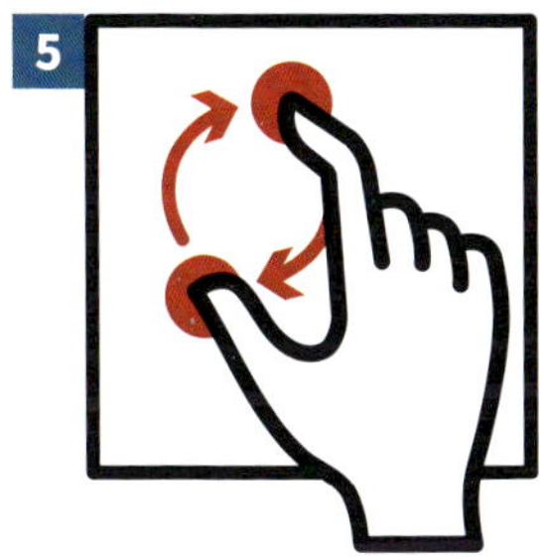

### 6 Weitere Steuerungsmöglichkeiten

Über die Fingereingabe können Sie noch viel mehr steuern. So haben manche *Apps* (Programme) Menüs, die durch Wischen vom Seitenrand eingeblendet werden. Weitere Hinweise dazu finden Sie im Abschnitt »Apps öffnen und schließen« auf Seite 34.

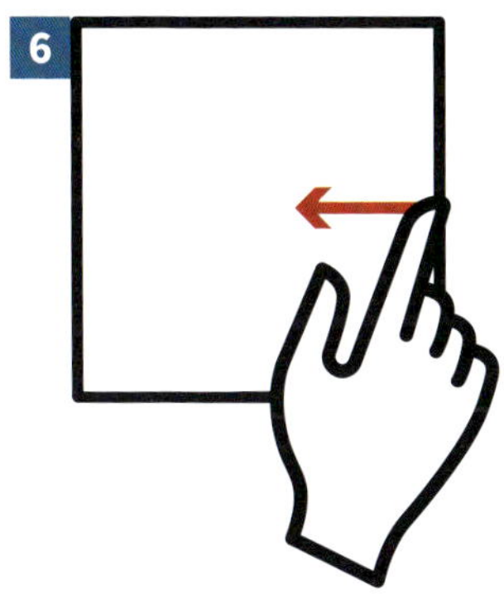

**Entsprechungen mit der Maus**

Objekte lassen sich durch Ziehen mit dem Finger nicht nur verschieben. Vielmehr können Sie mit dieser Geste auch umblättern, einen Bildlauf starten oder eine App schließen. Es kommt darauf an, in welcher Programmumgebung Sie sich gerade befinden.

# Windows per Tastatur steuern

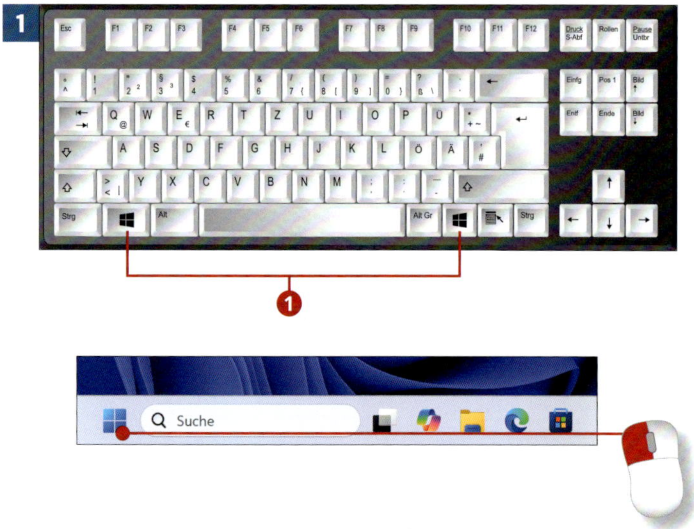


*Die Tastatur ist ein weiteres, ausgesprochen wichtiges Eingabegerät neben Maus, Touchpad und Fingereingabe. Lernen Sie hier einige wichtige Funktionen kennen.*

## 1 Windows-Taste

Eine der wichtigsten Tasten ist die [⊞]-Taste ❶. Mit ihr öffnen Sie das Windows-Menü, in dem weitere nützliche Funktionen verborgen sind. Alternativ klicken Sie auf die **Windows**-Schaltfläche ganz unten auf dem Desktop.

## 2 Strg, Alt und Umschalt

Wenn Sie Großbuchstaben eintippen wollen, drücken Sie auf [⇧] ❷ und halten diese Taste gedrückt. Die Tasten [Strg] ❸ + [Alt] ❹ sind für *Tastenkürzel* (auch *Tastenkombinationen* oder *Shortcuts* genannt) vorgesehen.

## 3 Tastenkombinationen

Eine Tastenkombination ist nichts anderes als ein Kurzbefehl zum Starten eines bestimmten Vorgangs. Wenn es z. B. heißt, »drücken Sie [Strg] + [N]«, dann drücken Sie zunächst [Strg]. Halten Sie diese Taste fest. Danach drücken Sie kurz zusätzlich [N] und lassen dann beide Tasten wieder los.

## 4 Feststelltaste

Möglicherweise werden Sie schon bald die Tücken der Feststelltaste ❺ kennenlernen. Wenn Sie einmal darauf drücken, werden fortan nur noch Großbuchstaben geschrieben. Ein zweiter Tastendruck hebt die Feststellung wieder auf.

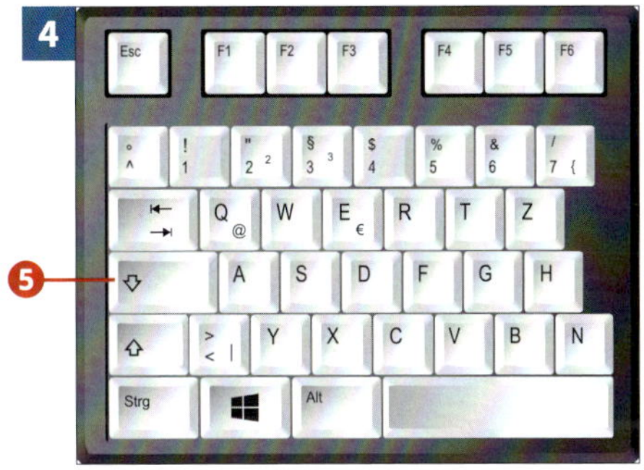


## 5 Menütaste

Die Menütaste ❻ unten rechts reagiert unterschiedlich, je nachdem, wo sie zum Einsatz kommt. Auf dem Desktop gedrückt, öffnet sie das sogenannte *Kontextmenü* mit weiteren Befehlen. Alternativ öffnen Sie dieses mit einem Rechtsklick auf einen freien Bereich des Desktops.

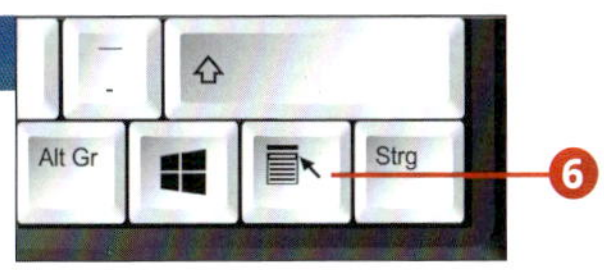


## 6 Pfeiltasten

Die Pfeiltasten Ihrer Tastatur erlauben die Bewegung zwischen unterschiedlichen Funktionen. Drücken Sie z. B. nach einem Rechtsklick auf die **Windows**-Schaltfläche in der Taskleiste [↓] oder [↑], werden die unterschiedlichen Einträge des Menüs durchlaufen (siehe Kasten).

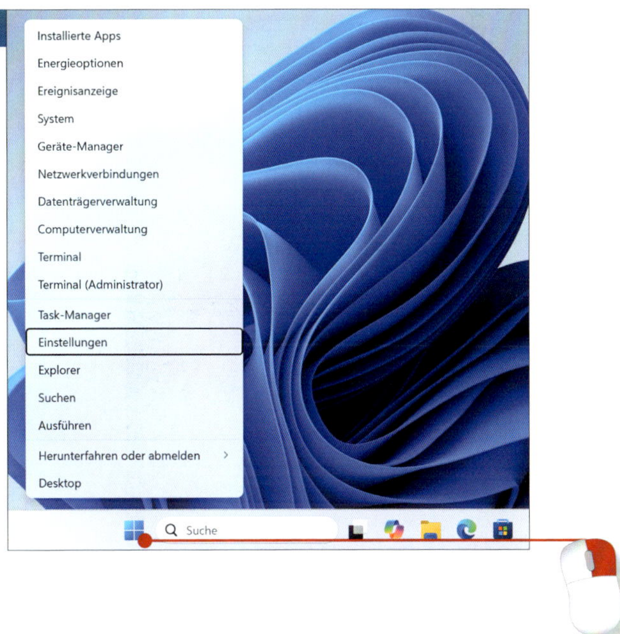


**Element auswählen**

Haben Sie ein Element ausgewählt, können Sie dieses starten, indem Sie [↵] drücken. Die Funktion gleicht dem Mausklick. Sie öffnet dann das ausgewählte Programm (hier **Einstellungen**).

# Windows mit Tastenkürzeln bedienen

1
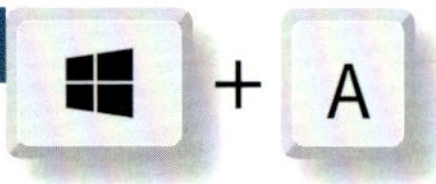


2
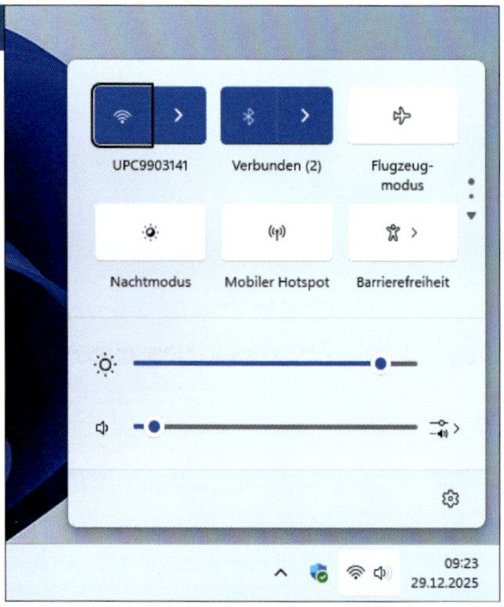


3
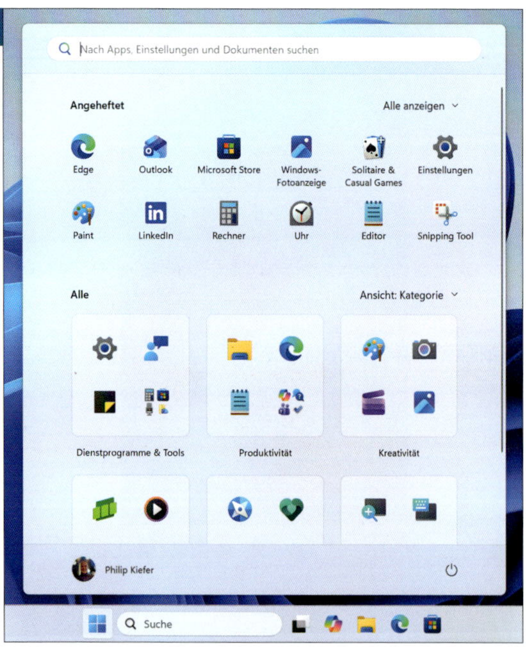


*Sie tragen viele Bezeichnungen: Tastenkürzel, Tastenkombinationen oder Shortcuts. Wenn Sie ein paar kennen, erleichtern Sie sich die Bedienung von Windows 11 enorm.*

## Schritt 1

Zunächst zur Bedienung: Wenn es heißt, »drücken Sie ⊞ + A«, bedeutet das, Sie müssen ⊞ die ganze Zeit gedrückt halten und dann zusätzlich noch kurz auf A tippen.

## Schritt 2

Der Befehl wird ausgeführt. Danach lassen Sie beide Tasten wieder los. Im konkreten Fall rufen Sie damit die Schnelleinstellungen auf, die sich übrigens mit demselben Tastaturbefehl wieder schließen lassen.

## Schritt 3

Drücken Sie ⊞ allein und lassen dann wieder los, wird das Windows-Menü präsentiert. Führen Sie den Druck auf ⊞ erneut aus, schließt es sich wieder.

**Anderer Hintergrund?**

Sieht der Hintergrund bei Ihnen anders aus, als hier gezeigt? Kein Problem. Wie Sie Hintergründe einstellen können, verrate ich Ihnen auf Seite 278.

## Schritt 4

Nun geht es um die Bedeutung von ⊞ + E. Mit dieser wichtigen Tastenkombination öffnet sich nämlich der *Explorer*. Er ist der Zugang zu Ihren Dateien auf dem Computer.

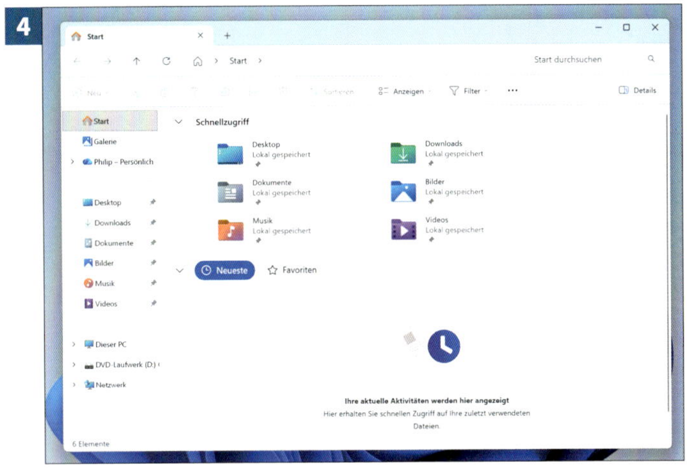


## Schritt 5

Dieser Tastaturbefehl unterscheidet sich etwas von den anderen. Denn wenn Sie ihn wiederholt ausführen, wird nicht etwa das Fenster geschlossen, sondern ein weiteres Explorer-Fenster geöffnet. (Im Bild rechts wurde der Befehl insgesamt viermal ausgeführt.)

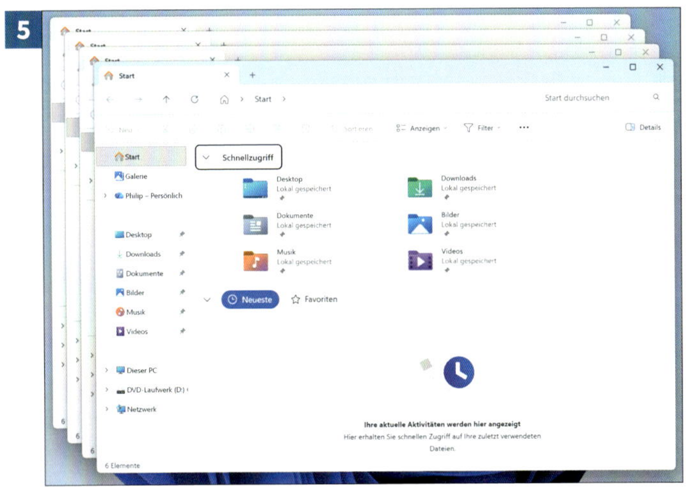


## Schritt 6

Möchten Sie die Fenster wieder schließen? Dann klicken Sie mit der linken Maustaste auf das kleine × oben rechts im Fenster. Alternativ können Sie das aktive Fenster auch mit Strg + W schließen.

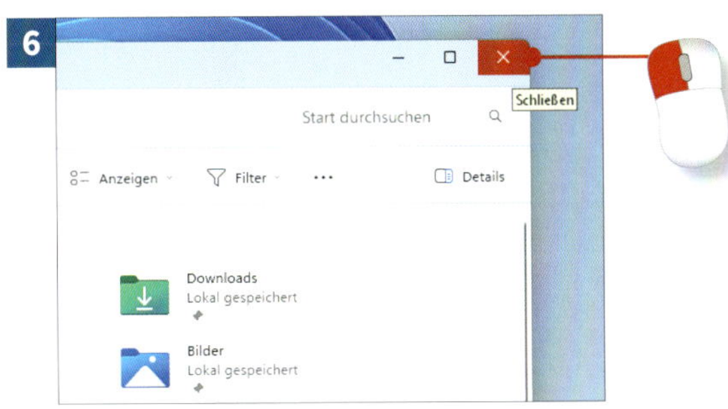


**Funktionstasten**

Mit *Funktionstasten* sind Tasten wie z. B. ⊞, Strg oder Alt gemeint, aber auch ⇧ oder die Tasten F1 bis F12. Während die F-Tasten in der Regel direkt mit einer Funktion belegt sind, müssen zusätzlich zu allen anderen Funktionstasten noch weitere Tasten gedrückt werden.

# Windows mit Tastenkürzeln bedienen (Forts.)

7

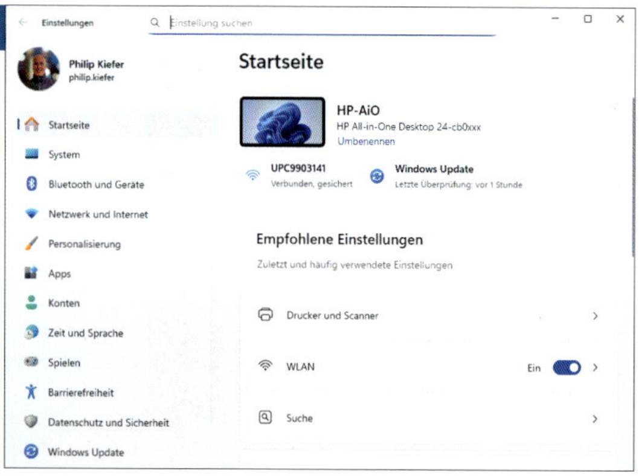


8

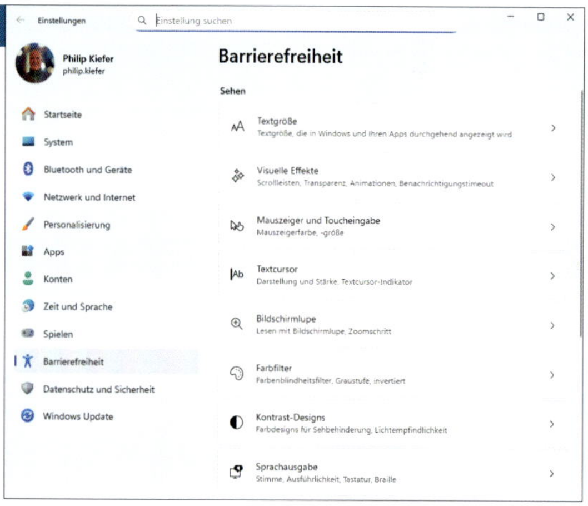


9

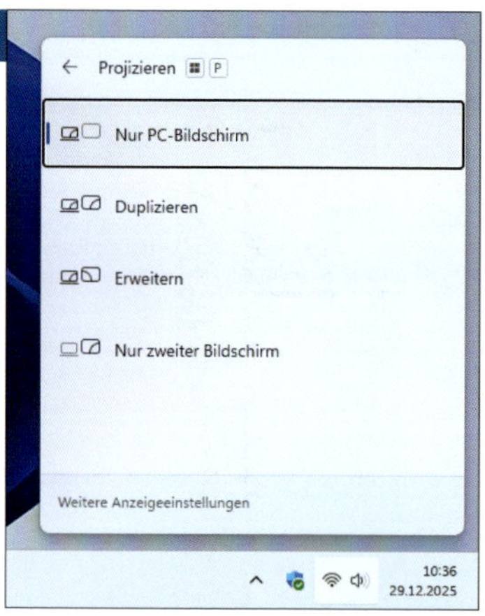


## Schritt 7

Wenn Sie schnell Einstellungen auf Ihrem PC vornehmen möchten, sind Sie mit [⊞] + [I] bestens beraten. In dem Fenster, das sich daraufhin öffnet, finden Sie zahlreiche Rubriken, mit denen sich Windows individuell konfigurieren lässt.

## Schritt 8

[⊞] + [U] sorgt dafür, dass Einstellungen zur erleichterten Bedienung Ihres Computers (z. B. zur Veränderung von Textgröße oder Helligkeit) zugänglich werden.

## Schritt 9

Arbeiten Sie mit mehreren Bildschirmen? Dann können Sie nach Drücken von [⊞] + [P] individuell regeln, wie sich die Monitore zueinander verhalten sollen.

**Zahlreiche Shortcuts**

Beachten Sie, dass ich Ihnen hier nur eine kleine Auswahl der Tastaturbefehle vorstellen kann. Es existieren noch zahlreiche weitere. Darüber hinaus bringen Programme und Apps in der Regel eigene Shortcuts mit.

## Schritt 10

Wer kennt das nicht: Man muss ganz schnell weg und möchte den PC während seiner Abwesenheit vor unerlaubtem Zugriff schützen. Dazu wird einfach ⊞ + L gedrückt, und schon erscheint der Startbildschirm (siehe auch Hinweise im Kasten).

10

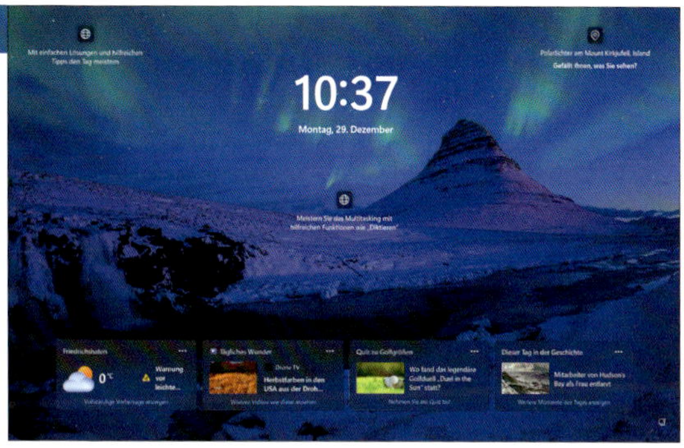


## Schritt 11

Besonders interessant ist ⊞ + X. Dadurch wird unten links ein Zusatzmenü eingeblendet, das weitere Funktionen zur Auswahl stellt. Als Alternative dient auch ein Rechtsklick auf die **Windows**-Schaltfläche.

11

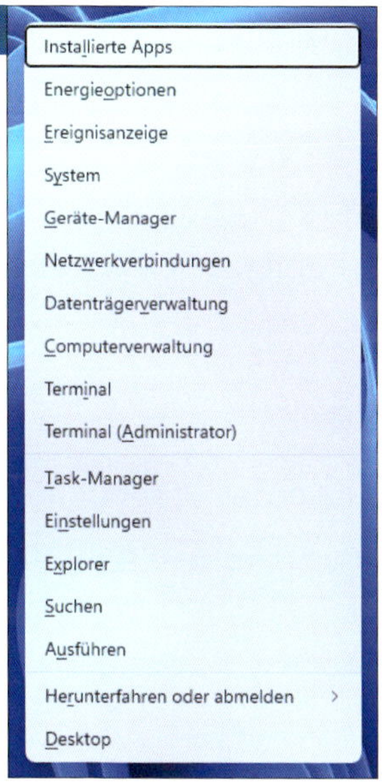


## Schritt 12

Sie möchten ganz schnell ins Internet? Dann drücken Sie doch z. B. ⊞ + 3 (je nach Position der App in der Taskleiste) und schon öffnet sich Microsoft Edge. Das ist ein sogenannter *Browser*, mit dem Sie im World Wide Web surfen können.

12

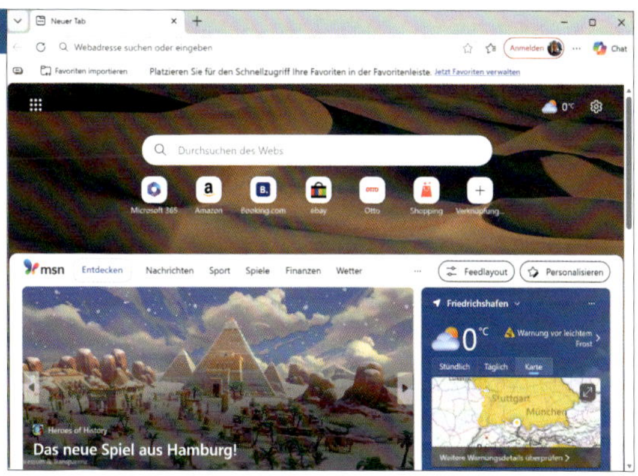


### Erneut einloggen

Wenn Sie Schritt 10 ausgeführt haben, müssen Sie später zunächst auf das Bild klicken und anschließend Ihr Passwort eingeben. So kann während Ihrer Abwesenheit nichts passieren, was Sie nicht autorisiert haben.

# Kapitel 2
# Erste Schritte mit Windows 11

Windows 11 ist installiert und präsentiert die Arbeitsoberfläche (auch Desktop oder Schreibtisch genannt). Sicherlich möchten Sie gleich einige Programme ausprobieren und die Oberfläche ein wenig Ihren Bedürfnissen anpassen. Dabei müssen Sie jedoch einiges beachten. Wie richten Sie den Desktop ein? Wie sorgen Sie für die richtigen Inhalte im Startmenü? Und wie funktioniert das mit den Fenstern? Wo sind wichtige Einstelloptionen für Windows versteckt? Diese und noch mehr Fragen beantwortet dieses Kapitel.

**Apps starten und schließen**

Wo Sie die Apps (Programme) starten und den Inhalt des Startmenüs ❶ beeinflussen können, verrät Ihnen der erste Teil dieses Kapitels, der sich vorwiegend mit dem Herzstück von Windows 11 befasst.

**Mit Fenstern umgehen**

Auf dem Desktop von Windows 11 werden Programme in sogenannten *Fenstern* ❷ gestartet. Eine erste Kontaktaufnahme mit dieser Art der Computerbedienung finden Sie im zweiten Teil dieses Kapitels. Windows 11 hält einige Funktionen bereit, die Ihnen den Umgang mit mehreren Fenstern erleichtern.

**Hilfe aufrufen und nach Elementen suchen**

Was machen Sie, wenn Sie Hilfe benötigen? Klar, Sie schauen in Ihr neues Windows-Buch. Was sonst? Wenn Sie dennoch das Windows-eigene Hilfesystem ❸ einmal testen wollen, stehen Ihnen verschiedene Optionen zur Verfügung. Sie können außerdem nach unterschiedlichen Elementen suchen.

**Herunterfahren**

Die Arbeit ist getan und Sie möchten sich etwas Ruhe gönnen? Gerne! Nur vergessen Sie nicht, den Rechner auszuschalten, indem Sie ihn ordnungsgemäß herunterfahren ❹.

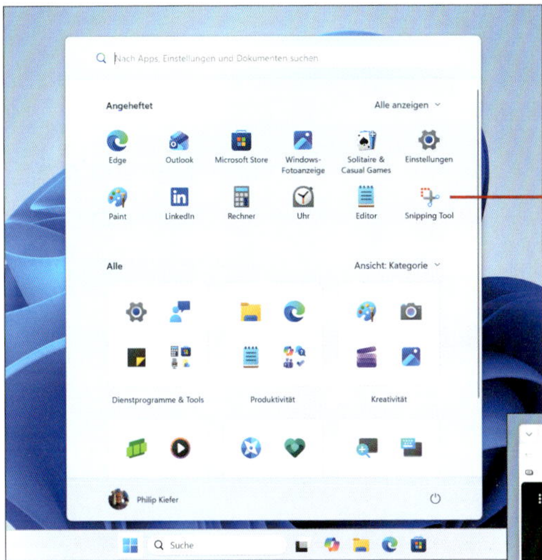


❶ Wie Sie Apps starten und den Startbildschirm bedienen, erfahren Sie in diesem Kapitel.

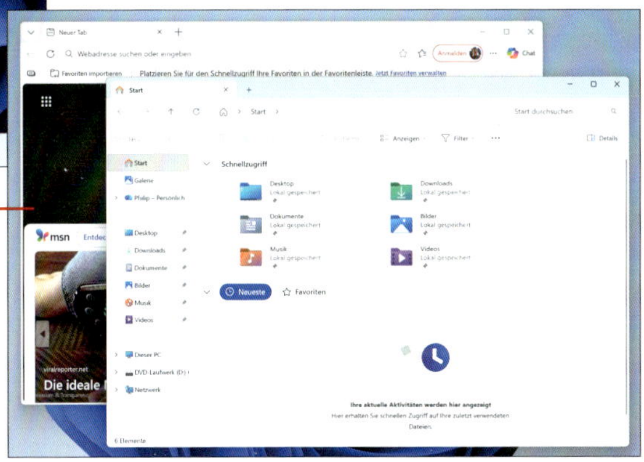


Auch der Umgang mit Fenstern auf dem Desktop soll nicht zu kurz kommen. ❷

Nicht nur die Windows-eigene Hilfe, sondern auch die Suchfunktionen bieten Antworten und Unterstützung.

❸

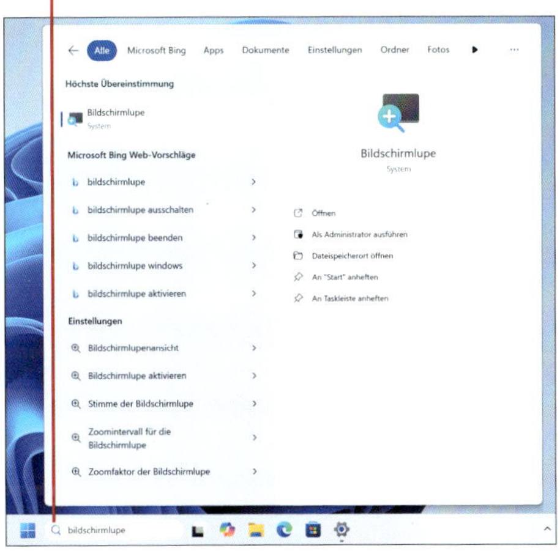


Wenn Sie mit der Arbeit fertig sind, sollten Sie den Rechner ordnungsgemäß herunterfahren. ❹

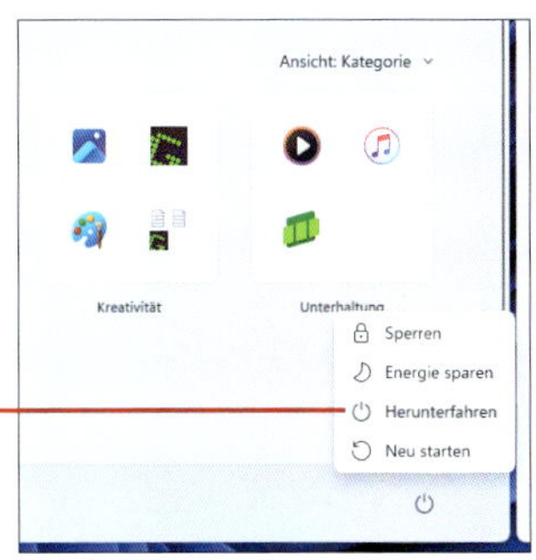

# Das Startmenü bedienen

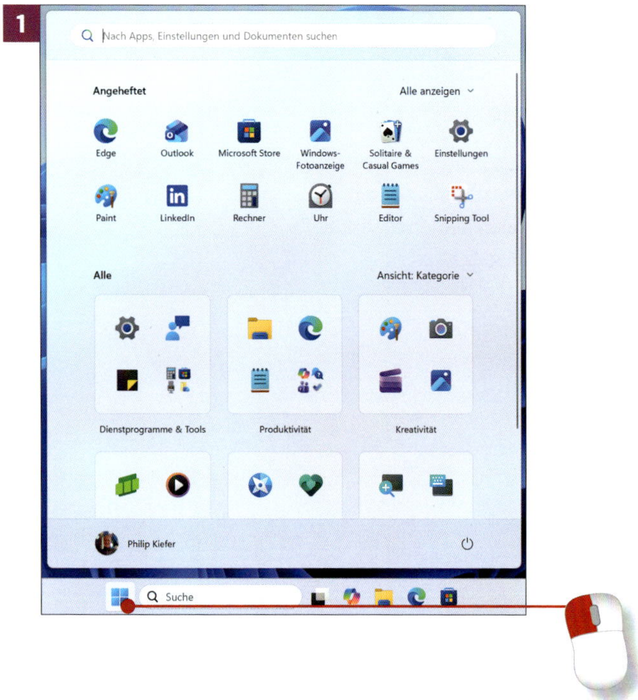


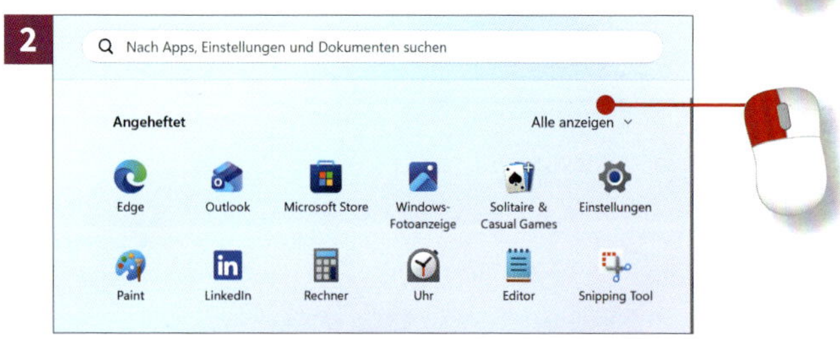


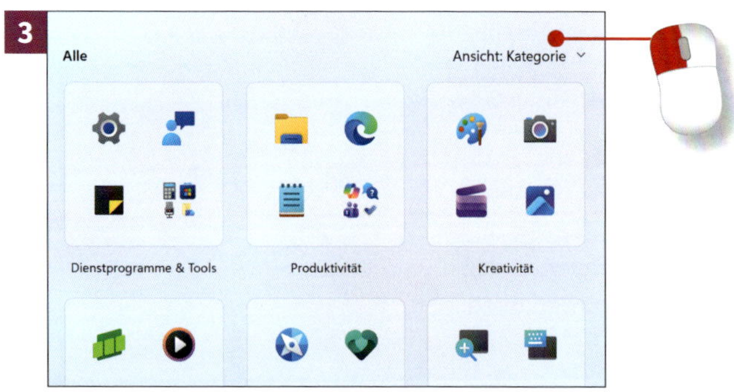


*Zu Beginn sollten Sie sich mit dem Startmenü vertraut machen. Es ist gespickt mit Apps des täglichen Bedarfs, die in Form von kleinen Symbolen und entsprechenden Beschriftungen ausfindig zu machen sind.*

## Schritt 1

Um das Startmenü zu öffnen, klicken Sie auf die **Windows**-Schaltfläche.

## Schritt 2

Im Bereich **Angeheftet** finden sich empfohlene Apps und Einstellungen. Wählen Sie hier **Alle anzeigen**, werden alle angehefteten Apps eingeblendet.

## Schritt 3

Nicht angeheftete Symbole finden Sie im Bereich **Alle**. Diese sind zunächst nach Kategorien sortiert, was allerdings etwas unübersichtlich sein kann. Klicken Sie deshalb auf **Ansicht: Kategorie**.

### Individuelles Startmenü

Der Inhalt des Startmenüs ist nicht einheitlich, sondern unterscheidet sich von PC zu PC. Ebenso kann eine spätere Windows-Aktualisierung für abweichende Inhalte sorgen. Die Funktionsweise ist jedoch identisch.

## Schritt 4

Wählen Sie im sich öffnenden Menü die Ansicht **Liste**. Hinweis: In älteren Versionen von Windows 11 haben Sie rechts oben im Startmenü auf **Apps** geklickt, um zur App-Liste zu gelangen.

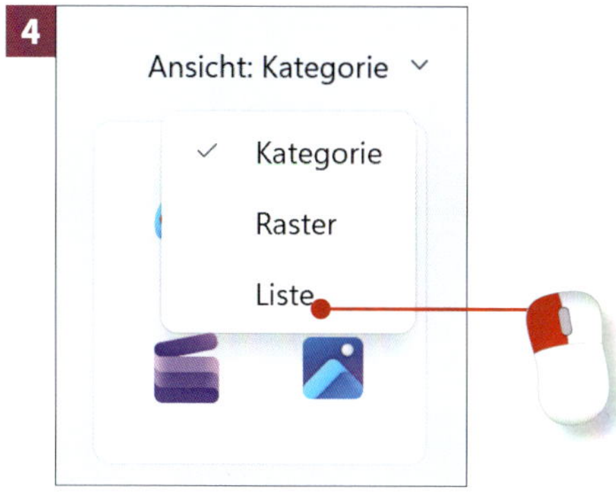


## Schritt 5

Nun finden Sie alle Apps alphabetisch geordnet. Scrollen Sie bei Bedarf an der rechten Seite nach unten.

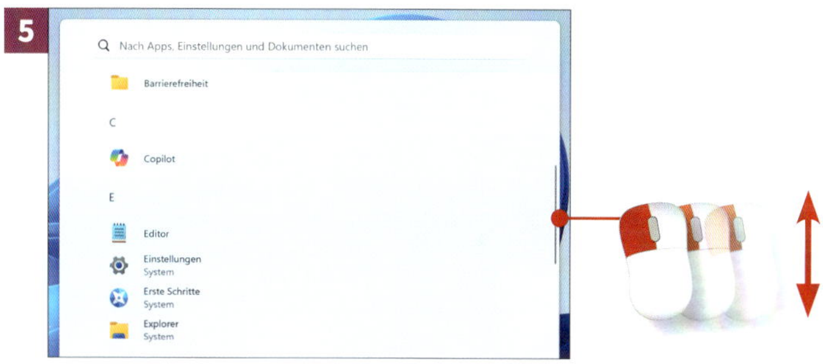


## Schritt 6

Haben Sie die App gefunden (egal, ob auf der Startseite oder in der alphabetischen Ordnung), klicken Sie sie zum Öffnen einfach an. Hier wird **Rechner** geöffnet.

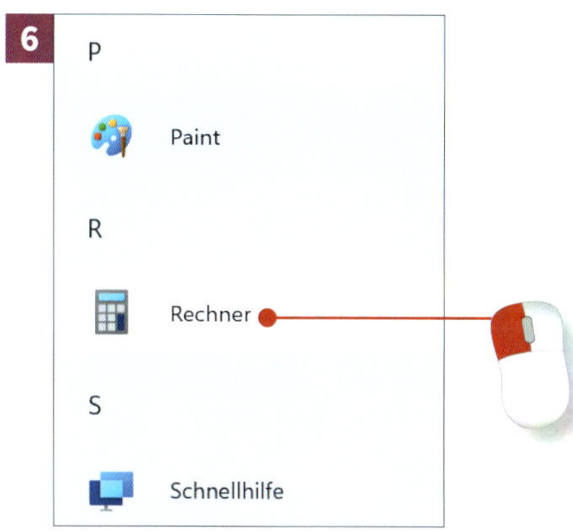


**Ansicht »Raster« verwenden**

Eine weitere empfehlenswerte App-Ansicht im Startmenü heißt **Raster** (Schritt 4). In dieser Ansicht werden die Apps ebenfalls alphabetisch sortiert, allerdings werden Apps mit gleichem Anfangsbuchstaben nebeneinander platziert, sodass Sie nicht so viel scrollen müssen.

# Eine App anheften

1

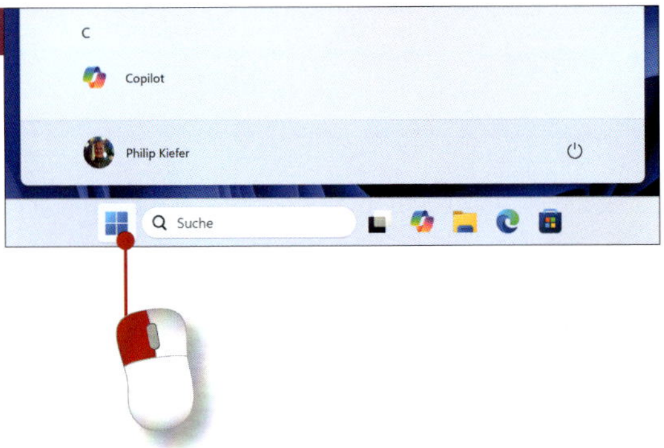


*Der Bereich »Angeheftet« des Startmenüs ist nicht in Stein gemeißelt. Sie können eine nicht gelistete App ruck, zuck hinzufügen.*

## Schritt 1

Klicken Sie auf die **Windows**-Schaltfläche oder drücken Sie kurz [Windows-Taste] auf Ihrer Tastatur, um das Startmenü zu öffnen.

2

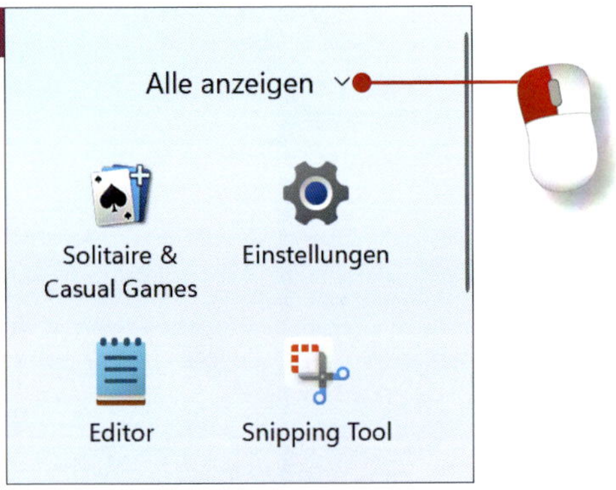


## Schritt 2

Wählen Sie **Alle anzeigen**, um zu überprüfen, ob die betreffende App nicht bereits angeheftet ist.

3

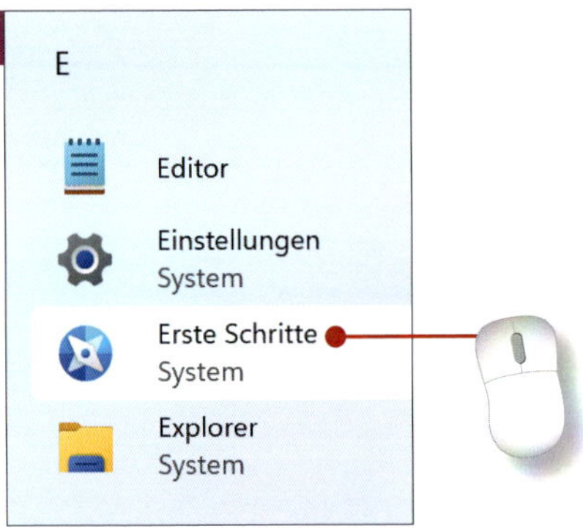


## Schritt 3

Falls nicht, suchen Sie im Bereich **Apps** nach der gewünschten App. Wir entscheiden uns hier für **Erste Schritte**, die Lern-App von Windows 11. Bewegen Sie den Mauszeiger darauf, aber klicken Sie noch nicht!

**Im Bereich »Angeheftet« scrollen**

Wenn Sie Ihren PC mit einer Maus mit Scrollrad bedienen, können Sie dieses ebenfalls benutzen, um bei sehr vielen angehefteten Apps im Bereich **Angeheftet** zu scrollen, nachdem Sie **Alle anzeigen** (Schritt 2) gewählt haben.

### Schritt 4

Nachdem Sie den Eintrag ausfindig gemacht haben, klicken Sie ihn mit der rechten Maustaste an. Daraufhin erscheint ein kleines Untermenü.

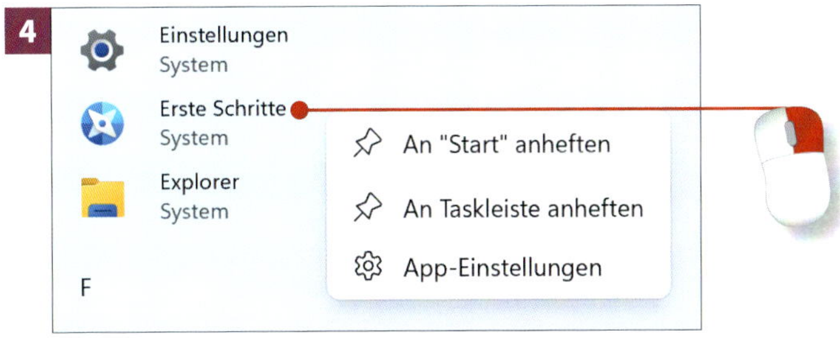


### Schritt 5

In diesem Untermenü entscheiden Sie sich bitte für **An "Start" anheften**. Zur Info: Sollte hier lediglich **Von "Start" lösen** angeboten werden, haben Sie wahrscheinlich übersehen, dass die App bereits Teil des Startmenüs ist.

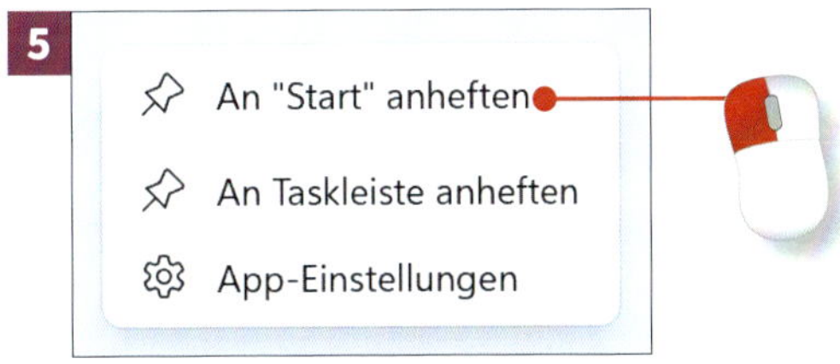


### Schritt 6

Scrollen Sie im Startmenü zurück zum Bereich **Angeheftet**. Die App kann nun dort per Mausklick aufgerufen werden.

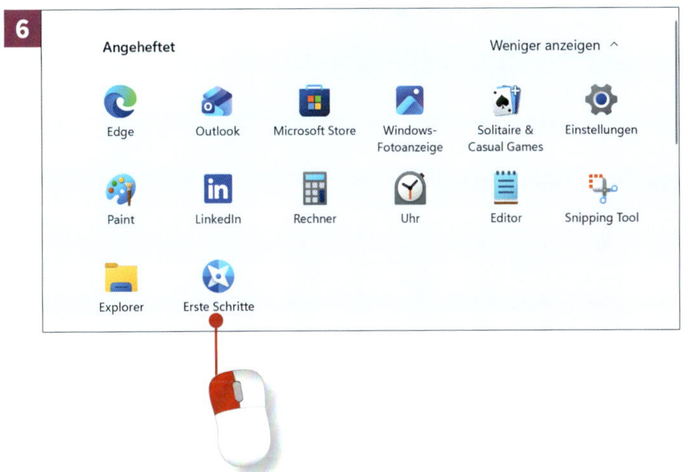


#### Angeheftete App finden

Zumeist werden neue Apps am Ende des Bereichs angehängt. Schließen Sie das Startmenü und öffnen Sie es erneut, müssen Sie gegebenenfalls zunächst **Alle anzeigen** (Schritt 2) wählen, um auch die ausgeblendeten angehefteten Apps anzuzeigen.

# Angeheftete Apps verschieben

1

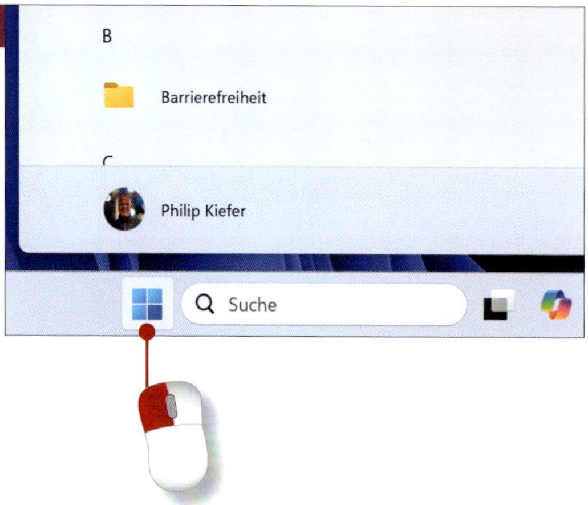


2

3

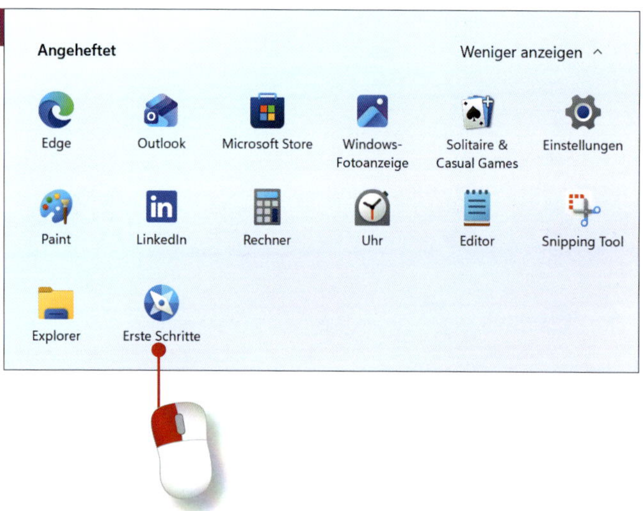


*Richten Sie das Startmenü so ein, dass Sie auf häufig genutzte Apps und Programme schnell zugreifen können. Praktisch: Die Apps lassen sich mit der Maus verschieben.*

## Schritt 1

Zunächst öffnen Sie das Startmenü, indem Sie auf die **Windows**-Schaltfläche klicken.

## Schritt 2

Finden Sie im Bereich **Angeheftet** die zuletzt hinzugefügte App (im Beispiel **Erste Schritte**), in diesem Fall unter **Alle anzeigen**.

## Schritt 3

Jetzt bitte volle Konzentration: Klicken Sie auf das App-Symbol, halten Sie die Maustaste jedoch weiterhin gedrückt!

i

**Wenn Sie die Maustaste loslassen, …**

… öffnet sich die App und Sie können die im Weiteren beschriebene Verschiebung nicht mehr durchführen. Die Maustaste muss also unbedingt weiterhin gedrückt bleiben.

## Schritt 4

Suchen Sie durch Ziehen bei gedrückter Maustaste eine neue Position für die App. Wann immer Sie das Symbol zwischen zwei Apps platzieren, wird Platz geschaffen. Lassen Sie die Maustaste los, sobald Sie mit der Position zufrieden sind.

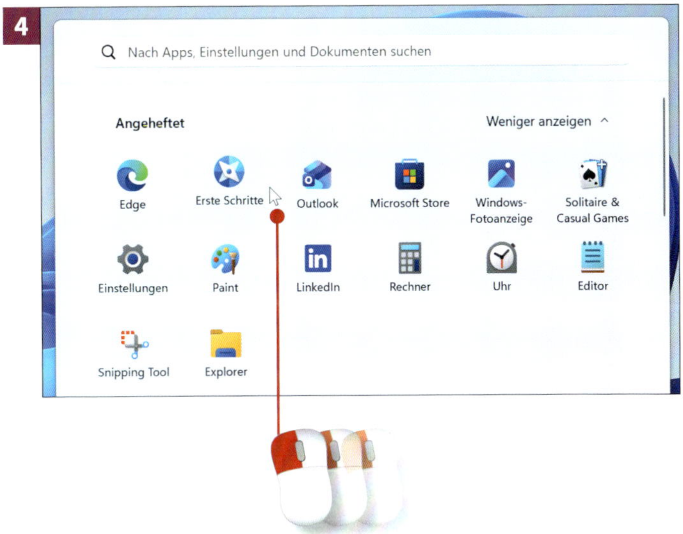


## Schritt 5

Die App steht jetzt an der gewünschten Stelle zur Verfügung. Gefällt Ihnen die Position nicht, wiederholen Sie einfach die Schritte 3 und 4.

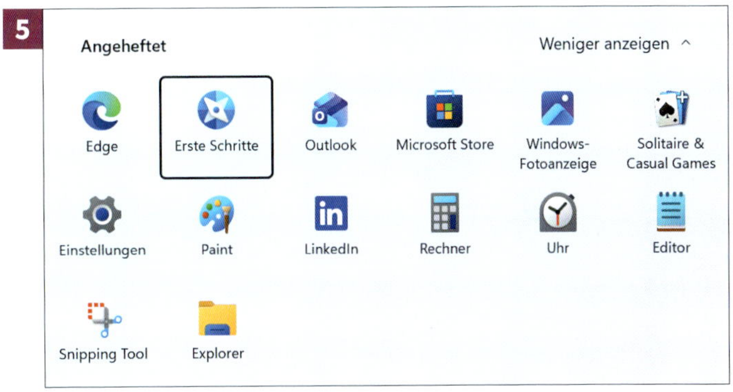


## Schritt 6

Sie können angeheftete Apps auch in Ordnern sortieren. Ziehen Sie eine App auf eine thematisch ähnliche, um einen Ordner anzulegen.

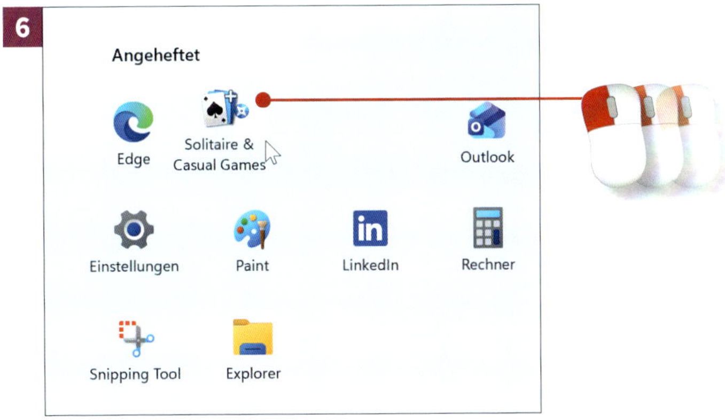


i

**App schnell nach oben setzen**

Klicken Sie mit rechts auf eine weiter unten angeordnete App und wählen Sie **Nach vorne verschieben**, wird die App nach oben gesetzt – eine schnelle Methode, die allerdings keine individuellere Platzierung zulässt.

# App vom Startmenü lösen

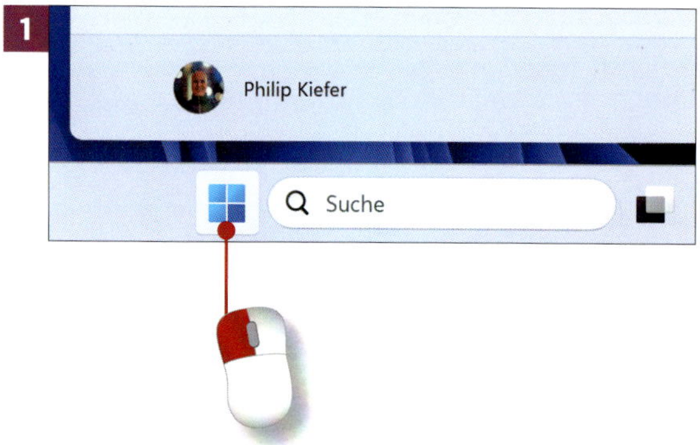


*Nicht benötigte Apps sollten Sie aus den angehefteten Apps entfernen, damit der Bereich übersichtlich bleibt. Denn was wollen Sie dort mit Apps, die Sie ohnehin nie oder nur äußerst selten nutzen werden?*

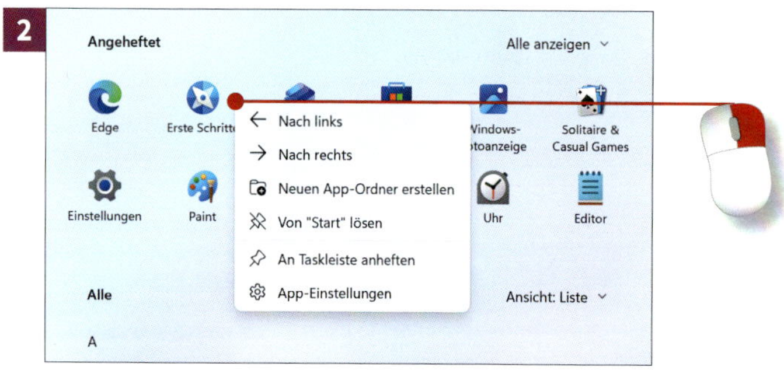


## Schritt 1

Öffnen Sie erneut das Startmenü, indem Sie entweder auf das **Windows**-Symbol in der Taskleiste klicken oder auf der Tastatur betätigen.

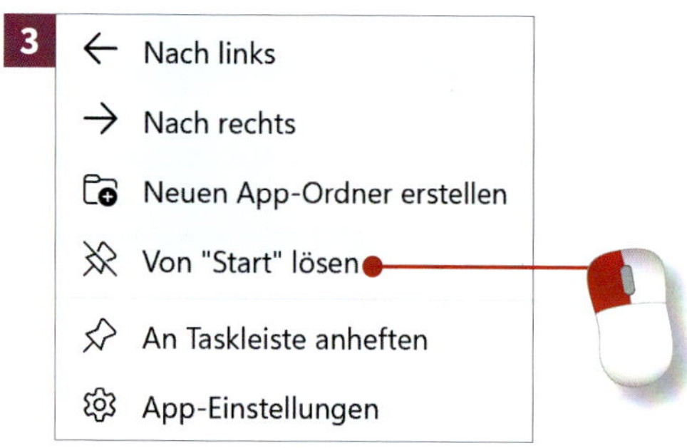


## Schritt 2

Klicken Sie die App, deren Symbol aus dem Menü entfernt werden soll, nun mit der rechten Maustaste an.

## Schritt 3

Im daraufhin erscheinenden Untermenü entscheiden Sie sich für **Von "Start" lösen**.

**Gelöste Apps bleiben erhalten**

Sie müssen übrigens nicht befürchten, dass die Apps dadurch verloren gehen. Sie bleiben nach wie vor auf dem PC erhalten, werden nur nicht mehr im Bereich mit den angehefteten Apps angezeigt.

# App-Einstellungen vornehmen

*Viele Apps verfügen über individuelle Einstelloptionen. Einige Einstellungen können Sie vornehmen, ohne dass Sie dafür die App extra öffnen müssen.*

## Schritt 1

Öffnen Sie das Startmenü mit einem Klick auf das **Windows**-Symbol in der Taskleiste.

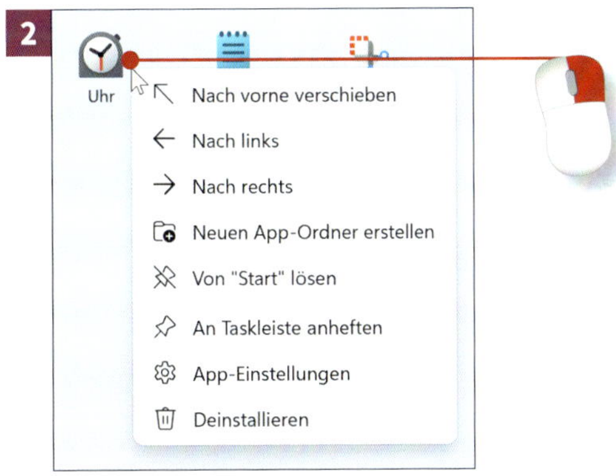


## Schritt 2

Klicken Sie die App, deren Einstellungen Sie öffnen möchten, mit der rechten Maustaste an, um das entsprechende Untermenü aufzurufen (hier **Uhr**).

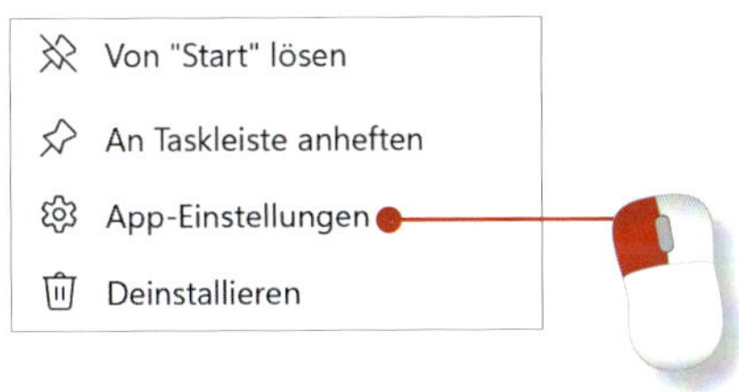


## Schritt 3

Jetzt klicken Sie die Zeile **App-Einstellungen** mit der linken Maustaste an. Die Einstellungen werden in einem separaten Fenster angezeigt.

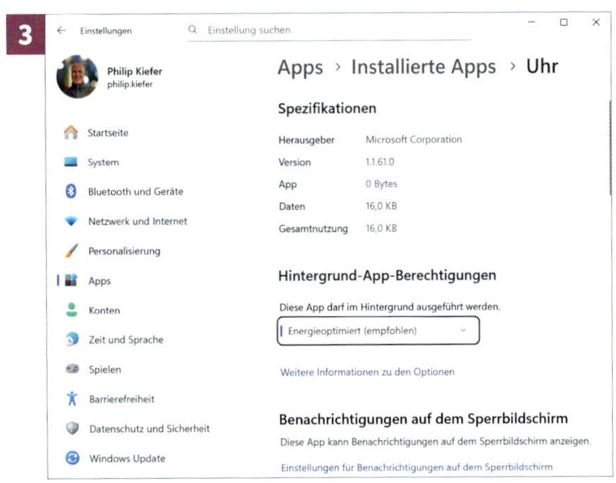


**Viele Wege führen zu App-Einstellungen**

Zwar lassen sich die jeweiligen **App-Einstellungen** auch über die **Einstellungen** öffnen, die Sie ebenfalls im Startmenü finden, jedoch müssen Sie dann die gewünschte App zunächst suchen. Die hier vorgestellte Methode ist sicherlich die schnellste.

# Apps öffnen und schließen

1
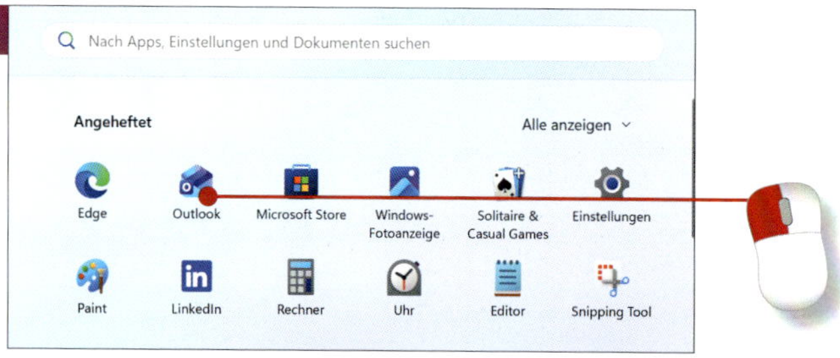


2
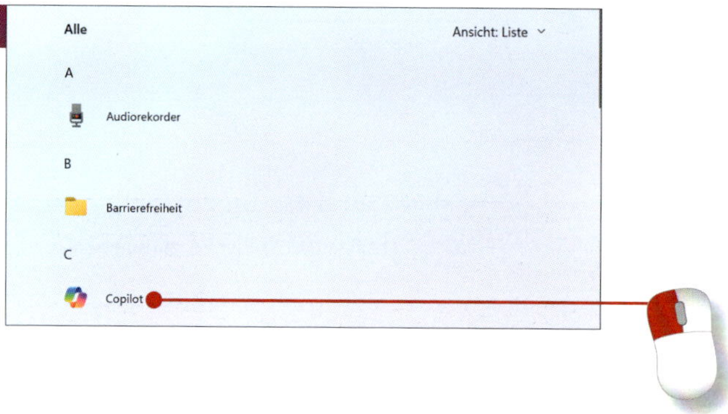


3
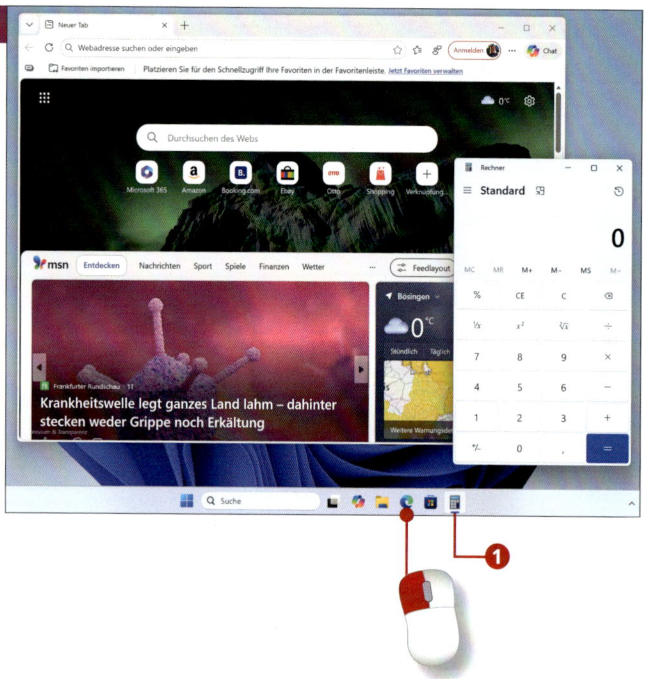


*Das Starten einer App ist einfach. Über das Startmenü können Sie nach den Apps suchen und sie starten.*

## Schritt 1

Um eine App zu starten, klicken Sie kurz auf das entsprechende Symbol im Bereich **Angeheftet** (natürlich erst nach dem Öffnen des Startmenüs per Klick auf die **Windows**-Schaltfläche).

## Schritt 2

Um eine weitere App zu öffnen, wiederholen Sie Schritt 1. Apps, die nicht im Bereich **Angeheftet** gezeigt werden, starten Sie im Bereich **Alle**.

## Schritt 3

Meist liegen die Fenster, in denen die Apps ausgeführt werden, übereinander. Die zuletzt gestartete App befindet sich oben. Um eine andere App nach vorne zu stellen, können Sie das entsprechende Symbol in der *Taskleiste* anklicken.

**Markierungen in der Taskleiste**

Unterhalb der Taskleistensymbole zeigen kleine horizontale Balken 1 an, welche Apps aktiv sind. Ein breiterer Balken steht für das Fenster im Vordergrund.

### Schritt 4

Verweilen Sie kurz auf einem Symbol in der Taskleiste, wird eine Miniversion der jeweils geöffneten App angezeigt.

### Schritt 5

Bei manchen vorne platzierten Apps reicht auch das Betätigen von Strg + N auf der Tastatur, um ein weiteres Fenster zu öffnen. Derartiges ist z. B. bei Benutzung des Browsers Microsoft Edge sinnvoll, um auf unterschiedlichen Websites gleichzeitig zu surfen.

### Schritt 6

Ein nicht mehr benötigtes App-Fenster schließen Sie mit einem Klick auf das kleine Schließenkreuz in der oberen rechten Ecke des Fensters.

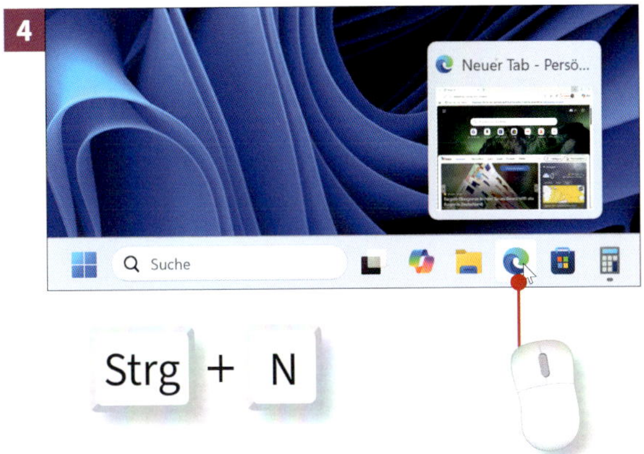


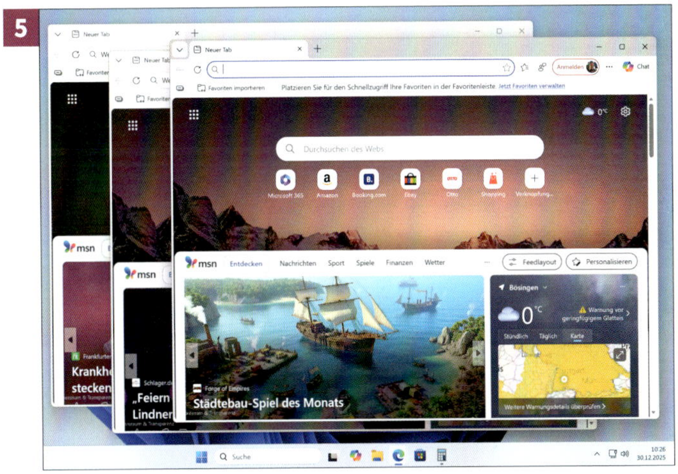


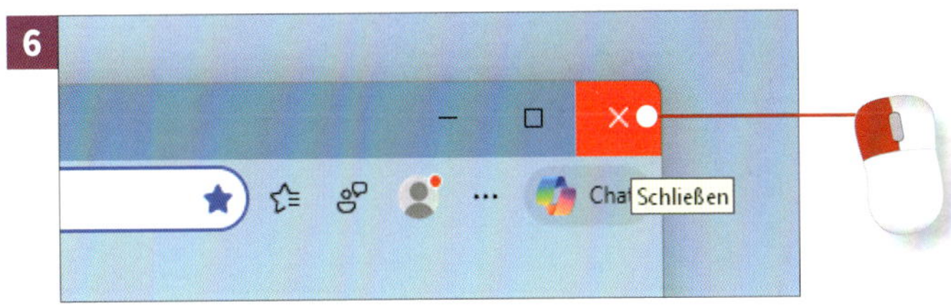


**Eine App per Tastatur schließen**

Eine nicht mehr benötigte App können Sie auch mithilfe der Tastenkombination Alt + F4 schließen. Allerdings funktioniert diese Methode nur bei der aktuell im Vordergrund stehenden App.

# Apps der Taskleiste anheften

*Ihre absoluten Highlight-Apps sollten Sie von der Taskleiste aus öffnen können. Das erspart Ihnen den Weg über das Windows-Menü. Hier erfahren Sie, wie das funktioniert.*

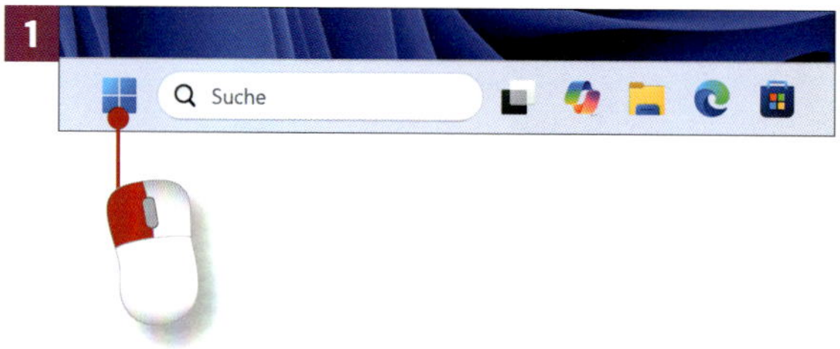


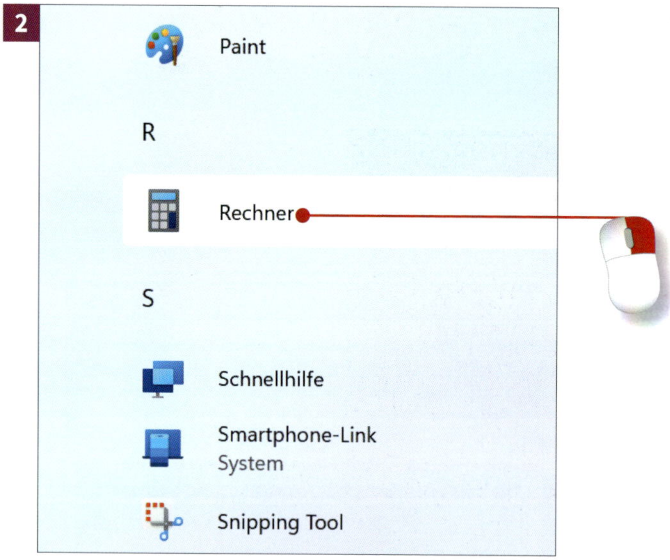


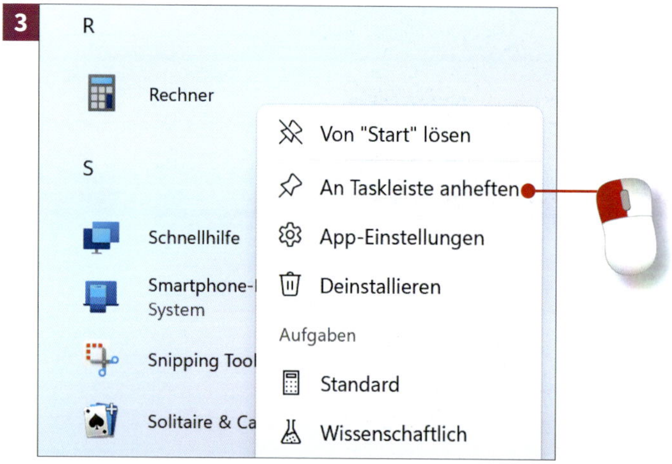


## Schritt 1

Der erste Schritt besteht einmal mehr darin, das Startmenü zu öffnen. Sie wissen ja: Ein Klick auf das **Windows**-Symbol oder ein Druck auf [Windows-Taste] auf der Tastatur reicht.

## Schritt 2

Suchen Sie nach der App, die Sie in die Startleiste bringen wollen. Haben Sie die App gefunden, klicken Sie diese mit rechts an (hier **Rechner**).

## Schritt 3

Jetzt öffnet sich ein Kontextmenü, in dem Sie auf **An Taskleiste anheften** klicken. Das gewünschte Symbol erscheint nun dauerhaft in der Taskleiste.

i

**Apps von der Taskleiste lösen**

Lösen Sie zuvor in die Taskleiste integrierte Apps mittels Rechtsklick auf das Symbol, indem Sie danach den Befehl **Von Taskleiste lösen** markieren.

# Den Sperrbildschirm überwinden

*Windows 11 startet in der Regel automatisch mit dem sogenannten Sperrbildschirm. Geben Sie Ihr persönliches Passwort oder eine PIN ein, um ihn zu überwinden.*

## Schritt 1

Sofern Sie den Computer eine Weile nicht bedient oder [⊞] + [L] gedrückt haben, erscheint der *Sperrbildschirm*. Um ihn zu verlassen, müssen Sie zunächst eine beliebige Taste drücken oder einen Mausklick ausführen.

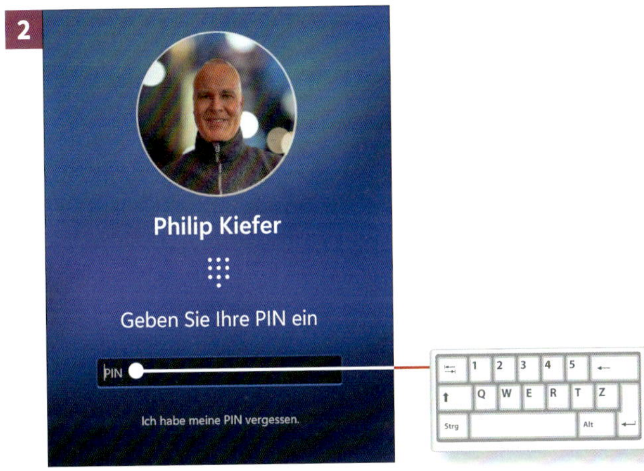


## Schritt 2

Tippen Sie in das Eingabefeld Ihr Kennwort oder Ihre PIN ein. Die Kennworteingabe bestätigen Sie mit der [↵]-Taste.

## Schritt 3

Es wird kurz ein **Willkommen** angezeigt, danach sehen Sie den Windows-Desktop.

**i**

**Benutzerwechsel**

Die Eingabemaske auf dem Sperrbildschirm erscheint auch bei einem Benutzerwechsel – sofern Benutzerkonten eingerichtet sind. Wie Sie dazu vorgehen, erfahren Sie im Abschnitt »Ein Benutzerkonto einrichten« ab Seite 294.

# Mit Widgets arbeiten

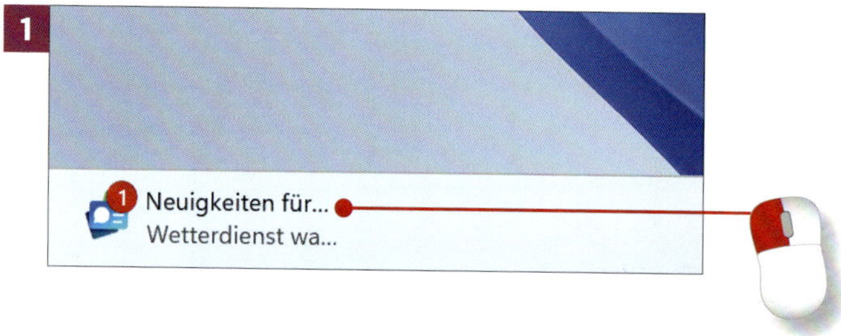


*Widgets sind eine Sammlung von Mini-Apps, Nachrichten oder zuvor in der Cloud (OneDrive) gespeicherten Fotos und Dokumenten.*

## Schritt 1

Klicken Sie zunächst in der Taskleiste auf die Widget-Schaltfläche, die sich standardmäßig links in der Leiste befindet.

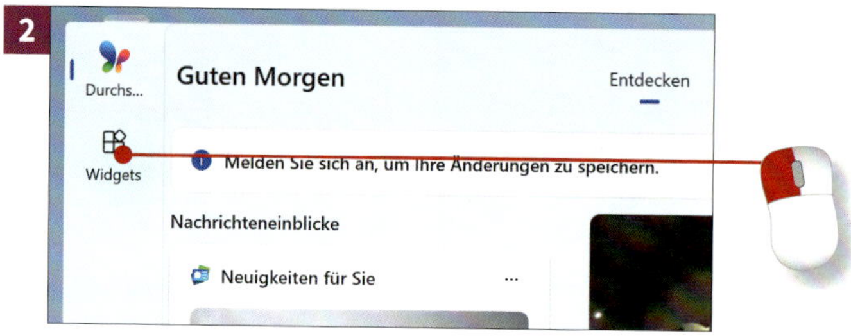


## Schritt 2

Ihnen werden zunächst verschiedene Agenturmeldungen angezeigt. Um zu den Mini-Apps zu wechseln, klicken Sie in der Leiste links auf **Widgets**.

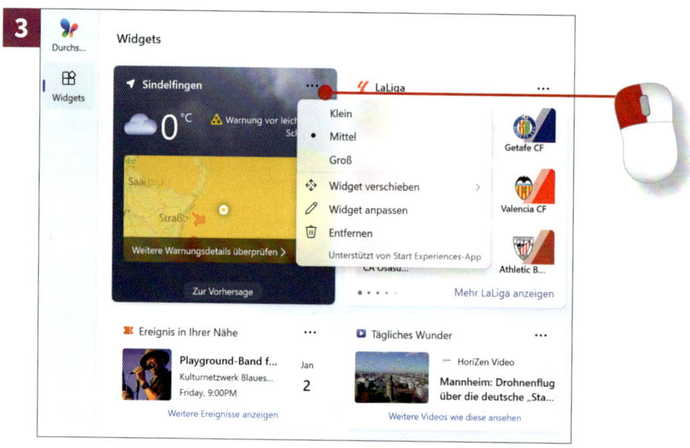


## Schritt 3

Einige Widgets lassen sich anpassen. Klicken Sie dazu z. B. bei der App **Wetter** auf das Symbol mit den drei Punkten und wählen Sie **Widget anpassen**.

**i**

### Widget verschieben

Die Widgets sind verschiebbar. Klicken Sie auf die Kopfzeile eines Widgets, halten Sie die Maustaste gedrückt und schieben Sie das Widget an eine andere Position. Dort angelangt, lassen Sie los.

## Schritt 4

Jetzt lässt sich das Widget individuell einstellen. Bei der App **Wetter** kann unter anderem der Ort eingestellt werden, für den die Wetterprognose angezeigt werden soll.

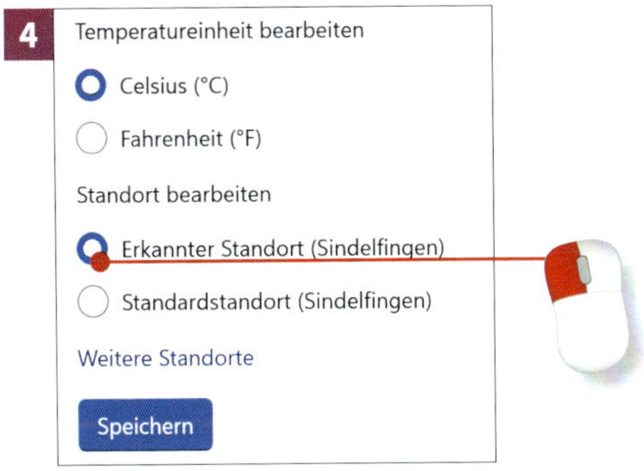


## Schritt 5

Um weitere Widgets hinzuzufügen, klicken Sie rechts oben im Widget-Fenster auf die Plusschaltfläche.

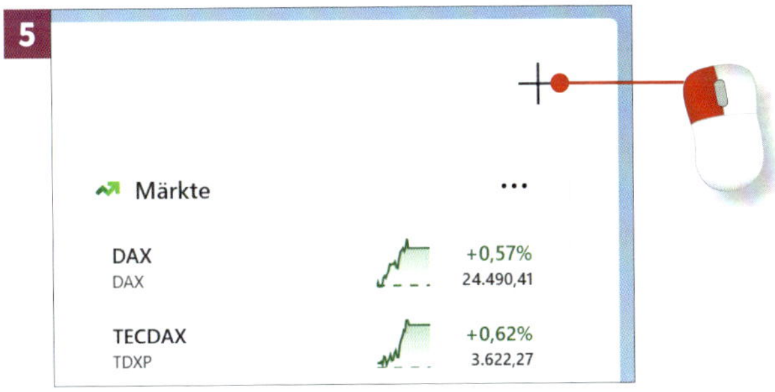


## Schritt 6

Wählen Sie in einer Kategorie ein Widget aus und bestätigen Sie mit der Schaltfläche **Widget hinzufügen**.

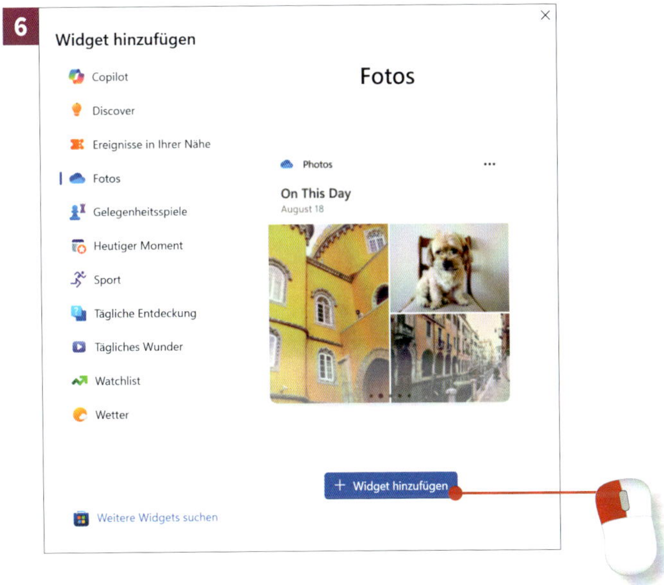


**Nicht benötigte Widgets entfernen**

Wenn Sie ein Widget nicht brauchen, entfernen Sie es aus der Übersicht, indem Sie unter dem Symbol mit den drei Punkten den Eintrag **Entfernen** wählen.

# Mit mehreren Desktops arbeiten

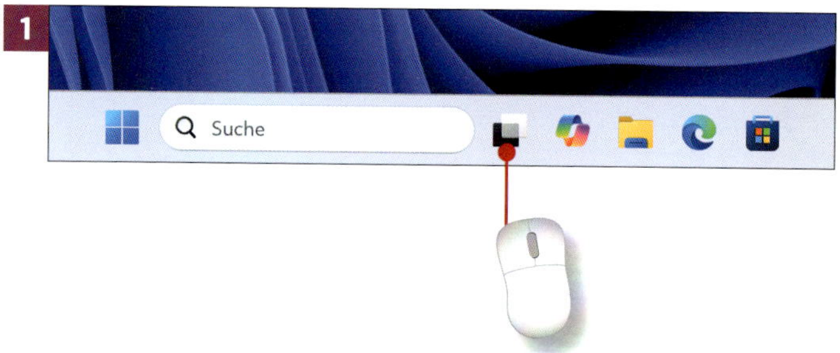


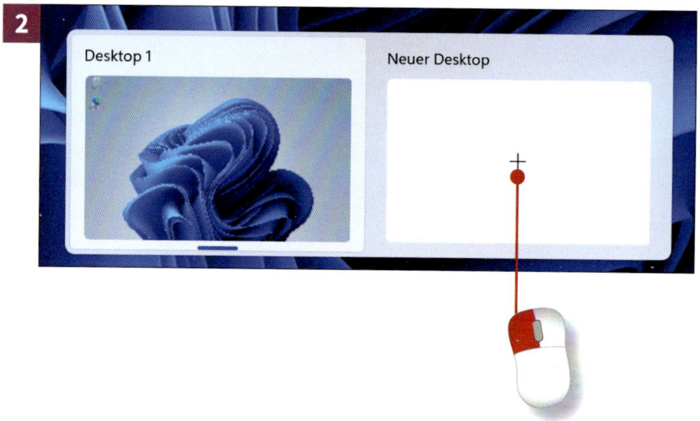

*Eine weitere, sehr interessante Funktion in Windows 11 ist die Verwendung mehrerer Oberflächen. Damit sorgen Sie für Übersicht und Individualität.*

## Schritt 1

Der erste Schritt besteht darin, die Taskansicht zu öffnen. Zeigen Sie dazu auf die entsprechende Schaltfläche in der Taskleiste.

## Schritt 2

Der links angezeigte **Desktop 1** ist der aktuelle Desktop, also das, was Sie momentan auf Ihrer Arbeitsoberfläche sehen. Klicken Sie auf die Plusschaltfläche **Neuer Desktop**, um eine zweite Arbeitsumgebung zu generieren.

## Schritt 3

Jetzt finden Sie eine ganz neue Arbeitsumgebung vor, in der sich nicht nur der Desktop mit neuen Inhalten füllen lässt, sondern auch die Taskleiste. So wäre es durchaus denkbar, dass Sie sich für zwei unterschiedliche Arbeitsvorgänge je einen Desktop erschaffen, von dem aus Sie schnell die jeweils benötigten Apps in der Taskleiste aufrufen können.

**Weitere Desktops**

Wenn Sie es wünschen, können Sie auch mehr als einen Desktop hinzufügen. Dazu müssen Sie einfach auf die Kachel **Neuer Desktop** klicken (siehe Schritt 2).

## Schritt 4

Wechseln Sie von einem zum anderen Desktop, indem Sie zunächst auf das Symbol in der Taskleiste zeigen und danach den gewünschten Desktop per Mausklick auswählen.

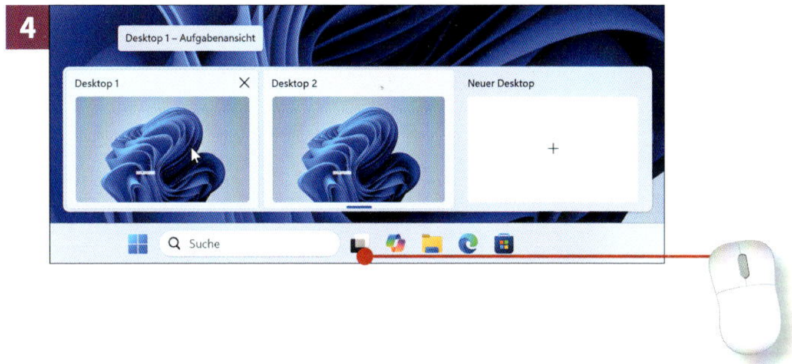


## Schritt 5

Wenn Sie so viele Desktops offen haben, dass Sie gar nicht mehr wissen, welche Inhalte auf dem einen oder anderen »Schreibtisch« schlummern, klicken Sie auf einen der Desktops. Alle dort geöffneten Fenster werden nun als Miniaturen angezeigt.

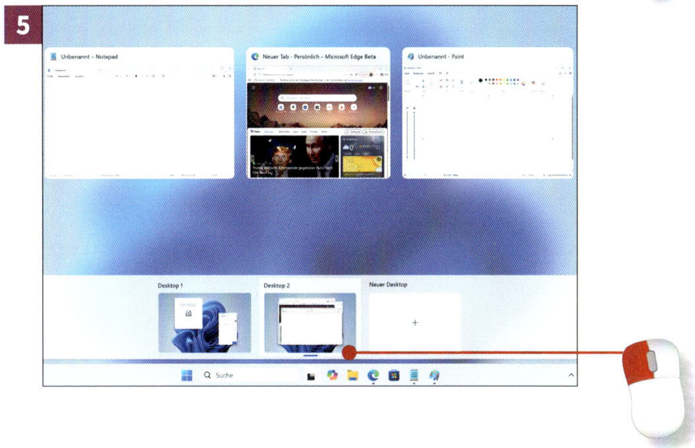


## Schritt 6

Interessant ist die Möglichkeit, ein geöffnetes Fenster schnell auf alle anderen Desktops zu übertragen. Dazu klicken Sie das Fenster bei aktiver Taskansicht mit rechts an und entscheiden sich für **Dieses Fenster auf allen Desktops anzeigen**.

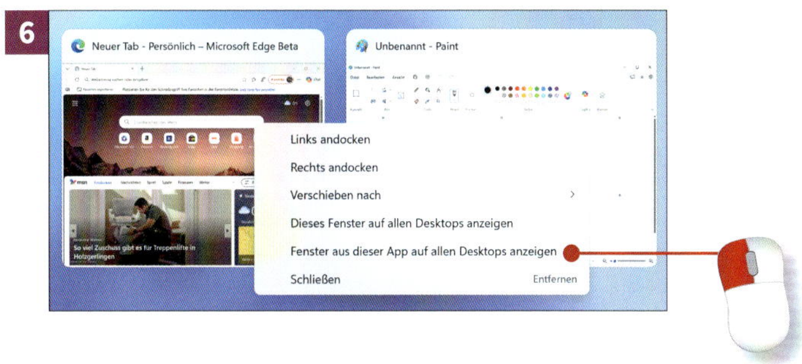


### Desktop schließen

Nicht mehr benötigte Desktops entfernen Sie mithilfe eines Klicks auf das Schließenkreuz ❶ in der oberen rechten Ecke der Miniatur.

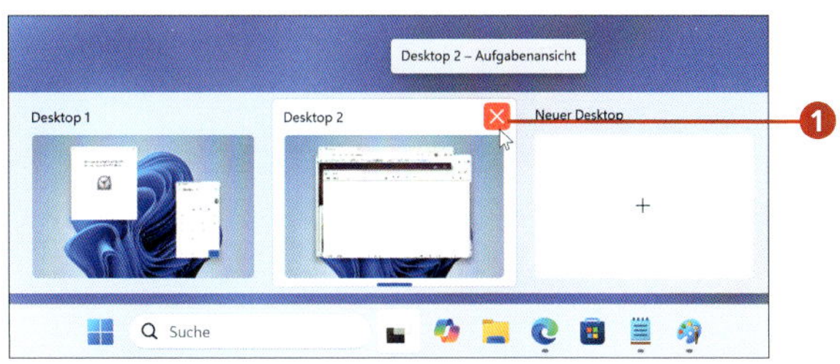

# Fenster auf andere Desktops schieben

*Sie erfahren nun, wie eine App von einem auf den anderen Desktop verschoben wird.*

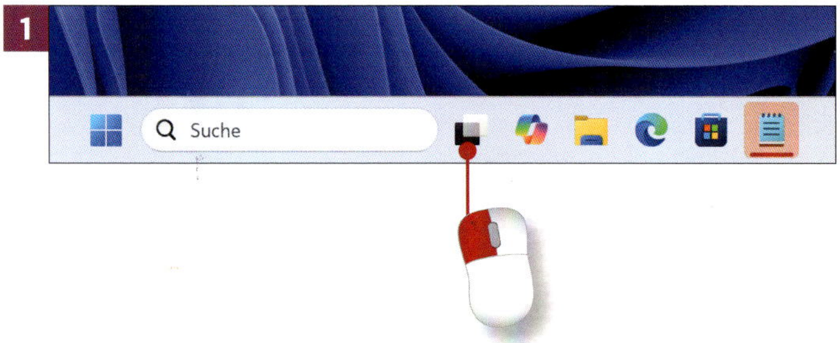


## Schritt 1

Erzeugen Sie bitte zunächst einen neuen Desktop. Dabei gehen Sie so vor, wie in den Schritten 1 und 2 der vorangegangenen Anleitung beschrieben. Öffnen Sie auf einem der Desktops eine oder mehrere Apps. Klicken Sie anschließend auf den Desktop-Schalter.

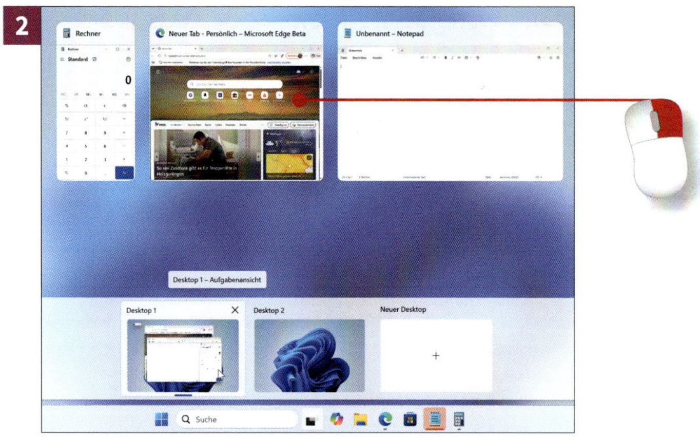


## Schritt 2

Wählen Sie den Desktop mit den Apps aus, im Beispiel **Desktop 1**. Ihnen werden nun die dort geöffneten Apps und Fenster angezeigt. Entscheiden Sie sich für eine App, die verschoben werden soll (hier **Microsoft Edge**), und klicken Sie mit rechts darauf.

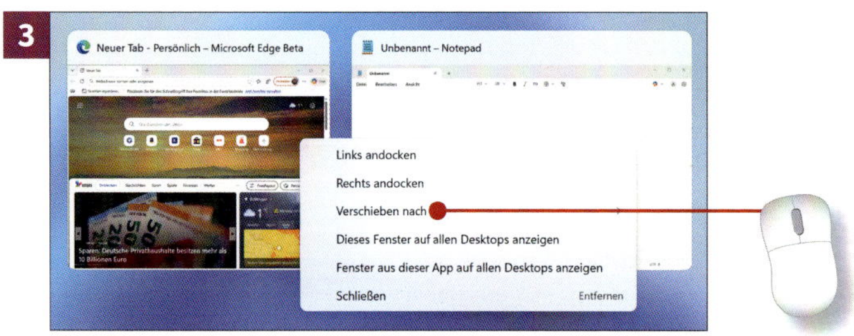


## Schritt 3

Bewegen Sie im Kontextmenü den Mauszeiger auf den Eintrag **Verschieben nach**.

### Schritt 4

Jetzt müssen Sie nur noch im Ausklappmenü **Desktop 2** mit der linken Maustaste anklicken, sofern das Ihr Ziel ist. Wünschen Sie stattdessen das Erstellen eines weiteren Desktops, entscheiden Sie sich für **Neuer Desktop**.

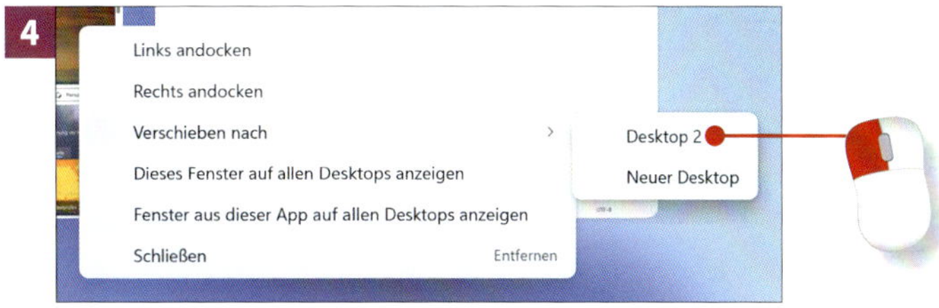


### Schritt 5

Wählen Sie anschließend den Desktop aus, auf dem Sie weiterarbeiten möchten. Auf **Desktop 1** wird die App nun nicht mehr ausgeführt (sofern Sie im vorangegangenen Schritt **Desktop 2** gewählt haben).

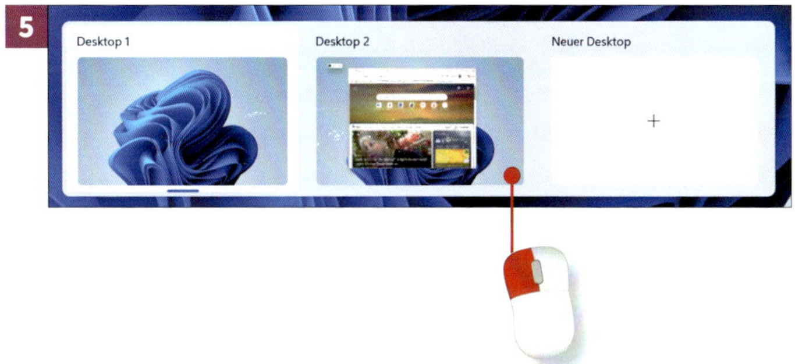


### Schritt 6

Für den Fall, dass Sie **Desktop 2** irgendwann entfernen, indem Sie beispielsweise dessen Miniatur mit rechts anklicken und **Schließen** wählen, wird die dort aktive App nicht etwa geschlossen, sondern wieder auf **Desktop 1** zurückgeschoben.

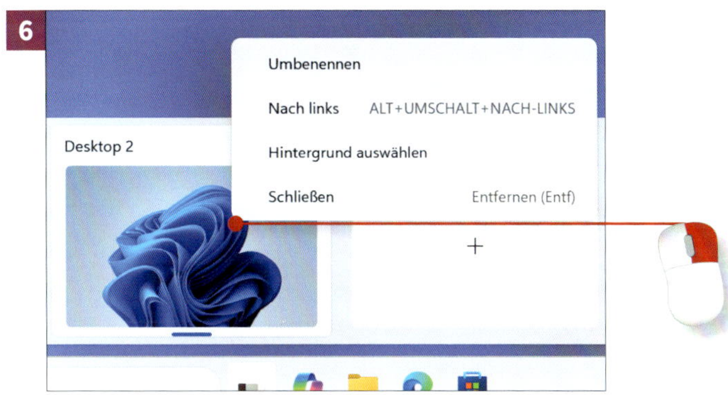


**Desktop umbenennen**

Bezeichnungen wie Desktop 1 und 2 sind nicht aussagekräftig. Besser, Sie klicken mit rechts auf eine Desktop-Miniatur und wählen **Umbenennen**. Nach Eingabe des Namens drücken Sie [↵].

# Fenster öffnen und schließen

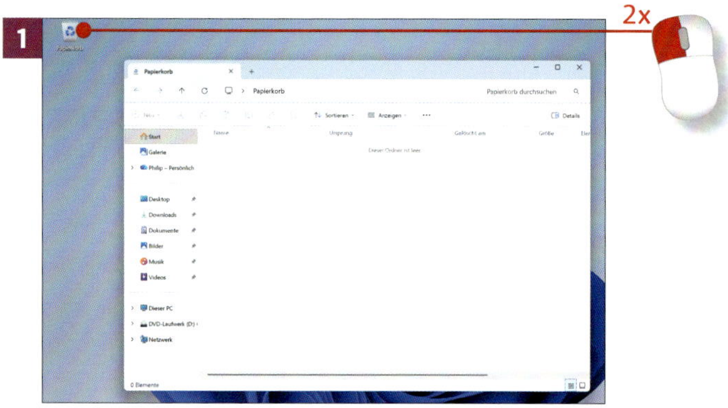


*Windows macht seinem Namen alle Ehre, denn alles spielt sich hier irgendwie in Fenstern ab. Das ist zumindest dann der Fall, wenn Sie über den Desktop hinaus weitere Bereiche öffnen.*

## Schritt 1

Elemente auf dem Desktop lassen sich öffnen, indem Sie doppelt auf das Symbol klicken. Öffnen Sie so z. B. den **Papierkorb**.

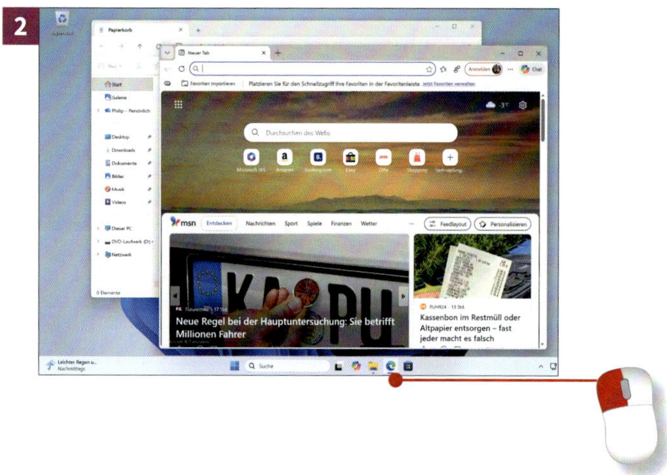


## Schritt 2

Öffnen Sie ein weiteres Fenster, indem Sie unten in der Taskleiste einmal auf das Icon **Microsoft Edge** klicken. Dieses Fenster legt sich nun über das des Papierkorbes.

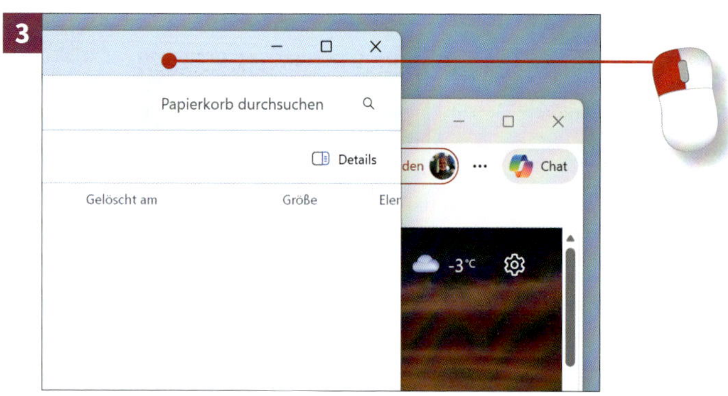


## Schritt 3

Um das Papierkorb-Fenster nach vorn zu stellen, klicken Sie einmal an einer freien Stelle auf dessen Kopfleiste. Dadurch tritt das Papierkorb-Fenster in den Vordergrund, während das Fenster von Microsoft Edge in den Hintergrund rückt.

### Schritt 4

Ein geöffnetes Fenster kann minimiert werden. Das bedeutet, es bleibt aktiv, wird aber nur noch als Symbol in der Taskleiste angezeigt. Klicken Sie dazu auf die **Minimieren**-Schaltfläche oben rechts.

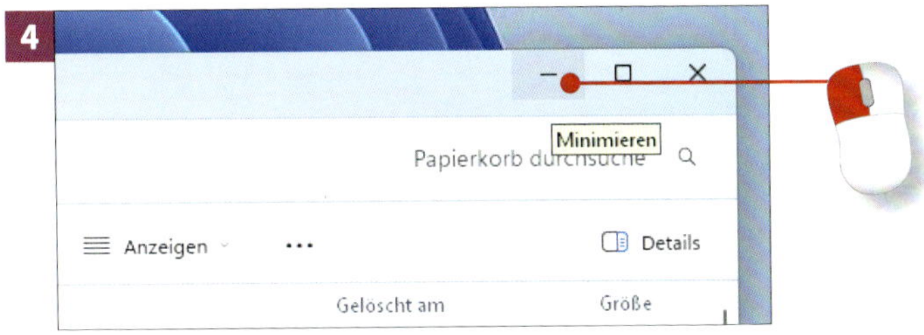


### Schritt 5

Um ein minimiertes Fenster wiederherzustellen, klicken Sie auf das zugehörige Symbol in der Taskleiste (hier **Explorer**). Übrigens wird der Papierkorb ebenfalls durch das Explorer-Symbol repräsentiert.

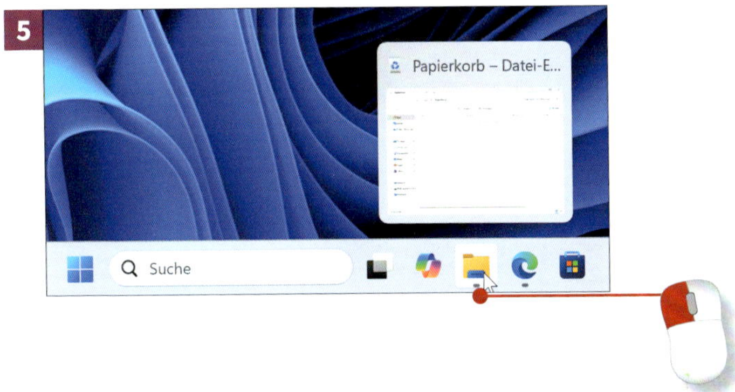


### Schritt 6

Sofern mehrere Fenster gleichen Typs geöffnet sind (hier **Explorer**), wird für jedes Fenster eine eigene Miniatur angeboten, sobald Sie auf das entsprechende Taskleisten-Icon zeigen.

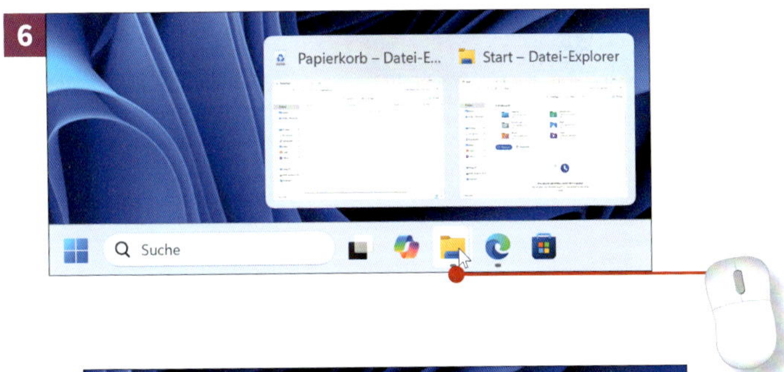


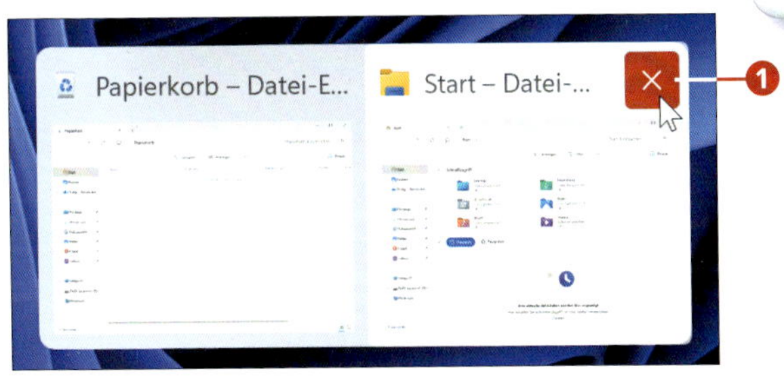


**Minimiertes Fenster schließen**

Ein einzelnes minimiertes Fenster muss zum Schließen nicht extra wiederhergestellt werden. Tatsächlich verfügt auch jede Miniatur über ein Schließenkreuz 1.

# Fenster anordnen

1

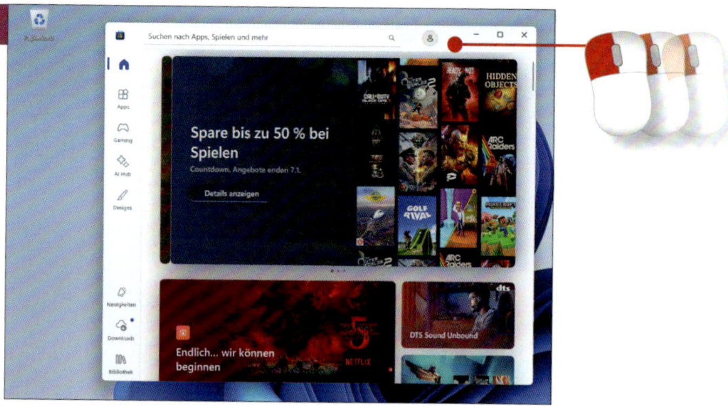


2

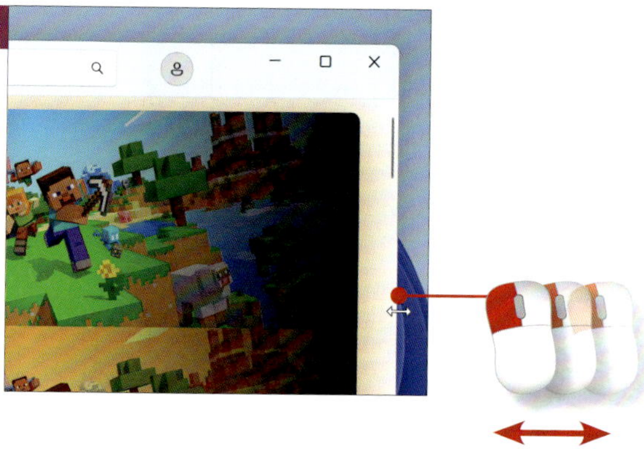

3

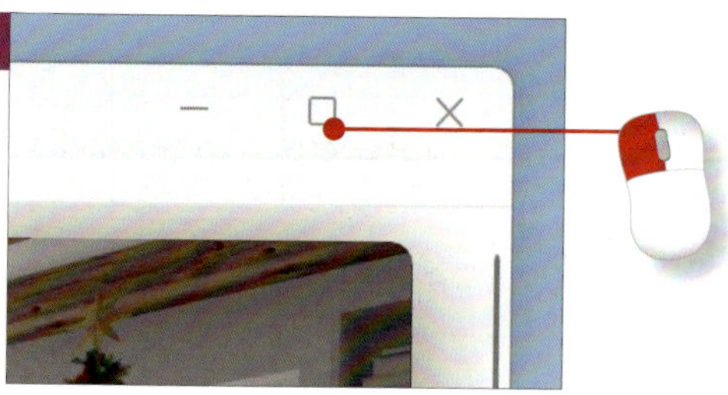

*Was auf der Arbeitsoberfläche Ihres PCs geschieht, haben Sie in der Hand. Bestimmen Sie selbst, wo Fenster positioniert werden, und legen Sie auch deren jeweilige Größe fest.*

## Schritt 1

Ein Fenster lässt sich ganz einfach positionieren. Klicken Sie dazu auf einen freien Bereich in der Kopfleiste, halten Sie die Maustaste gedrückt und verschieben Sie das Fenster. Danach lassen Sie die Maustaste wieder los.

## Schritt 2

Um das Fenster in der Höhe oder Breite zu verändern, stellen Sie die Maus an einen der Ränder. Wenn der Mauszeiger zum Doppelpfeil wird, haben Sie die korrekte Position gefunden. Halten Sie die Maustaste gedrückt und ziehen Sie den Rahmen in die gewünschte Richtung.

## Schritt 3

Wollen Sie einem Fenster den maximal möglichen Raum geben, klicken Sie auf das kleine Quadratsymbol links neben der Schließenschaltfläche. Ein erneuter Klick darauf bringt es wieder auf seine ursprüngliche Größe.

### Schritt 4

Die erwähnte Schaltfläche birgt aber noch ein Geheimnis. Zeigen Sie nur darauf, erscheint ein Anordnungsmenü.

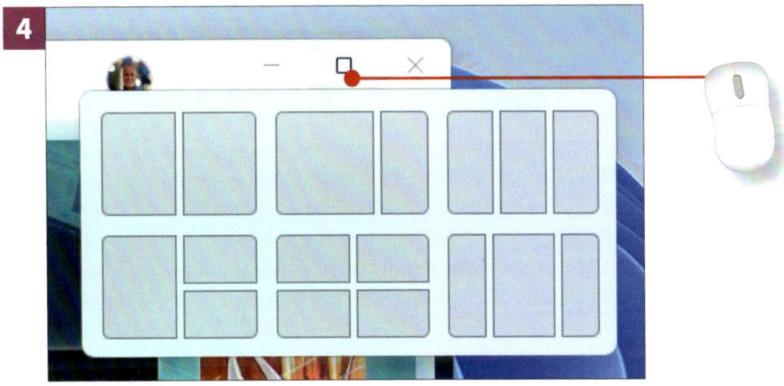


### Schritt 5

Überlegen Sie, wo Ihr Fenster idealerweise erscheinen soll. Entscheiden Sie sich beispielsweise für das rechte Bilddrittel, klicken Sie diese Fläche an.

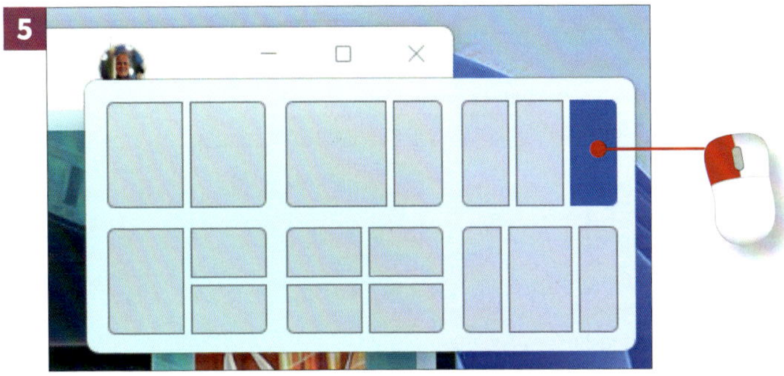


### Schritt 6

Um zwei geöffnete Fenster nebeneinander anzuordnen, ziehen Sie eines der Fenster an den linken, das andere an den rechten Bildrand. Beide Fenster nehmen dann automatisch je eine Hälfte des Bildschirms ein.

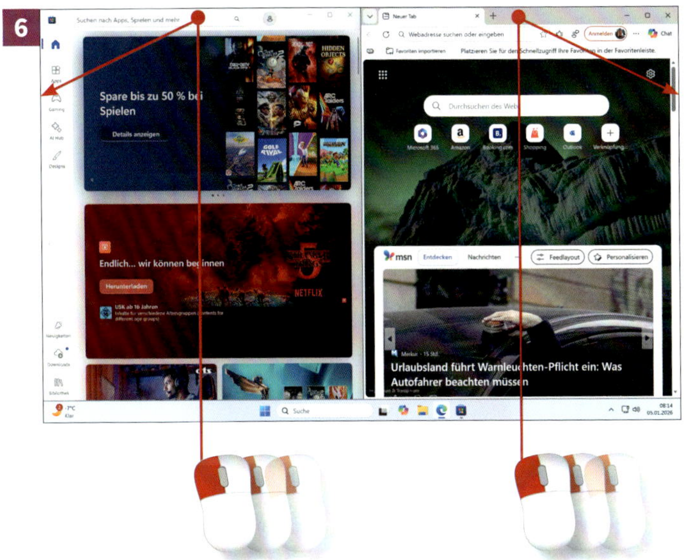


**Fenster wiederherstellen**

Sobald Sie ein Fenster an seiner Kopfleiste wieder in die Mitte des Desktops ziehen und es dort fallen lassen, wird die zuvor eingestellte Größe wiederhergestellt.

# Suchen und Hilfe erhalten

1

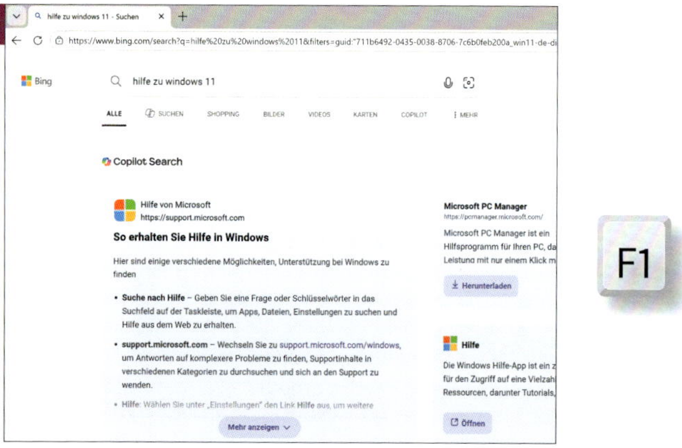


*Wenn Sie Unterstützung benötigen, können Sie jederzeit auf die Windows-Hilfe im Internet zugreifen. Suchen Sie etwas Bestimmtes, werden Sie mit Windows 11 fündig.*

## Schritt 1

Um schnell auf die Windows-Hilfe zugreifen zu können, klicken Sie bitte zunächst auf eine freie Stelle des Desktops und drücken dann [F1]. Daraufhin öffnet sich die Windows 11-Hilfe, standardmäßig in Microsoft Edge.

2

## Schritt 2

Suchen Sie irgendetwas auf dem PC, benutzen Sie die Windows-Suchfunktion. Klicken Sie dazu entweder auf das **Windows**-Symbol oder auf das Suchfeld bzw. die Lupe.

3

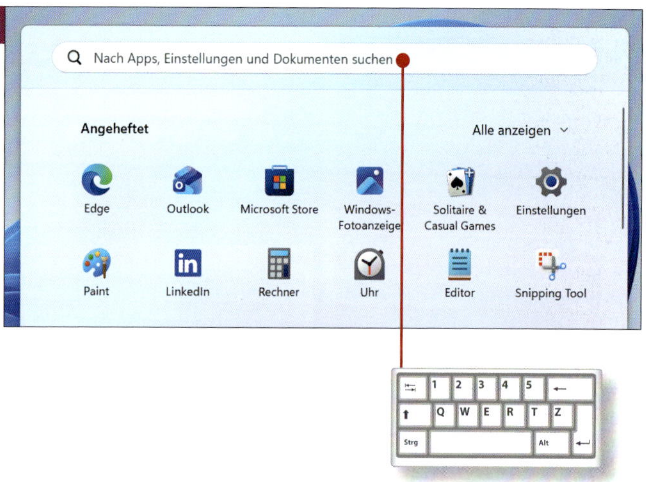


## Schritt 3

Im Startmenü finden Sie ganz oben das Suchfeld **Nach Apps, Einstellungen und Dokumenten suchen**. Hier machen Sie nun Angaben darüber, was Sie suchen.

**»F1« in Apps**

Wenn Sie [F1] drücken, während Sie sich innerhalb einer App befinden, wird meist die Hilfe der betreffenden App aktiviert.

### Schritt 4

Im Beispiel wollen wir den Ordner **Bilder** finden. Geben Sie den Suchbegriff ein. Groß- und Kleinschreibung spielen dabei keine Rolle.

4

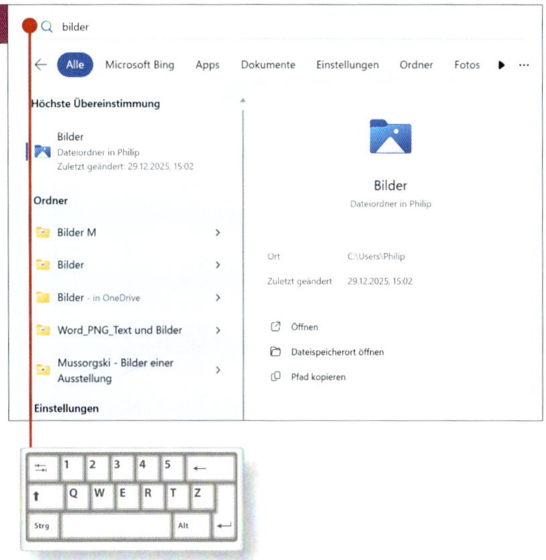


### Schritt 5

Bevor Sie die Suche starten, sollten Sie die Suchoptionen noch ein wenig eingrenzen. Klicken Sie daher auf **Ordner**. Wir suchen ja den Ordner **Bilder**.

5

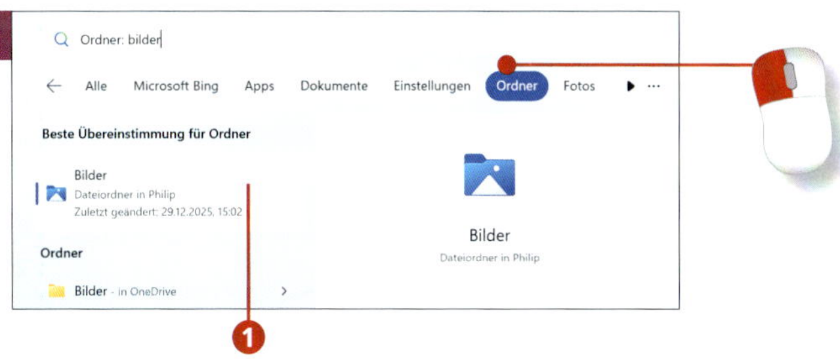


### Schritt 6

Sie sehen bereits im Dialogfeld ❶, dass der Ordner gefunden wurde. Doch das reicht uns noch nicht. Betätigen Sie zusätzlich noch [↵], was zur Folge hat, dass der Ordner sogleich auf dem Desktop geöffnet wird.

6

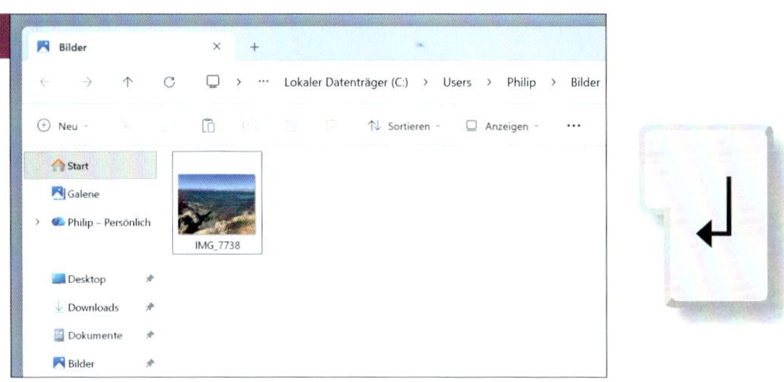

# Einen Speicherort finden

1

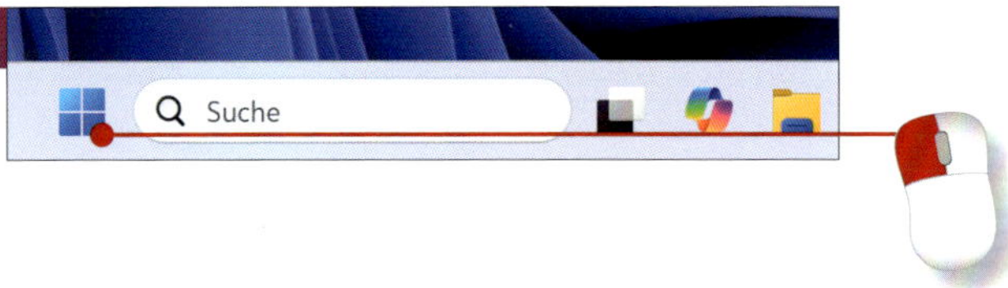


2

3

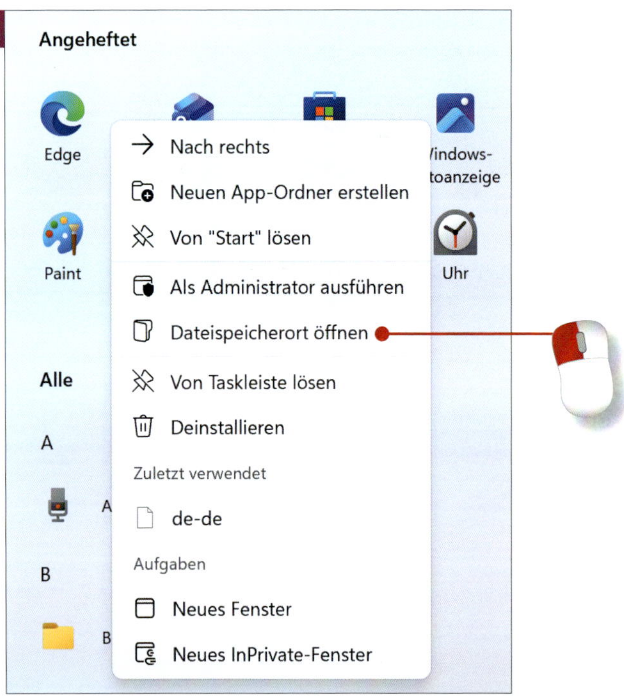


*Je mehr Daten und Apps sich auf dem Rechner befinden, desto unübersichtlicher werden die jeweiligen Speicherorte – erst recht, wenn Sie mehrere Festplatten verwenden.*

## Schritt 1

Klicken Sie zunächst auf die **Windows**-Schaltfläche in der Taskleiste.

## Schritt 2

Wenn Sie wissen wollen, wo auf dem PC sich die App **Edge** befindet, klicken Sie das entsprechende Symbol mit der rechten Maustaste an.

## Schritt 3

Wenn Sie jetzt **Dateispeicherort öffnen** selektieren, wird nicht nur der Zielordner auf dem Desktop bereitgestellt, sondern die App darin sogar markiert. Das ist doch echt komfortabel, oder?

**Verknüpfung erstellen**

Der praktische Nutzen bei der Suche nach einer App kann z. B. darin bestehen, sie mit dem Startmenü zu verknüpfen. Das erledigen Sie, indem Sie die App im Ordner mit rechts anklicken und **An "Start" anheften** wählen.

# Den Computer herunterfahren

*Nach getaner Arbeit haben nicht nur Sie, sondern auch Ihr PC ein wenig Ruhe verdient. Das Herausziehen des Steckers wäre allerdings ein fataler Fehler! Fahren Sie den Computer lieber ordnungsgemäß herunter.*

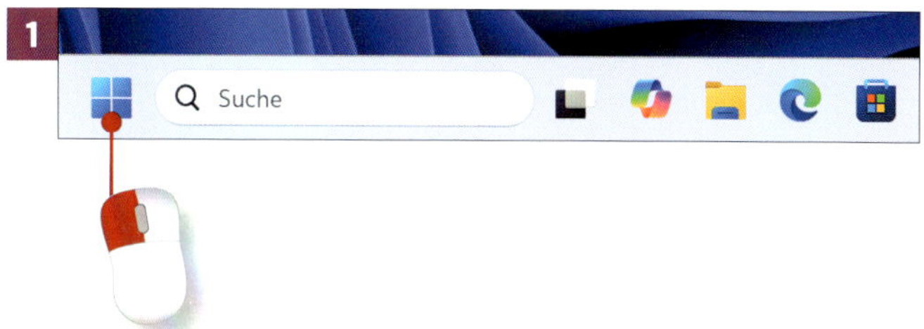


## Schritt 1

Klicken Sie auf das **Windows**-Symbol in der Taskleiste oder drücken Sie [Windows-Taste] auf der Tastatur.

## Schritt 2

Unten rechts im Startmenü finden Sie einen Knopf, der mit **Ein/Aus** betitelt ist. (Die Bezeichnung erscheint, wenn Sie den Mauszeiger kurz auf ihm ruhen lassen.) Klicken Sie darauf.

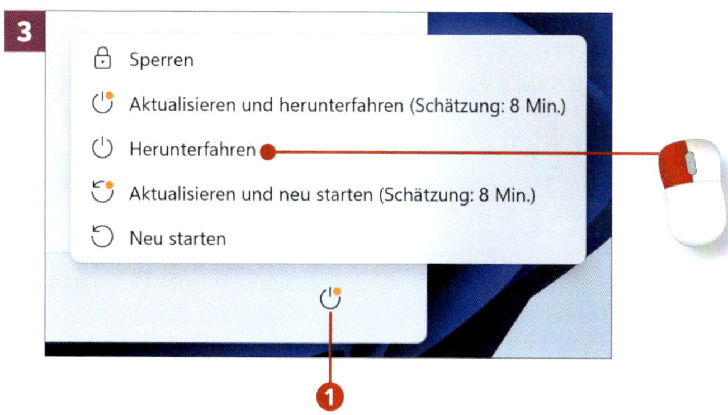


## Schritt 3

Es öffnet sich ein kleines Kontextmenü, in dem Sie auch den Eintrag **Herunterfahren** finden. Klicken Sie auf ihn, damit die Programme geschlossen werden und der PC heruntergefahren werden kann.

**i**

**Anstehendes Update**

Falls der Schalter mit einem kleinen Punkt (1) versehen ist, wissen Sie, dass ein Windows-Update ansteht. Dadurch kann das Herunterfahren ebenso wie der anschließende Neustart auch mal etwas länger dauern.

# Kapitel 3
# Windows 11 Tag für Tag

Nun geht es richtig in die Praxis. Viele Aufgaben und Arbeiten in einem Betriebssystem wiederholen sich regelmäßig. Was Sie unbedingt wissen sollten, erfahren Sie in den folgenden Abschnitten.

**Apps suchen, öffnen und schließen**
Für Ihre täglichen Aufgaben werden Sie gern und oft auf Apps ❶ zugreifen. Doch wo sind diese zu finden? Wie werden sie gestartet und beendet? Fragen über Fragen – die hier beantwortet werden.

**Umgang mit Dateien: öffnen, speichern, schließen, löschen**
Sie werden häufig Dateien öffnen, bearbeiten, speichern, schließen oder auch löschen: Briefe, Fotos, E-Mails und vieles mehr wollen verwaltet werden. Hier erfahren Sie, wie Sie durch den Einsatz von Ordnern ❷ die Übersicht behalten.

**Tipps und Tricks**
Zusätzlich zum Umgang mit Apps und Ordnern werden hier noch viele weitere Möglichkeiten vorgestellt, die Ihnen Ihren Windows-Alltag erleichtern. Lernen Sie die Zwischenablage kennen und blenden Sie Dateiendungen ein oder aus ❸.

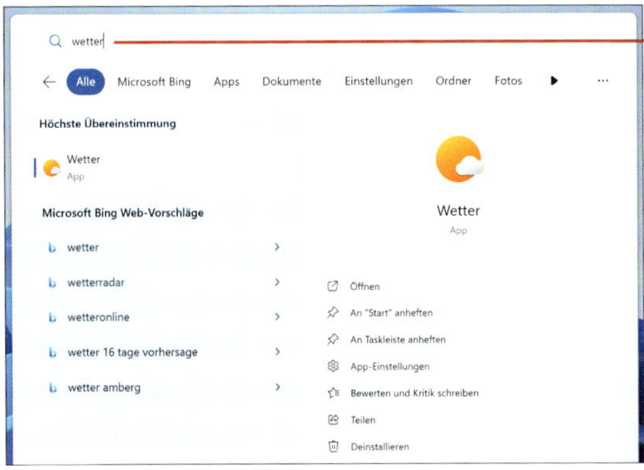


1 Bei der Menge an Apps kann man schon mal den Überblick verlieren, doch die Suche hilft zuverlässig.

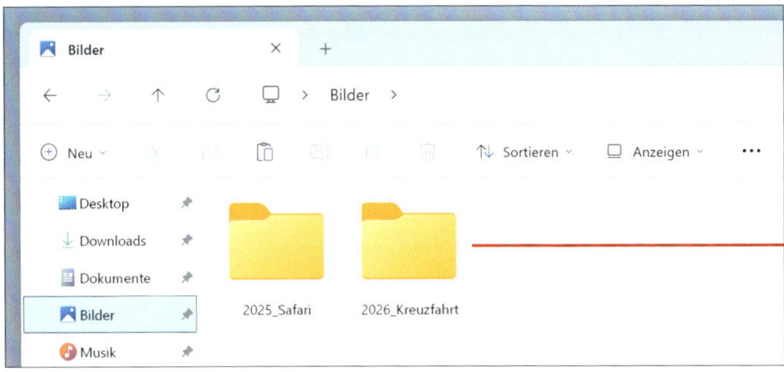


2 Sie werden viel mit Dateien und Ordnern arbeiten. Hier lernen Sie, sie gut zu organisieren und den Überblick zu behalten.

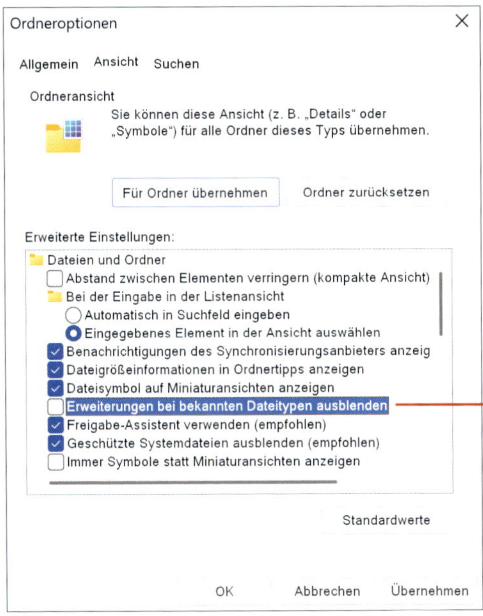


3 Wenn Ihnen das noch nicht reicht, finden Sie in diesem Kapitel noch einige Tipps und Tricks zur Arbeit mit Dateien und Ordnern.

# Apps über die Suche finden

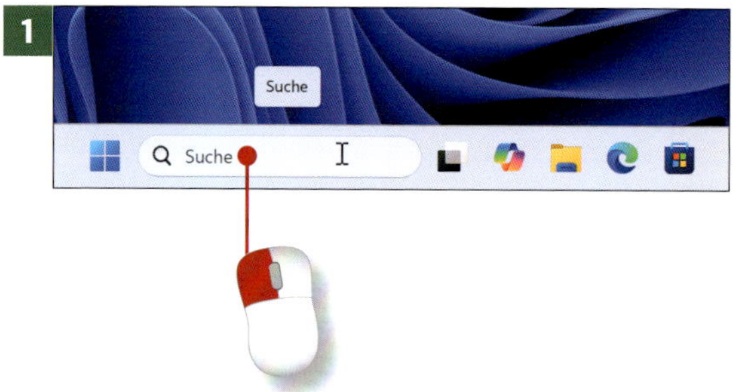


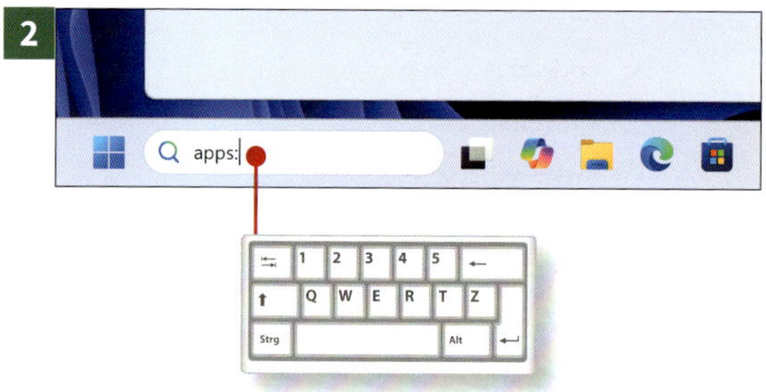


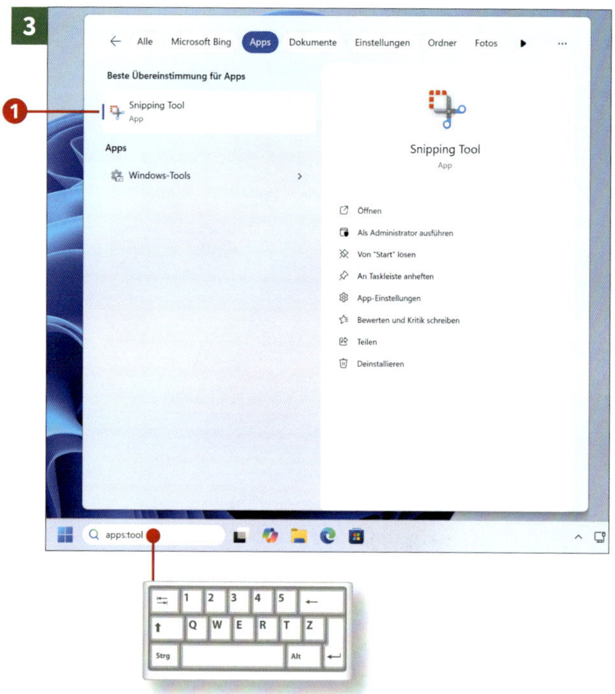


*Mit der Suchfunktion in der Taskleiste bzw. im Startmenü lassen sich nicht nur Dateien, sondern auch Apps in Windeseile aufspüren.*

## Schritt 1

Klicken Sie auf das Suchfeld bzw. auf die Lupe in der Taskleiste. Nehmen wir an, Sie suchen die App **Snipping Tool**, ohne die genaue Bezeichnung zu kennen. Sie erinnern sich nur noch, dass *Tool* darin vorkam.

## Schritt 2

Treffen Sie eine Vorauswahl, indem Sie in das Eingabefeld »apps« eintippen und einen Doppelpunkt folgen lassen. Die folgenden Ergebnisse werden nur Apps anzeigen.

## Schritt 3

Jetzt tippen Sie »tool« ein. Da das Eingabefeld noch immer markiert ist, müssen Sie es nicht vorab anwählen. Das Ergebnis 1 erscheint im Bereich **Beste Übereinstimmung für Apps**. Wollen Sie die App gleich öffnen, klicken Sie auf das Suchergebnis.

# Icons aus dem Startmenü entfernen

*Behalten Sie die Übersicht, indem Sie unnötige Icons eliminieren oder die Apps sogar deinstallieren.*

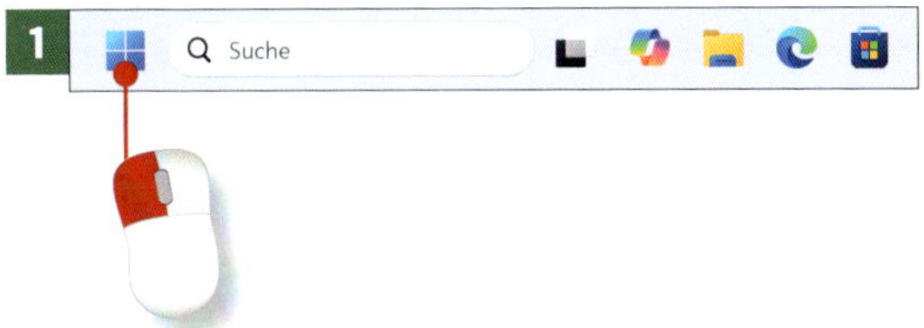


## Schritt 1

Öffnen Sie zunächst das Startmenü, indem Sie die **Windows**-Schaltfläche in der Taskleiste betätigen oder [⊞] auf der Tastatur drücken.

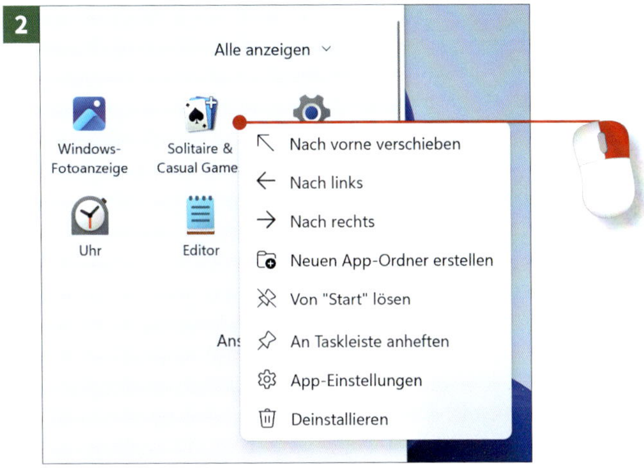


## Schritt 2

Klicken Sie mit der rechten Maustaste auf das Icon, also auf das Symbol, das Sie aus dem Startmenü entfernen wollen. Es erscheint ein kleines Kontextmenü.

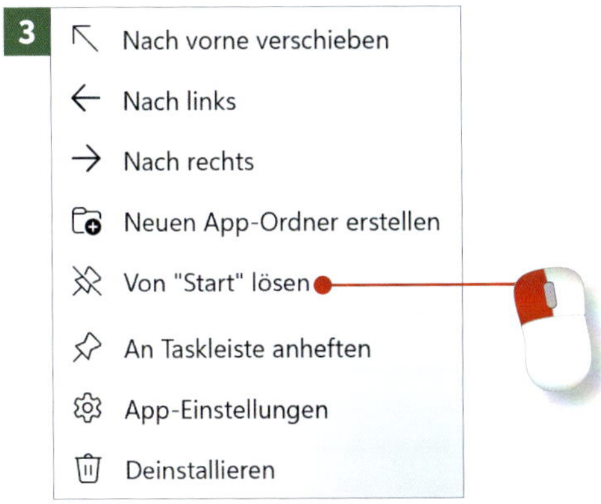


## Schritt 3

Um das Symbol aus dem Startmenü zu entfernen, die Software jedoch auf dem Computer zu belassen, klicken Sie auf **Von "Start" lösen**. Wollen Sie die App deinstallieren, wählen Sie **Deinstallieren**. Daraufhin öffnet sich ein kleines Fenster, in dem Sie abermals auf **Deinstallieren** ❶ klicken müssen.

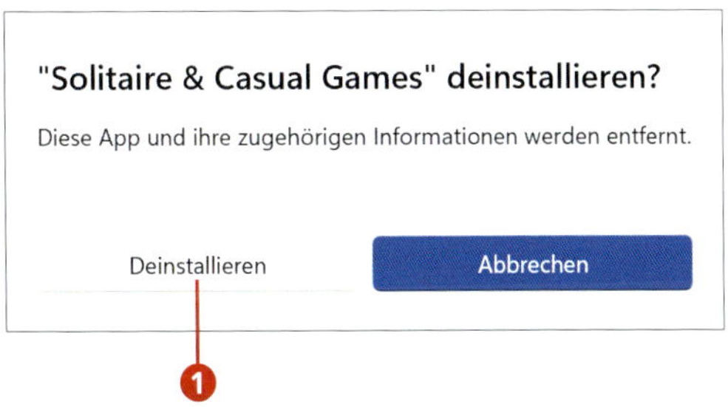


**!**

**Apps wirklich deinstallieren?**
Beachten Sie, dass es sich bei vielen Apps um Programme mit geringen Dateigrößen handelt. Die Deinstallation aus Platzgründen ist nur selten notwendig.

# Verknüpfungen auf dem Desktop erstellen

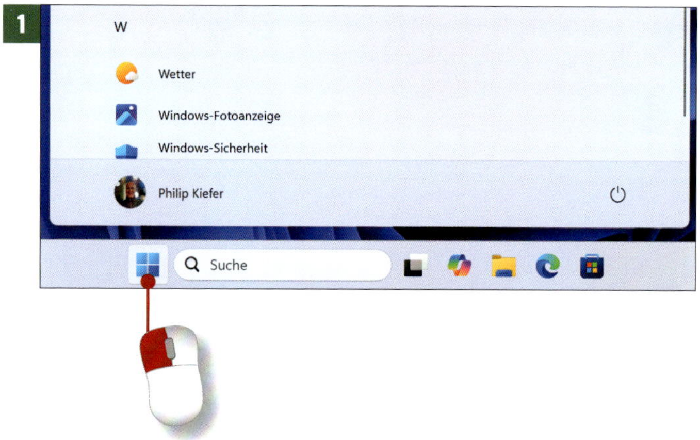


*Sie müssen eine Fremd-App oder externe Software nicht unbedingt über das Startmenü öffnen. Es ist möglich, sogenannte Verknüpfungen auf dem Desktop zu erzeugen.*

## Schritt 1

Um eine Desktop-Verknüpfung zu einer App zu erzeugen, öffnen Sie zunächst das Startmenü. Scrollen Sie im Bereich **Alle** zur gewünschten App.

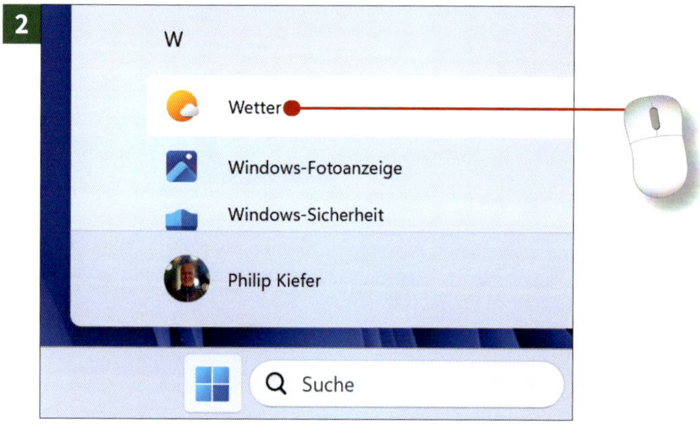


## Schritt 2

Wenn Sie den Eintrag gefunden haben (hier **Wetter**), parken Sie die Maus darauf.

## Schritt 3

Danach klicken Sie mit der linken Maustaste auf den App-Eintrag, ohne die Maustaste loszulassen.

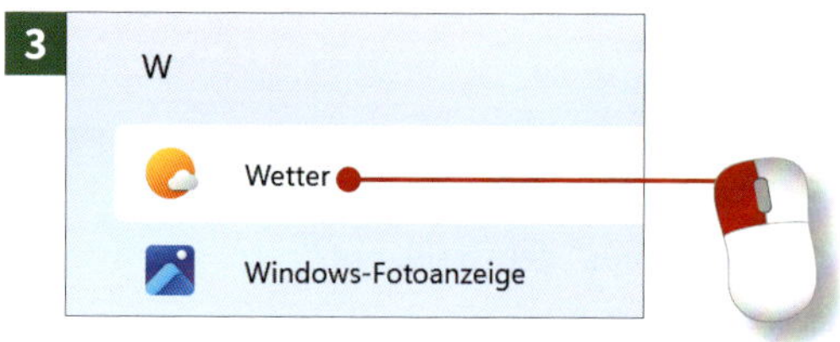


**Maustaste nicht loslassen!**

Wenn Sie die Maustaste nicht festhalten bzw. einen Mausklick ausführen, lässt sich die Verknüpfung nicht wie hier beschrieben einrichten. Vielmehr würde dann die App gestartet.

## Schritt 4

Ziehen Sie die Maus aus dem Menü heraus auf einen freien Bereich des Desktops.

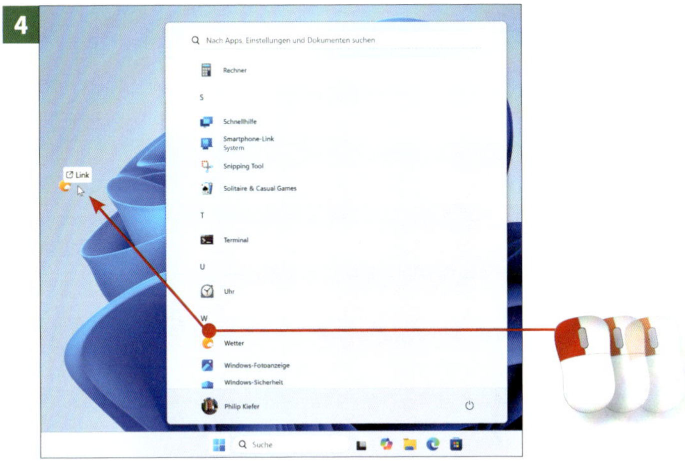


## Schritt 5

Dort angelangt, dürfen Sie die Maustaste endlich loslassen. Das Start- bzw. Suchmenü klappt daraufhin selbstständig wieder ein. Sie finden das gewünschte Icon jetzt auf dem Desktop.

## Schritt 6

Mit gedrückter Maustaste lässt es sich dort verschieben. Wenn Sie das Programm starten wollen, müssen Sie es doppelt anklicken.

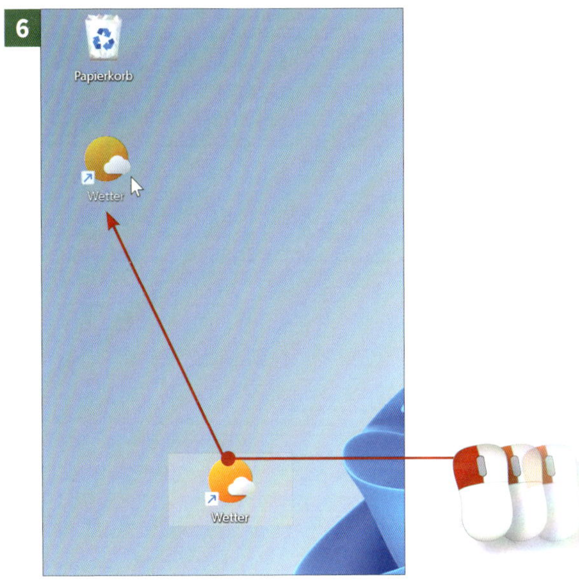


**Ordner und Dateien verknüpfen**

Wenn Sie Ordner oder Dateien verknüpfen wollen, ziehen Sie diese ebenfalls auf den Desktop (z. B. aus einem geöffneten Explorer-Fenster heraus). Sie müssen allerdings unbedingt `Alt` auf der Tastatur gedrückt halten, da das Element ansonsten nicht verknüpft, sondern verschoben wird.

# Der Explorer

1

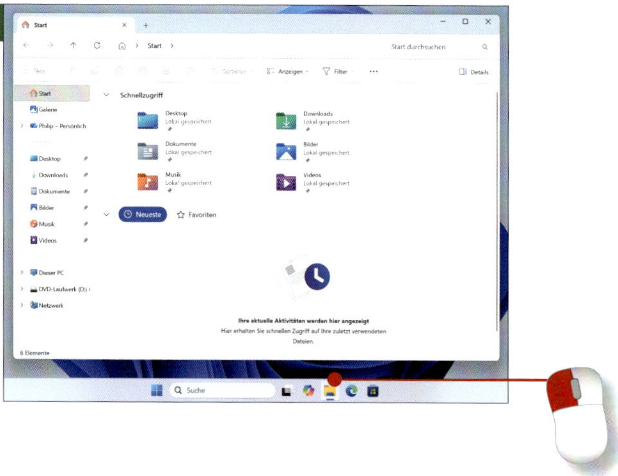

2

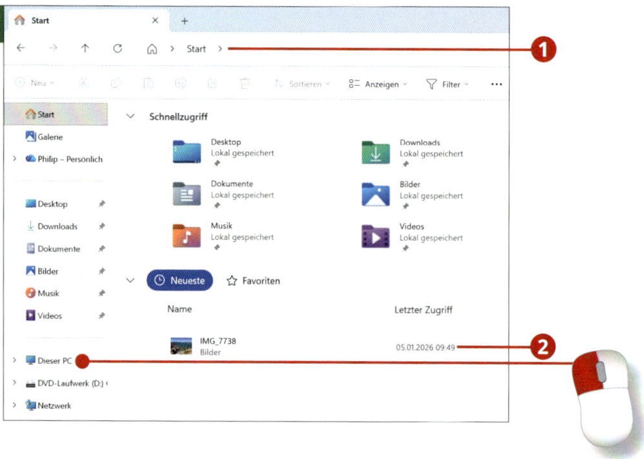


3

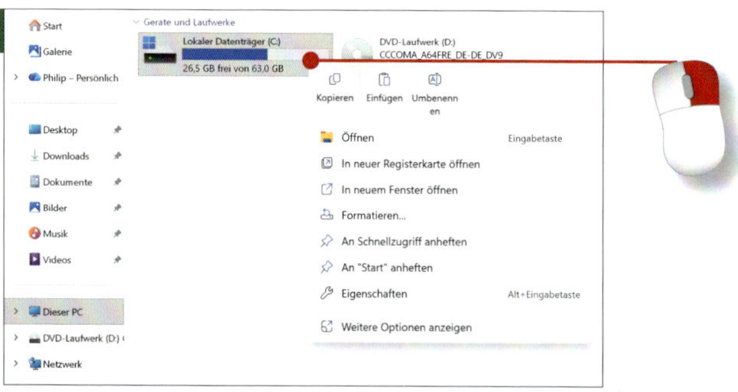


*Der Explorer von Windows 11 ist gewissermaßen das Herzstück der Ordnerverwaltung. Hier finden Sie wirklich alles.*

## Schritt 1

Klicken Sie auf das **Explorer**-Symbol in der Taskleiste. Alternativ – wenn z. B. bereits ein Ordner geöffnet ist – können Sie auch mit rechts auf das Symbol klicken und danach mit links den Eintrag **Explorer** wählen. Nicht zu vergessen: [Windows] + [E] geht auch.

## Schritt 2

Sie sehen nun den Speicherort **Start** ❶ (auch **Schnellzugriff**). Hier erscheinen unter anderem Ihre zuletzt genutzten Elemente ❷. Möchten Sie den kompletten Computer zugänglich machen, wählen Sie **Dieser PC** in der linken Spalte. (Eventuell müssen Sie in der Spalte etwas hinunterscrollen.)

## Schritt 3

Wenn Sie nun einen beliebigen Eintrag mit der rechten Maustaste anklicken (hier die Festplatte **Lokaler Datenträger (C:)**), können Sie im Kontextmenü unter anderem **Eigenschaften** anwählen.

### Schritt 4

In der Zeile **Freier Speicher** ❸ können Sie nun die Größe des noch verfügbaren Speicherplatzes ablesen. Klicken Sie am Ende auf **Abbrechen**.

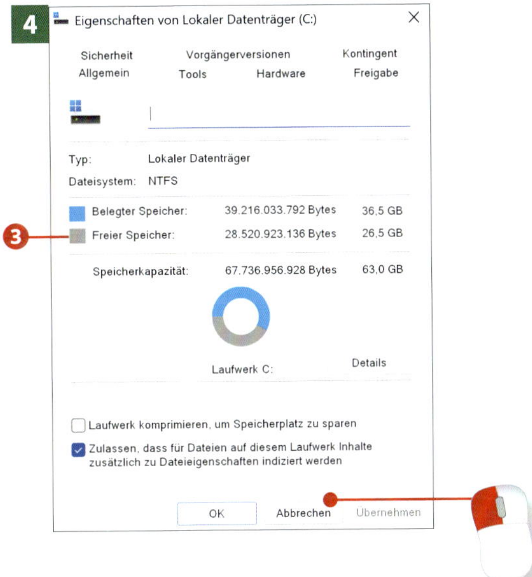


### Schritt 5

Das Verzeichnis, das Sie auf der linken Seite markieren (hier **Bilder**), lässt sich durchsuchen. Dazu geben Sie den gewünschten Begriff oben rechts ein, nachdem Sie in das Feld ❹ hineingeklickt haben.

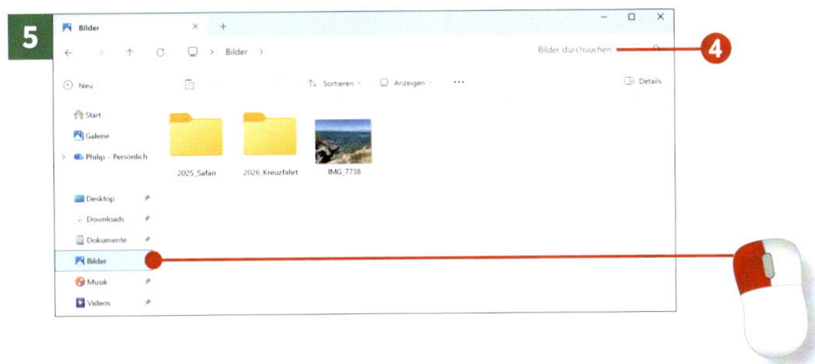


### Schritt 6

Wenn Sie den gesuchten Eintrag ausfindig gemacht haben, können Sie in der Fenstermitte mit einem Doppelklick auf ihn zugreifen.

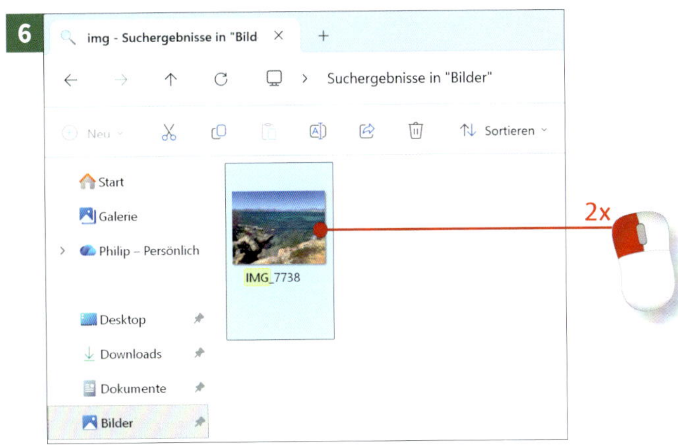


**Belegter Speicher**

In der Zeile **Belegter Speicher** lässt sich ebenso wie an dem blauen Segment im Kreis **Speicherkapazität** (Schritt 4) ablesen, wie viel Speicherplatz derzeit in Verwendung ist.

# Der Explorer (Forts.)

7

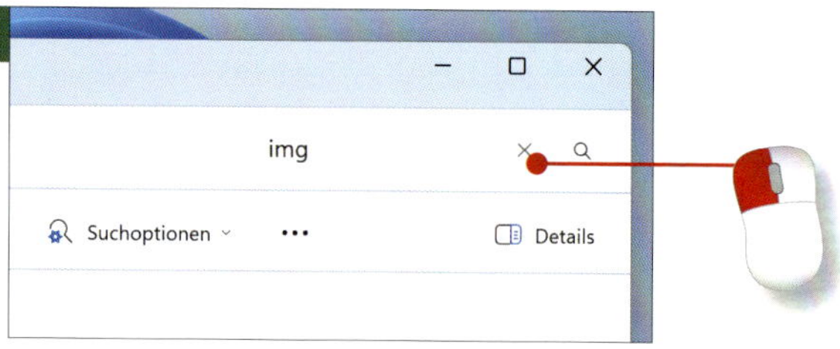


## Schritt 7

Denken Sie daran, den Suchbegriff am Schluss wieder zu löschen, indem Sie auf das Schließkreuz im Eingabefeld der Suche klicken. Alternativ wählen Sie **Suche schließen**.

8

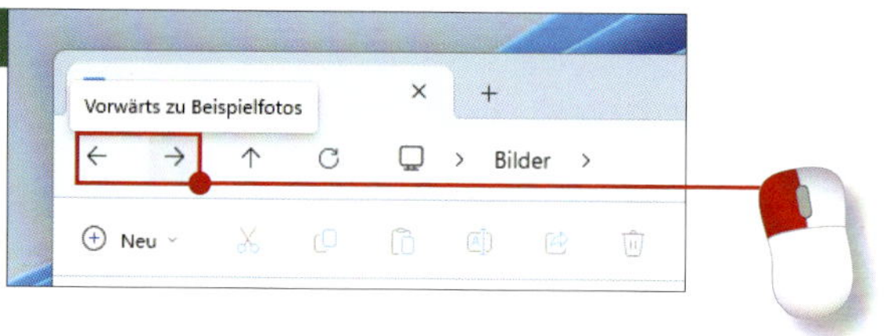


## Schritt 8

Mit den beiden Pfeiltasten oben links können Sie jederzeit eine Seite zurück bzw. anschließend wieder eine Seite nach vorn springen. Der Explorer merkt sich gewissermaßen, wo Sie gewesen sind. Zudem hilft eine QuickInfo weiter (siehe Kasten).

9

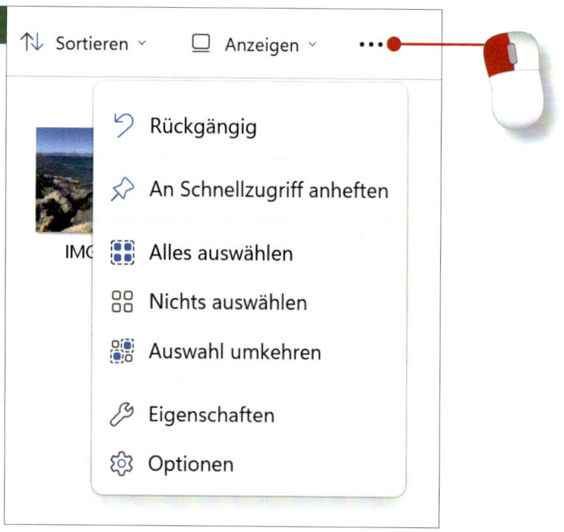


## Schritt 9

Zusätzliche Funktionen bietet das Fenstermenü, das sich durch einen Mausklick auf das Drei-Punkte-Symbol öffnen und auch wieder schließen lässt.

**QuickInfo**

Parken Sie die Maus kurz auf einem Objekt (in Schritt 8 ist das der nach rechts weisende Pfeil), erscheint eine sogenannte *QuickInfo*, die mehr Informationen über eine Funktion offenbart.

## Schritt 10

So gelangen Sie zu den Inhalten eines Verzeichnisses: Markieren Sie in der linken Spalte das Verzeichnis, das Sie einsehen wollen (hier **Bilder**). Setzen Sie in der Fenstermitte einen Doppelklick auf das Unterverzeichnis (hier ein Ordner mit dem Namen *2026_Kreuzfahrt*).

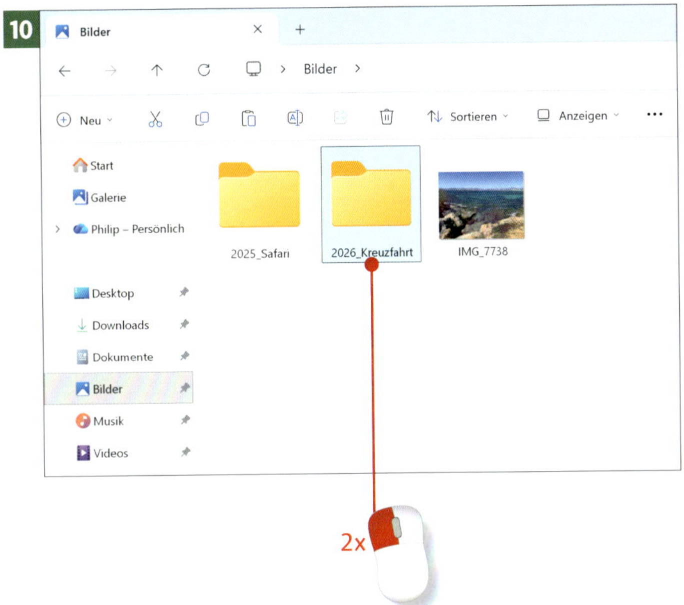


## Schritt 11

Darin können Sie jetzt auf weitere Unterordner ❺ zugreifen, die ihrerseits ebenfalls wieder individuelle Objekte und Unterordner enthalten können. Eine Ebene höher ❻ gelangen Sie mit dem nach oben weisenden Pfeil oben links.

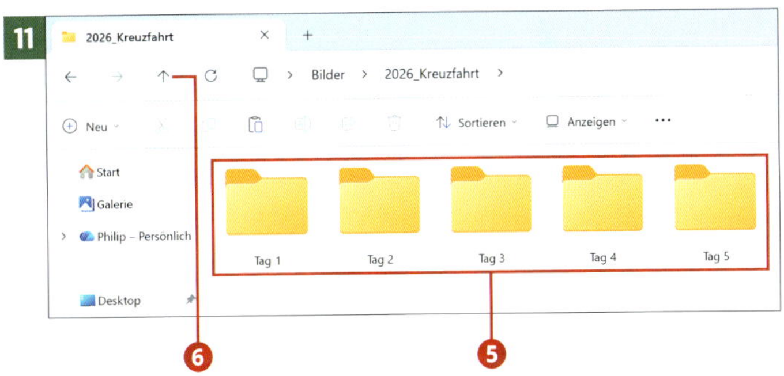


## Schritt 12

Wenn Sie ihn nicht mehr brauchen, schließen Sie den Explorer einfach mit einem Klick auf das Schließenkreuz. Sie wissen ja, wie Sie ihn jederzeit wieder aufrufen können (siehe Schritt 1).

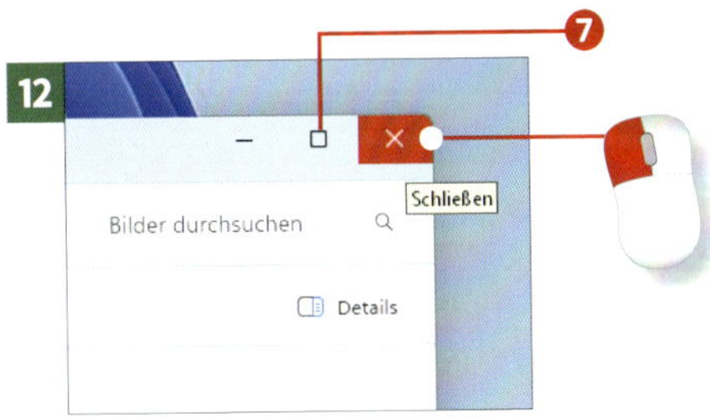


### Fenster maximieren

Um den Explorer komfortabel durchsuchen zu können, empfiehlt es sich, ihn zu maximieren. Klicken Sie dazu auf die Schaltfläche ❼ neben dem Schließkreuz. Ein erneuter Klick darauf stellt die ursprüngliche Fenstergröße wieder her.

# Der Explorer (Forts.)

13

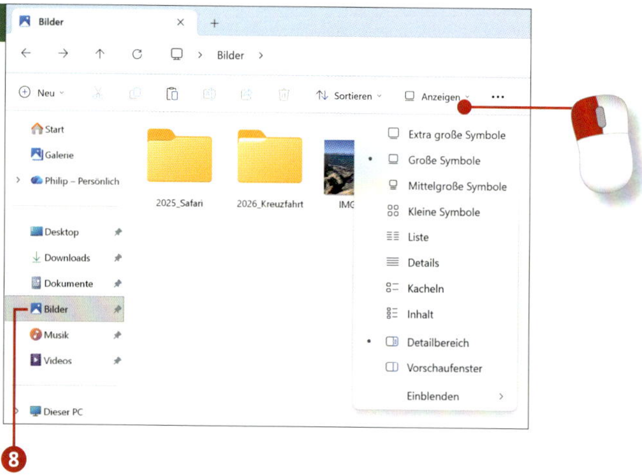


## Schritt 13

Die Darstellung des Explorers können Sie beeinflussen, indem Sie auf **Anzeigen** klicken und eine Ansichtsoption einstellen. Hier habe ich mich für **Große Symbole** im Verzeichnis **Bilder** ❽ entschieden.

14

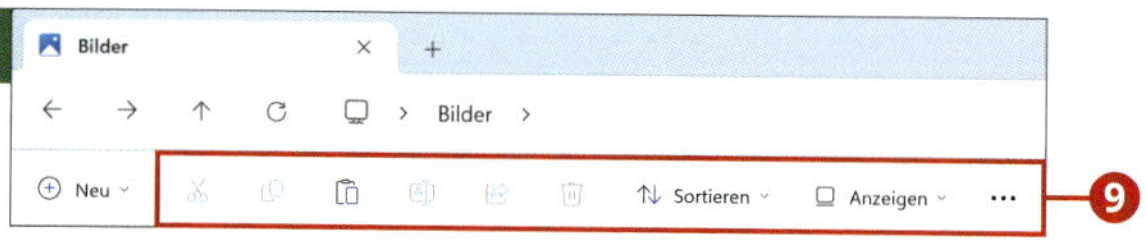


## Schritt 14

Beachten Sie die Symbolleiste, die sich oben im Fenster rechts neben **Neu** ❾ befindet. Wenn kein Element innerhalb des Ordnerfensters markiert ist, werden viele Symbole ausgegraut dargestellt. Dies ist immer ein Indiz dafür, dass nichts angewählt werden kann.

15

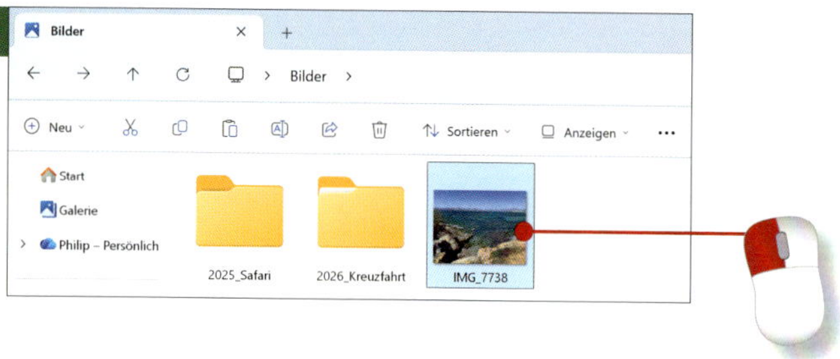


## Schritt 15

Das ändert sich schlagartig, wenn Sie ein Element innerhalb des Verzeichnisses anklicken. Ich habe mich hier für eine Bilddatei entschieden.

## Schritt 16

Nun ließe sich die Datei beispielsweise **Kopieren** ⑩, **Umbenennen** ⑪, in der OneDrive-Cloud **Freigeben** ⑫ oder auch **Löschen** ⑬.

16

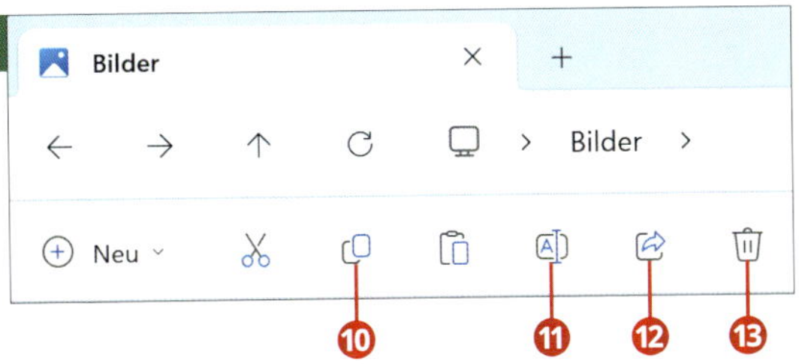


## Schritt 17

Mitunter ist es sinnvoll, ein Verzeichnis nicht im aktuellen, sondern in einem neuen Fenster zu öffnen. Um das zu erreichen, halten Sie die `Strg`-Taste gedrückt, während Sie den Doppelklick ausführen (hier auf dem Ordner *2025_Safari*).

17

## Schritt 18

Nach besagtem Doppelklick wird über dem ursprünglichen Fenster ein weiteres angezeigt. Wenn Sie Dateien und Ordner kopieren oder verschieben müssen, kann es von großem Vorteil sein, beide nebeneinander anzuordnen (siehe dazu auch den Abschnitt »Dateien in Ordner verschieben« auf Seite 67).

18

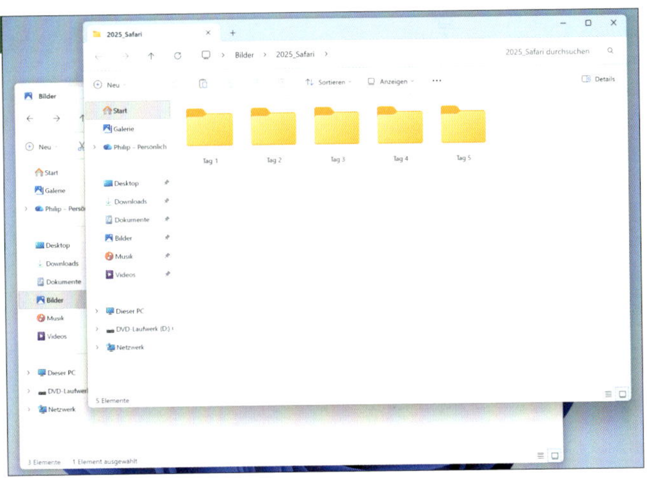

**Fenster nebeneinander anordnen?**
Wie Sie Fenster nebeneinander anordnen, sehen Sie im Abschnitt »Fenster anordnen« auf Seite 46.

# Apps starten und Ordner öffnen

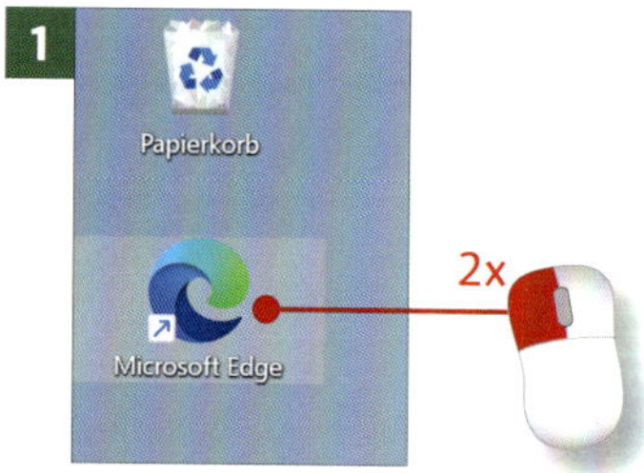


*Sie haben verschiedene Möglichkeiten, ein Programm zu starten oder einen Ordner zu öffnen. Doch wann reicht ein einzelner Mausklick, wann bedarf es eines Doppelklicks und wozu dient der Rechtsklick?*

## Schritt 1

Um ein Programm von einer Desktop-Verknüpfung aus zu starten, klicken Sie das Icon doppelt an. Befindet sich das Symbol in der Taskleiste oder im Startmenü, reicht ein einfacher Mausklick.

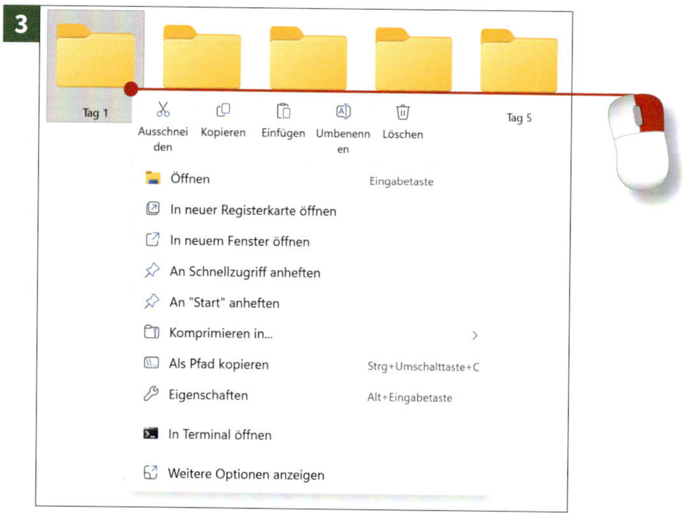


## Schritt 2

Das Öffnen eines Ordners funktioniert ebenso per Doppelklick. Alternativ klicken Sie ihn mit rechts an und wählen dann (mit links) **Öffnen** aus.

## Schritt 3

Beim Öffnen eines Unterordners (eines Ordners in einem Ordner) bewirkt ein Doppelklick, dass im Fenster nun der Inhalt des Unterordners angezeigt wird. Wollen Sie diesen stattdessen auf einer separaten Registerkarte oder in einem neuen Fenster öffnen, klicken Sie den Unterordner mit rechts an und entscheiden sich für **In neuer Registerkarte öffnen** bzw. **In neuem Fenster öffnen**.

# Dateien speichern und schließen

*Nach erfolgter Arbeit mit einer App, die in der Lage ist, Dokumente zu erzeugen (wie z. B. Editor), ist es erforderlich, die Datei zu speichern.*

## Schritt 1

Nach getaner Arbeit klicken Sie oben links zunächst auf **Datei** und entscheiden sich anschließend für **Speichern**. Alternativ betätigen Sie Strg + S.

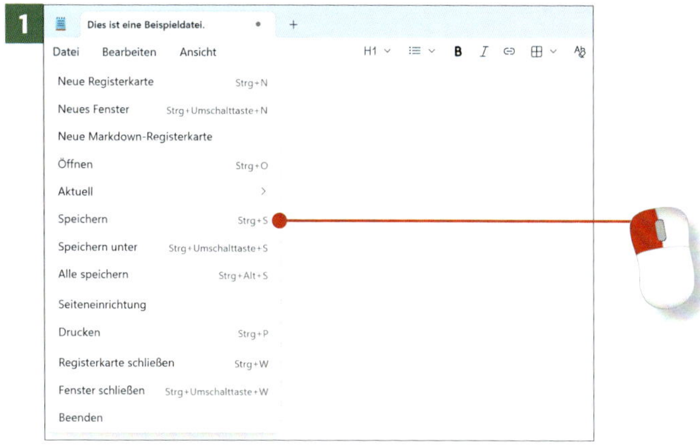


## Schritt 2

Tippen Sie einen Namen ein. Da das Feld **Dateiname** vorselektiert ist, können Sie mit der Eingabe beginnen. Als Speicherort wollen wir für dieses Beispiel den Desktop nutzen. Wählen Sie daher links in der Spalte **Desktop** und klicken Sie unten rechts auf **Speichern**.

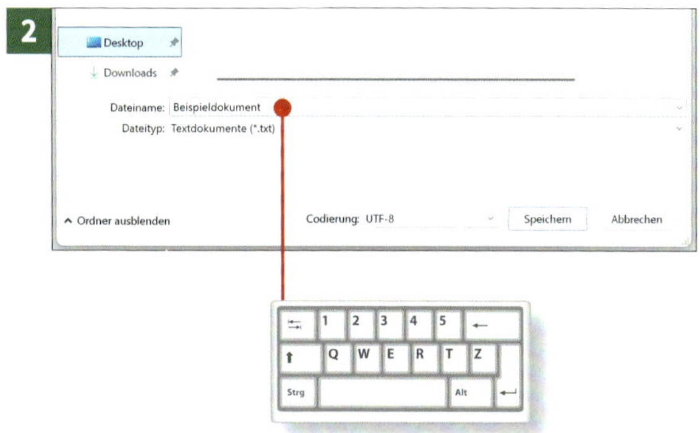


## Schritt 3

Schließen Sie die Anwendung mit Alt + F4 oder per Klick auf das Kreuz zum Schließen rechts oben im Fenster der Anwendung. Auf dem Desktop werden Sie Ihr soeben erzeugtes Dokument jederzeit wiederfinden. Setzen Sie einen Doppelklick darauf, öffnet es sich im zugehörigen Programm.

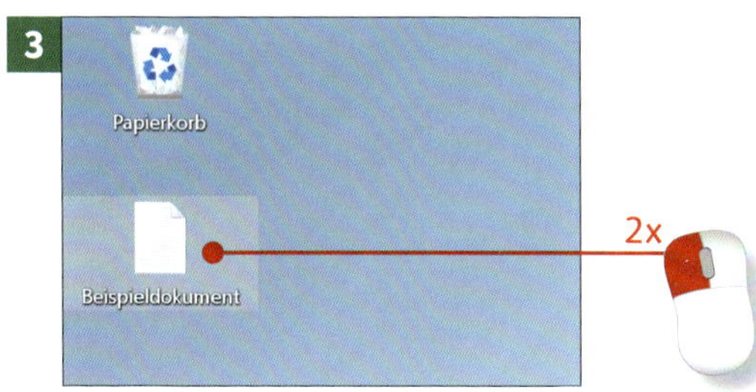

# Einen neuen Ordner erstellen und umbenennen

1

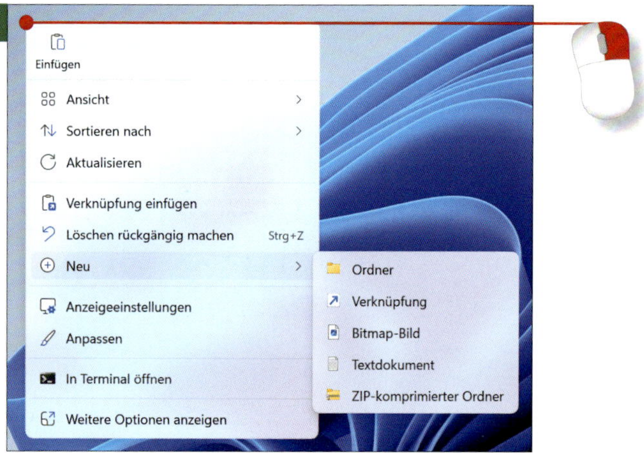


2

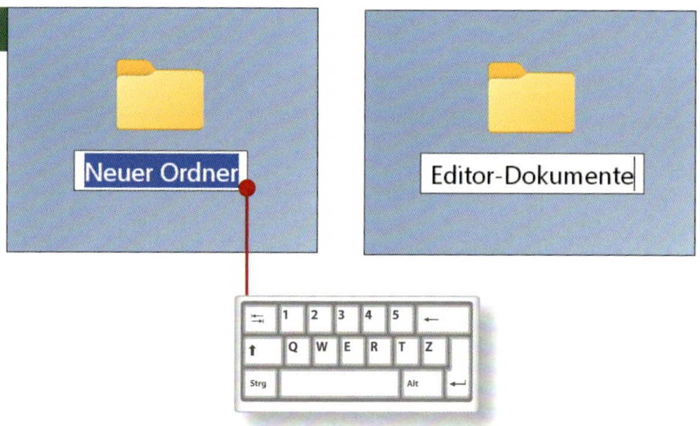


3

*Damit Sie nicht die Übersicht verlieren, sollten Sie von Anfang an eine logische Ordnerstruktur erschaffen. Anderenfalls werden Sie irgendwann jedes Dokument suchen müssen.*

## Schritt 1

Wenn Sie einen neuen Ordner auf dem Desktop einrichten wollen, klicken Sie mit der rechten Maustaste in einen freien Bereich, zeigen dann auf **Neu** und wählen **Ordner** per Mausklick aus.

## Schritt 2

Der Ordner trägt den Namen **Neuer Ordner**, was noch nicht sehr aussagekräftig ist. Da der Name markiert ist, können Sie gleich eine neue Bezeichnung eingeben.

## Schritt 3

Wenn das erledigt ist, drücken Sie ↵. Mit zwei Mausklicks hintereinander – in langsamer Reihenfolge, also kein Doppelklick – auf den Ordnernamen können Sie den Ordner jederzeit erneut umbenennen.

**Unterordner anlegen**

Um einen Unterordner anzulegen, klicken Sie nicht auf den Desktop, sondern in einen freien Bereich des geöffneten Ordners.

# Dateien in Ordner verschieben

*Sie haben nun ein Editor-Dokument und einen Ordner erzeugt, also nichts wie hinein mit dem Schriftstück in den Ordner.*

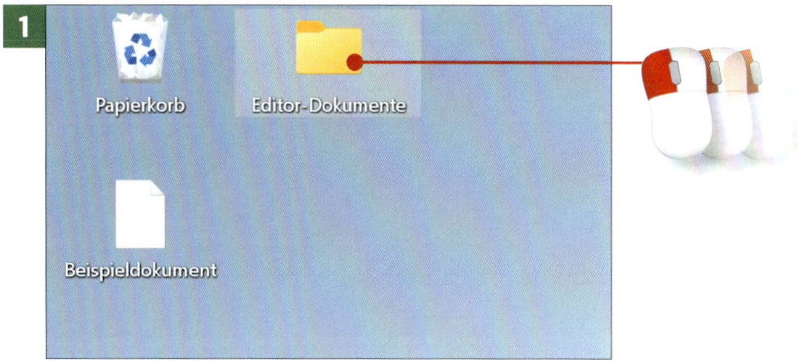


## Schritt 1

Zunächst einmal wollen wir den Ordner an eine andere Position verschieben. Dazu klicken Sie ihn an, halten die Maustaste gedrückt und ziehen ihn in die Nähe des vorhandenen Dokuments.

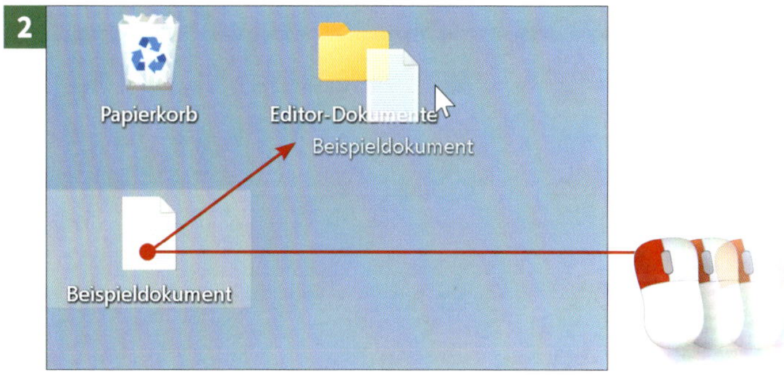


## Schritt 2

Klicken Sie jetzt auf das Dokument und ziehen Sie es über den Ordner. Sobald Sie sich mit der Maus auf dem Ordner befinden, lassen Sie los. Dieses Vorgehen nennt man *Drag and Drop*.

## Schritt 3

Um an das Dokument zu gelangen, öffnen Sie den Ordner mit einem Doppelklick und klicken anschließend doppelt auf das Dokument.

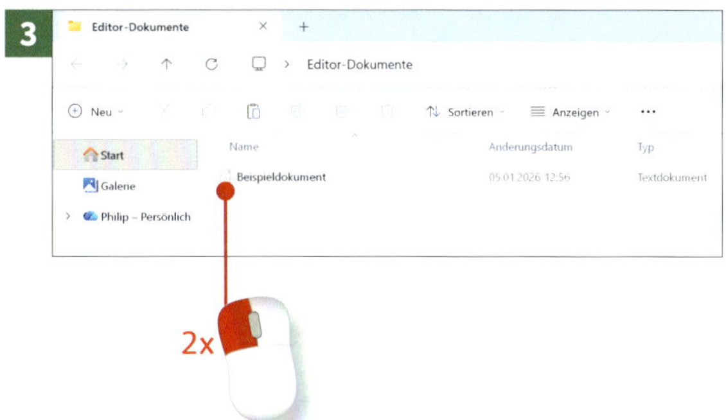

# Ausschneiden, kopieren, einfügen

1

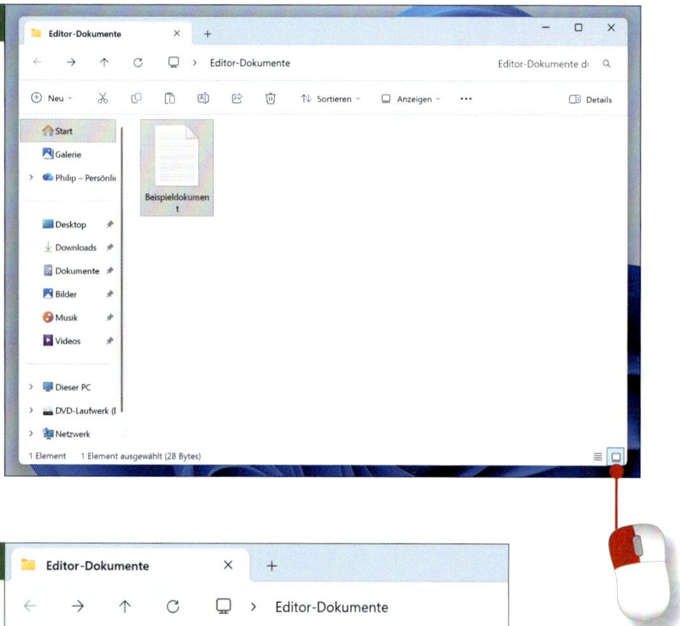


2

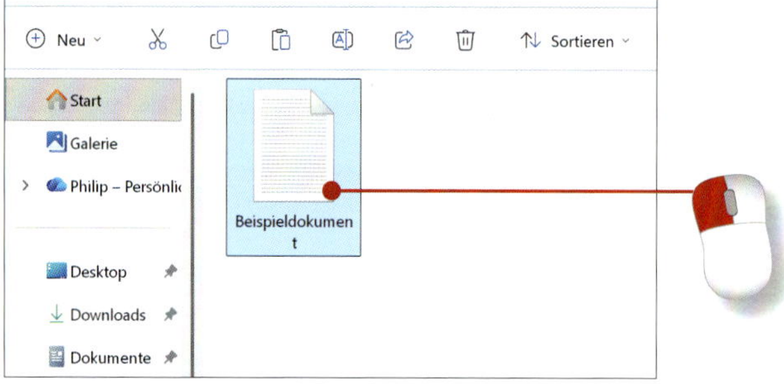


3

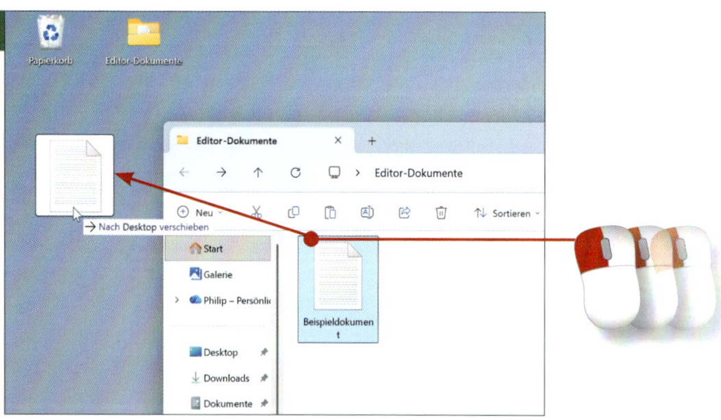


*Als Alternative zum vorangegangenen Workshop lernen Sie jetzt zwei weitere Verschiebefunktionen kennen. Mit der Kopierfunktion und der Zwischenablage können Sie Objekte schnell von A nach B befördern.*

## Schritt 1

Lassen Sie uns das Dokument wieder aus dem Ordner herausholen. Diesmal machen wir das wieder per Drag and Drop. Falls noch nicht geschehen, öffnen Sie den Ordner und klicken Sie ganz unten rechts auf das Symbol, damit anstelle von Listen auch im Ordner Miniaturen angezeigt werden.

## Schritt 2

Markieren Sie das Dokument mit einem Mausklick, wobei Sie die Maustaste bitte gedrückt halten.

## Schritt 3

Ziehen Sie das Symbol aus dem Ordner heraus und bewegen Sie es auf eine freie Stelle des Desktops. Dort angelangt, lassen Sie los.

## Schritt 4

Jetzt geht's zurück in den Ordner, diesmal aber über die sogenannte Zwischenablage. Markieren Sie das Dokument auf dem Desktop und drücken Sie [Strg] + [X]. Wer lieber mit dem Kontextmenü arbeitet, macht stattdessen einen Rechtsklick und wählt danach **Ausschneiden**.

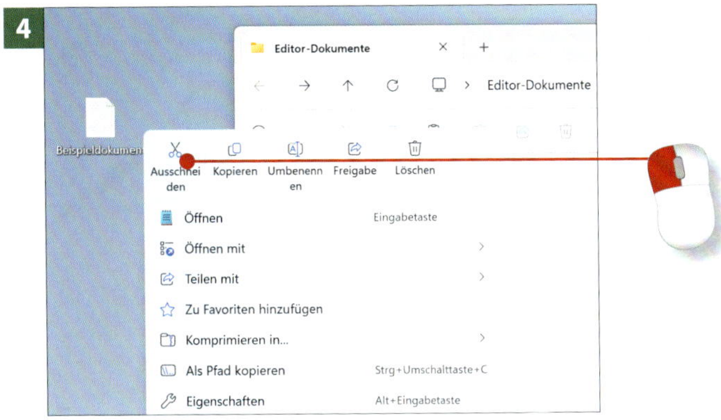


## Schritt 5

Das Dokumentsymbol wird auf dem Desktop jetzt schwach angezeigt. Das ist ein Indiz dafür, dass es sich nun nicht mehr auf dem Desktop befindet, sondern sozusagen im freien Raum (nämlich in der Zwischenablage von Windows 11). Klicken Sie in das Ordnerfenster.

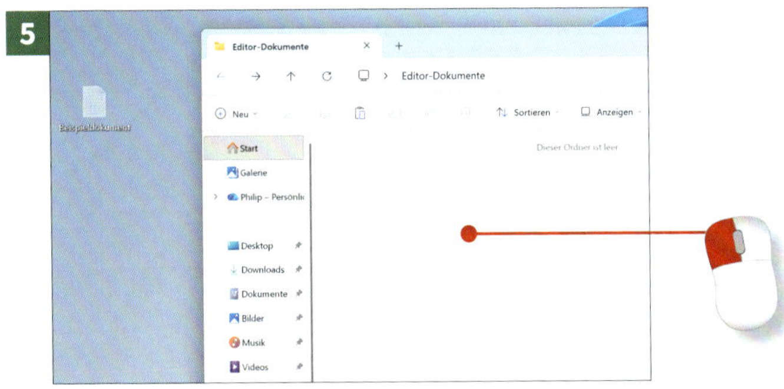


## Schritt 6

Drücken Sie jetzt [Strg] + [V] oder klicken Sie in der Symbolleiste auf den Schalter **Einfügen**.

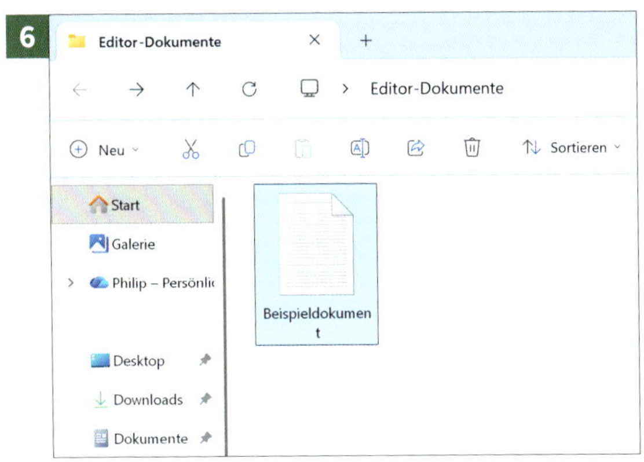


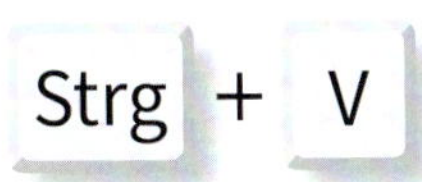


**Kopieren, ausschneiden und verschieben mit der Tastatur**

Um ein Objekt zu kopieren, drücken Sie [Strg] + [C]. Mit [Strg] + [X] schneiden Sie es aus. Es wird dabei keine Kopie erzeugt. Mithilfe von [Strg] + [V] wird das zuvor kopierte oder ausgeschnittene Objekt wieder eingefügt.

# Die Darstellung der Ordner ändern

*Wenn Sie mit vielen unterschiedlichen Dateien arbeiten, kann es sinnvoll sein, dafür zu sorgen, dass sich die Ordner optisch voneinander unterscheiden. In dieser Anleitung erfahren Sie, wie Sie ein Ordnersymbol ändern können.*

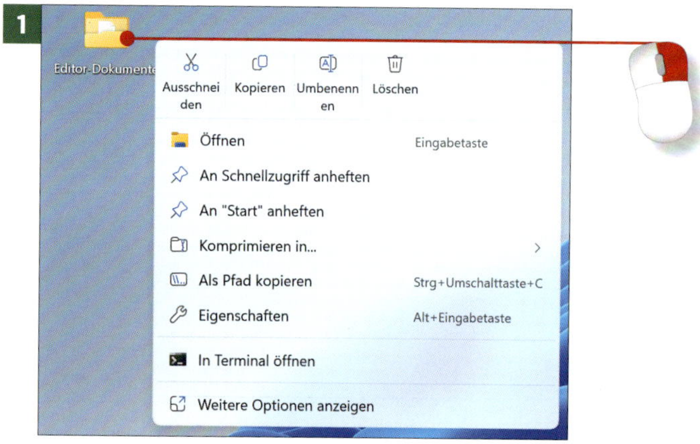


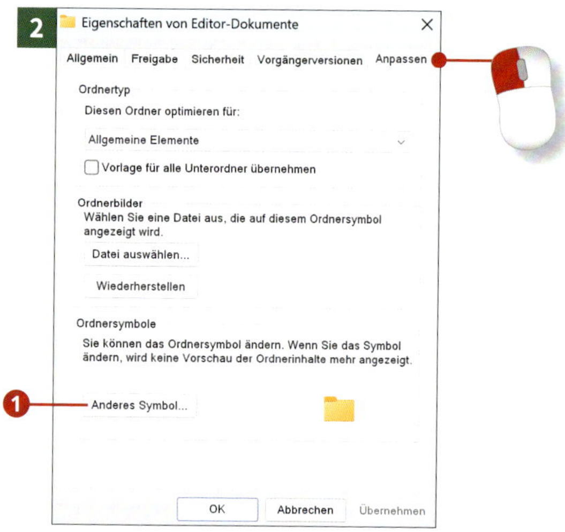


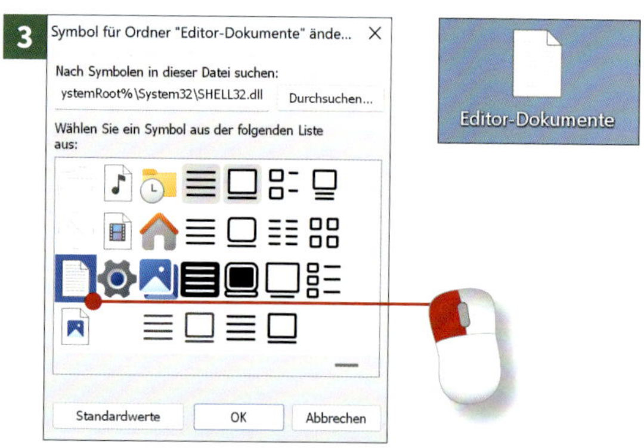


## Schritt 1

Setzen Sie einen rechten Mausklick auf den Ordner, den Sie verändern möchten. Klicken Sie im erscheinenden Kontextmenü auf den Eintrag **Eigenschaften**. Alternativ halten Sie nach Markierung des Ordners `Alt` gedrückt und betätigen ↵.

## Schritt 2

Öffnen Sie nun die Registerkarte **Anpassen**. Dadurch wird die Schaltfläche **Anderes Symbol** ❶ zugänglich, die Sie ebenfalls anklicken.

## Schritt 3

Zuletzt verschieben Sie die unter den Symbolen befindliche *Scrollleiste* und suchen nach einem neuen Ordnersymbol. Wenn Sie es gefunden haben, markieren Sie es und schließen beide Fenster mit einem Klick auf **OK**. Auf dem Desktop erscheint das neue Symbol. Zum Aktualisieren des Desktops drücken Sie bei Bedarf **F5**.

# Ordner und Dateien suchen

*Wenn Sie eine Datei oder einen Ordner nicht mehr finden, können Sie danach suchen.*

## Schritt 1

Benutzen Sie erneut das Suchfeld bzw. die Lupe in der Taskleiste. Klicken Sie darauf. Suchen Sie nach einem Datei- oder Ordnernamen.

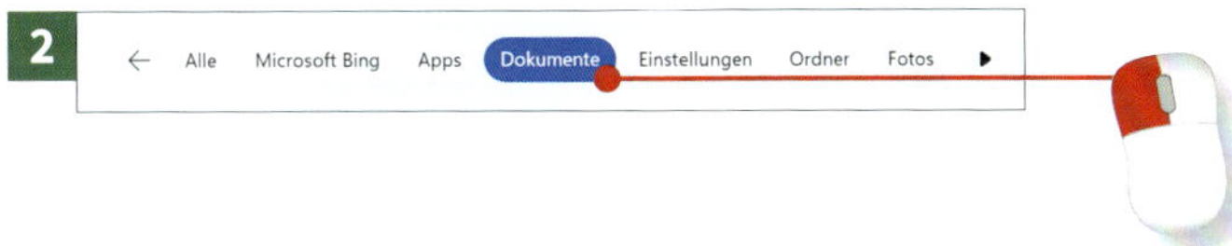


## Schritt 2

Sie können das Ergebnis noch verfeinern. Hier wählen wir z. B. den Filter **Dokumente**.

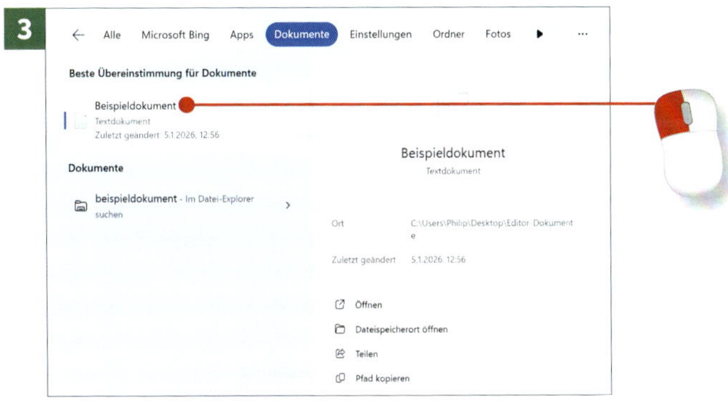


## Schritt 3

Klicken Sie eine gefundene Datei an, um diese im dafür vorgesehenen Programm zu öffnen.

**Suchfeld oder Lupe?**

Bevorzugen Sie Suchfeld oder Lupe? Klicken Sie mit der rechten Maustaste in die Taskleiste und wählen Sie **Taskleisteneinstellungen**. Im Menü **Suchen** wählen Sie anschließend die gewünschte Option.

# Suchergebnisse im Web

1

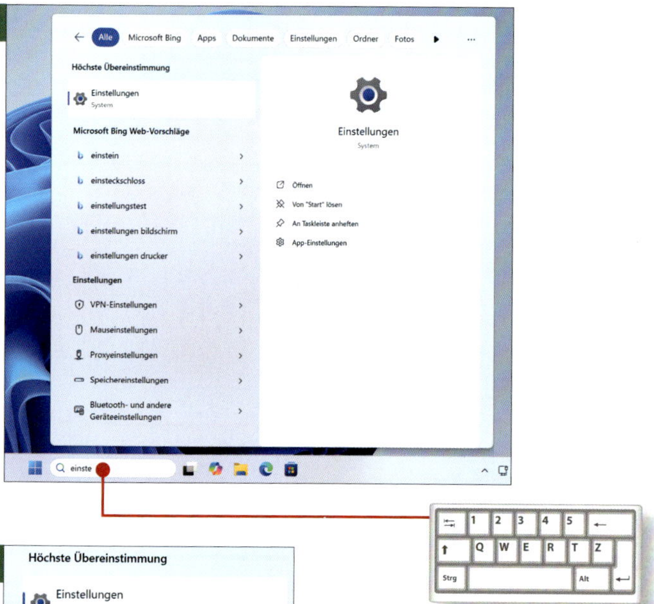


2

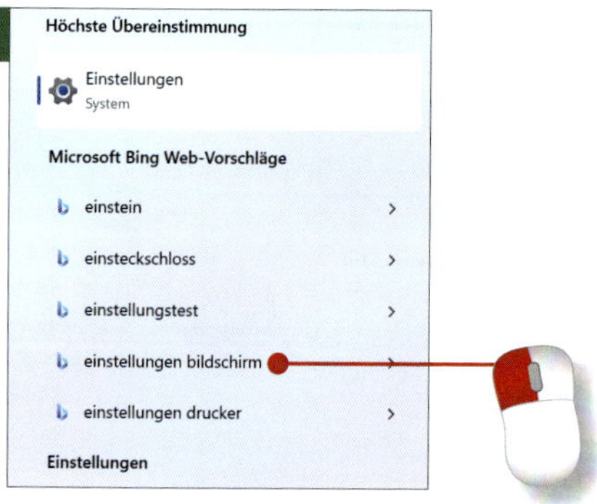


3

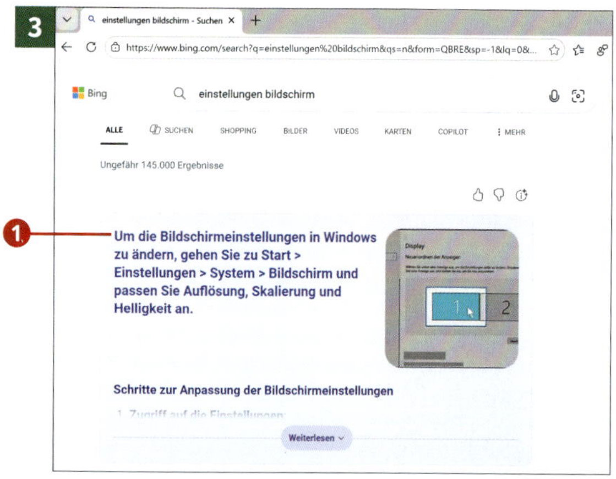


*Falls eine umfangreiche Suche erforderlich ist, in der es außer um Dateien oder Apps auch um Webinhalte geht, sollten Sie so vorgehen, wie in dieser Anleitung beschrieben.*

## Schritt 1

Geben Sie in das Suchfeld einen Suchbegriff ein, bereits während der Eingabe wird gesucht (hier »einste« für **Einstellungen**). In der Liste werden entsprechende Ergebnisse angezeigt.

## Schritt 2

Soll das Internet nach einem Begriff durchsucht werden. Wählen Sie den passenden Eintrag aus, etwa **einstellungen bildschirm**.

## Schritt 3

In diesem Fall wird eine Websuche gestartet. Die Ergebnisse ❶ werden Ihnen in der App **Microsoft Edge**, Ihrem Browser, angezeigt (dazu mehr in Kapitel 4, »Im Internet surfen«).

# Die Einstellungen und die Systemsteuerung öffnen

*Was die Einstellungen auf Ihrem PC betrifft, wartet Windows 11 mit intuitiven Dialogen auf. Wie Sie die Einstellungen und die »alte« Systemsteuerung (bekannt aus älteren Windows-Versionen) erreichen können, verraten diese Schritte.*

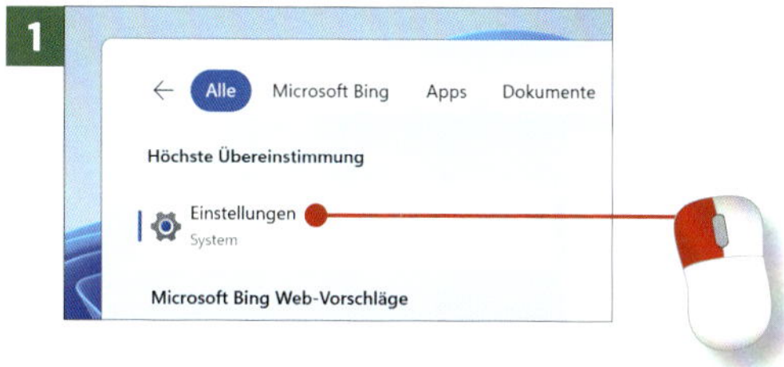


## Schritt 1

Es gibt zwei Arten von Systemeinstellungen. Die eine erreichen Sie, wie bereits bekannt, über einen Klick auf die **Windows**-Schaltfläche oder die Eingabe eines entsprechenden Stichwortes in der Suchfunktion. Klicken Sie danach auf die **Einstellungen**-App.

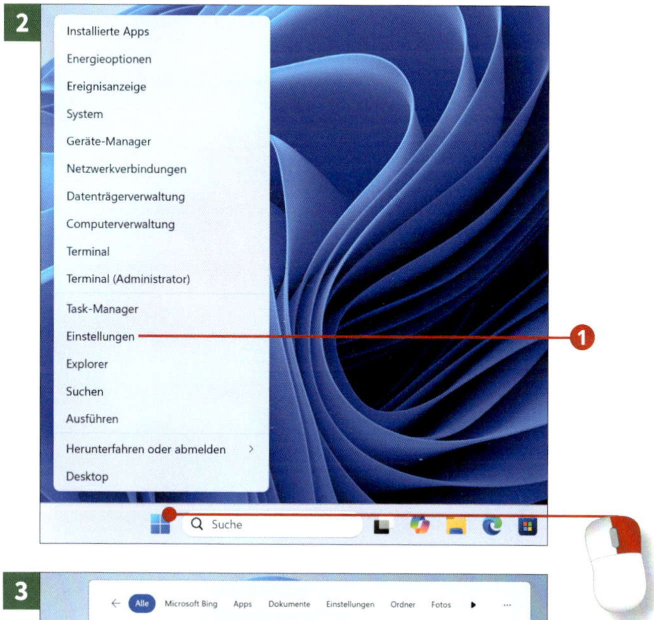


## Schritt 2

Eine weitere Möglichkeit: Klicken Sie mit rechts auf die **Windows**-Schaltfläche und wählen Sie **Einstellungen** ❶ im Kontextmenü aus.

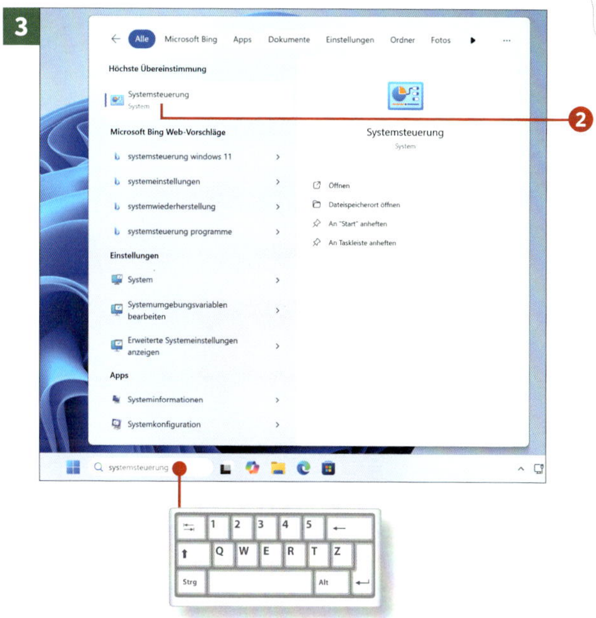


## Schritt 3

Wer Windows schon länger kennt und sich an die »alte« Systemsteuerung gewöhnt hat, kann diese durch Eingabe des Suchbegriffs »sys« erreichen. Klicken Sie anschließend auf **Systemsteuerung** ❷.

# Dateien löschen und den Papierkorb leeren

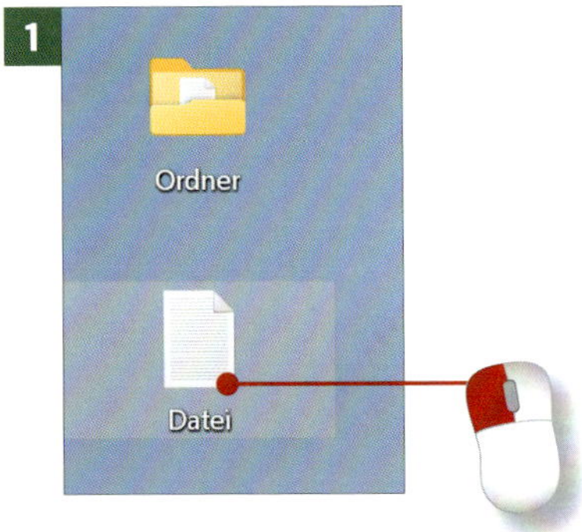


*Glücklicherweise können Ordner und Dateien auch gelöscht werden. Ansonsten wäre es ja nur eine Frage der Zeit, bis Ihre Festplatte randvoll ist.*

## Schritt 1

Das zu löschende Objekt müssen Sie zunächst per Mausklick markieren. Dabei spielt es keine Rolle, ob es sich auf dem Desktop oder in einem Ordner befindet. Wenn Sie nur eine einzelne Datei löschen wollen, machen Sie mit Schritt 4 weiter.

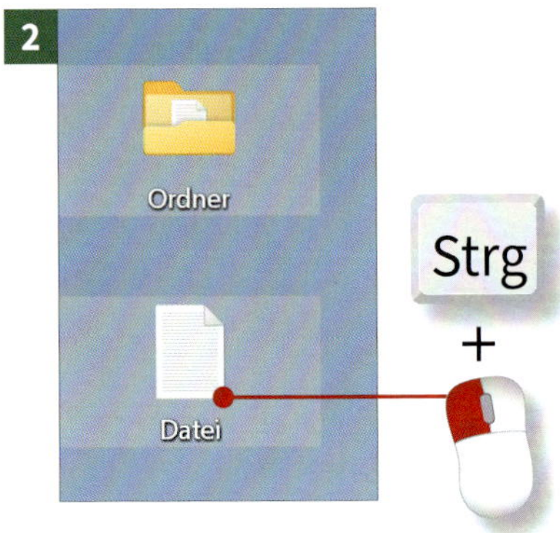


## Schritt 2

Sie möchten neben dem markierten Objekt ein weiteres löschen? Dann halten Sie `Strg` gedrückt und klicken auch auf das zweite Objekt. Danach können Sie `Strg` wieder loslassen.

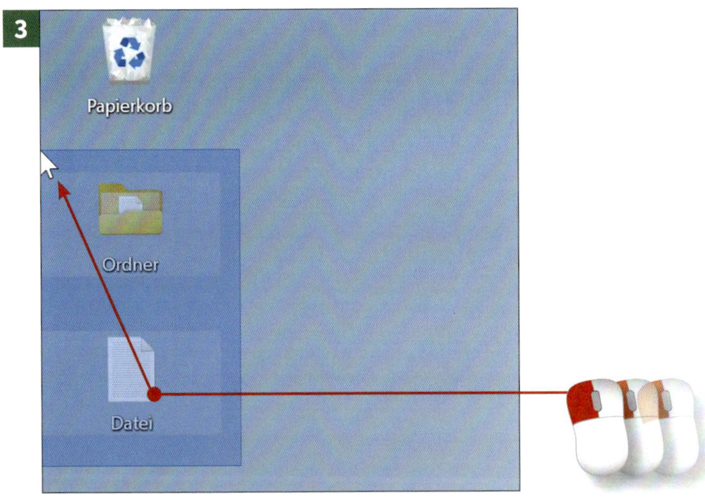


## Schritt 3

Alternativ zu den Schritten 1 und 2 können Sie die zu löschenden Objekte auch durch Ziehen mit der Maus markieren. Klicken Sie dazu außerhalb eines Symbols, halten Sie die Maustaste gedrückt, ziehen Sie einen Rahmen über die Objekte und lassen Sie erst los, wenn alle markiert sind.

## Schritt 4

Klicken Sie auf eine der markierten Dateien, lassen die Maustaste nicht mehr los und ziehen sie zum Papierkorb. Sobald die QuickInfo **Nach Papierkorb verschieben** sichtbar wird, können Sie loslassen.

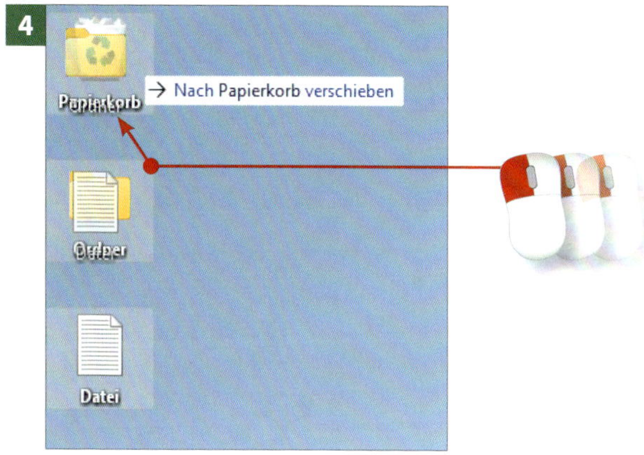


## Schritt 5

Der Papierkorb wird jetzt als gefüllt angezeigt. Wenn Sie ihn leeren und die Dateien unwiderruflich löschen wollen, klicken Sie ihn mit rechts an und markieren **Papierkorb leeren** ❶. Klicken Sie anschließend auf **Ja**.

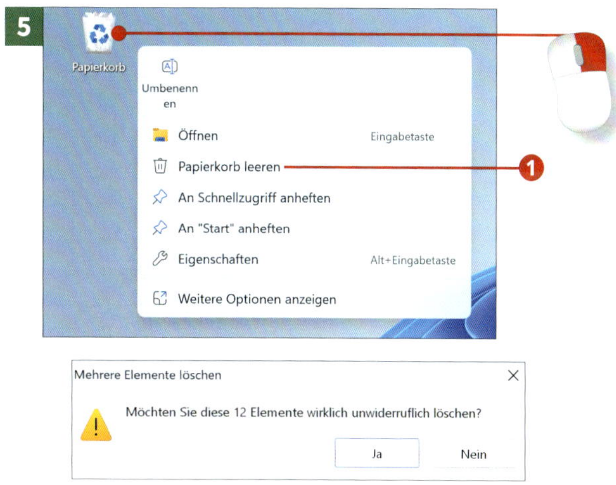


## Schritt 6

Achtung: Dieser Schritt funktioniert nur, solange Schritt 5 noch nicht vollzogen ist! Sie haben eine Datei unbeabsichtigt gelöscht? Dann klicken Sie doppelt auf den Papierkorb, klicken mit der rechten Maustaste auf die zu erhaltende Datei und wählen **Wiederherstellen** ❷.

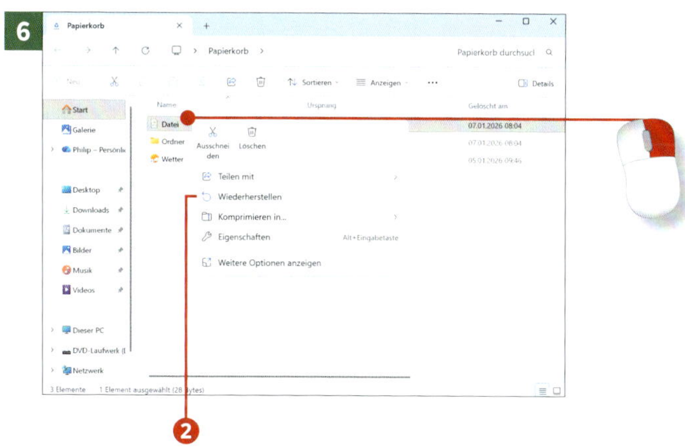


**!**

**Keine Sicherheit beim Löschen**
Bedenken Sie, dass Dateien niemals rückstandsfrei vom Rechner entfernt werden, auch wenn Sie diese aus dem Papierkorb gelöscht haben. Gelöschte Dateien können mit einer entsprechenden Software oft wiederhergestellt werden.

# Eigenschaften von Dateien und Ordnern anzeigen

*Sie haben mehrere Versionen eines Dokuments gespeichert und wollen nun wissen, welche Datei zuletzt erzeugt worden ist? Das und noch vieles mehr können Sie in den »Eigenschaften« nachsehen.*

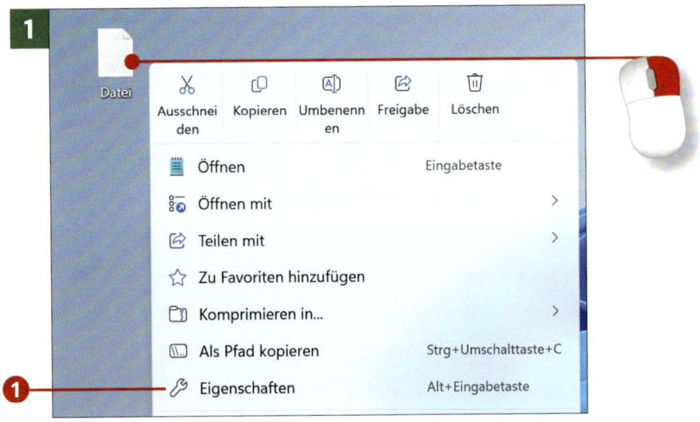


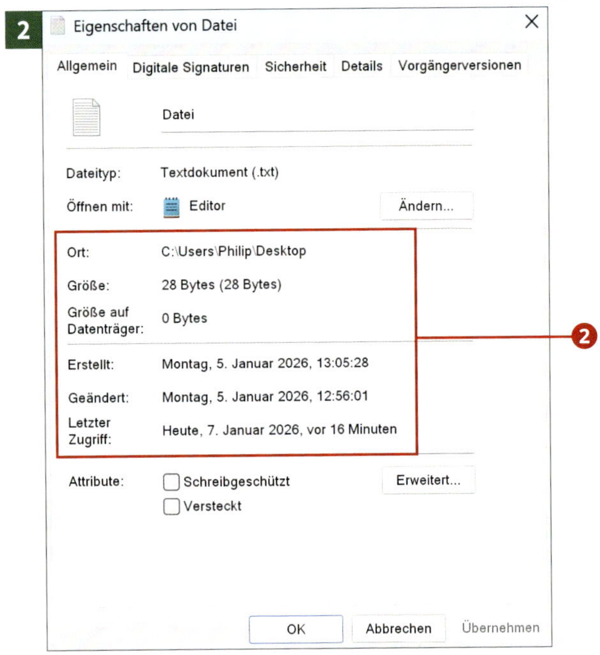


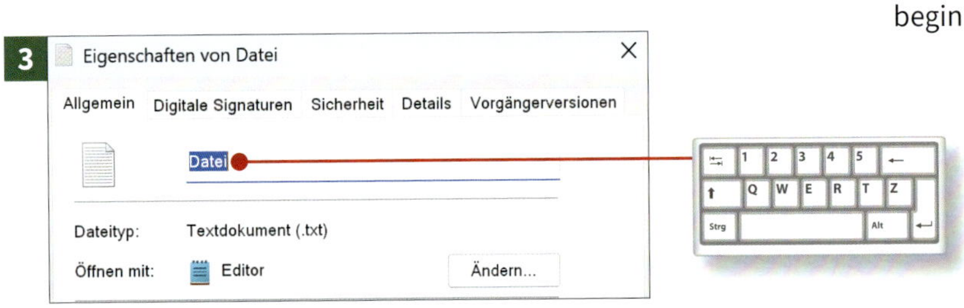


## Schritt 1

Klicken Sie ein beliebiges Dokument mit rechts an und entscheiden Sie sich im Kontextmenü für **Eigenschaften** ❶. Ob sich das Dokument auf dem Desktop oder in einem Ordner befindet, spielt keine Rolle.

## Schritt 2

Etwa in der Mitte des Eigenschaften-Fensters können Sie den Speicherort des Dokuments (in diesem Fall der Desktop), die Größe, das Erstellungsdatum ❷ und noch viel mehr ablesen.

## Schritt 3

Sie können das Dokument umbenennen, indem Sie mit gedrückter linker Maustaste über den kompletten Text des oberen Eingabefeldes fahren. Danach beginnen Sie mit der Eingabe.

### Schritt 4

Wenn Sie das Dokument schützen wollen, klicken Sie das Feld **Schreibgeschützt** an. Das Häkchen signalisiert: Die Datei kann zwar noch geöffnet und bearbeitet, nicht jedoch unter demselben Namen und am selben Ort gesichert werden.

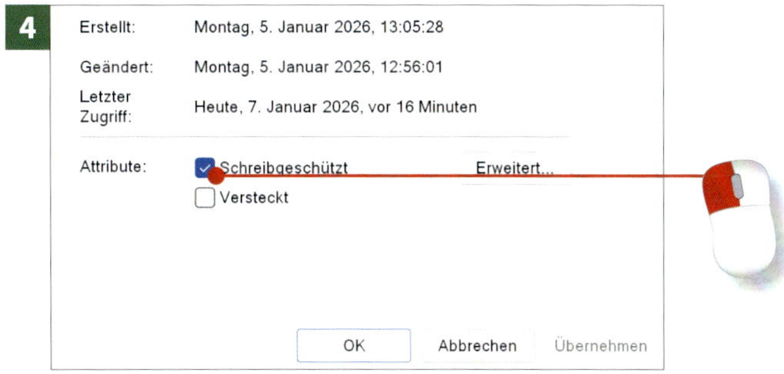


### Schritt 5

Entfernen Sie das Häkchen wieder mit einem Klick und wählen Sie die Registerkarte **Details**.

### Schritt 6

Hier finden Sie weitere wichtige Informationen, z. B. das Erstellungs- und Änderungsdatum sowie den Besitzer und Computer. Am Ende klicken Sie auf **OK**. Haben Sie Änderungen vorgenommen und möchten diese verwerfen, klicken Sie auf **Abbrechen**.

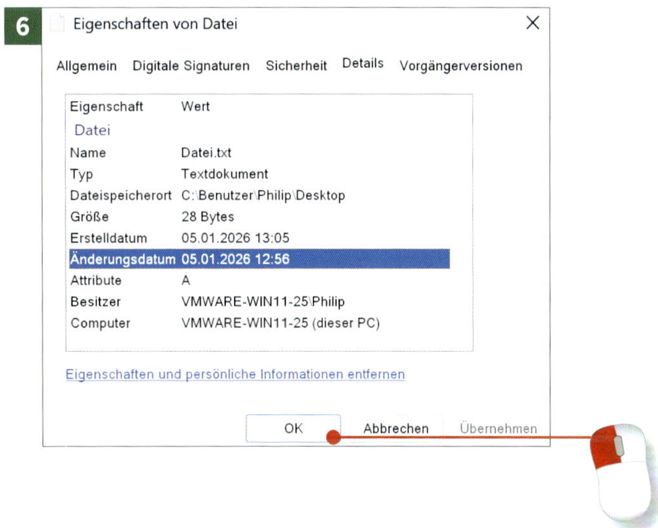


**!**

**Dateien verstecken**

Gehen Sie behutsam mit der Funktion **Versteckt** um. Damit lassen sich die Objekte ausblenden. Um sie wieder sichtbar zu machen, müssen Sie tief ins System gehen. Außerdem ist das Verstecken ohnehin keine sichere Methode, um den Inhalt vor neugierigen Blicken zu verbergen.

# Dateien komprimieren und dekomprimieren

*Wenn Sie beabsichtigen, Dateien zu archivieren oder per E-Mail zu versenden, ist es sinnvoll, sie vorab zu komprimieren. Dabei werden die Dateien gewissermaßen zusammengepresst und die Dateigröße verringert sich zum Teil beträchtlich. Umgangssprachlich nennt man das nach dem gängigen ZIP-Format »zippen«.*

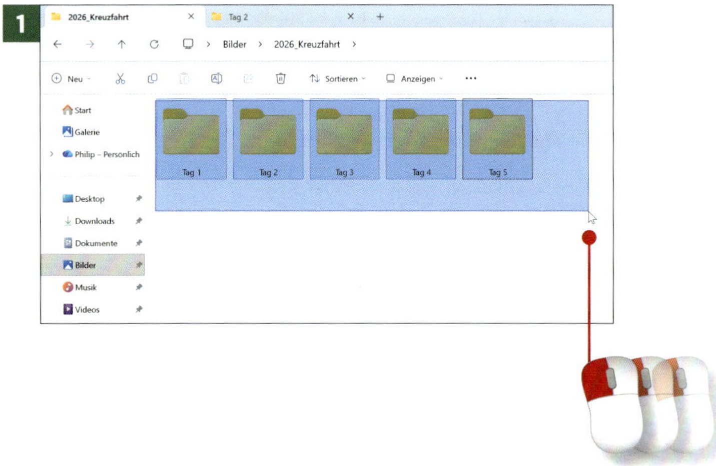


## Schritt 1

Setzen Sie einen Mausklick auf das Objekt, das Sie komprimieren wollen. Sie dürfen auch mehrere Objekte anklicken, während Sie `Strg` gedrückt halten, oder mit gedrückter Maustaste einen Rahmen um die zu »zippenden« Dateien und Ordner ziehen.

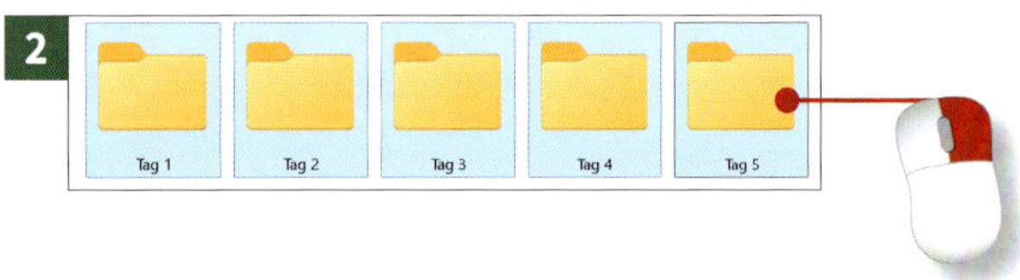


## Schritt 2

Danach erfolgt der mittlerweile wohl bestens bekannte Rechtsklick auf eine der markierten Dateien oder Ordner.

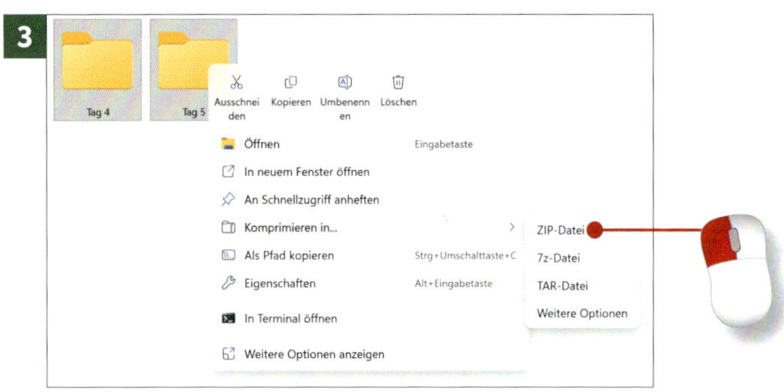


## Schritt 3

Im nächsten Arbeitsgang bewegen Sie den Mauszeiger auf **Komprimieren in** und entscheiden sich im Ausklappmenü für **ZIP-Datei**, wobei dieser Eintrag mit der linken Maustaste anzuklicken ist.

## Schritt 4

Kurz darauf finden Sie einen weiteren Ordner vor, der mit einem Reißverschluss versehen ist. Wenn Sie einen neuen Namen eingeben wollen, tippen Sie einfach drauflos, wenn nicht, drücken Sie [↵].

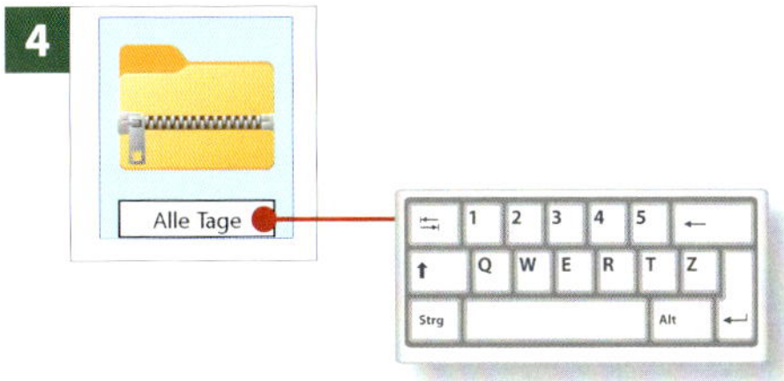


## Schritt 5

Sie können den ZIP-Ordner zwar per Doppelklick öffnen und die darin enthaltenen Dateien ansehen, jedoch lässt sich damit nicht arbeiten. Dazu müssen die Empfänger*innen die ZIP-Datei mit der rechten Maustaste anklicken und **Alle extrahieren** auswählen.

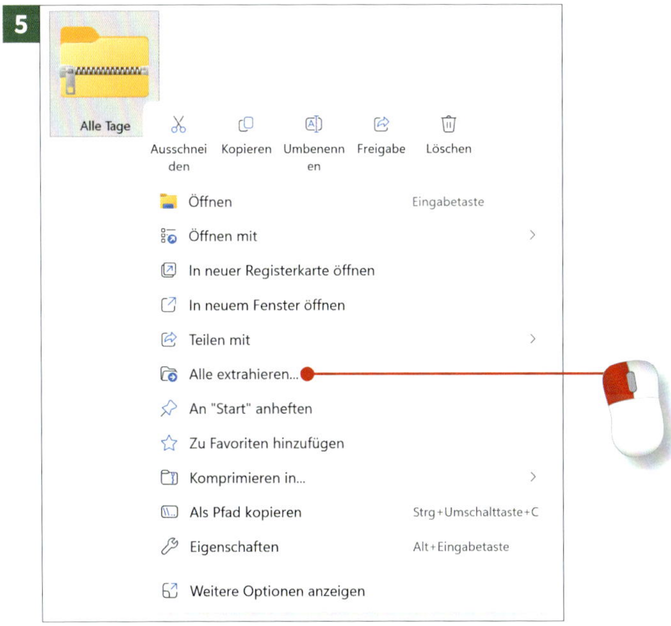


## Schritt 6

Im nächsten Dialog müssen Sie noch einmal auf **Extrahieren** klicken. Jetzt wird am selben Ort, an dem sich der ZIP-Ordner befindet, ein dekomprimierter Ordner erzeugt. Die darin enthaltenen Dateien können bearbeitet werden.

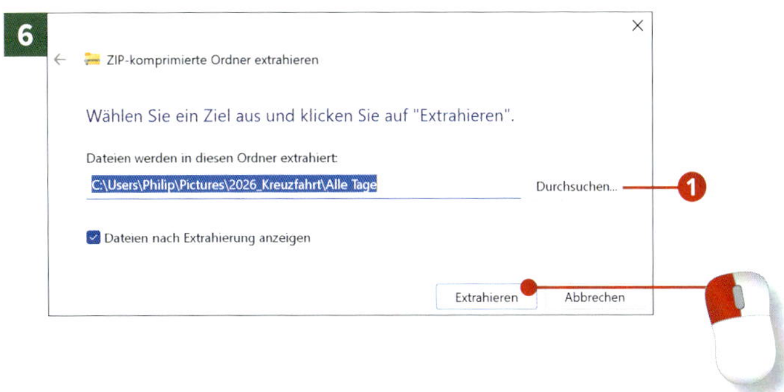


### Speicherort ändern

Klicken Sie auf **Durchsuchen** 1, falls Sie beabsichtigen, einen neuen Speicherort für die entpackten Dateien anzugeben.

# Dateitypen und ausgeblendete Elemente anzeigen

*An Dateitypen erkennen Sie, um welche Art von Dokumenten es sich handelt. Da sie jedoch standardmäßig nicht angezeigt werden, müssen Sie sie zunächst sichtbar machen. Das Gleiche gilt für versteckte Dateien.*

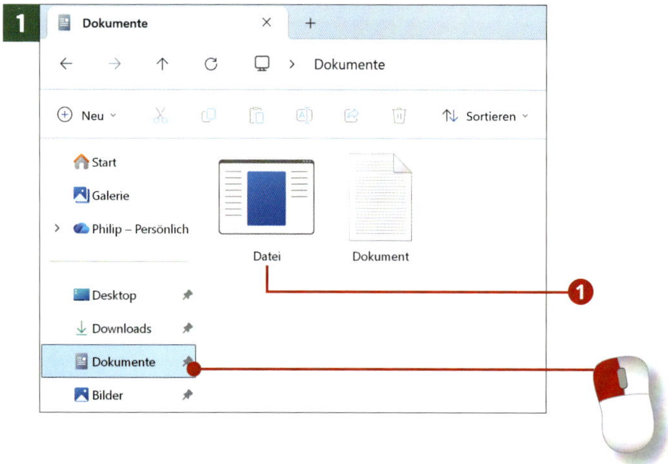


## Schritt 1

Öffnen Sie einen Ordner, in dem sich mindestens eine Datei befindet (hier **Dokumente**). Sie sehen darin lediglich Namen ❶, jedoch keine Dateiendungen – egal, ob Sie unten rechts auf Listen- oder Miniaturansicht schalten.

## Schritt 2

Anschließend klicken Sie oben im Ordner auf die Schaltfläche **Anzeigen**.

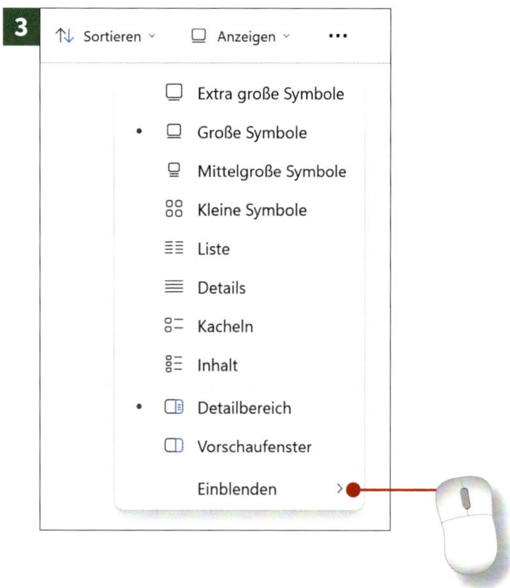


## Schritt 3

Bewegen Sie im Menü den Mauszeiger auf **Einblenden** ganz unten in der Liste.

**Ordnerübergreifende Einstellung**

Die hier vorgenommenen Einstellungen gelten grundsätzlich für das gesamte System – also nicht nur für den Ordner, in dem Sie die Einstellung vornehmen.

### Schritt 4

Im Ausklappmenü klicken Sie nun den Eintrag **Dateinamenerweiterungen** an.

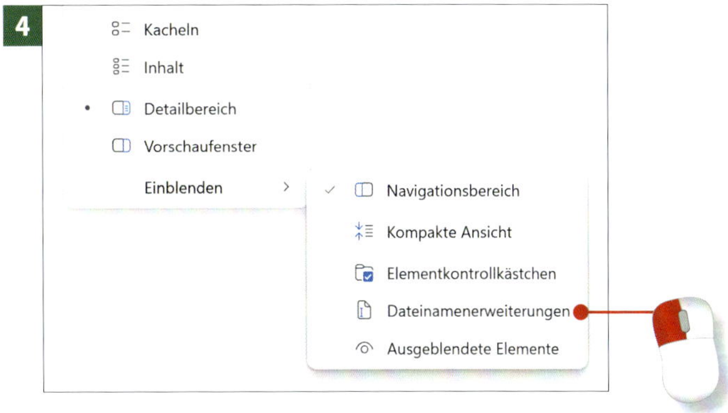


### Schritt 5

Sie stellen fest, dass im Explorer nicht mehr nur die Namen der Dateien angezeigt werden, sondern auch deren Dateiendungen. Im Beispiel steht *.txt* ❷ für eine Textdatei und *.exe* ❸ für eine ausführbare Programmdatei.

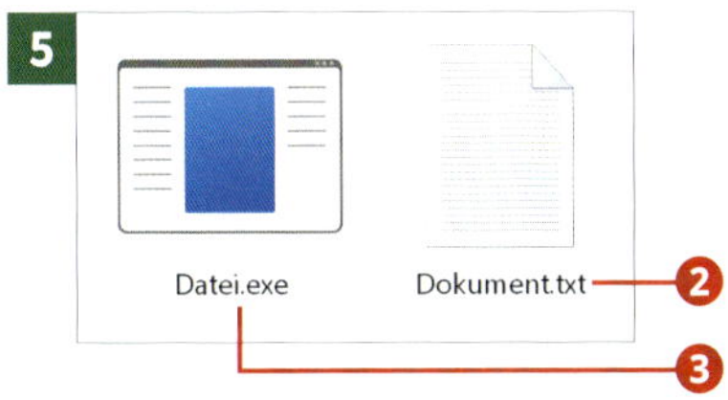


### Schritt 6

Öffnen Sie das Ausklappmenü aus Schritt 4 erneut, stellen Sie fest, dass der Eintrag **Dateinamenerweiterungen** mit einem Häkchen ❹ versehen ist. Ein erneuter Mausklick auf den Eintrag blendet die Dateitypen wieder aus.

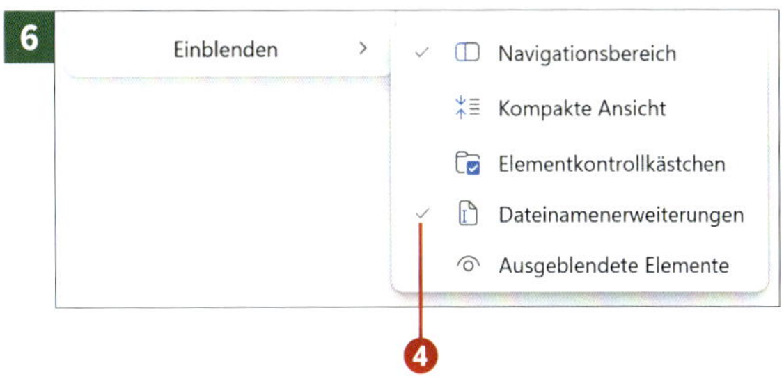


**Weitere Dateiendungen**

Von nun an werden Ihnen sämtliche Dateiendungen angezeigt. So wird ein Foto z. B. oft mit der Endung *.jpg*, *.png* oder *.tif* ausgezeichnet, während Dokumenten vielleicht *.doc*, *.rtf* oder *.odt* angehängt ist.

# Mit mehreren Apps gleichzeitig arbeiten

1

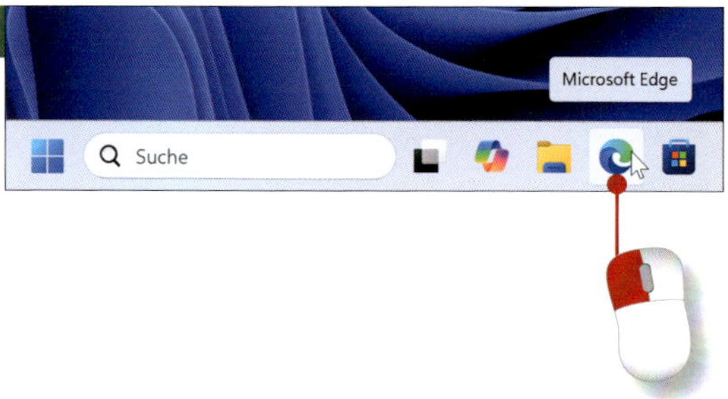


2

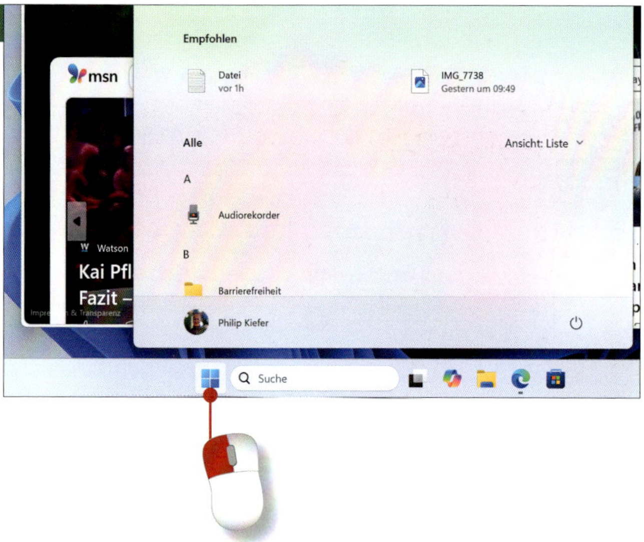


3

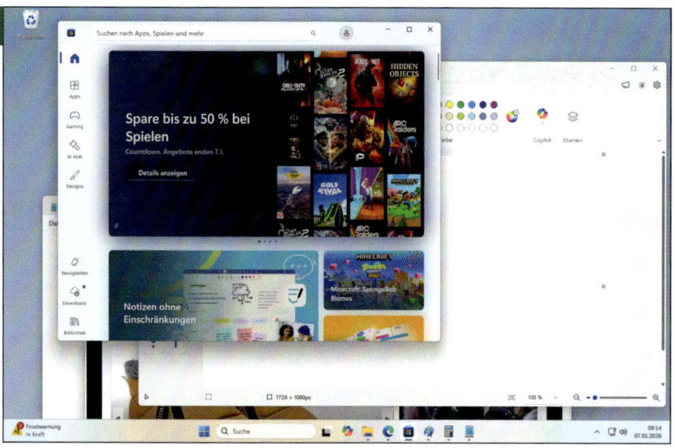


*Mitunter ist es sehr sinnvoll, mehrere Apps nebeneinanderzustellen, etwa, wenn Sie gerade Finanzmarktinfos einholen, währenddessen etwas im Internet recherchieren und nebenbei noch eine E-Mail schreiben wollen.*

## Schritt 1

Beginnen Sie mit dem Öffnen einer beliebigen App. Wir entscheiden uns hier für **Microsoft Edge**. Klicken Sie also auf das entsprechende Symbol in der Taskleiste.

## Schritt 2

Sobald Microsoft Edge geöffnet ist, drücken Sie entweder die Taste [Windows-Taste] oder klicken auf die **Windows**-Schaltfläche, um in das Startmenü zu gelangen.

## Schritt 3

Öffnen Sie noch einige weitere Apps. Unsere Wahl fällt unter anderem auf die App Paint und den Microsoft Store.

### Schritt 4

Wir arbeiten nun beispielhaft mit der App Paint. Klicken Sie mit der linken Maustaste auf die Kopfleiste der Anwendung und halten Sie die Maustaste gedrückt.

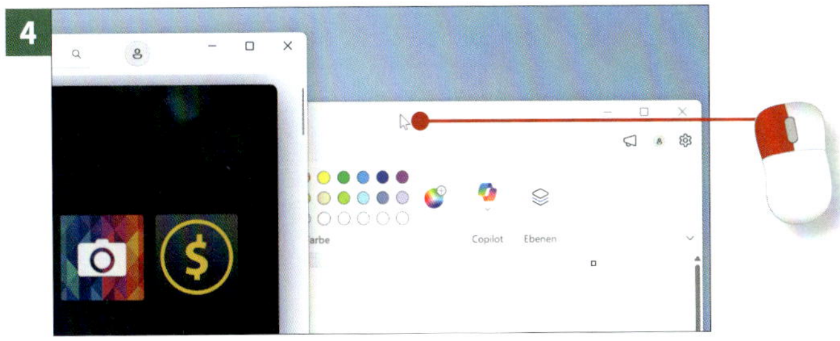


### Schritt 5

Jetzt müssen Sie die Maus nach links oder (wie hier) nach rechts bewegen. Lassen Sie los, sobald sich in der rechten Hälfte des Bildschirms eine Art Glasrahmen ❶ zeigt.

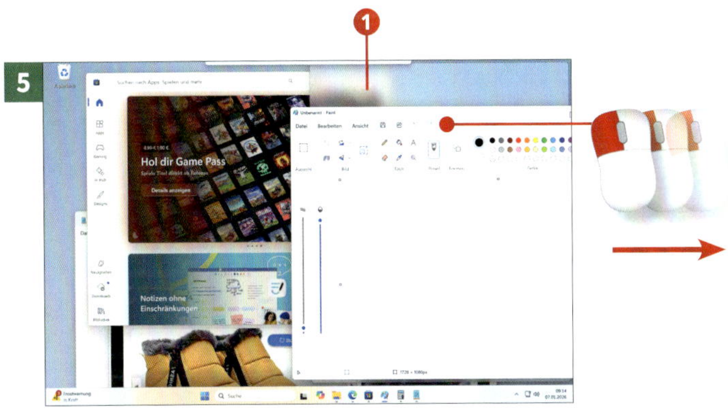


### Schritt 6

Schauen Sie auf die linke Seite des Monitors. Dort sind alle weiteren Fenster aufgeführt, die ebenfalls noch geöffnet sind. (In diesem Beispiel sind es fünf.)

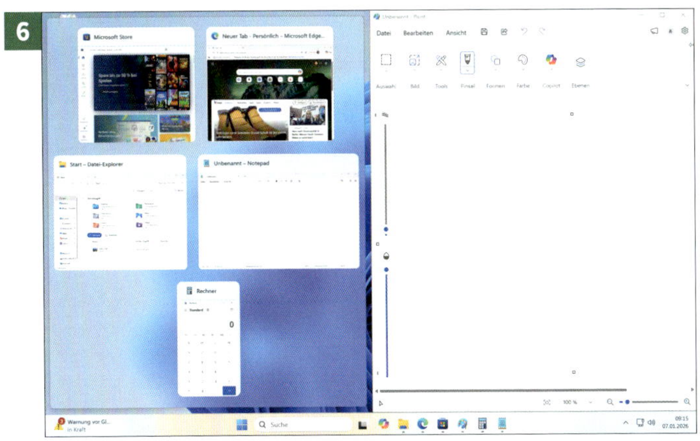


**App zurückziehen**

Soll die App nicht mehr am Bildschirmrand angeordnet werden, klicken Sie in die Kopfleiste und ziehen Sie bei gedrückter Maustaste in Richtung Mitte des Monitors.

# Mit mehreren Apps gleichzeitig arbeiten (Forts.)

7

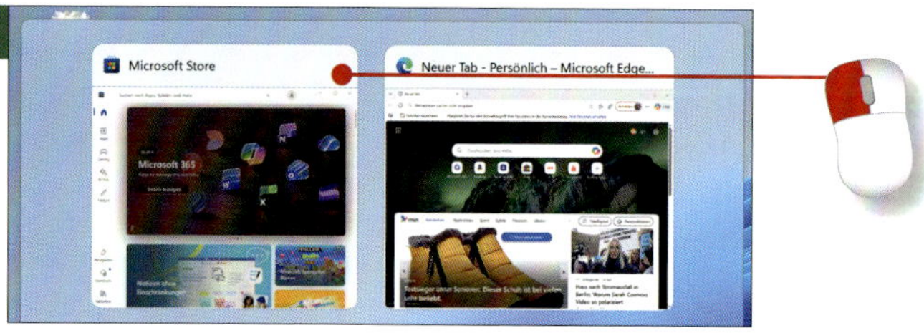


8

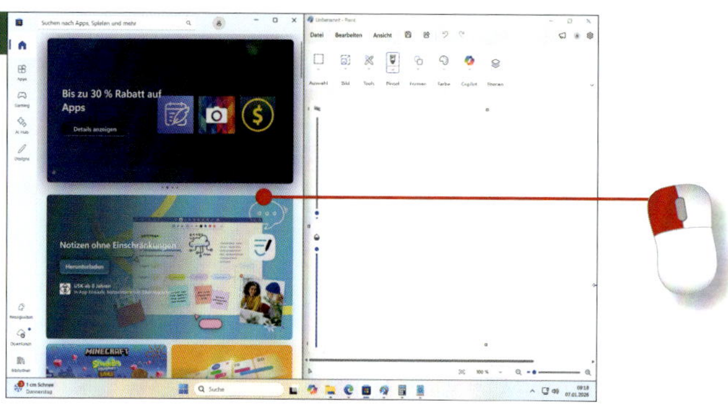


9

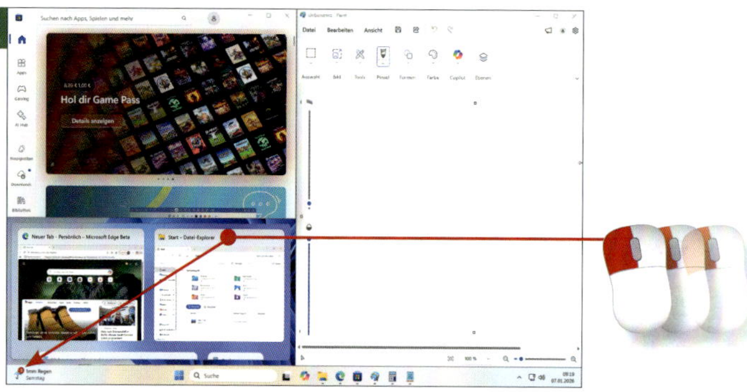


## Schritt 7

Klicken Sie auf die App-Miniatur, die Sie auf der freien (in diesem Fall linken) Seite des Monitors anordnen wollen. Die Wahl fällt auf den **Microsoft Store**.

## Schritt 8

Daraufhin wird die linke Bildschirmhälfte gefüllt. Sie können nun per Mausklick entscheiden, mit welcher App Sie arbeiten wollen (mit der linken oder der rechten).

## Schritt 9

Wenn Sie mit insgesamt drei oder vier Apps gleichzeitig arbeiten möchten, müssen Sie sie nicht zum linken oder rechten Rand ziehen (Schritt 5), sondern in eine der vier Ecken des Monitors.

**!**

**Nicht zu weit ziehen**

Ziehen Sie den Mittelbalken nicht zu weit. Anderenfalls wird diese Seite komplett geschlossen. Solange Sie die Maustaste jedoch noch nicht losgelassen haben, können Sie ihn ein Stück zurückziehen und loslassen. Dann bleibt die Anzeige geteilt.

## Schritt 10

Die Stege zwischen den einzelnen Apps lassen sich mit gedrückter Maustaste nach Wunsch in Form ziehen. So können Sie einzelnen Apps im Gegensatz zu benachbarten Apps mehr oder weniger Raum geben.

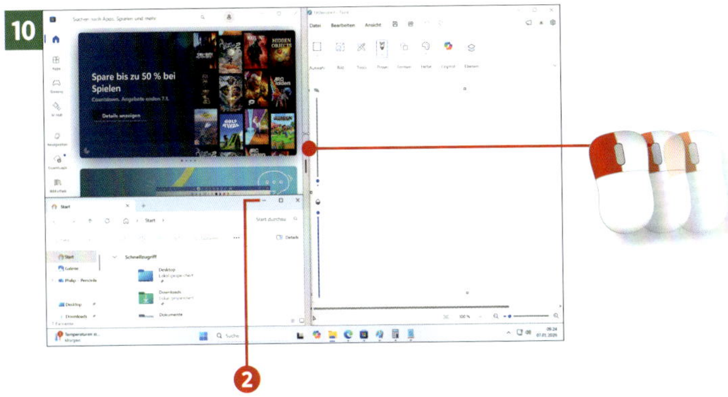


## Schritt 11

Ebenfalls eine gute Wahl ist es, eine Ecke frei zu lassen **1**, sodass Sie jederzeit den Desktop erreichen können. Schließen oder minimieren Sie dazu ein nicht benötigtes Fenster mithilfe der oben rechts befindlichen Steuerelemente **2**.

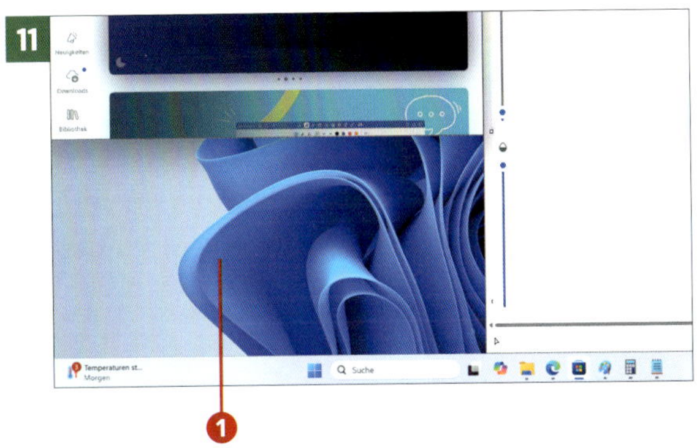


## Schritt 12

Wenn Sie jetzt noch mehrere Desktops einsetzen (bewegen Sie dazu den Mauszeiger auf das Desktop-Symbol in der Taskleiste und erzeugen Sie einen weiteren Desktop), sind Sie in Sachen Individualität bei der Arbeit mit mehreren Apps bestens aufgestellt.

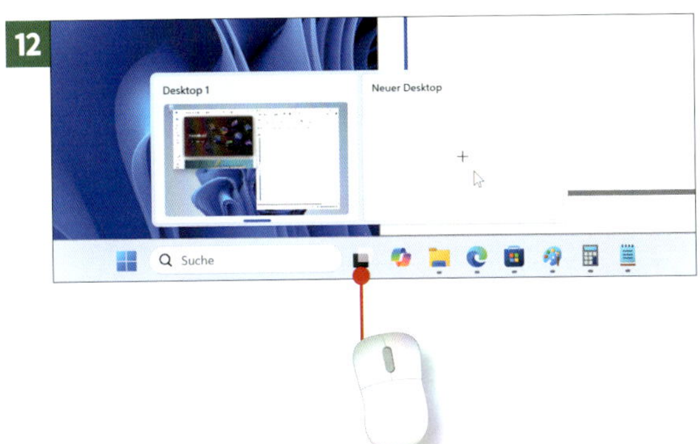


### Apps bleiben geöffnet

Apps, die aktuell keinen Platz auf dem Desktop finden, bleiben weiterhin geöffnet. Um sie zu schließen, klicken Sie das entsprechende Symbol in der Taskleiste mit rechts an und entscheiden sich für **Fenster schließen** bzw. **Alle Fenster schließen.**

# Kapitel 4
# Im Internet surfen

Das Internet eröffnet Ihnen zahlreiche Möglichkeiten. Was Sie tun müssen, falls noch keine Internetverbindung besteht, wie Sie auf Webseiten surfen, nach bestimmten Inhalten suchen und den Internetbrowser Edge konfigurieren – das erfahren Sie in diesem Kapitel.

**Die Internetverbindung einrichten**

Nachdem Windows 11 eingerichtet ist, steht eine Internetverbindung in der Regel bereits zur Verfügung. Dennoch kann es vorkommen (z. B. bei technischen Problemen oder bei der Übernahme eines bestehenden Computersystems), dass Sie noch einmal Hand anlegen müssen ❶.

**Surfen und suchen im Internet**

Bei der Suche im weltweiten Netz, bei der Anwahl verschiedener Webseiten sowie beim Speichern und Drucken von Webinhalten ❷ helfen Ihnen die Anleitungen in diesem Kapitel zuverlässig weiter.

**Edge konfigurieren**

Mit der Zeit werden Sie Surfgewohnheiten entwickeln, besonderen Wert auf bestimmte Funktionen legen und vielleicht auch einmal die eine oder andere individuelle Einstellung ❸ vornehmen wollen. Auch hier steht Ihnen Edge als zuverlässige Arbeitsumgebung zur Verfügung.

Zunächst müssen Sie Ihre Internetverbindung einrichten. ❶

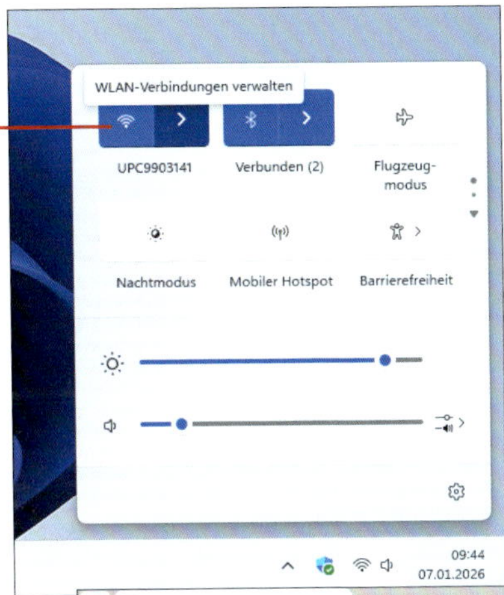


Surfen Sie im World Wide Web, stellen Sie Edge passend ein, oder drucken Sie Webseiten aus. ❷

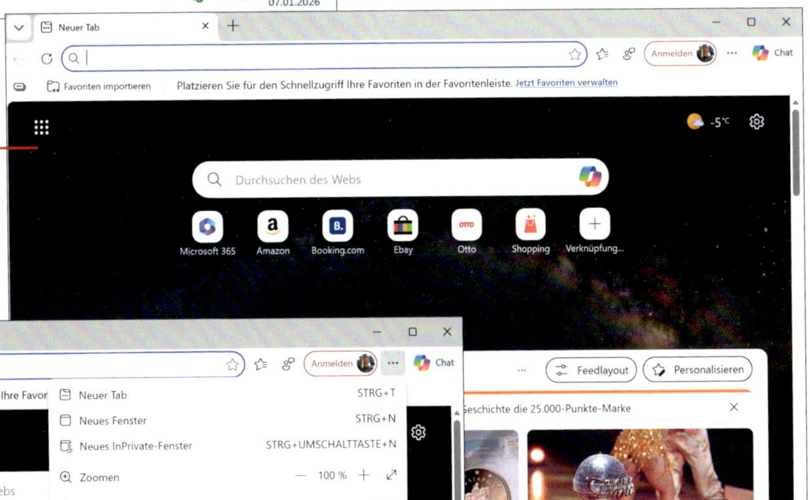


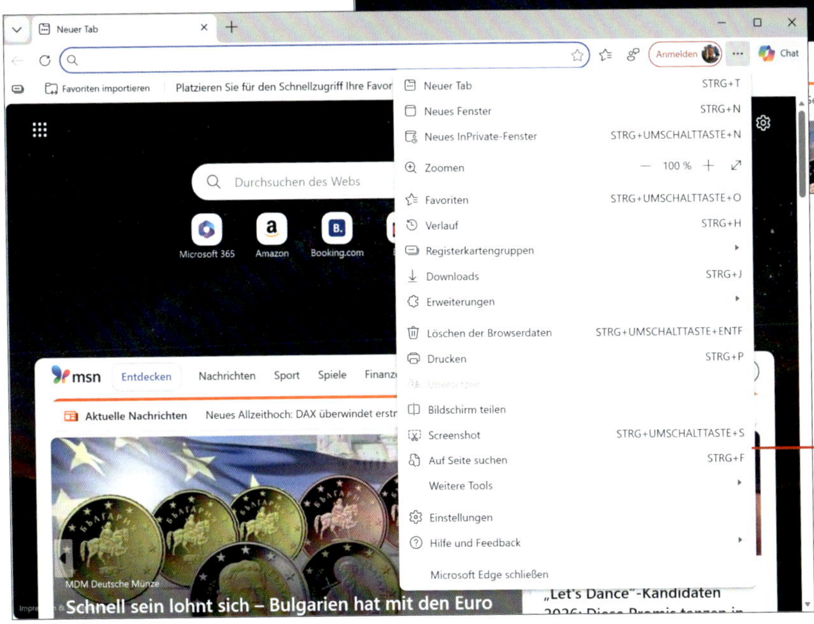


❸ Den Internet-Browser Edge zu konfigurieren, ist kinderleicht – und er lässt sich ganz nach Ihren Wünschen anpassen.

# Eine Internetverbindung einrichten

1

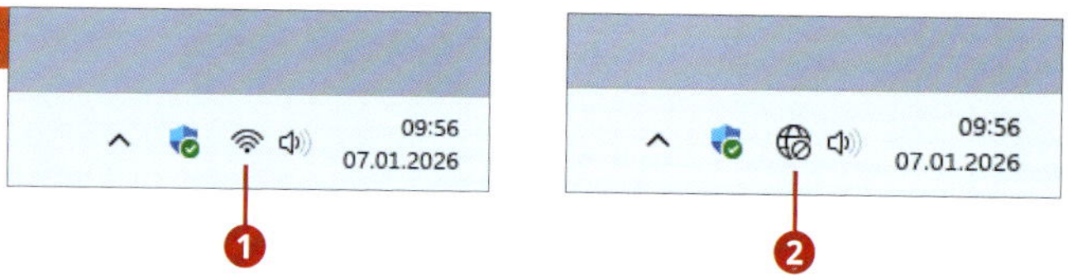


2

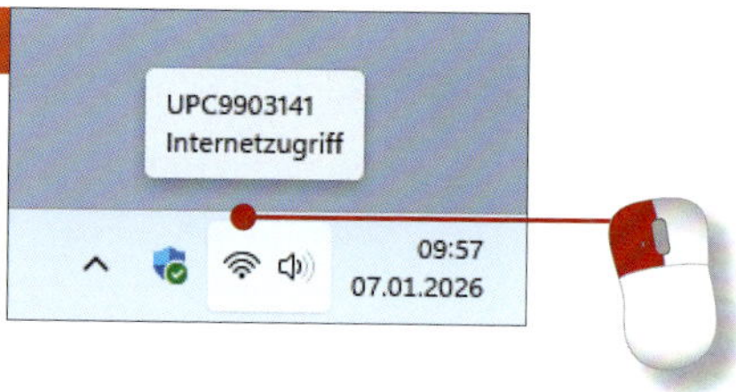


3

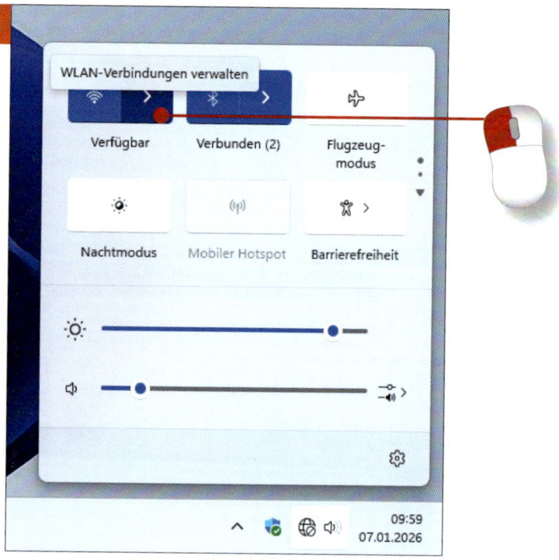


*In Windows 11 wird bereits beim ersten Start alles vorbereitet, damit Sie sofort eine Verbindung mit dem Internet haben. Sollte jedoch noch keine Verbindung vorhanden sein, folgen Sie diesen Schritten.*

## Schritt 1

Halten Sie in der unteren rechten Ecke des Bildschirms nach einem Netzwerksymbol Ausschau. Wenn Sie unsicher sind, parken Sie die Maus kurz auf jedem Symbol, ohne zu klicken, um sich eine QuickInfo anzeigen zu lassen. (Das Symbol links weist auf eine bestehende Verbindung ❶ hin, beim rechten ist keine Verbindung ❷ vorhanden.)

## Schritt 2

Sofern die QuickInfo **Netzwerk**, **Internetzugriff** oder Ähnliches anzeigt, können Sie diese Anleitung jetzt schon abschließen. Ist das nicht der Fall, klicken Sie auf das Symbol.

## Schritt 3

Klicken Sie nun auf die kleine Pfeilspitze, die sich rechts neben dem WLAN-Symbol befindet.

**Kein Netzwerksymbol zu sehen?**

Wenn in der Taskleiste kein derartiges Symbol zu sehen ist, öffnen Sie die **Einstellungen** (nach Rechtsklick auf die **Windows**-Schaltfläche) und gehen Sie in der linken Spalte des nächsten Fensters auf **Netzwerk und Internet**.

### Schritt 4

Daraufhin werden alle verfügbaren Netzwerkverbindungen aufgelistet. Suchen Sie die Verbindung aus, die Sie nutzen wollen, und klicken Sie danach auf **Verbinden**.

### Schritt 5

Möchten Sie, dass die Verbindung automatisch genutzt wird, sobald Sie den Computer einschalten? Dann sollten Sie das Häkchen **Automatisch verbinden** aktivieren.

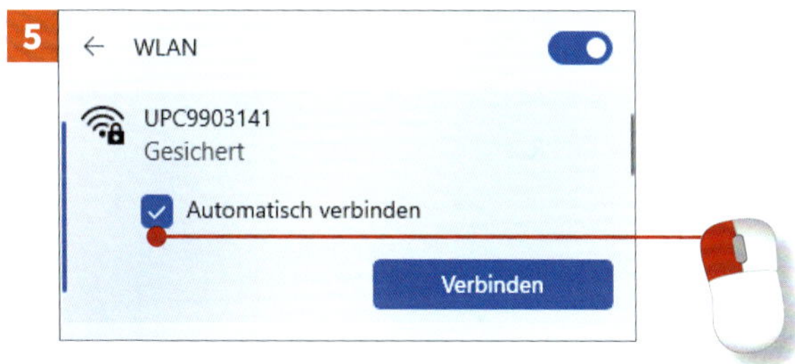


### Schritt 6

Abschließend klicken Sie auf **Verbinden**. Gedulden Sie sich einen Augenblick. Windows stellt die Verbindung her. Beachten Sie auch die Hinweise im Kasten.

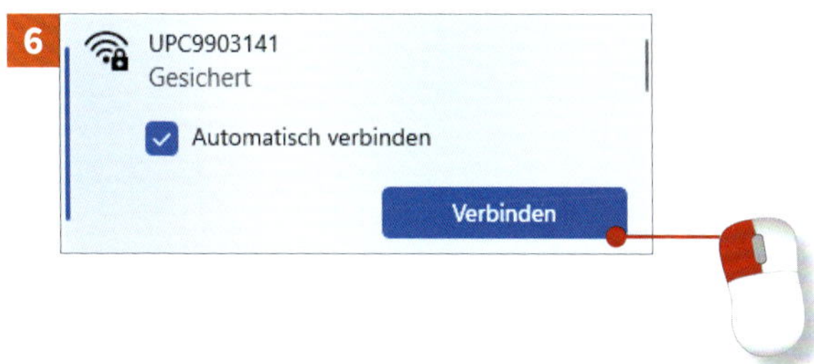


**Passwort eingeben**

Sie haben von Ihrem Internetanbieter (*Provider*) zusätzlich zu Ihrem Router oder Modem Zugangsdaten erhalten, eventuell befinden sich diese auf einem Kleber am Gerät. Geben Sie das entsprechende Passwort ein. Dieser Schritt ist nur bei der Erstinbetriebnahme erforderlich.

# Werbe-Cookies deaktivieren

*Im Internet ist nichts kostenlos, denn Ihr Surfverhalten wird von Werbeunternehmen analysiert. Es gibt jedoch eine Möglichkeit, dem einen Riegel vorzuschieben. Leider müssen Sie diese oder ähnliche Schritte inzwischen bei jeder Website zumindest einmalig gehen.*

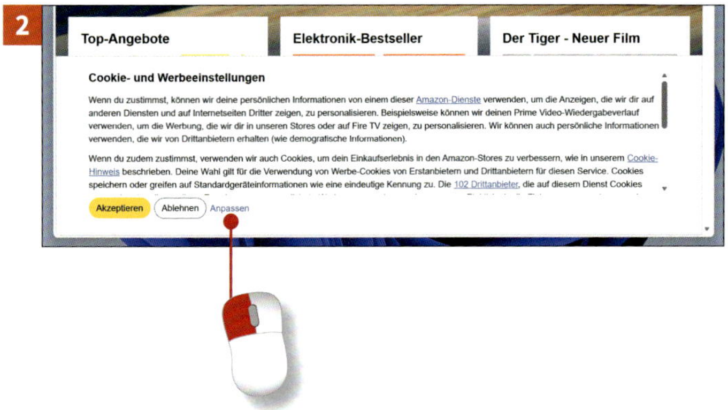


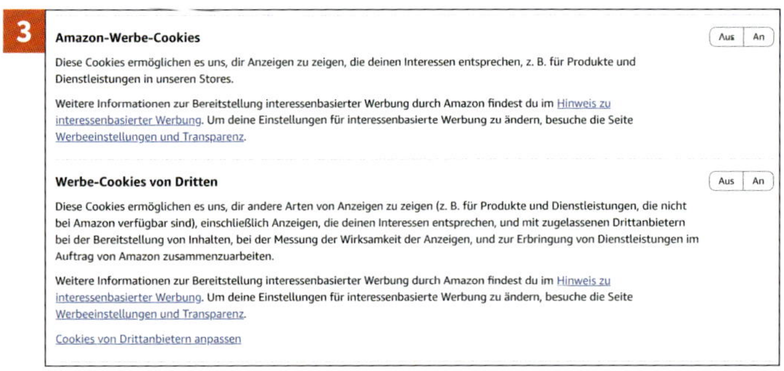


## Schritt 1

Öffnen Sie zunächst den Internetbrowser **Edge**. Standardmäßig wird ein entsprechendes Icon in der Taskleiste angeboten.

## Schritt 2

Die meisten Websites, die Sie aufrufen, verlangen Ihre Zustimmung. Klicken Sie nicht sofort auf **Akzeptieren** (oder eine ähnliche Schaltfläche), sondern wählen Sie die **Anpassen**-Option. Hier wird der Vorgang am Beispiel von Amazon gezeigt.

## Schritt 3

Auf der folgenden Seite lassen sich die Cookie-Einstellungen nun genauer unter die Lupe nehmen. Deaktivieren Sie, was Ihnen nicht geheuer erscheint. Nehmen Sie zunächst die Cookies (siehe den Kasten auf Seite 91) unter die Lupe.

## Schritt 4

Deaktivieren Sie – in diesem Fall mit der Schaltfläche **Aus** – Cookies, die nicht auf Ihrem PC gespeichert werden sollen, dazu sollten Werbe-Cookies, insbesondere die von Drittanbietern gehören.

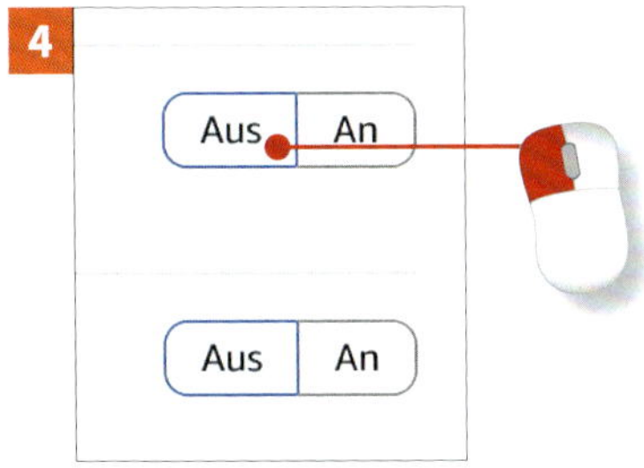


## Schritt 5

Scrollen Sie auf jeden Fall bis ganz nach unten, denn dort werden Sie je nach Website noch weitere Optionen finden, die Sie vielleicht deaktivieren möchten.

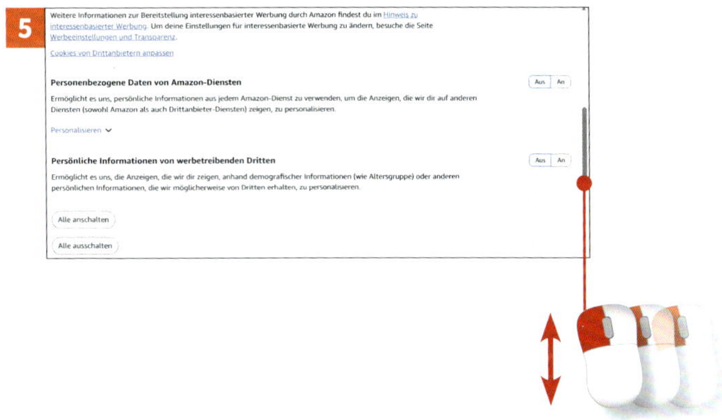


## Schritt 6

Nachdem das erledigt ist, gehen Sie auf **Auswahl speichern**. Sie gelangen dadurch zurück zur jeweiligen Webseite.

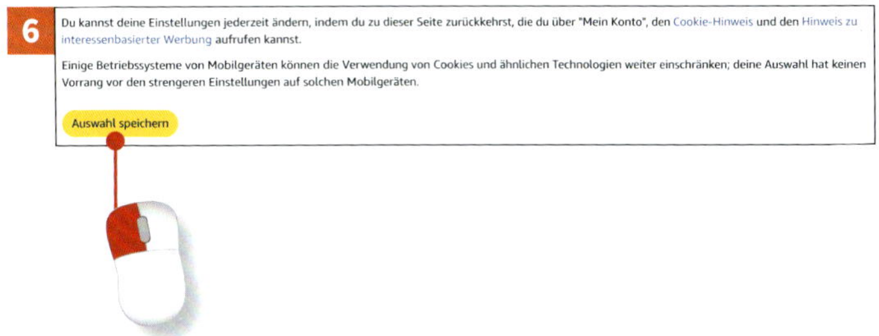


**Cookies**

Cookies sind kleine Datensätze, die auf Ihrem Rechner gespeichert werden. Während einige sehr nützlich sind und beispielsweise den Komfort beim Surfen verbessern, sind andere nur dazu da, Ihr Verhalten auszuspionieren.

# Startseite von Microsoft Edge einrichten

1
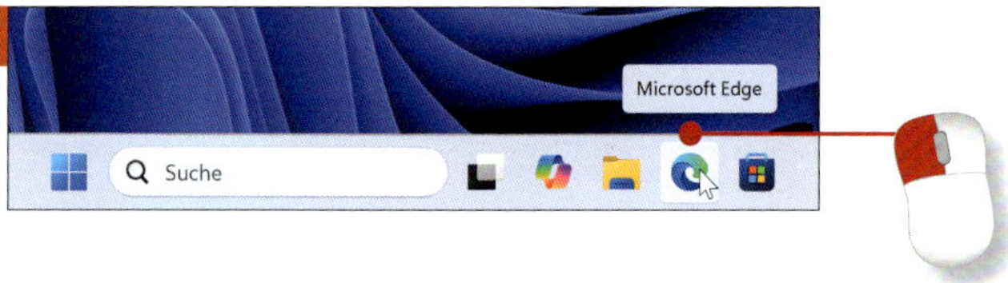


2
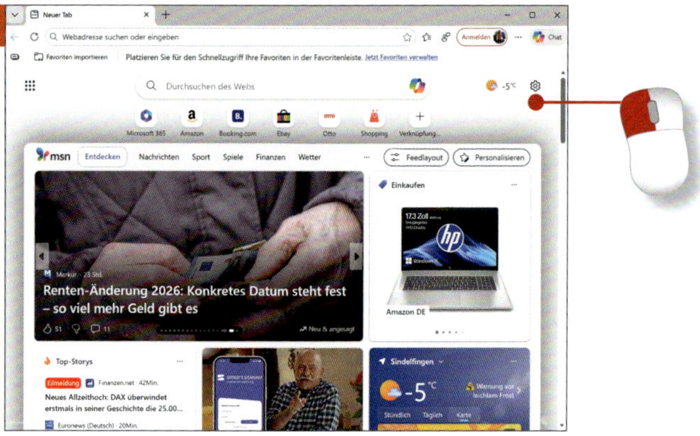


3
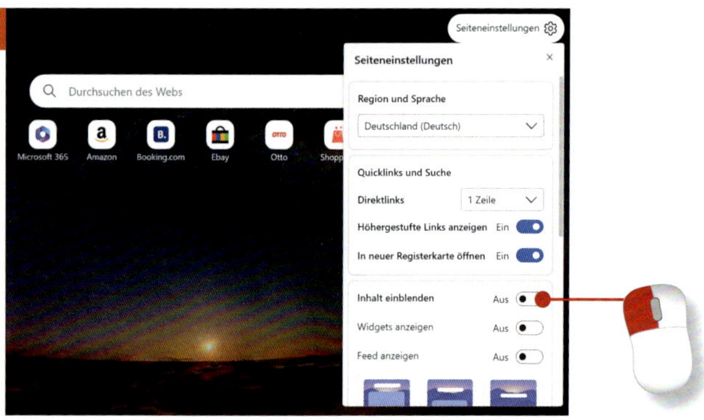


*Mit dem Browser Edge können Sie im Internet surfen und vieles mehr erledigen. Sie können die Anwendung sowohl über das Startmenü als auch von der Taskleiste aus starten. Richten Sie zu Beginn die Startseite ein.*

## Schritt 1

Am einfachsten öffnen Sie Microsoft Edge mit einem Klick auf das Icon **Microsoft Edge** in der Taskleiste

## Schritt 2

Die Startseite ist zu Beginn sehr unübersichtlich. Um diese für den Anfang übersichtlicher einzurichten, klicken Sie auf das Zahnradsymbol.

## Schritt 3

Deaktivieren Sie im Menü den Schalter **Inhalt einblenden**. Schwupp, verschwindet schon mal eine Menge Bling-Bling von der Seite.

**Schaltfläche »Startseite« anzeigen**

Im Workshop »Symbolleiste anpassen« auf Seite 110 erfahren Sie, wie die Startseiten-Schaltfläche hinzugefügt wird, falls diese nicht angezeigt wird.

## Schritt 4

Reicht Ihnen das an Übersichtlichkeit noch nicht aus, deaktivieren Sie außerdem den Schalter **Hintergrund**. Die Startseite wird jetzt sehr schlicht dargestellt.

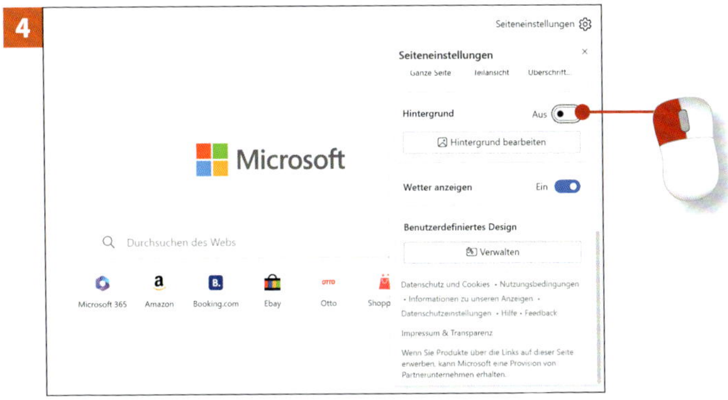


## Schritt 5

Bestätigen Sie Ihre **Seiteneinstellungen**, indem Sie auf das kleine Schließenkreuz klicken.

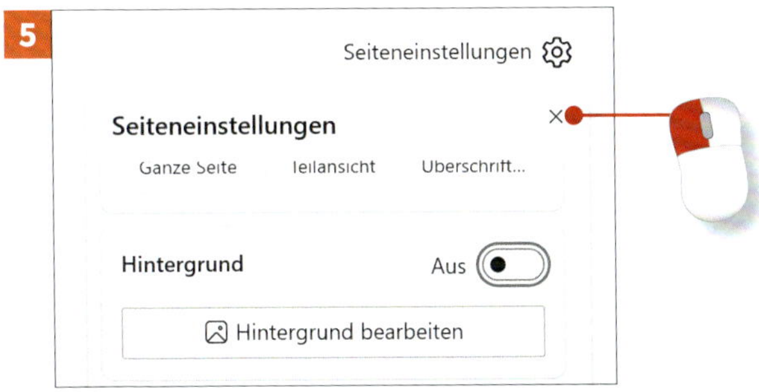


## Schritt 6

Verwenden Sie mehrere Geräte und möchten Sie Ihre Browserdaten synchronisieren, wählen Sie **Anmelden** und geben Sie die Daten Ihres Microsoft-Kontos ein. Dies ist jedoch optional.

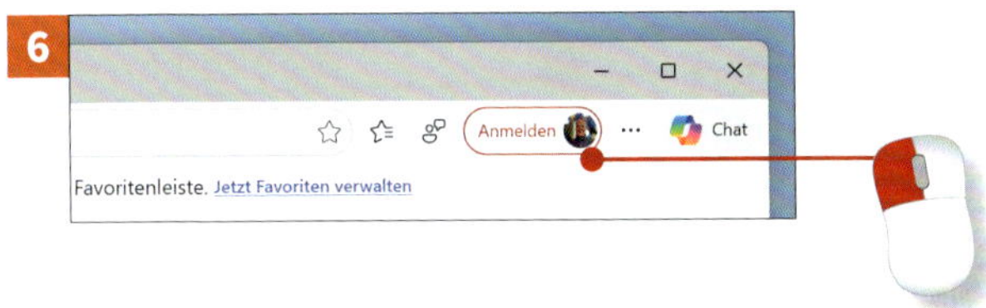


### Schreibweise für Webseiten

Eine Webseitenadresse beginnt mit der Angabe des Internetprotokolls *https://*. Dann folgen der Name der Seite sowie die Länderkennung (z. B. *.de* für deutsche Websites). Allerdings reicht es auch aus, z. B. nur »ebay.de« einzutippen.

# Edge konfigurieren

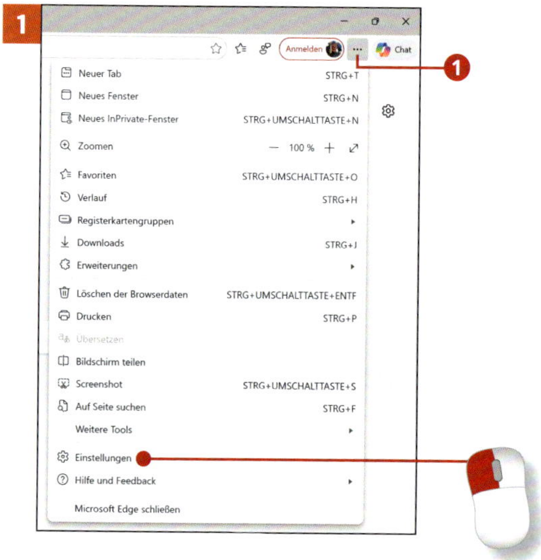


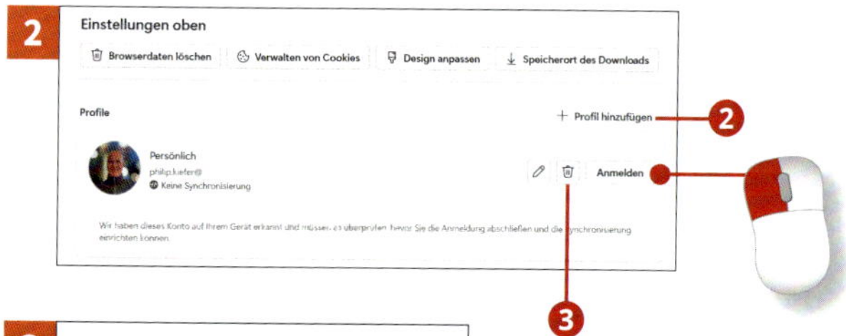

*Vor dem ersten Surferlebnis im Internet sollten Sie Edge konfigurieren. Insbesondere die sicherheitsrelevanten Einstellungen sind von Bedeutung. Worauf es dabei besonders ankommt, zeigen die folgenden Schritte.*

## Schritt 1

Um die Browserkonfiguration vorzunehmen, klicken Sie oben in Edge auf das Symbol mit den drei Punkten ❶. Es öffnet sich ein umfangreiches Menü. Dort wählen Sie relativ weit unten den Eintrag **Einstellungen**.

## Schritt 2

Wie in Schritt 6 des vorigen Workshops erhalten Sie auch hier zunächst noch einmal die Möglichkeit, sich mit Ihrem Windows-Profil (Microsoft-Konto) anzumelden, indem Sie auf **Anmelden** klicken.

## Schritt 3

Als Nächstes werfen wir einen Blick auf Einstellungen, die im Zusammenhang mit Kennwörtern stehen. Klicken Sie dazu in der Leiste links auf **Kennwörter und AutoAusfüllen**.

**Profile hinzufügen und löschen**

Generell dürfen Sie mit mehreren Profilen arbeiten. Wollen Sie ein neues anlegen, klicken Sie auf **Profil hinzufügen** ❷. Zum Löschen eines Profils klicken Sie auf das Papierkorbsymbol ❸.

## Schritt 4

Wählen Sie dann **Microsoft-Kennwortmanager**.

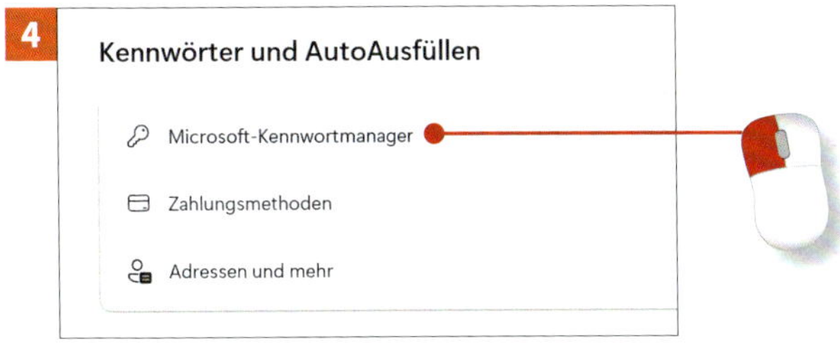


## Schritt 5

Um sich alle entsprechenden Einstellungen anzeigen zu lassen, klicken Sie auf **Weitere Einstellungen**.

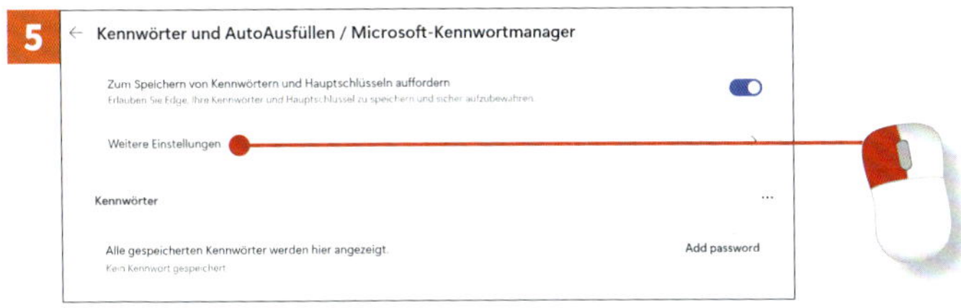


## Schritt 6

Prüfen Sie die Optionen. Insbesondere sollte **Zum Speichern von Kennwörtern und Hauptschlüsseln auffordern** aktiviert sein. Sie können aber z. B. auch **Kennwörter auf Sicherheitslecks überprüfen** ❹.

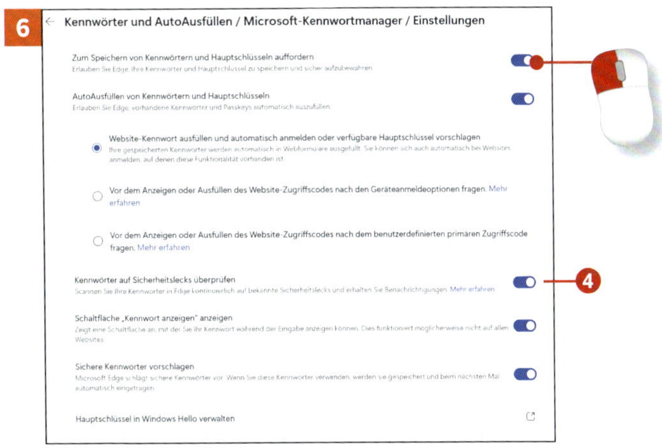


### Mit Gerätekennwort

Wenn Sie in Schritt 6 die Funktion **Vor dem Anzeigen oder Ausfüllen des Website-Zugriffscodes nach den Geräteanmeldeoptionen fragen** auswählen, fragt Edge bei jedem Besuch einer kennwortgeschützten Seite Ihr Gerätekennwort ab.

# Edge konfigurieren (Forts.)

7

## Schritt 7

Wechseln Sie nun noch einmal zurück zu den aus Schritt 2 bekannten Profileinstellungen, indem Sie in der Leiste links auf **Profile** klicken.

8

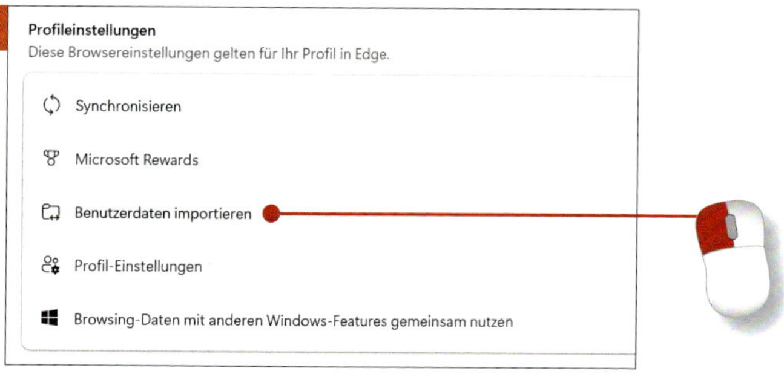


## Schritt 8

Möglicherweise haben Sie bereits Benutzerdaten in anderen Internet-Apps, wie z. B. *Mozilla Firefox*, *Google Chrome* oder einer Vorgängerversion von *Microsoft Edge*, angelegt und wollen diese nun nach Edge übertragen. In diesem Fall klicken Sie auf **Benutzerdaten importieren**.

9

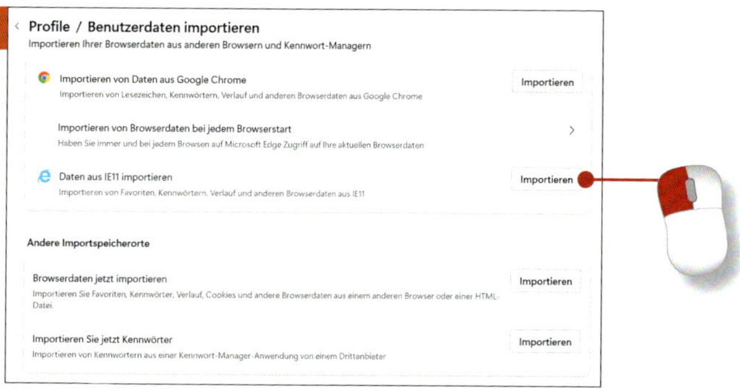


## Schritt 9

Klicken Sie beim betreffenden Browser auf **Importieren** (hier bei **Daten aus IE11 importieren**). Gemeint ist damit der frühere Microsoft-Browser Internet Explorer.

**i**

**Benutzerdaten**

Benutzerdaten sind z. B. favorisierte Websites, Internetadressen, aber auch Browserverläufe und sogar Kennwörter. Beachten Sie, dass importierte Kennwörter bereits in Edge bestehende Kennwörter überschreiben.

## Schritt 10

Jetzt können Sie frei entscheiden, was denn nun importiert werden soll – genauer gesagt wählen Sie per Mausklick ab, was nicht importiert werden soll, ehe Sie auf **Importieren** klicken.

## Schritt 11

Nun beschäftigen wir uns mit dem Thema Tracking (siehe Box unten). Klicken Sie hierzu in der Leiste links auf **Datenschutz, Suche und Dienste**.

## Schritt 12

In der folgenden Liste entscheiden Sie sich ganz oben für **Tracking-Verhinderung**.

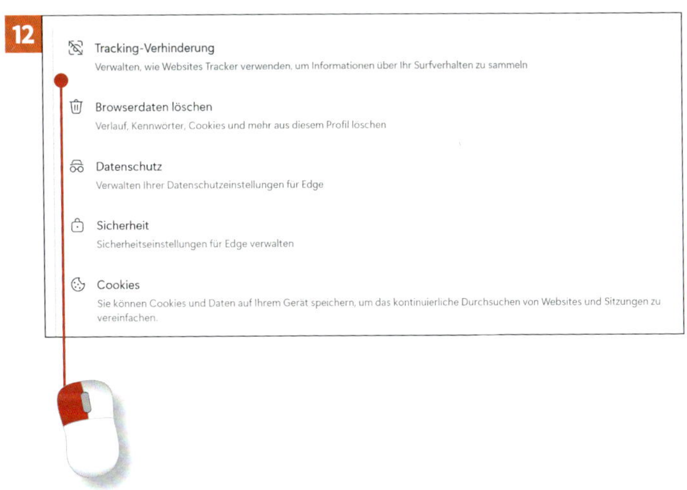


### Tracking

Mit sogenannten Trackern wird Ihr persönliches Surfverhalten von Websites aufgezeichnet – meist, um Ihnen personalisierte Werbung zukommen zu lassen, im ungünstigsten Fall aber auch, um persönliche Daten abzugreifen.

# Edge konfigurieren (Forts.)

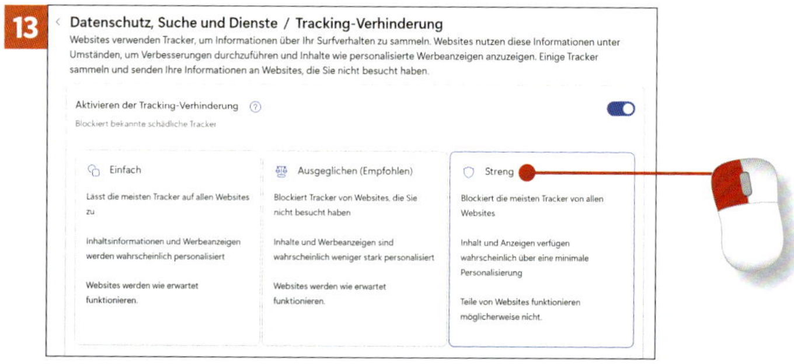


## Schritt 13

Leider kann keine allgemeingültige Einstellungsempfehlung gegeben werden. Es kann sich anbieten, zunächst auf **Streng** zu schalten. Wenn häufig besuchte Websites dann nicht mehr ordentlich funktionieren, stellen Sie auf **Ausgeglichen** zurück.

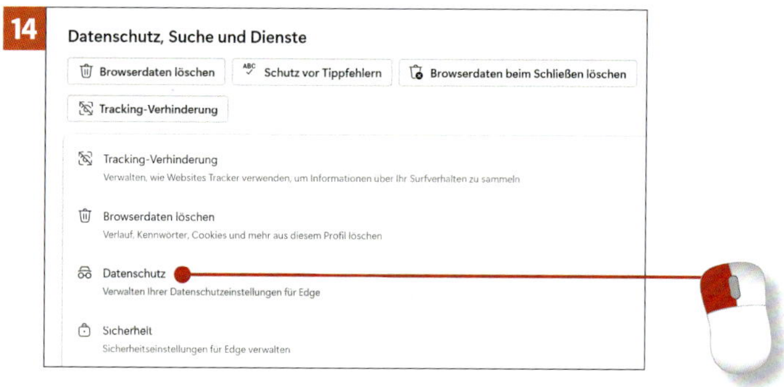


## Schritt 14

Wählen Sie unter **Datenschutz, Suche und Dienste** (Schritt 11) als Nächstes den Eintrag **Datenschutz**.

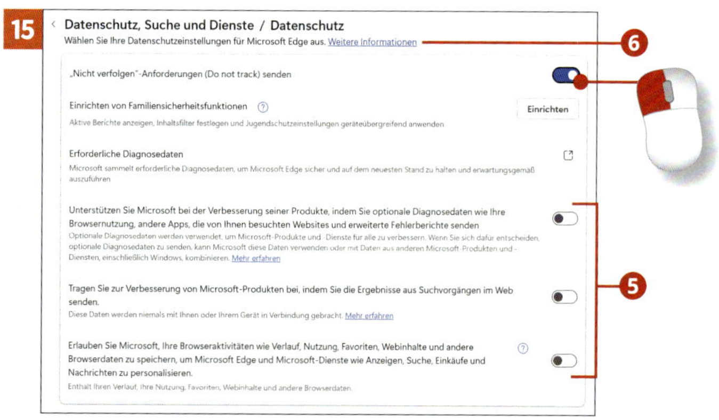


## Schritt 15

Die Schalter rund um Diagnose und Verbesserung ❺ sollten hier deaktiviert sein. Den Schalter **„Nicht verfolgen"-Anforderungen (Do not track) senden** können Sie hingegen aktivieren.

**Weitere Informationen**

Leider können wir nicht alle Einstellungen zum Thema Datenschutz thematisieren. Mehr dazu finden Sie unter **Weitere Informationen** ❻.

## Schritt 16

Mit dem Öffnen von Microsoft Edge werden Hintergrund-Apps gestartet, die nach dem Schließen weiterhin aktiv bleiben. Da Sie das wahrscheinlich nicht wollen, entscheiden Sie sich in der Leiste links für **System und Leistung**.

16

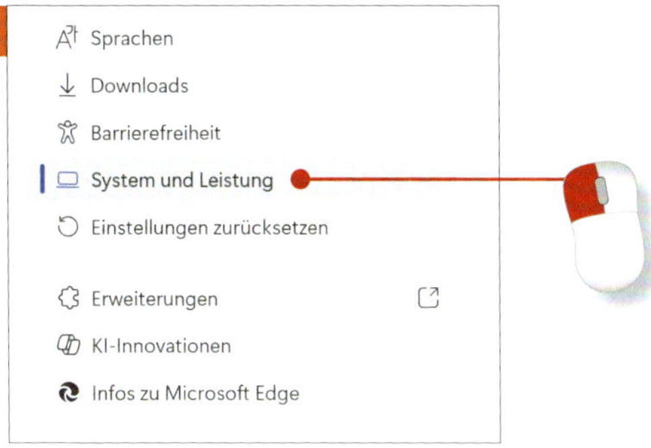


## Schritt 17

Klicken Sie anschließend auf den Eintrag **System**.

17

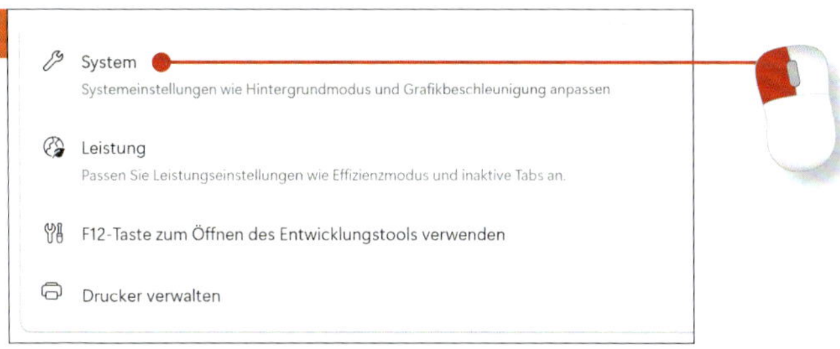


## Schritt 18

Der Schalter **Ausführen von Hintergrunderweiterungen und -Apps fortsetzen, wenn Edge geschlossen wird** ist standardmäßig aktiviert. Deaktivieren Sie ihn.

18

**Einstellungen per Tastatur verlassen**

Um die Einstellungen zu schließen, können Sie unter anderem die Tastenkombination `Alt` + `Pos1` verwenden.

# Webseiten besuchen

*Die Hauptaufgabe eines Browsers besteht darin, Webseiten zu besuchen. Wie Sie mit Edge im Internet surfen, erfahren Sie hier.*

## Schritt 1

Nachdem Sie Edge geöffnet haben, ist das Adress- und Suchfeld oben in der App automatisch aktiviert. Falls nicht, klicken Sie hinein, sodass die Eingabemarkierung darin blinkt.

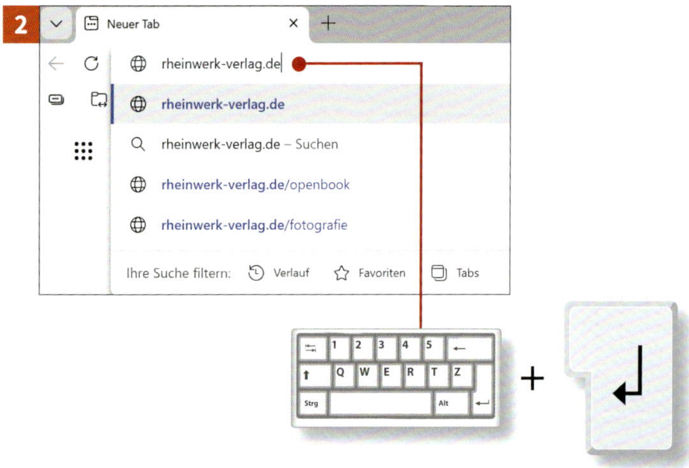


## Schritt 2

Tippen Sie die Webadresse ein. Ist in den Vorschlägen darunter die gewünschte Adresse dabei, klicken Sie sie an. Wenn nicht, geben Sie die Adresse komplett ein und drücken anschließend ↵.

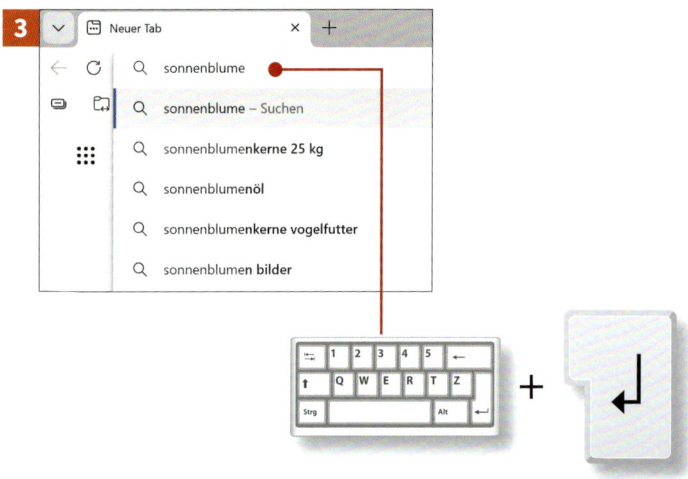


## Schritt 3

Wenn Sie nicht wissen, wie die Webadresse einer Seite lautet, versuchen Sie es dennoch mit Adress- und Suchfeld. Geben Sie hier einen oder mehrere Suchbegriffe ein und drücken Sie ↵.

**Suche mit Bing**

Nach Schritt 3 werden Sie mit der Standardsuchmaschine Bing verbunden. Dort werden die Ergebnisse Ihrer Suche gelistet.

# Den Vollbildmodus benutzen

*Sehr hilfreich ist der Vollbildmodus. Hier werden störende Bedienelemente ganz einfach ausgeblendet und Sie erhalten einen »unverstellten Blick« auf das Wesentliche.*

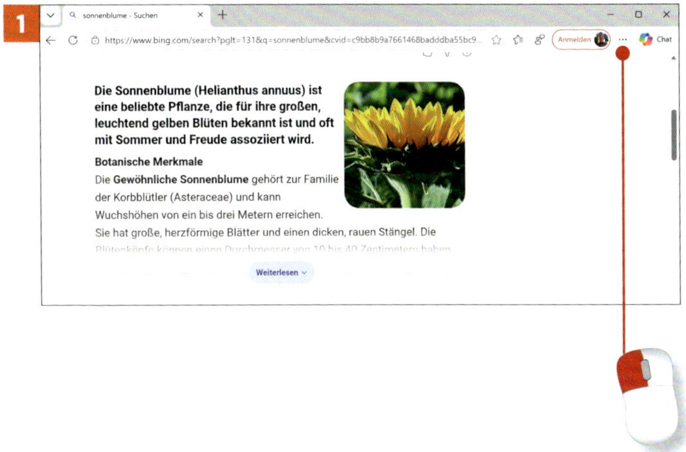


## Schritt 1

Klicken Sie zunächst auf die Schaltfläche mit den drei Punkten oben rechts. Sie können stattdessen auch `Alt` + `F` betätigen.

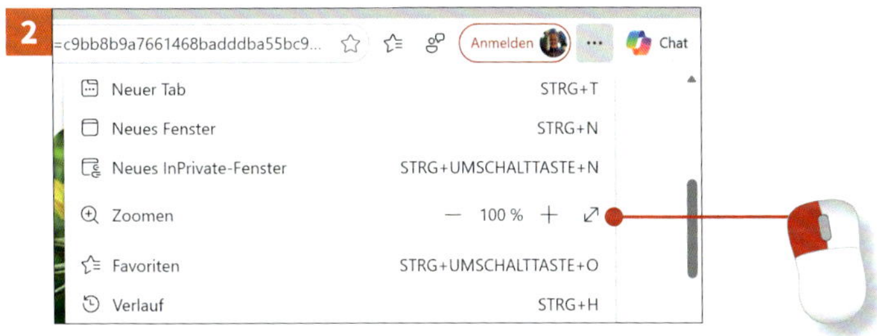


## Schritt 2

Als Nächstes betätigen Sie den diagonalen Pfeil, der sich ganz rechts in der Zeile **Zoomen** befindet.

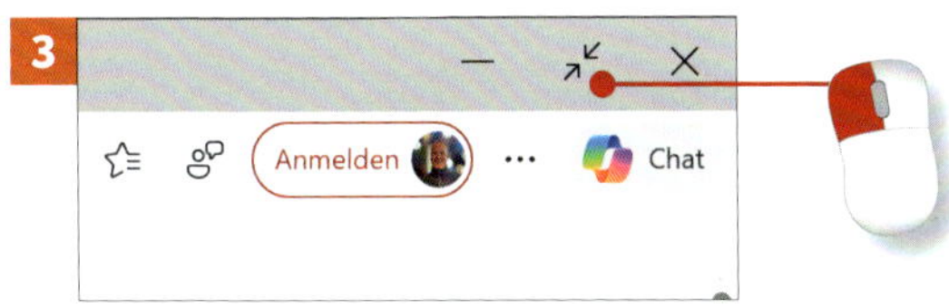


## Schritt 3

Verlassen Sie den Vollbildmodus, indem Sie mit der Maus an den oberen Bildschirmrand fahren und anschließend auf die beiden gegeneinander gerichteten Pfeile klicken.

**Vollbildmodus per Tastatur aktivieren**

Zum Ein- und Ausschalten der Vollbildansicht lässt sich auch die Taste `F11` verwenden.

# Andere Startseite festlegen

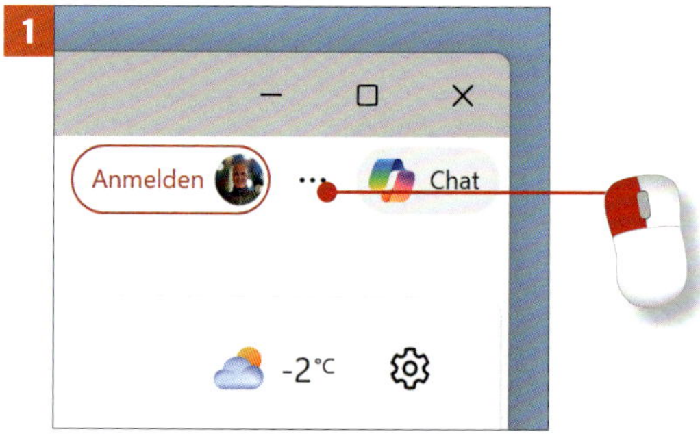


*Soll Ihre Lieblingsseite immer dann erscheinen, wenn Sie Microsoft Edge öffnen? Um das zu erreichen, wenden Sie die folgenden Schritte an.*

## Schritt 1

Klicken Sie in Edge zunächst auf die Schaltfläche mit den drei Punkten.

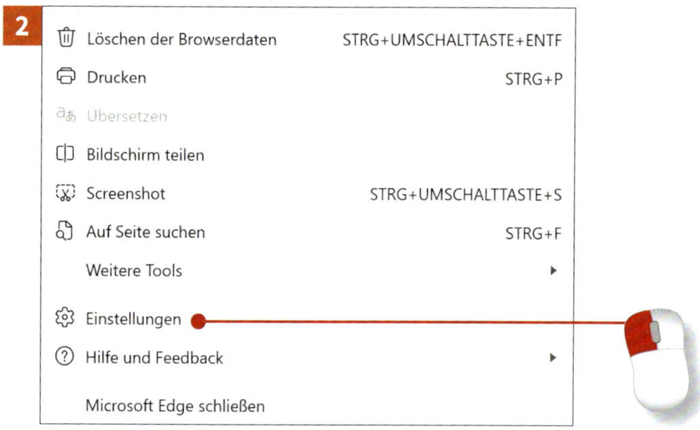


## Schritt 2

Als Nächstes klicken Sie im Menü auf **Einstellungen**.

## Schritt 3

In der Leiste links finden Sie den Eintrag **Start, Startseite und neue Registerkarte**. Genau dort gehört der nächste Mausklick hin.

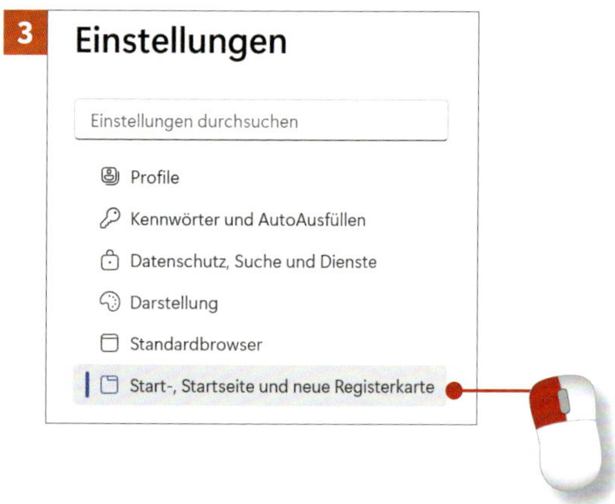


**Einstellungen verwerfen**

Für den Fall, dass Sie später doch wieder die Standardstartseite von Edge definieren wollen, wählen Sie in Schritt 4 einfach wieder **Neue Registerkartenseite öffnen** ❶ und starten Edge anschließend neu.

### Schritt 4

Sie finden jetzt drei Optionsschalter vor (sogenannte *Radiobuttons*). Entscheiden Sie sich für den untersten. Er trägt den Titel **Benutzerdefinierte Websites öffnen**.

### Schritt 5

Auf der rechten Seite des Edge-Fensters sehen Sie den Schalter **Website hinzufügen**, den Sie als Nächstes anklicken müssen.

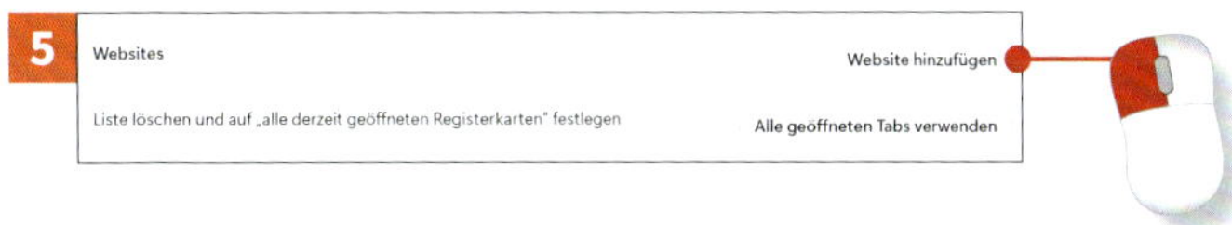


### Schritt 6

Geben Sie die Webadresse ein. Die kryptischen Vorzeichen wie *https://* können Sie vernachlässigen – zumindest bei zeitgemäßen Websites. Bestätigen Sie mit einem Klick auf **Hinzufügen**. Sie können noch weitere Webseiten hinzufügen.

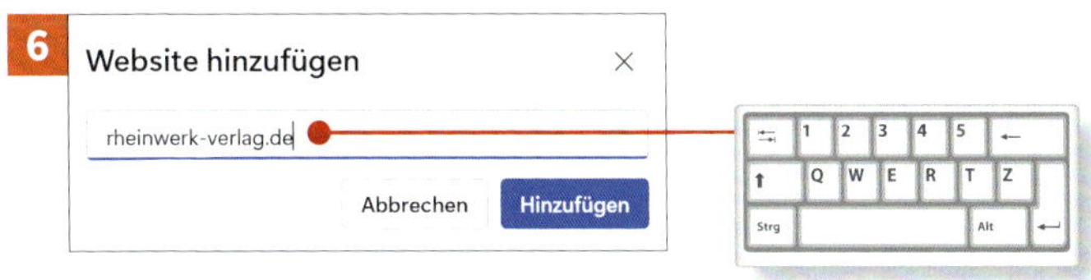


**Edge neu starten**

Um die Einstellung zu testen, müssen Sie Edge zunächst komplett schließen. Starten Sie die Anwendung anschließend erneut, wird die neue Seite angezeigt.

# Suchmaschine ändern

1

2

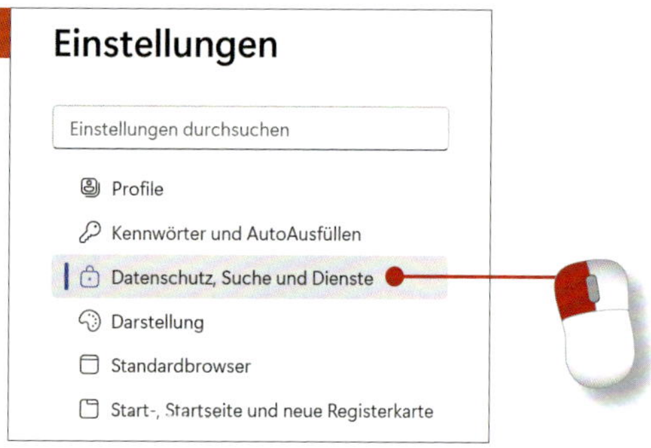


3

*Wie Sie ja bereits wissen, verwendet Edge die Microsoft-Suchmaschine Bing. Wenn Sie einem anderen Anbieter (z. B. Google oder Yahoo) den Vorzug geben wollen, müssen Sie das ändern.*

## Schritt 1

Rufen Sie in Edge unter dem Symbol mit den drei Punkten die **Einstellungen** auf.

## Schritt 2

Entscheiden Sie sich in der Leiste links für den Eintrag **Datenschutz, Suche und Dienste**.

## Schritt 3

Als Nächstes klicken Sie ganz unten auf **Suche und vernetzte Erlebnisse**.

**Änderung nur im Adressfeld wirksam**

Die beschriebene Änderung wirkt sich nur auf die Adresszeile aus, in die Sie ebenfalls Suchbegriffe eingeben können. Das zentrale Eingabefeld bleibt grundsätzlich Bing vorbehalten.

## Schritt 4

Klicken Sie dann – wieder unten in der Liste – auf **Adressleiste und Suche**.

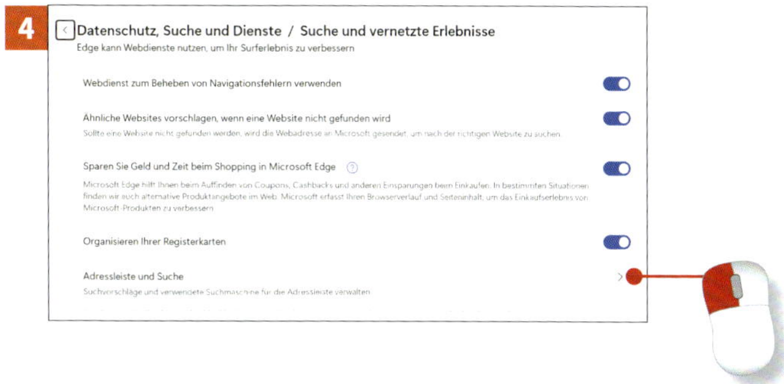


## Schritt 5

Ganz rechts in der Zeile **In Adressleiste verwendete Suchmaschine** finden Sie den Eintrag **Bing (Empfohlen, Standard)**. Klicken Sie darauf, um die Liste zugänglich zu machen. Wählen Sie Ihre favorisierte Suchmaschine aus.

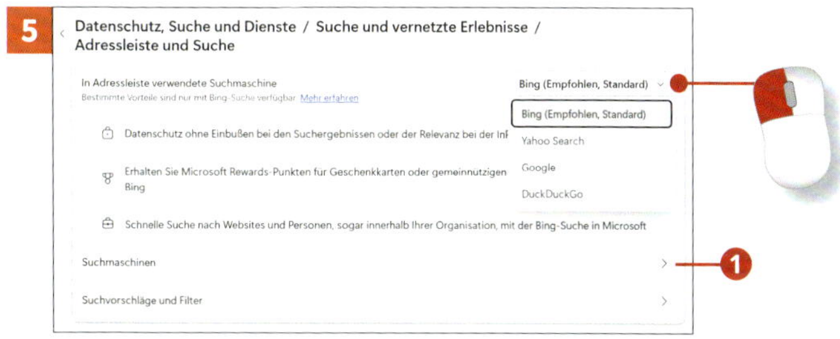


## Schritt 6

Probieren Sie die Einstellung gleich einmal aus, indem Sie im Eingabefeld ganz oben nach einem Stichwort suchen. Schließen Sie die Eingabe mit [↵] ab.

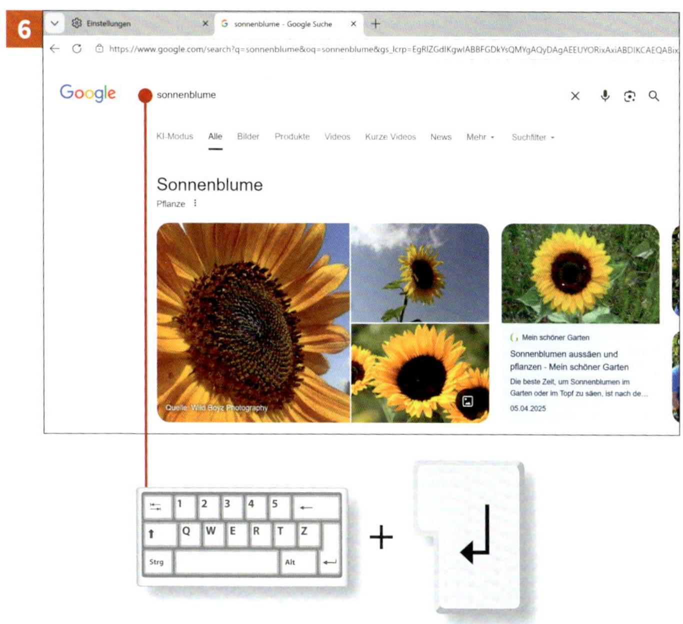


**i**

**Weitere Suchmaschinen hinzufügen**

Sie vermissen Suchmaschinen in Microsoft Edge? Im Menü aus Schritt 5 können Sie diese unter dem Eintrag **Suchmaschinen** ❶ hinzufügen.

# Favoriten speichern

*Wenn Sie Webseiten häufiger besuchen, sollten Sie diese als Favoriten speichern. Das erspart Ihnen, die Webadresse immer wieder neu einzutippen.*

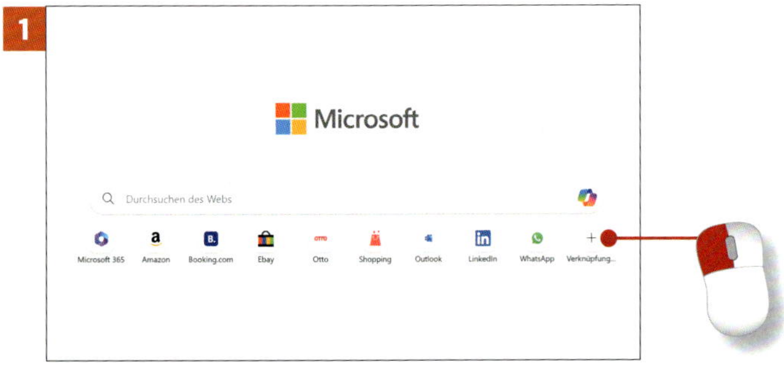


## Schritt 1

Die einfachste Art, Webseiten für den schnellen Zugriff zu sichern, ist der Klick auf das kleine Plussymbol auf der Standardstartseite unterhalb des Suchfeldes.

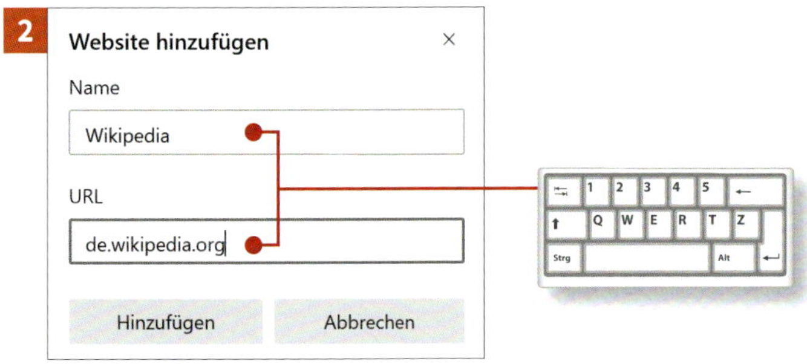


## Schritt 2

Im folgenden Dialog **Website hinzufügen** tragen Sie nun im Feld **Name** eine beliebige (idealerweise kurze) Bezeichnung und im Feld **URL** die Internetadresse ein.

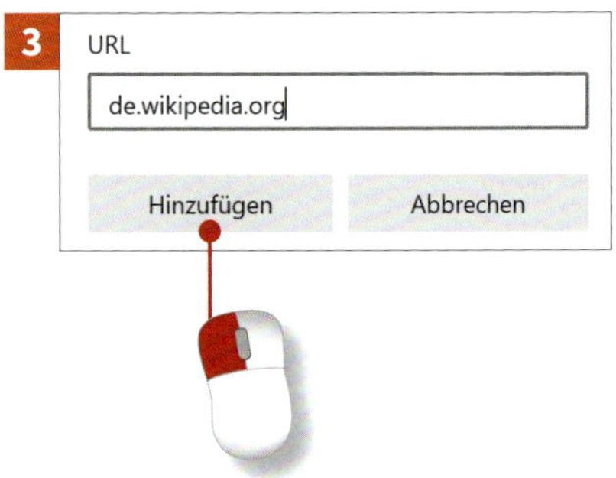


## Schritt 3

Betätigen Sie nun die Schaltfläche **Hinzufügen**. Sie müssen keine URL-Semantik beachten, dürfen also das *https://* bei der Angabe der Webadresse ignorieren.

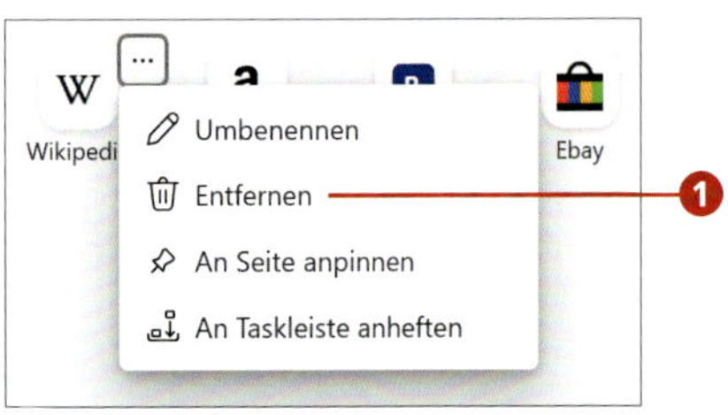


**Kacheln in Edge löschen**

Das Platzangebot auf dem Startbildschirm ist begrenzt. Nicht benötigte Kacheln sollten Sie entfernen, indem Sie auf die Kachel zeigen, dann die drei Punkte anklicken und zuletzt **Entfernen** ❶ bestätigen.

## Schritt 4

Neben den Startkacheln existiert noch eine Liste, die Platz für weitere Websites bietet. Die Vorgehensweise ist hier anders, denn Sie müssen die Website aufrufen und dann den Stern oben rechts im Eingabefeld anklicken.

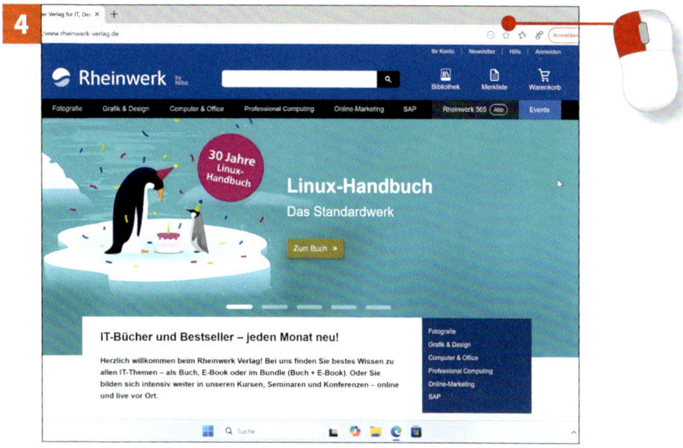


## Schritt 5

Legen Sie im Feld **Name** einen kurzen Namen fest und achten Sie darauf, dass im Feld **Ordner** der Eintrag **Weitere Favoriten** ausgewählt ist. Zuletzt klicken Sie auf **Fertig**.

## Schritt 6

Wann immer Sie auf die Favoritenliste zugreifen wollen, klicken Sie auf den Stern, der sich außerhalb des Eingabefeldes befindet. Unter **Weitere Favoriten** taucht dann auch die Website auf, die Sie nun mit einem Klick öffnen.

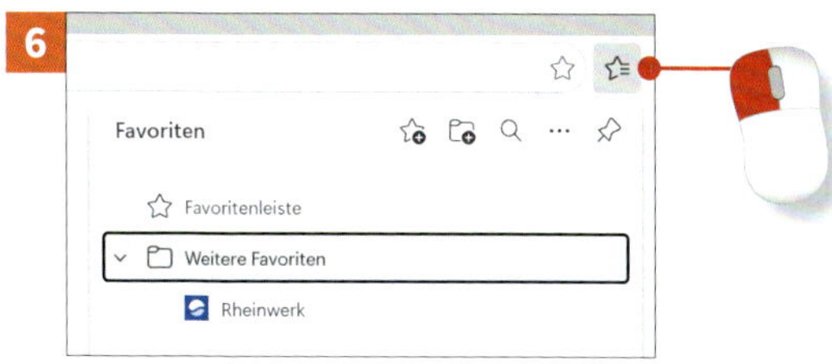


### Favoriten sortieren

Die Favoriten lassen sich verschieben. Klicken Sie einen Eintrag an, halten Sie die Maustaste gedrückt und schieben Sie die Maus nach oben oder unten. Wenn sich an der gewünschten Stelle eine horizontale Linie zeigt, lassen Sie los.

# Favoritenleiste verwenden

*Statten Sie Edge mit einer individuellen Favoritenleiste aus. Dort untergebrachte Websites sind fortan nur einen Mausklick entfernt und erscheinen nach einem Neustart sogar als Kachel im Zentrum des Startbildschirms.*

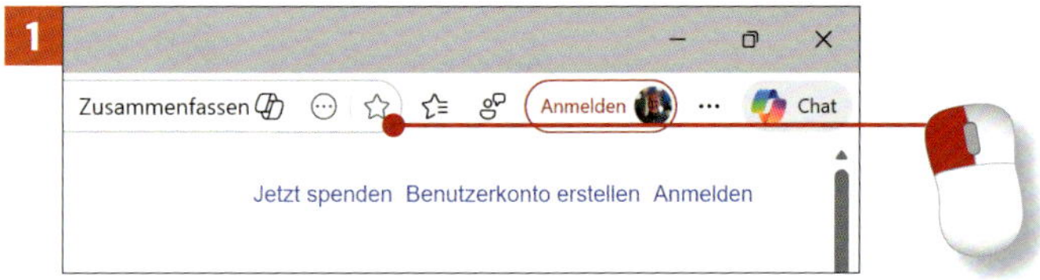


## Schritt 1

Rufen Sie zunächst, wie im vorangegangenen Workshop beschrieben, die Website auf, die Ihrer Meinung nach einen Platz in der Favoritenleiste verdient hat. Danach klicken Sie auf den Stern im Eingabefeld oder drücken Strg + D.

## Schritt 2

Vergeben Sie einen (kurzen) Namen und achten Sie darauf, dass im Feld **Ordner** der Eintrag **Favoritenleiste** erscheint. Bestätigen Sie Ihre Eingabe mit einem Klick auf **Fertig**.

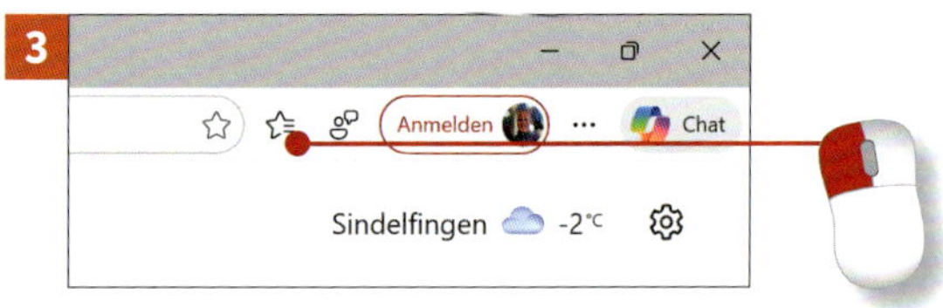


## Schritt 3

Nun befindet sich die Website in der Favoritenleiste. Aber was, wenn diese gar nicht eingeblendet ist? Klicken Sie auf den rechten Stern.

**Favoritenleiste beliebig erweiterbar**

Die Favoritenleiste ist vom Platz her begrenzt. Es werden also möglicherweise nicht alle Einträge angezeigt. In so einem Fall zeigt Edge rechts neben den Einträgen eine kleine Pfeilspitze an. Ein Klick darauf bringt die verborgenen Einträge zum Vorschein.

## Schritt 4

Gleich unterhalb der Sterne taucht nun eine Schaltfläche mit drei Punkten auf. Diese kennen Sie ja bereits. Ein Klick darauf öffnet ein kleines Menü.

## Schritt 5

Stellen Sie die Maus jetzt einmal auf die Zeile **Favoritenleiste anzeigen**. Hier sehen Sie ein Häkchen bei **Nie**, aber das soll nicht so bleiben.

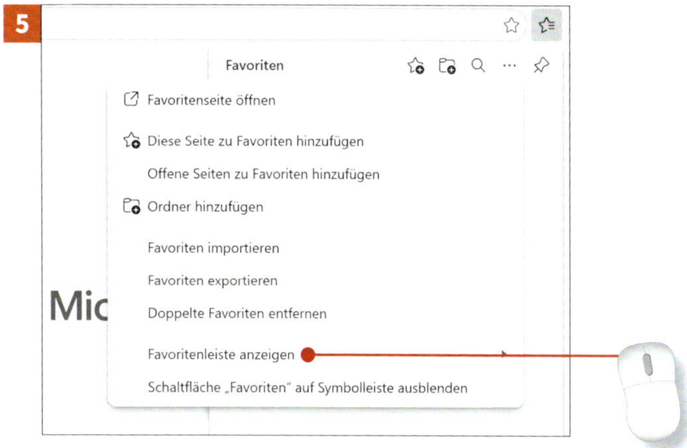


## Schritt 6

Schalten Sie per Mausklick auf **Immer** um. Die Favoritenleiste wird prompt eingeblendet.

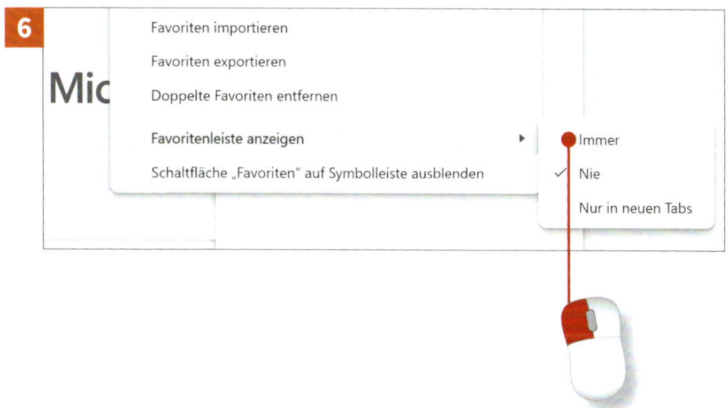

**Einträge aus der Favoritenleiste entfernen**

Sie möchten sich von einem Eintrag trennen? Klicken Sie ihn mit rechts an und wählen Sie **Löschen**.

# Symbolleiste anpassen

1

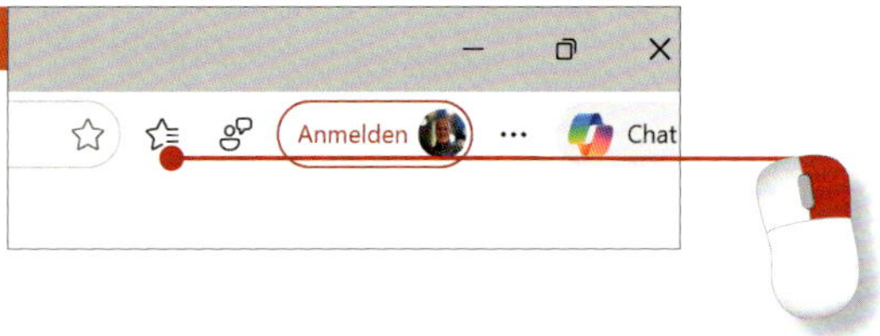


*In der Kopfzeile Ihres Browsers befinden sich Symbolschaltflächen. Welche Buttons dort angezeigt werden und was man bei der Gelegenheit noch so alles anpassen kann, erfahren Sie in den folgenden Schritten.*

2

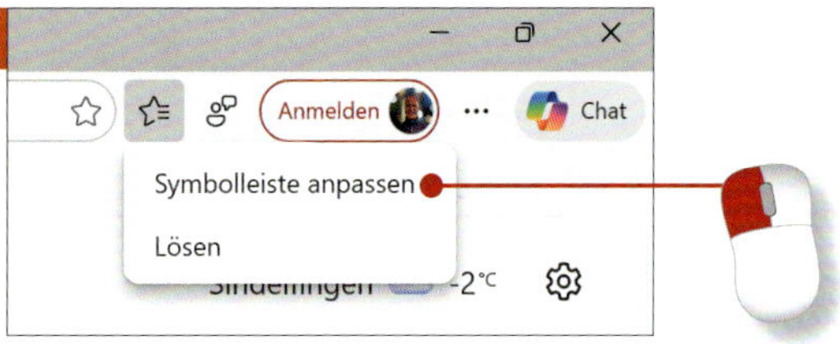


## Schritt 1

Wenn Sie Schaltflächen hinzufügen oder entfernen wollen, müssen Sie zunächst einmal eine von ihnen (bitte nicht die Profil-Schaltfläche) mit rechts anklicken. Daraufhin erscheint ein kleines Untermenü.

3

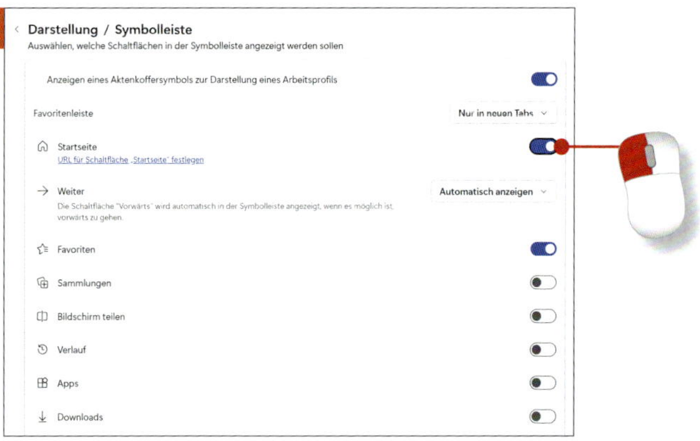


## Schritt 2

Fahren Sie mit der Maus auf das Menü und klicken Sie den Eintrag **Symbolleiste anpassen** mit der linken Maustaste an.

## Schritt 3

Sie gelangen damit in die Einstellungen **Darstellung / Symbolleiste**. Hier sollten Sie vor allem prüfen, ob der Schalter **Startseite** aktiviert ist. Wenn nicht, aktivieren Sie die Funktion.

**Weniger ist mehr**

Bitte gehen Sie nicht inflationär vor, wenn es um das Ausbringen von Schaltflächen geht. Ein überfrachteter Browser mit unzähligen Optionen ist nicht sonderlich benutzerfreundlich.

## Schritt 4

Oben links neben dem Eingabefeld finden Sie jetzt ein Häuschen. Dabei handelt es sich um eine Schaltfläche, mit der Sie jederzeit zur Edge-Startseite zurückkommen (der Seite mit den Favoriten).

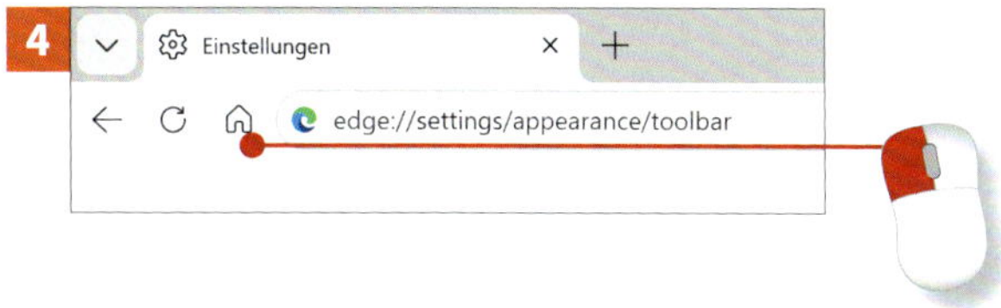


## Schritt 5

Ich möchte noch auf Optionen für eine barrierefreie Darstellung von Websites hinweisen. Um darauf zuzugreifen, klicken Sie in der Leiste links der **Einstellungen** auf den Eintrag **Barrierefreiheit**.

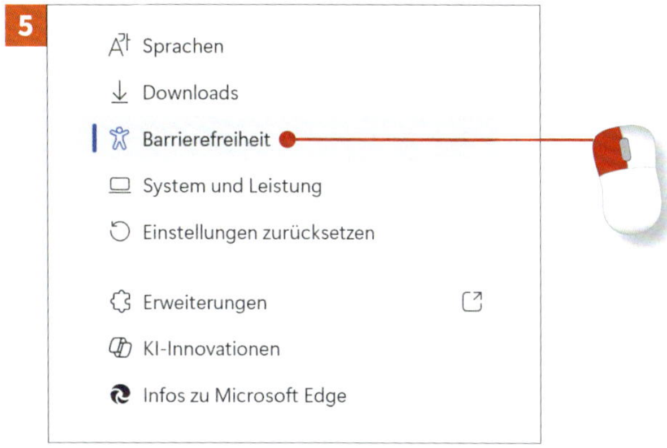


## Schritt 6

Nun können Sie z. B. einen dauerhaften **Seitenzoom** festlegen, um die Inhalte der aufgerufenen Webseiten besser erkennen zu können.

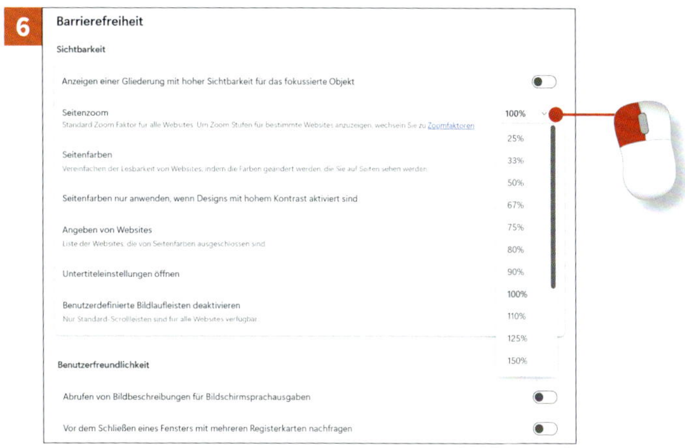


### Windows-Lupe nutzen

Für die Vergrößerung zwischendurch verwenden Sie die Windows-Lupe, die Sie mit der Tastenkombination [Windows] + [+] aufrufen. Mit [Windows] + [Esc] beenden Sie die Lupe wieder.

# Mit Bing im Internet suchen

*Wenn Sie noch nicht genau wissen, wohin die Reise gehen soll, lassen Sie sich doch vom Microsoft-Suchdienst »Bing« helfen.*

1

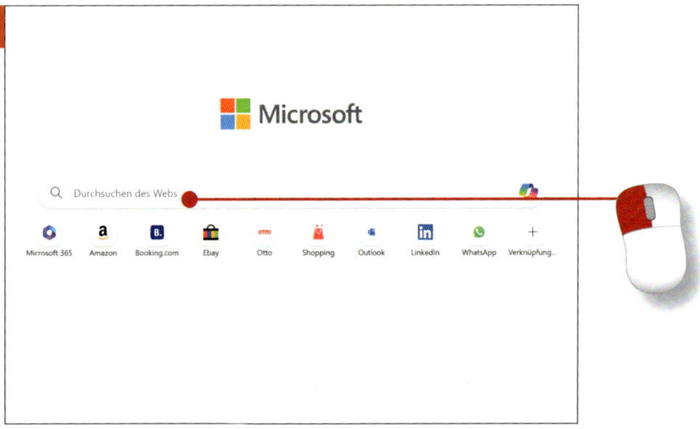


## Schritt 1

Das Feld **Durchsuchen des Webs** auf der Standardstartseite (nicht zu verwechseln mit dem oberen Suchfeld!) ist Bing vorbehalten. Klicken Sie zunächst mit der Maus in dieses Feld hinein.

2

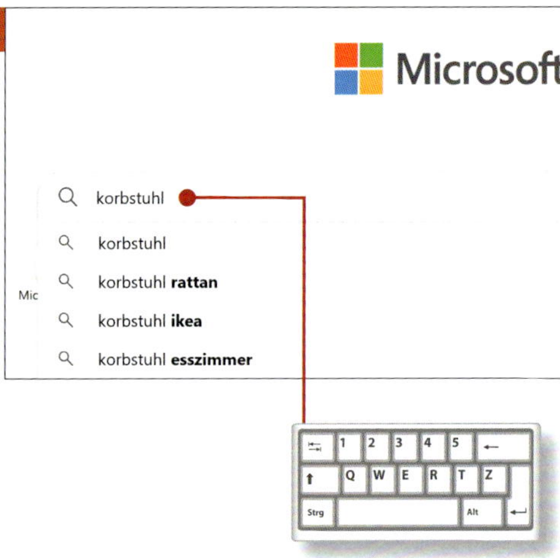


## Schritt 2

Danach geben Sie einen oder mehrere Suchbegriffe ein. Beachten Sie dabei auch die (sogenannte *kontextsensitive*) Erweiterung des Menüs, die sich gleich unter dem Feld öffnet.

3

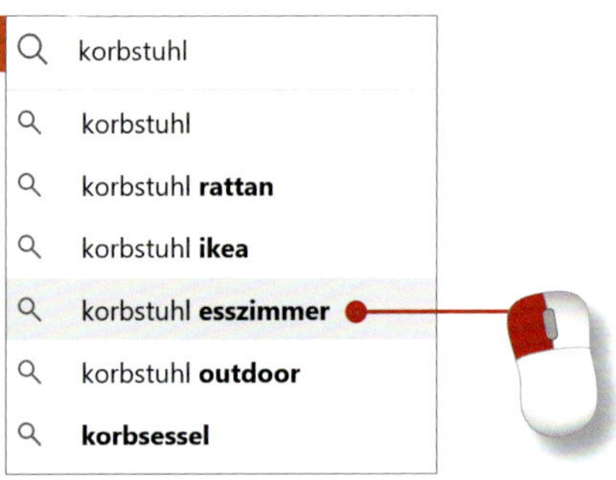


## Schritt 3

Sollten Sie in dieser Liste etwas finden, das Ihren Suchkriterien entspricht, klicken Sie auf diesen Eintrag. Wenn nicht, benutzen Sie die Lupe rechts im Eingabefeld oder drücken Sie [↵].

## Schritt 4

Die Überschriften der einzelnen Artikel fungieren als Links. Ein Klick darauf bringt Sie zur jeweiligen Webseite.

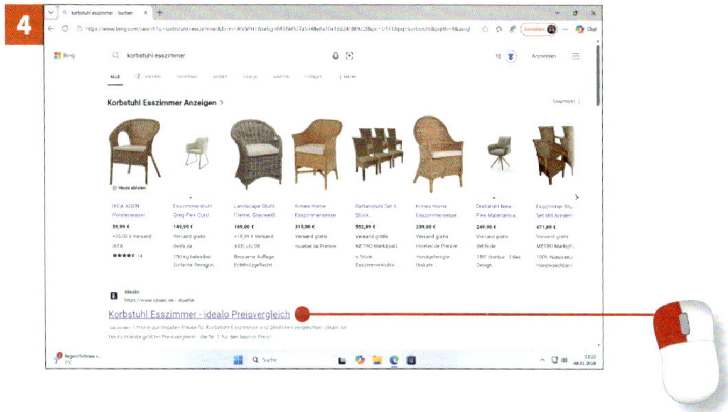


## Schritt 5

Möchten Sie die Anzeige eingrenzen, z. B. auf **SHOPPING**-Angebote oder **BILDER**, wählen Sie die entsprechende Rubrik in der kleinen Bing-Menüleiste an.

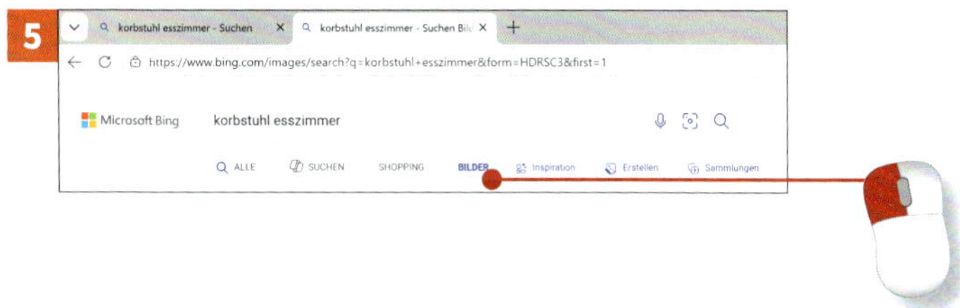


## Schritt 6

In diesem Fall werden nur Bilder von Korbstühlen angezeigt, wobei auch diese Bilder als Links zu Webseiten fungieren.

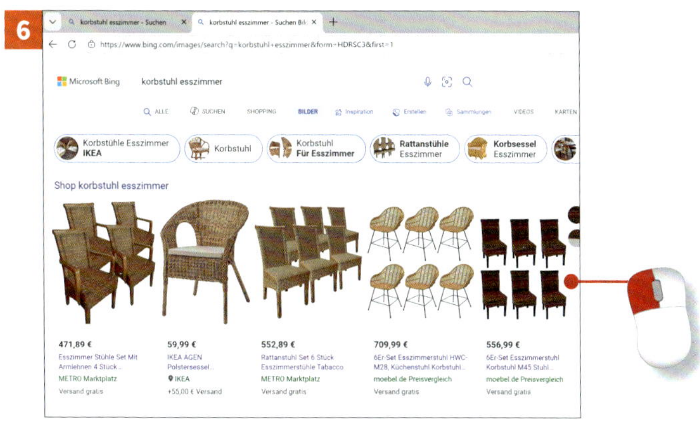


### Bildlinks

Einige Bildlinks wollen Sie eventuell nur auf ihre Seite locken und haben mit dem eigentlichen Suchbegriff wenig zu tun. Seien Sie hier besonders wachsam!

# Mit Sprache und Bildern suchen

*In Anlehnung an die vorangegangene Anleitung möchte ich nicht versäumen, Ihnen die Bing-Suche anhand von Sprache und Fotos zu zeigen. Dadurch wird die Recherche im Internet wesentlich komfortabler.*

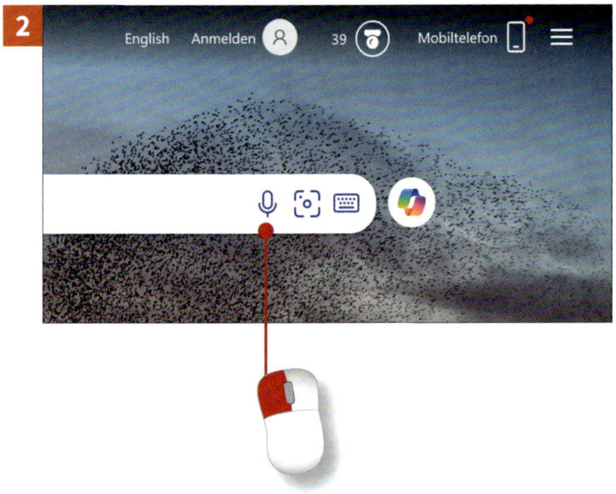


## Schritt 1

Klicken Sie zunächst, ohne einen Suchbegriff einzugeben, auf die kleine Lupe des Bing-Suchfeldes.

## Schritt 2

Daraufhin erhält die Lupe Gesellschaft. Wir benutzen zunächst den linken Schalter: **Per Sprache suchen**. Klicken Sie auf das Mikro.

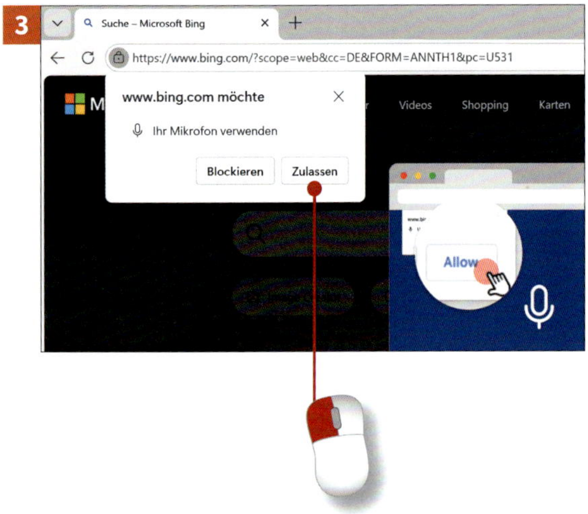


## Schritt 3

Wenn Sie die sprachgesteuerte Suche erstmals verwenden, holt Bing Ihr Einverständnis zur Verwendung des Mikrofons ein. Bestätigen Sie dies mit einem Klick auf **Zulassen**.

**Bing-Einstellungen**

Schauen Sie in dieser Ansicht einmal nach oben rechts; Sie finden dort die Schaltfläche mit den drei horizontalen Linien. Mit ihr lassen sich individuelle Einstellungen für Bing festlegen.

## Schritt 4

Sprechen Sie jetzt einen oder mehrere Suchbegriffe in das Mikrofon. Innerhalb kürzester Zeit bekommen Sie eine individuelle Sprachinfo zurück. Zudem werden die Suchergebnisse auf die bereits bekannte Art und Weise aufgelistet.

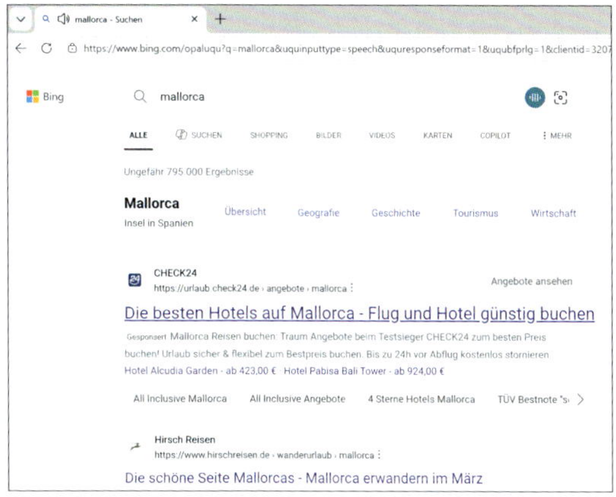


## Schritt 5

Wenn Sie ein Bild auf Ihrem PC haben und nach ähnlichen Bildern suchen wollen, müssen Sie im Anschluss an Schritt 1 auf das zweite Symbol von links klicken – das Quadrat mit den abgerundeten Ecken.

## Schritt 6

Klicken Sie ein beliebiges Bild aus einem Ihrer Bildordner an, halten Sie die Maustaste gedrückt und ziehen Sie es auf den grauen Bereich des Edge-Fensters. Dort angelangt lassen Sie die Maustaste los.

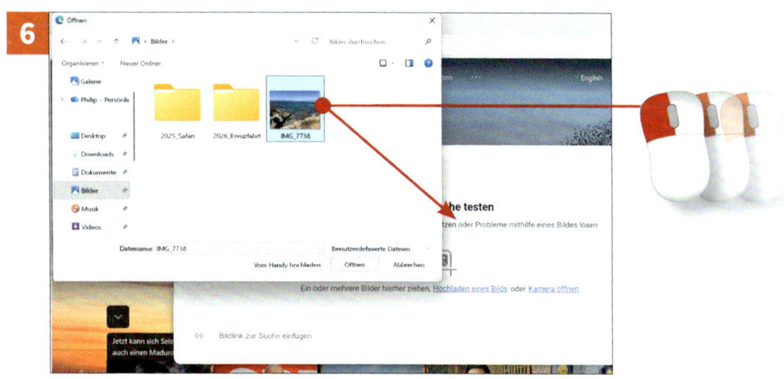


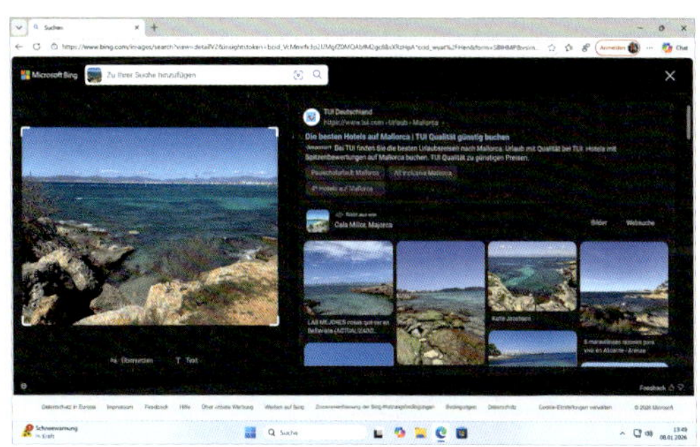

### Internetfotos verwenden

Sollte sich kein geeignetes Foto auf Ihrem PC befinden, können Sie auch Bilder aus dem Internet verwenden. Bing bietet in der Fußleiste nach erstmaligem Gebrauch selbst Fotos an, die Sie per Klick auswählen können.

# Seiten laut vorlesen lassen

1

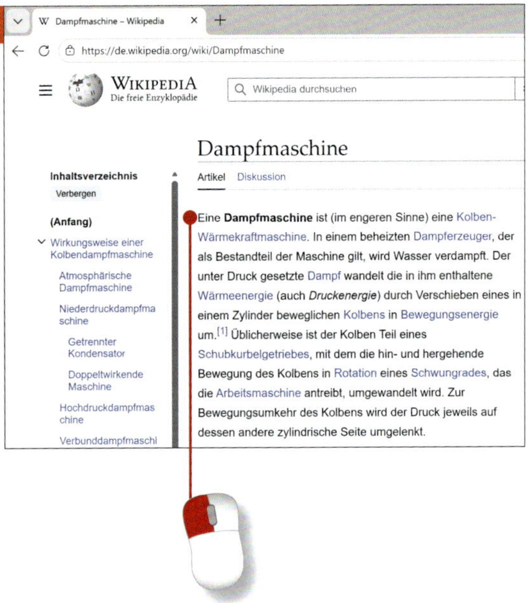


2

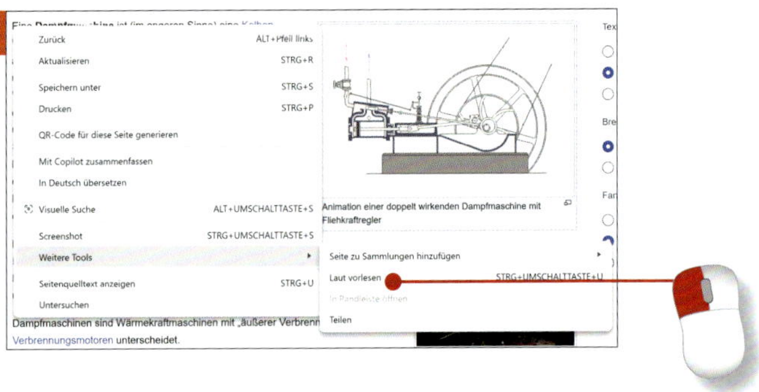


3

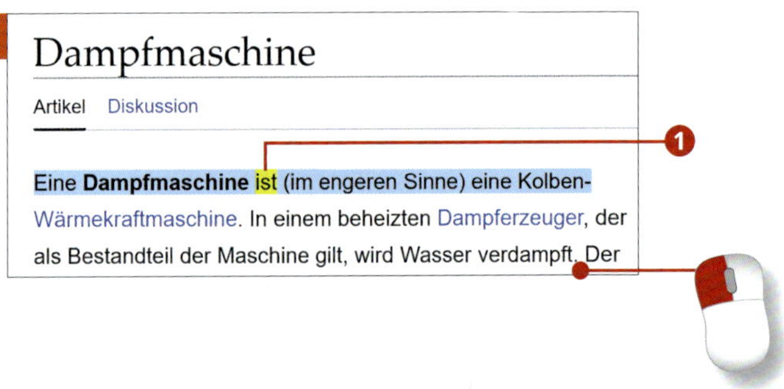


*Wer den Text einer Website nicht lesen kann oder möchte, lässt ihn sich kurzerhand von Edge vorlesen. Diese Technik funktioniert ausgesprochen gut.*

## Schritt 1

Nachdem Sie die gewünschte Seite aufgerufen haben, klicken Sie mit rechts auf die Stelle im Text, ab der Edge mit dem Vorlesen beginnen soll.

## Schritt 2

Bewegen Sie den Mauszeiger auf den Listeneintrag **Weitere Tools** und wählen Sie im Ausklappmenü per Klick **Laut vorlesen**. Daraufhin startet die Aktion.

## Schritt 3

Die aktuelle Position des Vortrags sehen Sie stets anhand der Markierungen ❶. Wollen Sie zu einer anderen Stelle wechseln, wählen Sie den gewünschten Startpunkt erneut mit einem Mausklick aus.

### Vorlesen per Shortcut

Wer Tastaturkürzel (sogenannte *Shortcuts*) mag, kann das Vorlesen mit Strg + ⇧ + U einleiten. Allerdings können Sie in dem Fall keinen Startpunkt setzen; die Lesung beginnt stets ganz oben auf der Seite.

## Schritt 4

Sie benötigen eine kurze Pause, weil Sie beispielsweise etwas notieren wollen? Dann klicken Sie oben in der Mitte der Kopfleiste auf die Pausentaste.

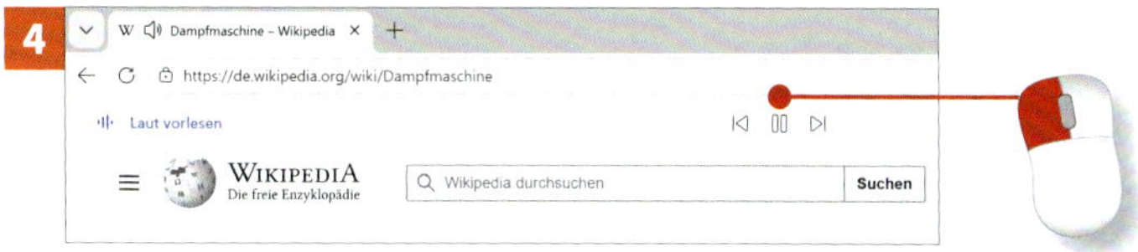


## Schritt 5

Setzen Sie das Vorlesen mit einem Klick auf die Abspielenschaltfläche fort, wann immer Ihnen danach ist.

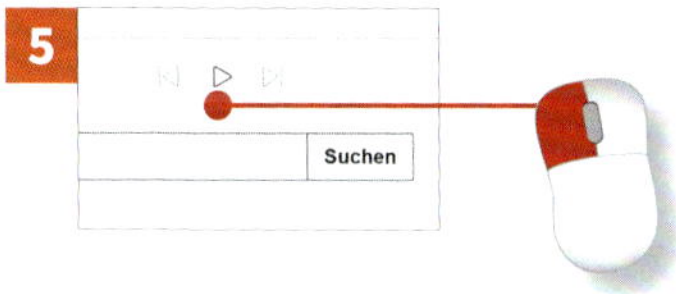


## Schritt 6

Wenn Sie fertig sind, betätigen Sie das Schließenkreuz, das sich in der gleichen Zeile befindet wie die zuvor erwähnten Schaltflächen. (Verwechseln Sie dieses bitte nicht mit dem Schließenkreuz von Edge!)

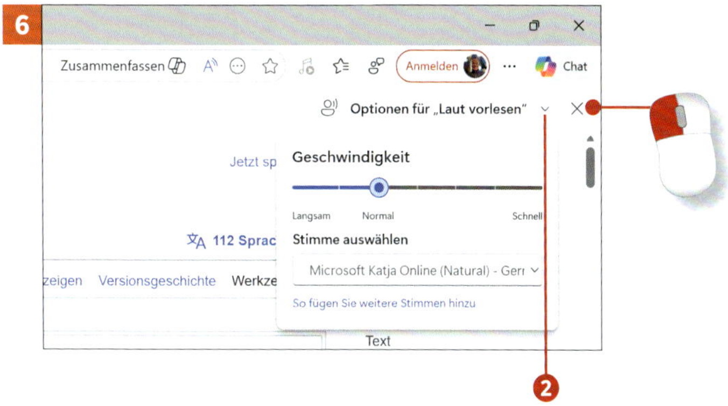


**Stimme wechseln und Geschwindigkeit ändern**

Wollen Sie eine andere Stimme hören oder die Geschwindigkeit des Vorlesens ändern? Dann klicken Sie auf **Optionen für „Laut vorlesen"** ❷ und nehmen die gewünschten Änderungen vor.

# Künstliche Intelligenz befragen

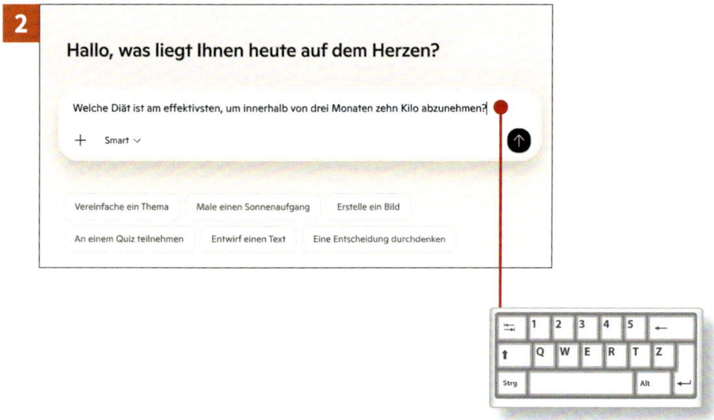


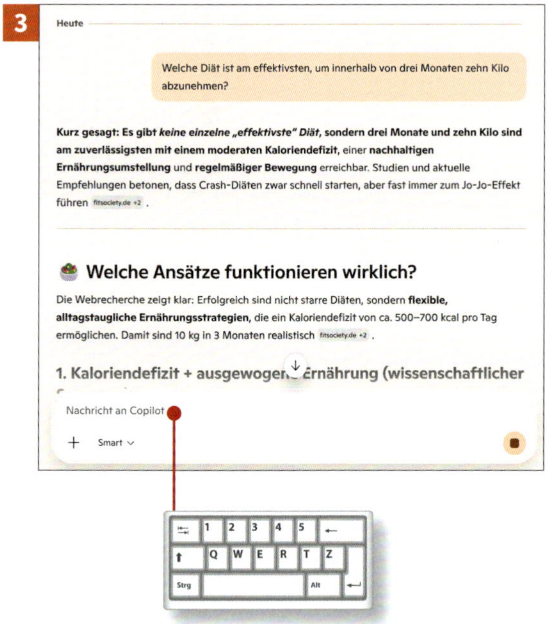


*In Microsoft Edge ist der KI-Assistent Copilot integriert. Dieser steht Ihnen unter Windows 11 auch als eigene App zur Verfügung. Hier werden Ihnen zwei nützliche Anwendungsmöglichkeiten gezeigt.*

## Schritt 1

Klicken Sie rechts im Bing-Suchfeld auf das Copilot-Symbol.

## Schritt 2

Tippen Sie Ihre Aufgabe an die KI ein, einen sogenannten *Prompt*, z. B. eine Recherche zu einem bestimmten Thema. Bestätigen Sie die Eingabe mit der [↵]-Taste.

## Schritt 3

Schon gibt die KI entsprechende Ergebnisse aus. Sie können noch weiter mit der künstlichen Intelligenz über das Thema plaudern. Und das buchstäblich, denn Copilot versteht auch Ihre Spracheingaben.

**Was ist ein Prompt?**

Prompt wird eine Anweisung genannt, die Sie einer künstlichen Intelligenz erteilen. Sie können mehrere Prompts miteinander kombinieren, um bessere Ergebnisse zu erzielen.

## Schritt 4

Copilot lässt sich auch parallel zu einer Webrecherche nutzen. Möchten Sie eine lange Webseite nicht komplett lesen? Dann lassen Sie sie sich von der KI zusammenfassen, indem Sie rechts im Eingabefeld auf **Zusammenfassen** klicken.

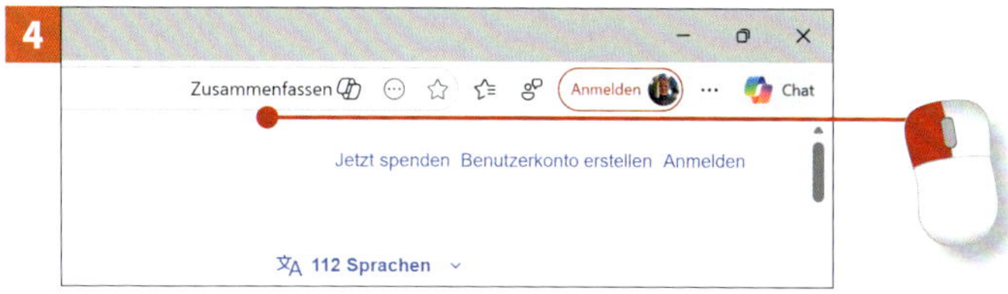


## Schritt 5

Rechts wird nun eine Copilot-Leiste eingeblendet, in der Sie die Zusammenfassung finden. Auch hier können Sie Ihre Fragen stellen. Die Leiste lässt sich über die Schaltfläche **Chat** ❶ ein- und ausblenden.

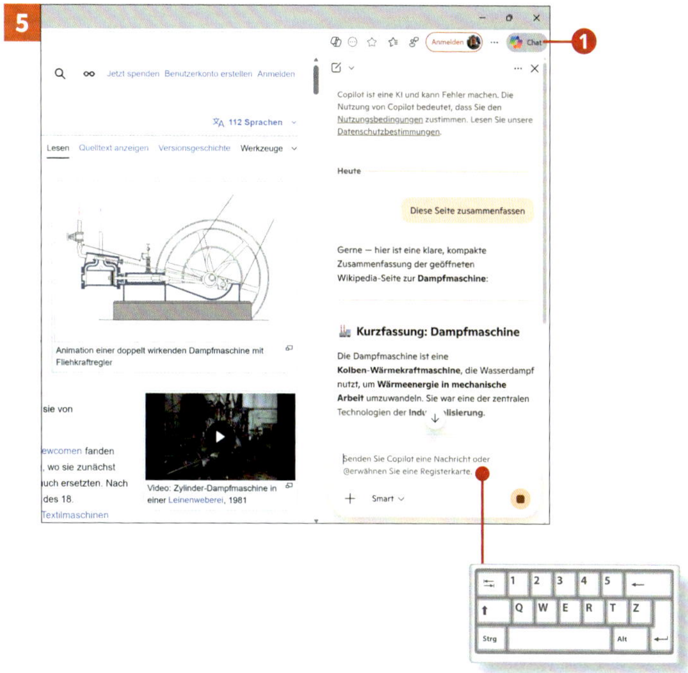


## Schritt 6

Sind Ihnen die Ergebnisse nicht genau genug, können Sie im Chatmenü die Option **Tiefere Analyse** auswählen. Allerdings dauert die Antwort dann etwas länger.

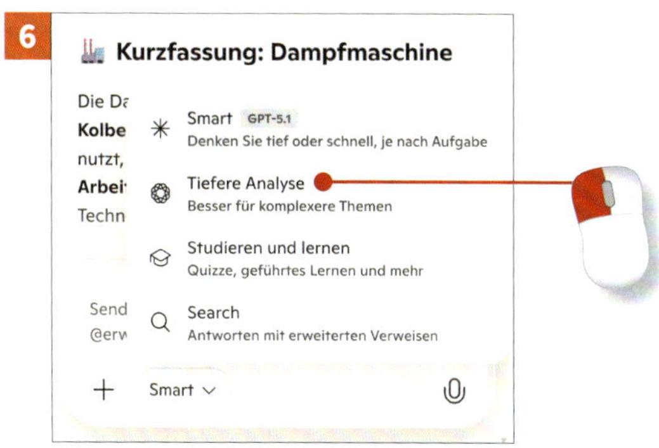

# Erweiterungen hinzufügen

*Für nahezu jeden Browser existieren Erweiterungen – die sogenannten Add-ons. In der aktuellen Edge-Version können derartige Zusatzprogramme (Extensions) problemlos hinzugefügt werden.*

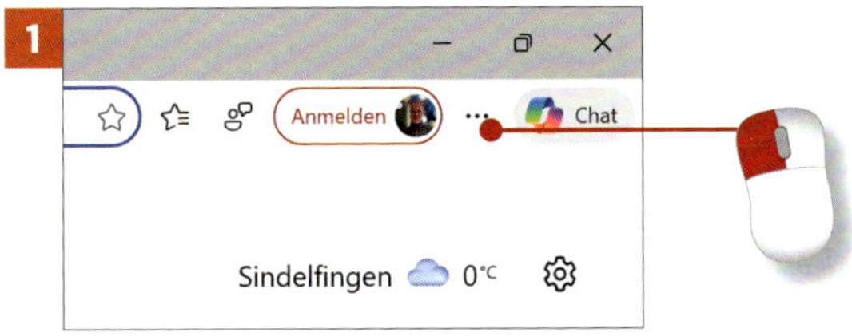


## Schritt 1

Klicken Sie auf die Drei-Punkte-Schaltfläche **Einstellungen und mehr** oben rechts im Edge-Browser oder drücken Sie Alt + F.

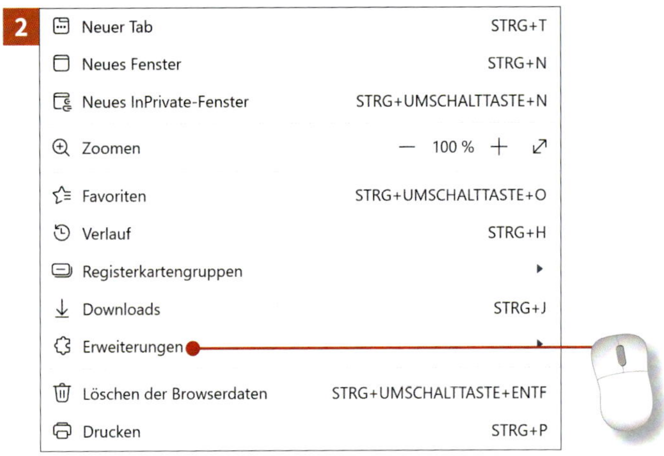


## Schritt 2

Bewegen Sie den Mauszeiger im Menü auf den Eintrag **Erweiterungen**.

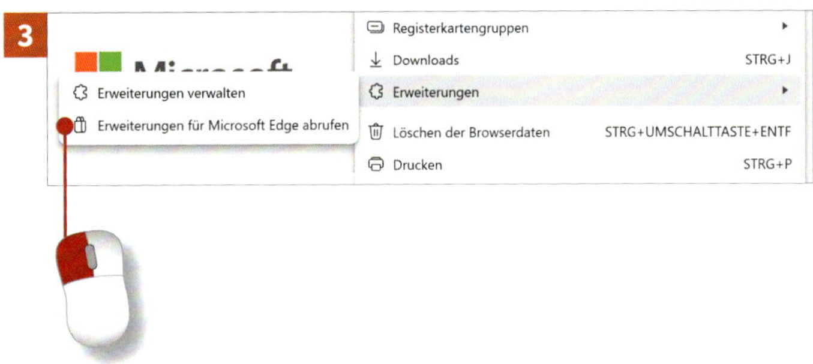


## Schritt 3

Im Ausklappmenü wählen Sie nun **Erweiterungen für Microsoft Edge abrufen**.

**Erweiterungen verwalten**

Zum Verwalten Ihrer Erweiterungen finden Sie im Ausklappmenü aus Schritt 3 den Eintrag **Erweiterungen verwalten**.

## Schritt 4

Sie werden jetzt mit der Webseite **Microsoft Edge-Add-Ons** verbunden. Oben finden Sie ein Suchfeld, mit dessen Hilfe Sie gezielt nach bekannten Add-ons oder Themen suchen können. Alternativ scrollen Sie durch die Angebote.

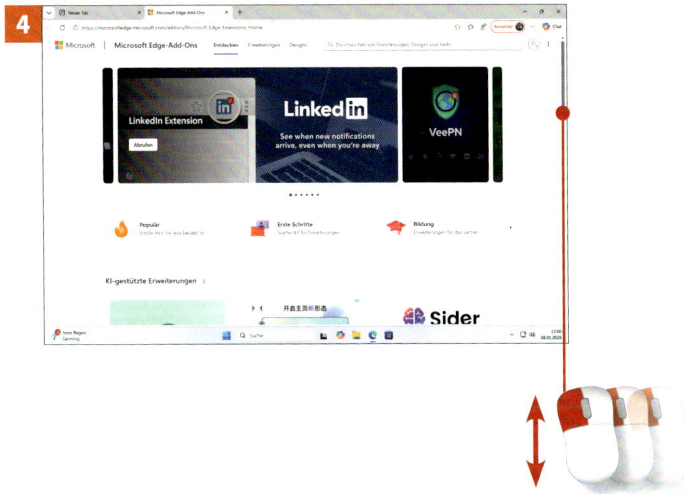


## Schritt 5

Sagt Ihnen ein Add-on zu, klicken Sie auf **Abrufen**. Bei unbekannten Erweiterungen sollten Sie zuvor jedoch auf den Namen klicken, um weitere Infos zu erhalten. Sie können das Add-on auch später noch abrufen.

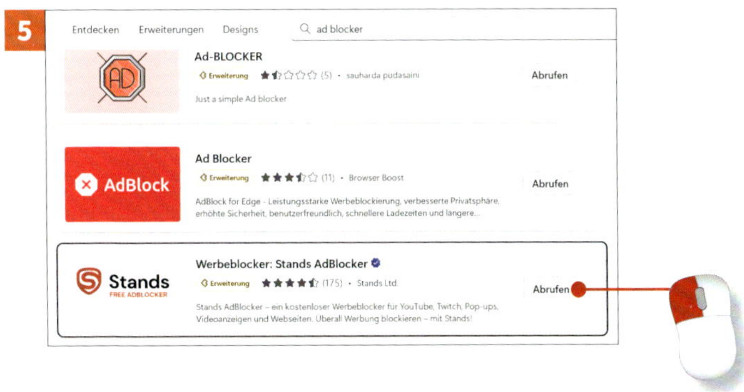


## Schritt 6

Informieren Sie sich über das Add-on, schauen Sie sich die Bewertungen an und klicken Sie zuletzt auf **Abrufen**. Ist das Gesuchte doch nicht das Richtige, springen Sie mit dem nach links weisenden Pfeil zurück.

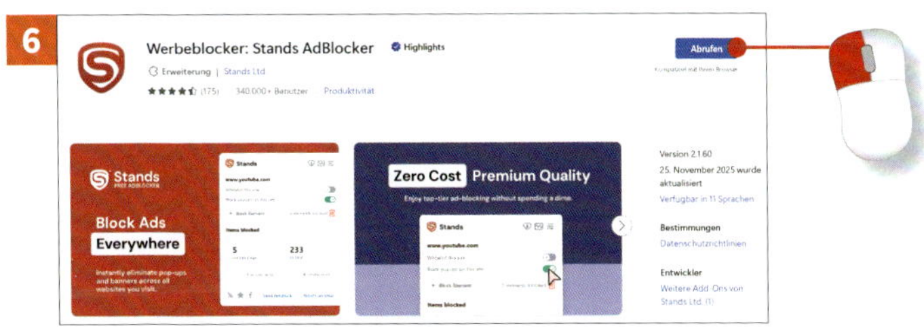


i

### Adblocker

Adblocker sind sogenannte Werbeblocker. Sie verhindern beispielsweise, dass ungeliebte Werbebotschaften angezeigt werden, und können mitunter sogar Facebook-Marketing oder Videowerbung auf YouTube verhindern.

# Mit Tabs arbeiten

1

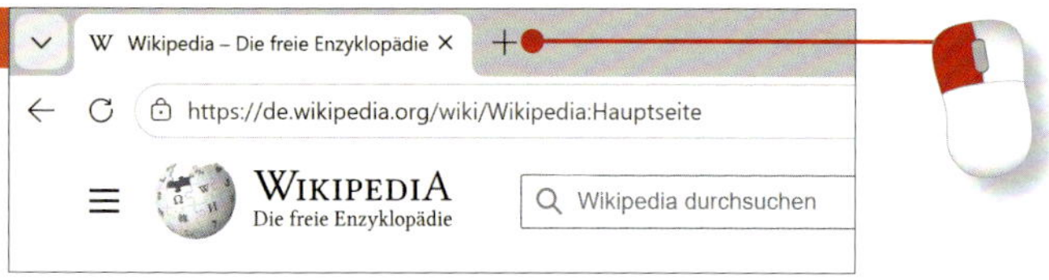


*Mitunter möchten Sie auf mehrere Webseiten gleichzeitig Zugriff erhalten – etwa, um Angebote miteinander zu vergleichen. Dazu sollten Sie mit Tabs arbeiten. Wird die Leiste zu voll, speichern Sie die Tabs einfach für später.*

2

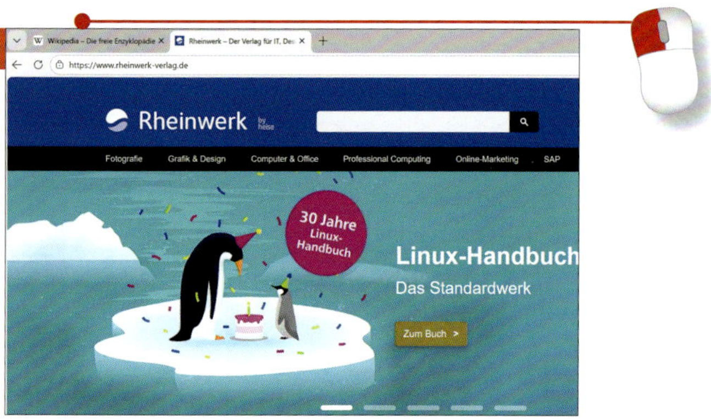


## Schritt 1

Sie befinden sich auf einer Webseite, die Sie sich später noch ansehen wollen, aber möchten eine weitere Seite aufrufen? Dann klicken Sie auf das kleine Plussymbol in der Kopfleiste der Anwendung. Strg + T geht im Übrigen auch.

3

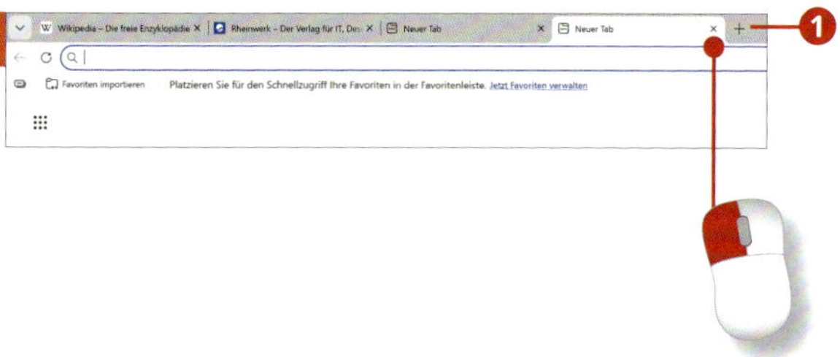


## Schritt 2

Im neuen Tab dürfen Sie nun nach Herzenslust weitersurfen. Sollten Sie zur ursprünglichen Seite zurückkehren wollen, klicken Sie auf den linken Tab.

## Schritt 3

Fügen Sie mithilfe des Plussymbols (1) bei Bedarf weitere Tabs hinzu. Schließen Sie einen nicht mehr benötigten Tab per Klick auf das Kreuzchen oder drücken Sie Strg + W.

**Neues Edge-Fenster öffnen**

Sie möchten anstelle eines Tabs ein zusätzliches Edge-Fenster? Dann drücken Sie einfach Strg + N. Das ursprüngliche Fenster bleibt dabei erhalten – die dortigen Inhalte werden weiterhin angezeigt.

## Schritt 4

Sie können Tabs sortieren. Dazu klicken Sie auf einen der Tab-Reiter, halten die Maustaste gedrückt und ziehen den Tab an die gewünschte Stelle.

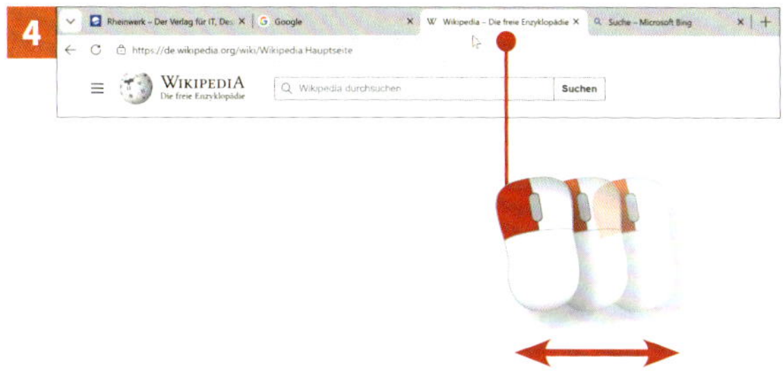

## Schritt 5

Sollte es in der Tab-Leiste doch einmal zu voll werden, pinnen Sie diese einfach an. Dazu klicken Sie zunächst mit der rechten Maustaste auf den Tab.

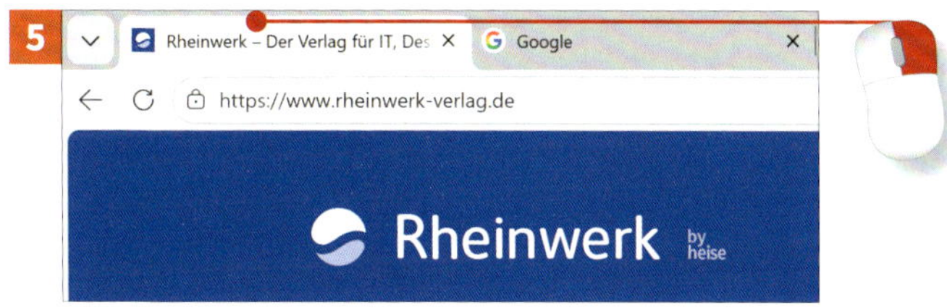


## Schritt 6

Entscheiden Sie sich für den Menüeintrag **Tab anpinnen**. Der Tab rutscht dann in verkleinerter Form nach links ❷. Mit einem Rechtsklick, gefolgt von **Tab lösen** ❸, erscheint der Tab wieder in ursprünglicher Größe.

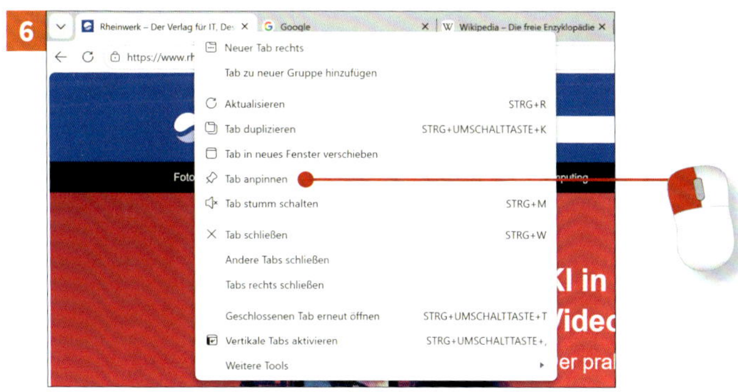


### Angepinnte Tabs

Die Funktion **Tab anpinnen** dient nicht nur der Platzersparnis, sondern sorgt auch dafür, dass der Tab erhalten bleibt – selbst wenn Sie Edge schließen. Wenn Sie also den einen oder anderen Tab demnächst noch mal ansehen wollen, sind Sie damit bestens beraten.

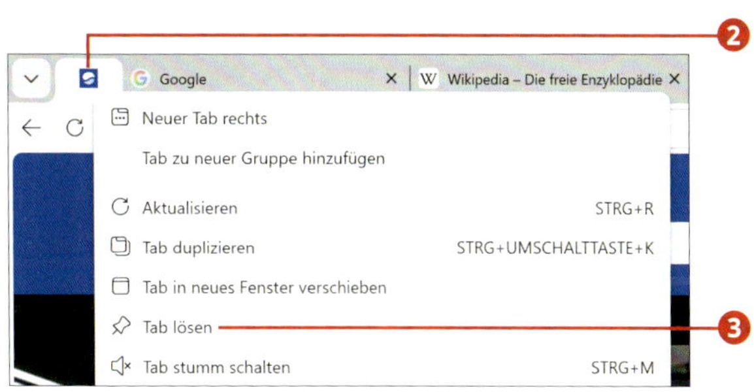

# Webseiten als PDF ausgeben und drucken

1

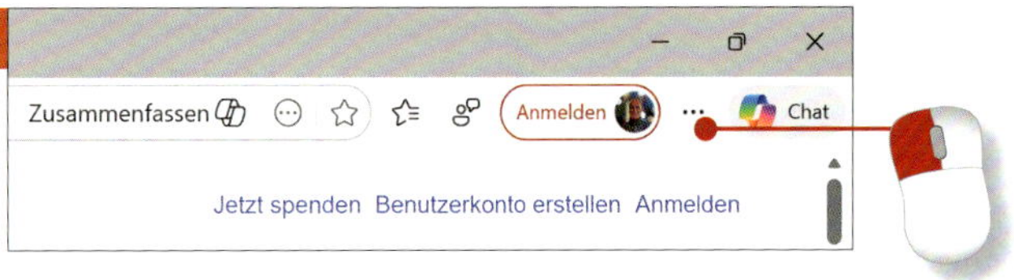


2

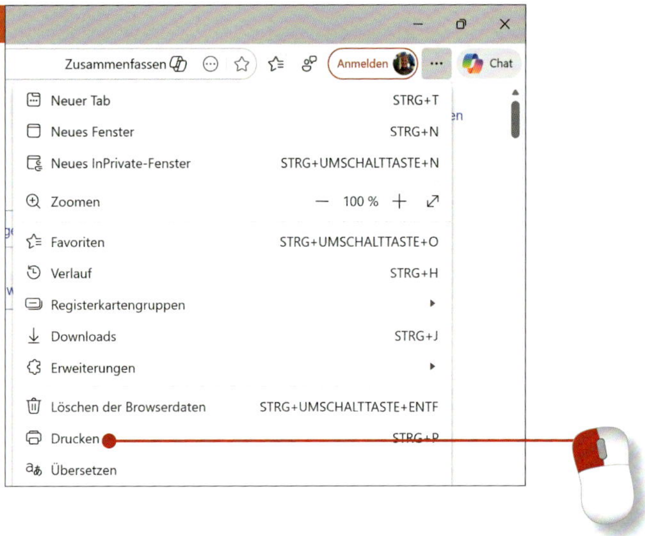


3

*Bestimmen Sie selbst, was gedruckt werden soll und was nicht.*

## Schritt 1

Zunächst rufen Sie die Seite auf, die gedruckt werden soll. Klicken Sie dann auf die Drei-Punkte-Schaltfläche **Einstellungen und mehr** oder betätigen Sie [Alt] + [F].

## Schritt 2

In der Liste, die sichtbar wird, klicken Sie auf die Zeile **Drucken**. (Mit [Strg] + [P] erledigen Sie die Schritte 1 und 2 übrigens in einem Arbeitsgang.)

## Schritt 3

Sie haben nun mehrere Optionen: Sie können das Dokument als PDF-Datei ausgeben. Das eignet sich prima zum Lesen am Monitor und zum Versenden per E-Mail. Dazu müssen Sie ganz oben im Feld **Drucker** den Eintrag **Als PDF speichern** selektieren. Um das Dokument auszudrucken, stellen Sie hingegen Ihren angeschlossenen Drucker ein.

**Urheber- und Verwertungsrecht**

Beachten Sie, dass die Weitergabe von Dateien und Ausdrucken in der Regel nicht zulässig ist.

## Schritt 4

Schauen Sie sich die Vorschau des Dokuments auf der rechten Seite an. Schalten Sie im Bereich **Layout** einmal zwischen den beiden Optionen **Querformat** und **Hochformat** hin und her – und entscheiden Sie dann, welches Format eher geeignet ist.

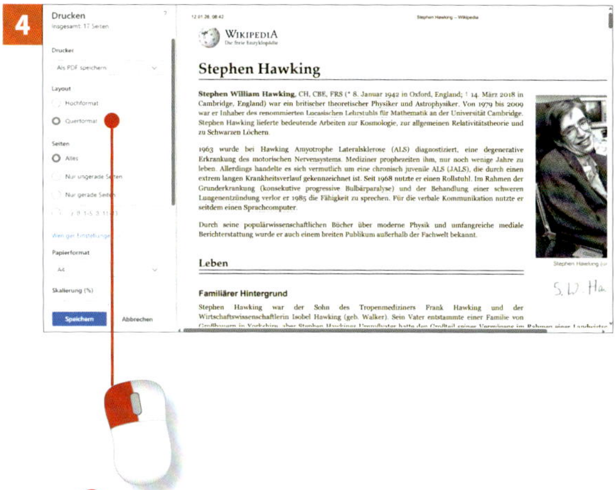


## Schritt 5

Oben links sehen Sie, wie viele Papierbögen (also Blätter – nicht Seiten) erzeugt würden ❶, wenn Sie die gesamte Webseite drucken oder als PDF ausgeben. Mit dem rechten Scrollbalken können Sie sämtliche Seiten des Dokuments ansehen.

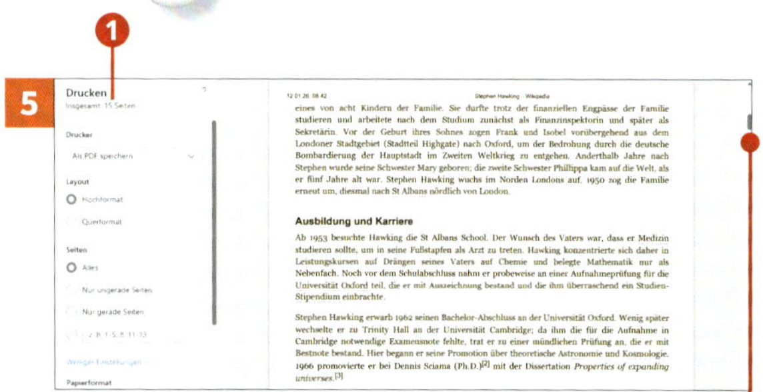


## Schritt 6

Wollen Sie nur eine Seite ausgeben, wählen Sie diese nun mithilfe des rechten Scrollbalkens aus. In der linken Spalte entscheiden Sie sich für einen Klick auf **Weitere Einstellungen** (ganz unten). Hier kann beispielsweise das Papierformat (DIN A4 oder A3) angepasst werden.

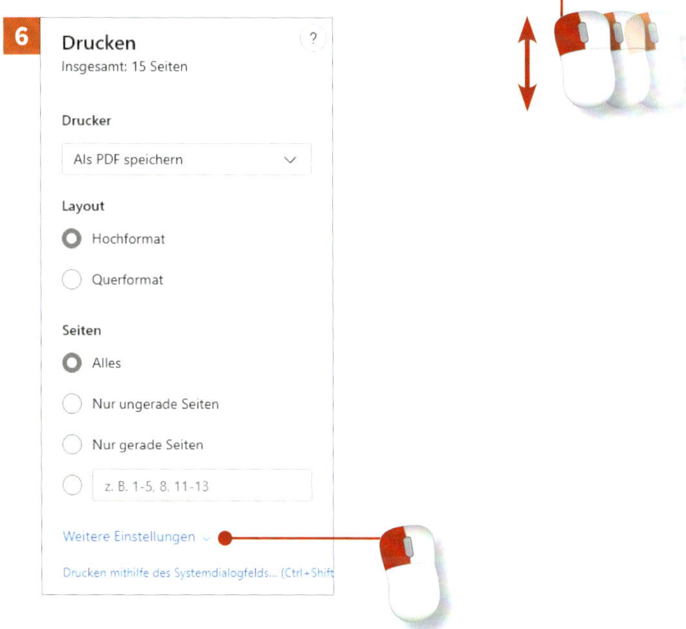


**Papierbögen und Seiten**

Bitte berücksichtigen Sie, dass die angegebene Anzahl an Papierbögen nur dann stimmt, wenn Sie beidseitig drucken.

7

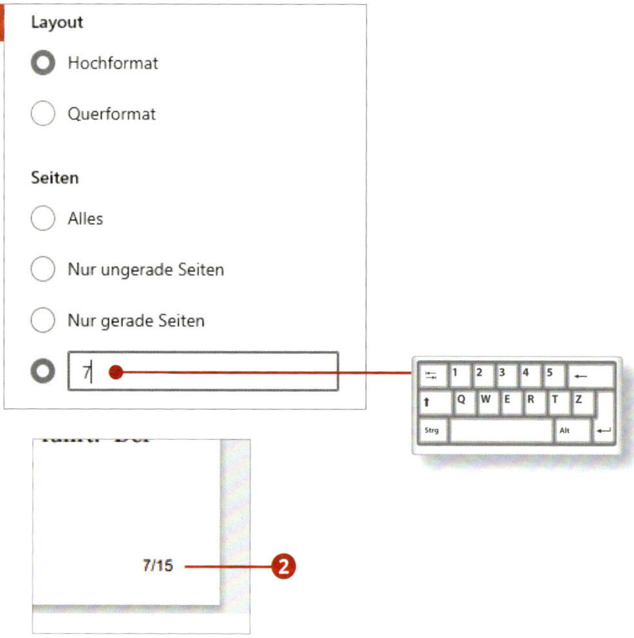


8

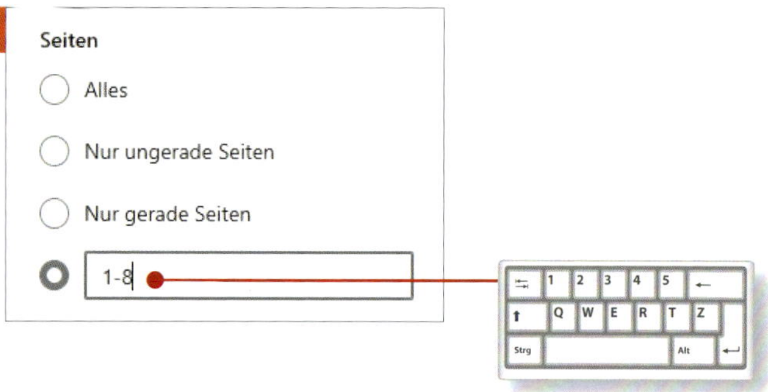


9

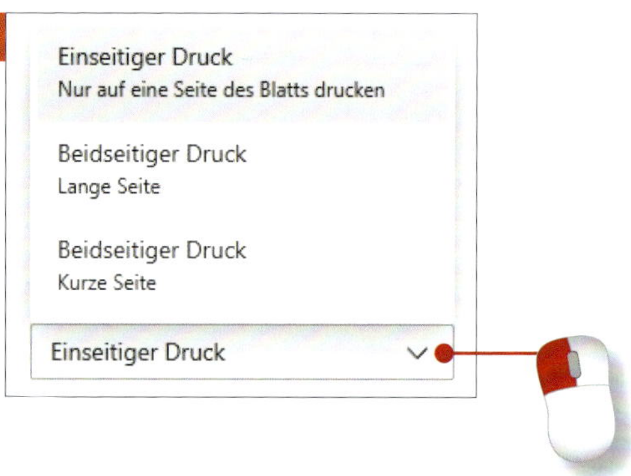


## Schritt 7

Im Bereich **Seiten** wählen Sie den unteren Button aus. Im nebenstehenden Feld geben Sie zudem die Seitenzahl an, die ausgedruckt werden soll. Die Seitenzahl steht unten rechts auf der Seite ❷.

## Schritt 8

Es ist erlaubt, einen Seitenbereich einzugeben. Wenn Sie beispielsweise nur die Seiten 1 bis 8 benötigen, können Sie das gerne an die App weitergeben. Wenn das gesamte Dokument gedruckt werden soll, entscheiden Sie sich im Bereich **Seiten** der linken Spalte hingegen für **Alles**.

## Schritt 9

Sofern Sie das Dokument zu Papier bringen, können Sie festlegen, ob das Dokument einseitig oder beidseitig bedruckt wird – vorausgesetzt, Ihr Drucker ist dazu in der Lage.

**Seitenangaben**

Bei der Seitenangabe (Schritt 8) können Sie beispielsweise »1–3« oder »11, 14« eingeben. Verwenden Sie jedoch eine ungültige Eingabe (z. B. »11 + 14«), erscheint ein Hinweis unterhalb des Eingabefeldes.

## Schritt 10

Sofern Sie das Dokument auf einem Drucker ausgeben, können Sie jetzt auf **Drucken** klicken. Eventuell meldet sich Ihr Drucker ebenfalls. In seinem Menü müssen Sie dann erneut auf **Drucken** gehen.

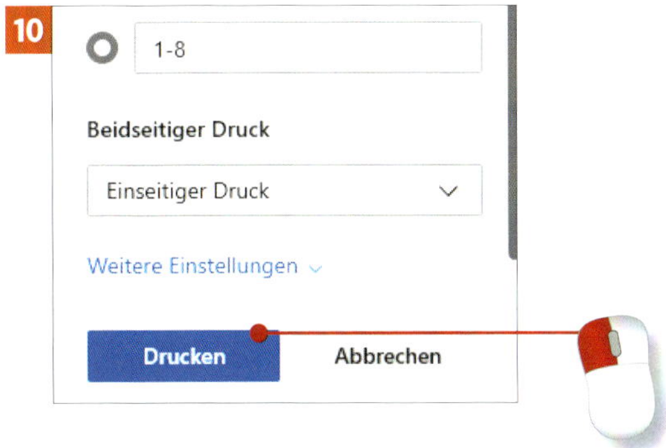


## Schritt 11

Sie haben sich für ein PDF entschieden? Dann müssen Sie das Dokument nach dem Klick auf **Speichern** noch benennen und den Speicherort festlegen. Wie wär's mit dem Desktop?

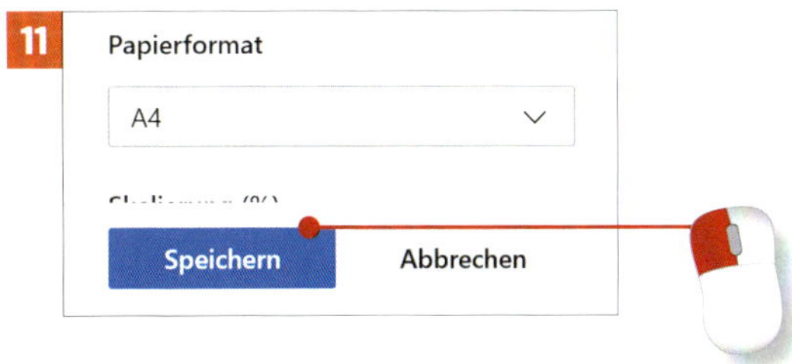


## Schritt 12

Am gewählten Speicherort (hier z. B. im Ordner **Dokumente**) finden Sie jetzt das fertige PDF. Mit einem Doppelklick wird es in Edge präsentiert und steht damit permanent auf Ihrem PC zur Verfügung – selbst dann, wenn keine Internetverbindung besteht.

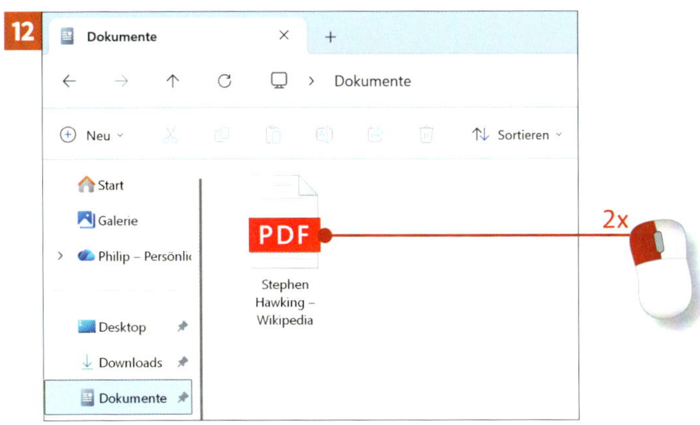


### Druckermenüs

Druckermenüs sehen je nach Hersteller und Druckertyp unterschiedlich aus. Dennoch bieten sie alle in der Regel Einstelloptionen für das verwendete Papier und die Druckqualität an. Schauen Sie in das Handbuch Ihres Druckers.

# Kapitel 5
# E-Mails und Kontakte

Wie leicht und nützlich ist es doch, per E-Mail in Kontakt zu bleiben. Mit Windows 11 können Sie E-Mails schreiben und empfangen und alles auf Ihre persönlichen Bedürfnisse abstimmen – mit der Outlook-App. Die App kann aber noch mehr als E-Mail, unter anderem lassen sich damit auch Ihre Kontakte verwalten. Für einen innovativen Kommunikationsaustausch ist also gesorgt – direkt aus Windows heraus.

**E-Mails schreiben, senden und löschen**

Sie erfahren zunächst, wie Sie die Outlook-App ❶ einrichten und mit ihr dann Ihre E-Mails schreiben, versenden und verwalten können. Neben der zu Ihrem Microsoft-Konto gehörenden E-Mail-Adresse können Sie noch beliebige andere E-Mail-Adressen anlegen.

**Kontakte elektronisch speichern**

Ebenso erfahren Sie, wie Sie Ihre Kontakte ❷ in der Outlook-App verwalten. So müssen Sie nie mehr nach dem verlegten Adressbuch suchen. Das ist kinderleicht. Man muss nur wissen, wie es geht.

Über die Outlook-App können Sie E-Mails schreiben und versenden. 1

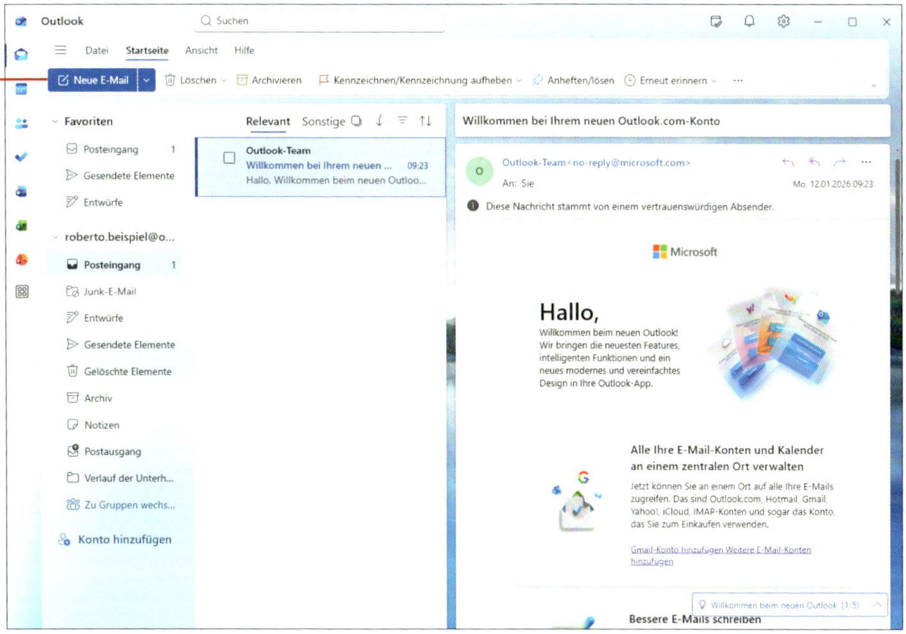


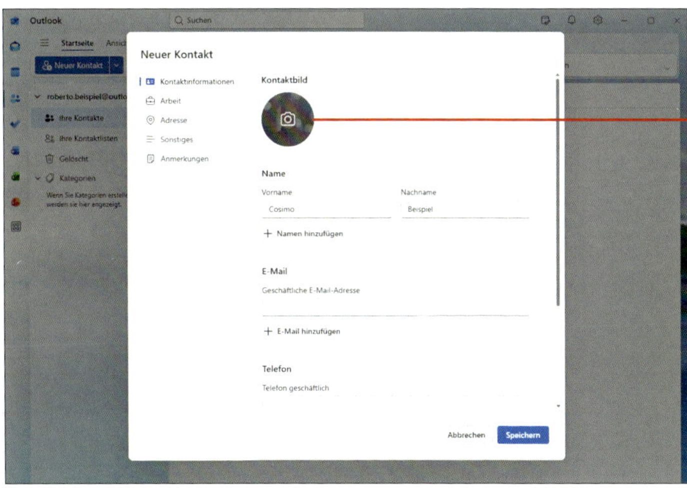


2 Auch Ihre Kontakte lassen sich in der Outlook-App clever verwalten.

# Ein E-Mail-Konto einrichten

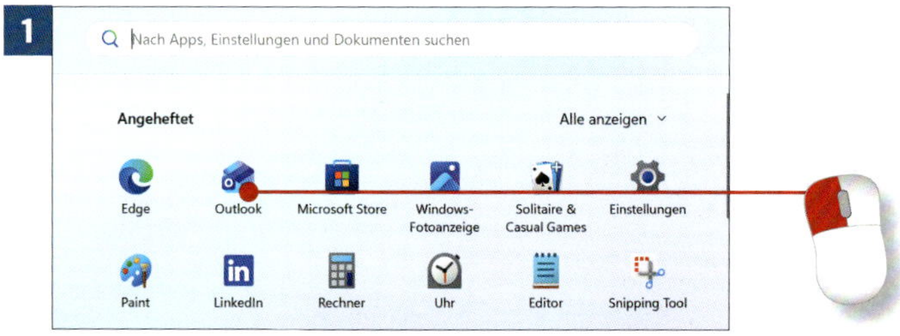


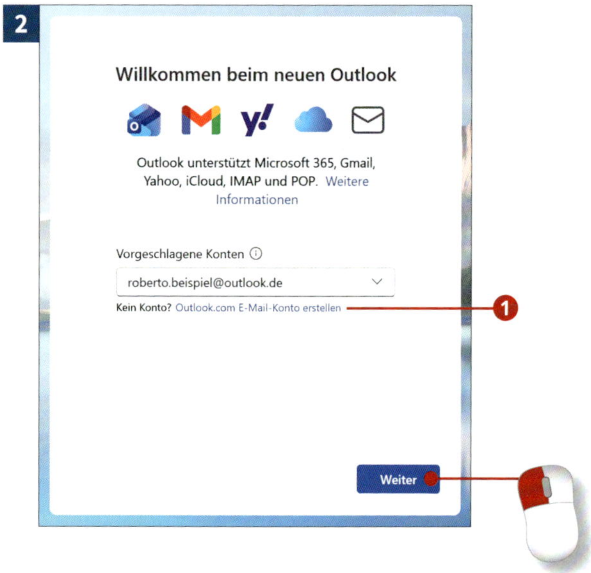

*Sollten Sie noch keine E-Mail-Adresse haben, erfahren Sie in diesem Abschnitt, wie Sie eine einrichten. Microsoft bietet den Dienst Outlook.com an, aber Sie können auch andere Anbieter nutzen.*

## Schritt 1

Öffnen Sie zunächst die **Outlook**-App im Startmenü. Sie ist bereits vorinstalliert.

## Schritt 2

Outlook ist Ihnen sogleich behilflich und schlägt zunächst vor, das Konto zu integrieren, das bei der Installation von Windows 11 verwendet wurde. Sie können aber auch eine andere E-Mail-Adresse eingeben und mit **Weiter** bestätigen.

## Schritt 3

Sie könnten auch ein komplett neues E-Mail-Konto anlegen, indem Sie im Fenster aus Schritt 2 auf **Outlook.com E-Mail-Konto erstellen** (1) klicken und den Hinweisen folgen.

**Outlook in die Taskleiste legen**

Da Sie Outlook bestimmt häufig verwenden werden, heften Sie die App an die Taskleiste. Rechtsklick auf die App im Startmenü und Auswahl von **An Taskleiste anheften**.

## Schritt 4

Wählen Sie für die Anmeldung mit einem bestehenden E-Mail-Konto eine Anmeldeoption, z. B. **Mit Kennwort verwenden**.

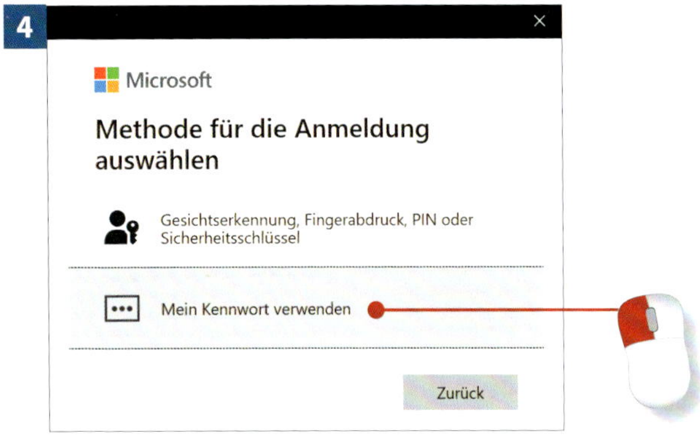


## Schritt 5

Geben Sie das zu Ihrem E-Mail-Konto gehörende Kennwort ein und bestätigen Sie mit der Schaltfläche **Anmelden**.

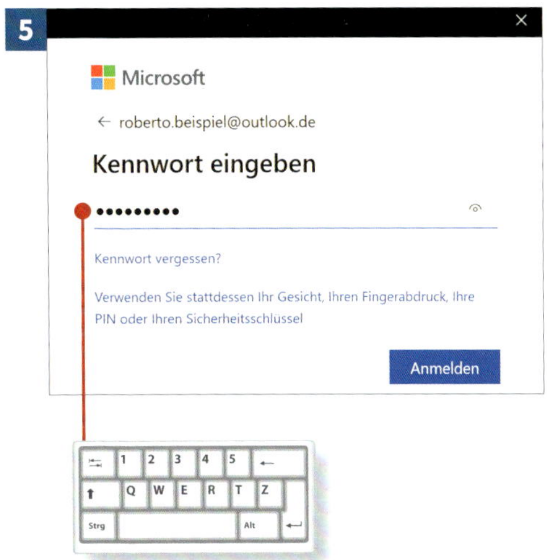


## Schritt 6

Die Anmeldung muss noch einmal bestätigt werden, indem Sie auf **Weiter** klicken. Anschließend wird das E-Mail-Konto in der Outlook-App eingerichtet.

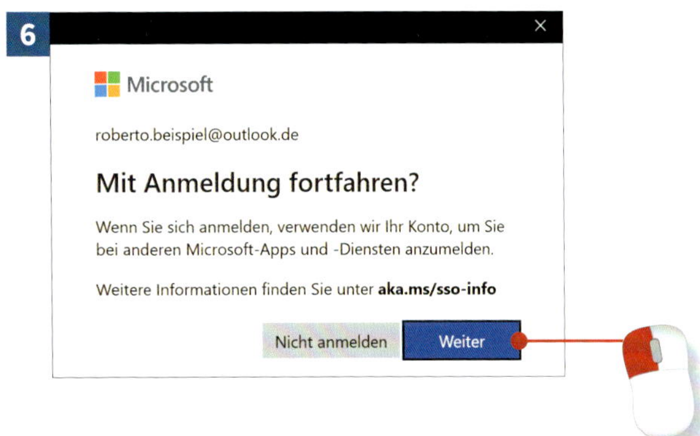


**Anderes Konto einrichten**

Falls Sie keinen der angebotenen Standard-E-Mail-Anbieter nutzen, sind gegebenenfalls weitere Angaben zu Posteingangsserver und Co. erforderlich. Diese erfragen Sie beim jeweiligen E-Mail-Anbieter.

# Die Outlook-App in der Übersicht

1

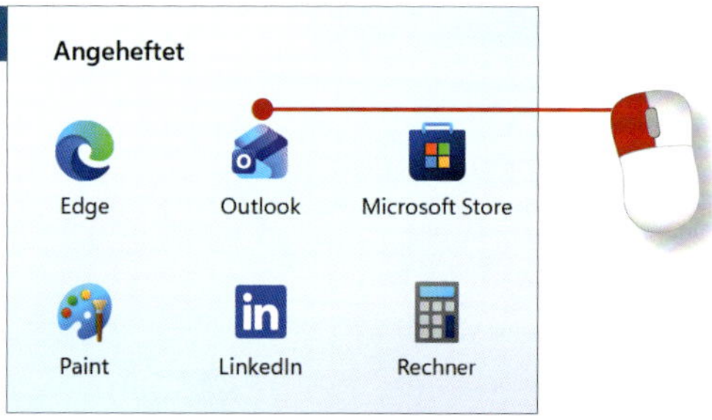


2

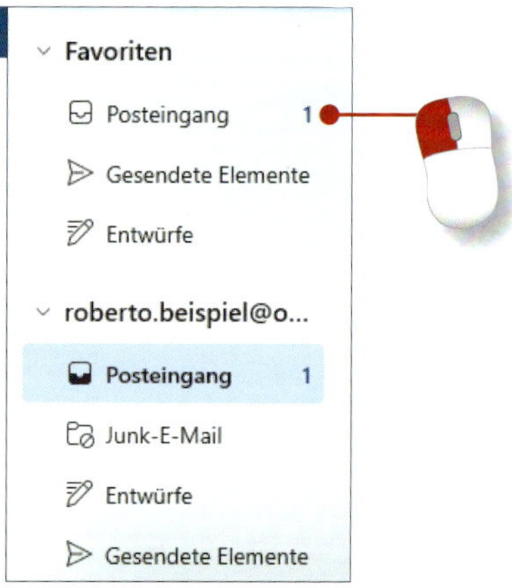


3

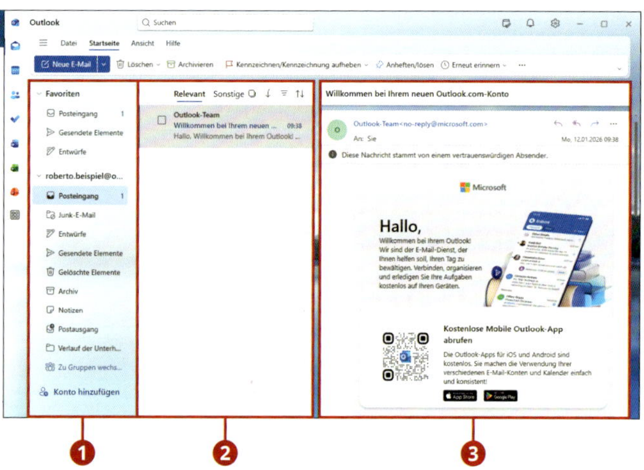


*Nachdem Sie Ihr Konto eingerichtet haben, sollten Sie sich einen Überblick über die Software verschaffen. Prüfen Sie, ob die Anmeldung klappt, und lernen Sie die Oberfläche kennen.*

## Schritt 1

Falls Outlook nicht bereits geöffnet ist, stellen Sie die Verbindung zu Ihrem E-Mail-Konto her, indem Sie die App aufrufen, z. B. im Startmenü.

## Schritt 2

Na, haben Sie bereits Post bekommen? Der **Posteingang** wird beim Öffnen der App angezeigt. Sie können ihn sonst auch per Mausklick in der linken Spalte auswählen.

## Schritt 3

Sie sehen, dass die Oberfläche in mehrere Bereiche gegliedert ist. In der linken Spalte ❶ finden Sie verschiedene Ablageordner, in der Mitte ❷ werden die E-Mails aufgelistet. Rechts ❸ wird der Inhalt der ausgewählten E-Mail angezeigt.

i

**E-Mail anzeigen**

Klicken Sie in der mittleren Spalte auf eine E-Mail, um deren Inhalt rechts angezeigt zu bekommen.

### Schritt 4

Um einen anderen Ablageordner auszuwählen, klicken Sie ihn in der linken Spalte an, etwa **Gesendete Elemente**.

### Schritt 5

Möchten Sie Einstellungen vornehmen (Konten, Erscheinungsbild etc.), klicken Sie auf das Zahnradsymbol oben rechts.

### Schritt 6

Sofern in der mittleren Spalte eine E-Mail markiert ist, erhalten Sie Optionen, die das **Antworten**, **Weiterleiten**, **Löschen** und **Kennzeichnen** usw. möglich machen.

4
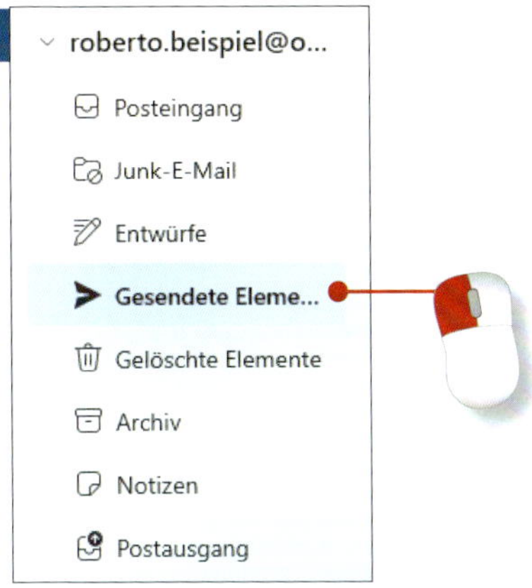


5
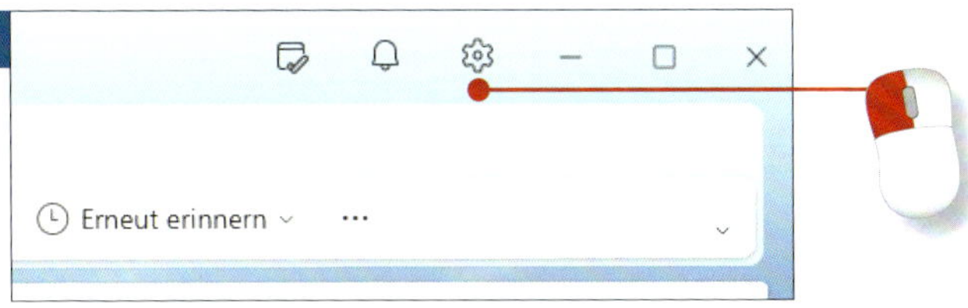


6
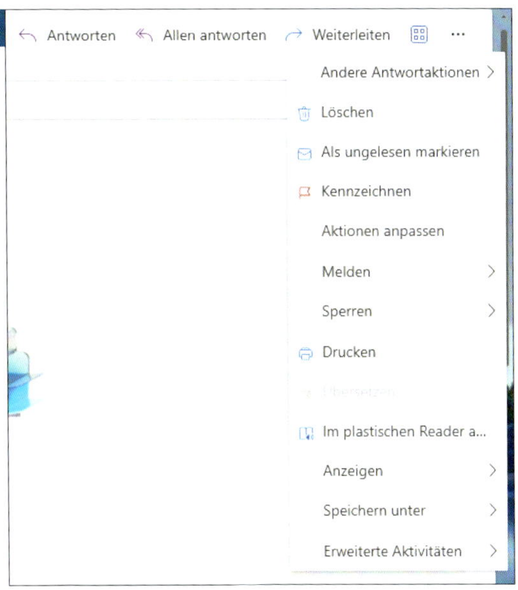


**i**

**Einstellungen**

Weiterführende Infos zum Thema Einstellungen (und was sich dahinter verbirgt) erhalten Sie auf den folgenden Seiten im Abschnitt »Die Outlook-App einrichten«.

# Die Outlook-App einrichten

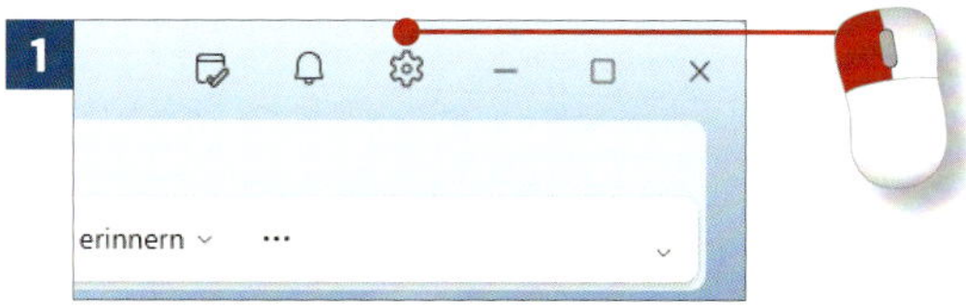

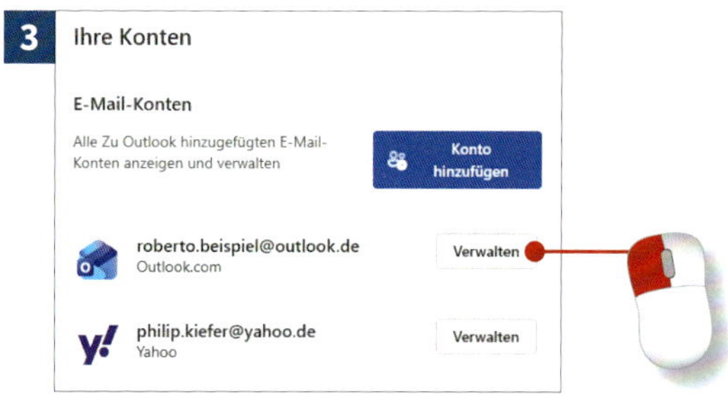


*Nun passen wir die Outlook-App Ihren Bedürfnissen an. Dazu stelle ich Ihnen verschiedene Bereiche vor. Ab Schritt 7 lernen Sie zudem die Funktion Auto-Responder kennen, die eingehende E-Mails während Ihrer Abwesenheit automatisch beantwortet. Praktisch, oder?*

## Schritt 1

Wenn Sie der Outlook-App ein weiteres E-Mail-Konto hinzufügen möchten, klicken zunächst rechts oben auf das Zahnradsymbol, um die Outlook-**Einstellungen** aufzurufen.

## Schritt 2

In den **Einstellungen** klicken Sie nun auf **Konto hinzufügen** und fahren mit Schritt 2 der Anleitung »Ein E-Mail-Konto einrichten« fort.

## Schritt 3

Die hinzugefügten E-Mail-Konten werden in den Outlook-Einstellungen aufgelistet und lassen sich per Mausklick auf die zugehörige Schaltfläche **Verwalten**.

**Alle gängigen Anbieter**

*Outlook*, *Google*, *Yahoo* und *iCloud* werden explizit unterstützt (Schritt 2), aber auch viele weitere gängige Anbieter wie *GMX* oder *WEB.DE* werden beim Einrichten automatisch erkannt.

## Schritt 4

Um das Erscheinungsbild der Outlook-App anzupassen, wählen Sie in den Outlook-**Einstellungen** die Kategorie **Allgemein**.

## Schritt 5

Klicken Sie anschließend auf den Eintrag **Darstellung**. Sie stellen fest, dass es darüber hinaus noch zahlreiche weitere Einstellungsoptionen gibt, die Sie aber natürlich nicht alle kennen müssen.

## Schritt 6

Nun können Sie Farben, Bilder und Designs auswählen, die Ihnen zusagen.

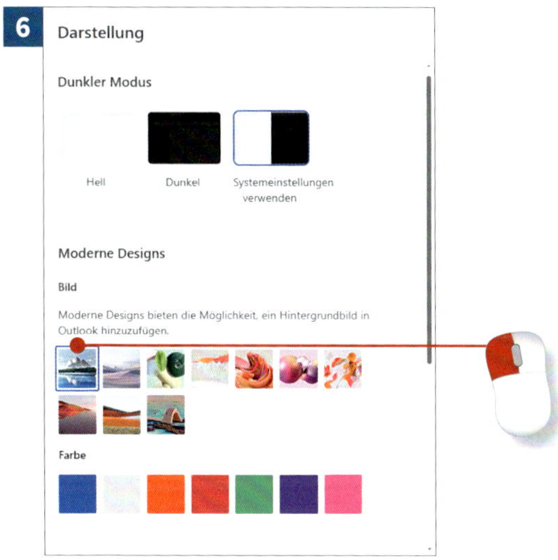


**Einstellungen für Werbungen**

In den Outlook-**Einstellungen** finden Sie unter **Allgemein** auch den Eintrag **Einstellungen für Werbung**. Deaktivieren Sie hier die ganzen Werbeoptionen.

# Die Outlook-App einrichten (Forts.)

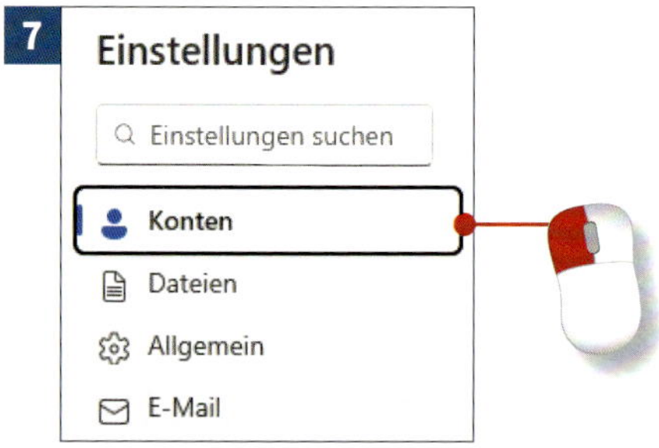


## Schritt 7

Kommen wir zum Auto-Responder. Klicken Sie dazu in den Outlook-**Einstellungen** auf die Kategorie **Konten**.

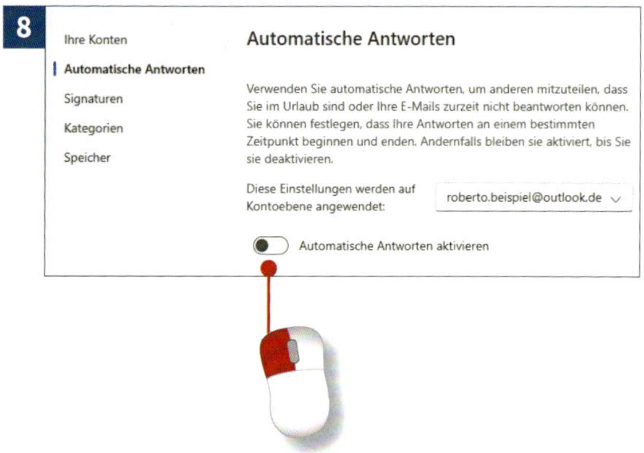


## Schritt 8

Entscheiden Sie sich für **Automatische Antworten**. (Die folgenden Schritte funktionieren nur mit Microsoft- bzw. Outlook-Konten!). Aktivieren Sie den Schalter **Automatische Antworten aktivieren**.

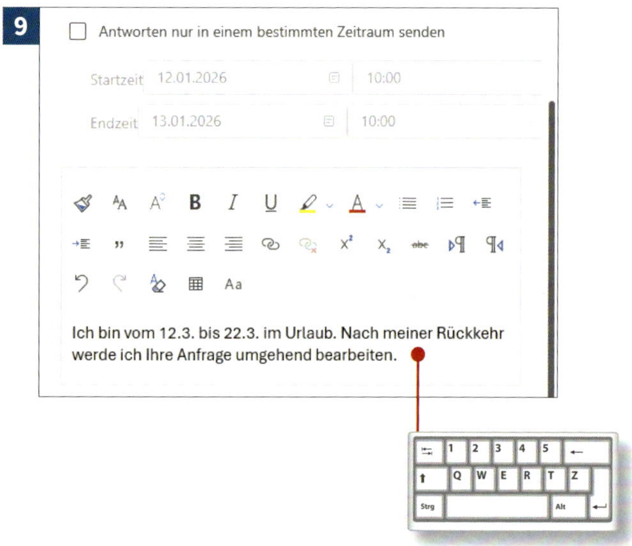


## Schritt 9

Jetzt legen Sie im Eingabefeld fest, was die App bei eingehenden E-Mails antworten soll (z. B. ab wann Sie wieder im Büro sind).

**Datum bestimmen**

Sie können den Auto-Responder manuell wieder deaktivieren. Es besteht aber auch die Möglichkeit, ein Datum festzulegen. Dazu aktivieren Sie die Checkbox **Antworten nur in einem bestimmten Zeitraum senden.**

### Schritt 10

Wenn Sie wollen, dass der Auto-Responder bei jeder eingehenden E-Mail antwortet, muss der Schalter **Automatische Antworten ein** aktiviert sein. Doch Vorsicht! Auch Spam-Versender erhalten jetzt eine Antwort und wissen somit, dass Ihre E-Mail-Adresse funktioniert.

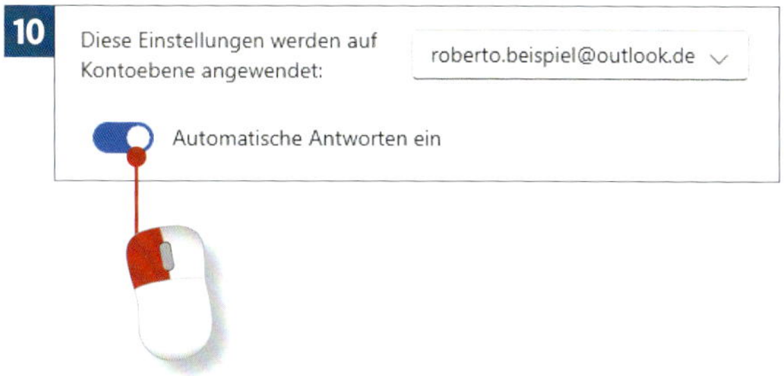


### Schritt 11

Aktivieren Sie die Option **Antworten nur an Kontakte senden**, falls fremde Adressanten (und somit auch Spammer) nicht benachrichtigt werden sollen.

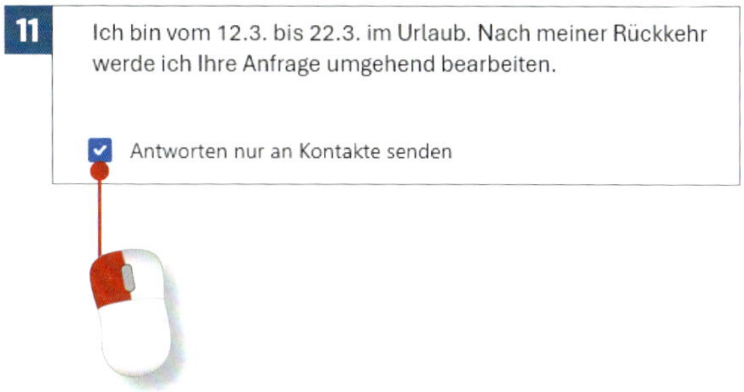


### Schritt 12

Bestätigen Sie mit **Speichern**, um den Auto-Responder zu aktivieren.

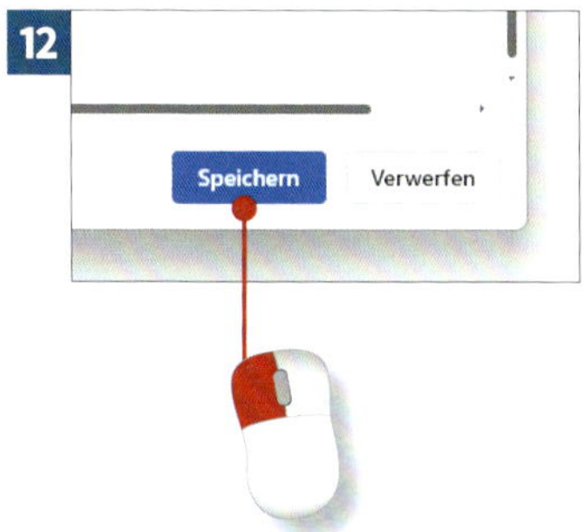


**Benachrichtigungen**

Ihre E-Mails gehen natürlich trotz automatischer Antwort ein. Sie finden alle Nachrichten, die während Ihrer Abwesenheit eingegangen sind, im Posteingang.

# E-Mails schreiben und senden

*Sie wollen E-Mails schreiben und versenden. Und bestimmt wollen Sie auch wissen, wie sich nicht mehr benötigte E-Mails löschen lassen, oder?*

1

## Schritt 1

Oben links in der App Outlook befindet sich gut sichtbar die Schaltfläche **Neue E-Mail**. Klicken Sie diese an.

2

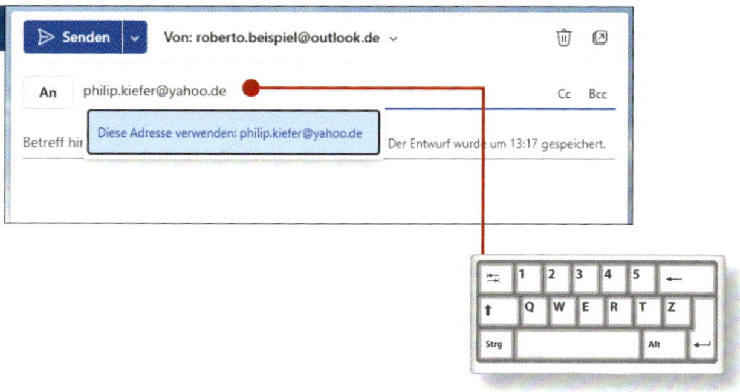


## Schritt 2

Tragen Sie auf der rechten Seite der App zunächst die E-Mail-Adresse des Empfängers bzw. der Empfängerin ein. Sind bereits Kontakte vorhanden, werden Ihnen diese bereits während der Eingabe angeboten. Wenn Sie einen Vorschlag übernehmen wollen, klicken Sie ihn an.

3

## Schritt 3

Gleich unterhalb der **An**-Zeile sehen Sie die Zeile **Betreff hinzufügen**, also die Betreffzeile. Klicken Sie darauf, um eine »Überschrift« für die E-Mail zu verfassen.

**Betreff nicht zwingend erforderlich**
Sie müssen nicht unbedingt einen Betreff angeben. Wer Ihre E-Mail empfängt, kann dann allerdings erst nach dem Öffnen der E-Mail sehen, worum es in Ihrer Nachricht geht.

## Schritt 4

Klicken Sie anschließend in das große Eingabefeld und geben Sie dort den Text ein. Sie können nach Herzenslust drauflostippen. Neue Absätze erzeugen Sie mit der [↵]-Taste.

## Schritt 5

Falls Sie den Text noch in seiner Schriftart, Größe, Farbe oder Ähnliches verändern wollen (hier Hervorhebung), markieren Sie ihn zunächst. Dazu fahren Sie mit gedrückter linker Maustaste über ihn. Verwenden Sie anschließend die Steuerelemente in der Kopfleiste unter **Nachricht**.

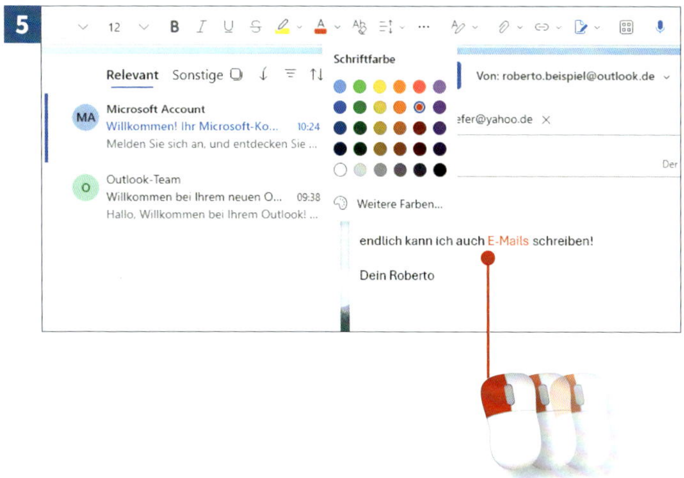


## Schritt 6

Wenn alles erledigt ist, haben Sie nichts weiter zu tun, als oben auf **Senden** zu klicken.

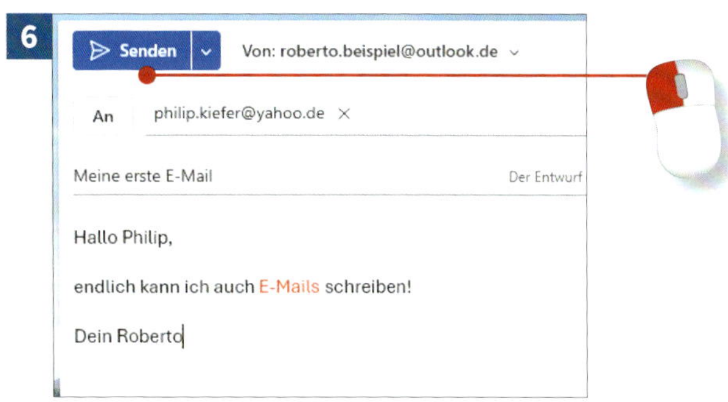


**Auswahl per Funktionsleiste**

Wenn Sie Text in einer E-Mail markieren, wird eine Funktionsleiste eingeblendet, in der Sie ebenfalls die wichtigsten Formatierungsoptionen auswählen können.

# E-Mail-Texte gestalten

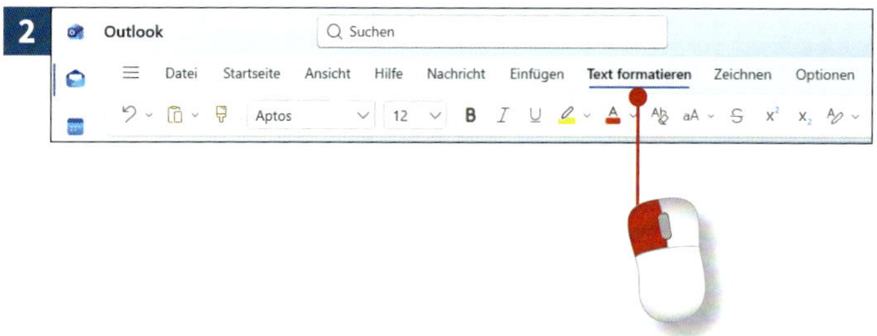


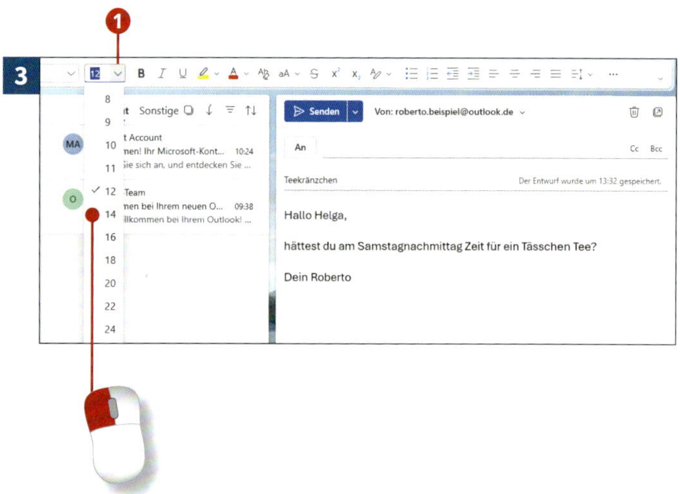


*Werfen wir noch einen näheren Blick auf die Formatierungsoptionen. Hier erfahren Sie, wie Sie einen Text farbig gestalten, in der Größe anpassen und mit weiteren Effekten versehen können.*

## Schritt 1

Schreiben Sie zunächst in der E-Mail-App eine E-Mail. Danach markieren Sie den Text, den Sie verändern wollen, indem Sie mit gedrückter linker Maustaste über ihn fahren.

## Schritt 2

Wählen Sie oben im Nachrichtenfenster den Reiter **Text formatieren**.

## Schritt 3

Um die Größe der markierten Schrift zu ändern, klicken Sie auf die kleine, nach unten weisende Pfeilspitze rechts im entsprechenden Feld ❶. Dadurch öffnet sich eine Liste mit zahlreichen vordefinierten Schriftgrößen. Klicken Sie auf den Wert, der Ihnen zusagt.

## Schritt 4

Auch für die Schriftfarbe gibt es ein Symbol. Wenn Sie die zuletzt verwendete Farbe benutzen wollen (hier Rot), klicken Sie das Symbol direkt an ❷. Anderenfalls klicken Sie auf die Pfeilspitze neben dem Symbol. Eine Palette erscheint.

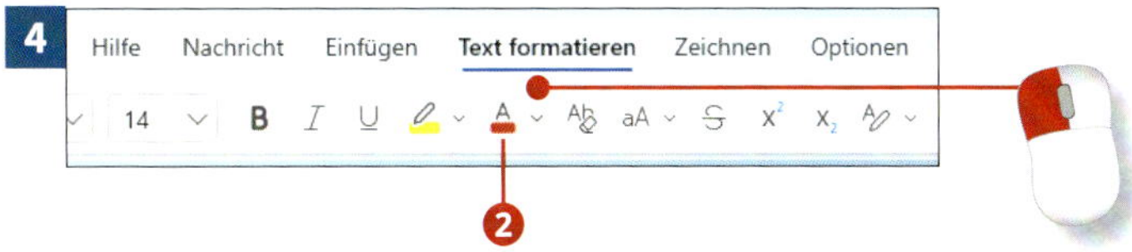


## Schritt 5

Suchen Sie nach der gewünschten Farbe. Achten Sie bei der Wahl jedoch darauf, dass der Kontrast zum weißen Hintergrund noch groß genug bleibt. Anderenfalls können die Empfängerinnen und Empfänger den Text schlecht lesen. Wenn Sie fündig geworden sind, klicken Sie das Farbfeld an.

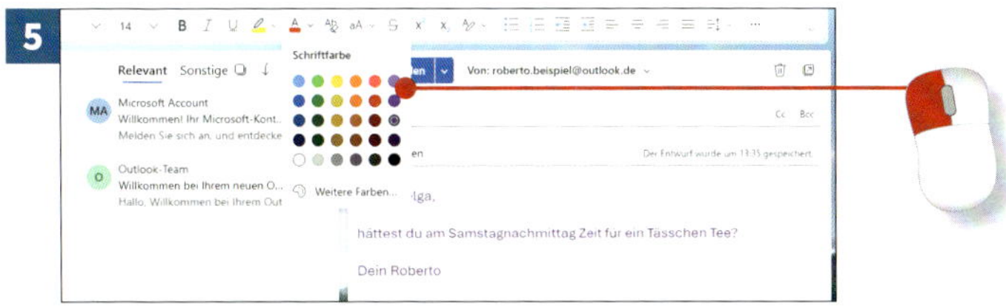


## Schritt 6

Begutachten Sie Ihr Ergebnis. Beachten Sie dabei aber, dass die Schrift noch immer markiert ist. Zur besseren Beurteilung empfiehlt es sich, einen Mausklick auf oder neben dem Text auszuführen und damit die Markierung aufzuheben.

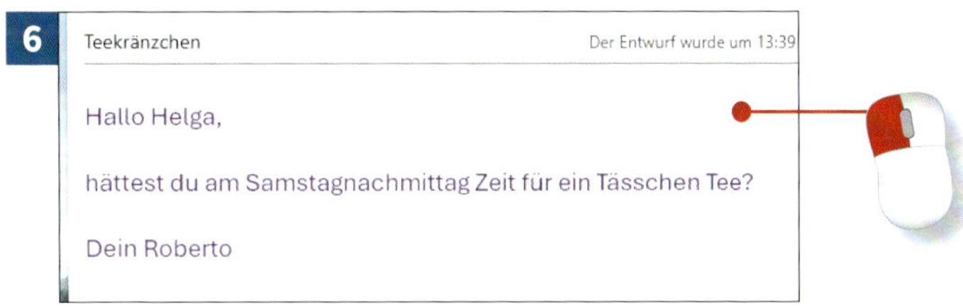


**Zeichen- und Absatzformatierung**

Zeichenformatierungen beziehen sich auf den markierten Text, Absatzformatierungen hingegen auf den gesamten Absatz.

# Anhänge versenden

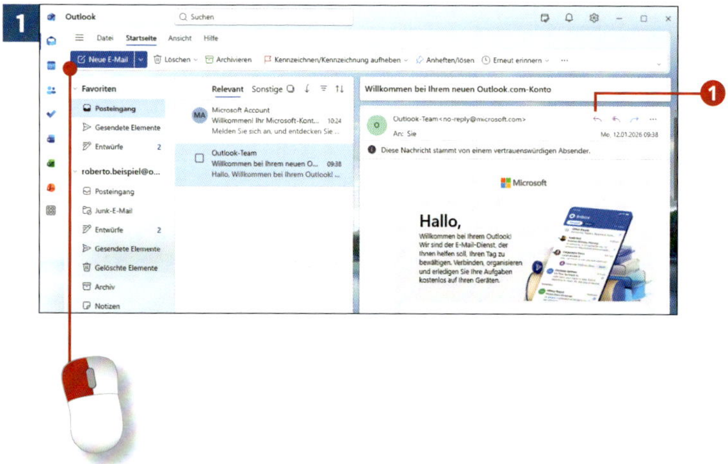


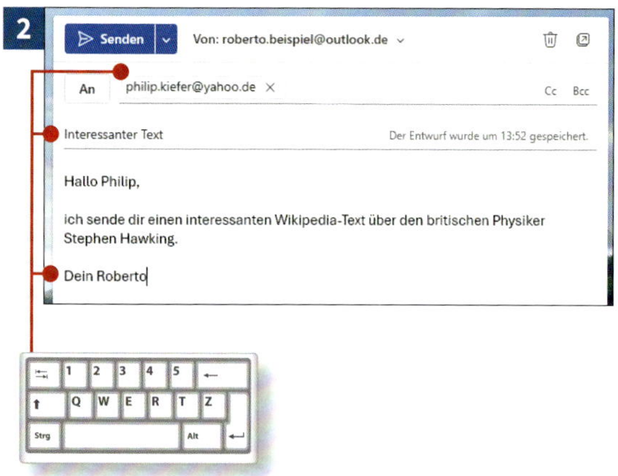

*Mit der E-Mail-App können Sie nicht nur Textnachrichten versenden, sondern auch Fotos und andere Dateien.*

## Schritt 1

Klicken Sie auf **Neue E-Mail**. Sofern Sie eine E-Mail erhalten haben, auf die Sie reagieren wollen, wählen **Antworten** ❶. (Bei verkleinertem Fenster erscheint, wie hier, nur das Symbol.)

## Schritt 2

Wenn Sie nicht antworten, sondern eine neue E-Mail schreiben, geben Sie die E-Mail-Adresse des Empfängers bzw. der Empfängerin ein. Verfassen Sie zudem einen Betreff und formulieren Sie den Textinhalt der E-Mail wie gehabt.

## Schritt 3

Um der E-Mail Anlagen hinzuzufügen, klicken Sie oben zunächst auf den Reiter **Einfügen**.

**Entwürfe**

Solange die E-Mail noch nicht versendet ist, bleibt sie als Entwurf gespeichert. Sollten Sie sich also einmal »verklickt« haben und nun die E-Mail nicht mehr sehen, klicken Sie in der linken Spalte auf **Mehr** und danach auf **Entwürfe**.

## Schritt 4

Klicken Sie unter **Datei anfügen** auf **Diesen Computer durchsuchen**.

## Schritt 5

Nun öffnet sich ein Explorer-Fenster, in dem Sie zunächst einen Speicherort und dann eine darin enthaltene Datei auswählen. Markieren Sie diese und bestätigen Sie die Auswahl mit **Öffnen**.

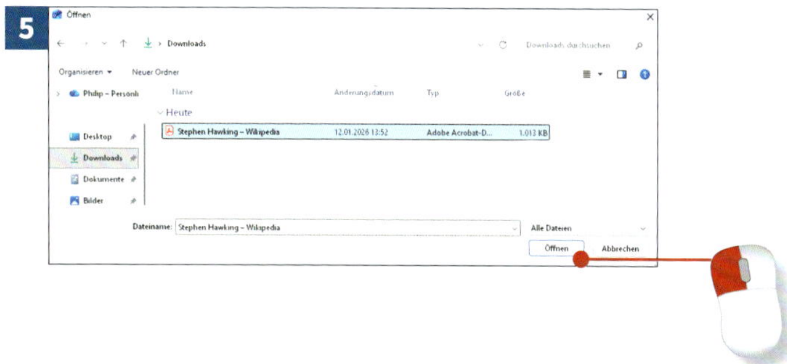


## Schritt 6

Jetzt finden Sie in der E-Mail unterhalb der Betreffzeile den hinzugefügten Anhang ❷. Klicken Sie auf **Senden**.

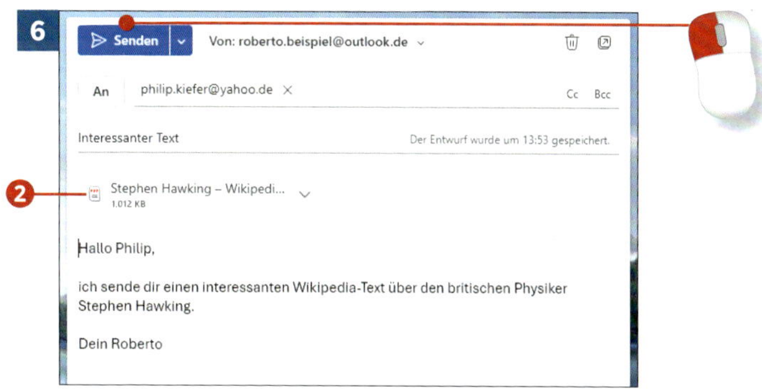


**Dateien aus Ordnern heraus senden**

Dateien können auch außerhalb der Outlook-App ohne jegliche Umwege gesendet werden. Klicken Sie dazu mit rechts auf die Datei, entscheiden Sie sich danach für das Symbol **Freigabe** oben im Kontextmenü und wählen Sie die Outlook-App.

# E-Mails drucken

1
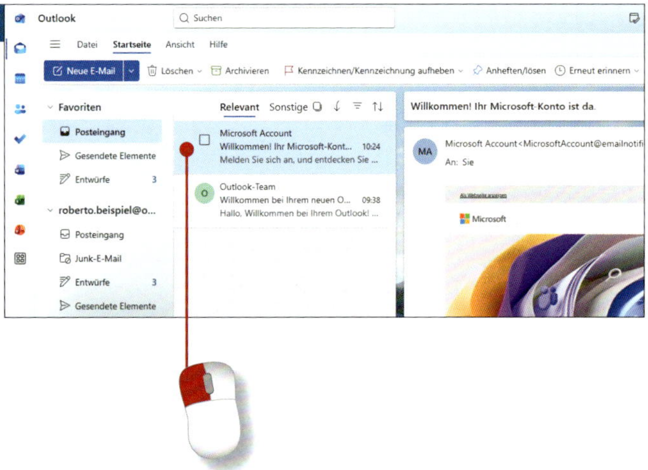


2
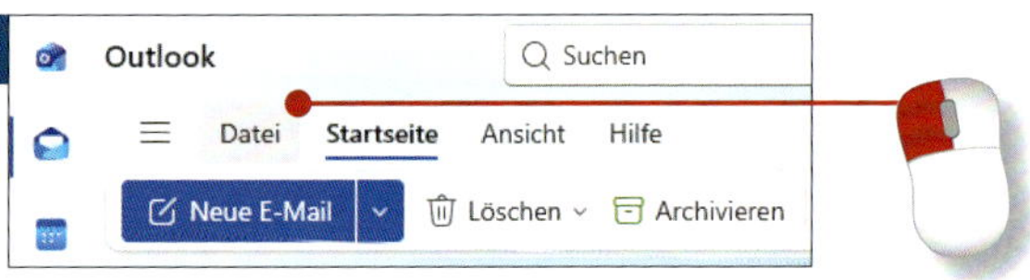


3
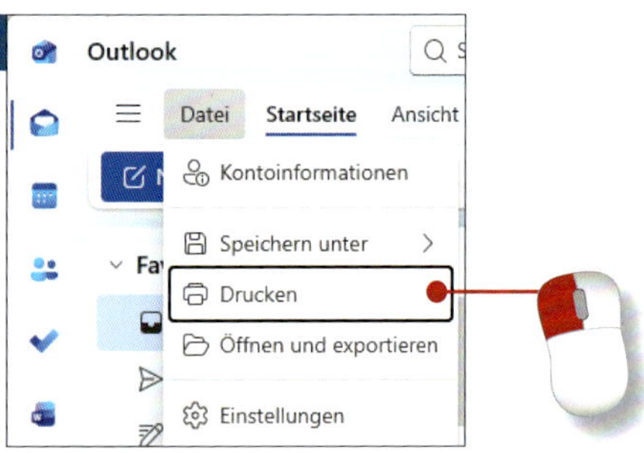


*Eine E-Mail muss im Bedarfsfall auch zu Papier gebracht werden können. In der Outlook-App ist das eine Sache weniger Handgriffe.*

## Schritt 1

Markieren Sie per Mausklick die E-Mail, die Sie ausdrucken möchten, in der mittleren Spalte des Posteingangs.

## Schritt 2

Am schnellsten geht der Druckbefehl mit Strg + P. Danach fahren Sie mit Schritt 4 fort. Wer genauer wissen will, wo sich die Funktionen verbergen, klickt auf den Reiter **Datei**.

## Schritt 3

Der nächste Klick gilt dem Menüeintrag **Drucken**. Dadurch wird der Zugang zum **Drucken**-Dialog eröffnet, den Sie ja auf Seite 124 bereits kennengelernt haben.

**E-Mail-Inhalte vorab prüfen**

Bitte checken Sie vor einem Druck der E-Mail den Inhalt. Manche E-Mails sind lang und würden unnötig viel Papier verschleudern, obwohl man nur *eine* Seite benötigt.

## Schritt 4

In der oberen linken Ecke der Anwendung taucht nun eine Auswahl der Drucker auf. Wenn dort etwas anderes gelistet ist als der gewünschte Drucker, klicken Sie darauf und treffen eine andere Auswahl.

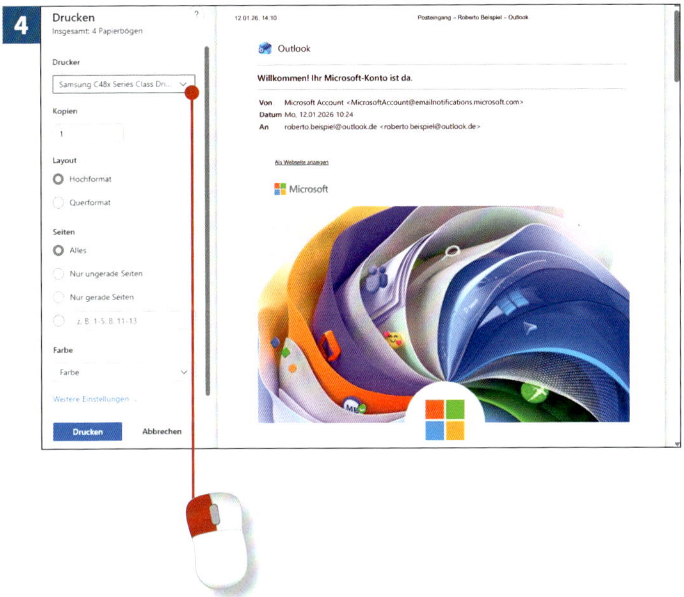


## Schritt 5

Handelt es sich um einen Farbdrucker, aber ein Ausdruck in Schwarzweiß reicht aus? Das legen Sie gegebenenfalls im Menü **Farbe** fest.

## Schritt 6

Wollen Sie noch Einstellungen zu Papier und Druckqualität vornehmen? Dann klicken Sie auf **Weitere Einstellungen**. Leiten Sie den Druck mit einem Klick auf **Drucken** ein.

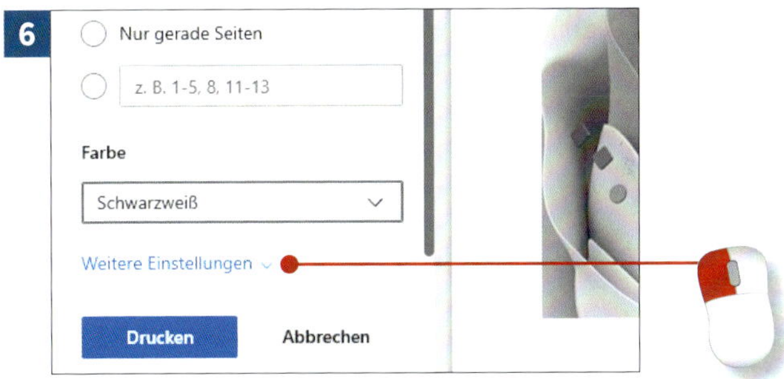


### Papiereinstellungen

Die Papiereinstellungen (**Typ**) sind wichtig. Wenn Sie Text-E-Mails zu Papier bringen, werden Sie in der Regel **Normalpapier** verwenden. Höherwertige Ausdrucke, die Grafiken oder Bilder enthalten, erhalten Sie hingegen mit Inkjet- oder gar Fotopapier.

# E-Mails kennzeichnen

1

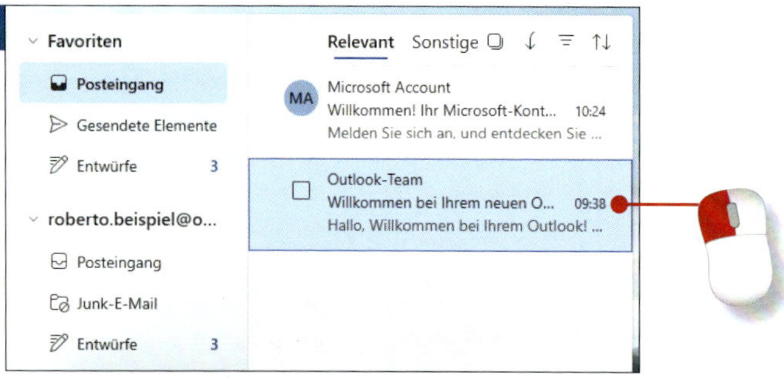


2

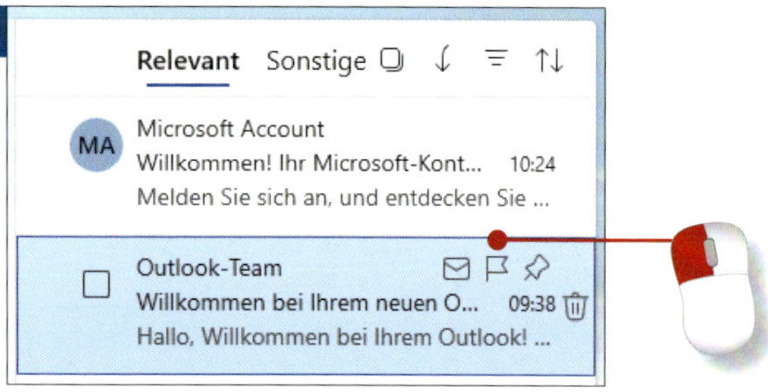


3

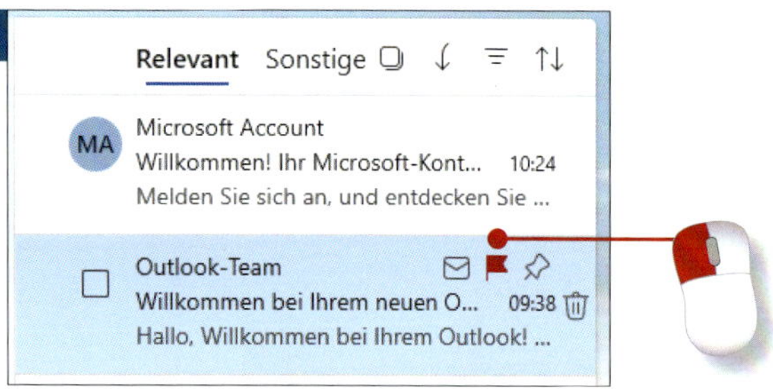


*Es gibt unter Ihren E-Mails wichtige und weniger wichtige. Da der Posteingang häufig schnell voller Nachrichten ist, hilft es, wichtige Nachrichten entsprechend zu kennzeichnen. So finden Sie diese schneller wieder.*

## Schritt 1

Falls Ihnen eine E-Mail sehr wichtig ist, zeigen Sie in der mittleren Spalte des Posteingangs auf diese E-Mail.

## Schritt 2

Es werden mehrere Symbole eingeblendet. Klicken Sie das Fähnchen an. (Wenn Sie die Maus auf ihm parken, erscheint die QuickInfo **Diese Nachricht kennzeichnen**.) Die Fahne wird rot gefärbt und bleibt fortan ständig sichtbar.

## Schritt 3

Wenn Sie die Markierung irgendwann wieder aufzuheben möchten, klicken Sie einfach erneut auf die Fahne.

**Alternativ kennzeichnen**

Alternativ zu Schritt 2 können Sie auch einen Rechtsklick auf den E-Mail-Eintrag setzen und **Kennzeichnen** antippen.

## Schritt 4

Möchten Sie mehrere E-Mails gleichzeitig kennzeichnen oder anderweitig verwalten? Bewegen Sie hierzu den Mauszeiger auf die E-Mails und aktivieren Sie die jeweilige Checkbox.

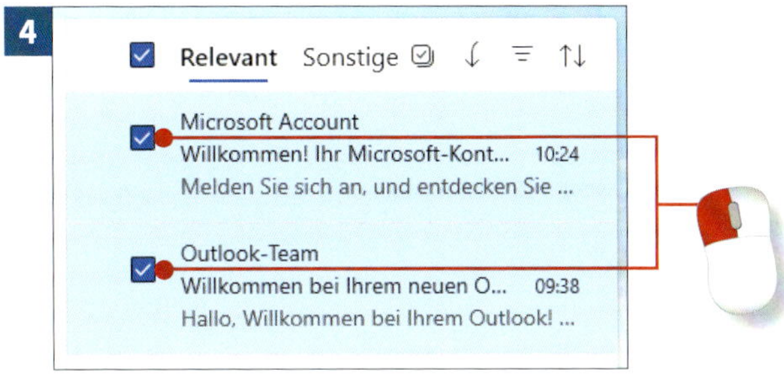


## Schritt 5

Klicken Sie dann oben auf die Schaltfläche **Kennzeichnen/Kennzeichnung aufheben**, um die Option auf alle ausgewählten E-Mails anzuwenden.

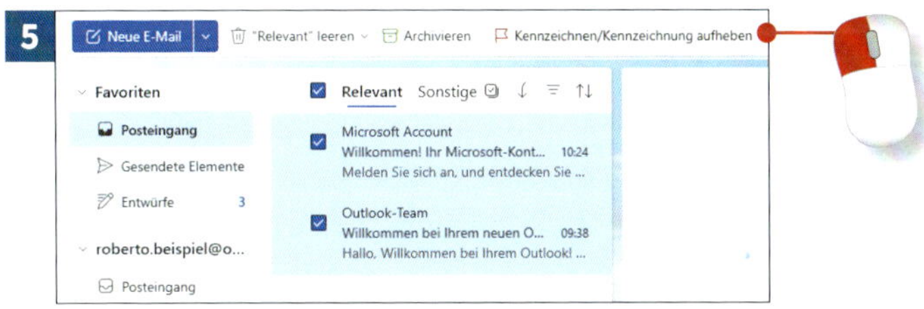


## Schritt 6

Genauso verhält es bei anderen Verwaltungsoptionen. Ist eine Option nicht direkt sichtbar, rufen Sie diese über das Symbol mit den drei Punkten auf.

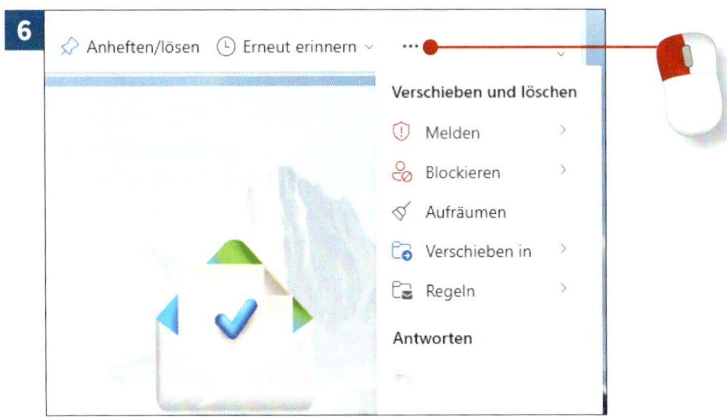


**Auswahl beenden**

Um die Auswahl der E-Mails wieder zu beenden, klicken Sie in die Checkbox oberhalb der E-Mail-Liste.

# Eine E-Mail-Signatur anlegen

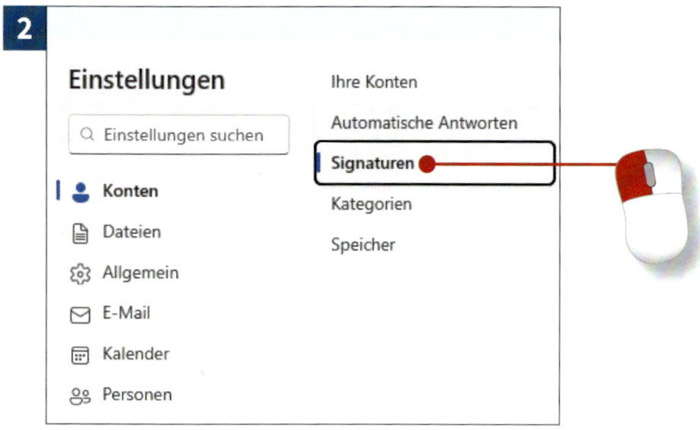


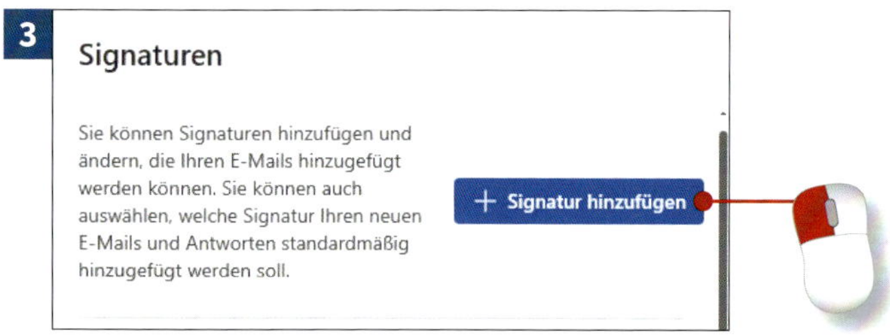


*Mit einer E-Mail-Signatur können Sie in Ihren E-Mails Kontaktinformationen oder sonstige Informationen einfügen, ohne diese jedes Mal aufs Neue eingeben zu müssen. Die Signatur lässt sich individuell einrichten.*

## Schritt 1

Öffnen Sie die Outlook-**Einstellungen** – Sie wissen ja, das kleine Zahnradsymbol oben rechts.

## Schritt 2

Als Nächstes klicken Sie in der automatisch angezeigten Kategorie **Konten** auf den Eintrag **Signaturen**.

## Schritt 3

Klicken Sie nun auf die Schaltfläche **Signatur hinzufügen**.

**Vorhandenen Text einfügen**

Signaturen können auch via Zwischenablage eingefügt werden. Markieren Sie den Text z. B. im Editor und drücken Sie dann Strg + C. Zum Einfügen drücken Sie Strg + V.

## Schritt 4

Geben Sie der Signatur zunächst eine sinnvolle Bezeichnung, z. B. **Privat**. Das wird dann wichtig, wenn Sie mehrere Signaturen anlegen.

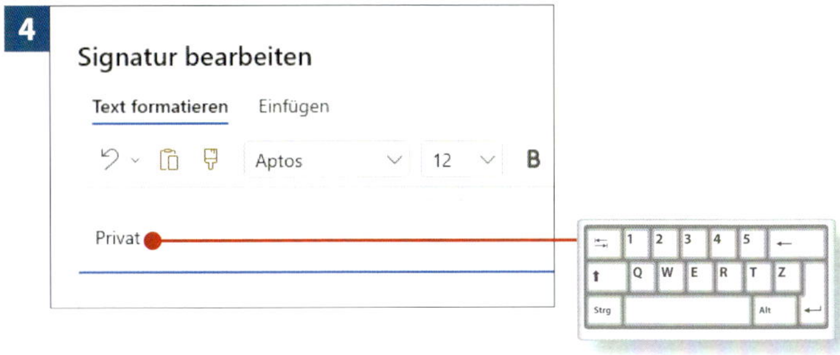


## Schritt 5

Jetzt können Sie direkt losschreiben und einen aufschlussreicheren Text verfassen. Der Text lässt sich – so wie E-Mail-Text auch – formatieren, etwa im Hinblick auf die Schriftfarbe.

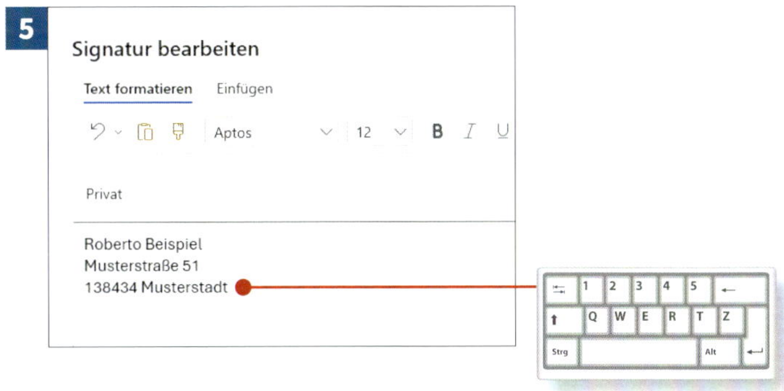


## Schritt 6

Legen Sie die Signatur gegebenenfalls mit den Checkboxen als Standard fest **1**. Nachdem alles erledigt ist, bestätigen Sie **Speichern**.

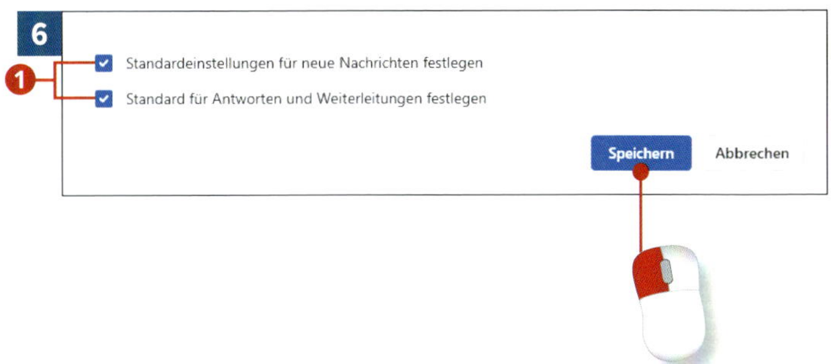


**Text immer präsent**

Denken Sie daran, dass der Text Ihrer Signatur automatisch in jeder E-Mail verwendet wird. Wenn Sie das bei einzelnen E-Mails nicht wollen, müssen Sie diesen Text markieren, indem Sie den Cursor mit gedrückter linker Maustaste über ihn ziehen, und dann die `Entf`-Taste drücken, bevor Sie die Nachricht abschicken.

# Kontakte anlegen und verwalten

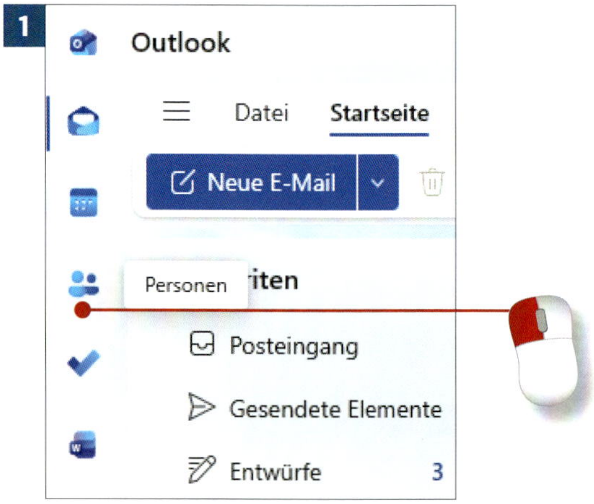


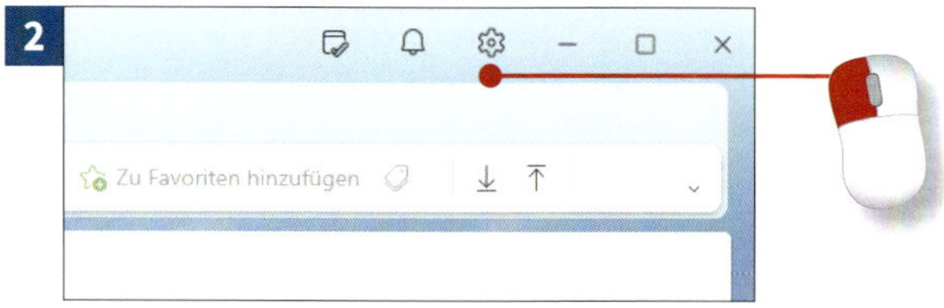


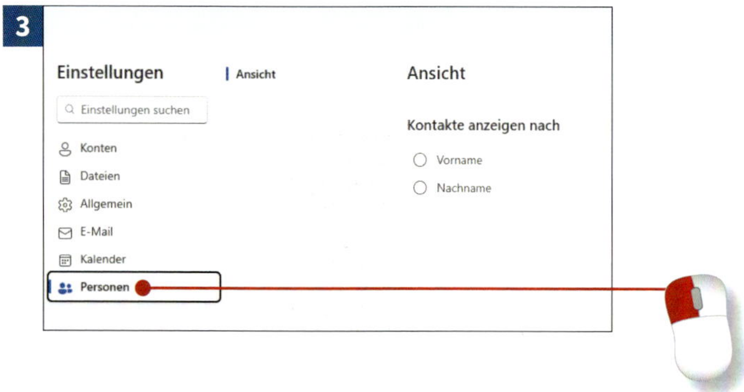


*Outlook ist nicht nur ein E-Mail-Programm, sondern bietet noch weitere Funktionen zum Managen Ihrer persönlichen Informationen. Bestimmt wollen Sie die E-Mail-Adressen, die Sie häufig nutzen, nicht immer wieder neu eingeben. Hier hilft die Kontakte-Funktion.*

## Schritt 1

Um die Kontakte-Funktion zu öffnen, klicken Sie in der App Outlook in der schmalen Leiste links auf das Personensymbol (**Personen**).

## Schritt 2

Sie befinden sich jetzt im Kontakte-Bereich. Widmen Sie sich dort zunächst den Einstellungen, indem Sie oben rechts auf das Zahnrad klicken.

## Schritt 3

Entscheiden Sie in der Kategorie **Personen**, ob Ihre Kontaktlisten nach Vor- oder Nachnamen sortiert werden sollen. Verlassen Sie die **Einstellungen** dann wieder.

### Schritt 4

Legen Sie einen neuen Kontakt an, indem Sie oben links auf die Schaltfläche **Neuer Kontakt** klicken.

### Schritt 5

Tippen Sie den Namen des Kontakts ein sowie weitere Informationen, die für Sie wichtig sind. Sie müssen nicht alle Felder füllen, sondern können frei wählen, welche Daten Sie eintragen möchten.

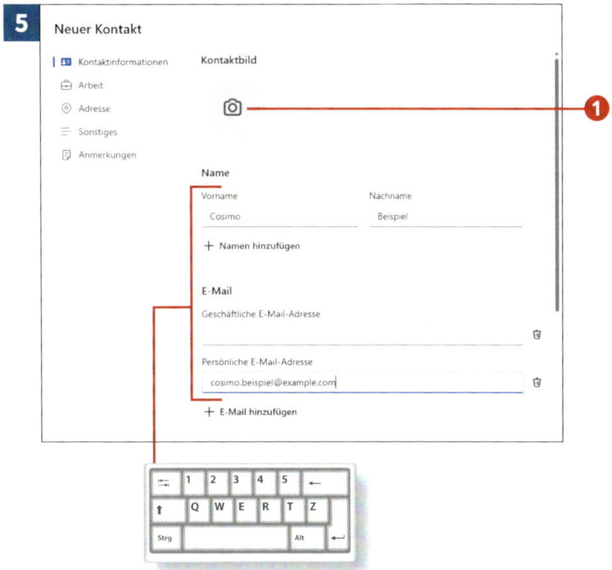


### Schritt 6

Um ein Bild hinzuzufügen, klicken Sie auf den Bildplatzhalter ❶ und wählen die Bilddatei aus. Bestätigen Sie mit **Anwenden**.

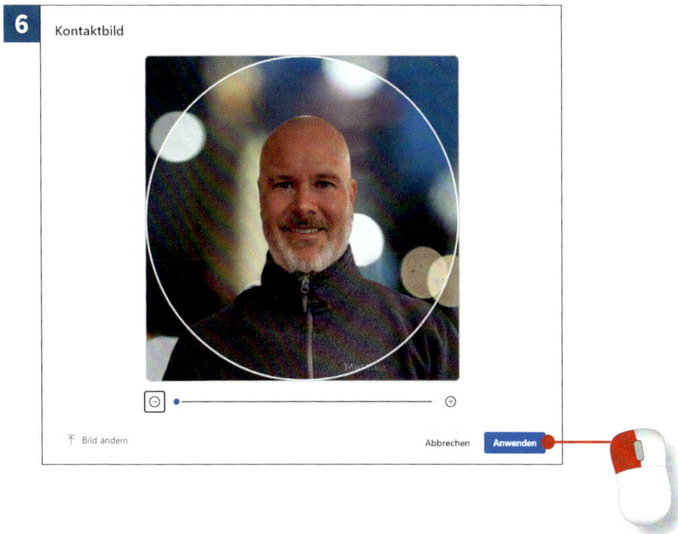


**Eingabeerleichterung**

Springen Sie während der Eingabe bequem von Feld zu Feld, indem Sie auf [Tab] drücken. Das erspart Ihnen den immer wiederkehrenden Mausklick in das jeweils nächste Feld.

# Kontakte anlegen und verwalten (Forts.)

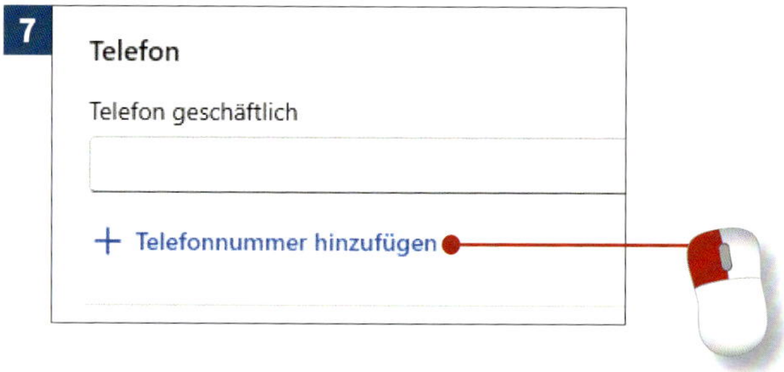


## Schritt 7

Wollen Sie Infos hinzufügen, zu denen noch kein Eingabefeld existiert (z. B. die Adresse), klicken Sie auf die jeweilige Schaltfläche zum Hinzufügen (hier **Telefonnummer hinzufügen**).

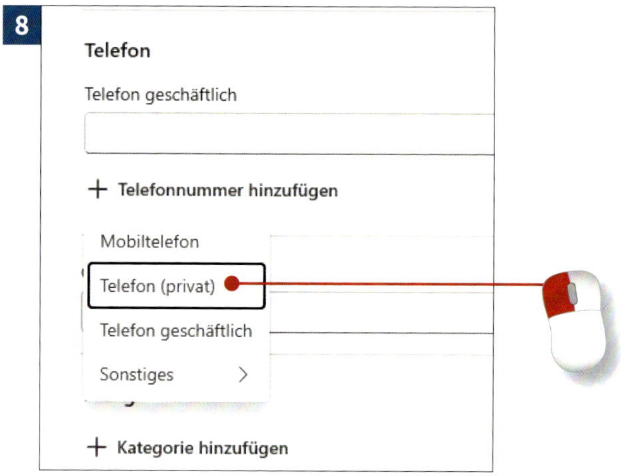


## Schritt 8

Legen Sie fest, ob es sich z. B. um eine geschäftliche oder private Telefonnummer handelt, indem Sie den gewünschten Eintrag auswählen. Selbstverständlich können Sie mehrere Telefonnummern eingeben, genauso wie Sie auch mehrere Adressen oder E-Mail-Adressen eintragen können.

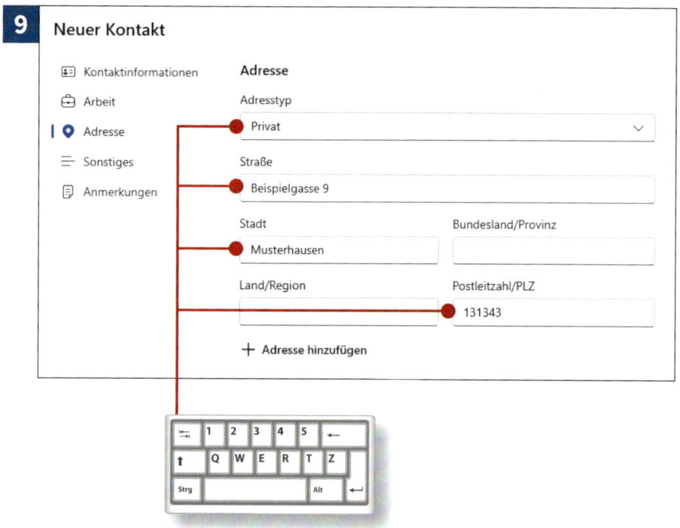


## Schritt 9

In der Leiste links finden Sie weitere Kategorien für die Eingabe, z. B. zum Hinzufügen von Adressen.

**Kontaktlisten verwenden**

Kontakte lassen sich übrigens in Kontaktlisten ordnen. So könnten Sie z. B. alle Vereinsmitglieder in einer entsprechenden Kontaktliste sammeln.

## Schritt 10

Ist alles erledigt? Prima. Dann können Sie weiter unten auf die Schaltfläche **Speichern** klicken.

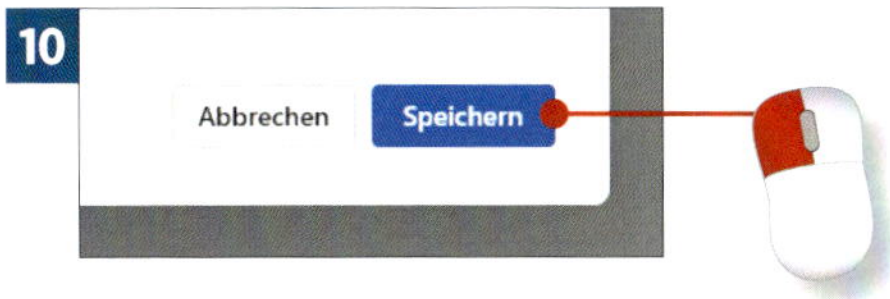


## Schritt 11

Nun befinden Sie sich wieder in der Standardansicht. Um die Kontaktdaten aufzurufen, klicken Sie den Namen an.

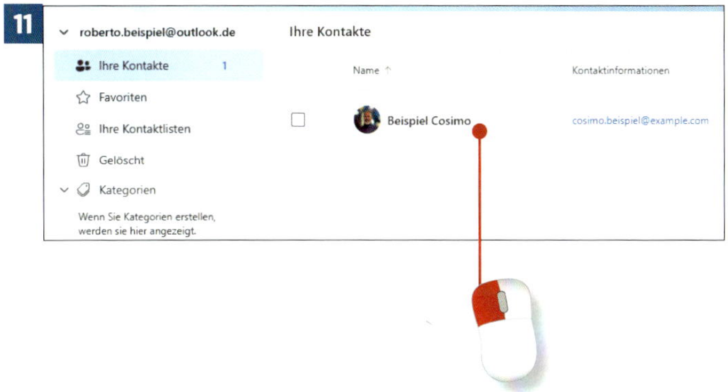


## Schritt 12

Die Kontaktdaten werden Ihnen angezeigt. Mit einem Mausklick auf **Kontakt bearbeiten** lassen sich diese jederzeit nachträglich verändern.

### Kontakt löschen

Um einen Kontakt zu entfernen, klicken Sie bei einem Kontakt die drei Punkte an und entscheiden sich anschließend für **Löschen**.

# E-Mail an einen Kontakt schicken

*Natürlich wollen Sie ein elektronisches Adressbuch nicht nur besitzen, sondern auch nutzen. Schaffen Sie eine direkte Verbindung zwischen Ihren Kontakten und der E-Mail-Funktion.*

1
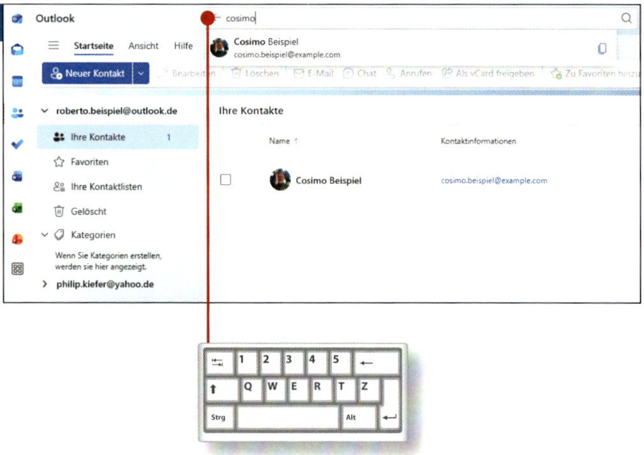


## Schritt 1

Falls Sie viele Kontakte gespeichert haben, verwenden Sie am besten das eingebaute Suchfeld, um einen bestimmten Kontakt aufzuspüren.

2

## Schritt 2

Die E-Mail-Adresse wird direkt bei dem Kontakt aufgeführt. Klicken Sie sie an.

3
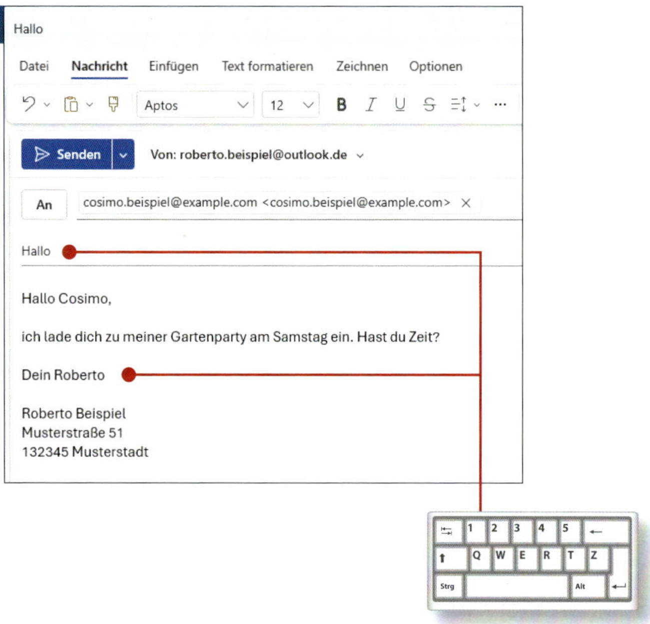


## Schritt 3

Eine neue E-Mail öffnet sich. Der Kontakt steht bereits in der **An**-Zeile. Machen Sie Ihre weiteren Angaben und senden Sie die E-Mail.

**Kontakt wird vorgeschlagen**

Wenn Sie in einer neuen E-Mail anfangen, die E-Mail-Adresse oder den Namen des Kontakts einzutippen, wird automatisch der Kontakt vorgeschlagen.

# Kontakte favorisieren

*Wenn sich das elektronische Adressbuch mehr und mehr füllt, wird es unübersichtlich. Häufig genutzte Kontakte fügen Sie deshalb Ihren Favoriten hinzu.*

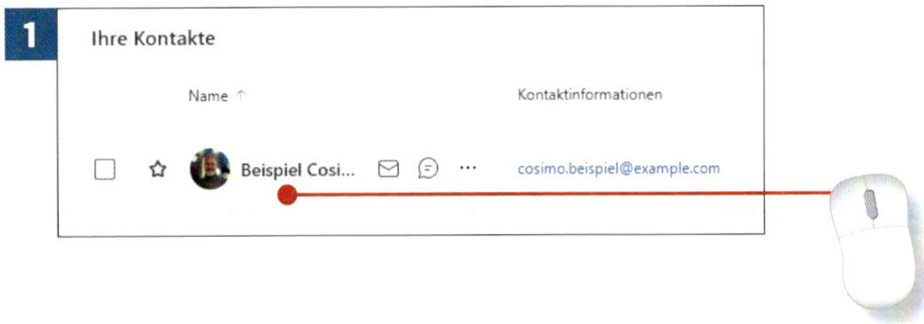


## Schritt 1

Bewegen Sie den Mauszeiger auf einen Kontakt.

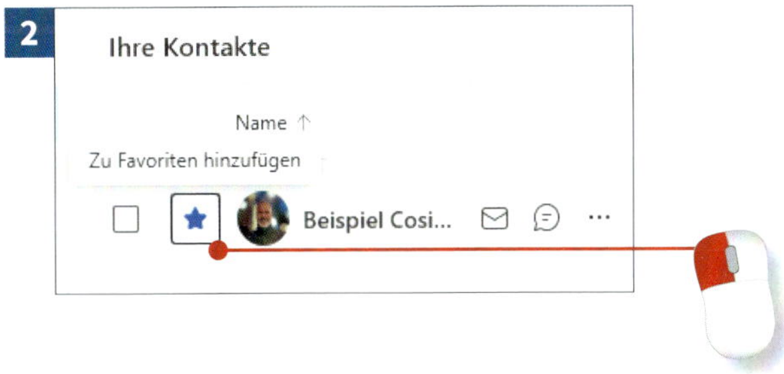


## Schritt 2

Jetzt wird ein kleiner Stern eingeblendet. Um den Kontakt Ihren Favoriten hinzuzufügen, brauchen Sie lediglich den Stern anzuklicken.

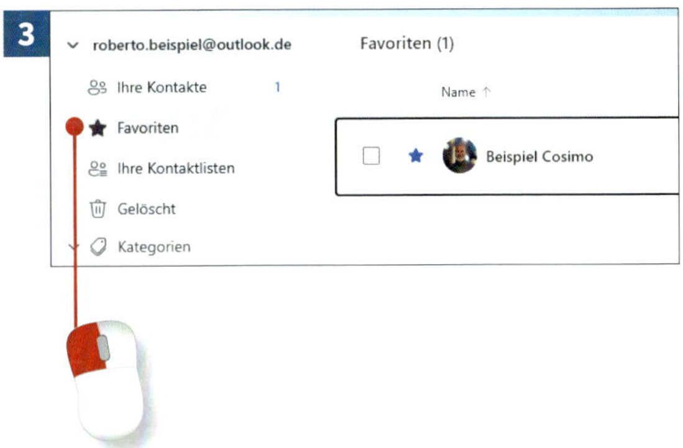


## Schritt 3

Klicken Sie in der Leiste links auf den Eintrag **Favoriten**, um auf die Schnelle auf Ihre favorisierten Kontakte zuzugreifen.

**Kein Favorit mehr?**

Soll ein Kontakt wieder aus den Favoriten entfernt werden, klicken Sie den Stern einfach erneut an.

# Kapitel 6
# Fotos sortieren und bearbeiten

Falls Sie digital fotografieren, möchten Sie Ihre Bilder natürlich auch auf den eigenen PC übertragen, um sie zu archivieren oder nachzubearbeiten. Windows 11 vereinfacht diese Arbeit enorm, indem es die wichtigsten Werkzeuge bereits mitbringt.

**Fotos auf den Rechner übertragen**

Zunächst müssen die Bilder von der Kamera oder einem anderen Datenträger auf den Rechner gelangen ❶. So können Sie sie archivieren und später auch leicht bearbeiten, wenn Sie möchten.

**Fotos ansehen**

Mit der App Windows-Fotoanzeige (auch Microsoft Fotos), behalten Sie den Überblick auch über viele Aufnahmen ❷. Damit gelingt es z. B. spielend leicht, Fotos zu verwalten und bildschirmfüllend zu betrachten.

**Fotos verbessern**

Bildverbesserungen und -veränderungen ❸ sind mit den Optionen der App leicht möglich. In diesem Kapitel erfahren Sie, wie das geht.

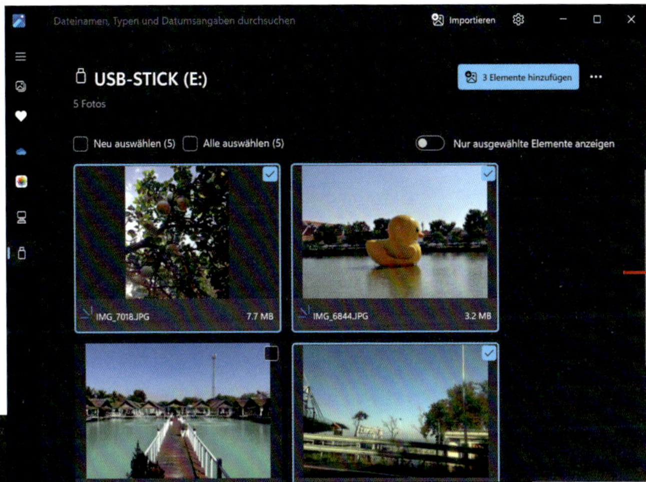


**1** Zuerst einmal müssen Sie Ihre Fotos auf den Rechner übertragen.

**2** Dank Zeitleiste finden Sie Ihre Urlaubserinnerungen und andere Fotos schnell wieder.

**3** In der gleichen App können Sie Ihre Bilder ganz einfach verbessern und effektvoll in Szene setzen.

# Fotos auf den Computer übertragen

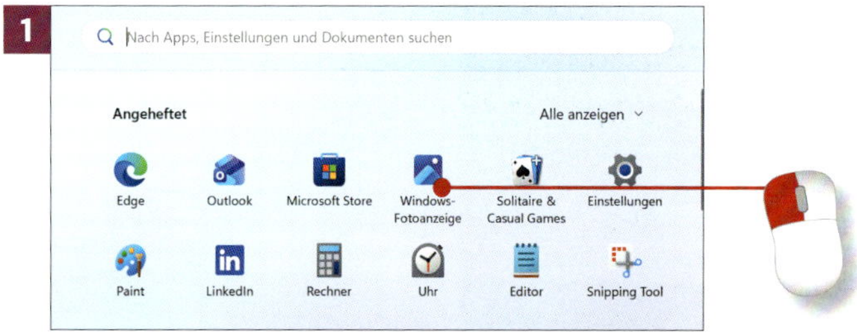

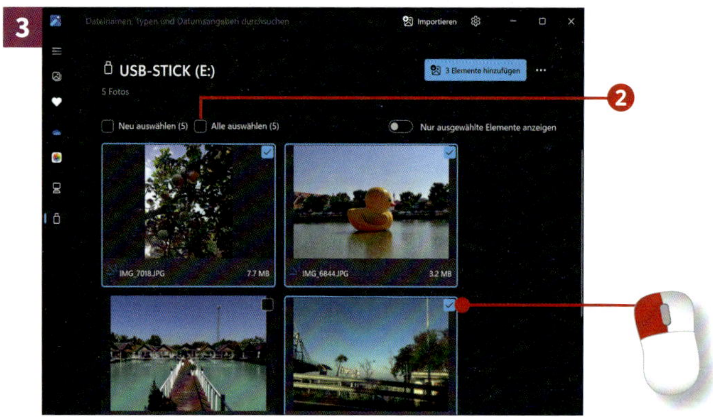


*Ihr PC versteht sich ausgezeichnet mit Kameras, Kartenlesegeräten, Festplatten und anderen Speichermedien ... Hier erfahren Sie, wie Sie die Fotos auf Ihren Computer übertragen.*

## Schritt 1

Verbinden Sie Ihre Kamera (meist per USB-Kabel) mit dem PC und schalten Sie sie an oder stecken Sie die Speicherkarte der Kamera in den Kartenleseslot Ihres PCs. Öffnen Sie die App **Windows-Fotoanzeige** im Startmenü.

## Schritt 2

Klicken Sie oben in der App auf die Schaltfläche **Importieren** ❶ und wählen Sie das Laufwerk aus, auf dem sich die Aufnahmen befinden. Im Beispiel handelt es sich um einen **USB-Stick**.

## Schritt 3

Ihnen werden die auf dem Datenträger enthaltenen Aufnahmen angezeigt. Aktivieren Sie die Checkboxen aller Aufnahmen, die importiert werden sollen. Sie können alternativ auch **Alle auswählen** ❷ aktivieren.

**Fotos anwählen – so geht's schneller**

Wenn Sie schnell viele Fotos anwählen wollen, markieren Sie zunächst das erste, halten dann ⇧ gedrückt und markieren das letzte. So werden alle dazwischenliegenden Fotos automatisch mit aktiviert.

## Schritt 4

Sollten Sie ein Foto versehentlich angeklickt haben, klicken Sie es erneut an, um es wieder abzuwählen. Am Ende klicken Sie auf die Schaltfläche **X Elemente hinzufügen** (wobei X für die Anzahl der markierten Aufnahmen steht).

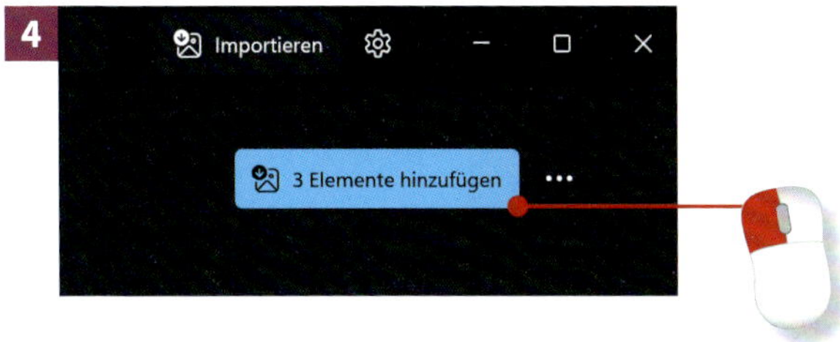


## Schritt 5

Es wird ein Speicherort vorgeschlagen, den Sie gegebenenfalls ändern können. Wenn Sie einverstanden sind, bestätigen Sie mit **Importieren**.

## Schritt 6

Den Bilderordner erreichen Sie direkt in der App Windows-Fotoanzeige, aber auch im Explorer, in diesem Fall im Standardverzeichnis **Bilder**.

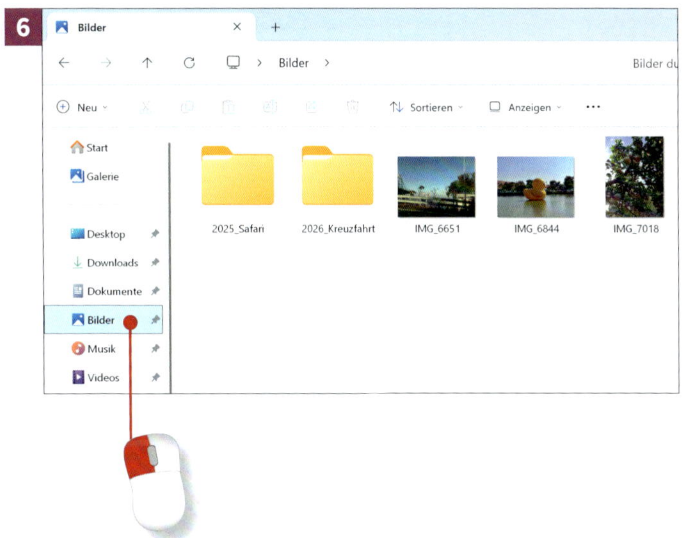


### Standardordner für Bilder

Auch Bilder, die Sie in das Standardverzeichnis **Bilder** legen, werden von der Windows-Fotoanzeige automatisch in den Katalog übernommen. Falls Sie den Onlinespeicherdienst OneDrive nutzen, wird auch das dortige Verzeichnis **Bilder** einbezogen.

# iCloud-Fotos anzeigen

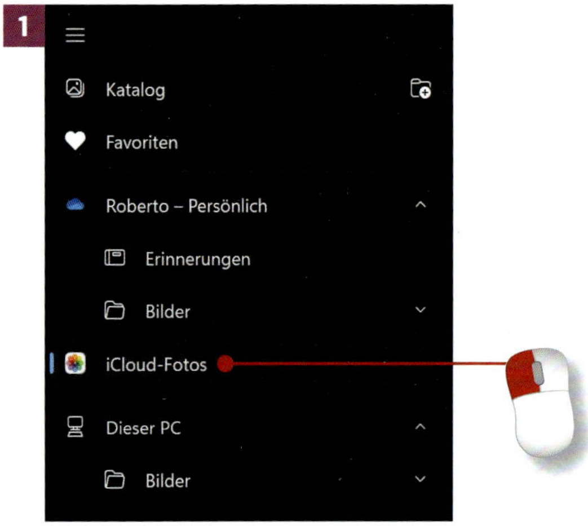

*Falls Sie außer Ihrem Windows-PC auch ein Apple-Gerät Ihr Eigen nennen, können Sie auch solche Aufnahmen in der Windows-Fotoanzeige aufrufen, die Sie in iCloud gespeichert haben.*

## Schritt 1

Entscheiden Sie sich in der Leiste links der App Windows-Fotoanzeige für den Eintrag **iCloud-Fotos**.

## Schritt 2

Im Anzeigebereich wird Ihnen nun die Schaltfläche **iCloud für Windows abrufen** angeboten. Klicken Sie diese an.

## Schritt 3

Bestätigen Sie den Download mit der Schaltfläche **Herunterladen**.

**Was ist iCloud?**
iCloud ist ein Onlinespeicherdienst des amerikanischen Unternehmens Apple. Er kommt unter anderem auf Macs, iPhones und iPads zum Einsatz.

## Schritt 4

Nach dem Download klicken Sie auf **Öffnen**. Bestätigen Sie anschließend noch den Zugriff der App auf Ihren PC.

## Schritt 5

Melden Sie sich mit Ihrer Apple-ID an, indem Sie Ihre Zugangsdaten eintippen und mit **Anmelden** bestätigen.

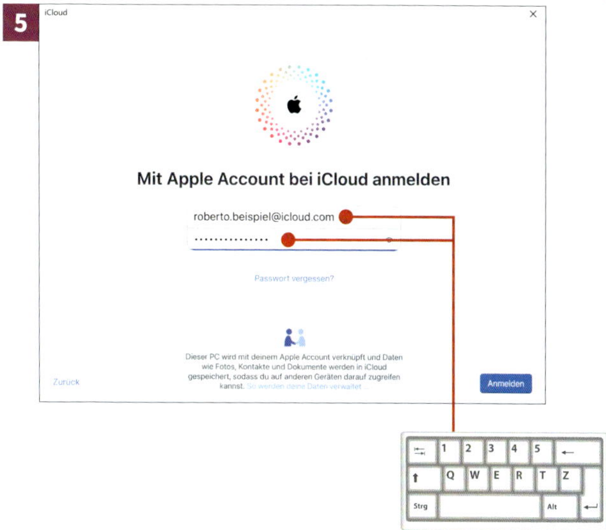


## Schritt 6

Beim Einrichten der App aktivieren Sie in jedem Fall die Option **Fotos synchronisieren**. Alles andere können Sie später entscheiden. Nach der Synchronisation haben Sie in der Windows-Fotoanzeige Zugriff auf die in iCloud gespeicherten Aufnahmen.

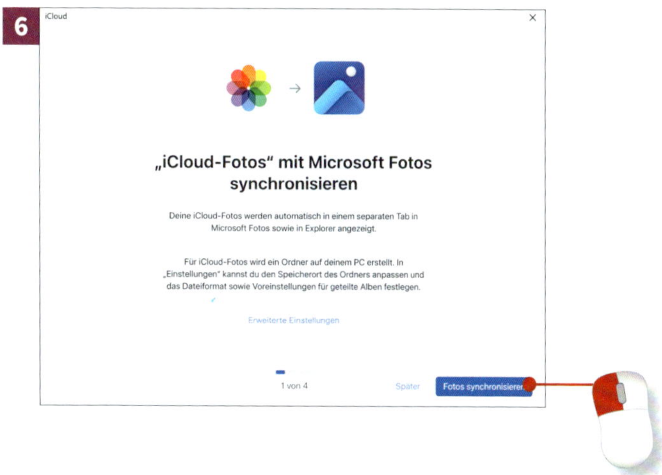


### Zugriff auf iCloud für Windows

Nach der Installation greifen Sie auf iCloud für Windows auch im Startmenü sowie per Icon im Infobereich rechts in der Taskleiste zu.

# Ordner in die Sammlung aufnehmen

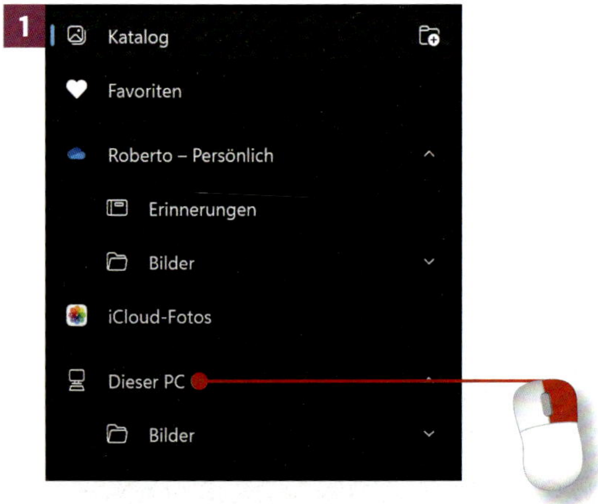


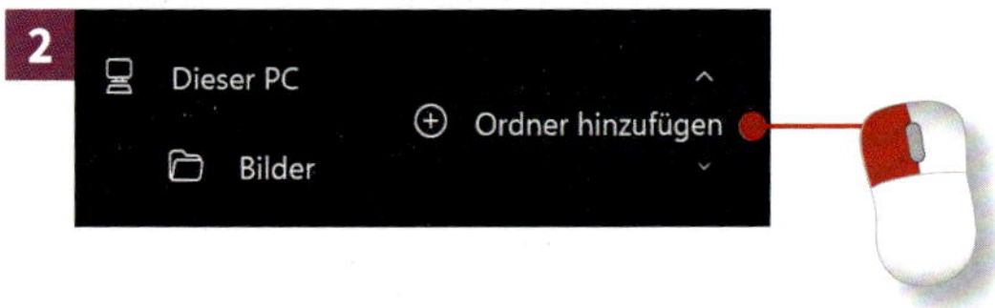


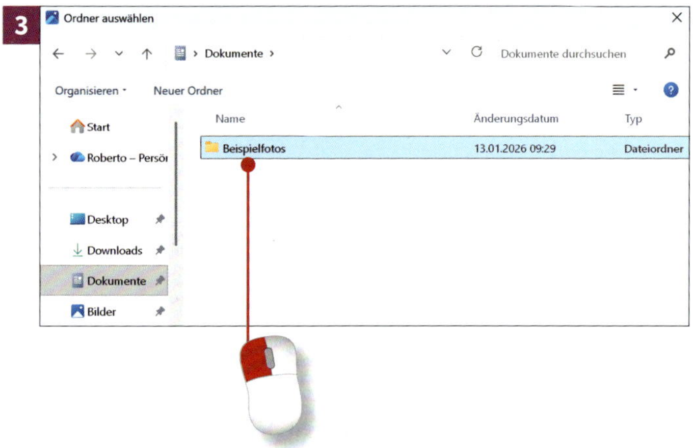


*Möglicherweise verfügen Sie bereits über einige Bilderordner auf Ihrem Computer, die ebenfalls in die Windows-Fotoanzeige aufgenommen werden sollen. Das Besondere: Nehmen Sie Änderungen in diesen Ordnern vor, werden sie automatisch auch in der Windows-Fotoanzeige berücksichtigt.*

## Schritt 1

Klicken Sie in der Navigationsleiste links in der App Windows-Fotoanzeige mit der rechten Maustaste auf den Eintrag **Dieser PC**.

## Schritt 2

Nun klicken Sie mit links auf die eingeblendete Option **Ordner hinzufügen**.

## Schritt 3

Wählen Sie im folgenden Fenster einen Ordner aus. Fügen Sie diesem Ordner außerhalb der Windows-Fotoanzeige weitere Bilder hinzu, werden diese automatisch auch in den Bestand der App integriert.

**Unterordner werden einbezogen**

Auch die Unterordner innerhalb eines Ordners werden einbezogen, d. h., Sie müssen z. B. nicht jeden Unterordner innerhalb des Standardordners **Bilder** extra aufnehmen.

### Schritt 4

Bestätigen Sie Ihre Auswahl mit der Schaltfläche **Ordner auswählen**.

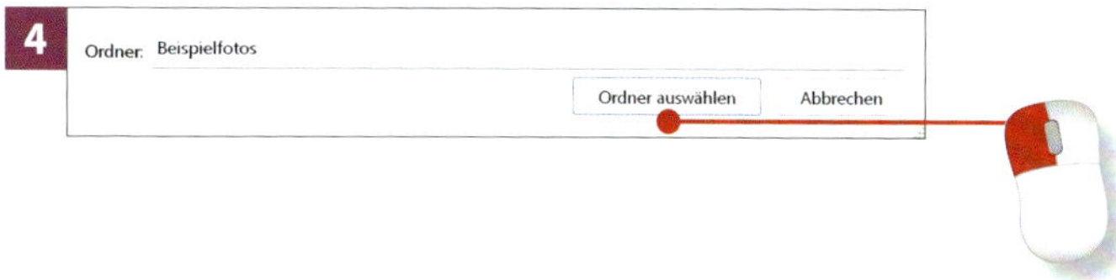


### Schritt 5

Der Ordner wird nach dem Hinzufügen in der Navigationsleiste angezeigt. Klicken Sie ihn an, um die darin enthaltenen Aufnahmen zu betrachten.

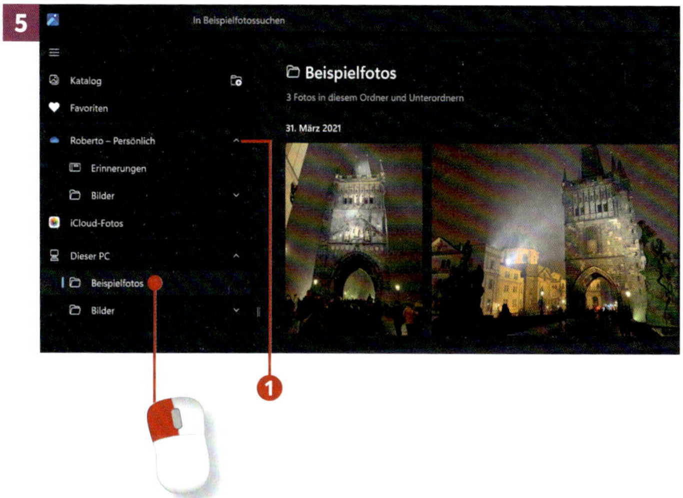


### Schritt 6

Um einen Ordner wieder aus der App zu entfernen, klicken Sie ihn mit rechts an und wählen im Kontextmenü **Ordner aus Microsoft Fotos entfernen**.

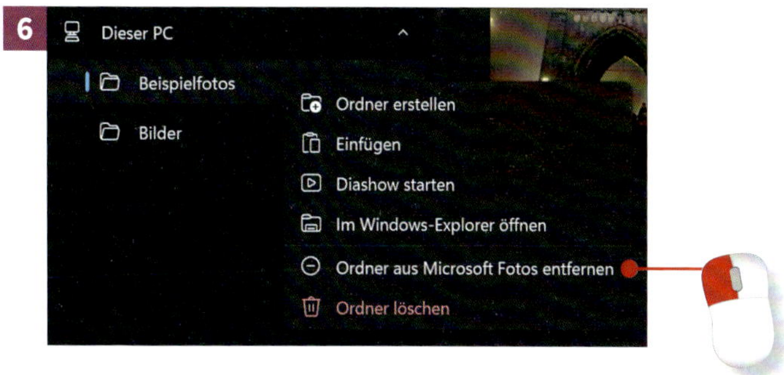


**Speicherort zuklappen**

Mit dem kleinen Pfeilsymbol ❶ lässt sich ein Speicherort in der Navigationsleiste zuklappen. Das schafft mehr Übersicht.

# Die Darstellung der Windows-Fotoanzeige anpassen

*Sie können auswählen, ob Sie in der App Windows-Fotoanzeige eine dunkle oder helle Darstellung bevorzugen. Wie das geht, zeigen die folgenden Schritte.*

1

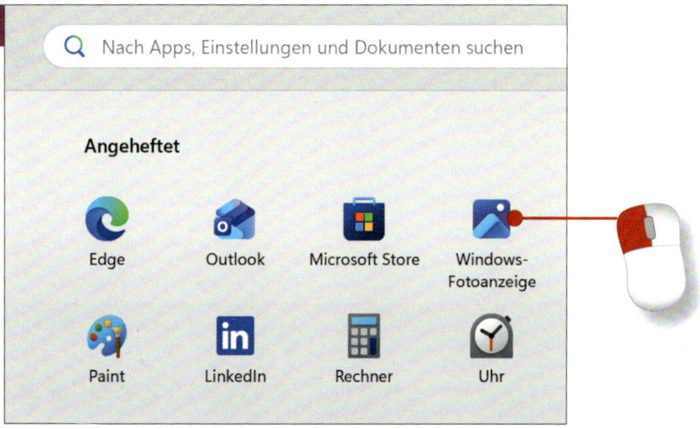


## Schritt 1

Öffnen Sie die App **Windows-Fotoanzeige** im Startmenü durch einen Klick auf das entsprechende Symbol.

2

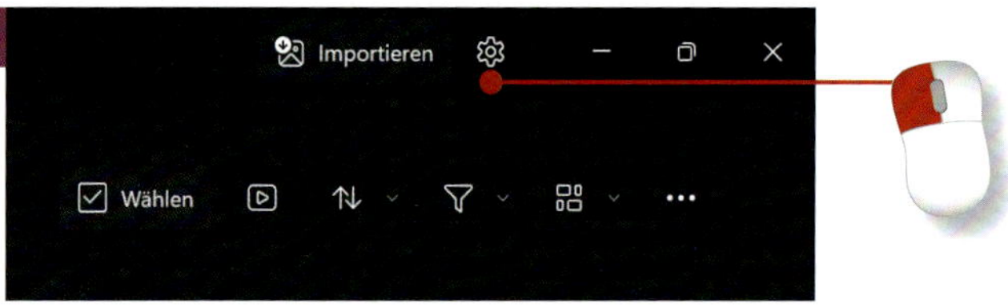


## Schritt 2

Kicken Sie rechts oben in der App auf das Zahnradsymbol, um die App-**Einstellungen** aufzurufen.

3

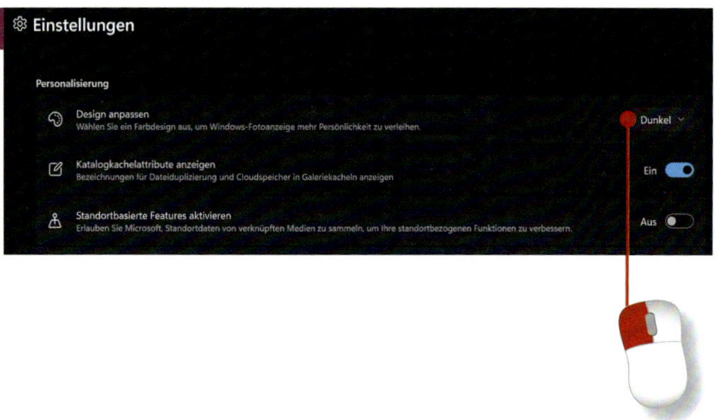


## Schritt 3

Ganz oben in den **Einstellungen** finden Sie das Menü **Design anpassen**. Hier ist standardmäßig **Dunkel** eingestellt. Öffnen Sie das Menü per Mausklick darauf.

**Optimale Helligkeitseinstellung**

Zur Ansicht und Bearbeitung von Fotos eignet sich eher eine dunkle Arbeitsoberfläche, die zudem augenschonender ist.

### Schritt 4

Entscheiden Sie sich im Menü für die gewünschte Option, z. B. **Hell**.

4

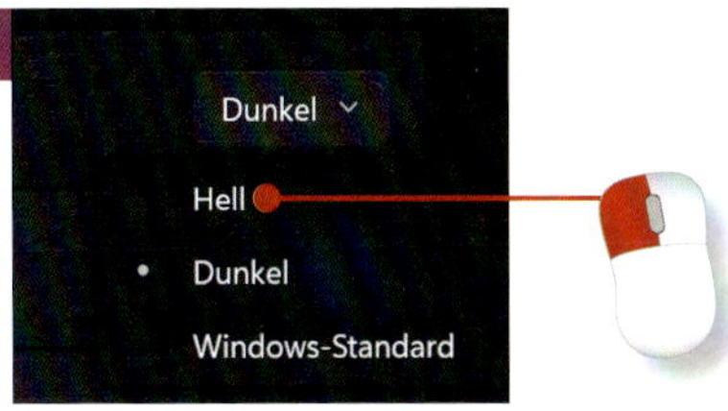


### Schritt 5

Die Benutzeroberfläche der App Windows-Fotoanzeige wird ab sofort wie gewünscht dargestellt. Lassen Sie uns die helle Darstellung für den Rest des Kapitels beibehalten, da sie für die Abbildungen im Buch angenehmer ist.

5

### Schritt 6

Noch eine weitere Darstellungsoption: Sollen die Bilder in der tatsächlichen Größe dargestellt werden oder an den Bildschirm Ihres PCs angepasst werden? Diese Auswahl treffen Sie im Menü **Zoomeinstellung**.

6

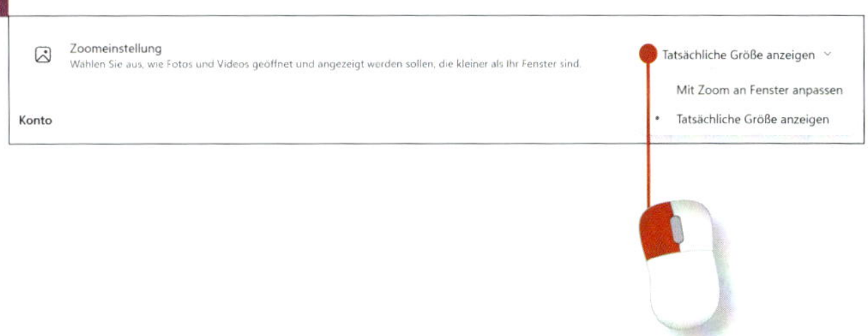


**Was ist der Windows-Standard?**

Im Menü aus Schritt 4 können Sie auch den Eintrag **Windows-Standard** wählen. Windows lässt sich ebenfalls hell oder dunkel darstellen und diese Einstellung kann von der App übernommen werden.

# Fotos ansehen mit der Windows-Fotoanzeige

1

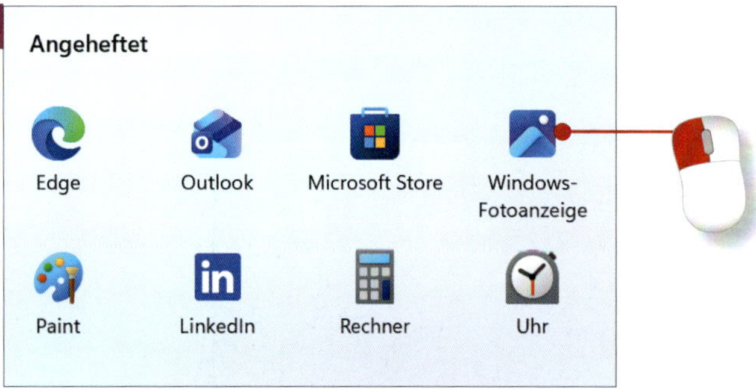


2

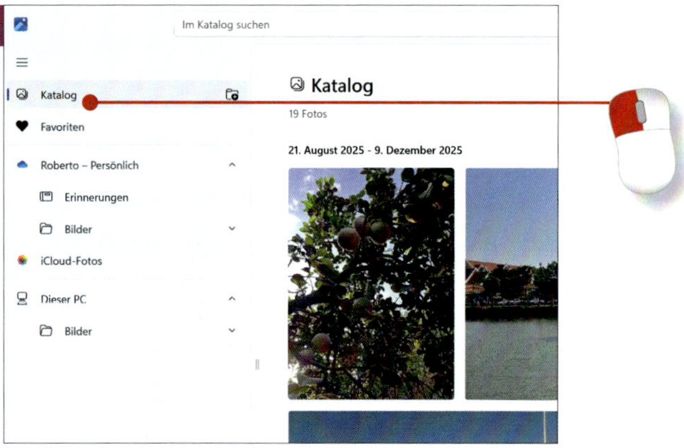


3

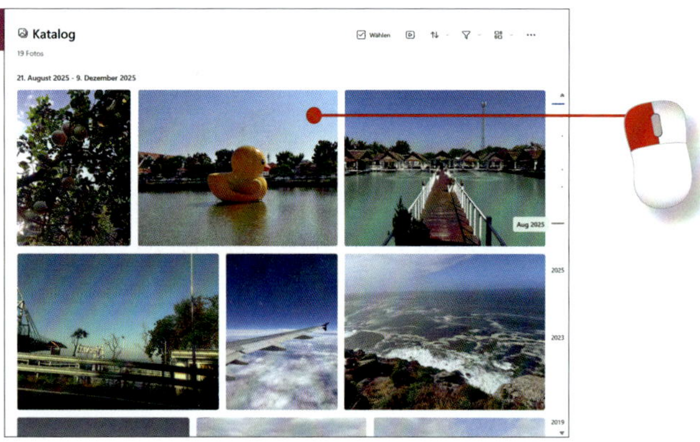


*Die in Windows 11 integrierte Windows-Fotoanzeige (ehemals Microsoft Fotos) ermöglicht es Ihnen, Fotos komfortabel darzustellen.*

## Schritt 1

Falls die App Windows-Fotoanzeige noch nicht geöffnet ist, öffnen Sie diese mithilfe des Startmenüs und Anwahl des Icons **Windows-Fotoanzeige**.

## Schritt 2

Schalten Sie oben links, falls nötig, auf **Katalog** um, damit alle vorhandenen Aufnahmen angezeigt werden.

## Schritt 3

Scrollen Sie mit dem Scrollrad oder dem Zeitschieber auf der rechten Seite durch die Bildminiaturen. Wollen Sie ein Foto vergrößert betrachten, klicken Sie die dazugehörige Miniatur an.

**i**

**Miniaturgröße verändern**

Rechts oberhalb der Bildminiaturen finden Sie ein Menü, um deren Darstellung anzupassen, unter anderem lässt sich die Miniaturgröße verändern.

## Schritt 4

Nachdem Sie ein Foto geöffnet haben, springen Sie ein Foto weiter, indem Sie den Pfeil am rechten Bildrand betätigen. Durch Anklicken des Pfeils am linken Bildrand gelangen Sie wieder zum vorigen Bild zurück. Auf diese Weise können Sie durch Ihren gesamten Katalog vor- und zurückblättern.

## Schritt 5

Die Darstellungsgröße eines Fotos verändern Sie per Klick auf die Lupe in der unteren Leiste des Fensters.

## Schritt 6

Die Skalierung kann auch per Tastatur erfolgen. Eine Vergrößerung erreichen Sie mit Strg + +, während das Verkleinern mit Strg + - bewerkstelligt wird. Wollen Sie zur Darstellung des Fotos den gesamten Bildschirm nutzen, drücken Sie F11 oder klicken Sie rechts unten auf den Doppelpfeil, um in den Vollbildmodus zu gelangen.

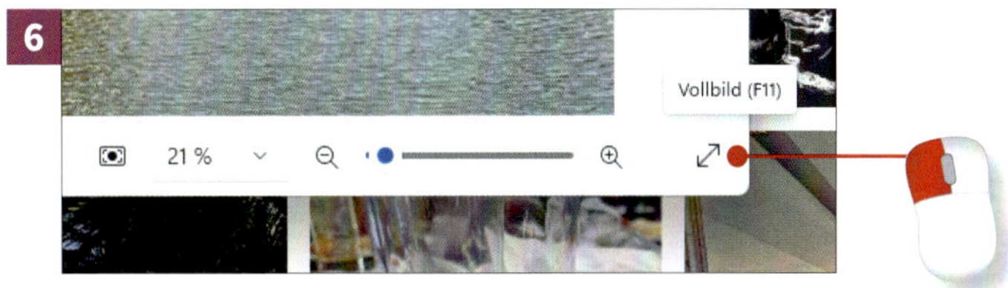


**Vollbildansicht verlassen**

Um zurück zur Normalansicht zu gelangen, drücken Sie entweder erneut F11 oder Esc auf der Tastatur.

# Fotos ansehen mit der Windows-Fotoanzeige (Forts.)

7

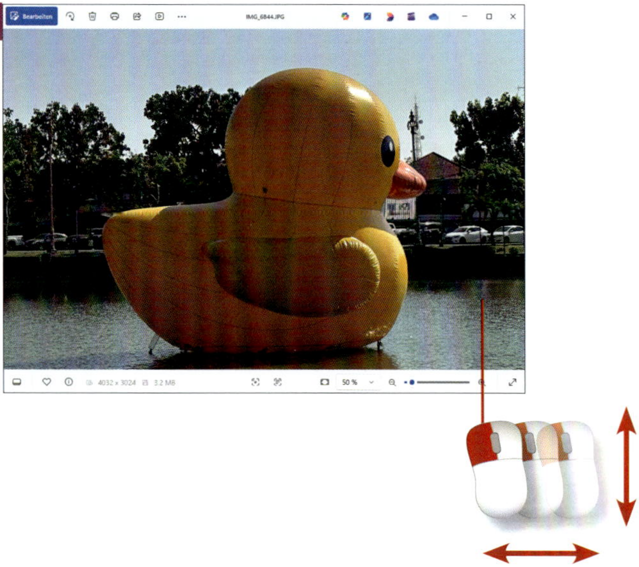

## Schritt 7

Sofern Sie ein Foto zuvor vergrößert haben, können Sie auch den anzuzeigenden Bereich verändern. Dazu klicken Sie auf das Bild, halten die Maustaste gedrückt und schieben die Maus in die gewünschte Richtung.

## Schritt 8

Der Zoomfaktor eines vergrößerten Bildes wird links neben dem Zoomschieberegler angezeigt. Ein Doppelklick auf das Foto bewirkt, dass das zuvor vergrößerte Bild wieder komplett dargestellt wird.

8

## Schritt 9

Wenn Ihnen ein Foto besonders gut gefällt, fügen Sie es Ihren Favoriten hinzu. Dazu klicken Sie auf das Herzsymbol links in der unteren Leiste der Anwendung.

9

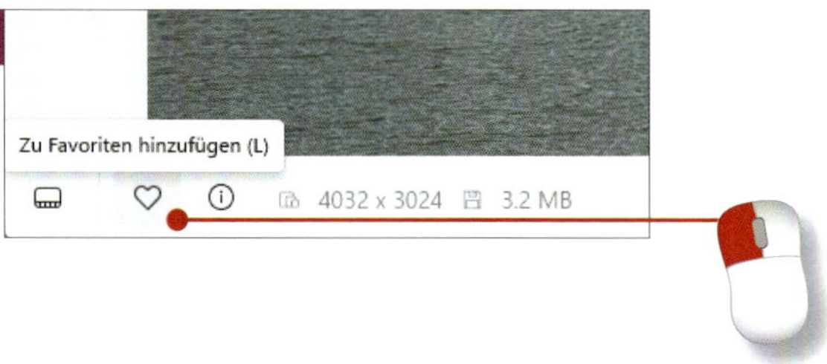


**Fotos löschen**

Klicken Sie auf das Papierkorbsymbol in der oberen Leiste, wenn Sie ein Foto entfernen wollen. Beachten Sie, dass das Foto dann in den Papierkorb des Betriebssystems verschoben wird, also vom ursprünglichen Speicherort entfernt wird.

### Schritt 10

Auch dann, wenn Sie ein Einzelbild geöffnet haben, können Sie komfortabel auf andere Aufnahmen zugreifen. Klicken Sie dazu auf das Symbol ganz links unten, um eine Miniaturleiste für die Auswahl einzublenden.

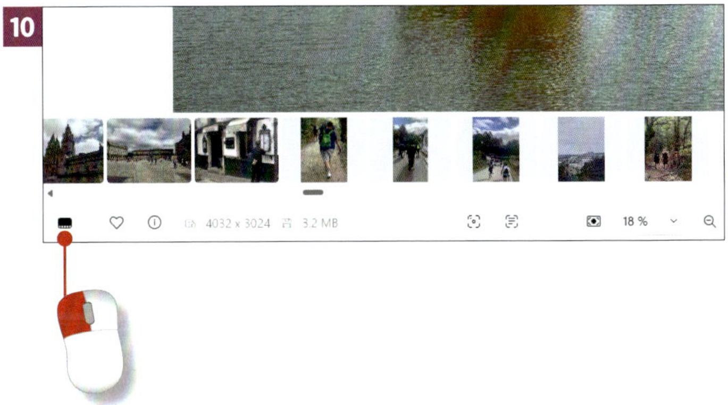


### Schritt 11

Verlassen Sie den Ansichtsmodus und kehren Sie zur Katalogansicht zurück, indem Sie auf das Schließenkreuz klicken.

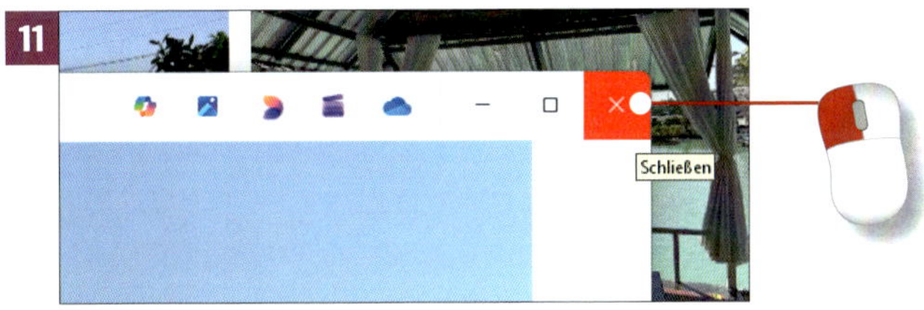


### Schritt 12

Um auf Ihre Favoriten zuzugreifen (Schritt 9) klicken Sie in der Navigationsleiste auf den Eintrag **Favoriten**.

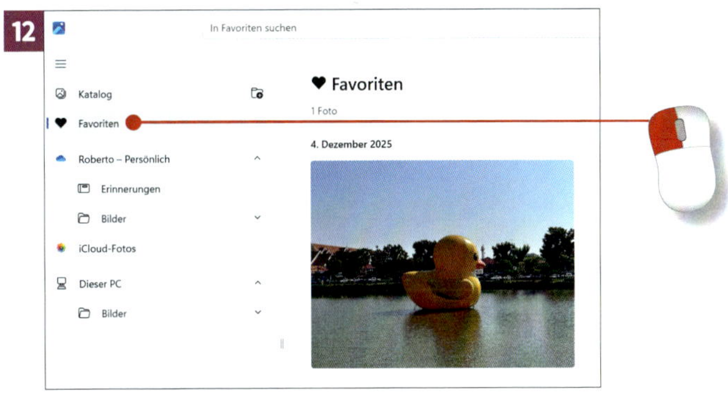


**Verschiedene App-Symbole**

Wenn Sie eine Aufnahme in einem neuen Fenster öffnen, werden Ihnen auch verschiedene Symbole zur Verwendung in anderen Apps angezeigt, z. B. Microsoft Clipchamp.

# Fotos als Diashow ansehen

1

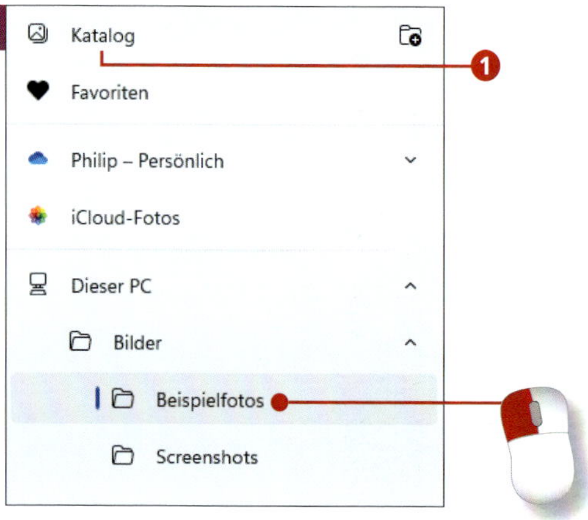


2

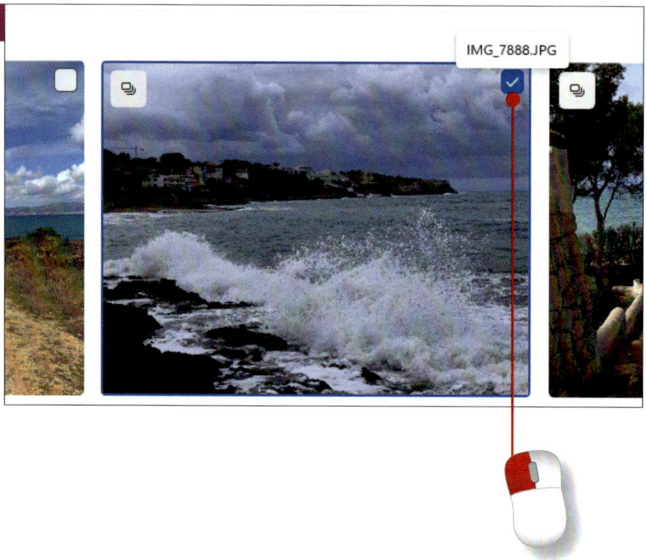


3

*Wenn Sie sich einmal entspannt zurücklehnen und den Inhalt eines Ordners komfortabel als Diashow betrachten wollen, sollten Sie dazu folgende Schritte ausführen.*

## Schritt 1

Entscheiden Sie sich in der Navigationsleiste der App Windows-Fotoanzeige für den **Katalog** 1 oder alternativ für einen Ordner (hier *Beispielfotos*).

## Schritt 2

Aktivieren Sie die Checkbox des Fotos, mit dem die Diashow beginnen soll.

## Schritt 3

Klicken Sie nun in der Symbolleiste oben auf das Symbol **Diashow starten**.

**Diashow für den Sperrbildschirm**

Sie wünschen sich eine Diashow auf dem Sperrbildschirm? Dann schlagen Sie doch einmal in Kapitel 10, »Windows 11 anpassen«, ab Seite 270 nach.

## Schritt 4

Für die Diashow steht ein Steuerelement zur Verfügung, das Sie durch Bewegen des Mauszeigers wieder einblenden können. Nehmen Sie hier Einstellungen für die Diashow vor, etwa zu den Übergängen zwischen den Bildern.

4

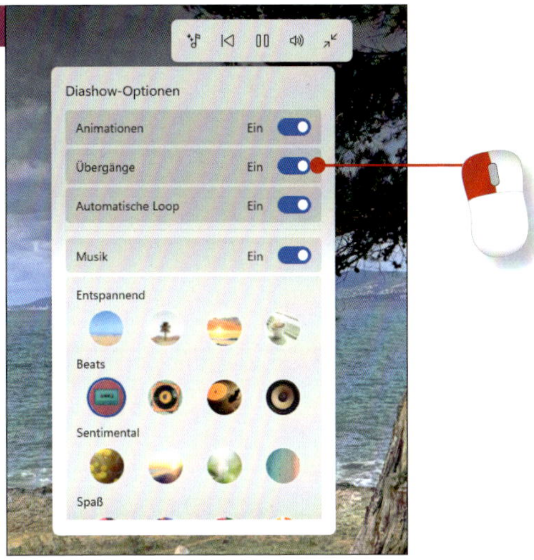


## Schritt 5

Zum Beenden der Diashow müssen Sie nichts weiter tun, als das Fenster zu schließen. Oder Sie klicken links oben auf **Diashow beenden**.

5

## Schritt 6

Wenn Sie die Diashow erneut von einem bestimmten markierten Foto aus betrachten möchten, können Sie das auch mit einem Rechtsklick erledigen, gefolgt von **Diashow starten**.

6

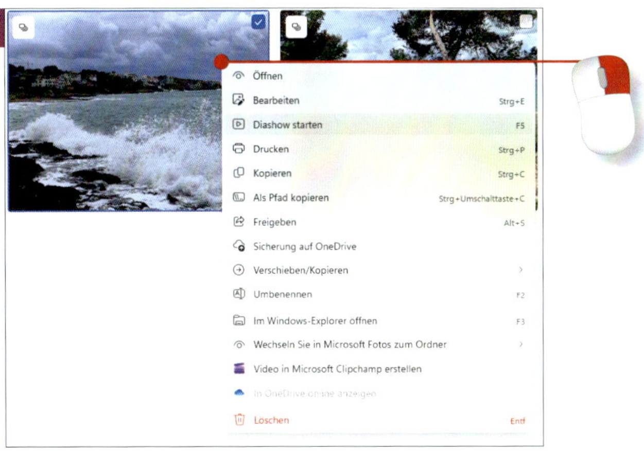


**Diashow schnell starten**

Die Diashow kann auch durch Drücken der Taste F5 gestartet werden. Schneller geht's nun wirklich nicht, oder?

# Bildgröße von Fotos ändern

1

2

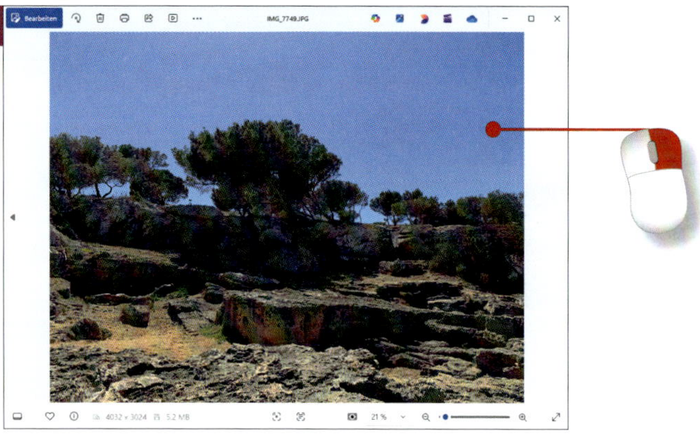

3

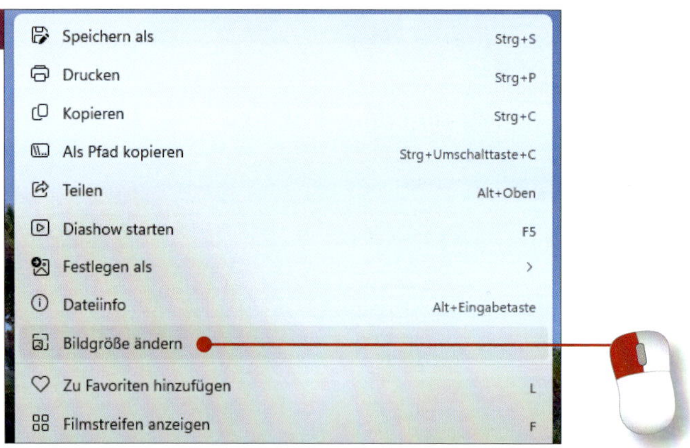


*Mitunter ist es wichtig zu wissen, wie groß ein Bild ist – etwa um abschätzen zu können, ob es sich für den E-Mail-Versand eignet. Die Anpassung der Bildgröße lässt sich dann auch gleich in der Windows-Fotoanzeige erledigen.*

## Schritt 1

Direkt aus der App Windows-Fotoanzeige heraus funktioniert das Abrufen von Bilddaten, indem Sie zunächst das gewünschte Foto anklicken, damit es vergrößert dargestellt wird.

## Schritt 2

Führen Sie auf dem ausgewählten Foto einen Rechtsklick aus, um das Kontextmenü zu öffnen.

## Schritt 3

Wählen Sie den Eintrag **Bildgröße ändern** aus. Keine Sorge – wenn Sie dieser Anleitung folgen, passiert dem Originalbild nicht das Geringste.

**Optionen für »Bildgröße ändern«**

Die App Windows-Fotoanzeige hilft im folgenden Dialog bei der Wahl der richtigen Dateigröße. Das Originalfoto bleibt dabei stets unangetastet.

### Schritt 4

Wollten Sie nur wissen, wie groß das Foto ist, können Sie dies nun nachlesen und das Fenster über **Abbrechen** anschließend wieder schließen.

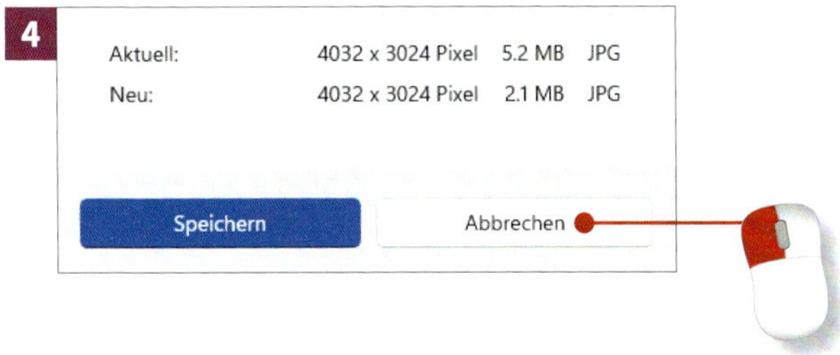


### Schritt 5

Mit 4.032 × 3.024 Bildpixeln ist das Beispielfoto relativ groß. Da wir es beispielhaft für die Präsentation auf einer Webseite benutzen wollen, klicken Sie in das Feld **Breite**.

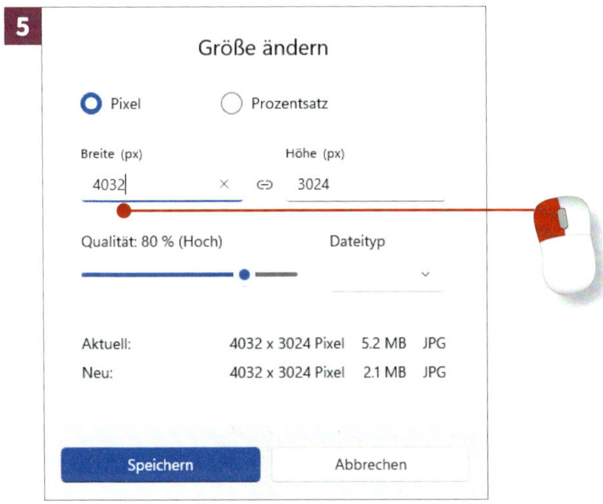


### Schritt 6

Jetzt können Sie neue Abmessungen eingeben. Im Beispiel geben wir als Breite 1.200 Pixel an. Da das Seitenverhältnis beibehalten wird, wird die Höhe automatisch von der App ergänzt.

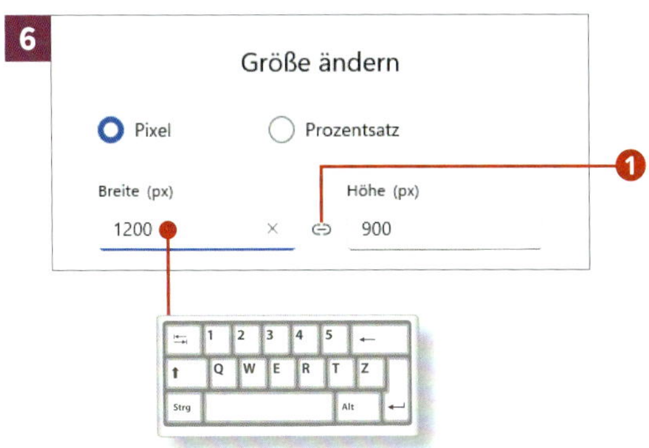


**Seitenverhältnis beibehalten**

Dass das Seitenverhältnis bei der Bildbearbeitung beibehalten wird, erkennen Sie am Kettensymbol 1 zwischen den Eingabefeldern für **Breite** und **Höhe**.

# Bildgröße von Fotos ändern (Forts.)

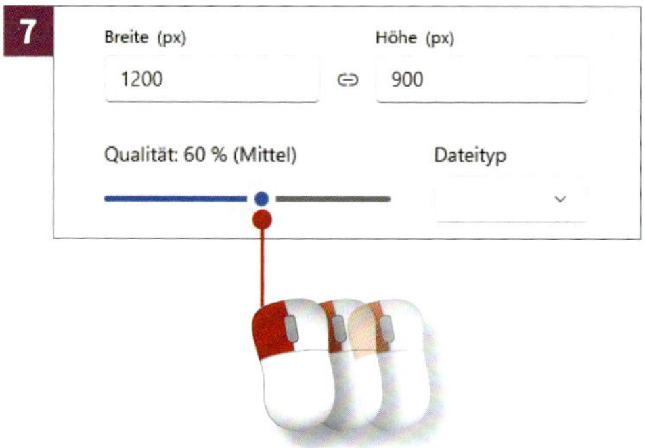


## Schritt 7

Auch die Qualität spielt eine Rolle. Höhere Bildqualitäten haben aber auch höhere Dateigrößen zur Folge. Wir verwenden hier 60 %. Das ist für unsere Zwecke (die Ansicht auf einer Webseite) ausreichend.

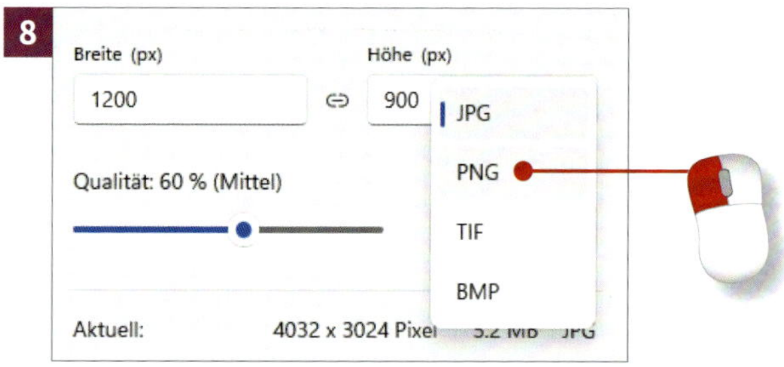


## Schritt 8

Welcher Dateityp soll verwendet werden? Dies können Sie ebenfalls festlegen, und zwar per Dropdown-Menü. Im Beispiel wählen wir den Eintrag **PNG**.

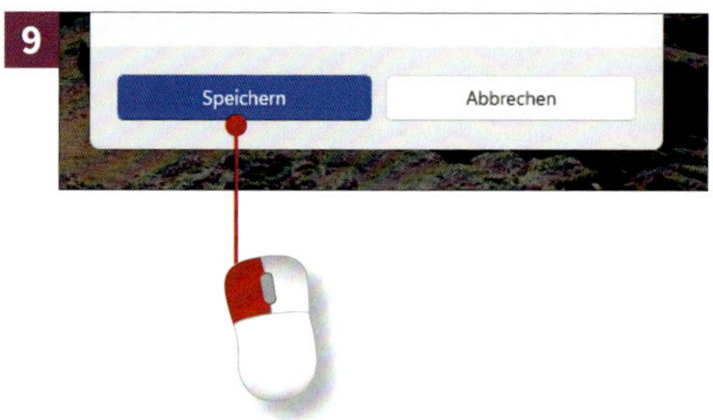


## Schritt 9

Nachdem Sie alle Einstellungen getätigt haben, klicken Sie auf die Schaltfläche **Speichern**.

**Bildqualität**

Bei Qualitätseinstellungen ist immer der Verwendungszweck zu berücksichtigen. Fotos, die zum Druck verwendet werden sollen, müssen nicht nur möglichst groß sein, sondern sollten auch 100 % Qualität aufweisen.

## Schritt 10

Im Explorer-Fenster, das sich nun geöffnet hat, legen Sie zunächst den Speicherort fest. Wählen Sie dazu in der linken Spalte ein Verzeichnis aus. Wir nehmen hier das bereits vorgemerkte Verzeichnis **Bilder**.

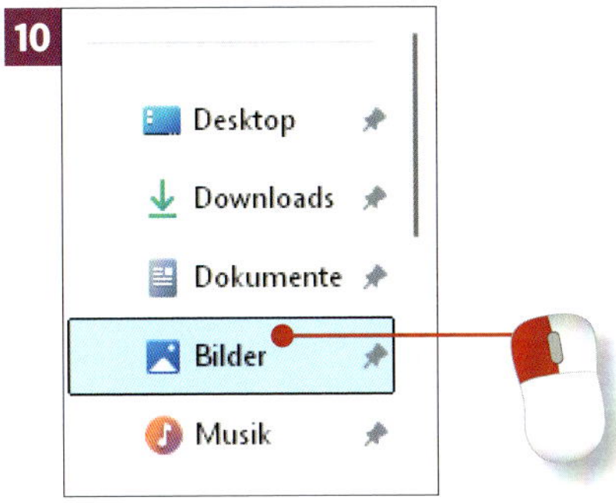


## Schritt 11

Ich empfehle, dem Bild einen neuen Namen zu geben (**Dateiname**), denn sollte das ursprüngliche Bild im selben Ordner liegen wie unsere Kopie, lässt sich das Bild dort nicht speichern – zumindest nicht unter demselben Namen. Zuletzt klicken Sie auf **Speichern**.

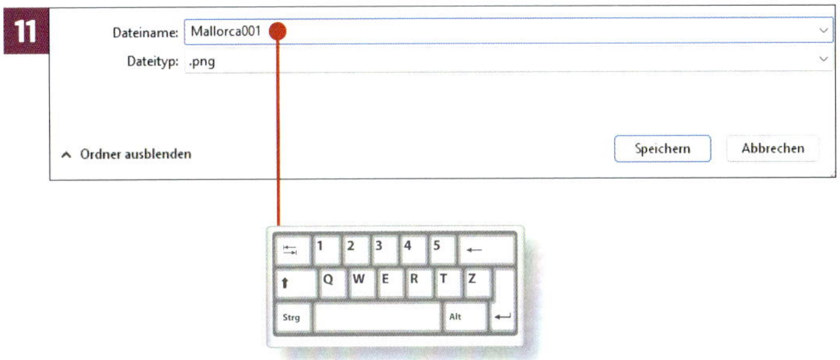


## Schritt 12

Wenn Sie das Einzelfenster schließen, werden Sie feststellen, dass nun zwei gleiche Miniaturen des Bildes existieren. Überprüfen Sie die Namen (siehe Kasten).

**Überprüfung per QuickInfo**

Parken Sie doch bitte auf beiden Bildern einmal den Mauszeiger. Dann nämlich wird der Dateiname angezeigt, der soeben angepasst wurde. Wenn Sie also einmal nicht wissen, welches Bild das Original ist, können sie es schnell herausfinden.

# Text aus Bildern erfassen

1

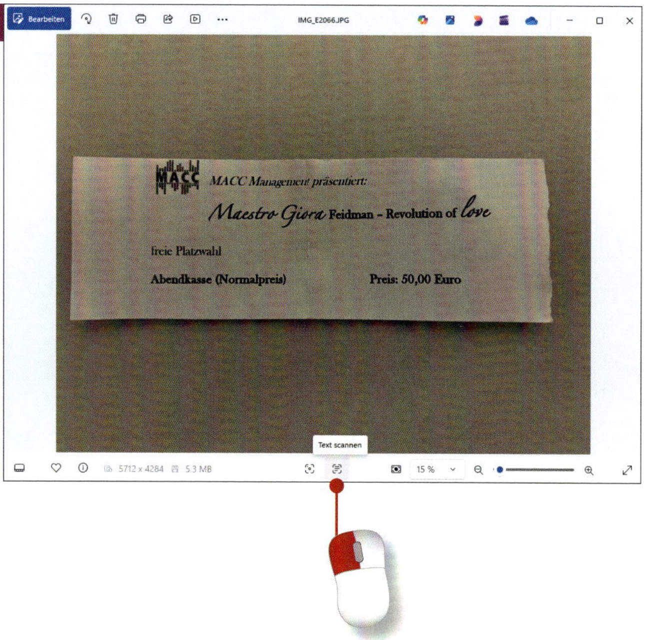


*Einen Text abfotografieren und später in ein Dokument einfügen oder durch ein Übersetzungstool laufen lassen – das geht! Wie Sie Text in der Windows-Fotoanzeige erfassen, lesen Sie hier.*

## Schritt 1

Rufen Sie in der App Windows-Fotoanzeige ein Bild auf, das Text enthält, und klicken Sie unten auf das Symbol **Text scannen**.

## Schritt 2

Der Text wird erfasst. Sie können einzelne Textteile markieren. Oder Sie klicken das Bild mit rechts an und wählen **Gesamten Text auswählen**.

2

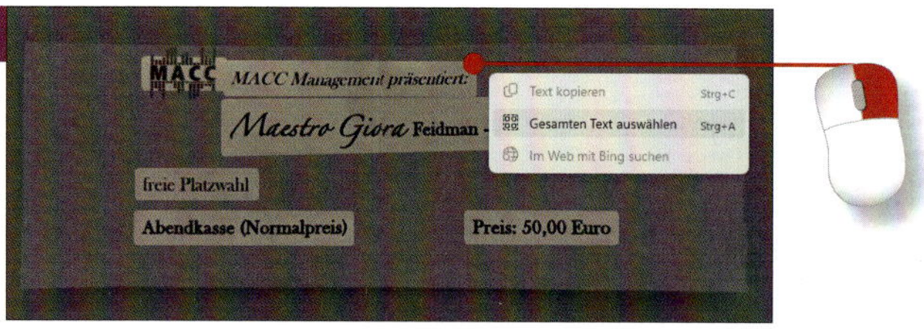


## Schritt 3

Der Text ist nun markiert. Klicken Sie ihn erneut mit rechts an und wählen Sie **Text kopieren**. Anschließend können Sie ihn in ein beliebiges Dokument, eine E-Mail usw. einfügen.

3

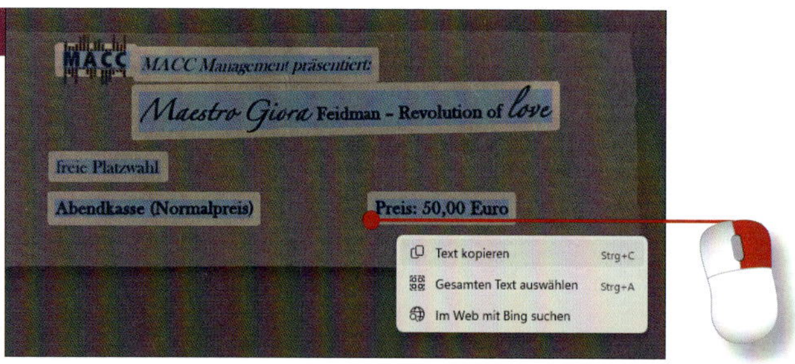


**Visuelle Suche**

Neben dem Symbol **Text scannen** finden Sie das Symbol **Visuelle Suche mit Bing**. Die visuelle Suche haben Sie bereits in Kapitel 4, »Im Internet surfen«, kennengelernt.

# Fotos auf der Festplatte wiederfinden

*Stellen Sie sich vor, Sie haben zahlreiche Fotos aus unterschiedlichsten Quellen in die Windows-Fotoanzeige aufgenommen. Da kann man leicht den Überblick verlieren, wo auf den vielen Festplatten sich denn nun das Original befindet.*

## Schritt 1

Um sich den Speicherort eines Fotos anzeigen zu lassen, klicken Sie bitte zunächst mit rechts auf die Bildminiatur.

1

## Schritt 2

Mit der linken Maustaste gehen Sie anschließend auf den Listeneintrag **Im Windows-Explorer öffnen**.

2

## Schritt 3

Jetzt kommt der Explorer zum Vorschein und zeigt: Ihr Foto. Halten Sie nach dem einzigen markierten Bild Ausschau ❶.

3

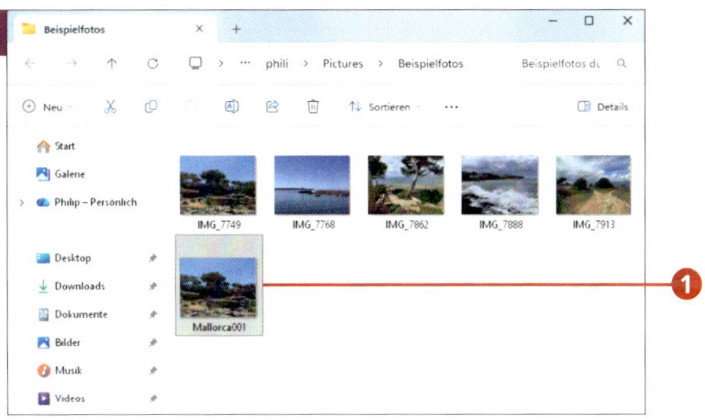


### Als Pfad kopieren

Falls Sie einmal den Dateipfad eines Bildes benötigen sollten, wählen Sie im Kontextmenü aus Schritt 2 den Eintrag **Als Pfad kopieren** ❷.

# Bilder automatisch korrigieren lassen

*Die App Windows-Fotoanzeige ist in der Lage, Bilder automatisch zu optimieren. Sollte der Effekt zu stark oder zu schwach sein, können Sie selbst nachbessern.*

## Schritt 1

Öffnen Sie die App Windows-Fotoanzeige und klicken Sie ein Foto an, das Sie korrigieren möchten.

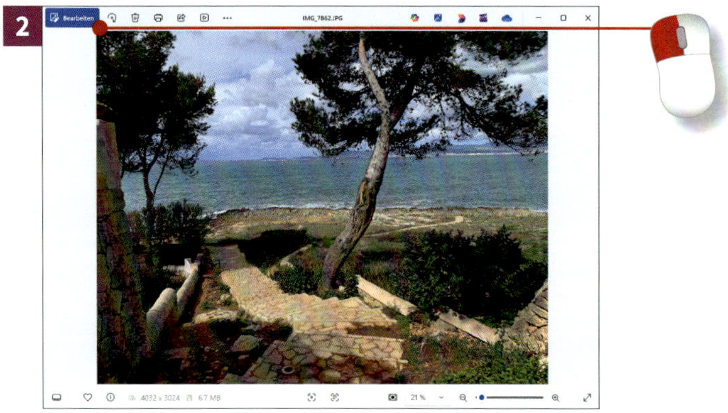

## Schritt 2

Das Bild wird in einem eigenen Fenster geöffnet. Klicken Sie in diesem Fenster links oben auf die Schaltfläche **Bearbeiten**.

## Schritt 3

Nun wird eine andere Symbolleiste eingeblendet. Wählen Sie dort den Pinsel. Er trägt den schönen Namen **Filter**.

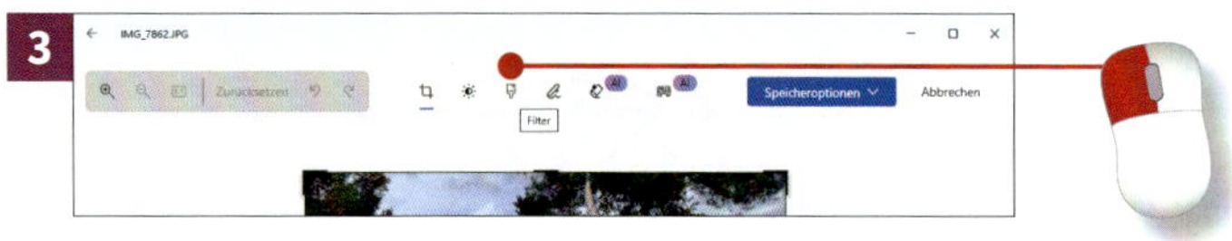

### Automatische Korrektur

Das Foto wird von der App Windows-Fotoanzeige in Schritt 4 automatisch analysiert und korrigiert. Oft werden Sie mit dem Resultat zufrieden sein (aber leider nicht immer). Im Zweifel verwerfen Sie die Änderungen durch einen Klick auf **Zurücksetzen** ❶ (siehe Schritt 4).

### Schritt 4

Rechts finden wird jetzt die Schaltfläche **Automatisch verbessern** eingeblendet. Klicken Sie diese an.

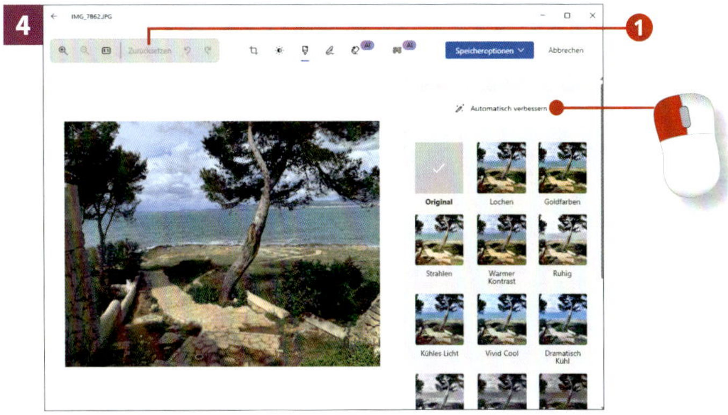


### Schritt 5

Für den Fall, dass der Korrektureffekt zu stark ist, passen Sie diesen mit dem Schieberegler an. Dazu klicken Sie auf den Regler und ziehen ihn bei gedrückter Maustaste nach links.

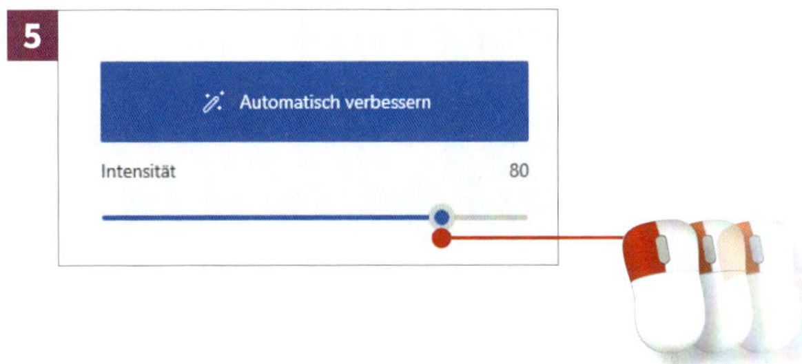


### Schritt 6

Wählen Sie unter **Speicheroptionen** den Eintrag **Als Kopie speichern**. Das bewirkt, dass eine neue Datei erzeugt wird, während das Original gleichzeitig erhalten bleibt.

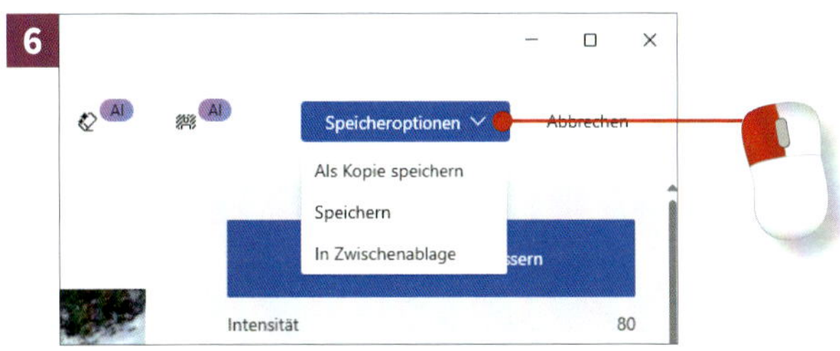


**!**

**Bedeutung der Speicheroptionen**

Das Original wird überschrieben, wenn Sie sich für die Option **Speichern** anstelle von **Als Kopie speichern** entscheiden. Alternativ wählen Sie **In Zwischenablage**, um das Bild andernorts einzusetzen, z. B. in einem Dokument.

# Bilder manuell bearbeiten

1

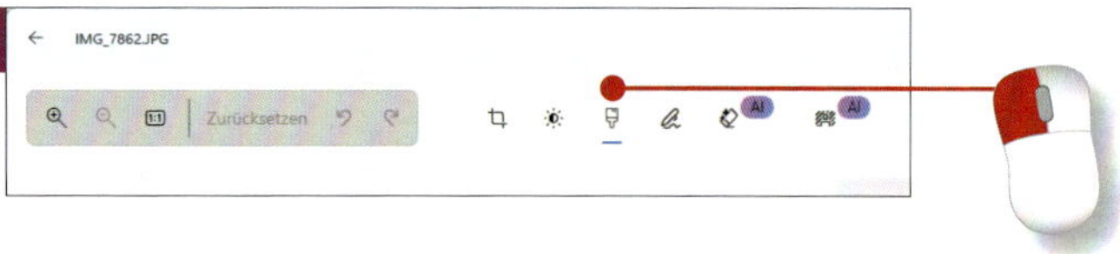


2

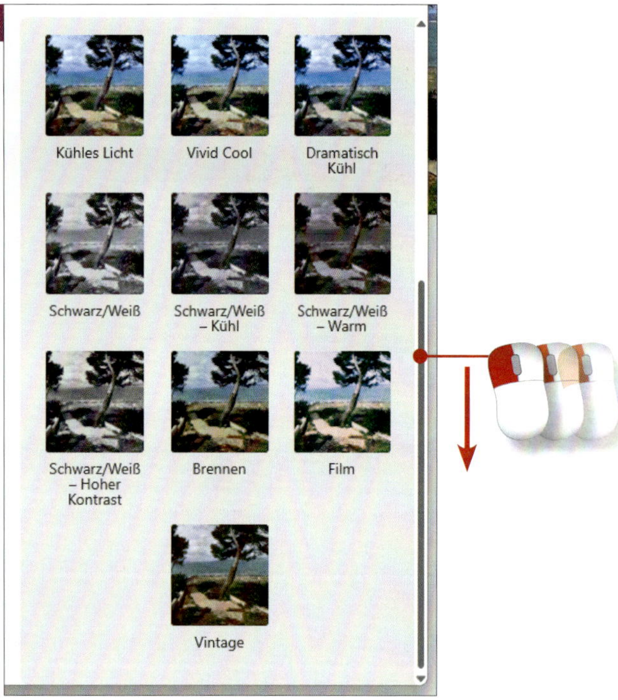


3

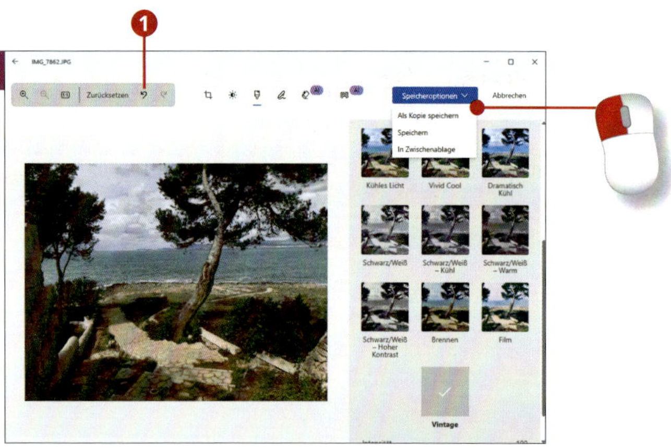


*In der App Windows-Fotoanzeige können Sie Ihre Bilder mithilfe vorgefertigter Filter verbessern oder individuell ändern – so wie Sie es gerne hätten.*

## Schritt 1

Damit das Foto im Bearbeitungsmodus bereitgestellt wird, führen Sie zunächst die Schritte 1 bis 3 der vorangegangenen Anleitung (auf Seite 178) aus. Wählen Sie den Pinsel (Filter).

## Schritt 2

Scrollen Sie, falls nötig, ein wenig nach unten, damit alle zur Verfügung stehenden Filter angezeigt werden.

## Schritt 3

Probieren Sie durch Klick auf die jeweilige Miniatur verschiedene Filter aus. Sind Sie zufrieden? Dann gehen Sie unter **Speicheroptionen** auf **Als Kopie speichern**, anderenfalls klicken Sie auf **Zurücksetzen** bzw. rechts auf **Abbrechen**.

**Rückgängig machen?**

Statt mit der Option **Zurücksetzen** alle Bearbeitungsschritte zurückzunehmen, können Sie mit dem Symbol **Rückgängig machen** ❶ die einzelnen Schritte in umgekehrter Reihenfolge zurücknehmen.

## Schritt 4

Wenn Sie sich mehr Individualität bei der Korrektur wünschen, kommen Sie mit den Filtern nicht weiter. Klicken Sie daher auf **Original**.

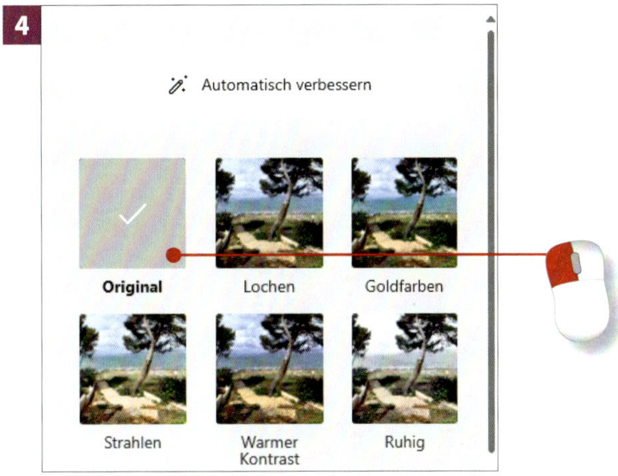


## Schritt 5

Danach sollten Sie den Arbeitsbereich **Anpassung** aktivieren. Das Symbol befindet sich links neben dem Pinsel.

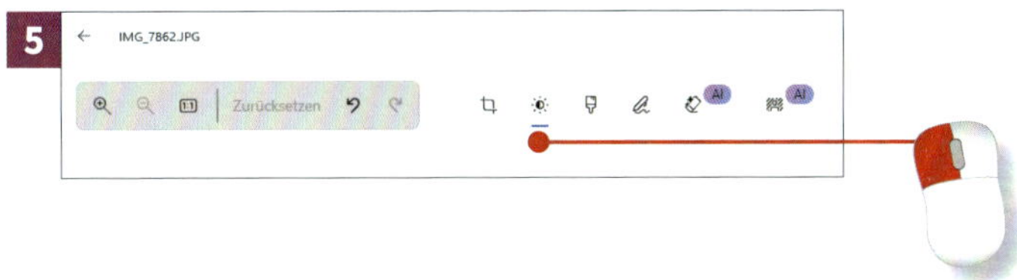


## Schritt 6

Passen Sie das Bild mithilfe der verschiedenen Schieberegler im Hinblick auf **Helligkeit**, **Belichtung**, **Kontrast** und Co. an. Vergessen Sie nicht, am Ende wieder eine Kopie zu speichern.

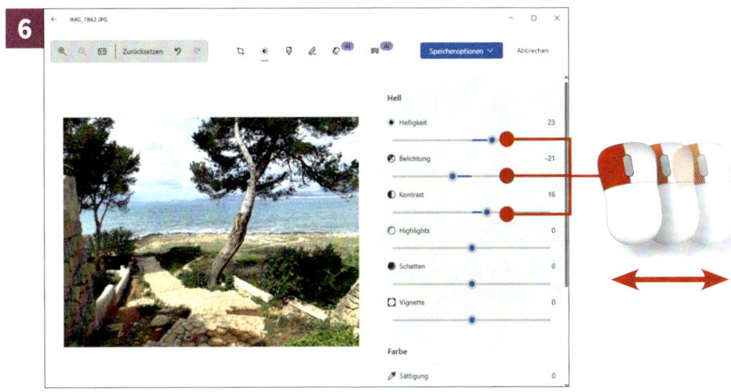


### Vignette

Mithilfe des Schiebereglers **Vignette** lassen sich die Ecken des Fotos zunehmend aufhellen (nach links) bzw. abdunkeln (nach rechts).

# Fotos zuschneiden

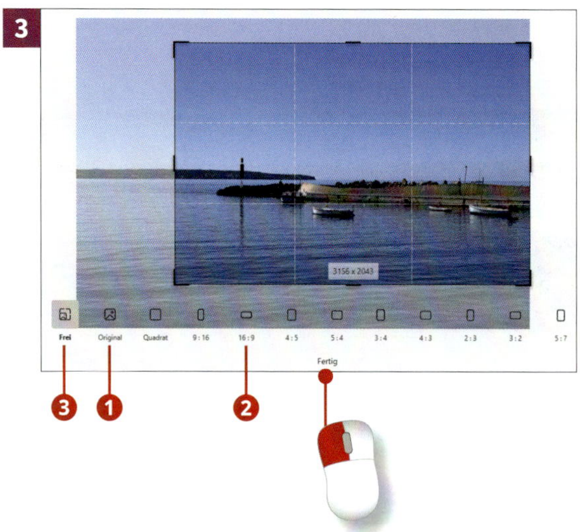


*Sie erfahren nun, wie Sie ein Foto zuschneiden und das Bildformat anpassen.*

## Schritt 1

In der Einzelansicht des zu korrigierenden Fotos klicken Sie wieder links oben auf die Schaltfläche **Bearbeiten**.

## Schritt 2

Sie befinden sich nun im Arbeitsbereich **Zuschneiden**. Klicken in der unteren Leiste auf die Schaltfläche in der Mitte, hinter der sich die Seitenverhältnisoptionen verbergen. Die Standardeinstellung ist hier **Frei**.

## Schritt 3

Wenn Sie die Proportionen, also das Seitenverhältnis des Bildes (Breite zu Höhe), beibehalten wollen, wählen Sie **Original** ❶. Anderenfalls wählen Sie eines der verfügbaren Seitenverhältnisse aus, im Beispiel wählen wir **16:9** ❷. Bestätigen Sie mit **Fertig**.

**Bild drehen und spiegeln**

Im Bereich **Zuschneiden** (siehe Schritt 2) finden Sie unten links zwei Schaltflächen zum Drehen des Bildes ❹ und unten rechts zwei Schaltflächen zum Spiegeln ❺.

### Schritt 4

An den Ecken des Fotos befinden sich Markierungen. Diese fungieren als Anfasser und können bei gedrückter Maustaste bewegt werden. Ziehen Sie den Bildausschnitt in die gewünschte Größe.

4

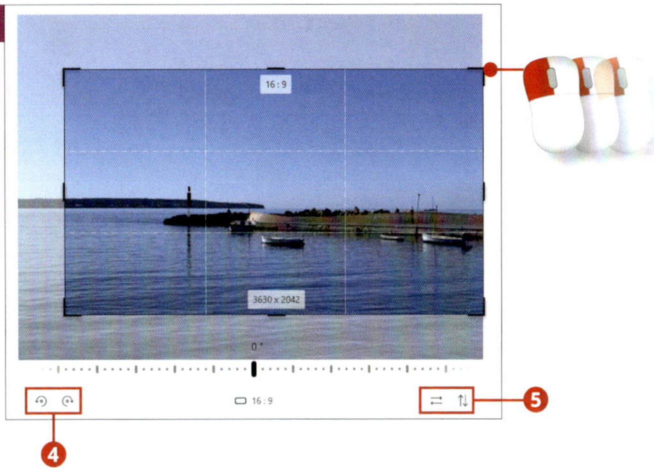


### Schritt 5

Wer nur eine Seite des Bildes verändern möchte, wählt das Seitenverhältnis **Frei** ❸. Stellen Sie den Mauszeiger auf eine der vier Randbegrenzungen. Sobald sich ein Doppelpfeil zeigt, können Sie ziehen.

5

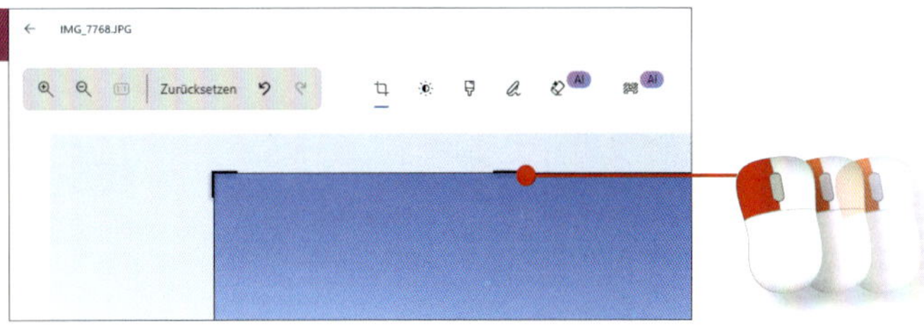


### Schritt 6

Falls Sie lieber noch einmal von vorne beginnen möchten, klicken Sie auf den Schalter **Zurücksetzen**.

6

**Bild im Rahmen anpassen**

Sie können nach dem Zuschneiden noch verändern, welcher Bildausschnitt im Zuschnittrahmen dargestellt werden soll. Klicken Sie dazu in den Rahmen und ziehen Sie das Bild bei gedrückter Maustaste in Position.

# Retusche und Freistellen mit KI

*Auch bei der Bildbearbeitung lässt sich künstliche Intelligenz einsetzen. Lesen Sie, wie Sie KI zum Retuschieren und Freistellen nutzen.*

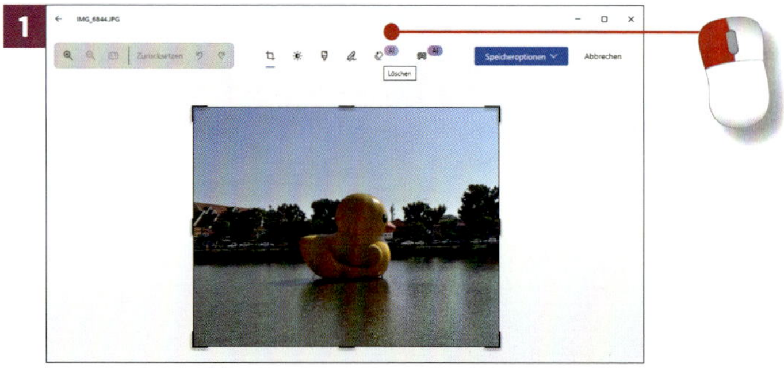


## Schritt 1

Sie haben ein Bild ausgewählt und auf **Bearbeiten** geklickt. Zum Retuschieren entscheiden Sie sich nun für das Symbol **Löschen**.

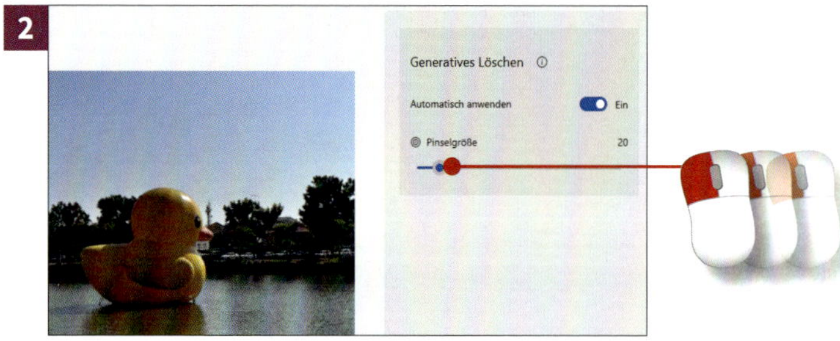


## Schritt 2

Aus dem Beispielfoto soll eine Mobilfunkantenne entfernt werden. Bestimmen Sie per Schieberegler die benötigte **Pinselgröße**.

## Schritt 3

Markieren Sie mit dem Pinsel (durch Ziehen bei gedrückter Maustaste) das zu löschende Objekt. Es wird von der künstlichen Intelligenz automatisch durch den passenden Hintergrund ersetzt.

**Masken hinzufügen**

Wenn Sie bei der Retusche den Schalter **Automatisch anwenden** deaktivieren, können Sie mehrere Stellen im Bild markieren und anschließend löschen.

### Schritt 4

Eine weitere pfiffige KI-Funktion in der App Windows-Fotoanzeige ist das Freistellen von Fotomotiven. Wählen Sie hierfür das Symbol **Hintergrund**.

4
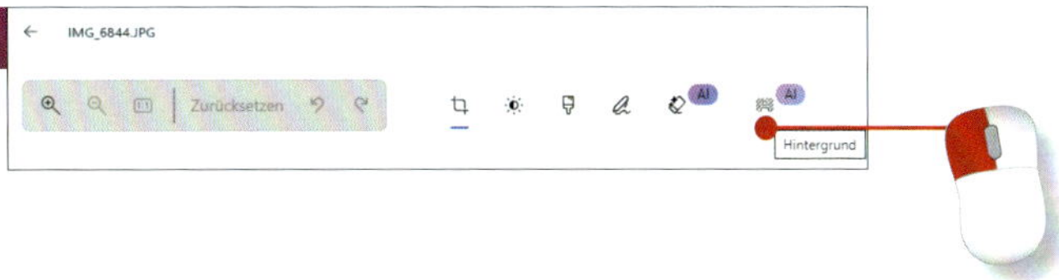


### Schritt 5

Klicken Sie nun rechts auf **Entfernen**. Falls das Motiv nicht eindeutig ist, könnten Sie das **Hintergrundpinseltool** ❶ zum Markieren nutzen.

5
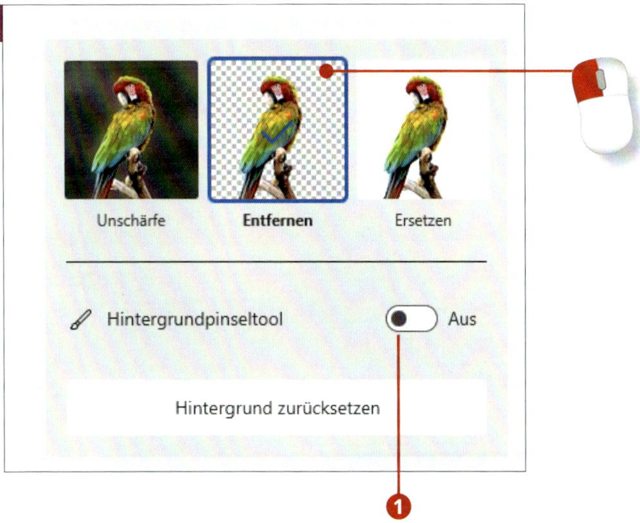


### Schritt 6

Es dauert nur einen kurzen Moment – schon erhalten Sie das freigestellte Fotomotiv.

6
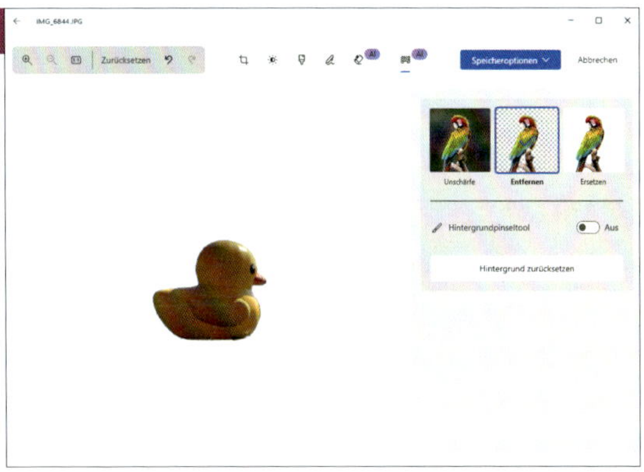


**Hintergrund ändern**

Wünschen Sie eine bestimmte Hintergrundfarbe? Wählen Sie in Schritt 2 **Ersetzen**, können Sie diese auswählen.

# Markup hinzufügen

*Sie können einem Foto Markierungen – Markups genannt – hinzufügen. Wie das geht, erfahren Sie in dieser Anleitung.*

## Schritt 1

Rufen Sie in der App Windows-Fotoanzeige ein Bild auf und wählen Sie **Bearbeiten**.

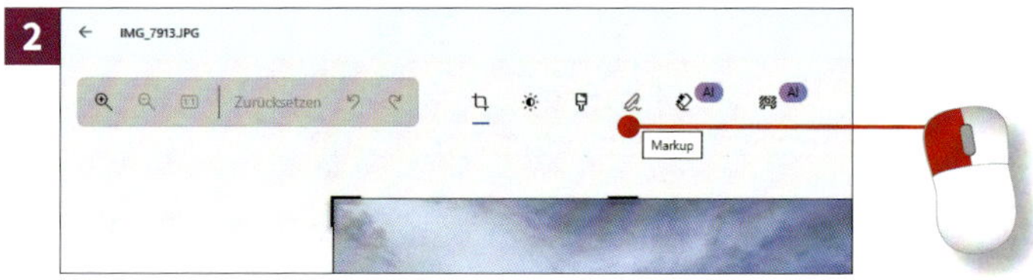


## Schritt 2

Klicken Sie nun oben auf den Stift, der in der Quickinfo mit **Markup** bezeichnet ist.

## Schritt 3

Unten werden zwei Stifte sowie ein Textmarker und weitere Symbole eingeblendet. Hier entscheiden wir uns für den schwarzen Stift.

**Einzelnes Markup entfernen**

Um eine einzelne Markierung wieder zu entfernen, klicken Sie auf den Radiergummi ❶ und klicken die zu entfernende Markierung an.

### Schritt 4

Die Linie kann in Freihand gezeichnet werden. Es lässt sich aber z. B. auch ein Pfeil einzeichnen, etwa, um auf etwas hinzuweisen oder eine Richtung zu zeigen. Hier wird der Pfeil gewählt.

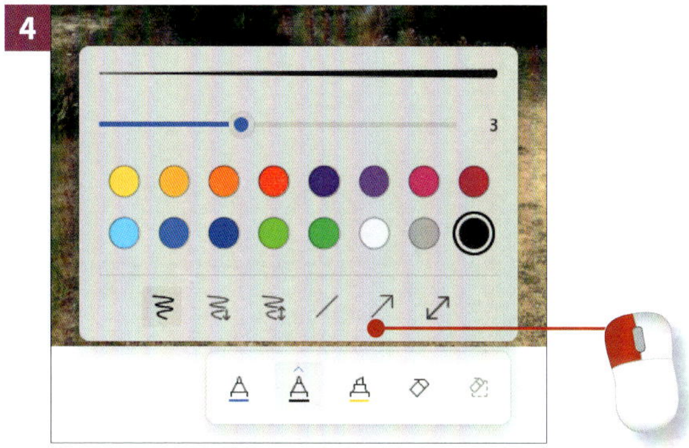


### Schritt 5

Zeichnen Sie die Linie bei gedrückter Maustaste auf das Foto.

### Schritt 6

In diesem Fall wird die Linie automatisch in einen Pfeil umgewandelt.

**Alle Markierungen löschen**

Um sämtliche Markierungen aus dem Bild zu entfernen, klicken Sie auf den Radiergummi mit dem gestrichelten Quadrat ❷.

# Animierten Text hinzufügen

*Aus einem oder mehreren Fotos lässt sich ein kleiner Film mit animiertem Text erstellen, etwa, um einen besonderen Gruß zu einem Festtag zu gestalten. Dabei kommt Microsoft Clipchamp ins Spiel.*

1

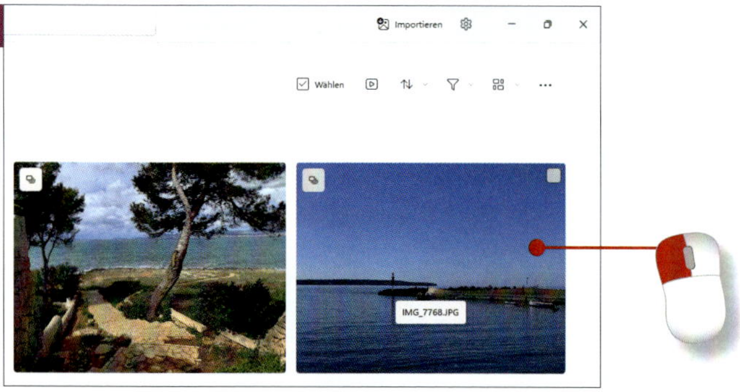


## Schritt 1

Rufen Sie in der App Windows-Fotoanzeige ein Foto auf, dem Sie animierten Text hinzufügen möchten.

2

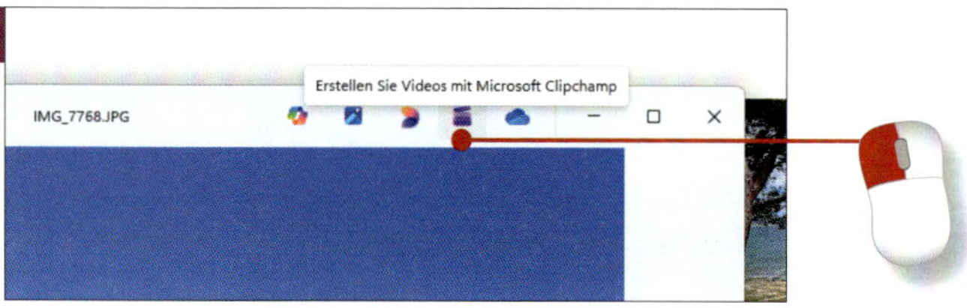


## Schritt 2

Klicken Sie in der Leiste oben auf die lilafarbene Filmklappe – es handelt sich um das Symbol von **Microsoft Clipchamp**.

## Schritt 3

Das Foto wird Ihnen angezeigt. Da Sie dem Bild animierten Text hinzufügen möchten, klicken Sie in der Leiste links auf die Kategorie **Text**.

3

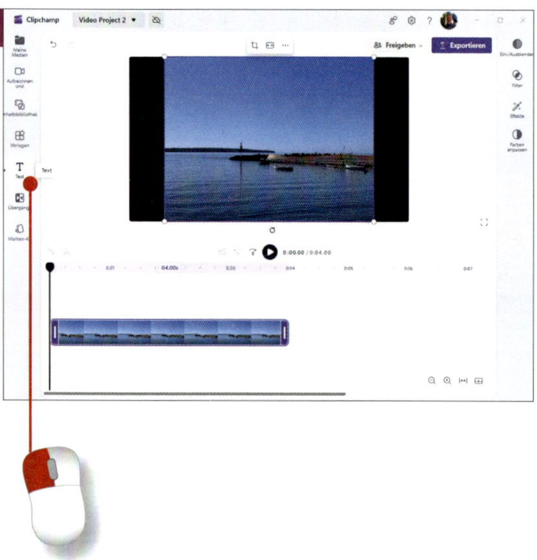


**Beim ersten Start**

Wenn Sie Microsoft Clipchamp zum ersten Mal aufrufen, müssen Sie sich vielleicht zunächst durch einige Hinweise kämpfen. Tun Sie dies, bis Sie zum Fenster aus Schritt 3 gelangen.

## Schritt 4

Es werden einige Textformate zur Auswahl angeboten. In diesem Fall soll aber zunächst unformatierter Text erstellt werden. Dazu ziehen Sie die Box **Text** bei gedrückter Maustaste auf das Foto.

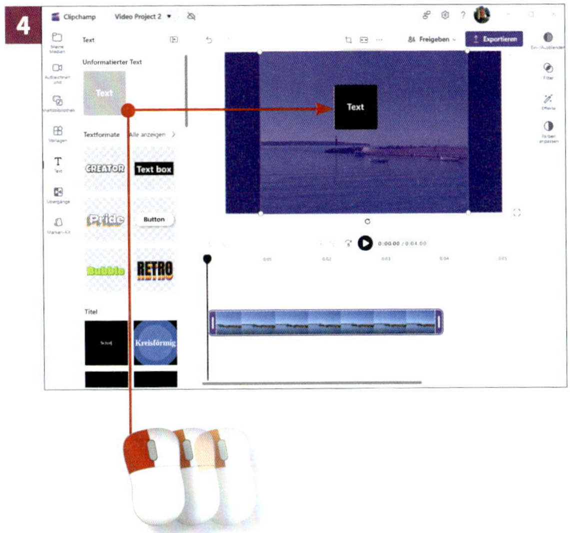


## Schritt 5

Das Textfeld wird eingefügt. Tippen Sie Ihren Text ein.

## Schritt 6

Die Größe des Textfeldes lässt sich ganz einfach anpassen, indem Sie auf einen der vier Ränder klicken und das Feld bei gedrückter Maustaste größer oder kleiner ziehen.

**i**

**Was ist Microsoft Clipchamp?**

Microsoft Clipchamp ist ein Programm für die Videobearbeitung, das in Windows 11 bereits an Bord ist. Es kann auch direkt im Startmenü geöffnet werden.

# Animierten Text hinzufügen (Forts.)

7

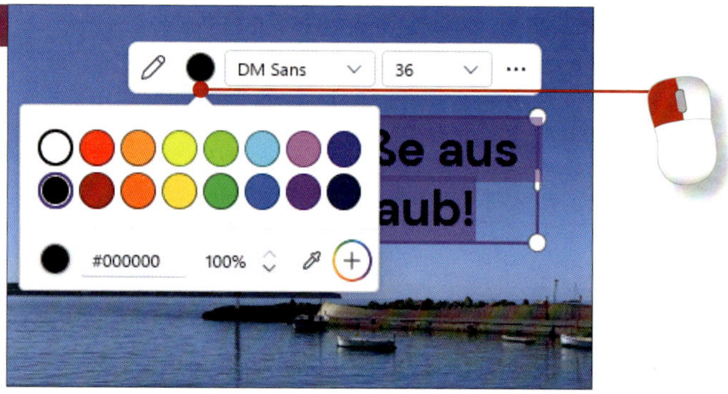


## Schritt 7

Möchten Sie den Text bearbeiten, etwa im Hinblick auf Schriftfarbe oder Schriftgröße, markieren Sie ihn. Treffen Sie dann in der Formatierungsleiste über dem Text Ihre Auswahl.

8

## Schritt 8

Nun soll der Text animiert werden. Achten Sie darauf, dass das Textfeld weiterhin aktiviert ist, und klicken Sie nun in der Leiste rechts auf **Ein-/Ausblenden**.

## Schritt 9

Legen Sie mit den Schiebereglern fest, nach welcher Dauer der Text ein- und wieder ausgeblendet werden soll.

9

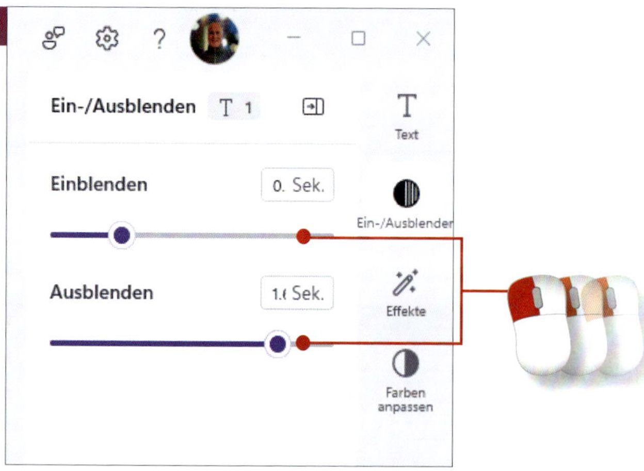


**Die Formatierungsleiste wird nicht angezeigt?**

Falls die Formatierungsleiste für den Text nicht angezeigt wird, kicken Sie das Textfeld an. Die Leiste wird daraufhin automatisch eingeblendet.

### Schritt 10

Starten Sie einen Probelauf, indem Sie auf das Play-Symbol klicken oder alternativ die Leertaste drücken.

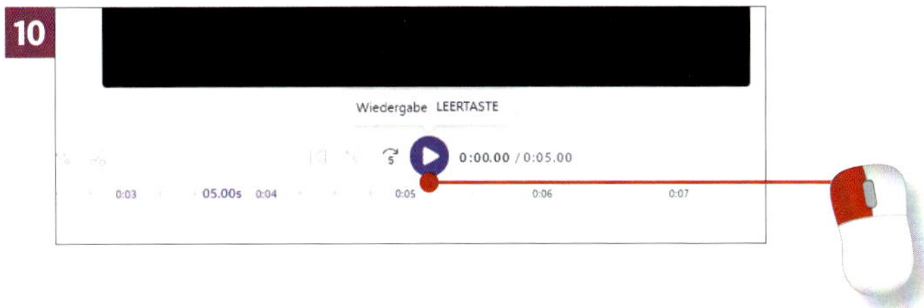


### Schritt 11

Wenn alles passt, klicken Sie oben in Microsoft Clipchamp auf die Schaltfäche **Exportieren**. Sie können in dem Programm zuvor natürlich noch viel mehr herumspielen.

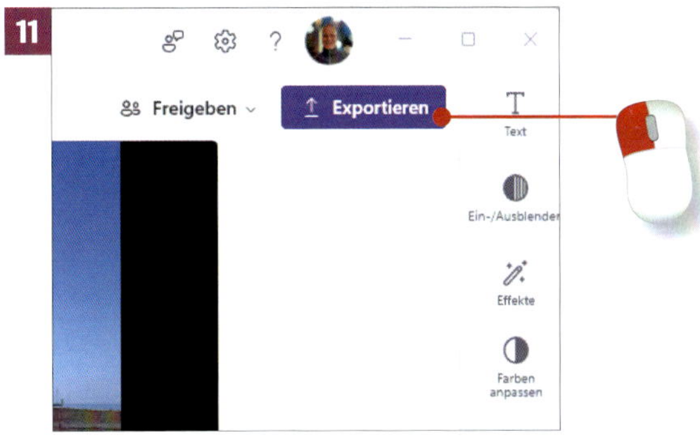


### Schritt 12

Bestimmen Sie Speicherort, Dateiname und Co. und bestätigen Sie mit **Exportieren**.

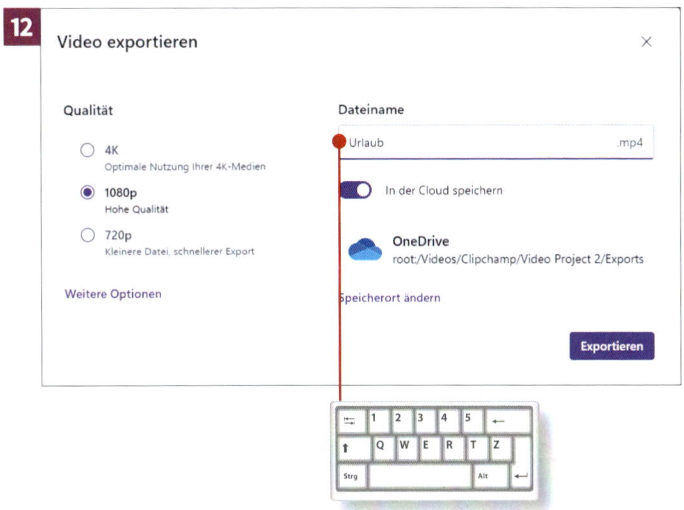


**Wie lange sollen die Elemente angezeigt werden?**
Sie bestimmen selbst, wie lange Foto und Text angezeigt werden sollen. Die Elemente werden unten im Programm dargestellt. Klicken Sie auf den Rand und ziehen Sie mit der Maus nach rechts, um die Anzeigedauer zu vergrößern.

# Ein Bildschirmfoto aufnehmen

1

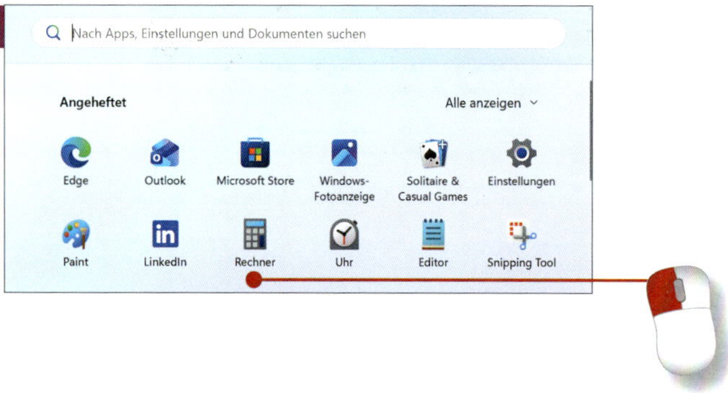


2

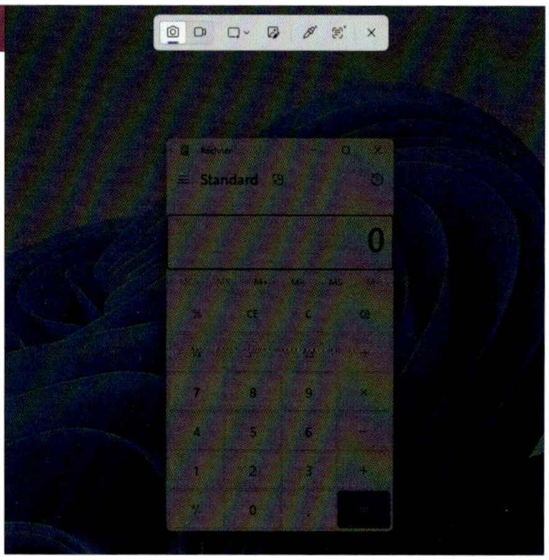

3

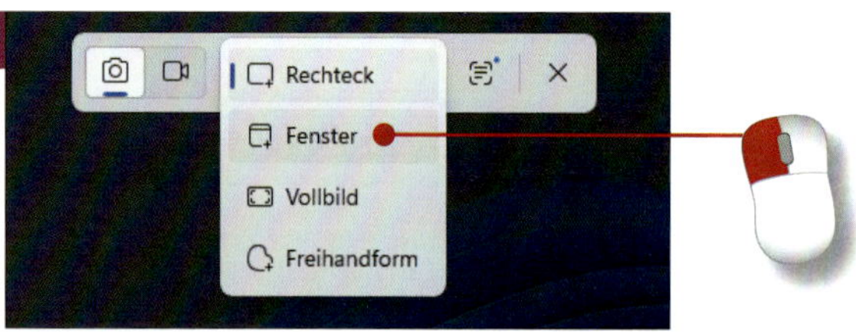


*Bildschirmfotos sind, wie der Name schon sagt, Schnappschüsse dessen, was Sie auf dem Monitor sehen. Aus diesen »Screenshots« lassen sich eigenständige Fotos erstellen.*

## Schritt 1

Öffnen Sie eine Software, von der Sie einen sogenannten Screenshot machen wollen. Ich entscheide mich einfach mal für die App **Rechner**.

## Schritt 2

Sie benötigen noch die Screenshot-App. Diese öffnen Sie ganz komfortabel, indem Sie [Windows] + [⇧] gedrückt halten und dann zusätzlich kurz [S] auf der Tastatur betätigen.

## Schritt 3

Daraufhin zeigt sich ganz oben in der Bildschirmmitte eine kleine Steuerelementleiste. Wählen Sie hier z. B. den Modus **Fenster**.

**Foto in der Zwischenablage**

Die erzeugten Screenshots landen automatisch in der Zwischenablage des Betriebssystems und können mithilfe von [Strg] + [V] eingefügt werden.

### Schritt 4

Jetzt müssen Sie nichts weiter tun, als auf das Fenster zu klicken, das aufgenommen werden soll – in unserem Fall die Rechner-App.

4

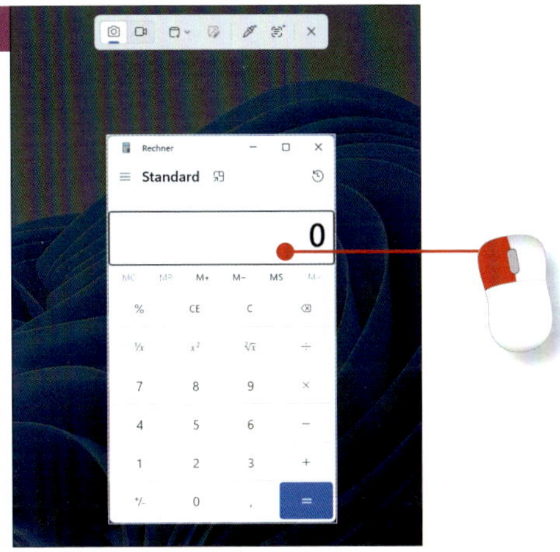


### Schritt 5

Für den Fall, dass Sie die Option **Rechteck** aktiv lassen, müssen Sie mit gedrückter Maustaste einen Rahmen aufziehen. Dazu klicken Sie auf die obere linke Ecke des Bereichs, den Sie aufnehmen wollen, und halten die Maustaste gedrückt. Fahren Sie in die untere rechte Ecke des aufzunehmenden Bereichs und lassen Sie die Maustaste dort los.

5

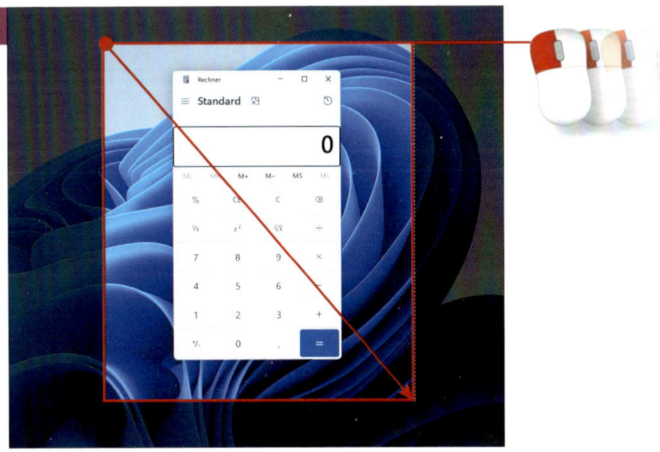


### Schritt 6

Um mehr Optionen zu erhalten, rufen Sie das **Snipping Tool** im Startmenü auf.

6

**Hinweis zu Schritt 5**

Zur Verdeutlichung wurde in Schritt 5 der Aufnahmebereich hier im Buch rot eingefasst und die Mausbewegung mit einem Pfeil gekennzeichnet.

# Ein Bildschirmfoto aufnehmen (Forts.)

7

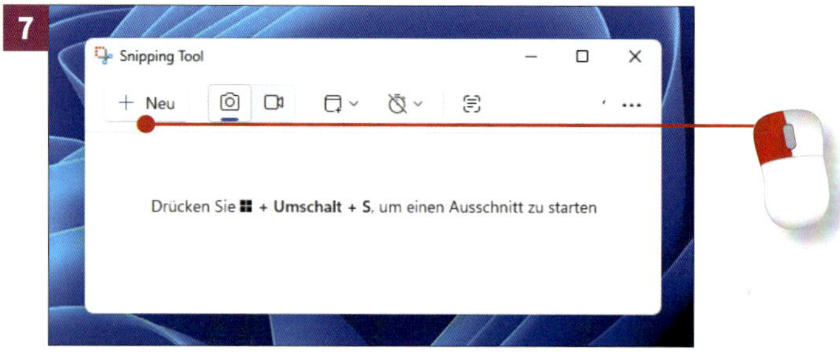


8

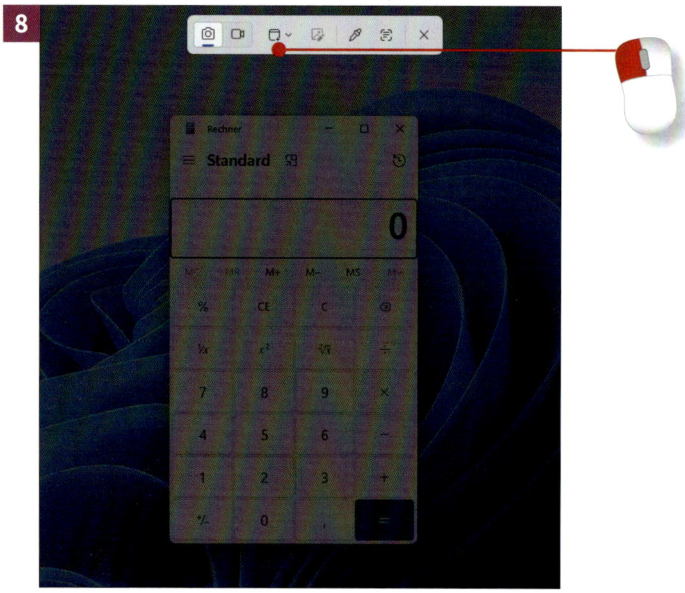


9

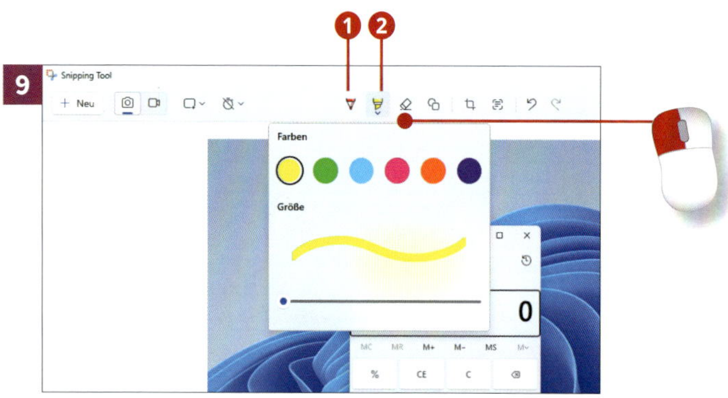


### Schritt 7

Um einen Screenshot zu machen, klicken Sie auf die Schaltfläche **Neu**.

### Schritt 8

Wie zuvor werden oben auf dem Bildschirm die Steuerelemente eingeblendet. Um einen Screenshot zu erhalten, gehen Sie vor, wie in den Schritten 3–5 beschrieben.

### Schritt 9

Der aufgenommene Screenshot wird im Snipping Tool angezeigt. Benutzen Sie den **Kugelschreiber** ❶ oder **Textmarker** ❷, um Bereiche auf dem Screenshot zu markieren. Mithilfe des Radiergummis können bereits eingezeichnete Markierungen wieder entfernt werden.

**Screenshot per Taste**

Um auf die Schnelle einen Screenshot des gesamten Bildschirms aufzunehmen und in die Zwischenablage zu legen, drücken Sie auf Ihrer PC-Tastatur die `Druck`-Taste.

## Schritt 10

Auf Ihrem PC mit Windows 11 steht ein Zeichenprogramm namens Paint zur Verfügung. Um den Screenshot dort zu bearbeiten, klicken Sie auf die Schaltfläche **In Paint bearbeiten**.

## Schritt 11

Um den Screenshot an einem von Ihnen gewählten Speicherort abzulegen, klicken Sie rechts oben auf das Diskettensymbol.

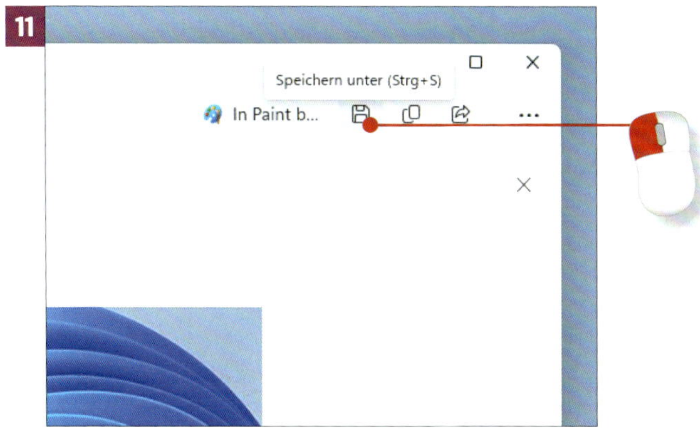


## Schritt 12

Wie schon mehrfach gehabt, wählen Sie nun einen Speicherort, vergeben einen sinnvollen Dateinamen und bestätigen mit **Speichern**.

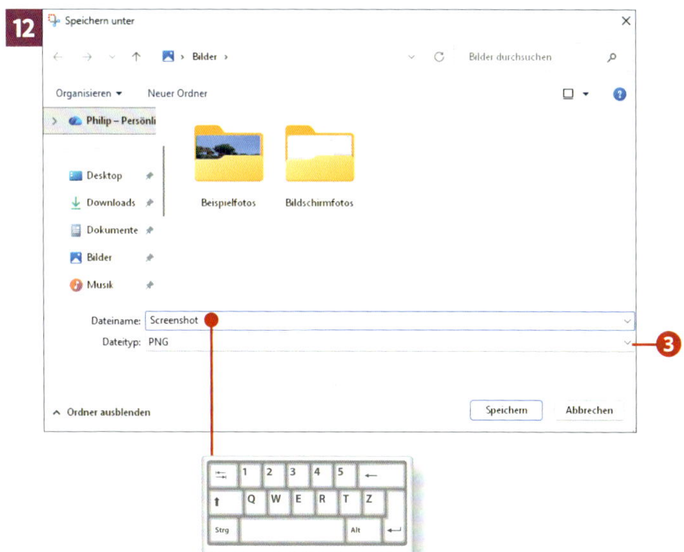


### Verfügbare Dateiformate

Sie können die Screenshots in drei verschiedenen Formaten speichern. Standard ist **PNG**. Im Feld **Dateityp** ❸ (Schritt 12) können Sie aber auch die Formate **JPG** und **GIF** per Dropdown-Menü wählen.

# Ein eigenes Foto als Desktop-Hintergrund

*Hat es eines Ihrer Fotos verdient, Ihren Desktop zu zieren? In dieser Anleitung lernen Sie, wie Sie das mit wenigen Mausklicks einrichten.*

1

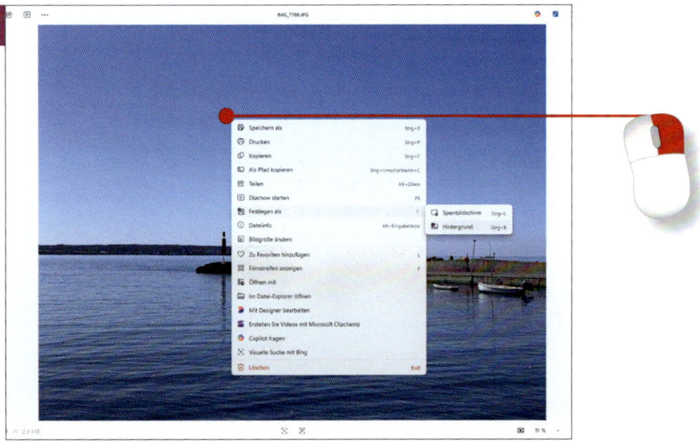

## Schritt 1

Innerhalb der App klicken Sie ein Foto in der Einzelbildansicht mit rechts an, zeigen auf **Festlegen als** und klicken zuletzt auf **Hintergrund**.

2

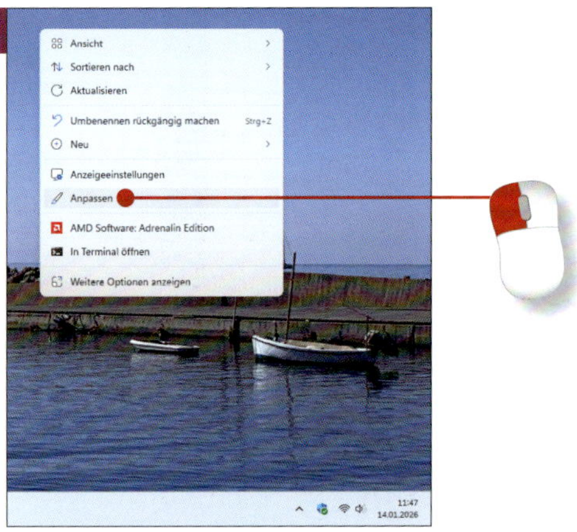


## Schritt 2

Da das Erscheinungsbild möglicherweise überhaupt nicht passt, setzen Sie einen Rechtsklick auf den Desktop und entscheiden sich im Kontextmenü für **Anpassen**.

3

## Schritt 3

Die Ausrichtung des Fotos ändern Sie, indem Sie im geöffneten Dialogfenster **Personalisierung** auf **Hintergrund** klicken.

**Fensterrahmen**

Die Rahmen der Fenster nehmen automatisch eine Farbe an, die zum verwendeten Bild passt.

## Schritt 4

In der Zeile **Wählen Sie ein passendes Bild für Ihren Desktop aus** ist möglicherweise **Ausfüllen** selektiert. Entscheiden Sie sich beispielsweise für **Zentriert**, dürfte der Desktop schon wesentlich besser aussehen.

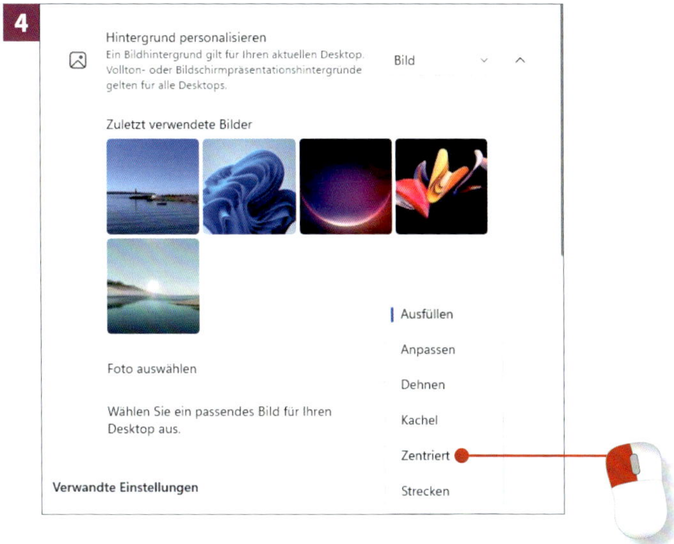


## Schritt 5

Verlassen Sie den Dialog mit einem Klick auf das Kreuz oben rechts.

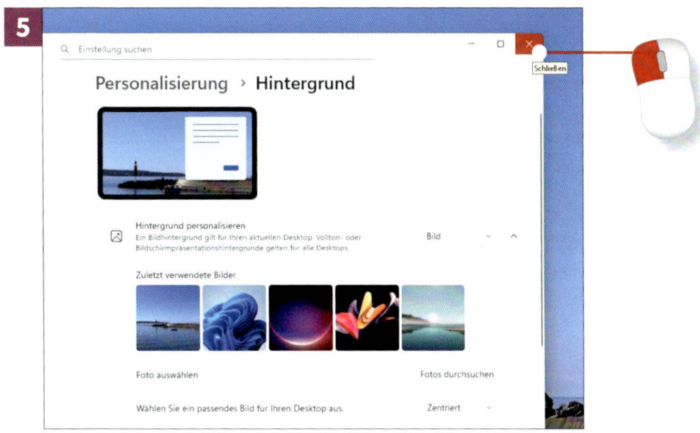


## Schritt 6

Falls Sie doch lieber wieder den alten Hintergrund verwenden möchten, gehen Sie so vor, wie in den Schritten 2 und 3 beschrieben, und klicken im Bereich **Zuletzt verwendete Bilder** auf eine andere Kachel als die erste.

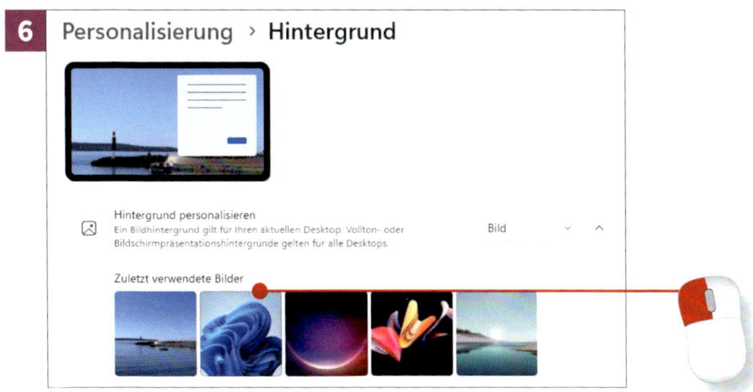


**Bildpositionen**

Testen Sie die unterschiedlichen Bildpositionen. Je nach Seitenverhältnis des Fotos im Vergleich zum Monitor kann es teils zu erheblichen Verzerrungen kommen.

# Eine Desktop-Diashow erzeugen

1

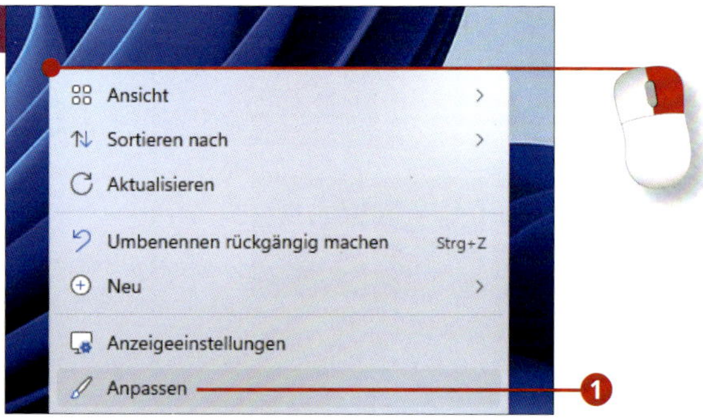


2

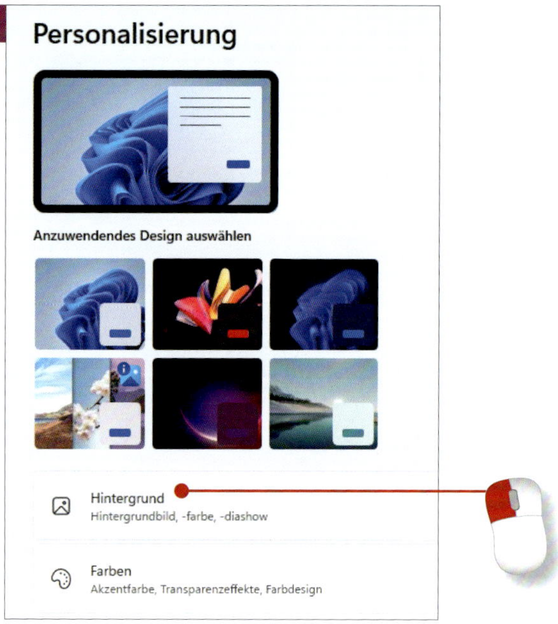


3

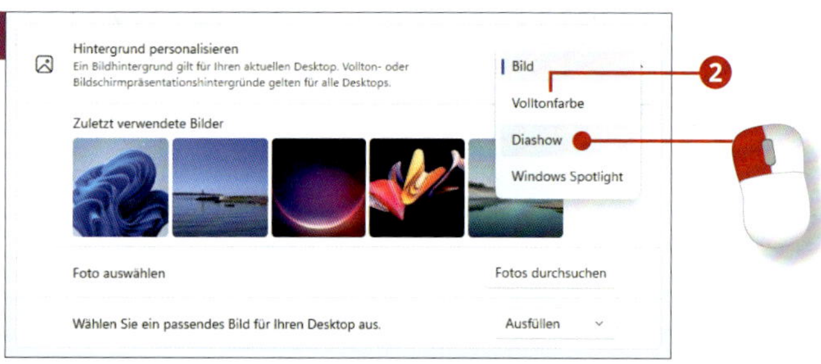


*Sie haben einen schönen Hintergrund für Ihren Desktop gefunden? Na, prima! Wie wäre es aber, wenn dort stets Ihre eigenen Fotos präsentiert würden? Diese Windows-Funktion müssen Sie noch kennenlernen.*

## Schritt 1

Klicken Sie zunächst mit der rechten Maustaste auf einen freien Bereich des Desktops. Danach klicken Sie auf die Zeile **Anpassen** ❶.

## Schritt 2

Entscheiden Sie sich in den so geöffneten Personalisierungseinstellungen für den Eintrag **Hintergrund**.

## Schritt 3

Im Auswahlfeld **Hintergrund personalisieren** schalten Sie nun von **Bild** auf **Diashow** um.

### Volltonfarbe

Wählen Sie **Volltonfarbe** ❷ statt **Bild** oder **Diashow**, werden auf dem Desktop einfarbige Hintergründe präsentiert.

## Schritt 4

Damit allein ist es allerdings noch nicht getan. Denn Sie müssen Windows nun mitteilen, welche Bilder verwendet werden sollen. Klicken Sie eine Zeile tiefer auf **Durchsuchen**.

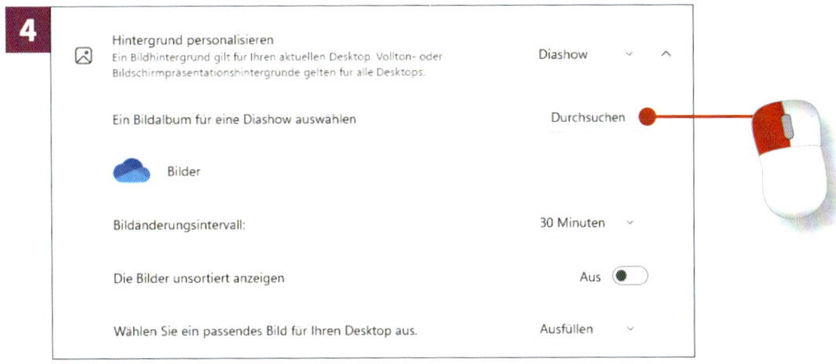


## Schritt 5

Wählen Sie einen Bilderordner aus (bitte keine einzelnen Fotos!) und klicken Sie danach auf die Schaltfläche **Diesen Ordner auswählen**.

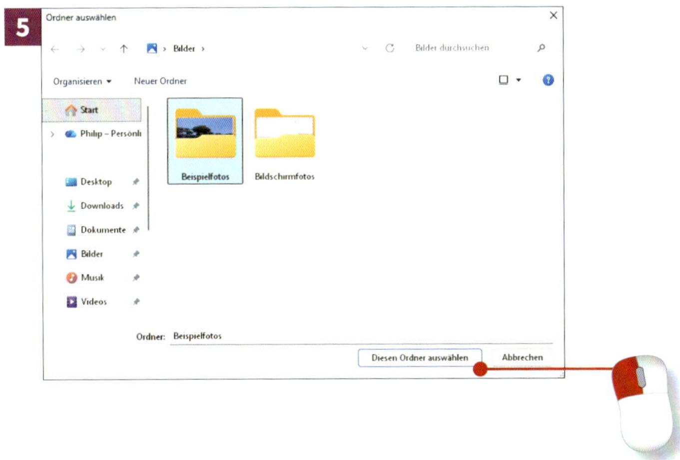


## Schritt 6

Zuletzt sollten Sie noch auf die voreingestellten **30 Minuten** klicken. Das ist das **Bildänderungsintervall**, also die Zeit, die vergeht, bis das nächste Bild eingeblendet wird. Bei Bedarf können Sie dort einen anderen Wert einstellen.

**Intervalle**

Es werden sechs verschiedene Intervalle angeboten – nämlich von **1 Minute** bis zu **1 Tag**. Letzteres bewirkt, dass jeden Tag ein anderes Foto verwendet wird.

# Fotos ausdrucken

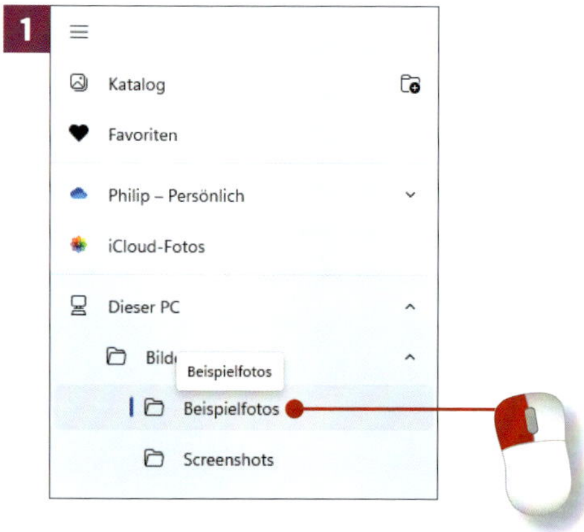

*Wenn Sie Ihre Fotos nicht nur am PC ansehen oder in sozialen Medien teilen möchten, sondern dem guten alten Papierfoto die Treue halten, dann können Sie direkt aus der App Windows-Fotoanzeige heraus in guter Qualität drucken.*

## Schritt 1

Wählen Sie in der App Windows-Fotoanzeige den **Katalog** oder öffnen Sie einen Ordner, in dem sich das auszudruckende Foto befindet (hier *Beispielfotos*).

## Schritt 2

Klicken Sie das betreffende Bild an, um es in einem weiteren Fenster aufzurufen.

## Schritt 3

Klicken Sie nun auf das Druckersymbol oben in der Werkzeugleiste. Schneller geht's mit `Strg` + `P`.

**Mehrfachauswahl**

Die Mehrfachauswahl in der Windows-Fotoanzeige kann entweder mithilfe der Checkboxen erfolgen oder durch Anklicken bei gedrückter `Strg`-Taste.

## Schritt 4

Im Auswahlfeld **Drucker** suchen Sie nun das gewünschte Ausgabegerät aus. (Wie Drucker hinzugefügt werden, erfahren Sie auf Seite 244.)

## Schritt 5

Wollen Sie die herkömmliche Papiergröße verwenden, stellen Sie das **Papierformat** auf **A4**; bei Fotokarten muss die Größe angepasst werden. Beim **Papiertyp** stellen Sie nur dann **Fotopapier** ein, wenn Sie auch solches verwenden, anderenfalls belassen Sie es bei **Standardpapier**.

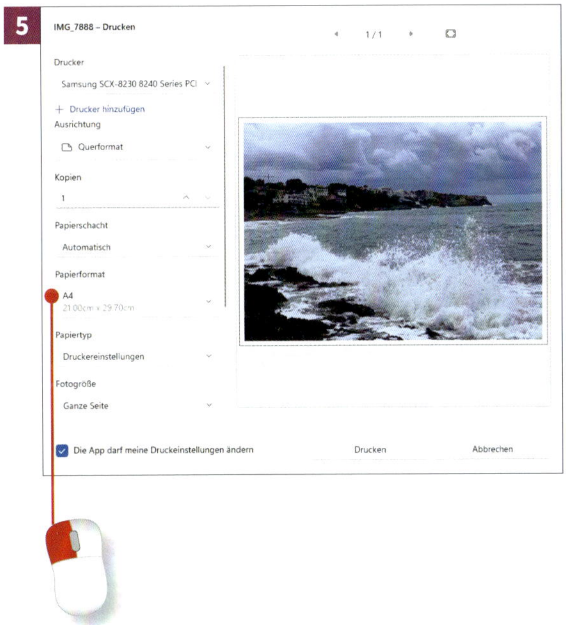


## Schritt 6

Testen Sie, wie die **Ausrichtung** zur Papiergröße passt. Oft eignet sich das **Hochformat** besser als das **Querformat**.

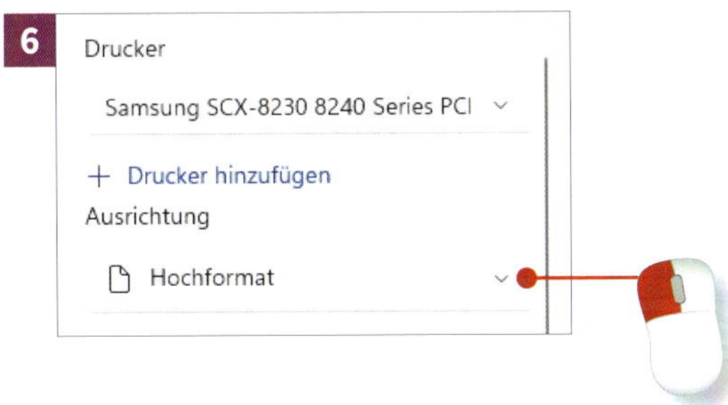


**Druckeinstellungen bei mehreren Fotos**

Falls Sie mehrere Fotos drucken: In der Voransicht sehen Sie nur das erste Foto. Wollen Sie weitere ausgesuchte Bilder ansehen, klicken Sie oben auf den nach rechts weisenden Pfeil.

# Fotos ausdrucken (Forts.)

7

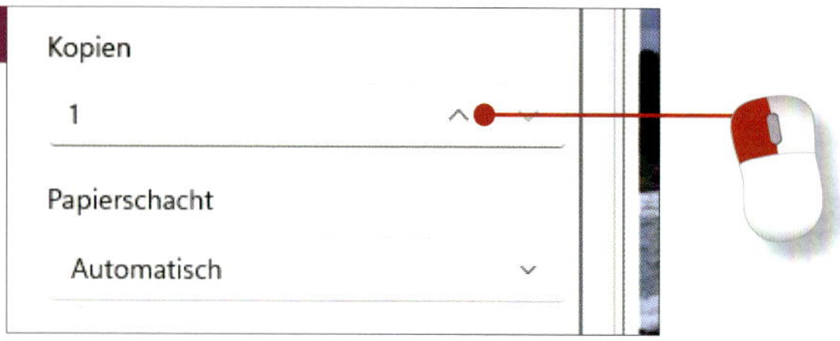


### Schritt 7

Kontrollieren Sie Ihre Einstellungen auch in Bezug auf die Anzahl der benötigten **Kopien**. Danach scrollen Sie ganz nach unten.

8

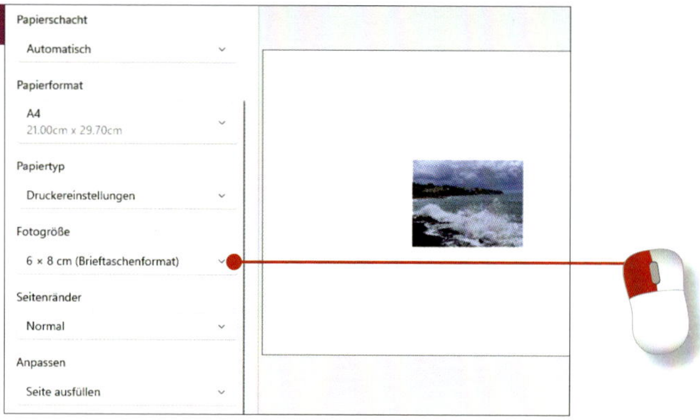


### Schritt 8

Wollen Sie noch Änderungen an der Größe des auszudruckenden Bildes vornehmen? Dann verändern Sie die **Fotogröße**. Bei der Verwendung von **Brieftaschenformat** beispielsweise wird das Foto auf der Seite drastisch verkleinert. (Nehmen Sie diesen Schritt bitte immer erst *nach* der Wahl der Papiergröße vor.)

9

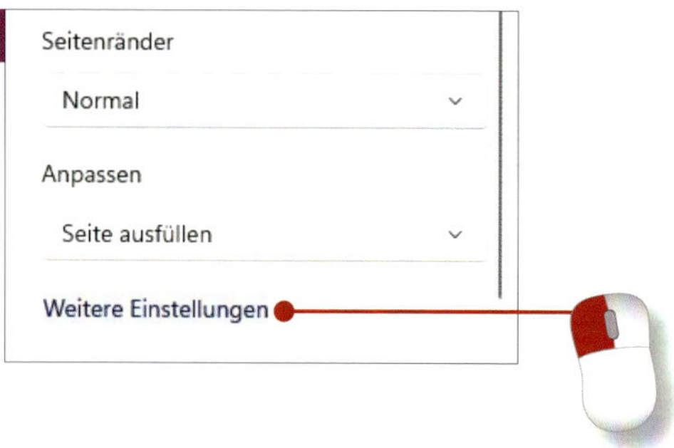


### Schritt 9

Zuletzt sollten Sie bitte noch ganz unten in der linken Zeile auf **Weitere Einstellungen** gehen.

**Duplexdruck**

Unter *Duplexdruck* (zu finden unter **Weitere Einstellungen**) versteht man den zweiseitigen Druck, also die Ausgabe auf der Vorder- und Rückseite eines Blattes. (Nicht alle Drucker unterstützen dies.)

## Schritt 10

Hier nehmen Sie unter anderem Einstellungen zur **Sortierung** vor. Sie ist von Bedeutung, wenn mehrere Exemplare erstellt werden sollen. Sie können festlegen, ob (beispielsweise bei drei Ausgaben) die erste Seite dreimal hintereinander gedruckt werden soll (**Unsortiert**) oder ob die Seiten 1 bis 3 immer zusammengehalten werden (**Sortiert**).

10

## Schritt 11

Eine zweite Einstellungen hängt vom verwendeten Drucker ab. Für den schnellen Referenzdruck (beispielsweise zur Übersicht, welche Fotos vorhanden sind) reicht meist die Ausgabe in **Graustufen**, sofern diese angeboten wird. Mit einem Klick auf **OK** gelangen Sie schnell zurück in die ursprüngliche **Drucken**-Ansicht.

11

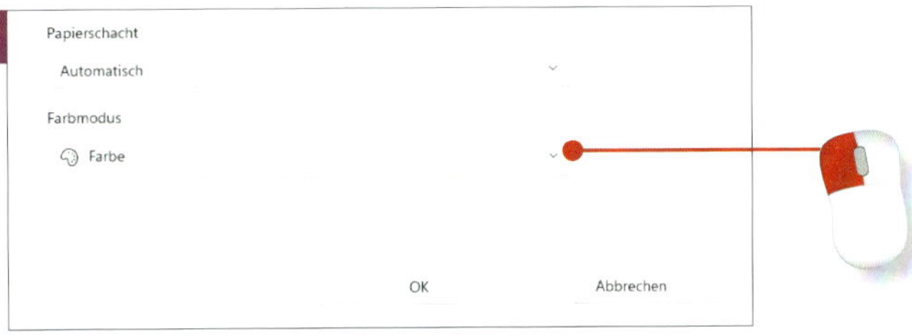


## Schritt 12

Prüfen Sie noch einmal alle Einstellungen und bestätigen Sie nun die Schaltfläche **Drucken**.

12

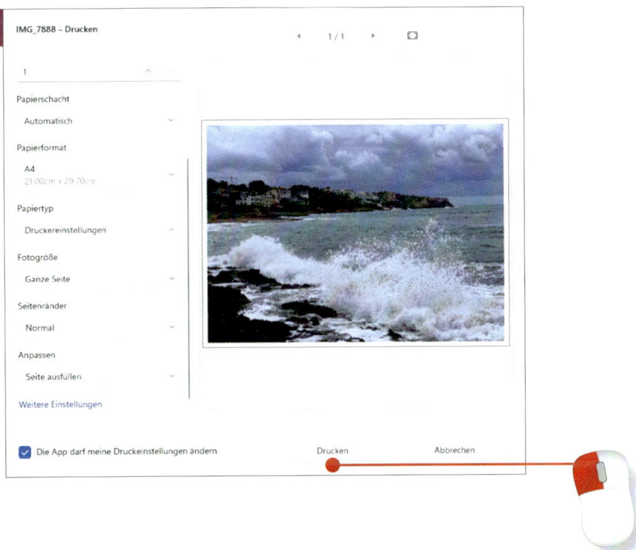


**Seiten pro Blatt**

Standardmäßig lassen sich mit der Option **Seiten pro Blatt** mehrere Objekte auf einem Blatt unterbringen.

# Kapitel 7
# Musik und Videos

Besitzen Sie eine umfangreiche Musiksammlung? Sie möchten auf Ihrem PC, Notebook oder Tablet Musik abspielen oder vielleicht CDs hören, Wiedergabelisten erstellen und anderes mehr? All das ist kein Problem mit Windows 11 – mit der App Medienwiedergabe, die Sie in diesem Kapitel kennenlernen werden. Diese können Sie auch zur Wiedergabe von Videos verwenden.

**Musik wiedergeben**

In der App Medienwiedergabe ❶ verwalten Sie Ihre Mediendateien. Nehmen Sie Titel in die Mediathek auf, geben Sie Ihre Alben wieder oder legen Sie Wiedergabelisten mit Ihrer Wunschmusik an.

**Videos abspielen**

Die App Medienwiedergabe ❷ spielt auch Ihre Videodateien ab. Wie das funktioniert und was es dabei zu beachten gilt, erfahren Sie ebenfalls auf den folgenden Seiten.

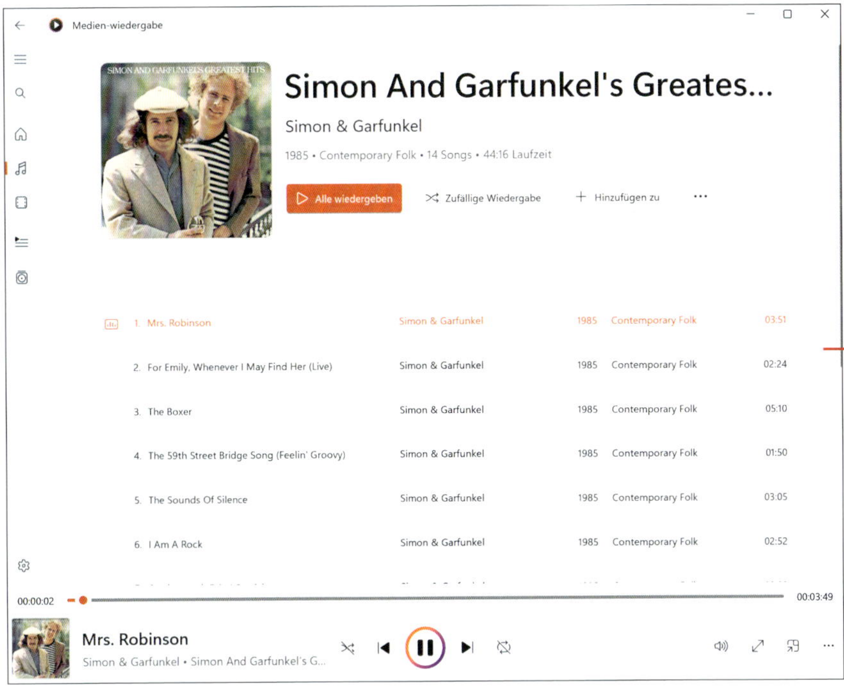


**1** Die App Medienwiedergabe in Windows 11 bietet Ihnen ausgiebiges Musikvergnügen.

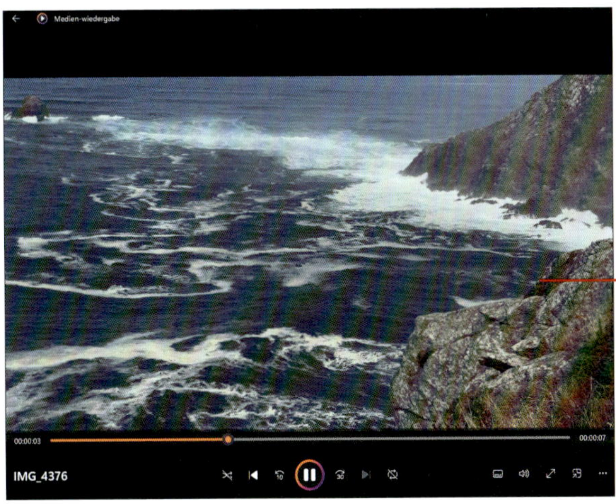


**2** Sie können mit der App aber nicht nur Musik verwalten und anhören, sondern auch Videos betrachten.

# Mediendateien verfügbar machen

*Damit Sie in der App Medienwiedergabe auf Ihre Mediendateien zugreifen können, sollten Sie diese in den richtigen Ordnern speichern. Das wird hier dargestellt.*

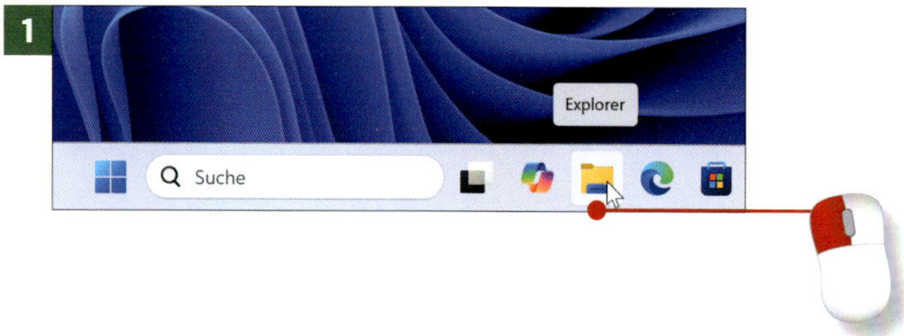


## Schritt 1

Öffnen Sie den Windows-**Explorer**, z. B. per Klick auf das gelbe Ordnersymbol in der Taskleiste.

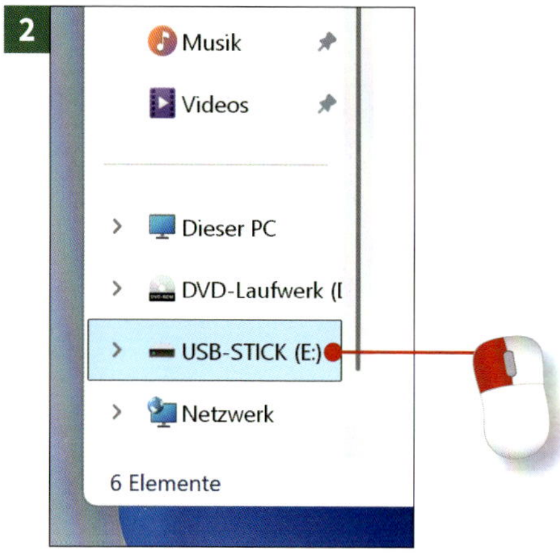


## Schritt 2

Öffnen Sie den Speicherort Ihrer Musik- und Videodateien. In unserem Beispiel befinden sich die Dateien auf einem USB-Speicherstick.

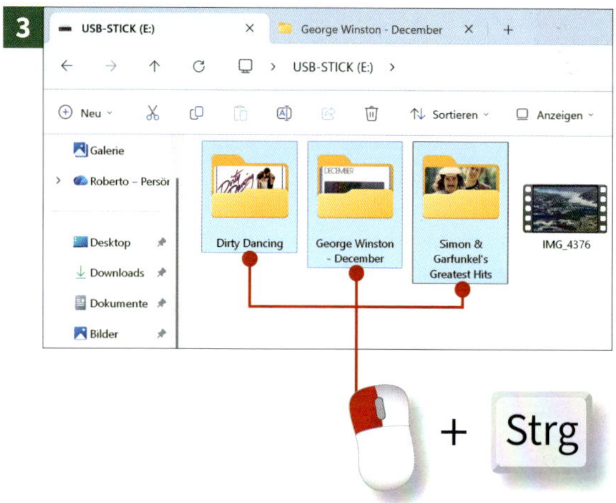


## Schritt 3

Markieren Sie zunächst die Ordner bzw. Dateien, die Sie in Ihre Musik-Mediathek aufnehmen möchten. Mehrere Elemente klicken Sie zur Auswahl bei gedrückter `Strg`-Taste an.

**Eine Frage des Formats**

Die App Medienwiedergabe unterstützt viele gängige Audio- und Videoformate, etwa MP3, M4A oder MOV. Für weniger gängige Formate würden Sie eine zusätzliche Software benötigen.

## Schritt 4

Erinnern Sie sich noch, wie Drag and Drop funktioniert? Klicken Sie die markierten Elemente an und ziehen Sie diese bei gedrückter Maustaste auf das Standardverzeichnis **Musik**.

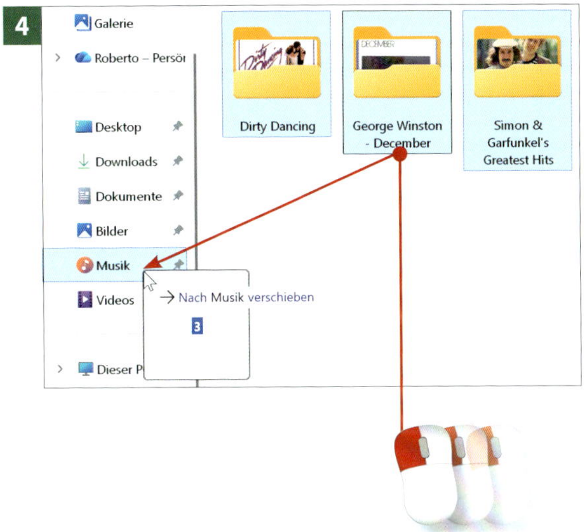


## Schritt 5

Ihre Videodateien ziehen Sie hingegen nach dem Markieren in das Standardverzeichnis **Videos**.

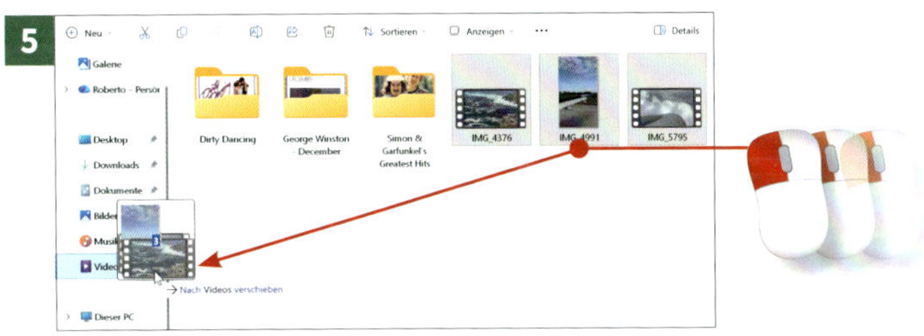


## Schritt 6

Geschafft, die Dateien stehen in den Standardverzeichnissen zur Verfügung – und damit auch automatisch in der App Medienwiedergabe.

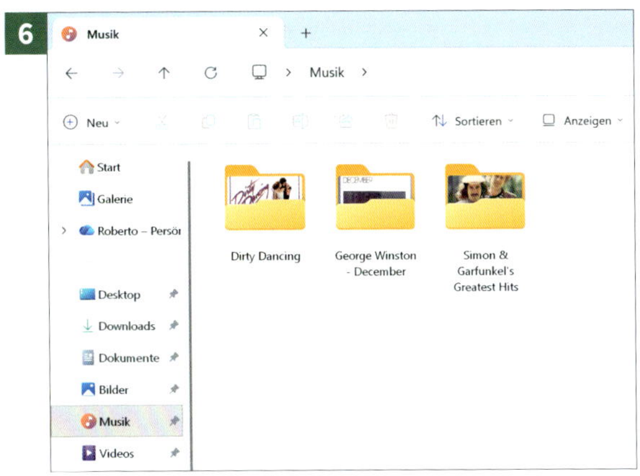


**Auf Standardordner zugreifen**

Falls die Verzeichnisse **Musik** und **Videos** in der Navigationsleiste des Explorers fehlen sollten: Sie finden diese auch, wenn Sie auf **Dieser PC** und dann **Lokaler Datenträger** gehen, **Benutzer** wählen und sich für Ihren Benutzernamen entscheiden.

# Weitere Medienordner verknüpfen

*Außer den Standardverzeichnissen können Sie in der App Mediengabe auch noch weitere Ordner verknüpfen, um die darin enthaltenen Mediendateien aufzunehmen.*

1

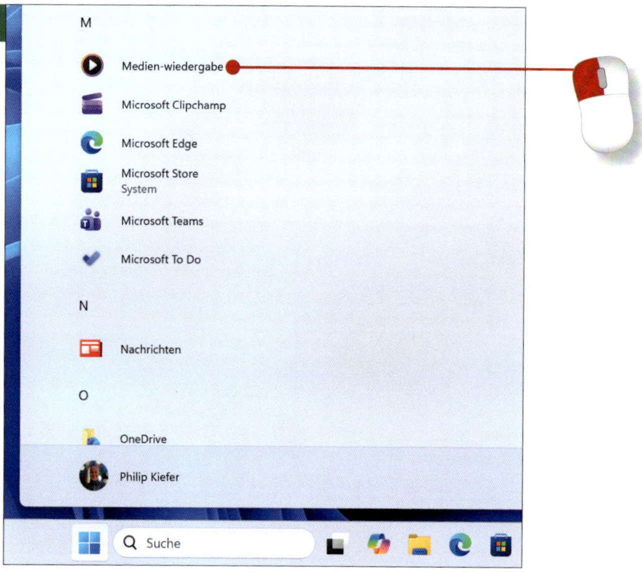


## Schritt 1

Öffnen Sie die App **Medienwiedergabe** im Startmenü. Verwenden Sie sie häufiger, legen Sie sie am besten in die Taskleiste.

## Schritt 2

Klicken Sie links unten in der App auf das Zahnradsymbol, um die App-**Einstellungen** aufzurufen.

2

## Schritt 3

Entscheiden Sie sich bei **Speicherorte der Musikbibliothek** (oder **Speicherorte der Videobibliothek**) für **Ordner hinzufügen**.

3

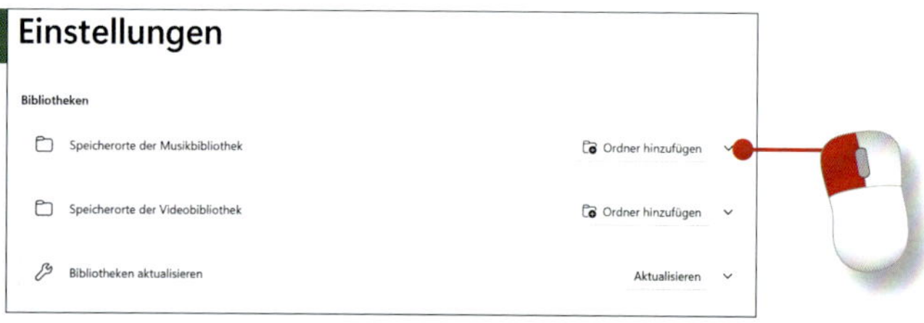


i

**Zahlreiche Ordner hinzufügen**

Sie dürfen zwar beliebig viele Ordner hinzufügen. Da dies allerdings mit der Zeit unübersichtlich wird, empfehle ich Ihnen, neue Musik in das Verzeichnis **Musik** zu legen.

## Schritt 4

Wählen Sie den Ordner aus und bestätigen Sie mit **Diesen Ordner zu „Musik“ hinzufügen**.

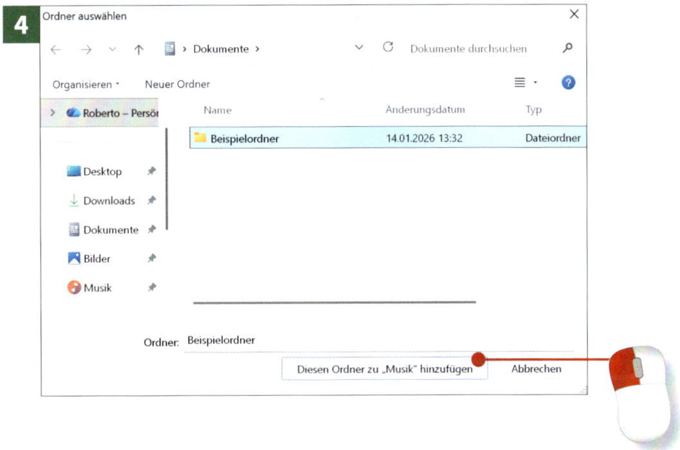


## Schritt 5

Nanu, in den **Einstellungen** tut sich scheinbar nichts? Das ändert sich, sobald Sie auf den kleinen Dropdown-Pfeil neben der Schaltfläche **Ordner hinzufügen** klicken.

## Schritt 6

Jetzt sehen Sie die verknüpften Ordner. In diesen Ordnern enthaltene Mediendateien werden automatisch in die App Medienwiedergabe übernommen.

### Verknüpfung entfernen

Wenn Sie die Verknüpfung zu einem Ordner aufheben möchten, klicken Sie auf das Schließenkreuz **1** der jeweiligen Verknüpfung.

# Eigene Musik abspielen

*Die Musikdateien befinden sich im richtigen Ordner? Ein Lautsprecher steht zur Verfügung und ist eingeschaltet? Dann steht dem Musikgenuss nichts mehr im Weg!*

## Schritt 1

Öffnen Sie die App Medienwiedergabe und entscheiden Sie sich in der Leiste links für die **Musikbibliothek**.

## Schritt 2

Entscheiden Sie sich mithilfe der oberen Leiste für eine Sortierung nach **Alben**.

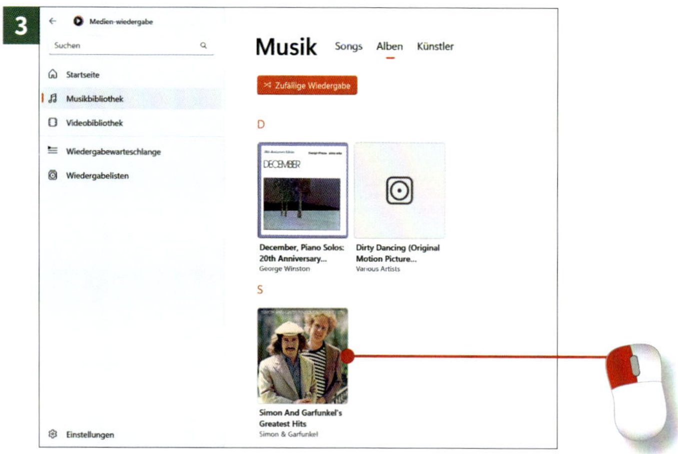


## Schritt 3

Wählen Sie per Mausklick ein Album aus, das Sie wiedergeben möchten.

**Alben filtern**

Bei sehr vielen Alben ist die Filterfunktion rechts oberhalb der Alben nützlich. Sie erlaubt es, die Alben nach Genre zu filtern.

### Schritt 4

Um das gesamte Album von vorn wiederzugeben, klicken Sie auf die Schaltfläche **Alle wiedergeben**.

### Schritt 5

Soll die Musikwiedergabe hingegen bei einem bestimmten Titel beginnen, doppelklicken Sie auf diesen.

### Schritt 6

Auch eine zufällige Wiedergabe der Titel in dem Album ist möglich. Dazu klicken Sie auf das entsprechende Symbol in der Steuerungsleiste.

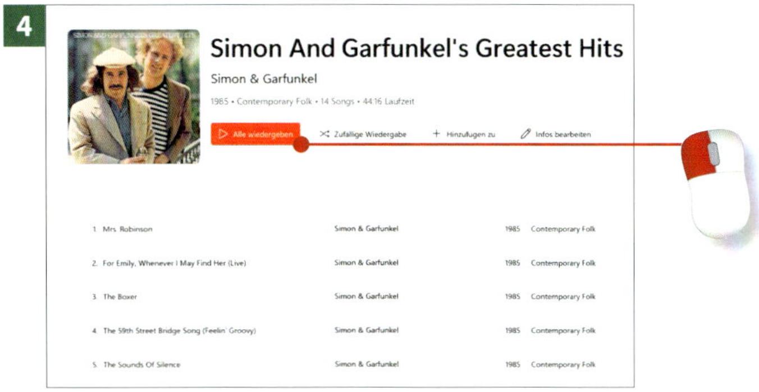


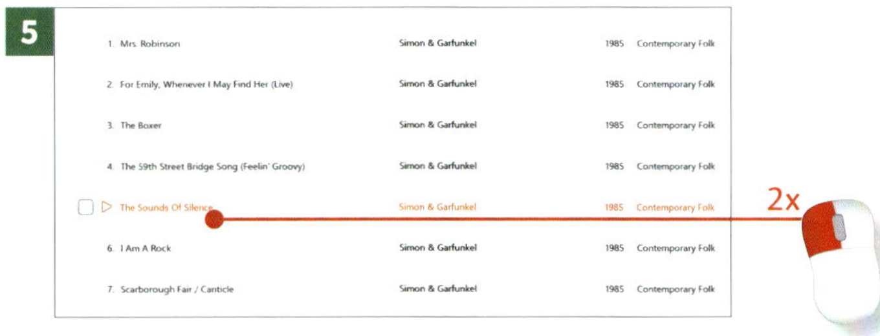

**!**

**Wiederholung gewünscht?**

Bestimmen Sie mit dem entsprechenden Symbol in der Steuerungsleiste ❶, ob das gesamte Album (ein Klick) oder der gerade laufende Titel (zwei Klicks) wiederholt werden soll.

# Eigene Musik abspielen (Forts.)

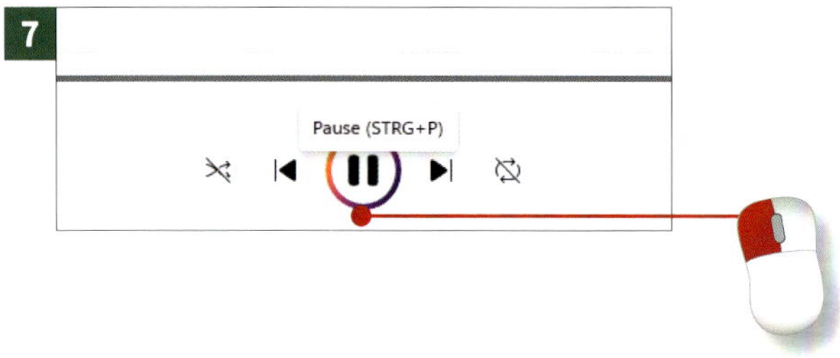


### Schritt 7

Wie bei einem richtigen CD-Player gibt es eine Pausetaste, um die Wiedergabe zu stoppen. Dem gleichen Zweck dient die Leertaste.

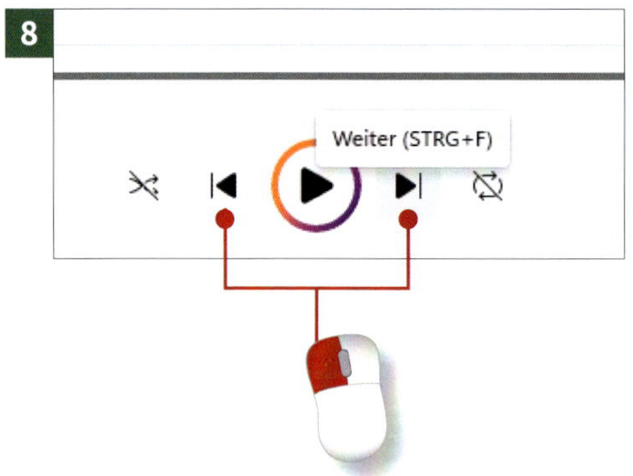


### Schritt 8

Sie finden außerdem Symbole, um per Mausklick zum nächsten oder vorherigen Titel zu wechseln.

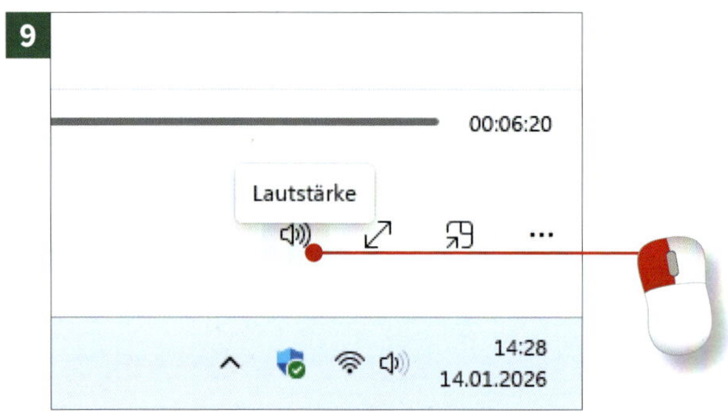


### Schritt 9

Um die Lautstärke der wiedergegebenen Musik anzupassen, klicken Sie auf das Lautsprechersymbol.

**Systemlautstärke reduzieren**
Anstatt die Lautstärke in der App zu reduzieren, können Sie auch die Systemlautstärke anpassen. Dazu klicken Sie im Infobereich rechts in der Taskleiste auf das Lautsprechersymbol und ziehen mit der Maus am Schieberegler.

### Schritt 10

Ziehen Sie den Schieberegler bei gedrückter Maustaste nach links, um die Laustärke zu reduzieren, bzw. nach rechts, um die Lautstärke wieder zu erhöhen.

10

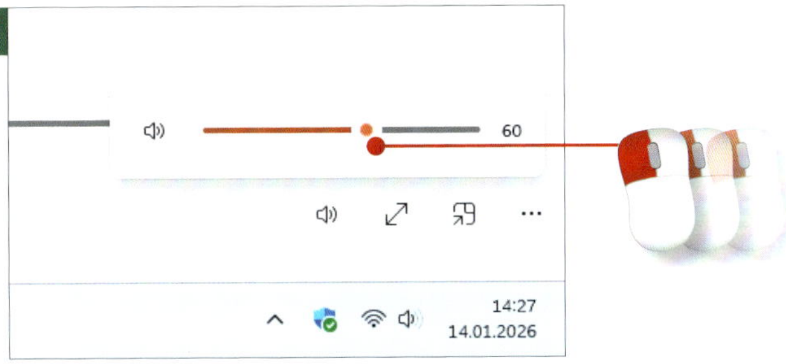


### Schritt 11

Da Sie Musik vielleicht häufig neben der Arbeit am PC hören möchten, kommt Ihnen der Miniplayer entgegen. Aktivieren Sie diesen mit dem entsprechenden Symbol rechts unten in der App Medienwiedergabe.

11

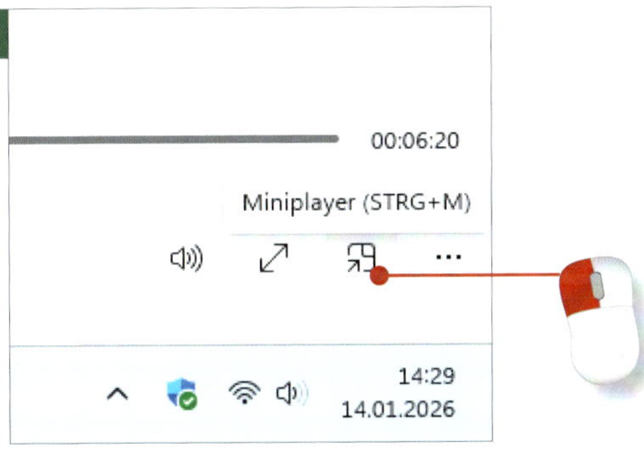


### Schritt 12

Der Miniplayer wird auf dem Desktop angezeigt. Um zur ursprünglichen Ansicht zurückzukehren, klicken Sie auf das Symbol **Miniplayer beenden**.

12

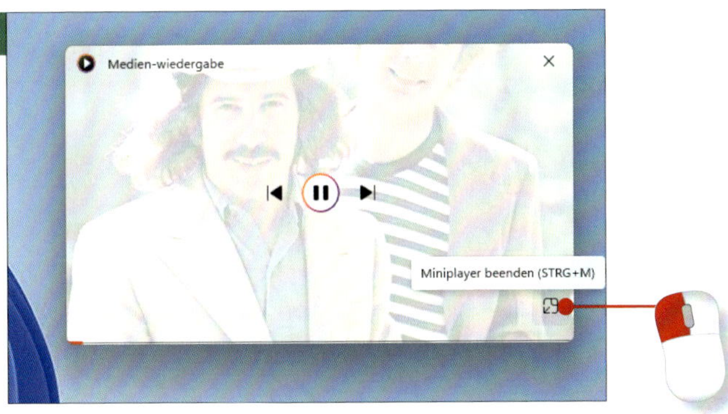


**App-Überlagerung**

Der Miniplayer überlagert andere Apps, sodass Sie die Inhalte dann sehen können, auch wenn Sie zwischen anderen Apps wechseln.

# Windows Media Player nutzen

1

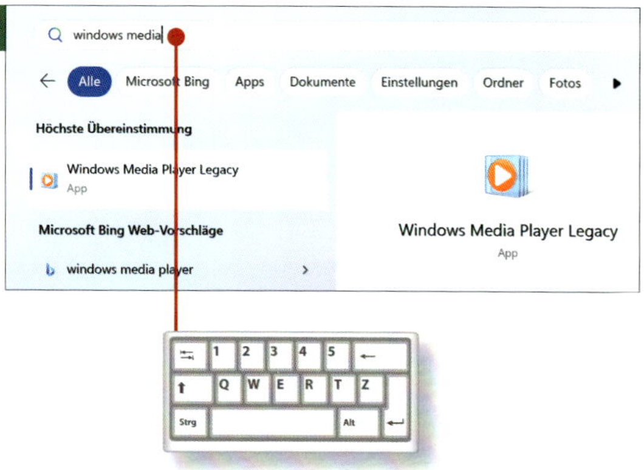


2

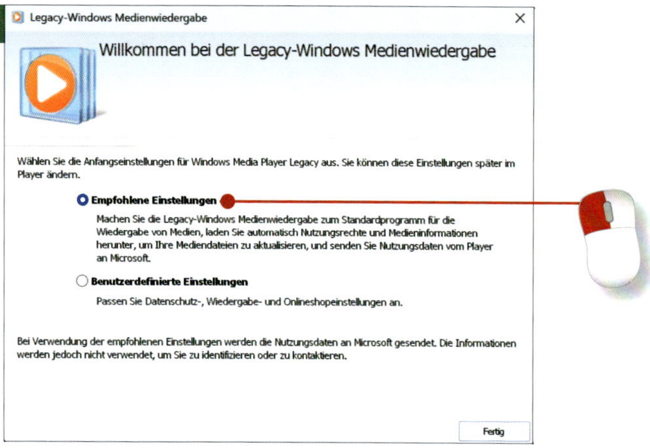


3

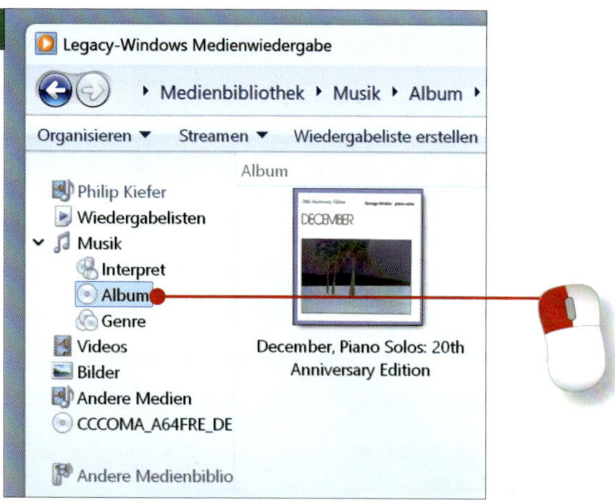


*Es steht noch eine andere Medien-App auf Ihrem PC zur Verfügung: der Windows Media Player. Er ist ein Relikt, bietet aber nützliche Zusatzfunktionen, wie etwa den Import von Audio-CDs.*

## Schritt 1

Der Windows Media Player wird nicht direkt in der App-Liste angezeigt. Nutzen Sie das Suchfeld im Startmenü, um ihn zu finden: Tippen Sie »windows media« ein und klicken Sie auf den Eintrag.

## Schritt 2

Zu Beginn werden Sie zum Einrichten aufgefordert. Wählen Sie hier der Einfachheit halber **Empfohlene Einstellungen** und bestätigen Sie mit **Fertig**.

## Schritt 3

Der Windows Media Player übernimmt automatisch Dateien aus den Standardordnern. Wählen Sie in der Leiste links einen Eintrag aus, z. B. **Album**.

### Audio-CDs importieren

Falls Sie über ein CD-Laufwerk verfügen, können Sie Audio-CDs importieren. Klicken Sie eine eingelegte Audio-CD im Windows Media Player mit rechts an, wird Ihnen die entsprechende Option angeboten.

### Schritt 4

Klicken Sie auf ein Album, das Sie wiedergeben möchten.

### Schritt 5

Klicken Sie zum Starten der Wiedergabe auf das Play-Symbol, das sich im Steuerungselement unten im Windows Media Player befindet. Sie können auch hier alternativ die Leertaste einsetzen.

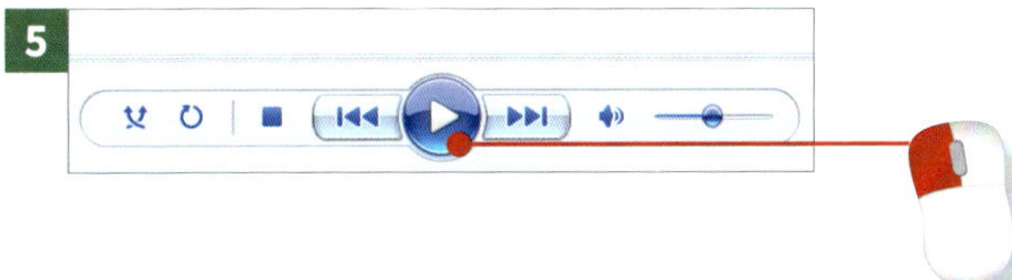


### Schritt 6

Gehen Sie in dem Programm unter **Organisieren** auf **Optionen**, stellen Sie fest, dass der Windows Media Player deutlicher mehr Möglichkeiten bietet als die App **Medienwiedergabe**.

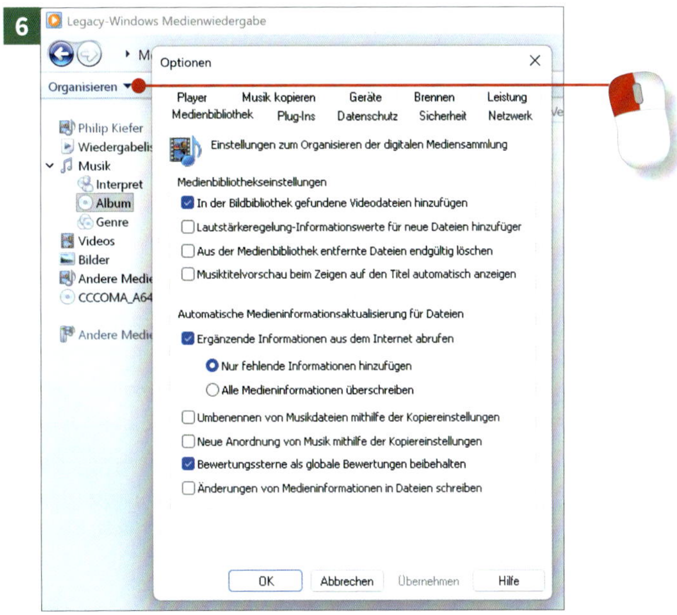


#### Audio-CDs brennen

Verfügen Sie über ein Brennlaufwerk, lassen sich Musikdateien mit dem Windows Media Player als Audio-CD brennen. Rechts oben in dem Programm finden Sie dazu den entsprechenden Reiter **Brennen**.

# Albuminformationen bearbeiten

*Zurück zur App Medienwiedergabe. Je nachdem, woher Sie Ihre Musikdateien bezogen haben, können nachträglich verschiedene Albuminformationen angepasst werden.*

1

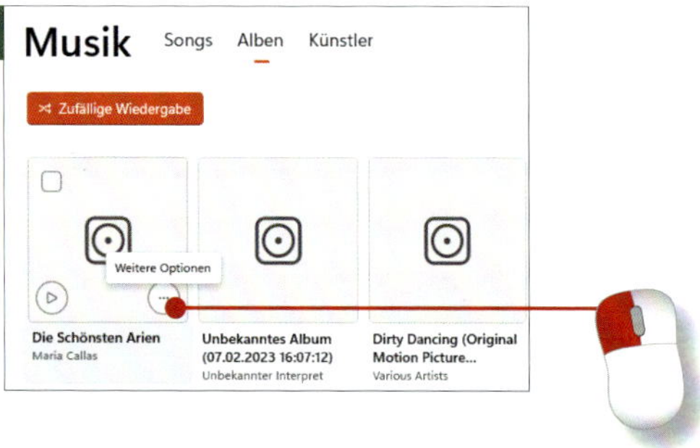


2

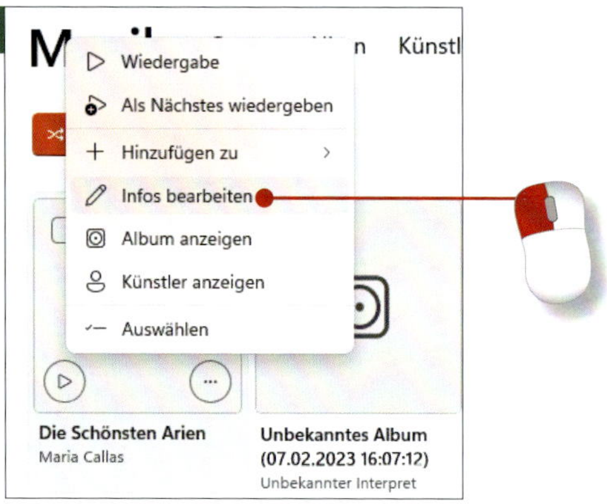


3

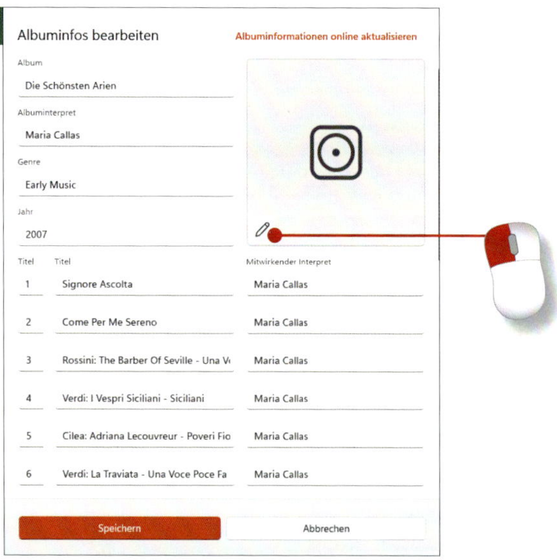


## Schritt 1

Bewegen Sie in der App Medienwiedergabe den Mauszeiger auf ein Album und klicken Sie auf das eingeblendete Symbol mit den drei Punkten.

## Schritt 2

Entscheiden Sie sich im Menü für **Infos bearbeiten**.

## Schritt 3

In den einzelnen Feldern könnten nun die Angaben geändert werden. Hier ist aber alles okay, nur das Cover fehlt. Klicken Sie also auf den Cover-Platzhalter.

**Sortierung ändern**
Standardmäßig sind Ihre Alben oder Titel alphabetisch sortiert (Option **A-Z**). Im Sortiermenü rechts oben können Sie das ändern, z. B. ist auch eine Sortierung nach **Veröffentlichungsjahr** möglich.

### Schritt 4

Es öffnet sich ein Explorer-Fenster, aber die Bilddatei fehlt noch. Suchen Sie diese im Internet, wie im Abschnitt »Mit Bing im Internet suchen« ab Seite 112 beschrieben. Klicken Sie die Bilddatei mit rechts an und wählen **Bild speichern unter**. Speichern Sie die Datei ab.

4

### Schritt 5

Wählen Sie das Cover an seinem Speicherort aus und bestätigen Sie mit **Öffnen**.

5

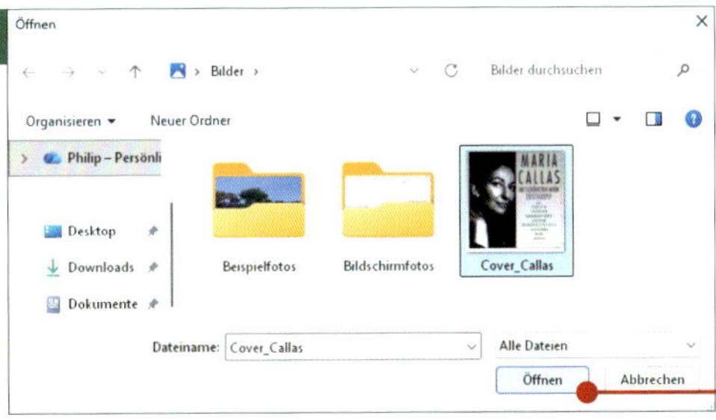


### Schritt 6

Bestätigen Sie mit der Schaltfläche **Speichern**, um die geänderten Albuminformationen zu übernehmen.

6

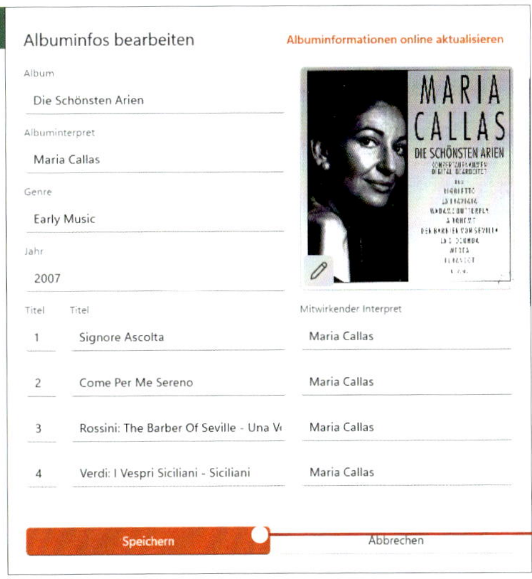


**i**

**Musik in der Cloud**

Sie können Musik prinzipiell in die Cloud OneDrive übertragen, Ihren Speicher im Internet. Dann können Sie auch von unterwegs aus jederzeit auf Ihre Musik zugreifen. Weitere Hinweise zu OneDrive finden Sie auf Seite 314.

# Wiedergabelisten anlegen

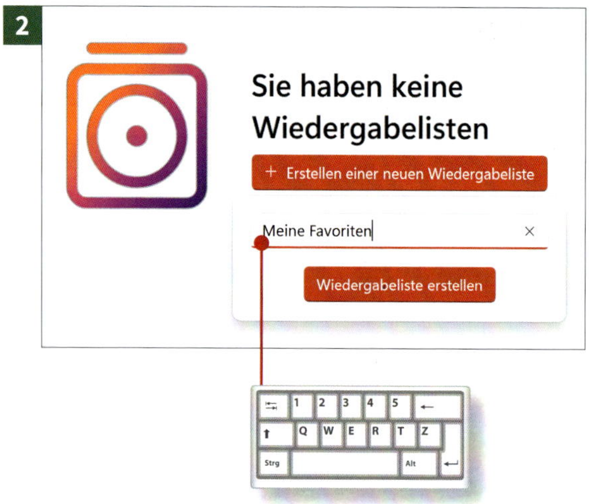


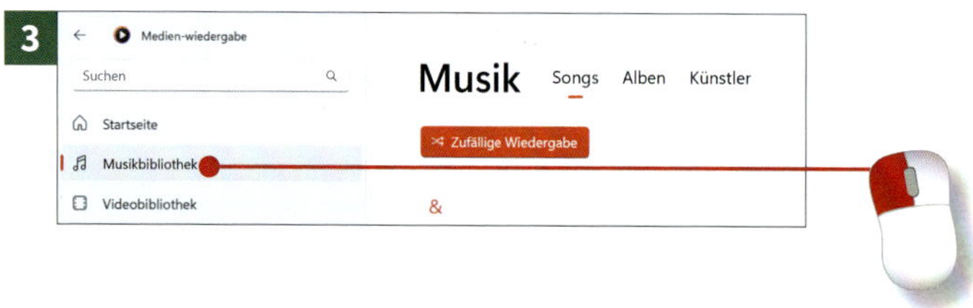


*Wenn Sie Musik zusammenstellen und unterschiedliche Titel aus verschiedenen Alben hinzufügen wollen, nutzen Sie Wiedergabelisten. Diese sind rasch erstellt.*

## Schritt 1

Klicken Sie in der App Medienwiedergabe in der Leiste links auf **Wiedergabelisten** und dann auf **Erstellen einer neuen Wiedergabeliste**.

## Schritt 2

Geben Sie der Wiedergabeliste einen sinnvollen Namen und klicken Sie auf **Wiedergabeliste erstellen**.

## Schritt 3

Um die Wiedergabeliste mit Titeln zu füllen, wählen Sie in der Leiste links die **Musikbibliothek** und dort die Sortierung nach **Songs**.

**Weitere Wiedergabelisten anlegen**
Haben Sie bereits eine Wiedergabeliste angelegt, lautet die Schaltfläche in Schritt 1 **Neue Wiedergabeliste**.

## Schritt 4

Markieren Sie die Checkboxen aller Musiktitel, die Sie in die Wiedergabeliste aufnehmen möchten. Weitere Titel lassen sich später auf gleiche Weise hinzufügen.

## Schritt 5

Klicken Sie nun rechts oben auf die Schaltfläche **Hinzufügen zu**.

## Schritt 6

Wählen Sie im Menü die gewünschte Wiedergabeliste aus (hier **Meine Favoriten**).

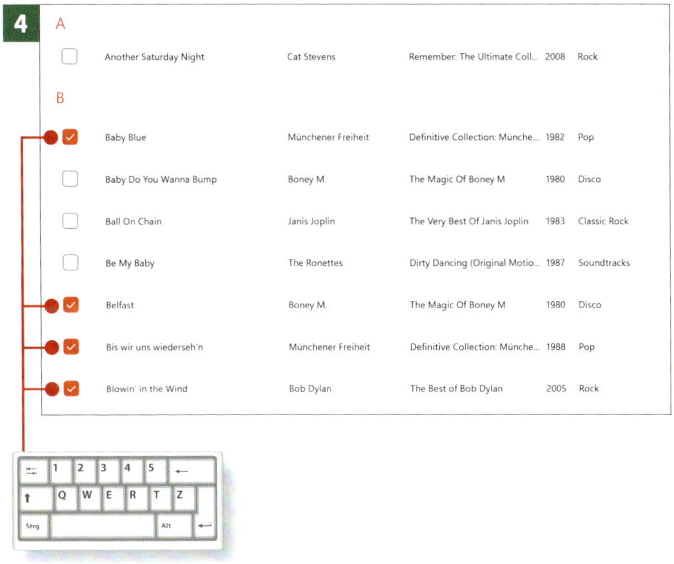


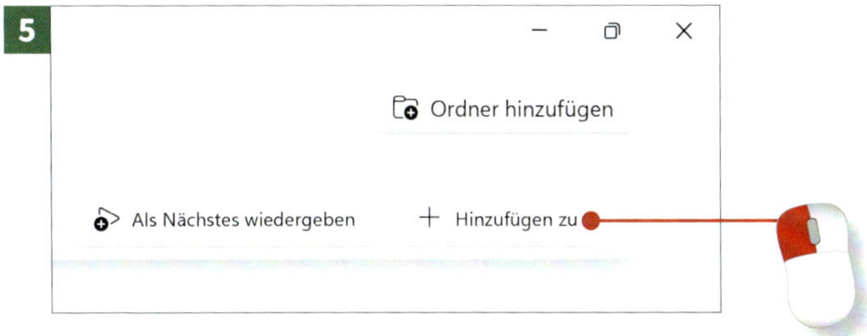


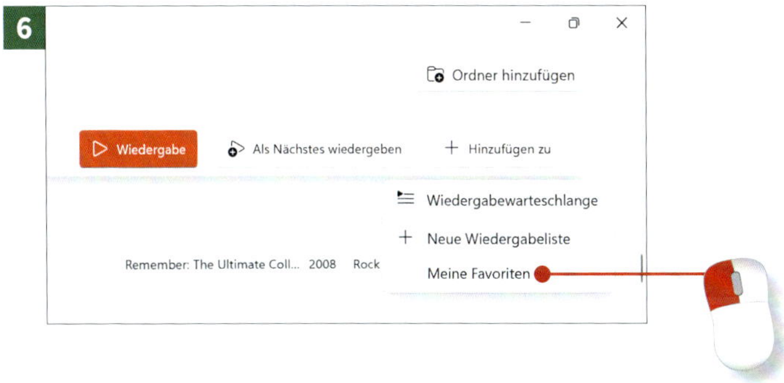

# Wiedergabelisten verwalten

*In diesem Abschnitt gebe ich Ihnen Tipps und Infos zum Umgang mit Wiedergabelisten. Bestimmt wollen Sie auch wissen, wie Sie die Listen sortieren können, oder?*

1

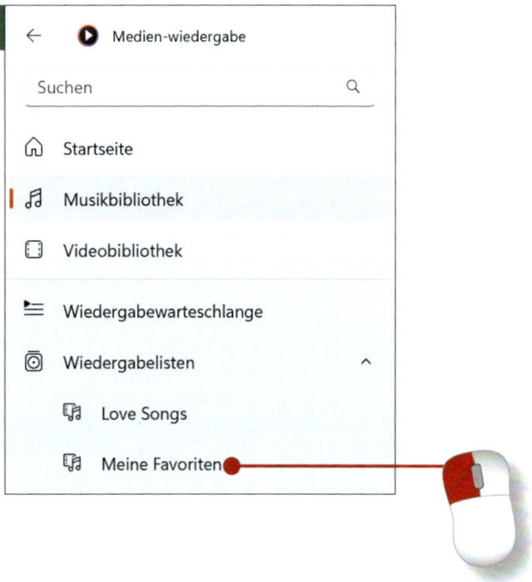


## Schritt 1

Sie können auf die Art, die ich im Abschnitt »Wiedergabelisten anlegen« auf Seite 218 beschrieben habe, beliebig viele weitere Listen erzeugen. Wählen Sie eine Wiedergabeliste in der Leiste links unter **Wiedergabelisten** aus (hier **Meine Favoriten**).

2

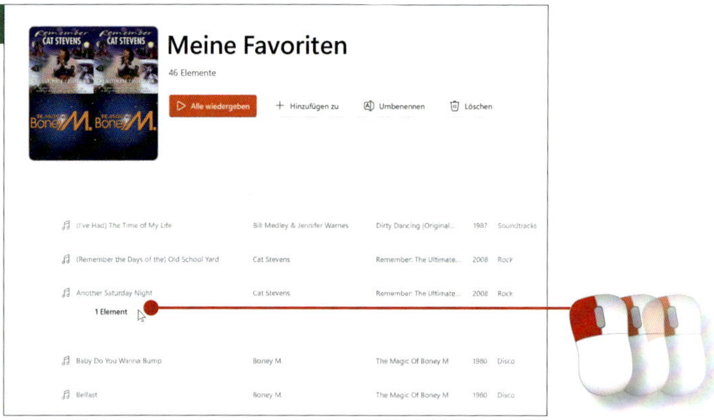


## Schritt 2

Titel lassen sich einfach umsortieren, indem Sie sie mit gehaltener Maustaste an eine andere Position schieben. Lassen Sie die Maustaste los, wenn Sie sich zwischen zwei Titeln, über dem ersten oder unter dem letzten in der Liste befinden.

3

## Schritt 3

Wenn Sie Titel nachträglich aus der Wiedergabeliste entfernen möchten, müssen Sie ihn (oder mehrere) zunächst wieder anwählen. Benutzen Sie dazu die vorangestellte(n) Checkbox(en).

## Schritt 4

Anschließend klicken Sie in der nach dem Auswählen eingeblendeten Optionsleiste auf **Entfernen**.

## Schritt 5

Möchten Sie der Wiedergabeliste nachträglich einen anderen Namen geben? Dazu klicken Sie oben bei den Infos zur Wiedergabeliste auf **Umbenennen**.

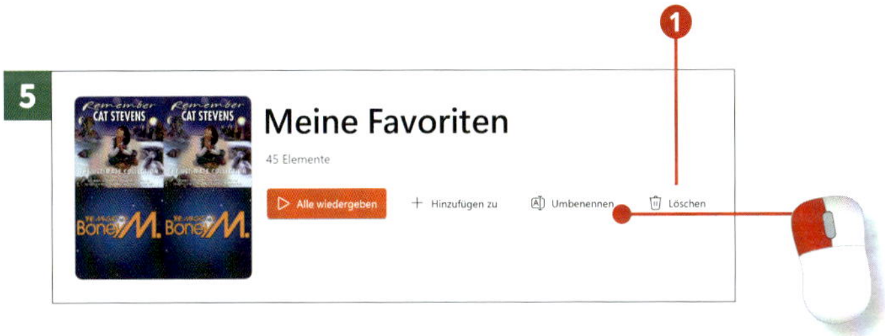


## Schritt 6

Geben Sie der Wiedergabeliste eine andere Bezeichnung und bestätigen Sie mit **Umbenennen**.

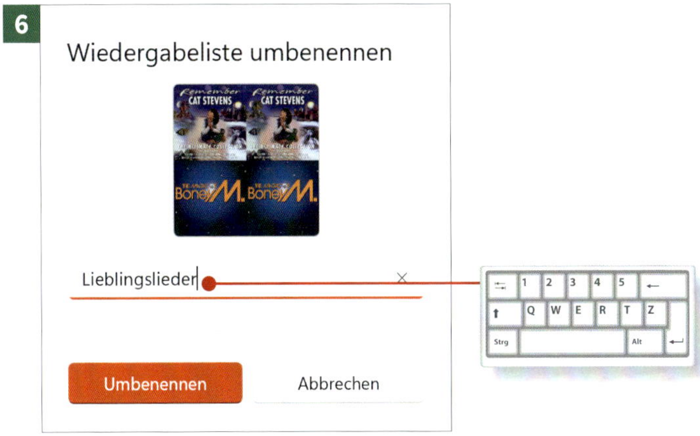


**Wiedergabeliste löschen**

Um eine Wiedergabeliste zu löschen, klicken Sie in den Infos zur Wiedergabeliste auf die Schaltfläche **Löschen** ❶. Die enthaltenen Titel bleiben dabei in der Musikbibliothek erhalten, nur die Liste wird gelöscht.

# Den Equalizer benutzen

*Jedes Computersystem ist anders und gibt daher auch unterschiedliche Klänge aus. Damit Sie den Sound Ihrem Equipment anpassen können, sollten Sie den Equalizer benutzen.*

1

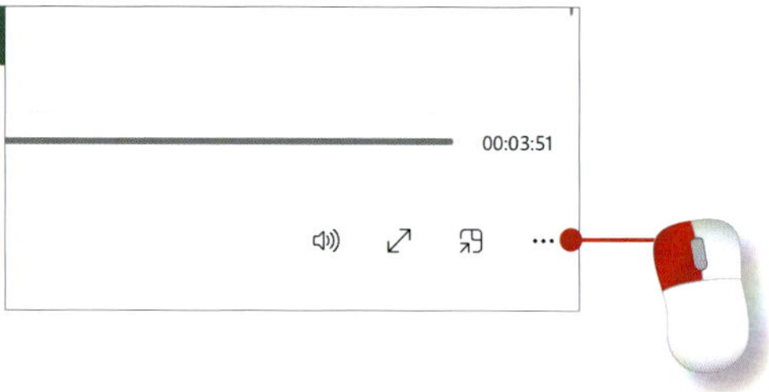


## Schritt 1

Klicken Sie rechts unten in der App Medienwiedergabe auf das Symbol mit den drei Punkten.

2

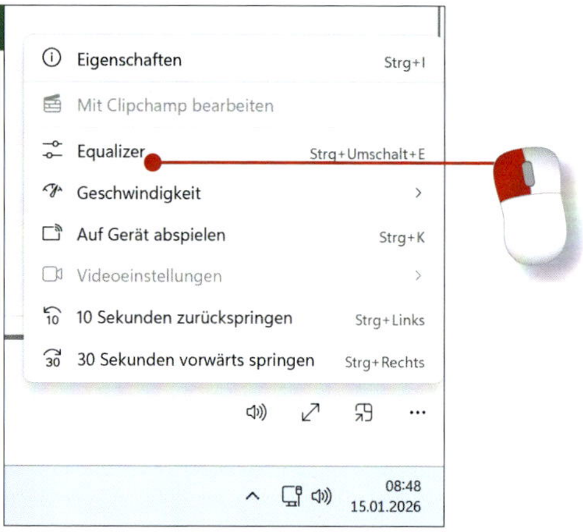


## Schritt 2

Entscheiden Sie sich im Menü für den Eintrag **Equalizer**.

3

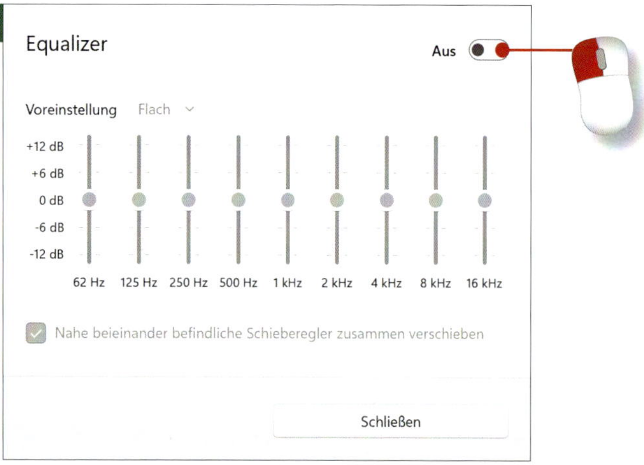


## Schritt 3

Der Equalizer ist standardmäßig deaktiviert. Klicken Sie auf den Schalter rechts oben, um ihn einzuschalten.

i

**Voreinstellungen sind anpassbar**

Sie können jede vordefinierte Einstellung individuell anpassen. Dabei wird aber nicht die Voreinstellung selbst verändert (siehe Schritt 6), sondern ein neues Klangbild mit dem Namen **Benutzerdefiniert** erzeugt.

### Schritt 4

Zunächst stehen alle Werte auf null. Wählen Sie im Dropdown-Menü des Equalizers eine Voreinstellung, die zum Gehörten passt.

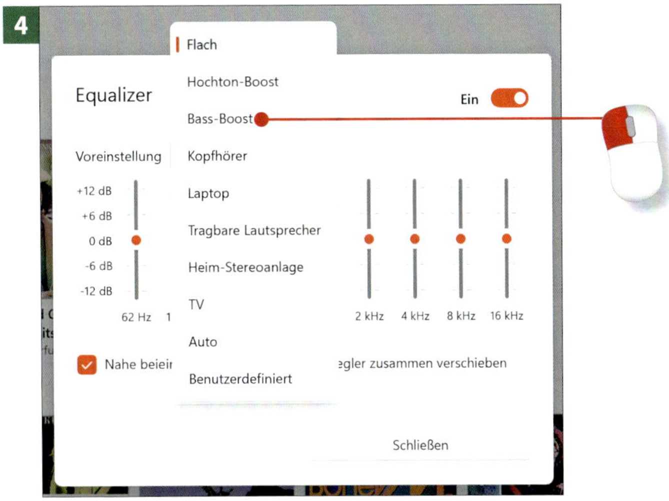


### Schritt 5

Mit der Vorauswahl müssen Sie sich aber noch nicht zufriedengeben. Die Kreise fungieren nämlich als Schieberegler und können mit gedrückter Maustaste vertikal verschoben werden.

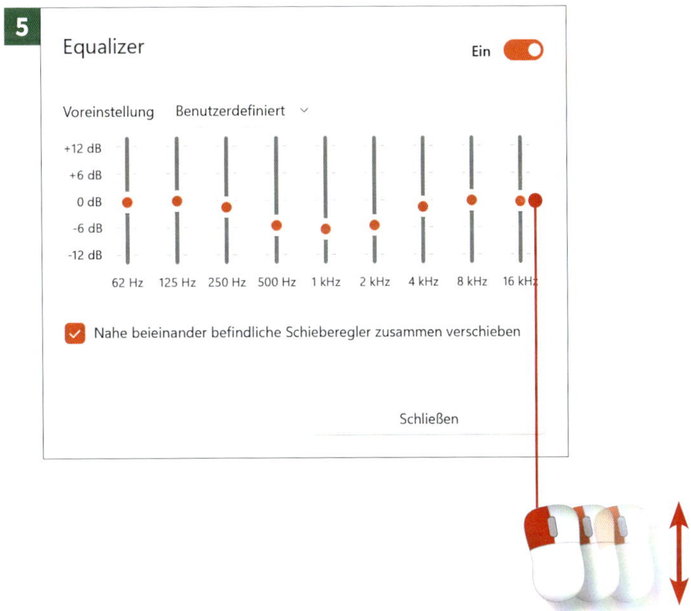


### Schritt 6

Passen Sie die Kurve nach Ihren Wünschen an. Wenn Sie zufrieden sind, klicken Sie auf die Schaltfläche **Schließen**.

**Interpretation der Schieberegler**

Je weiter links ein Regler positioniert ist, desto tiefer sind die mit ihm gesteuerten Frequenzen. Ganz rechts befinden sich die höchsten Frequenzen. Indem Sie einen Regler nach oben bewegen, verstärken Sie den jeweiligen Frequenzbereich, nach unten hin wird er abgeschwächt.

# Videos wiedergeben

*Mit der App Medienwiedergabe können Sie auch Ihre selbst gedrehten Urlaubsvideos wiedergeben. Wie die Videowiedergabe funktioniert und was alles geboten wird, erfahren Sie hier.*

1
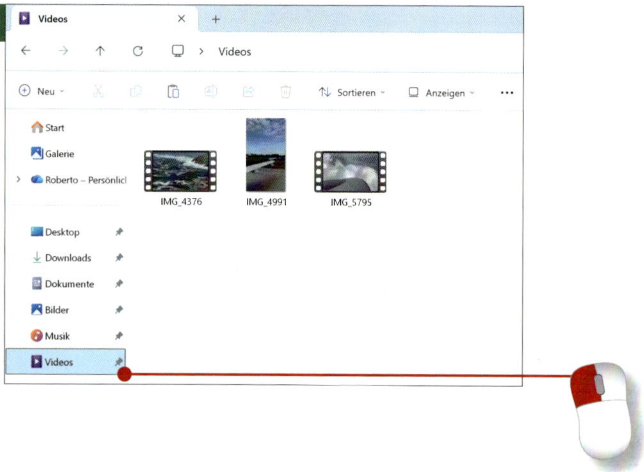


## Schritt 1

Hier wurden drei Videodateien in den Standardordner **Videos** gelegt. Sie werden von der App Medienwiedergabe automatisch erkannt.

2

## Schritt 2

Öffnen Sie die App Medienwiedergabe und entscheiden Sie sich in der Leiste links für die **Videobibliothek**.

## Schritt 3

Um ein Video wiederzugeben, klicken Sie es einfach an.

3

**Videoformat wird nicht unterstützt?**

Falls einmal ein Videoformat nicht unterstützt werden sollte, sei Ihnen als Alternative der kostenlose VLC Media Player empfohlen, den Sie hier finden: *www.vlc.de*.

### Schritt 4

Manchmal stehen für ein Video Untertitel oder mehrere Sprachspuren zur Verfügung. Zur Auswahl würden Sie rechts unten im Wiedergabefenster auf das Symbol **Sprachen und Untertitel** klicken.

4

### Schritt 5

Bei diesem selbst gedrehten Video stehen aber keine Untertitel oder anderen Sprachen zur Auswahl.

5

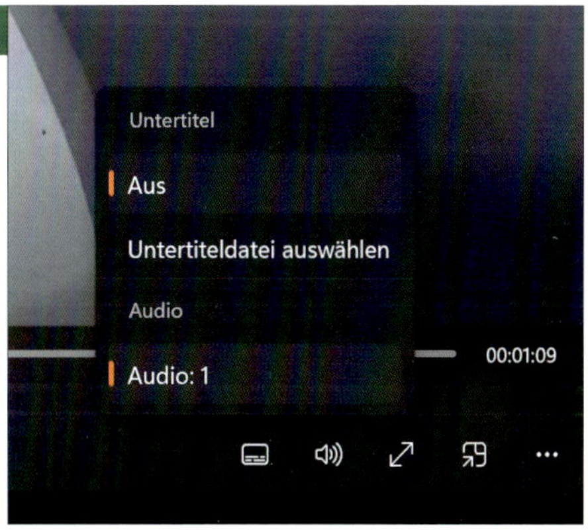


### Schritt 6

Wie bei der Musikwiedergabe: Klicken Sie auf das Lautsprechersymbol, um per Schieberegler die Lautstärke für die Videowiedergabe anzupassen.

6

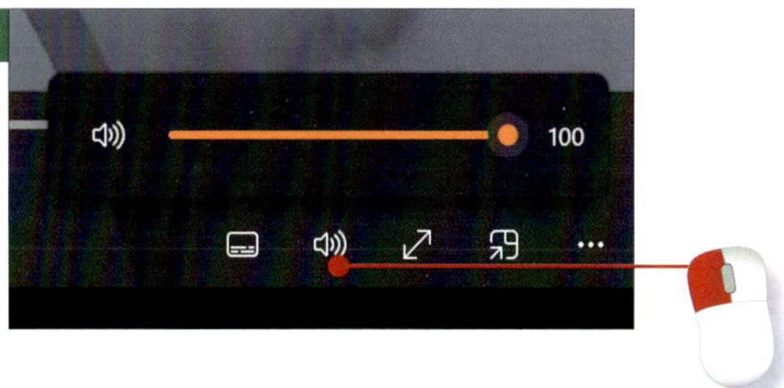


**Steuerungselemente ausblenden**

Die Steuerungselemente werden bei der Wiedergabe automatisch ausgeblendet. Um sie wieder einzublenden, bewegen Sie einfach den Mauszeiger.

# Videos wiedergeben (Forts.)

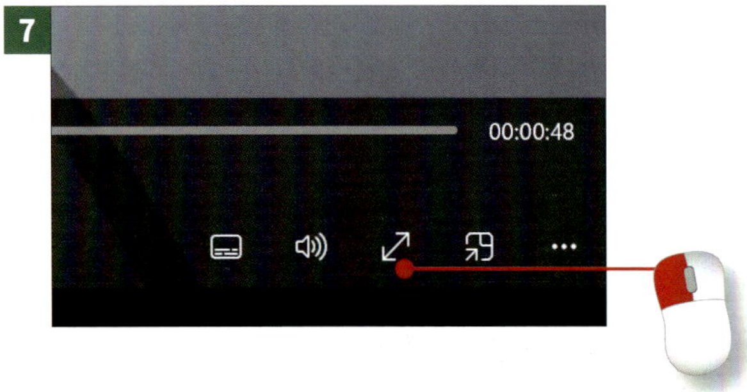


## Schritt 7

Möchten Sie das Video im Vollbildmodus betrachten, klicken Sie auf den Doppelpfeil oder drücken die Taste [F11].

## Schritt 8

Um den Vollbildmodus zu beenden, bewegen Sie den Mauszeiger an den oberen Bildschirmrand. Klicken Sie auf den eingeblendeten Doppelpfeil, der nun aber nach innen weist. Auch zum Beenden des Vollbildmodus können Sie alternativ [F11] drücken.

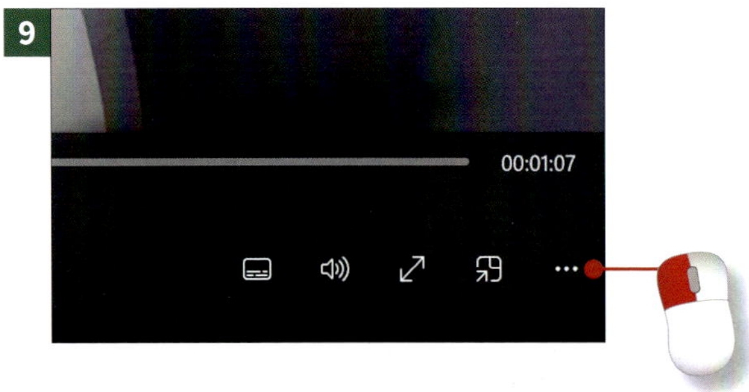


## Schritt 9

Um ausgeblendete Einstellungen zu erreichen, klicken Sie auf das Symbol mit den drei Punkten.

**Filmkäufe nicht mehr möglich**

Bis 2025 konnten im Microsoft Store Spielfilme gekauft oder ausgeliehen werden. Das wurde eingestellt. Verwenden Sie zum Filmeschauen am besten die Mediatheken der TV-Sender oder einen Streaminganbieter, wie z. B. Netflix oder Amazon Prime Video.

## Schritt 10

Bewegen Sie den Mauszeiger auf den Eintrag **Geschwindigkeit**, erhalten sie die Möglichkeit, das Video schneller oder langsamer abzuspielen.

## Schritt 11

Oder wird eventuell ein hochformatiges Video im Querformat wiedergegeben? Unter dem Menüeintrag **Videoeinstellungen** finden Sie die Option **Video drehen**.

## Schritt 12

Um die Videowiedergabe zu beenden und zurück zur Videobibliothek zu gelangen, klicken Sie auf den Pfeil links oben.

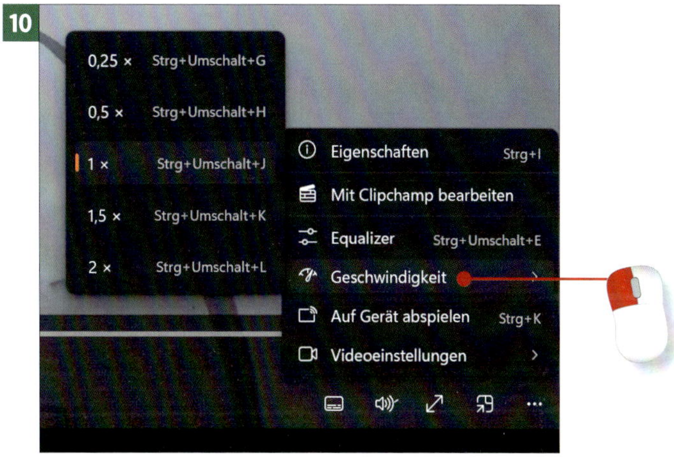


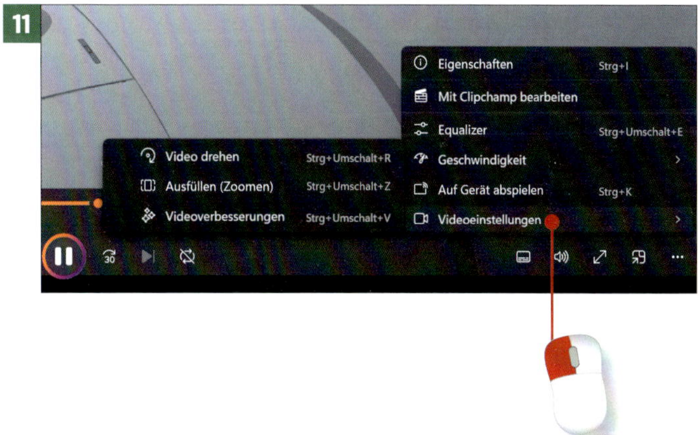


**Videos bearbeiten**

Videodateien lassen sich aus der App Medienwiedergabe heraus mit Microsoft Clipchamp bearbeiten. Klicken Sie ein Video dazu in der Videobibliothek mit rechts an und wählen Sie **Mit Clipchamp bearbeiten.**

# Kapitel 8
# Texte schreiben

Das Erstellen und das Weiterverarbeiten von Text sind die häufigsten Aufgaben am Computer. Mit Windows 11 haben Sie es da leicht, denn Sie können gleich anfangen. Neben dem Editor steht Ihnen auch das Programm »Kurznotizen« zur Verfügung.

**Texte verfassen**

Ein leistungsstarkes Textverarbeitungsprogramm wie Microsoft Word erfordert eine gewisse Einarbeitung. Erste Texte können Sie aber auch mit dem in Windows 11 bereits zur Verfügung stehenden Programm Editor ❶ erstellen, auszeichnen und sogar Emojis in den Text einfügen.

**Notizen machen**

Wer nur mal eben schnell etwas notieren möchte, kann auf kleine »Zettelchen« ❷ zurückgreifen und diese nach Wunsch beschriften. Im Gegensatz zum »echten« Papier gehen diese Kurznotizen auch nicht so schnell verloren.

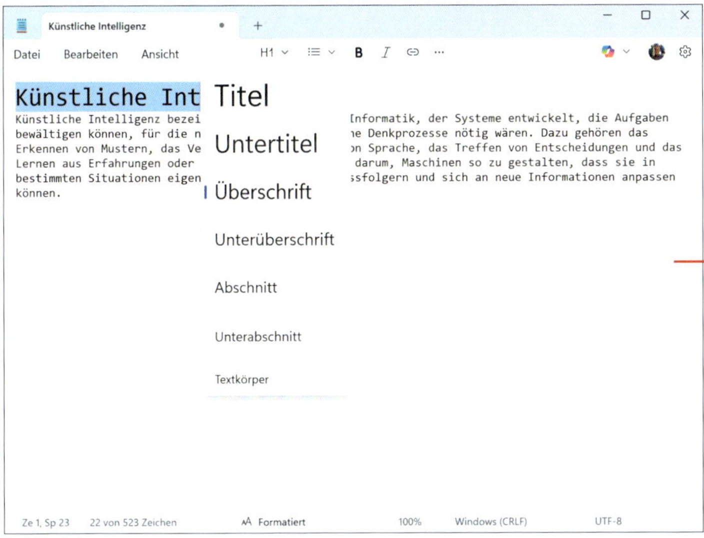


1 Mit dem Editor können Sie Ihre Texte verfassen und in eingeschränkter Weise auch gestalten.

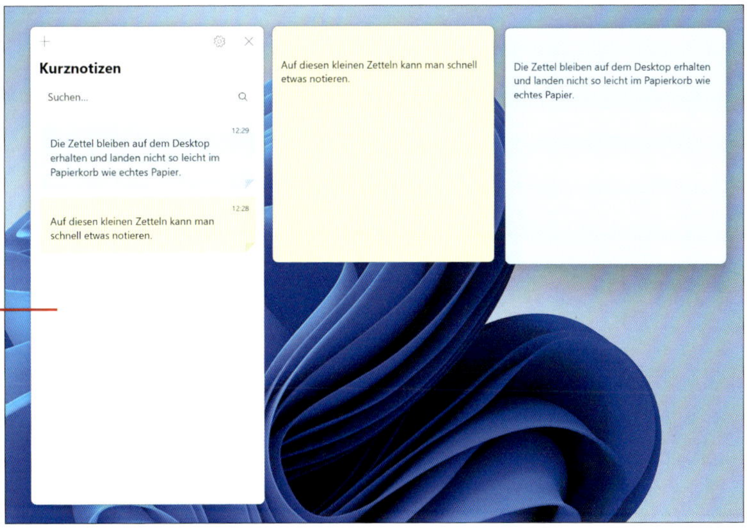


2 Notieren Sie, was Ihnen wichtig ist. Die virtuellen Klebezettel gehen nicht verloren.

# Texte mit dem Editor verfassen

1

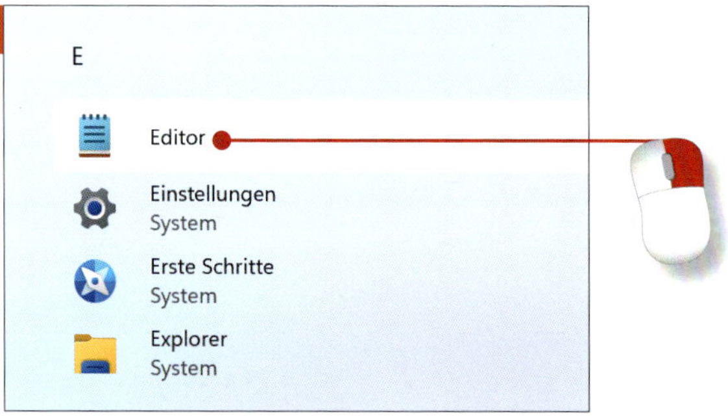


*In diesem Abschnitt geht es um die Erstellung und Formatierung von Text. Der Editor bietet hierfür nur Basisfunktionen, die aber häufig ausreichen.*

## Schritt 1

Öffnen Sie das Startmenü und finden Sie das Programm **Editor**. Bevor Sie das Programm öffnen, sollten es für den schnellen Zugang optimieren. Klicken Sie den **Editor**-Eintrag deswegen mit rechts an.

2

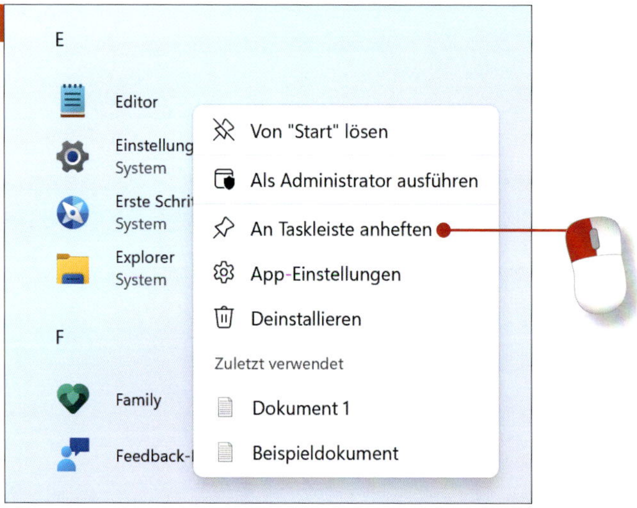


## Schritt 2

Gehen Sie dann auf **An Taskleiste anheften**, damit sich die App zukünftig in der Taskleiste öffnen lässt.

## Schritt 3

Rufen Sie nun das Programm auf, z. B. über das Symbol in der Taskleiste.

3

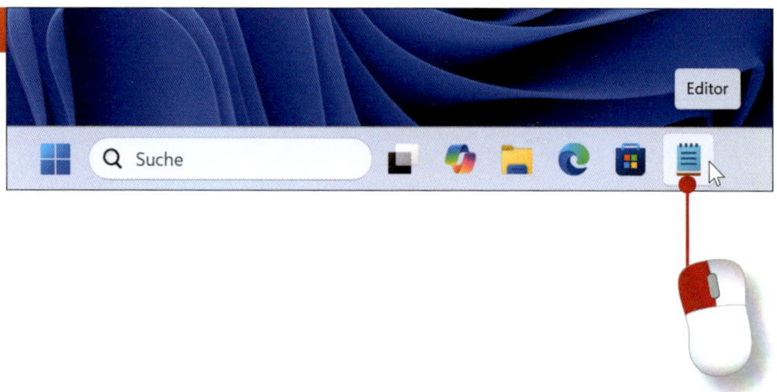


**Taskleiste ist schneller**

Wenn Sie die App in die Taskleiste bringen, öffnen Sie sie künftig mit nur einem Mausklick. Im Startmenü ist sie zwar ebenfalls gut aufgehoben, doch dann müssen Sie dieses Menü künftig zunächst öffnen.

## Schritt 4

Sie können nun Text eingeben oder ein vorhandenes Dokument öffnen (**Datei ▸ Öffnen**). Wenn Sie einen neuen Absatz erzeugen wollen, drücken Sie [↵]. Großbuchstaben schreiben Sie, solange Sie [⇧] gedrückt halten.

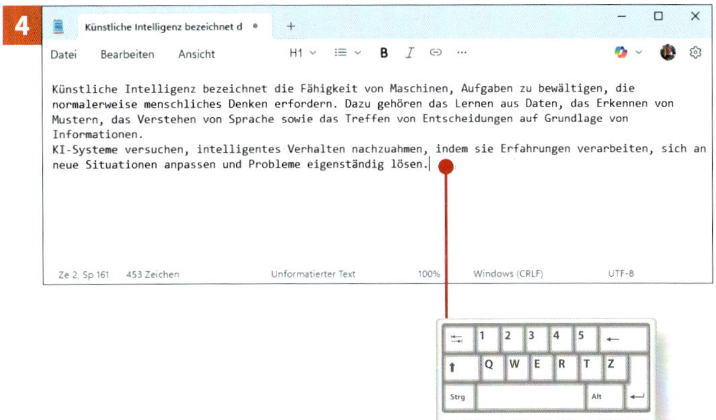


## Schritt 5

Wenn Sie sich verschreiben, können Sie Zeichen mit [Entf] oder [←] löschen. Ganze Begriffe markieren Sie mit einem Doppelklick, während Sie ganze Absätze mit einem Dreifachklick auswählen. Markierungen werden gelöscht, sobald Sie mit der Neueingabe des Textes beginnen.

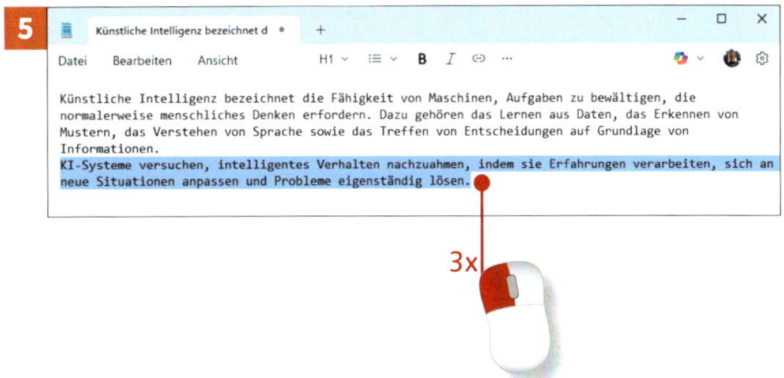


## Schritt 6

Zur besseren Übersicht und für Hervorhebungen ist es sinnvoll, Text unterschiedlich zu gestalten. Setzen Sie z. B. einen Dreifachklick auf die Überschrift. Sie wird daraufhin blau markiert.

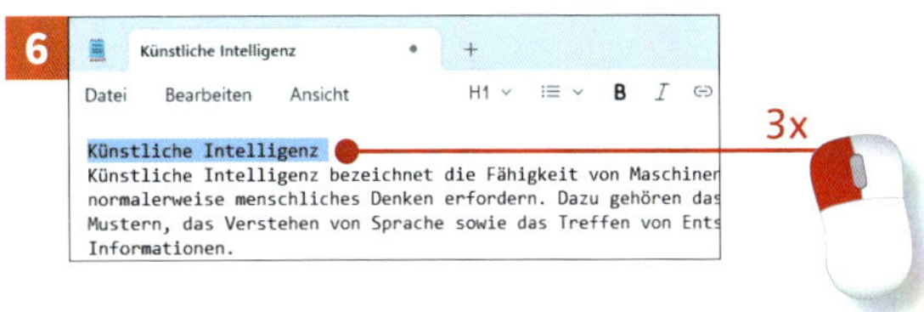


**Buchstaben auszeichnen**

Anstelle ganzer Wörter oder Zeilen können Sie auch einzelne Buchstaben markieren und separat auszeichnen. Die Veränderung wirkt sich bei Zeichenformatierungen stets nur auf die markierten Zeichen aus.

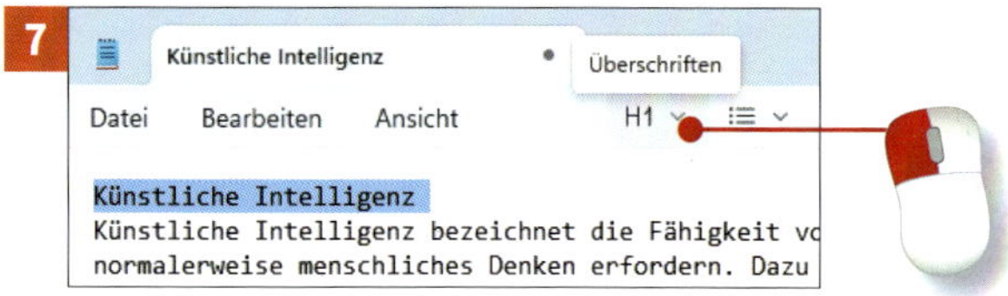


## Schritt 7

Die Überschrift soll als solche formatiert werden. Die Schriftgröße wird dabei automatisch erhöht. Dazu klicken Sie in der Symbolleiste oberhalb des Textes auf das Symbol **H1**.

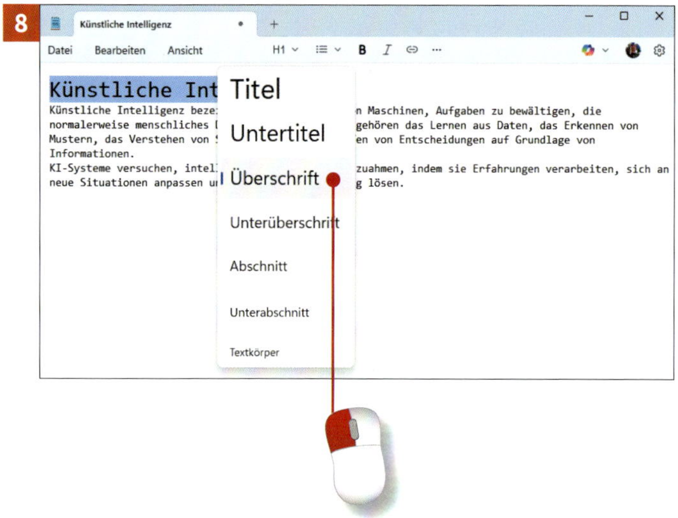


## Schritt 8

Wählen Sie im Menü den Eintrag **Überschrift**. Sie stellen fest, dass der Text nun größer dargestellt wird und immer noch markiert ist.

## Schritt 9

Klicken Sie irgendwo ins Dokument, um die Markierung aufzuheben.

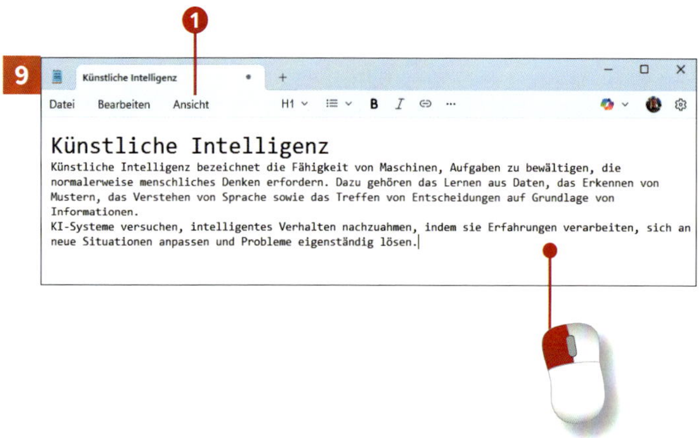


**Zoom verwenden**

Erscheint Ihnen der Text auf dem Bildschirm zu klein gedruckt? In der Menüleiste unter **Ansicht** ❶ finden Sie unter anderem eine **Zoom**-Funktion.

## Schritt 10

Falls Sie Schritte rückgängig machen möchten oder Formatierungen wieder löschen wollen: Diese Optionen finden Sie in der Menüleiste unter **Bearbeiten**.

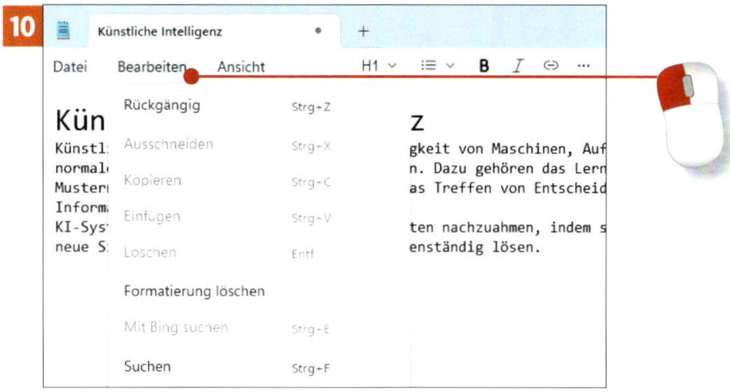


## Schritt 11

Nun soll ein einzelnes Wort kursiv gesetzt werden. Markieren Sie dazu ein Wort, das Sie für wichtig halten, indem Sie einen Doppelklick darauf ausführen.

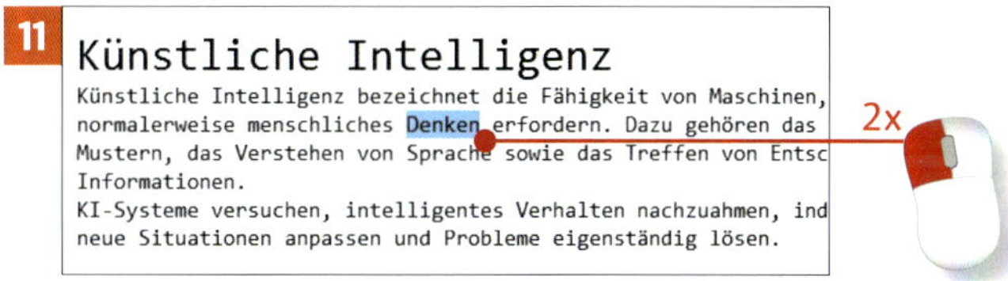


## Schritt 12

Damit das markierte Wort schräg gestellt werden kann, klicken Sie in der Symbolleiste auf die kleine **I**-Schaltfläche.

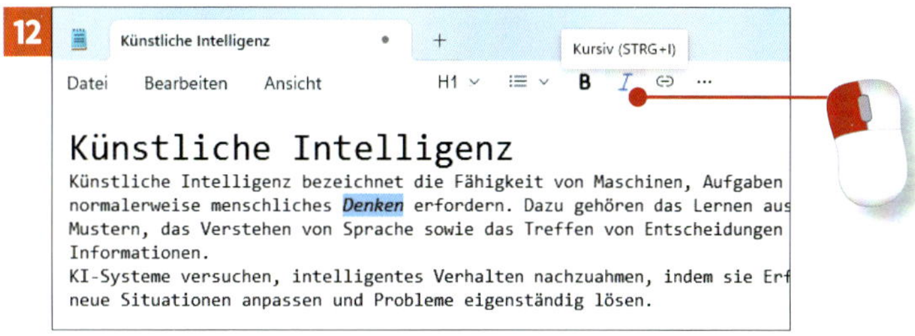


**Freies Office-Paket**

Suchen Sie ein kostenloses Office-Paket, das viel mehr kann? Versuchen Sie es doch einmal mit LibreOffice, das Sie hier finden: *de.libreoffice.org*.

# Texte mit dem Editor verfassen (Forts.)

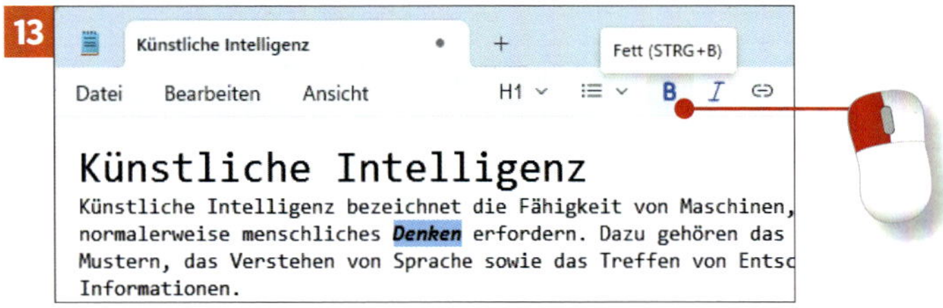


## Schritt 13

Sie können auch zwei Formatierungen gleichzeitig anwenden. Mit **B** setzen Sie das Wort zusätzlich fett.

## Schritt 14

Es wird Zeit, das Dokument zu speichern. Klicken Sie zunächst auf **Datei**, links in der Menüleiste.

## Schritt 15

Im Menü klicken Sie dann auf **Speichern unter**. Das sorgt dafür, dass Sie im nächsten Dialog einen Speicherort angeben können.

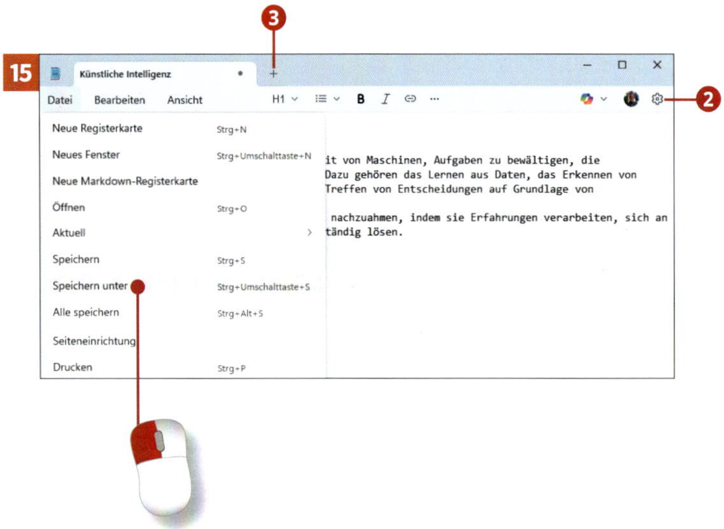


**Schriftart und -größe ändern**

Im Programm Editor lässt sich die Schriftart sowie die Schriftgröße für den Textköper nur für das gesamte Dokument ändern. Wählen Sie dazu das Zahnradsymbol ❷ rechts oben und dann den Eintrag **Schriftart**.

## Schritt 16

Wählen Sie in diesem Fall **Als Markdowndatei**, damit die Formatierungen erhalten bleiben.

## Schritt 17

Bestimmen Sie Speicherort und Dateiname und bestätigen Sie mit **Speichern**.

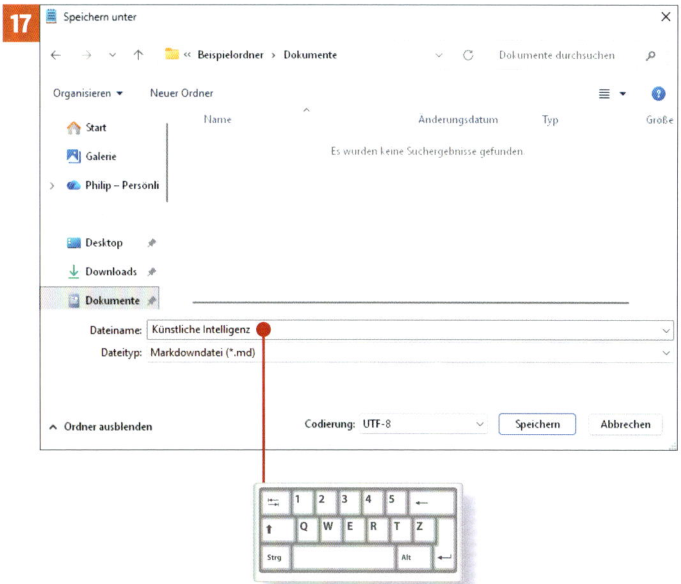


## Schritt 18

Wenn Sie wollen, können Sie den Editor mit einem Klick auf das Schließenkreuz oben rechts beenden oder per Plussymbol ❸ ein weiteres Dokument in einem neuen Tab anlegen.

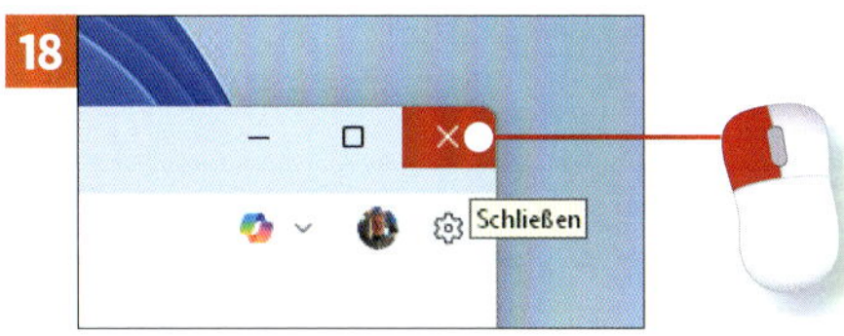


### Dokument öffnen

Nachdem Sie den Editor geschlossen haben, können Sie das Dokument jederzeit wieder zugänglich machen, indem Sie doppelt auf die entsprechende Datei klicken und den Editor zum Öffnen wählen.

# Kurznotizen erstellen

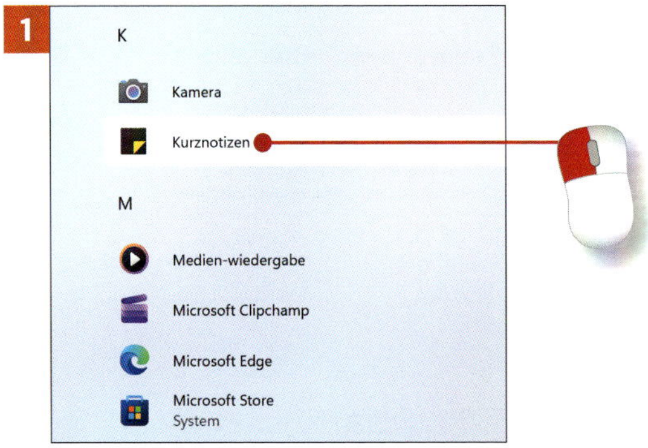


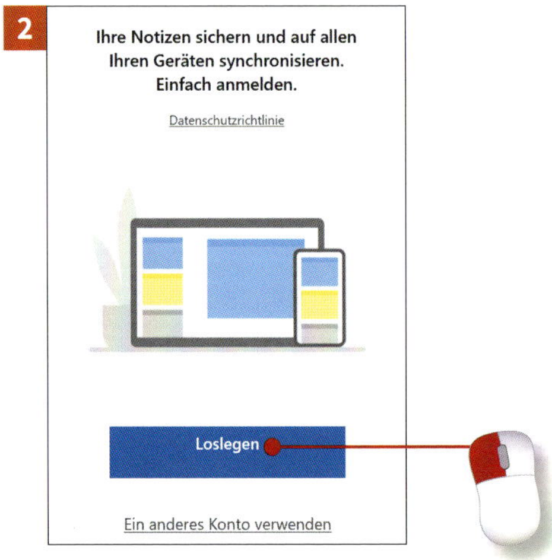


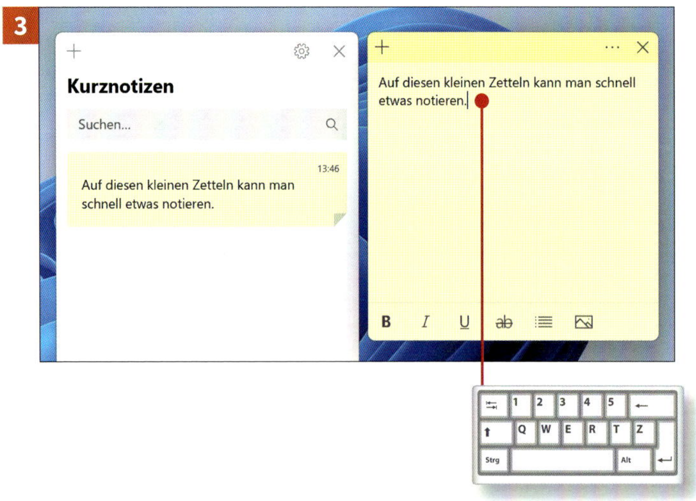


*Wenn Sie etwas schnell notieren wollen, ist der Editor zu umständlich. Verwenden Sie lieber »Haftnotizen«, die Sie aus dem Alltag kennen. Es gibt sie auch als digitale Version.*

## Schritt 1

Rufen Sie die App **Kurznotizen** im Startmenü per Mausklick auf.

## Schritt 2

Beim Erststart müssen Sie sich mit einem Microsoft-Nutzerkonto anmelden.

## Schritt 3

Danach können Sie im kleineren der beiden Fenster Notizen verfassen. Alles, was Sie über die Tastatur eingeben, erscheint sowohl auf dem Zettel als auch in der Kurznotizen-Übersicht, die Sie links daneben sehen.

**Dunkle Zettel**

Wer statt der hellen Zettel lieber dunkle verwendet, klickt im Kurznotizenbereich (linkes Fenster) zunächst auf das Zahnrad und dann unter **Farbe** auf **Dunkel**. Zurück geht's mit dem Pfeil oben links.

## Schritt 4

Wenn eine Notiz nicht ausreicht, ziehen Sie einfach einen weiteren Zettel hinzu. Das gelingt, indem Sie auf das kleine Plussymbol oben links im Kurznotizenbereich klicken.

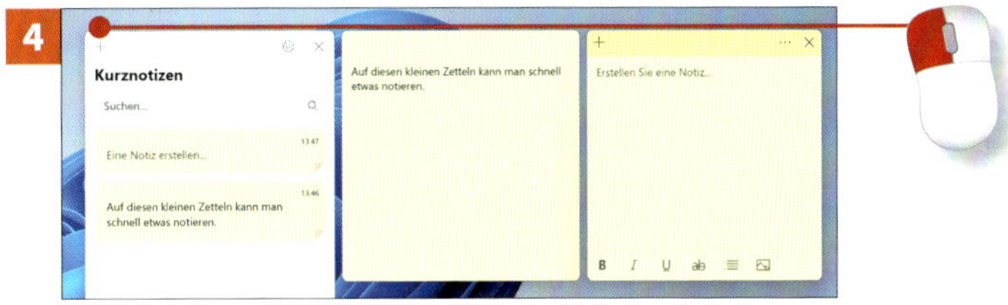


## Schritt 5

Damit sich die Zettel nicht nur inhaltlich, sondern auch farblich voneinander unterscheiden, klicken Sie zunächst auf die Menüschaltfläche (die drei Punkte) und wählen anschließend die gewünschte Farbfläche aus (z. B. **Blau**).

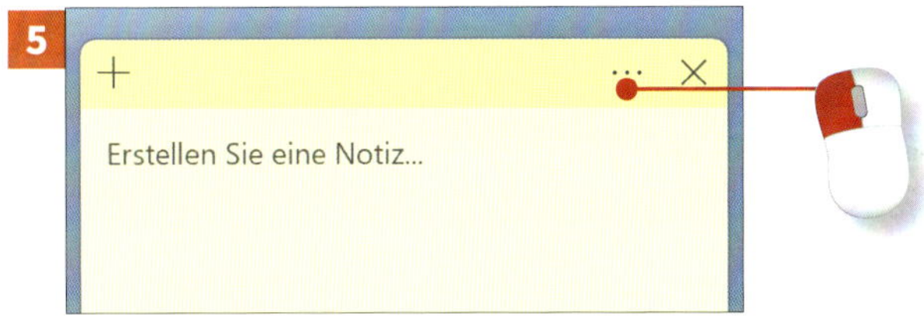


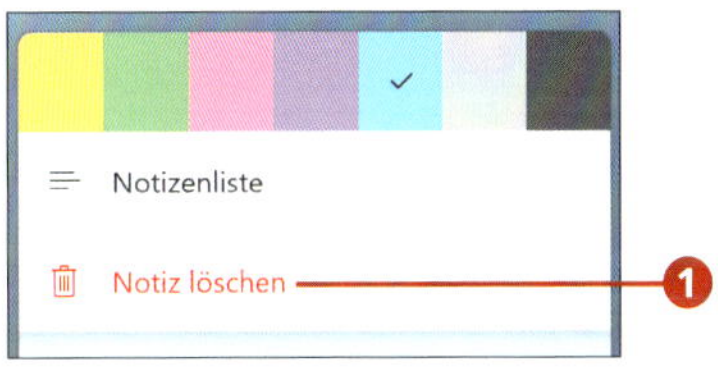


## Schritt 6

Möchten Sie den Zettel nur schließen, ihn jedoch in der Kurznotizen-Übersicht erhalten? Dann klicken Sie auf das Schließenkreuz des Zettels. Soll er komplett gelöscht werden, gehen Sie auf die drei Punkte und wählen **Notiz löschen** ❶.

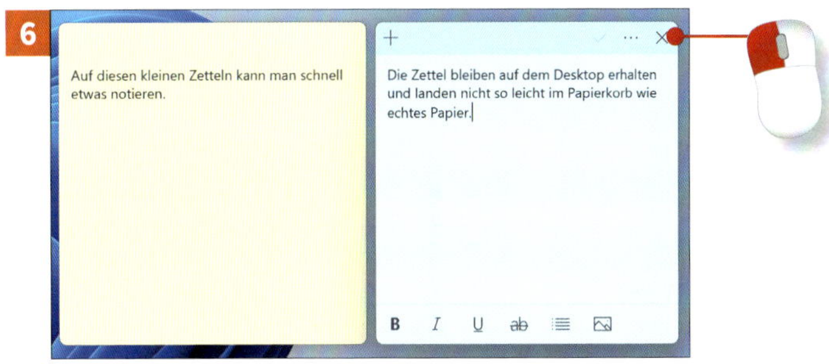


**Notizzettel bleiben erhalten**

Sämtliche Notizen bleiben erhalten – auch nach einem Neustart des Computers. Sollte ein Zettel nicht angezeigt werden, führen Sie im Fenster **Kurznotizen** (links) einen Doppelklick auf der Notiz aus.

# Emojis einsetzen

1

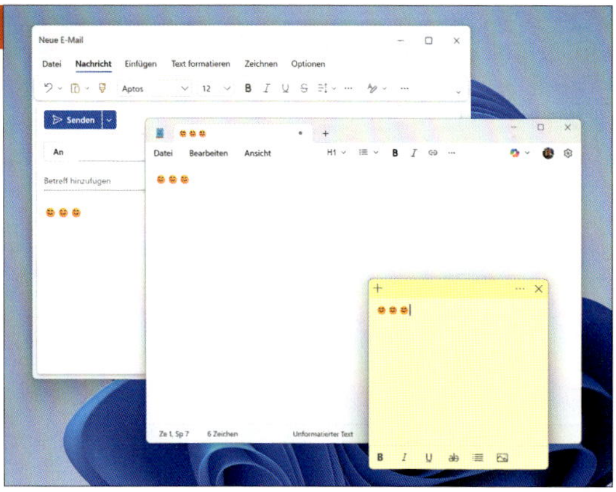


*Emojis, diese lustigen Minibilder, erfreuen sich wachsender Beliebtheit. Da ist es nur logisch, dass auch Windows hier inzwischen ganz gut aufgestellt ist.*

## Schritt 1

Zunächst müssen Sie wissen, dass Emojis, Kaomojis, Symbole sowie GIFs überall eingesetzt werden können, wo Text verfasst werden kann, z. B. im Editor, in den Kurznotizen oder in Outlook.

2

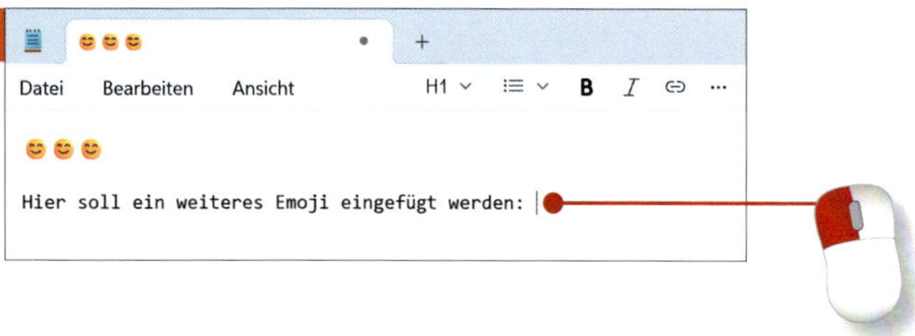


## Schritt 2

Wichtig ist, dass Sie (egal, mit welcher App Sie gerade arbeiten) zunächst die Einfügemarke an die Position bewegen, an der das Objekt später erscheinen soll.

3

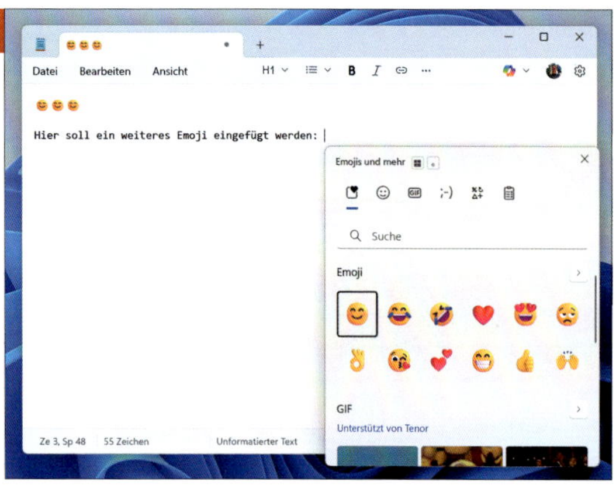

## Schritt 3

Danach drücken Sie die Tastenkombination [⊞] + [.] (also die Windows-Taste und den Punkt).

**Palette verschieben**

Die Palette kann nicht skaliert (größer aufgezogen) werden. Allerdings lässt sie sich verschieben, indem Sie die Kopfleiste anklicken, die Maustaste gedrückt halten und ziehen.

## Schritt 4

Entscheiden Sie sich ganz oben in der Kopfleiste der Palette zunächst für eine Rubrik. Wir nehmen hier **Emoji**, den zweiten Button von links.

4
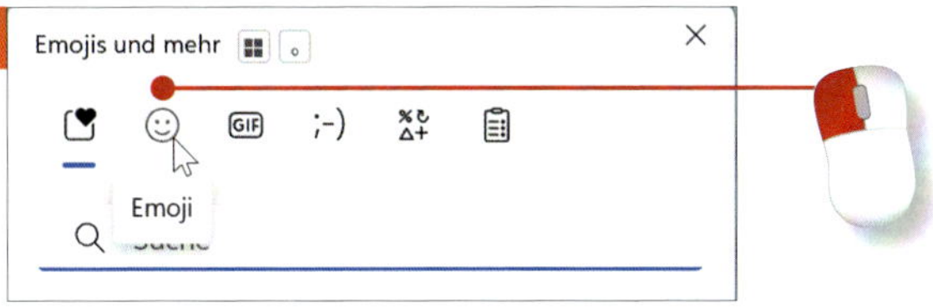


## Schritt 5

Wer sich über die Bedeutung der einzelnen Symbole noch nicht im Klaren ist (bei der Fülle der angebotenen Miniaturen ist das ja auch nicht so einfach), parkt zunächst den Mauszeiger auf einem Emoji. Die QuickInfo verrät mehr.

5
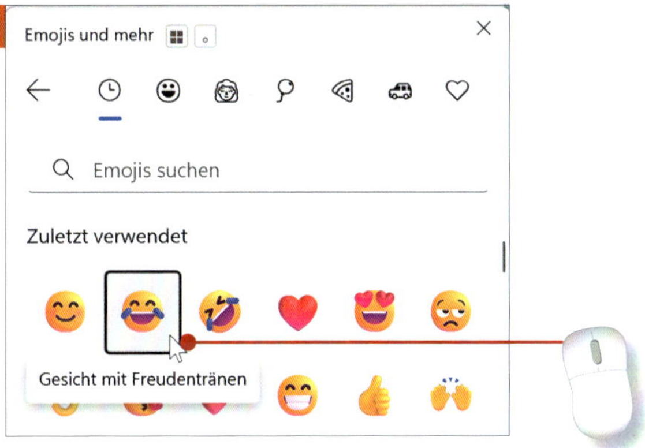


## Schritt 6

Bei Bedarf scrollen Sie rechts etwas nach unten, um weitere Emojis zugänglich zu machen. Zuletzt wählen Sie das passende Objekt mit einem Mausklick an. Es wird an der Position der Einfügemarke hinzugefügt.

6
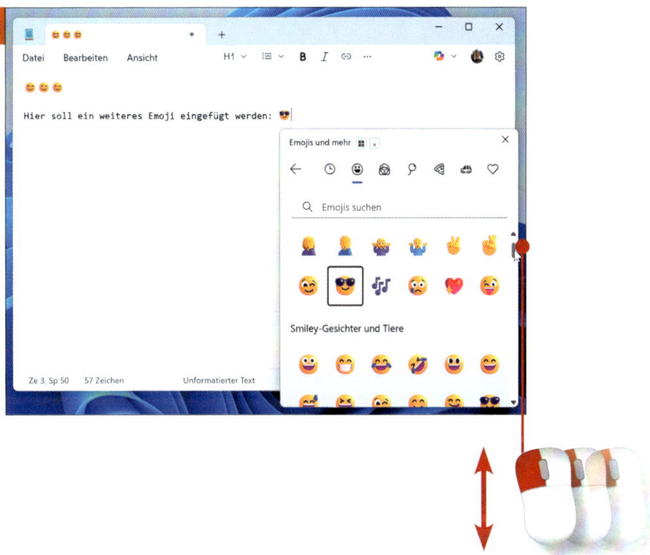


**Unterschiedliche Darstellungsweisen**

Emojis und ihre Verwandten stellen sich in unterschiedlichen Apps und auf verschiedenen Plattformen möglicherweise verschieden dar.

# Die Lupe verwenden

1

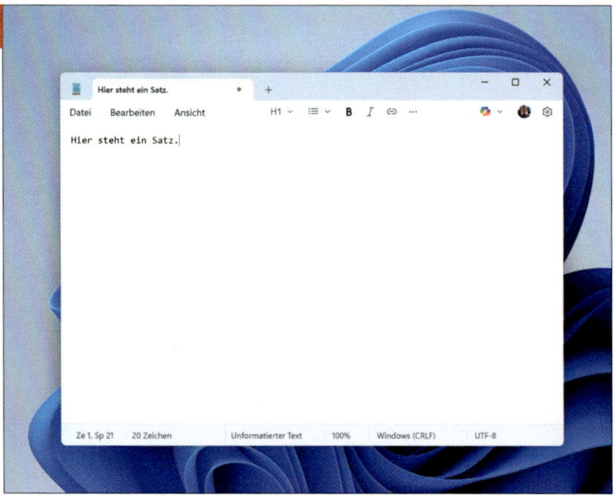


*Wenn Sie einmal ganz genau hinschauen möchten, verwenden Sie die Bildschirmlupe. Damit vergrößern Sie sämtliche Gegenstände auf dem Monitor (nicht nur Texte). Und glauben Sie mir – die Lupe kann sogar sprechen.*

## Schritt 1

Öffnen Sie zunächst das Fenster, das vergrößert dargestellt werden soll. Wir benutzen hier den **Editor**.

2

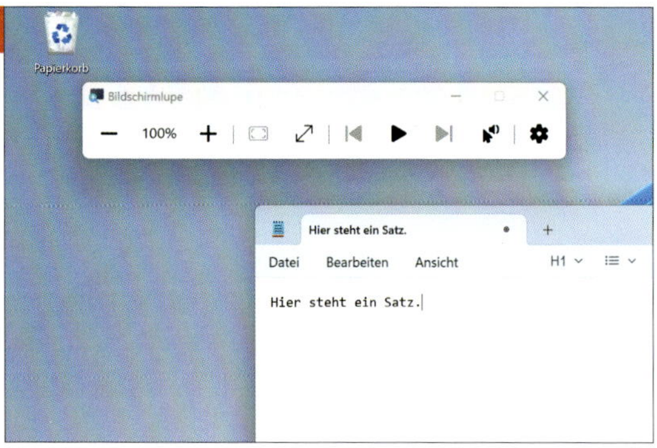

## Schritt 2

Zwar kann die App auch mittels Eingabe von »Lupe« im Suchmenü gefunden werden, doch das ist uns mittlerweile nicht mehr schnell genug, oder? Drücken Sie lieber [⊞] + [+].

## Schritt 3

Um den Zoomfaktor Ihres Desktops von 100 % auf 200 % zu setzen, klicken Sie auf das Plussymbol. Danach streichen Sie mit der Maus zu einem ausgeblendeten Bereich.

3

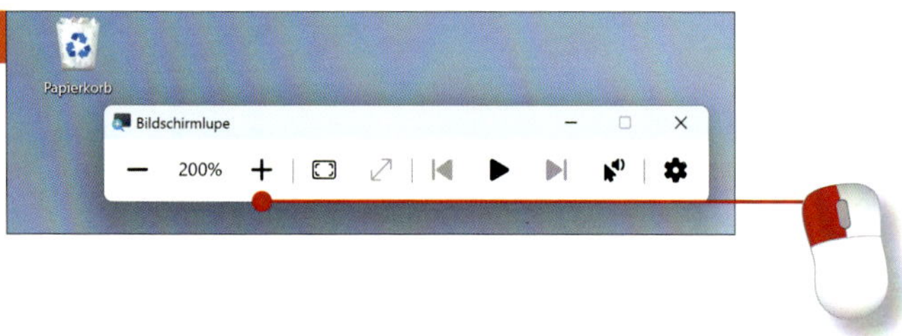


**Texte vergrößern**

Um Texte nur im Editor zu vergrößern, drücken Sie die Tasten [Strg] + [+]. Zum Verkleinern drücken Sie [Strg] + [-]. Mit [Strg] + [0] erhalten Sie wieder die ursprüngliche Textgröße.

### Schritt 4

Kehren Sie mit der Minustaste zur 100-%-Ansicht zurück. Ein einzelner Mausklick darauf reicht.

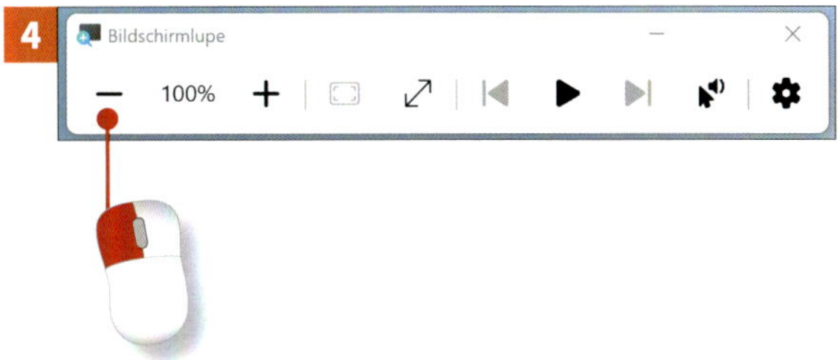


### Schritt 5

Die Bildschirmlupe kann aber noch mehr – z. B. Text vorlesen. Klicken Sie dazu auf das vorletzte Symbol in der Reihe der Steuerungselemente.

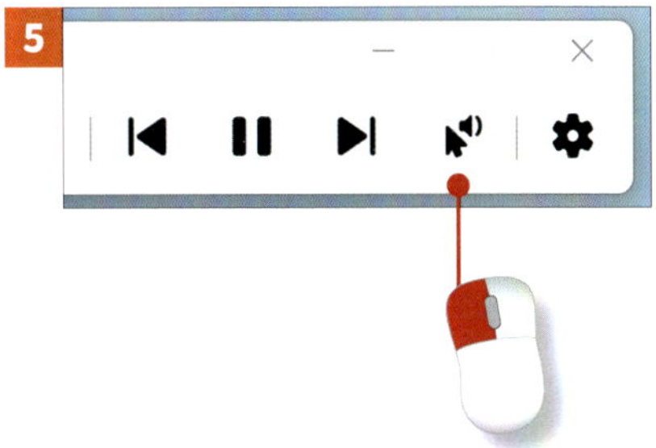


### Schritt 6

Klicken Sie jetzt an eine beliebige Stelle des Textes … Ist das cool? Ein kleines, blaues Rechteck ❶ deutet sogar an, wo sich der Vorleser gerade befindet. Wenn Sie genug gehört haben, drücken Sie [Esc].

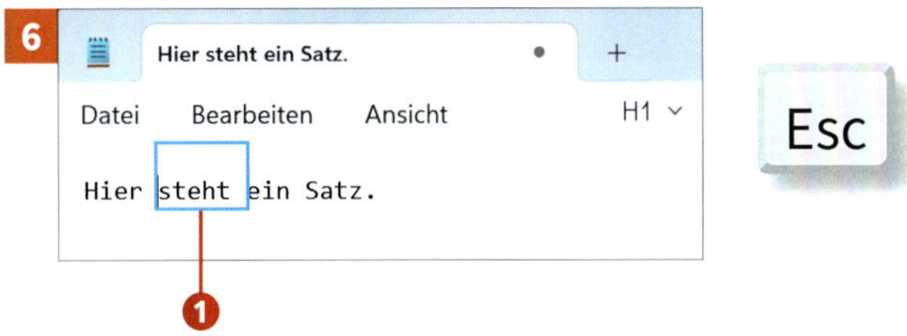


**Einstellungen vornehmen**

Mit einem Klick auf das kleine Zahnrad erreichen Sie diverse Einstellungsoptionen im Zusammenhang mit der Lupe. Unter anderem können Sie die Ausdehnung des Vergrößerungsbereichs individuell anpassen und eine andere Stimme wählen.

# Kapitel 9
# Weitere Geräte anschließen

So ganz ohne Papier kommt man ja meist doch nicht aus. Eine der am häufigsten genutzten Funktionen von Windows ist deshalb auch das Drucken. Wenn Sie im Besitz eines Druckers sind, erfahren Sie hier, wie Sie ihn unter Windows 11 einrichten und einsetzen können. Auch die Einrichtung weiterer Geräte – USB-Sticks oder Festplatten, Lautsprecher oder Smartphones – ist Thema dieses Kapitels.

**Mit Windows drucken**
Drucker anschließen, hinzufügen, testen und drucken ❶ – das klingt kompliziert? Keine Sorge, in aller Regel ist dazu kein großer Aufwand nötig. In diesem Kapitel sehen Sie, wie es geht.

**Der Sound in Windows**
Sie möchten mit Ihrem Rechner Musik hören, Filme gucken oder etwas aufzeichnen? Dafür brauchen Sie wohl auch Lautsprecher ❷. Wie Sie diese anschließen und danach weiter vorgehen müssen, wird in diesem Kapitel Schritt für Schritt erklärt.

**Mehr Speicherplatz, mehr Sicherheit**
Platz ist nach wie vor ein kostbares Gut. Das gilt besonders für die eingebauten Festplatten. Wenn Sie mehr Speicherplatz benötigen, schließen Sie eine externe Festplatte an und verwenden diese als zusätzlichen Speicher oder zur Datensicherung. Und wenn Sie schnell einmal Daten »mitnehmen« möchten, kopieren Sie alles Nötige auf einen USB-Stick ❸.

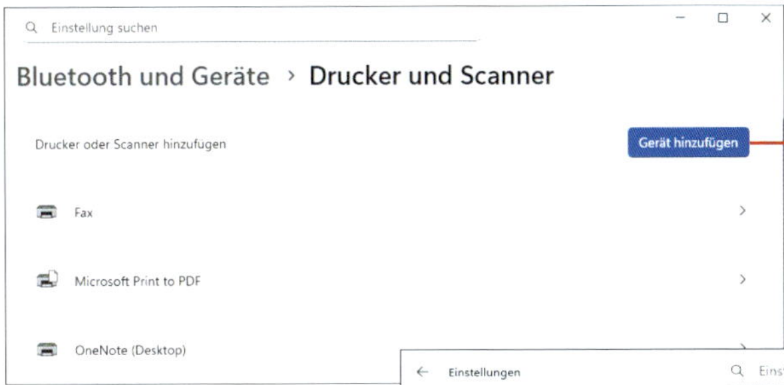


❶ Drucker hinzuzufügen ist unter Windows kinderleicht.

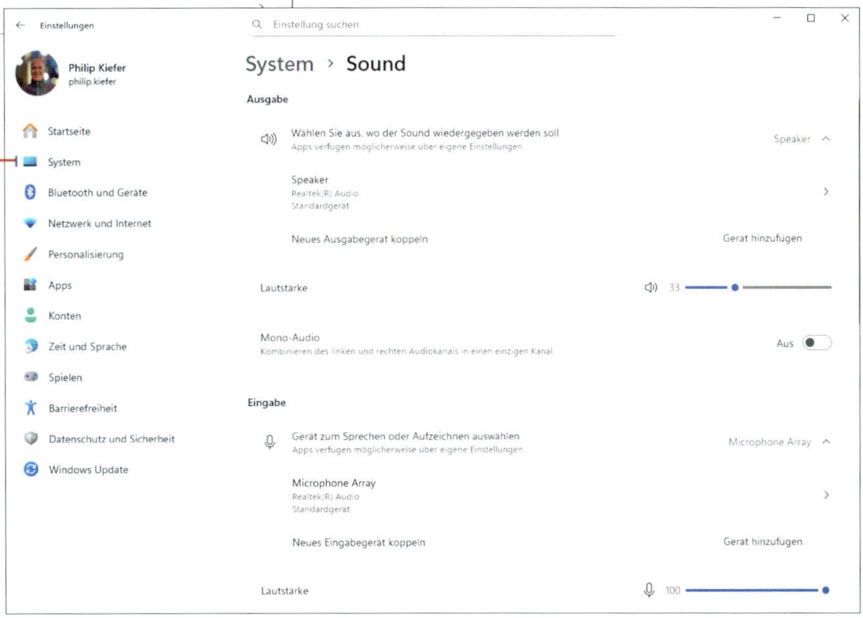


❷ Für ein sattes Musikerlebnis sollten Sie zunächst Lautsprecher anschließen.

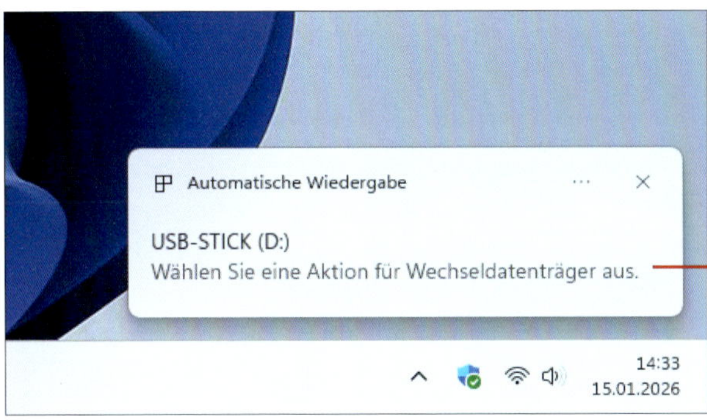


❸ Wenn Sie mehr Speicherplatz benötigen oder auf Mobilität Ihrer Daten setzen, nutzen Sie eine externe Festplatte oder einen USB-Stick.

# Einen Drucker anschließen

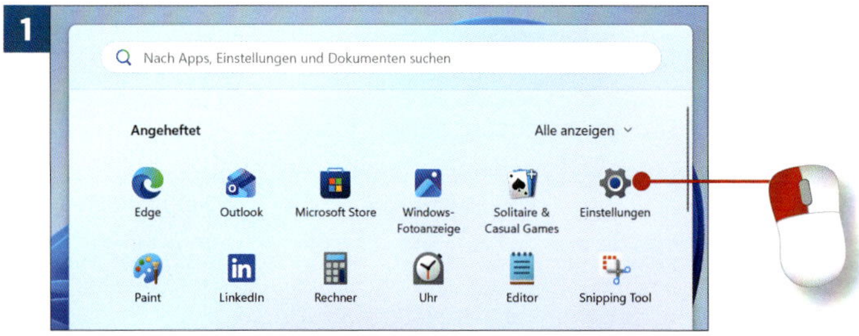


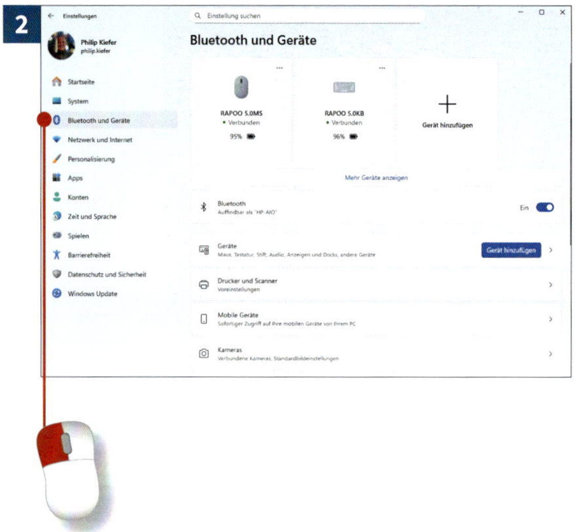


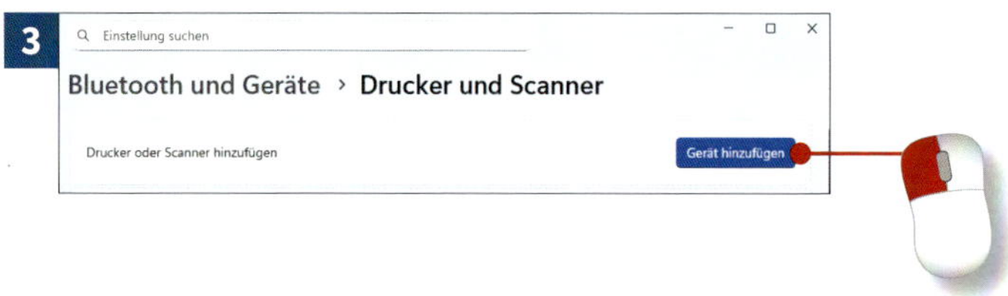


*Drucker funktionieren inzwischen häufig drahtlos über WLAN, können aber auch per USB- oder Netzwerkkabel angeschlossen werden. In der Regel nehmen sie ihre Arbeit sofort auf, sobald sie eingeschaltet sind. Möglicherweise müssen Sie aber selbst noch Hand anlegen.*

## Schritt 1

Schließen Sie den Drucker an und schalten Sie ihn ein. Drücken Sie auf [Windows-Taste] und klicken Sie im Startmenü auf **Einstellungen**.

## Schritt 2

Aktivieren Sie in der linken Zeile die Rubrik **Bluetooth und Geräte**. Anschließend entscheiden Sie sich in der Mitte des Fensters für **Drucker und Scanner**.

## Schritt 3

Schauen Sie nach, ob der Drucker angezeigt wird. Falls ja, ist bereits alles erledigt. Ist das nicht so, klicken Sie auf **Gerät hinzufügen**.

### Schritt 4

Gedulden Sie sich bitte einen Augenblick. Sobald der Drucker erscheint, klicken sie in dessen Zeile auf **Gerät hinzufügen**.

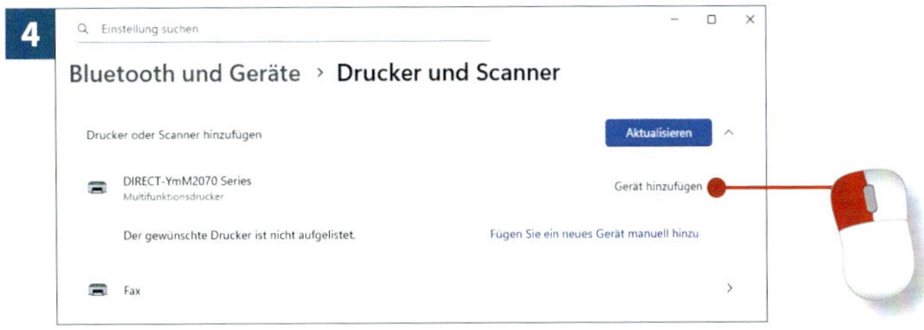


### Schritt 5

Für den Fall, dass die Verbindung drahtlos hergestellt wird, geben Sie nun noch das entsprechende Kennwort ein, das in der Regel direkt am drahtlosen Drucker oder sonst in einem gesonderten Hinweisblatt steht.

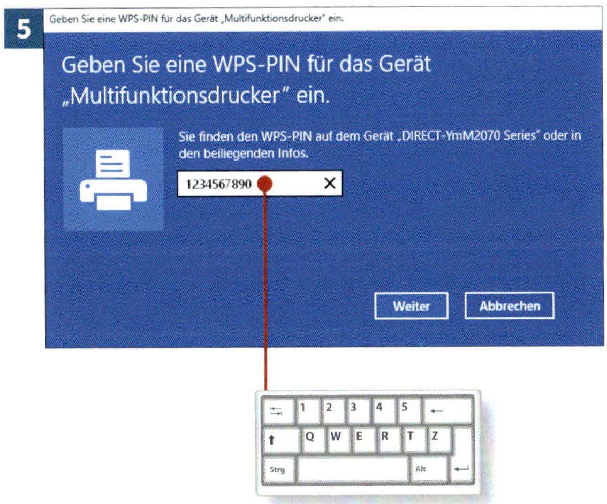


### Schritt 6

Nur für den Ausnahmefall, dass der Drucker nicht automatisch erkannt wird, wählen Sie **Fügen Sie ein neues Gerät manuell hinzu** und folgen anschließend den Hinweisen auf dem Bildschirm.

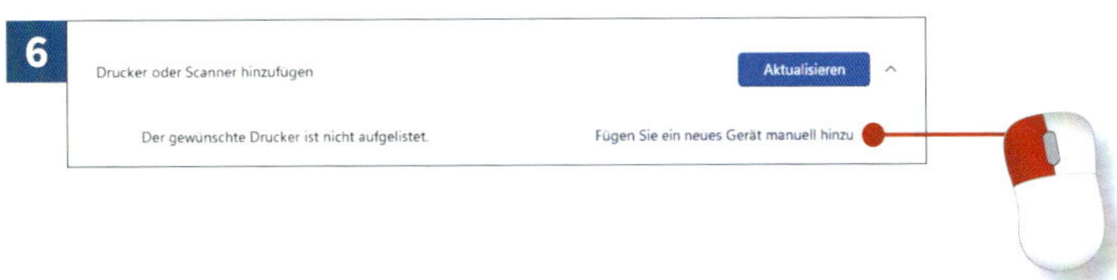


**Listen interpretieren**

Bitte achten Sie darauf, dass bereits angeschlossene Geräte immer in der unteren Liste (**Drucker und Scanner**) zu finden sind, während Geräte, die noch nicht konfiguriert sind, in der Liste **Drucker und Scanner hinzufügen** stehen.

# Funktion des Druckers prüfen

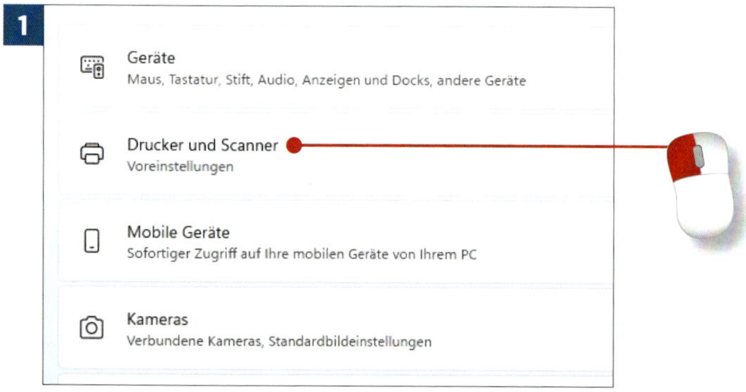


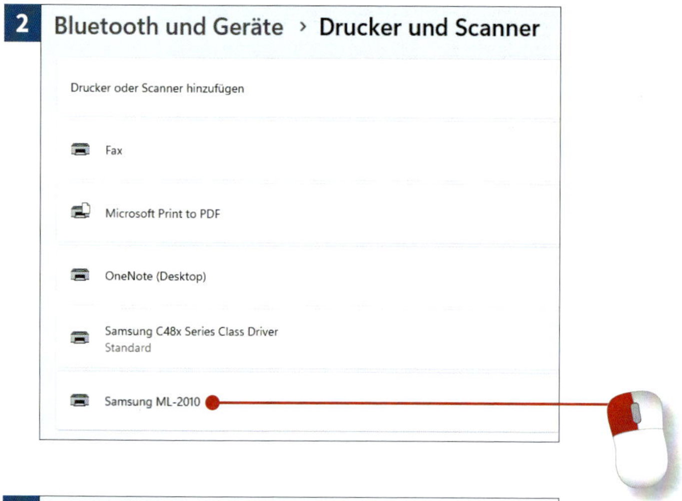


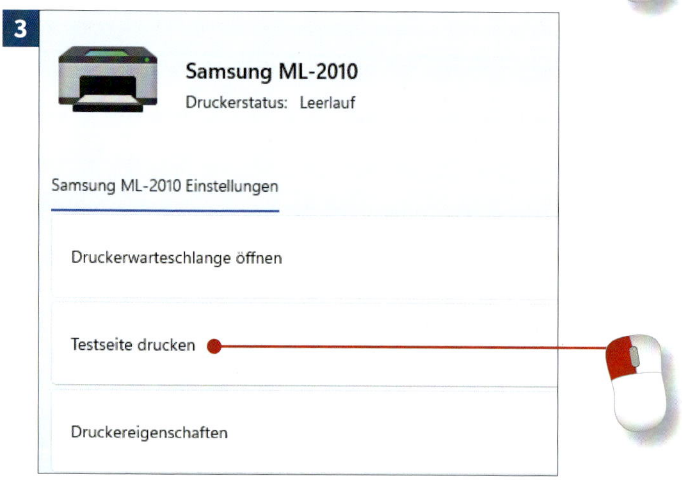


*Der Drucker ist angeschlossen und entsprechend konfiguriert? Dann testen Sie jetzt, ob das Gerät auch einwandfrei arbeitet.*

## Schritt 1

Öffnen Sie die Geräteeinstellungen für **Drucker und Scanner**, wie es im vorangegangenen Abschnitt »Einen Drucker anschließen« in den Schritten 1 bis 2 beschrieben wurde.

## Schritt 2

Als Nächstes klicken Sie in der Liste **Drucker und Scanner** auf den Drucker, den Sie testen wollen (hier **Samsung ML-2010**).

## Schritt 3

Entscheiden Sie sich zunächst für **Testseite drucken**. Es kann sein, dass es einen Augenblick dauert, bis der Drucker angesprochen wird.

**Warteschlange**

Ganz oben in der Liste (Schritt 3) finden Sie auch die Schaltfläche **Druckerwarteschlange öffnen**. Dahinter verbirgt sich eine Liste aller Druckaufträge, die aktuell noch nicht fertiggestellt sind. Es ist nämlich durchaus gestattet, den Drucker mit mehreren Aufträgen zu füttern. Er arbeitet diese dann nacheinander ab.

## Schritt 4

Wie eine Testseite aussieht, wird hier an einem Beispiel gezeigt.

4

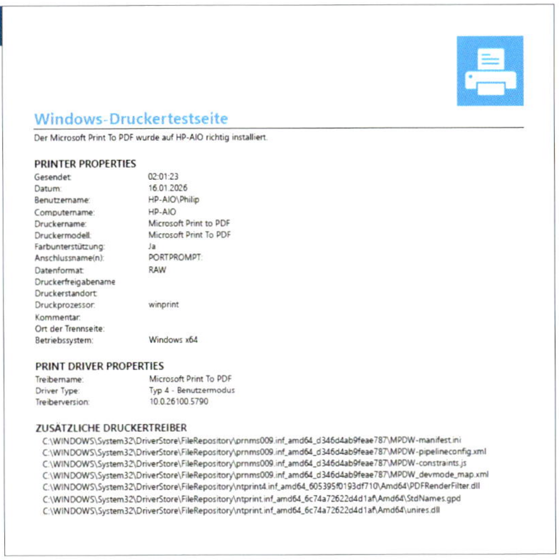

Windows-Druckertestseite

Der Microsoft Print To PDF wurde auf HP-AIO richtig installiert.

**PRINTER PROPERTIES**

| | |
|---|---|
| Gesendet: | 02:01:23 |
| Datum: | 16.01.2026 |
| Benutzername: | HP-AIO\Philip |
| Computername: | HP-AIO |
| Druckername: | Microsoft Print to PDF |
| Druckermodell: | Microsoft Print To PDF |
| Farbunterstützung: | Ja |
| Anschlussname(n): | PORTPROMPT: |
| Datenformat: | RAW |
| Druckerfreigabename | |
| Druckerstandort: | |
| Druckprozessor: | winprint |
| Kommentar: | |
| Ort der Trennseite: | |
| Betriebssystem: | Windows x64 |

**PRINT DRIVER PROPERTIES**

| | |
|---|---|
| Treibername: | Microsoft Print To PDF |
| Driver Type: | Typ 4 - Benutzermodus |
| Treiberversion: | 10.0.26100.5790 |

**ZUSÄTZLICHE DRUCKERTREIBER**

C:\WINDOWS\System32\DriverStore\FileRepository\prnms009.inf_amd64_d346d4ab9feae787\MPDW-manifest.ini
C:\WINDOWS\System32\DriverStore\FileRepository\prnms009.inf_amd64_d346d4ab9feae787\MPDW-pipelineconfig.xml
C:\WINDOWS\System32\DriverStore\FileRepository\prnms009.inf_amd64_d346d4ab9feae787\MPDW-constraints.js
C:\WINDOWS\System32\DriverStore\FileRepository\prnms009.inf_amd64_d346d4ab9feae787\MPDW_devmode_map.xml
C:\WINDOWS\System32\DriverStore\FileRepository\ntprint4.inf_amd64_605395f0193df710\Amd64\PDFRenderFilter.dll
C:\WINDOWS\System32\DriverStore\FileRepository\ntprint.inf_amd64_6c74a72622d4d1af\Amd64\StdNames.gpd
C:\WINDOWS\System32\DriverStore\FileRepository\ntprint.inf_amd64_6c74a72622d4d1af\Amd64\unires.dll

## Schritt 5

Falls etwas nicht stimmen sollte, prüfen Sie gegebenenfalls die **Druckeinstellungen**, indem Sie die gleichnamige Zeile in den Einstellungen betätigen. Möglicherweise ist ein Papierfach aktiv, das gar nicht zur Verfügung steht. Legen Sie die korrekte **Papierquelle** auf der Registerkarte **Papier/Qualität** fest.

5

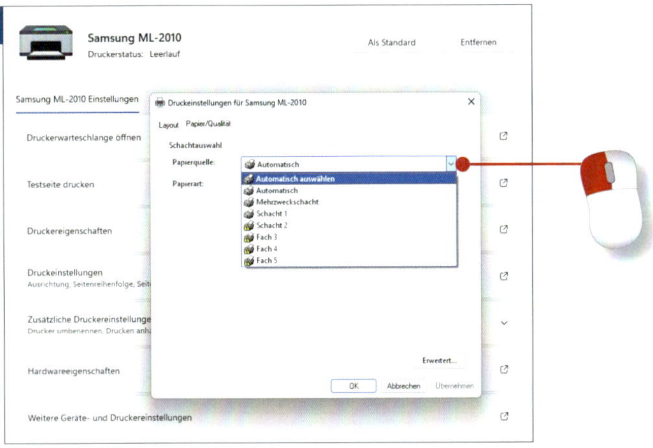


## Schritt 6

Wenn das Ergebnis in Ordnung ist, können Sie die Einstellungen über das Schließenkreuz oben rechts wieder verlassen.

6

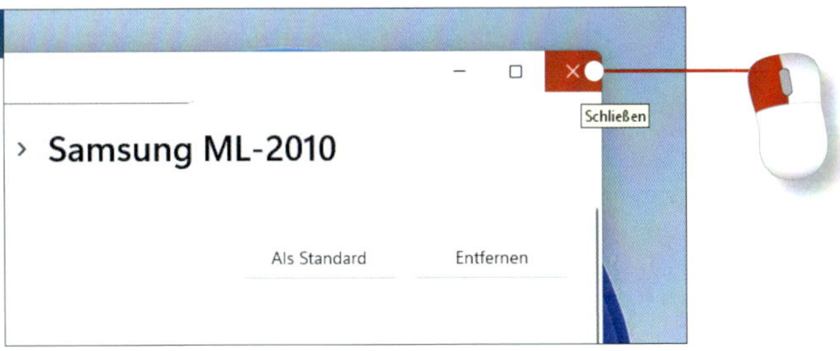


**Weitere Infos einholen**

Da ich hier nicht auf alle Modelle eingehen kann, muss ich Sie bei detaillierteren Fragen auf das Handbuch Ihres Druckers oder an den Händler Ihres Vertrauens verweisen.

# Den Standarddrucker festlegen

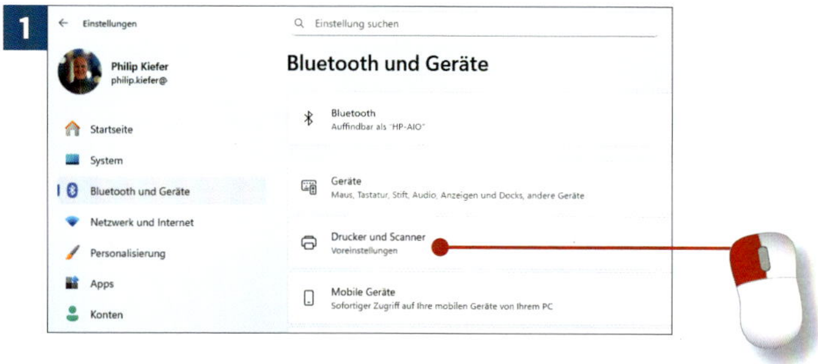


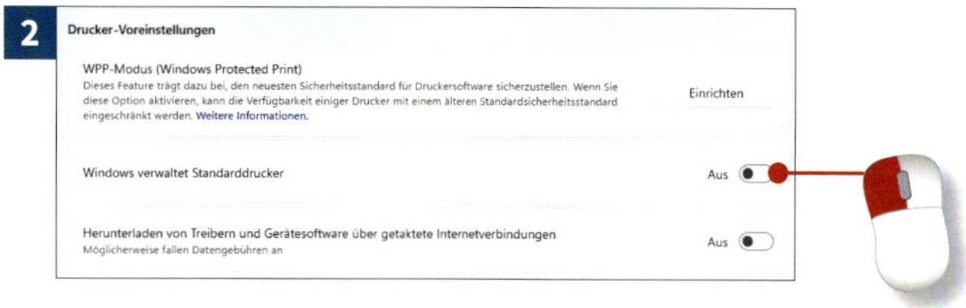


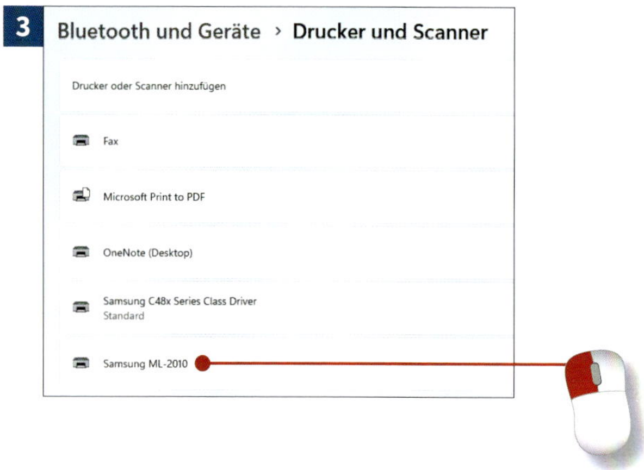


*Sollte der neue Drucker nicht als Standarddrucker festgelegt sein, müssen Sie ihn bei jedem Druckauftrag manuell zuweisen. In diesem Abschnitt erfahren Sie, wie Sie diesen Schritt vermeiden können.*

## Schritt 1

Öffnen Sie den Bereich **Drucker und Scanner** innerhalb der Einstellungen **Bluetooth und Geräte**. Wie das geht, haben Sie in den letzten Anleitungen erfahren.

## Schritt 2

Weiter unten, im Bereich **Drucker-Voreinstellungen**, finden Sie die Zeile **Windows verwaltet Standarddrucker**. Wenn der Schalter rechts auf **Ein** steht, entscheidet Windows 11 für Sie, welcher Drucker als Standarddrucker fungieren soll. Deaktivieren Sie die Funktion.

## Schritt 3

Jetzt schauen Sie oben in der Liste, welcher Drucker als Standard ausgewiesen ist. Hier ist es ein **Samsung C48x**. Wir möchten allerdings den darunter befindlichen **Samsung ML-2010** zum Standard machen, weshalb Sie diese Zeile nun anklicken müssen.

**i**

### Standarddrucker

Wenn Sie in einer Software (z. B. Editor) auf **Datei ▸ Drucken** klicken, wird der Druckauftrag an den Standarddrucker geschickt bzw. wird dieser in der Druckerauswahl als erstes Gerät angeboten.

## Schritt 4

Oben rechts haben Sie nun die Möglichkeit, einen Drucker, der aktuell *nicht* Standarddrucker ist, per Mausklick **Als Standard** zu definieren.

## Schritt 5

Kontrollieren Sie etwas weiter links den **Druckerstatus**. Hier sollte jetzt **Standard** ❶ stehen. Wenn das der Fall ist, klicken Sie weiter oben auf **Drucker und Scanner**.

## Schritt 6

Wie Sie auch auf dieser Seite sehen können, ist jetzt nicht mehr der **Samsung C48x**, sondern der **Samsung ML-2010** als Standard ❷ definiert.

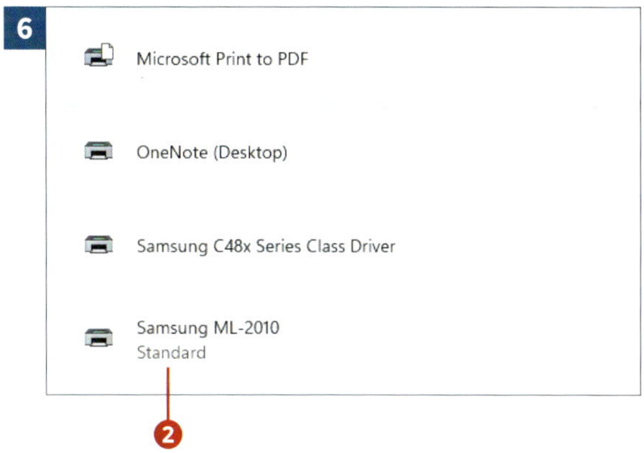


**Nur ein Standarddrucker**

Egal, wie viele Drucker Sie anschließen – Sie werden immer nur einen einzigen als Standarddrucker nutzen können.

# Drucker entfernen

*Drucker leben leider nicht ewig. Deswegen werden Sie von Zeit zu Zeit einen neuen benötigen. Der alte Drucker bleibt aber in der Geräteliste – es sei denn, Sie entfernen ihn manuell aus dieser.*

1

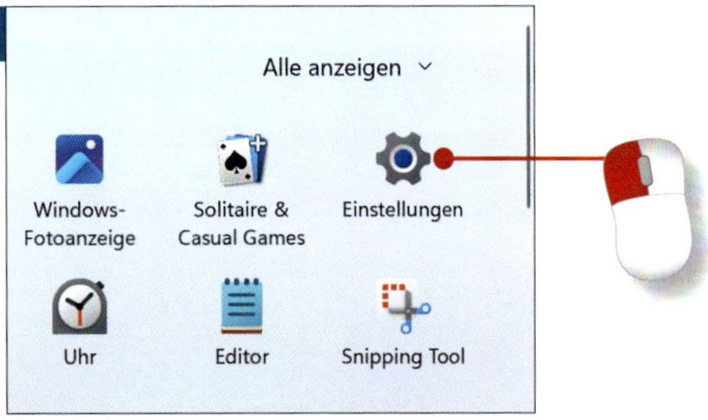


## Schritt 1

Öffnen Sie einmal mehr die **Einstellungen**, indem Sie zunächst auf das **Windows**-Symbol in der Taskleiste klicken und danach das Zahnrad auswählen. Sollten Sie bereits zum Kreis der Tastaturkürzelfans gehören, betätigen Sie ⊞ + I.

2

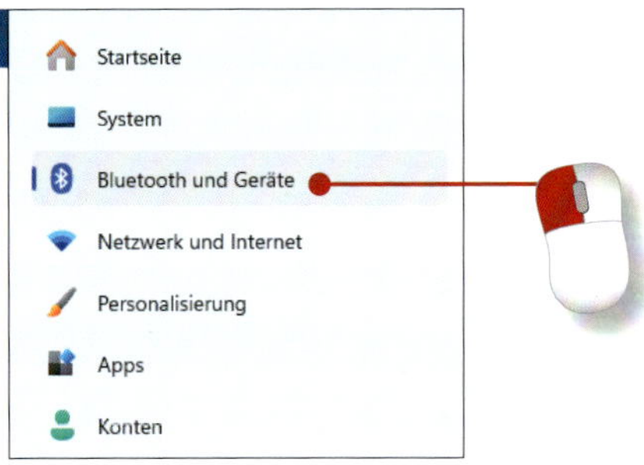


## Schritt 2

Wählen Sie im jetzt erscheinenden Dialogfenster die Schaltfläche **Bluetooth und Geräte** an.

3

## Schritt 3

Auch hier müssen Sie zunächst die Rubrik **Drucker und Scanner** auswählen.

**Das kann dauern ...**

Verzagen Sie nicht, wenn das Entfernen des Geräts nicht direkt sichtbar wird. Es kann durchaus ein wenig dauern, bis auch das Drucker-Icon verschwindet.

## Schritt 4

Platzieren Sie im Verzeichnis **Drucker und Scanner** einen Mausklick auf dem Drucker, den Sie entfernen möchten (hier **Samsung C48x**).

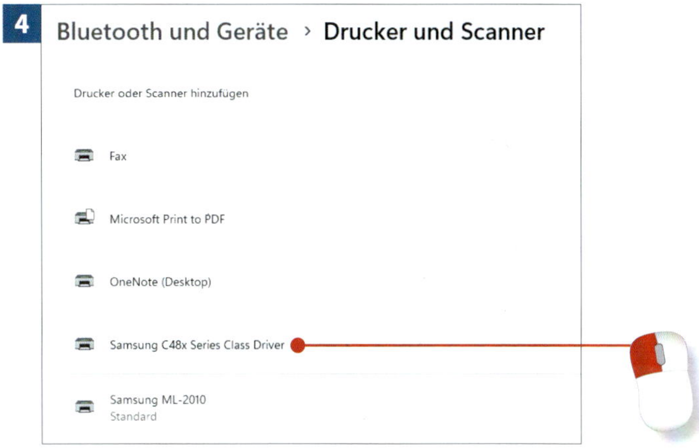


## Schritt 5

Oben rechts finden Sie die Schaltfläche **Entfernen**. Wählen Sie diese jetzt an.

## Schritt 6

Sie stellen fest, dass sich der Drucker nach dem Entfernen nicht mehr in der Druckerliste befindet.

**Treiber bleiben erhalten**

Auch wenn Sie einen Drucker entfernen, bleibt dessen Treiber dennoch installiert. Sollten Sie dasselbe Gerät irgendwann wieder anschließen, geht es also umso schneller.

# Lautsprecher anschließen und testen

*Lautsprecher sollten von Anfang an korrekt konfiguriert werden, damit es nicht zu Beeinträchtigungen kommt. Denn schließlich soll der Klang ja auch am PC zum Hörgenuss werden.*

## Schritt 1

Sie müssen sicherstellen, dass Sie an Ihrem Rechner den richtigen Anschluss gewählt haben. Stereolautsprecher gehören (sofern sie nicht über USB zu verbinden sind) stets an den grünen Ausgang ❶.

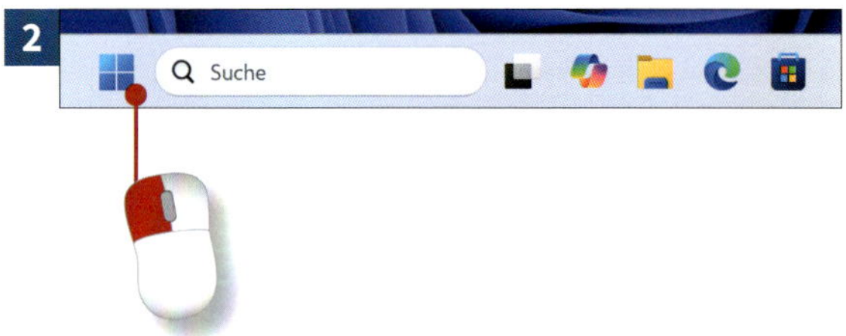


## Schritt 2

Öffnen Sie die **Einstellungen**, indem Sie auf die **Windows**-Schaltfläche der Taskleiste klicken und dann auf **Einstellungen** gehen.

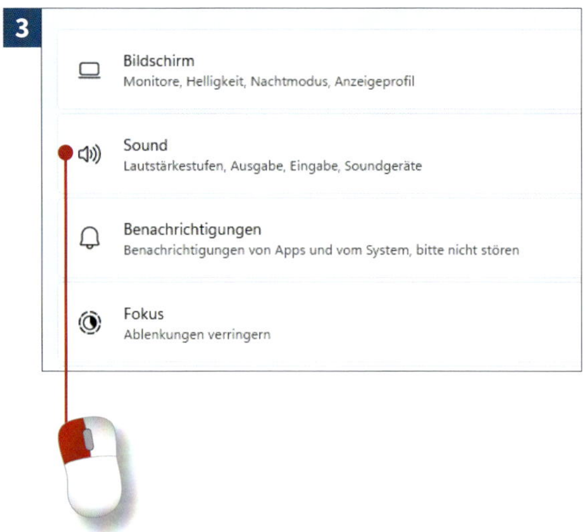


## Schritt 3

Standardmäßig ist **System** auf der linken Seite des Fensters vorausgewählt. Sie müssen in der Mitte nur noch auf **Sound** klicken.

**Soundhardware**

Damit Lautsprecher betrieben werden können, bedarf es einer Soundkarte. Sie muss betriebsbereit sein, damit die Lautsprecher funktionieren.

### Schritt 4

Prüfen Sie, ob das von Ihnen bevorzugte Gerät tatsächlich auch in der Liste angewählt ist. Wenn nicht, wählen Sie den entsprechenden Radiobutton an. (Im Beispiel sind **Speakers**, also Lautsprecher gewählt. Allerdings wollen wir auf den Eintrag **BenQ M2700HD** umstellen.)

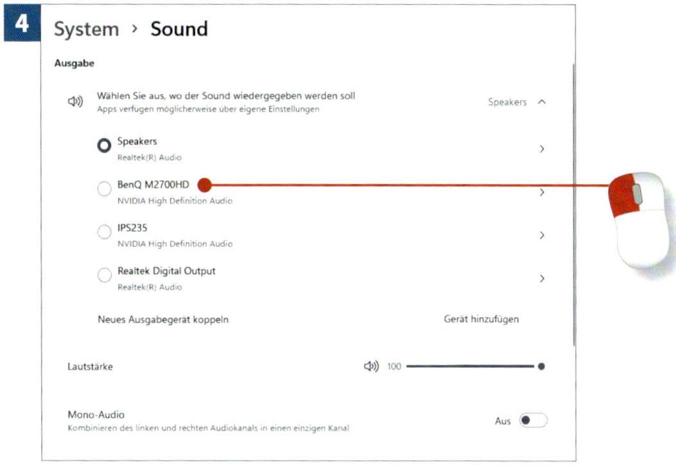


### Schritt 5

Klicken Sie anschließend erneut auf die Zeile, diesmal jedoch, ohne den Radiobutton zu (de)aktivieren. Der Mausklick muss also etwas weiter rechts ausgeführt werden.

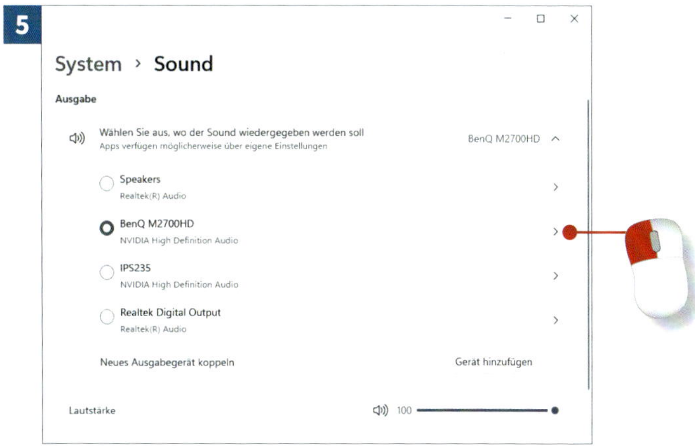


### Schritt 6

Prüfen Sie zunächst, ob die Ausgabe funktioniert. Dazu klicken Sie in der Bildmitte, genauer gesagt in der Zeile **Format** der **Ausgangseinstellungen**, auf **Testen**. Sie sollten jetzt zweimal hintereinander je drei Töne wahrnehmen können.

**Soundsystem vorkonfiguriert**

Wenn Sie im Fachhandel einen Computer inklusive Windows 11 erworben haben, können Sie die Schritte 2 bis 6 in der Regel außer Acht lassen, da derartige Einstellungen bereits vor dem Verkauf des PCs vorgenommen werden.

# Lautsprecher anschließen und testen (Forts.)

7

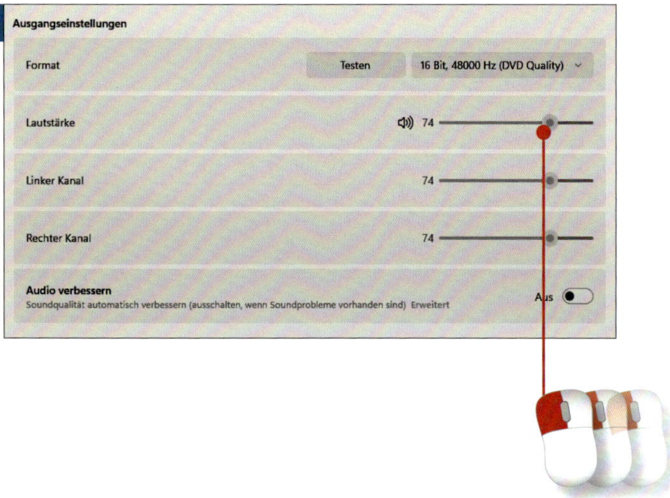


8

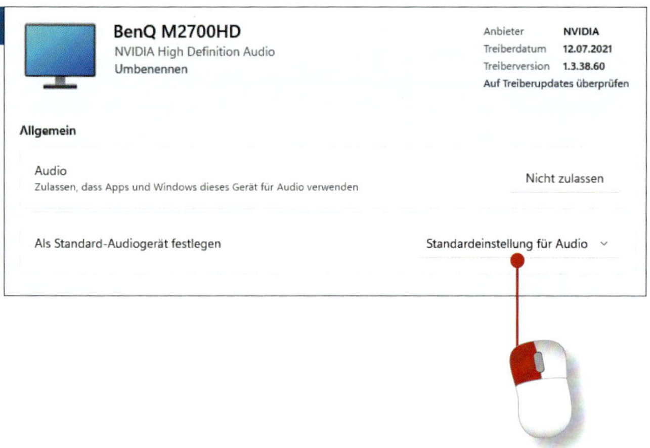


9

## Schritt 7

Wie steht es mit der Lautstärke? Sind Sie zufrieden? Wenn nicht, bewegen Sie den Regler **Lautstärke** (eine Zeile tiefer) entsprechend.

## Schritt 8

Wie beim Drucker gilt, dass das Standardgerät festgelegt werden sollte. Da wir in Schritt 4 ein anderes Ausgabegerät eingestellt hatten, ist dies nun auch für Audio erforderlich. Klicken Sie die Schaltfläche **Standardeinstellung für Audio** in der Zeile **Als Standard-Audiogerät festlegen**.

## Schritt 9

Der Overlay-Hinweis **Auch als Standard für die Kommunikation verwendet** ist etwas irreführend. Sie müssen ihn jedenfalls anwählen, da das aktuelle Gerät ansonsten nicht als Standard verwendet wird.

**Audio nicht zulassen**

Die Schaltfläche **Nicht zulassen** im Bereich **Allgemein** ist irreführend. Man könnte annehmen, sie zeigt an, dass die Audioausgabe unterdrückt ist, doch das ist nicht der Fall. Vielmehr dürfen Apps und Windows dieses Gerät verwenden. Erst wenn Sie die Schaltfläche anklicken und eine anschließende Kontrollabfrage bestätigen, wird die Verwendung unterbunden.

### Schritt 10

Wenn Sie ein Soundsystem an Ihren Computer angeschlossen haben, prüfen Sie auch, ob sich durch **Audio verbessern** (unten in den **Ausgangseinstellungen**) eine Verbesserung erreichen lässt. Sollte es dadurch jedoch zu Problemen bei der Ausgabe kommen, deaktivieren Sie den Schalter wieder.

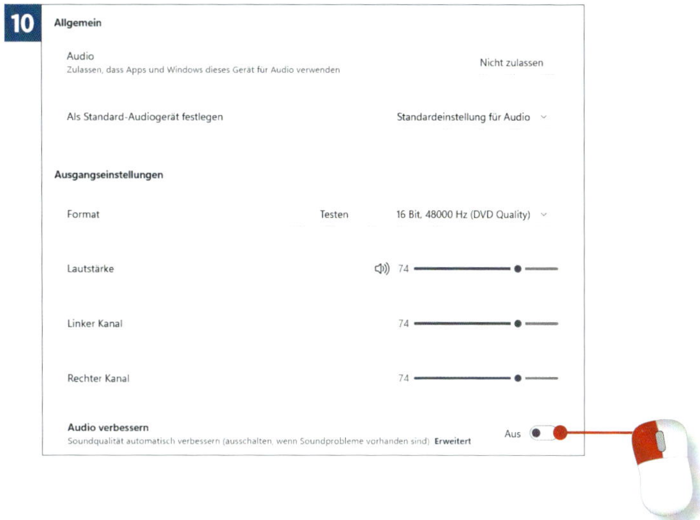


### Schritt 11

Sollten Sie irgendwann ein neues Audioausgabegerät hinzufügen, gehen Sie bitte zunächst auf die Seite **Sound**. Aktuell reicht dazu ein Klick auf **Sound**.

### Schritt 12

Im Segment **Ausgabe** finden Sie die Schaltfläche **Gerät hinzufügen** (in der Zeile **Neues Ausgabegerät koppeln**). Nun sucht Windows 11 nach neu verbundenen Audiogeräten.

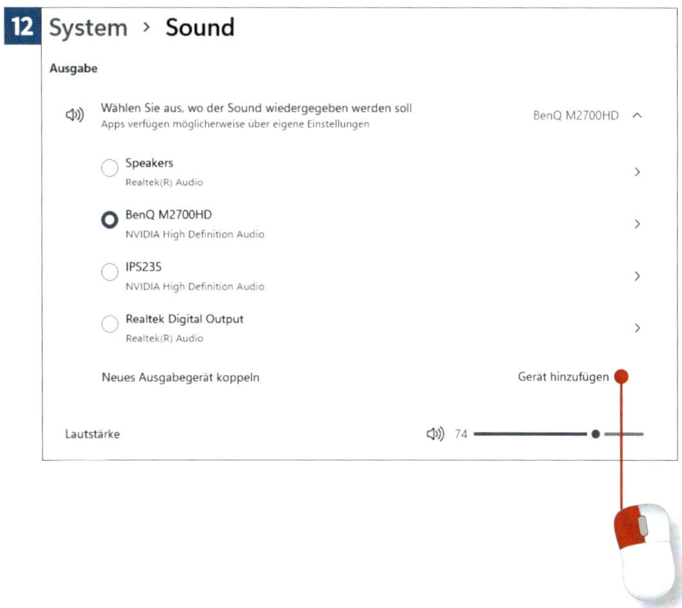


**Keine einheitlichen Listen**

Bitte beachten Sie, dass die in der Einstellung gelisteten Geräte auf jedem Rechner unterschiedlich sein können. Auch die Reihenfolge der Einträge ist individuell und ändert sich je nach Auswahl des Standardgeräts.

# Den Mikrofonanschluss testen

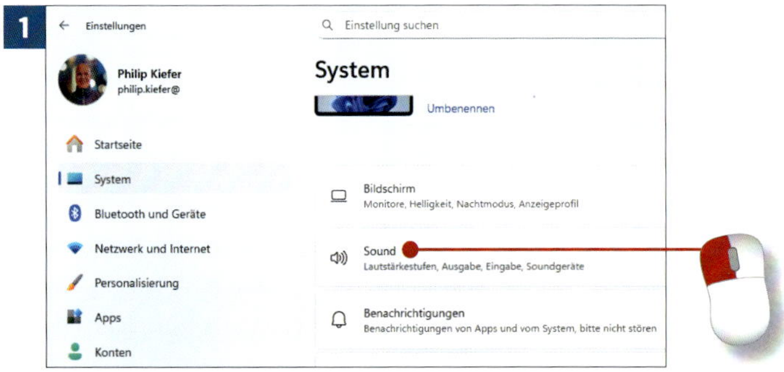


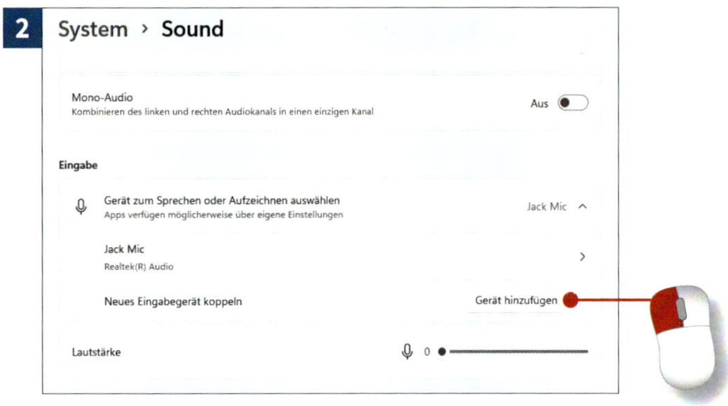


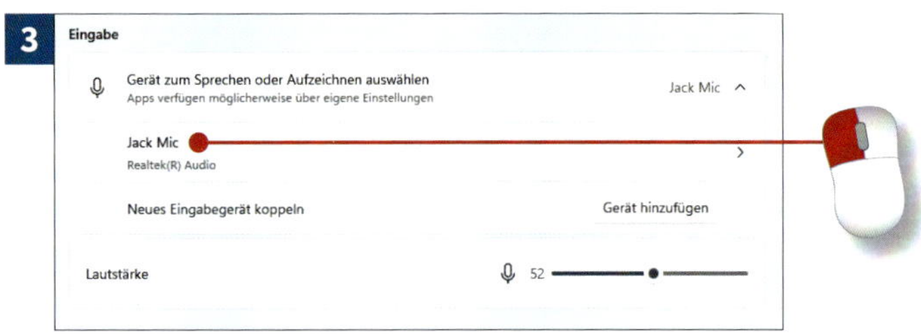


*Obwohl die Geräte angeschlossen und konfiguriert sind, wie im vorangegangenen Workshop beschrieben, heißt das noch nicht, dass auch das Mikrofon bereits funktioniert.*

## Schritt 1

Um schnell in die Systemsteuerung zu gelangen, drücken Sie zunächst [Windows-Taste] auf Ihrer Tastatur und wählen dann in den **Einstellungen** unter **System** die Zeile **Sound** an.

## Schritt 2

Scrollen Sie, falls erforderlich, etwas nach unten. Falls kein Mikrofon angeschlossen ist, klicken Sie bitte im Bereich **Eingabe** auf **Gerät hinzufügen** in der Zeile **Neues Eingabegerät koppeln**.

## Schritt 3

Anschließend wählen Sie die Zeile an, in der das Mikrofon gelistet wird. Hier ist es **Jack Mic** (für ein analog mit der Soundkarte des Computers verbundenes Mikro).

**Bluetooth-Gerät hinzufügen**

Im Anschluss an Schritt 2 wird ein Dialogfenster angeboten, mit dem auch ein Bluetooth-Mikrofon hinzugefügt werden kann.

## Schritt 4

Werfen Sie als Nächstes einen Blick auf die **Eingabeeinstellungen**. Klicken Sie in der Zeile **Mikrofon testen** auf **Test starten**.

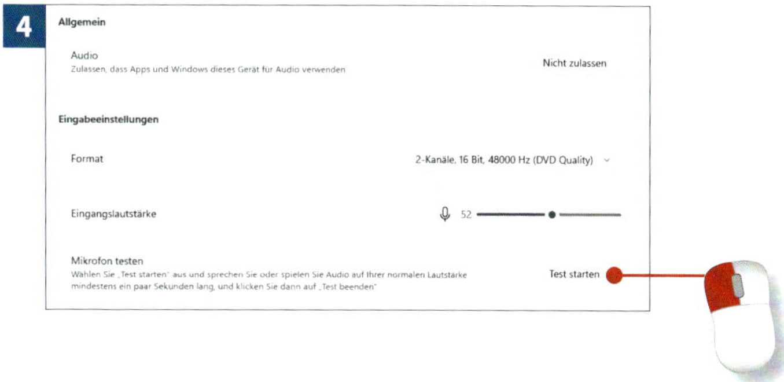


## Schritt 5

Jetzt sprechen Sie eine beliebige Nachricht von einigen Sekunden ein. Wenn Sie fertig sind, klicken Sie auf **Test beenden**.

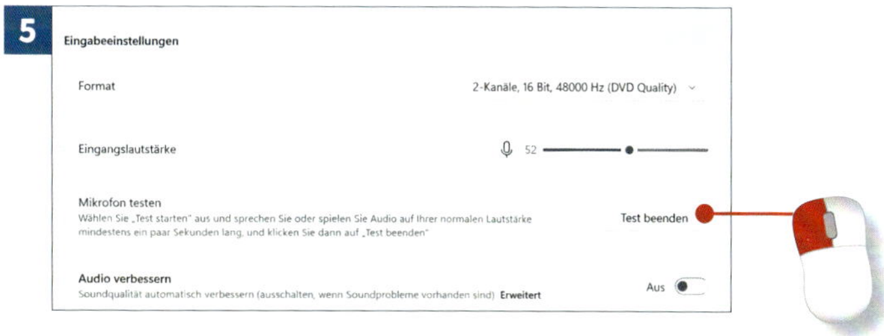


## Schritt 6

Links neben der Schaltfläche **Test starten** taucht nun das Ergebnis ❶ auf. Wenn hier mindestens 12 angeboten wird, können Sie die Einstellungen schon verlassen. Liegt der Wert unter 12, ziehen Sie den Regler **Eingangslautstärke** etwas nach rechts und wiederholen den Test (Schritte 4 bis 5).

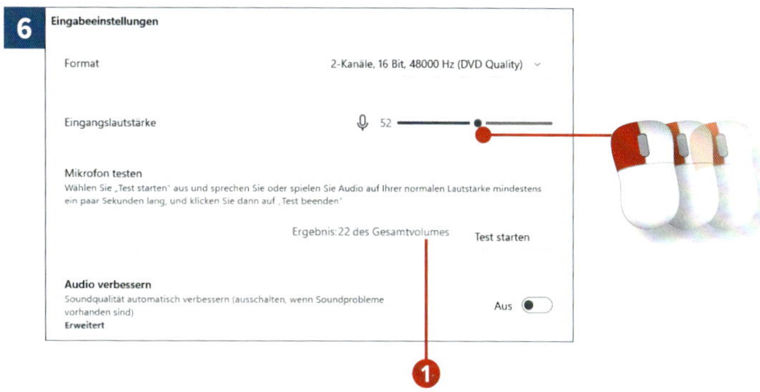


**Eingangslautstärke festlegen**

Wenn Sie die **Eingangslautstärke** für das Mikrofon erhöhen, ist eine Sprachaufnahme zwar lauter, jedoch erhöht sich auch die Gefahr einer Übersteuerung. Falls nötig, regulieren Sie im Anschluss an die erste Probeaufnahme (ab Schritt 8) hier noch einmal nach.

# Den Mikrofonanschluss testen (Forts.)

7

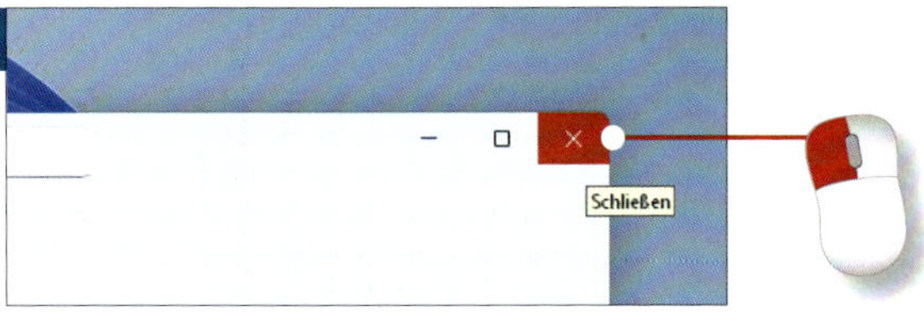


## Schritt 7

Was die Einstellungen betrifft, ist nun alles erledigt. Schließen Sie das Fenster.

8

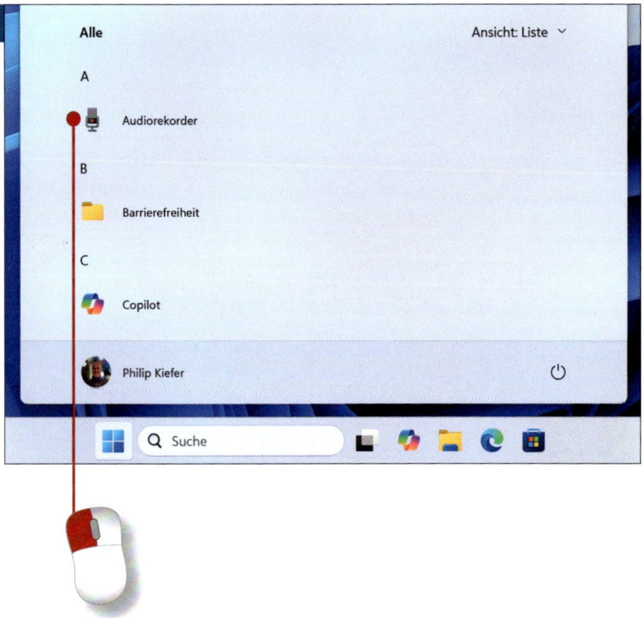


## Schritt 8

Jetzt führen wir eine Testaufnahme durch. Drücken Sie [Windows-Taste] und öffnen Sie die App **Audiorekorder** oder **Windows-Sprachrekorder**. Es handelt sich um dieselbe App, die aber je nach System unter verschiedenen Namen gelistet wird.

9

## Schritt 9

Klicken Sie auf das Aufnahmesymbol und beginnen Sie mit dem Einsprechen.

**Aufnahme markieren**

Rechts unten in der Aufnahmeleiste sehen Sie die Option **Markieren** ❷. Das ist eine Art Kennzeichnung für einzelne, besonders wichtige oder gelungene Stellen in der Aufnahme.

## Schritt 10

Da Ihr Mikrofon noch nicht für die Aufnahme freigegeben ist (bislang haben wir ja lediglich die Spracheingabe erlaubt, nicht jedoch die Aufnahme), bestätigen Sie mit **Ja**.

## Schritt 11

Aufnahme läuft! Wenn Sie kurz pausieren wollen, betätigen Sie die Pausetaste. Wiederholen Sie den Klick, um die Aufnahme fortzusetzen, und beenden Sie Ihre Aufzeichnung mit einem Klick auf **Aufzeichnung beenden**.

## Schritt 12

Die Aufnahme ist mit dem Titel **Aufzeichnung** versehen. Ein Klick darauf oder auf die Play-Schaltfläche spielt die Aufnahme ab.

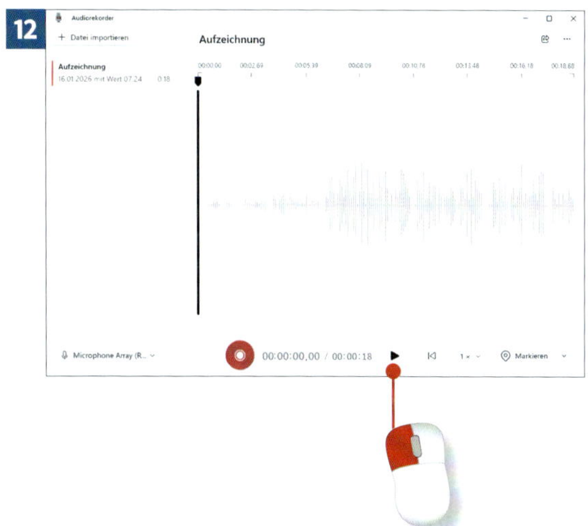


**Speicherort der Aufnahme finden**

Standardmäßig wird eine Sprachrekorderaufnahme im Verzeichnis **Dokumente** im Ordner *Audioaufzeichnungen* abgelegt.

# USB-Stick oder USB-Festplatte hinzufügen

1

*Um wichtige Daten zu sichern, können Sie sie auf eine USB-Festplatte verschieben. Wenn Sie Daten in der Jackentasche transportieren möchten, greifen Sie lieber zum USB-Stick.*

2

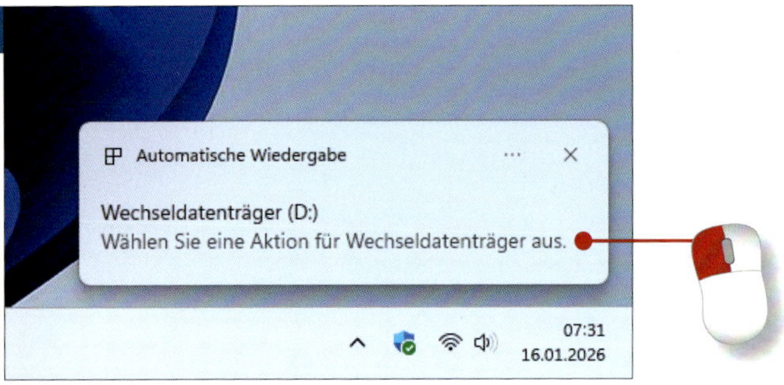


## Schritt 1

Verbinden Sie das externe Gerät (Festplatte oder USB-Stick) mit Ihrem PC. Schalten Sie die Festplatte ein, sofern diese über einen Schalter verfügt. USB-Sticks müssen in der Regel nicht eingeschaltet werden.

## Schritt 2

Sollte die Festplatte oder der USB-Stick erstmals an dem zuvor zugewiesenen USB-Slot verwendet werden, erscheint nun eine Info am unteren rechten Bildrand. Diese klicken Sie an. Sollte keine Info angezeigt werden, machen Sie mit Schritt 4 weiter.

3

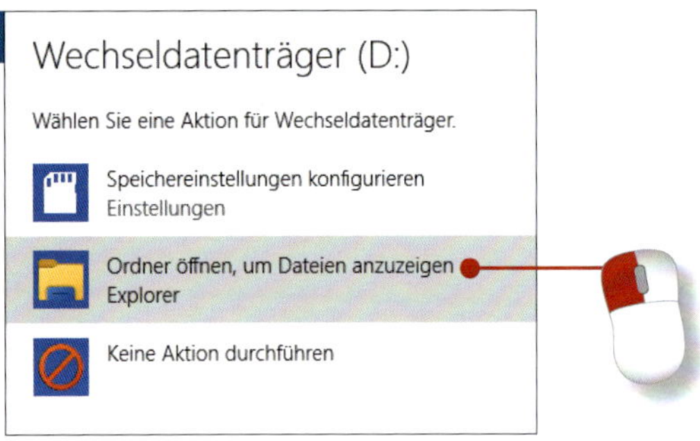


## Schritt 3

Jetzt öffnet sich oben rechts ein Menü, das es ermöglicht, direkt auf die Festplatte oder den USB-Stick zuzugreifen. Wenn Sie auf **Ordner öffnen, um Dateien anzuzeigen ▸ Explorer** klicken, öffnet sich der Speicherort als eigenständiges Fenster. Fahren Sie mit Schritt 7 fort.

**USB-Slot**

Ein USB-Slot ist das passende Gegenstück zu einem USB-Stecker – also gewissermaßen der USB-Steckplatz.

## Schritt 4

Falls Sie in Schritt 3 nicht schnell genug waren, um auf den Hinweis zu klicken, können Sie auch einen beliebigen Ordner auf Ihrem PC öffnen. Am besten klicken Sie auf das Ordnersymbol in der Taskleiste. Es öffnet den **Explorer**.

## Schritt 5

Klicken Sie daraufhin in der linken Spalte des Fensters auf **Dieser PC**. Falls der Eintrag nicht zu sehen ist, müssen Sie ein wenig nach unten scrollen.

## Schritt 6

Halten Sie nach dem soeben angeschlossenen Datenträger Ausschau. Doppelklicken Sie auf ihn (hier **Wechseldatenträger (D:)**).

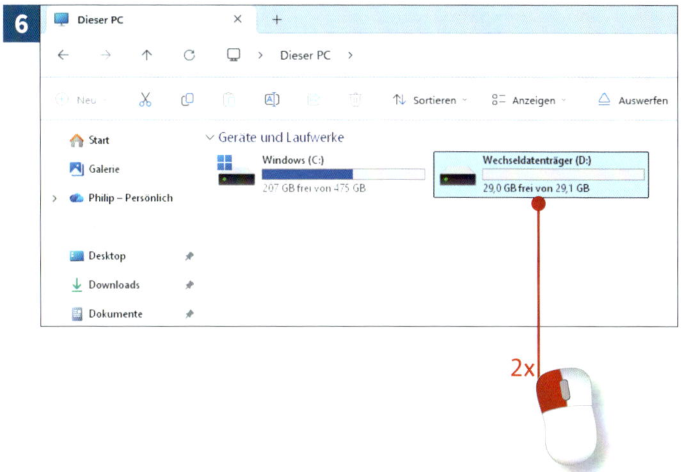


### Anleitung auch für SD-Karten

Diese Anleitung können Sie auch für die Datenübertragung von einem Kamerachip verwenden – mit dem Unterschied, dass Sie die Speicherkarte dann in das Kartenlesegerät Ihres PCs einstecken und nicht in den USB-Slot.

# USB-Stick oder USB-Festplatte hinzufügen (Forts.)

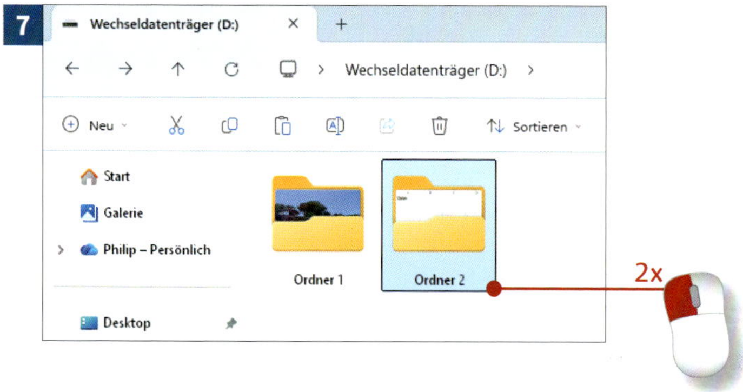


## Schritt 7

Nun haben Sie folgende Möglichkeiten: Öffnen Sie vorhandene Ordner mit einem Doppelklick, um auf deren Inhalte zuzugreifen (hier *Ordner 2*).

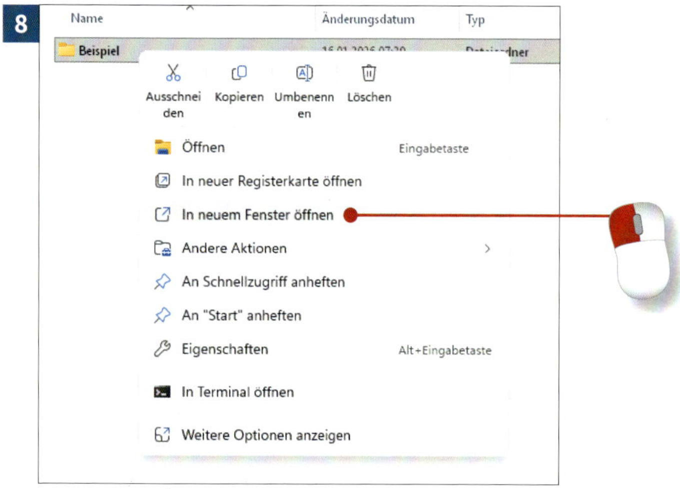


## Schritt 8

Für den schnellen Datenaustausch können Sie zwei Fenster nebeneinanderstellen. Öffnen Sie also einen weiteren Ordner von Ihrer Festplatte, z. B. indem Sie diesen mit rechts anklicken und **In neuem Fenster** öffnen wählen.

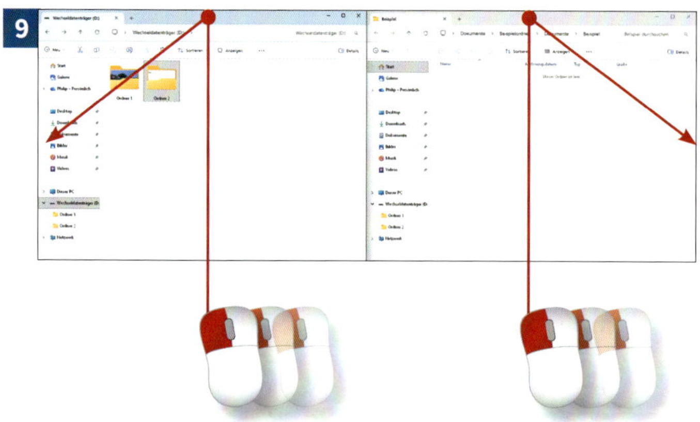


## Schritt 9

Ziehen Sie zunächst das eine Fenster an den linken Bildschirmrand und anschließend das andere an den rechten Bildschirmrand.

### Listenansicht

Neben der Schaltfläche **Miniaturansicht** rechts unten finden Sie auch noch die **Listenansicht**. Diese enthält zwar keine Bildvorschau, gibt Ihnen aber Informationen über Dateitypen, Änderungsdaten etc. Über das Menü **Anzeigen** (oben im Fenster) werden weitere Ansichtsoptionen zur Verfügung gestellt.

## Schritt 10

Jetzt können Sie Ordner und Dokumente per Drag and Drop von einem Fenster in das andere ziehen. Dabei werden die Daten auf die Festplatte oder den Stick kopiert bzw. Daten von dort auf den PC übertragen – als Kopien. Die Originale bleiben erhalten.

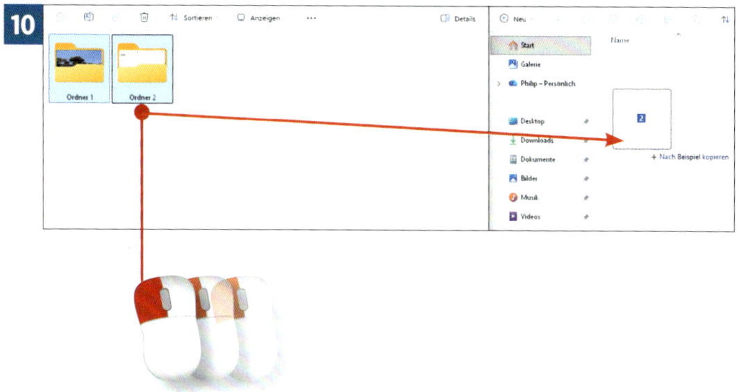


## Schritt 11

Wenn alle Daten übertragen worden sind, schließen Sie sämtliche Fenster. Klicken Sie auf die kleine Pfeilspitze (**Ausgeblendete Symbole einblenden**) in der Taskleiste. Daraufhin öffnet sich eine Tafel.

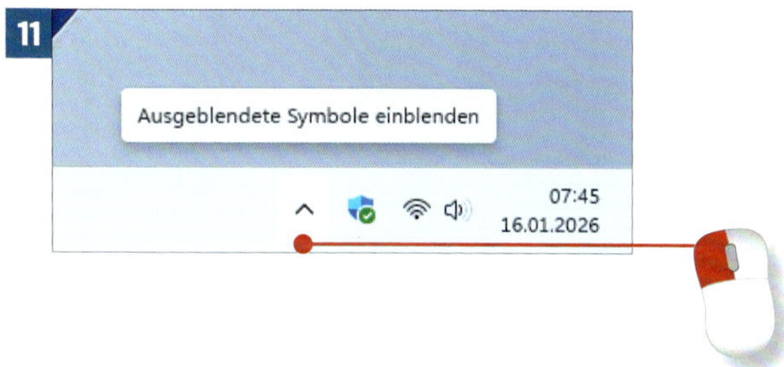


## Schritt 12

Jetzt klicken Sie auf **Hardware sicher entfernen und Medium auswerfen**. Zuletzt wählen Sie das Laufwerk ❶.

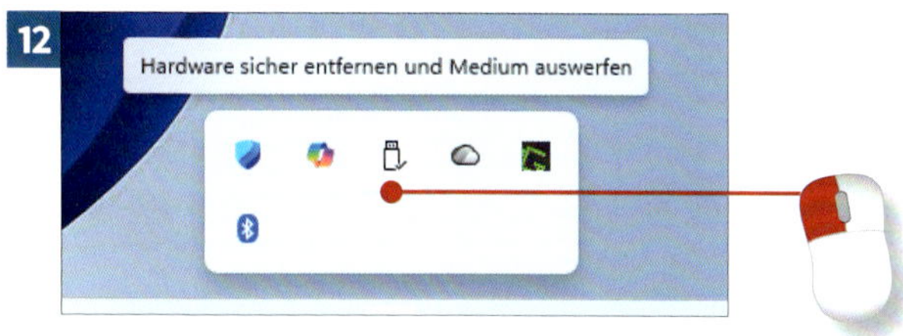


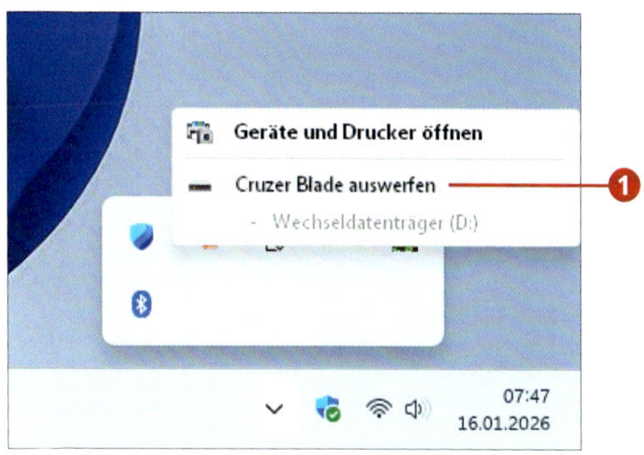


**Grenzenloser Austausch**

Dateien lassen sich über Schritt 10 hinaus auch zwischen den angeschlossenen Geräten und dem Desktop austauschen. Wenn Sie eine Datei aus dem Laufwerksordner auf den Desktop ziehen, können die Daten auch dort abgelegt werden. Umgekehrt geht es natürlich auch.

# Bluetooth-Geräte mit Windows verbinden

1

*Sofern Ihr Computer Bluetooth-fähig ist, lassen sich verschiedene Geräte drahtlos verbinden, wie es hier am Beispiel einer Bluetooth-Tastatur gezeigt wird.*

## Schritt 1

Entscheiden Sie sich in den **Einstellungen** (die Sie z. B. mit ⊞ + I aufrufen) für die Kategorie **Bluetooth und Geräte**.

2

## Schritt 2

Bluetooth muss aktiviert sein. Sollte dies nicht der Fall sein, stellen Sie den Schalter **Bluetooth** auf **Ein**.

3

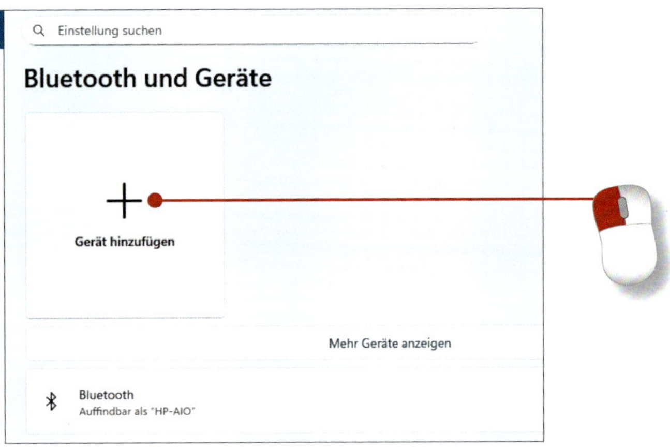


## Schritt 3

Klicken Sie nun auf **Gerät hinzufügen**.

**Bluetooth-Adapter verwenden**

Falls Ihr PC nicht über Bluetooth verfügt, kann dieses z. B. durch einen Bluetooth-Adapter nachgerüstet werden.

## Schritt 4

Im folgenden Dialogfeld treffen Sie die Auswahl **Bluetooth**.

4

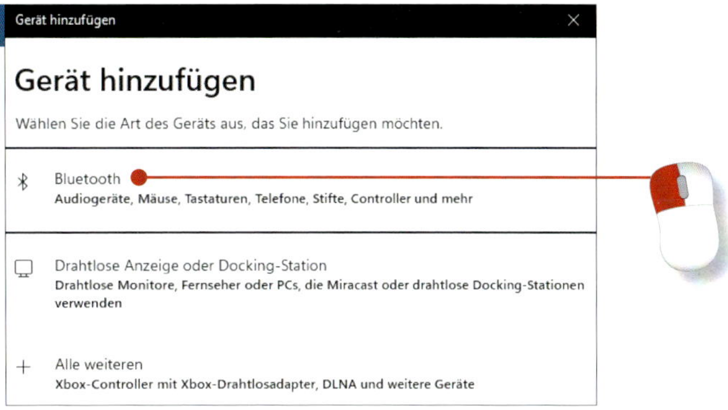


## Schritt 5

Jetzt geht es zunächst am Gerät weiter. Dieses muss natürlich eingeschaltet sein. Meine Tastatur muss ich dazu auf **On** ❶ stellen.

5

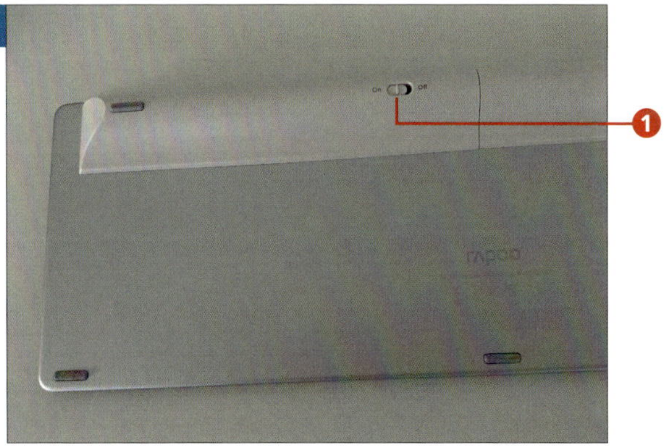


## Schritt 6

Wie Bluetooth aktiviert wird, erfolgt je nach Gerät unterschiedlich. Bei meiner Tastatur muss ich die Tasten [fn] + [1] für 3 Sekunden gedrückt halten.

6

**!**

### Nicht zu weit entfernen

Bluetooth ist für drahtlose Verbindungen im Abstand von einigen Metern gedacht. Um die Bluetooth-Verbindung herzustellen, sollte das Gerät also nicht zu weit entfernt sein.

# Bluetooth-Geräte mit Windows verbinden (Forts.)

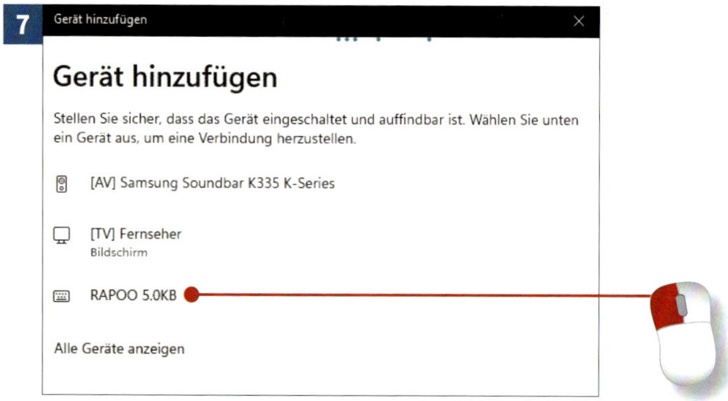


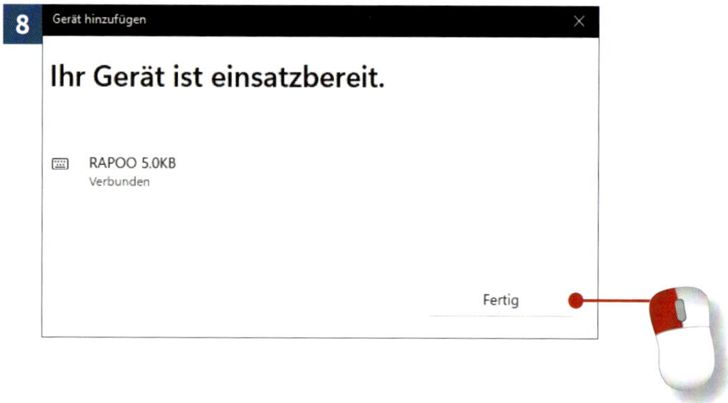


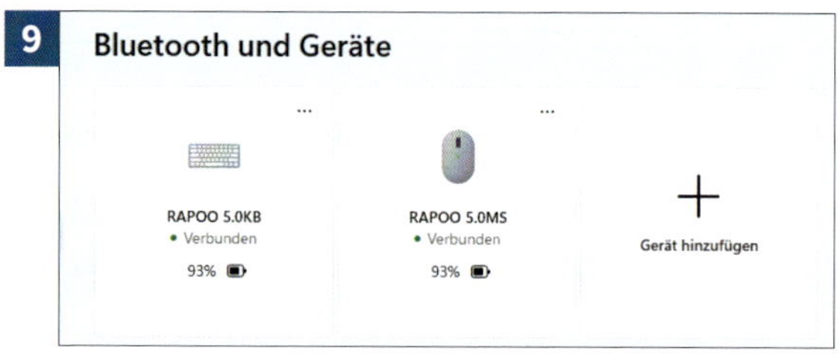


### Schritt 7

Das Bluetooth-Gerät sollte jetzt in der Liste aufgeführt werden. Klicken Sie den Eintrag an.

### Schritt 8

Das hat geklappt: Das Bluetooth-Gerät wurde gekoppelt. Bestätigen Sie mit **Fertig**.

### Schritt 9

Die gekoppelten Geräte werden in den **Einstellungen** unter **Bluetooth und Geräte** aufgeführt.

**Mehrere Geräte in Reichweite?**

Prinzipiell muss man ja immer davon ausgehen, dass weitere aktivierte Geräte in Reichweite sind. Dennoch können Sie diese Schritte ruhigen Gewissens ausführen – sofern Sie darauf achten, dass Sie auch wirklich eine Verbindung zu *Ihrem* und nicht zu einem fremden Gerät herstellen.

### Schritt 10

Auf die Bluetooth-Einstellungen können Sie auch noch auf andere Weise zugreifen. Klicken Sie im Infobereich rechts in der Taskleiste auf **Ausgeblendete Symbole einblenden**.

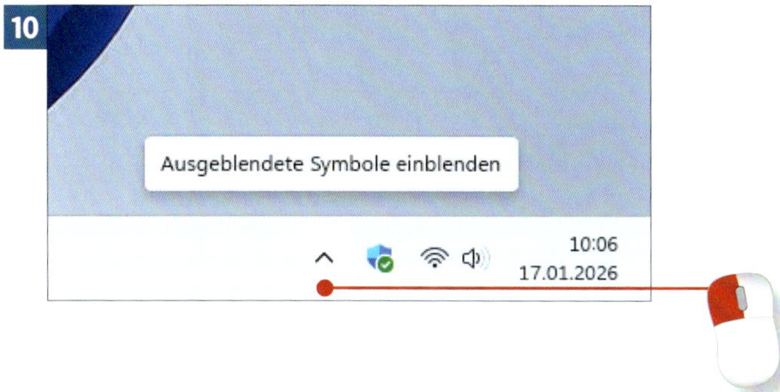


### Schritt 11

Klicken Sie auf das blau-weiße Bluetooth-Symbol.

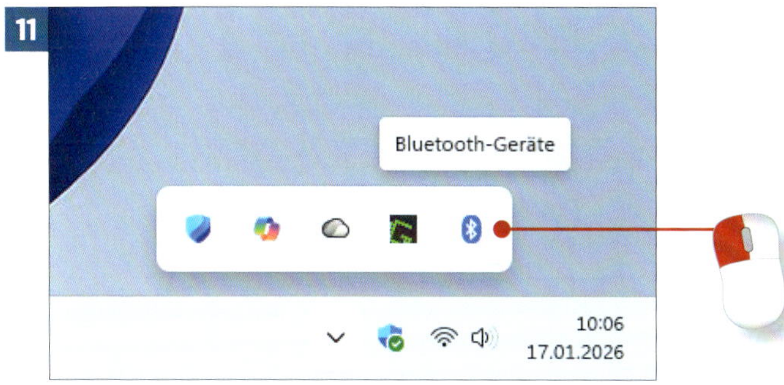


### Schritt 12

Im Menü können Sie nun unter anderem die entsprechenden **Einstellungen öffnen**.

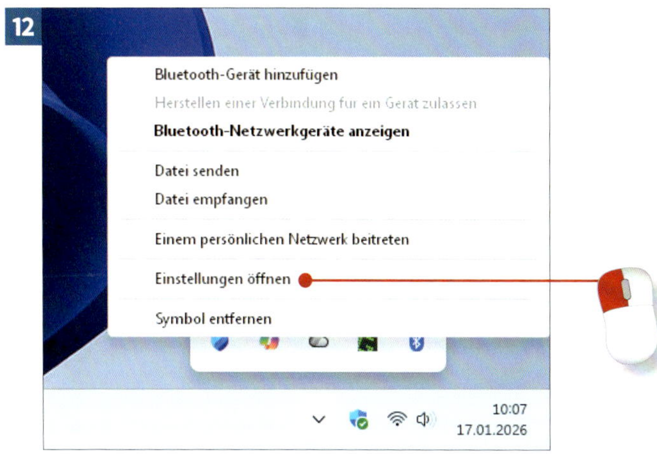


**Bluetooth-Gerät wieder entfernen**

Um ein Bluetooth-Gerät wieder zu entfernen, klicken Sie unter **Bluetooth und Geräte** auf das Drei-Punkte-Symbol bei dem Gerät. Wählen Sie **Gerät entfernen**.

# Smartphone verbinden

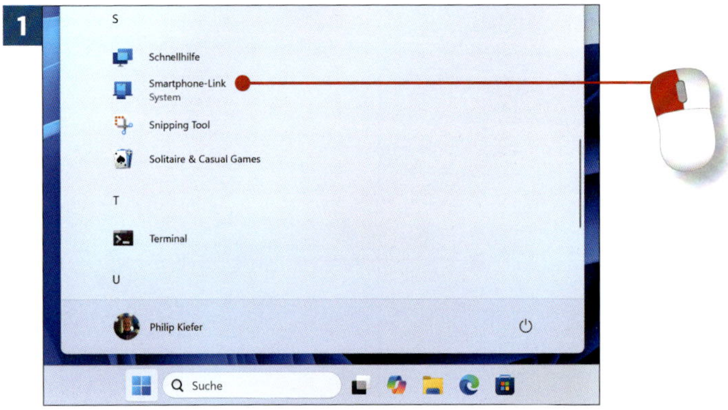


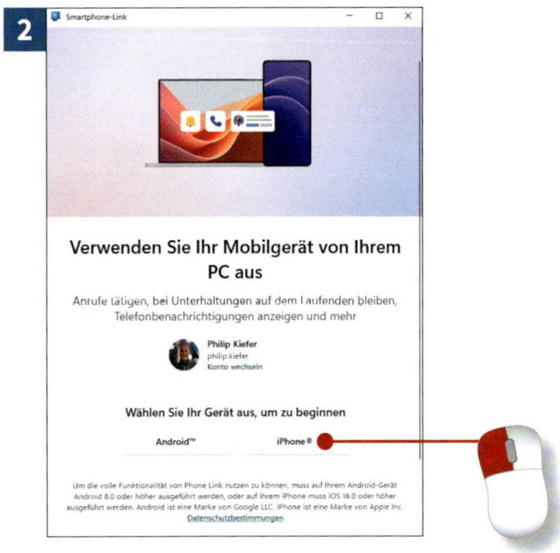

*Bluetooth kann auch dem Datenaustausch zwischen dem Windows-PC und einem Smartphone dienen. Hierfür wird die App Smartphone-Link angeboten. Das Koppeln wird auf dieser Doppelseite beschrieben.*

## Schritt 1

Rufen Sie die App **Smartphone-Link** im Startmenü auf. Auf Ihrem Smartphone installieren Sie die kostenlose App **Link zu Windows**.

## Schritt 2

Was für ein Smartphone verwenden Sie? Eines mit dem Betriebssystem Android oder ein iPhone? Treffen Sie Ihre Auswahl. Hier wähle ich das **iPhone**.

## Schritt 3

Auf dem Bildschirm wird jetzt ein sogenannter QR-Code angezeigt. Diesen Scannen Sie auf Ihrem Smartphone mit der App Link zu Windows über die Smartphone-Kamera ein.

**Standardsoftware bevorzugen**

Die App Smartphone-Link ist (noch) relativ fehleranfällig. Bevorzugen Sie deshalb die Standardsoftware für den Datenaustausch mit dem PC. Beim iPhone-Beispiel wäre das iTunes.

### Schritt 4

Setzen Sie das Koppeln auf dem Smartphone in Gang und bestätigen Sie auf dem Windows-PC mit der Schaltfläche **Koppeln**.

### Schritt 5

Ein Assistent hilft jetzt bei den einzelnen Freigaben. Entscheiden Sie darüber gleich oder zu einem späteren Zeitpunkt.

### Schritt 6

Nach dem Einrichten erhalten Sie auf dem Windows-PC Zugriff auf die Daten, die Sie auf dem Smartphone freigegeben haben.

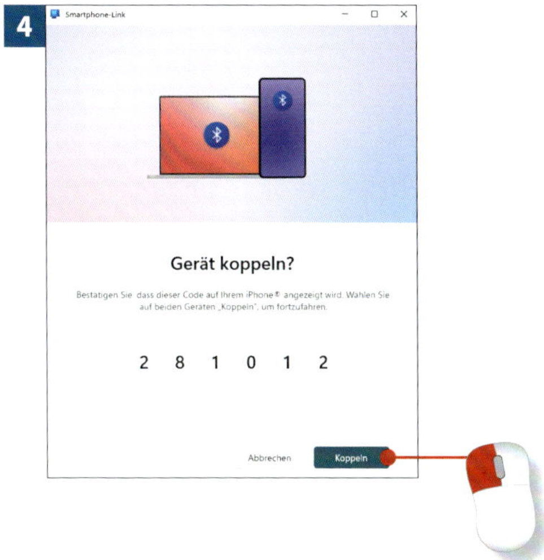


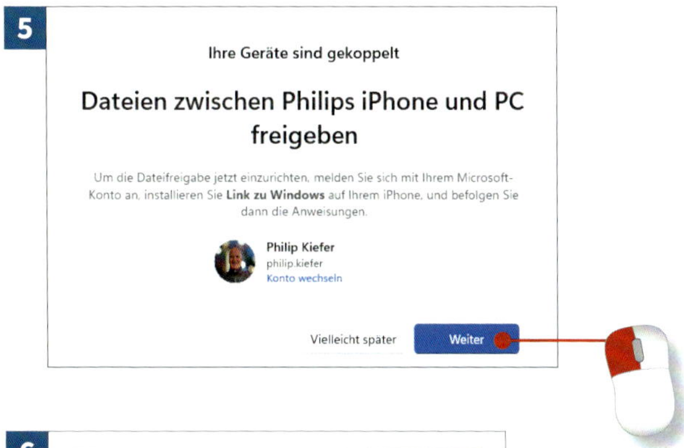


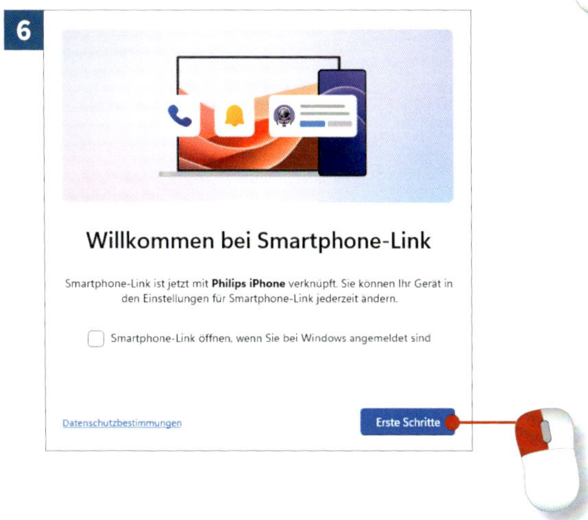


**Hardwarevoraussetzungen**

Voraussetzung für die Bluetooth-Verbindung mit dem Smartphone ist ein neueres Smartphone mit aktueller Software. Der PC muss außerdem Bluetooth Low Energy (BLE) unterstützen.

# Kapitel 10
# **Windows 11 anpassen**

Vielleicht denken Sie jetzt: Windows sieht ja ganz nett aus, aber als Desktop-Hintergrundbild hätte ich doch gerne etwas anderes. Ihr Betriebssystem bietet Ihnen eine ganze Menge Möglichkeiten, um das Erscheinungsbild persönlicher zu gestalten. Und wenn an Ihrem Rechner nicht nur Sie selbst, sondern mehrere Benutzer arbeiten wollen, lässt sich auch das unkompliziert lösen. Wie es geht, erfahren Sie in diesem Kapitel.

**Farben und Hintergründe ändern**

Neben den Farben des Startmenüs oder der Desktop-Fenster kann auch das Hintergrundbild des Bildschirms ❶ frei eingerichtet werden. Sie können sogar eigene Fotos einsetzen. Wenn Sie Windows also personalisieren wollen, sind Sie hier genau richtig.

**Sperrbildschirm und Hintergrund einrichten**

Der Sperrbildschirm ❷ soll verhindern, dass Unbefugte mit Ihrem Rechner arbeiten können, während Sie kurz mal frischen Kaffee organisieren. Der Hintergrund hingegen ist fast permanent zu sehen – sodass dieser gerne besonders ansprechend gestaltet werden darf. Welche Motive bevorzugen Sie?

**Benutzerkonten einrichten**

Sie sind nicht allein an Ihrem Rechner? Dann sollten Sie allen Nutzerinnen und Nutzern ein eigenes »Zimmer« in Windows einrichten, ein sogenanntes *Benutzerkonto* ❸. Das schafft Ordnung und erleichtert jedem Anwender und jeder Anwenderin die Arbeit.

❶ Wenn Sie möchten, können Sie den Hintergrund und die Farben in den Fenstern und Dialogen verändern.

❷ Sperrbildschirm und Bildschirmschoner sind vielfältig konfigurierbar.

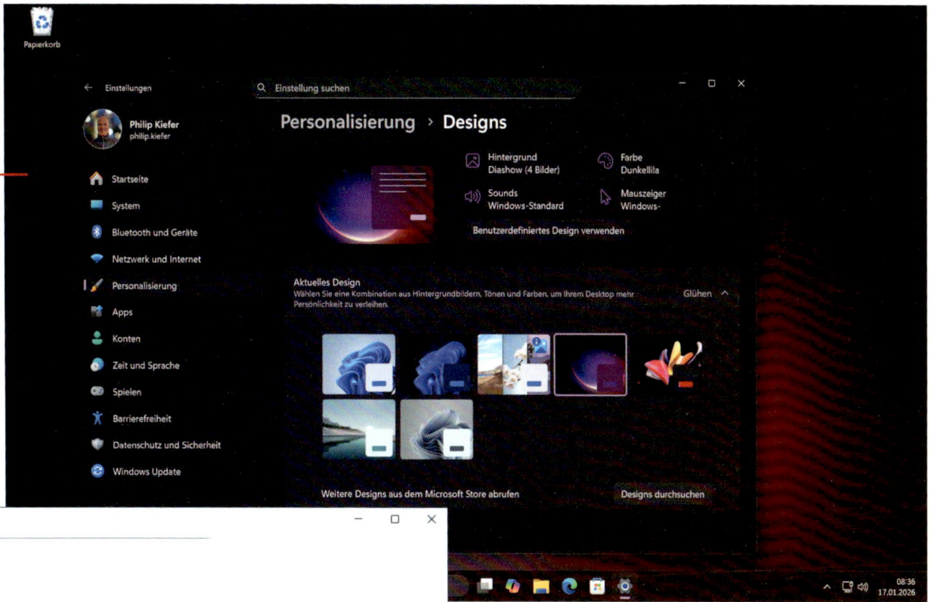


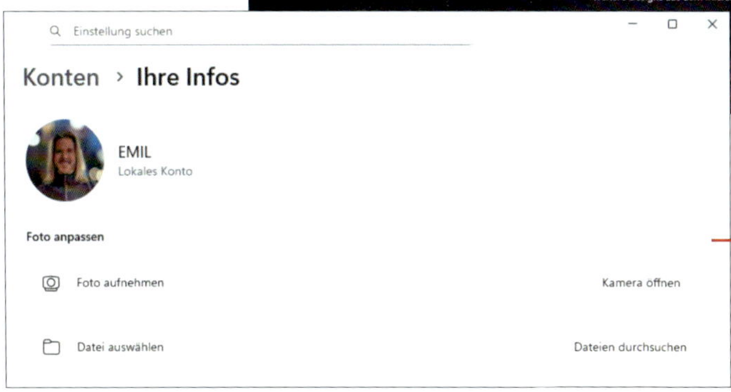


❸ Windows und Benutzerdaten können von allen Benutzerinnen und Benutzern individuell konfiguriert werden.

# Das Design anpassen

*Die hier gezeigte dunkle Oberfläche von Windows 11 ist doch ganz nett, finden Sie nicht auch? Wenn ja, sind Sie mit dieser Anleitung bereits fertig. Wenn Sie aber lieber helle Farben sehen möchten, dürfen Sie gerne »umdekorieren«.*

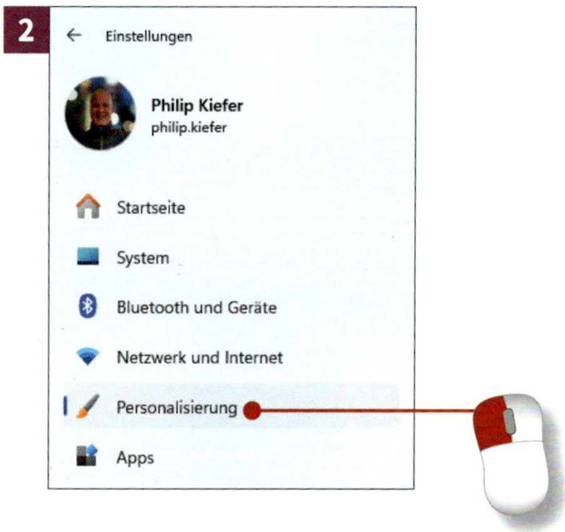


## Schritt 1

Zuallererst öffnen Sie die **Einstellungen**. Diese erreichen Sie nach Drücken von ⊞ + I oder durch einen Klick auf das Zahnradsymbol, nachdem Sie die **Windows**-Schaltfläche unten links angeklickt haben.

## Schritt 2

Jetzt wählen Sie die Rubrik **Personalisierung** aus, indem Sie auf den entsprechenden Eintrag klicken.

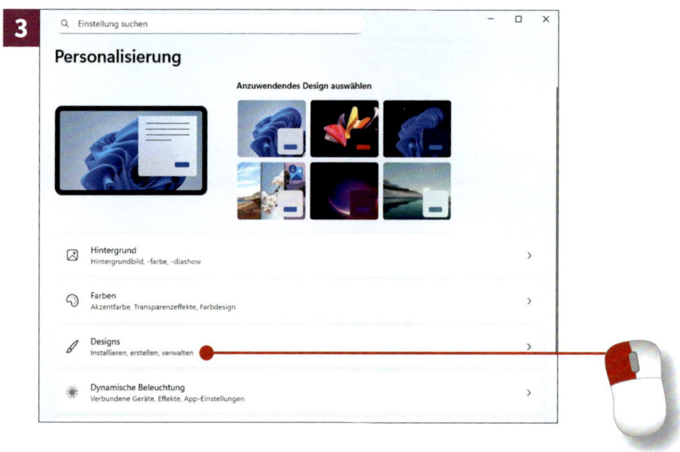


## Schritt 3

Auf der rechten Seite des Fensters wählen Sie die Rubrik **Designs** aus.

**Store-Designs**

Bitte beachten Sie, dass zwar viele, aber nicht alle im Microsoft Store angebotenen Designs (Schritt 5) kostenlos sind. Bei kostenpflichtigen Designs werden die Preise angezeigt.

### Schritt 4

Welches Design (inklusive Hintergrund) gerade aktiv ist, wird oben in der Monitorabbildung visualisiert. Wenn Sie bislang auch mit dunkler Oberfläche gearbeitet haben, probieren Sie unter **Aktuelles Design** doch einmal **Sonnenaufgang, 4 Bilder** (hier an vorletzter Position angezeigt).

4

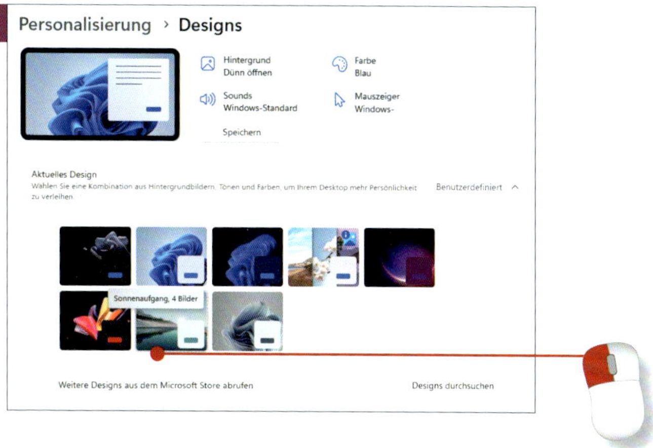


### Schritt 5

Das wirkt doch wesentlich frischer, oder? Probieren Sie alle Designs einmal durch. Am besten, Sie öffnen auch kurzzeitig einmal ein Explorer-Fenster. Sollten Sie mit dem hier aufgeführten Design nicht zufrieden sein, können Sie nach Klick auf **Designs durchsuchen** weitere Themen aus dem Microsoft Store abrufen.

5

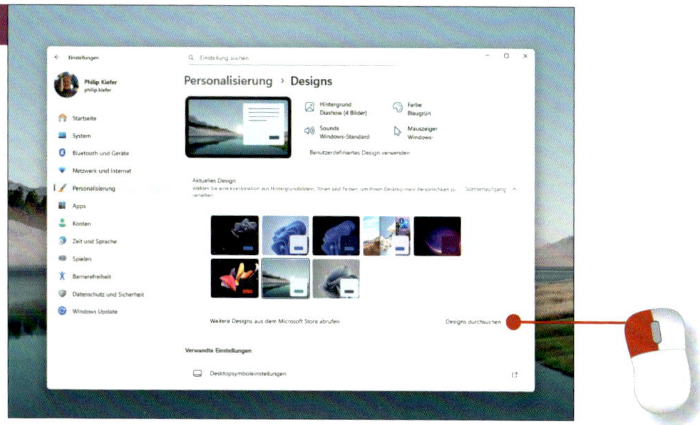


### Schritt 6

Für Menschen mit Sehbehinderung empfiehlt es sich, ein wenig nach unten zu scrollen und eventuell ein besonders kontrastreiches Design zu verwenden. Klicken Sie dazu in **Verwandte Einstellungen** auf **Kontrast-Designs**.

6

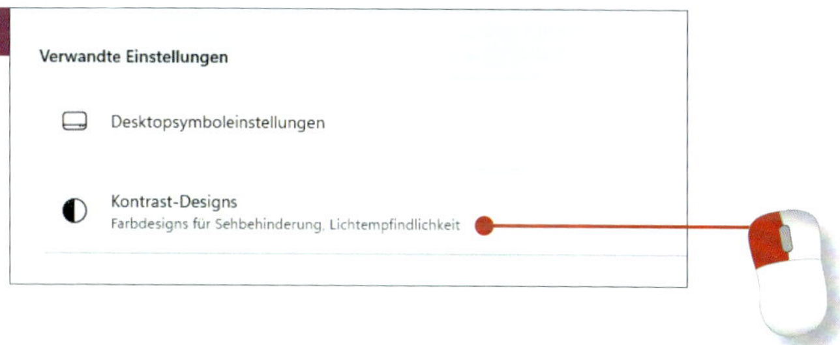

# Die Akzentfarbe ändern

1

2

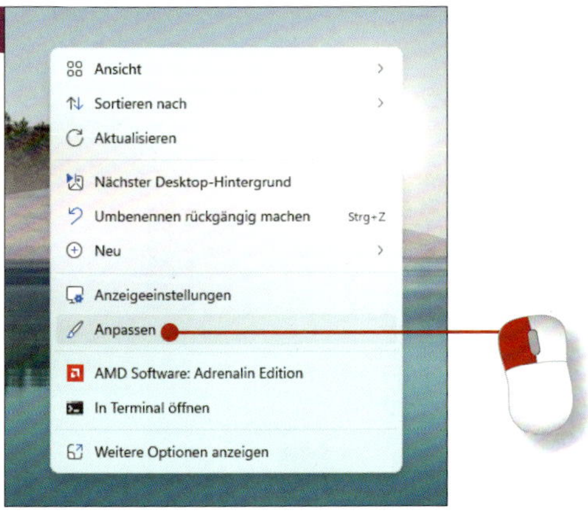


3

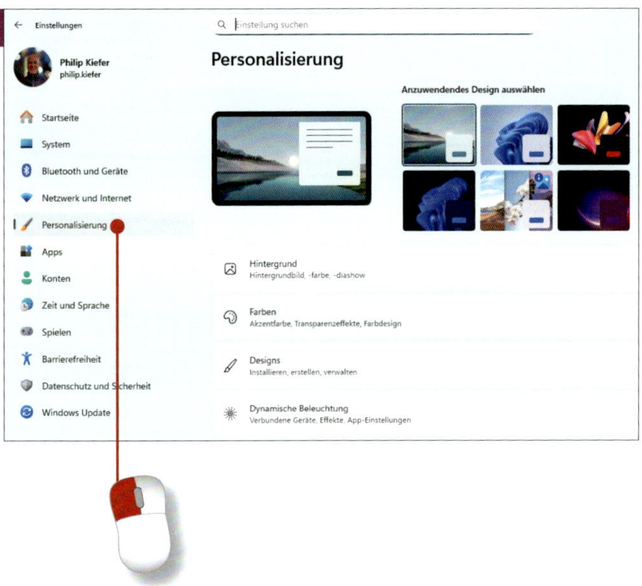


*Im vorangegangenen Workshop haben Sie erfahren, wie sich das komplette Design anpassen lässt. Möchten Sie jedoch nur die Akzentfarbe ändern (z. B. bei Schaltern und Eingabefeldern), müssen Sie folgende Schritte unternehmen.*

## Schritt 1

Ich zeige Ihnen hier als Alternative zu den ersten Schritten der vorangegangenen Anleitung einen Weg, der direkt in den Einstellungsdialog führt. Klicken Sie mit rechts auf eine freie Stelle des Desktops.

## Schritt 2

Jetzt markieren Sie im Kontextmenü den Eintrag **Anpassen** (mit der linken Maustaste).

## Schritt 3

Das Menü **Personalisierung** ist in der linken Spalte bereits markiert. Klicken Sie rechts auf **Farben**.

**Darstellungsoptionen**

Beachten Sie, dass sich die Oberfläche je nach Bildschirmformat und Auflösung des PCs unterschiedlich darstellen kann. Insbesondere die Hintergründe können Differenzen aufweisen.

## Schritt 4

Halten Sie nach der **Akzentfarbe** Ausschau. Sollte diese auf **Automatisch** stehen, ist keine Änderung möglich. Schalten Sie daher zunächst auf **Manuell** um.

## Schritt 5

Scrollen Sie gegebenenfalls etwas nach unten und klicken Sie auf das Farbfeld, das Ihnen am ehesten zusagt. Dieses wird daraufhin mit einem Häkchen versehen.

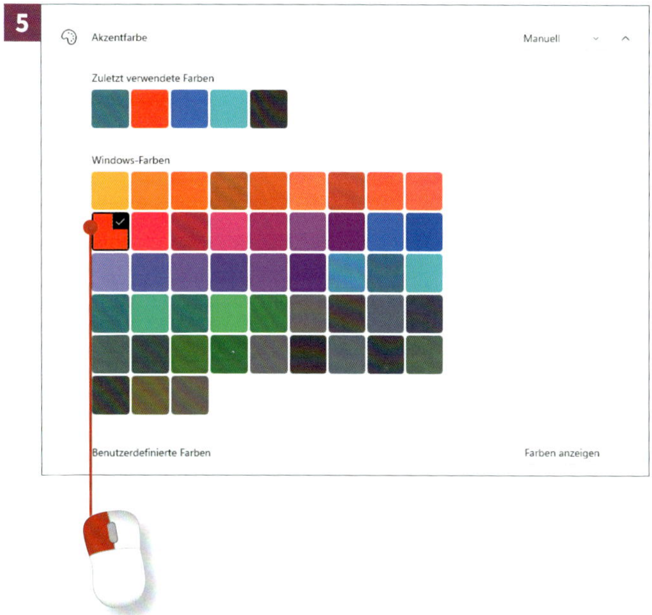


## Schritt 6

Die Auswirkungen im Startmenü sehen Sie direkt, wenn Sie die ⊞-Taste drücken. Auch Schalter ❶ (hier **Akzentfarbe in Titelleisten und Fensterrändern anzeigen**) oder Dialogfenster ❷ können der gewählten Farbe entsprechend angezeigt werden.

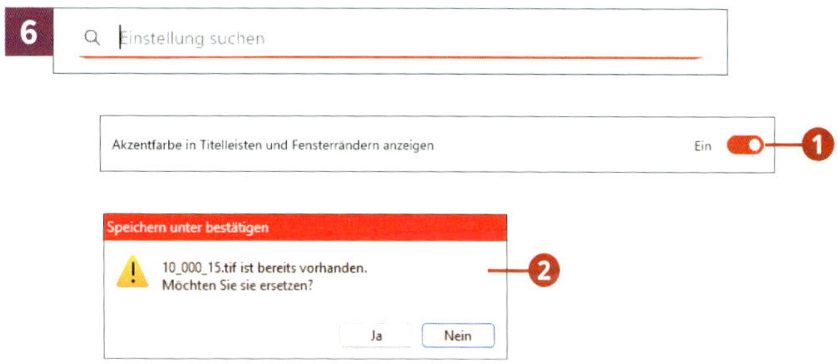


**Akzentfarbe in Titelleisten und Fensterrändern anzeigen**

Diese in Schritt 6 genannte Funktion erzeugt zusätzlich zu den in Schritt 6 beschriebenen Auswirkungen einen kleinen Rand um Fenster und Dialoge (z. B. in den **Einstellungen** oder im **Explorer**).

# Den Nachtmodus einrichten

1

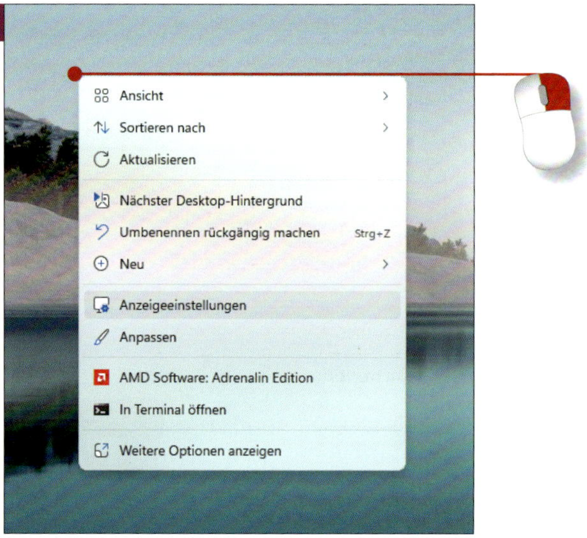


*Wer spät abends am PC sitzt, schläft möglicherweise anschließend schlechter. Schuld daran hat das blaue Licht, das der Monitor ausstrahlt. Windows lässt sich daher so einrichten, dass abends wärmere Farben verwendet werden.*

## Schritt 1

Zunächst klicken Sie mit der rechten Maustaste auf einen freien Bereich des Desktops und wählen danach **Anzeigeeinstellungen** aus.

2

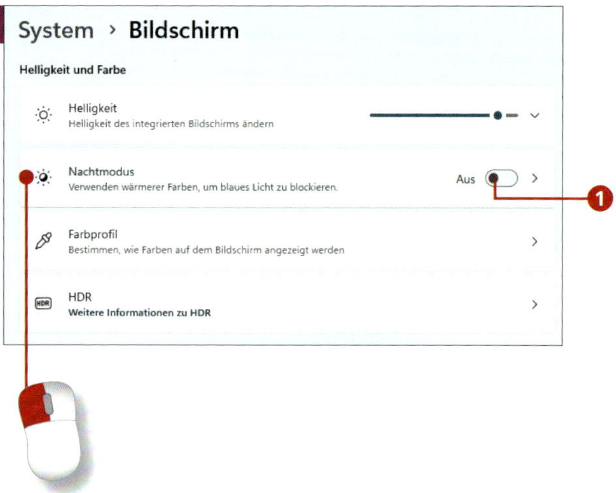


## Schritt 2

Suchen Sie nach der Zeile **Nachtmodus**, die Sie bitte mit einem Mausklick versehen. Klicken Sie jedoch noch nicht auf den Schalter ❶, da wir die Aktivierung erst im folgenden Schritt vornehmen.

## Schritt 3

Damit Sie die Einstellungen besser beurteilen können, schalten Sie den Nachtmodus ein, indem Sie die Schaltfläche **Jetzt aktivieren** klicken.

3

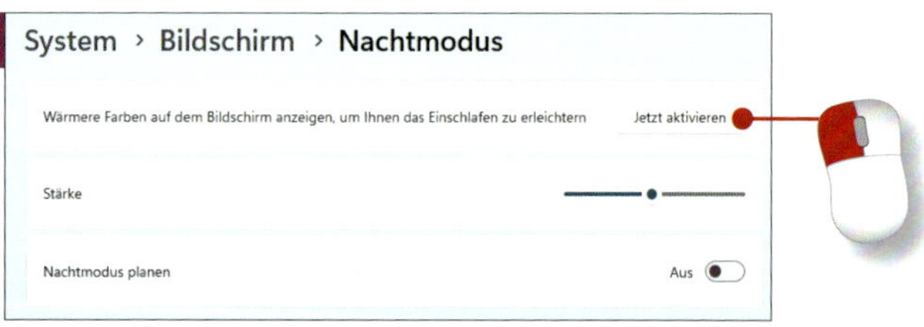


**Der Bildschirm wird gelblich**

Unmittelbar nach der Aktivierung der Nachtansicht wird der Monitor gelblich erscheinen.

### Schritt 4

Ziehen Sie den Schieberegler mit gedrückter Maustaste in die gewünschte Richtung. Dabei gilt: Nach links hin wird das Bild zunehmend bläulich, nach rechts hin rötlich.

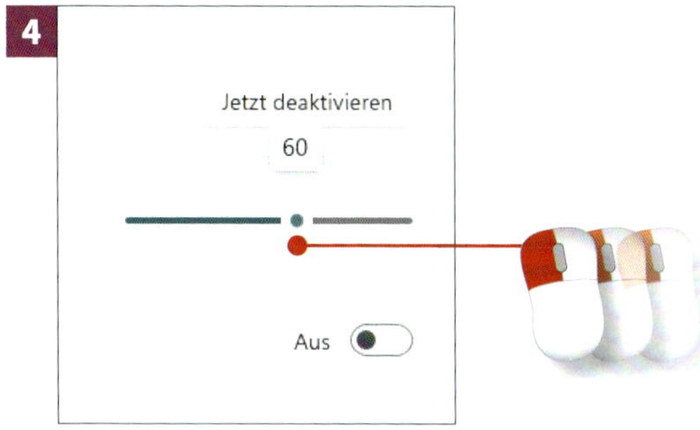


### Schritt 5

Zuletzt muss noch der Zeitraum festgelegt werden, in dem der Nachtmodus aktiv sein soll. Stellen Sie den Schalter in der Zeile **Nachtmodus planen** auf **Ein**.

Schritt 6

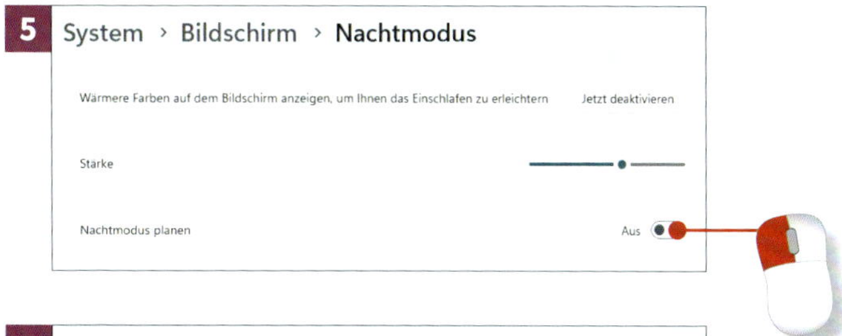


### Schritt 6

Wann genau der Nachtmodus aktiviert bzw. wieder deaktiviert werden soll, legen Sie mit Klicks auf die Zeiten fest (z. B. mit einem Klick auf **21** im Bereich **Einschalten**).

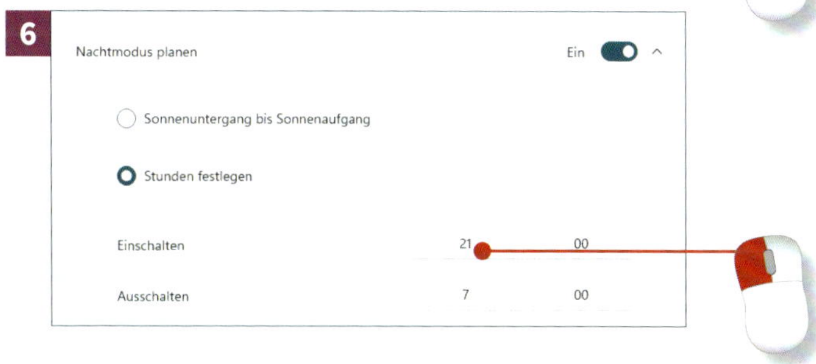


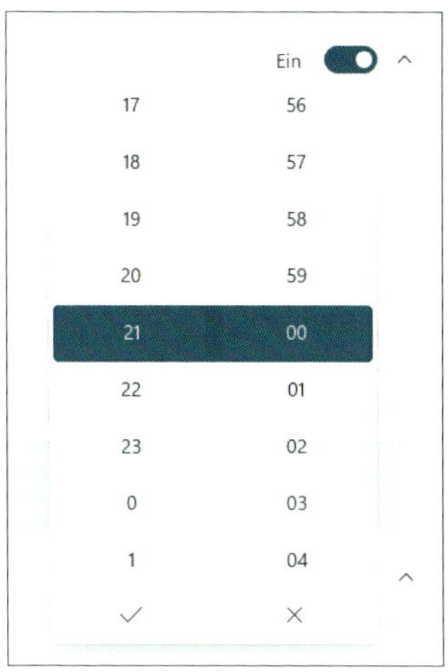


**Automatisierter Nachtmodus bei Sonnenuntergang**

Alternativ können Sie von **Stunden festlegen** auf **Sonnenuntergang bis Sonnenaufgang** umstellen.

# Den Desktop-Hintergrund verändern

1

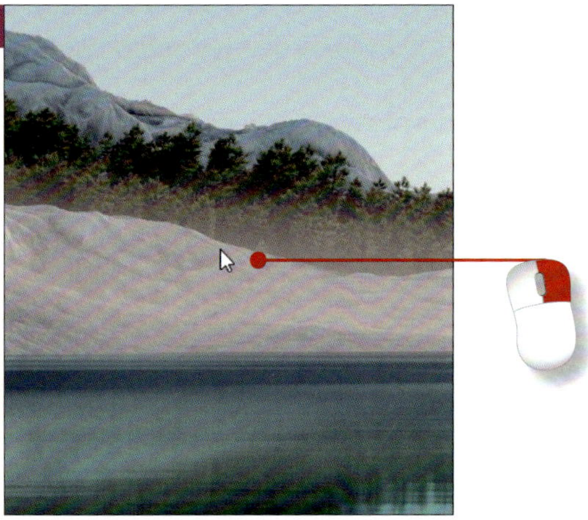

2

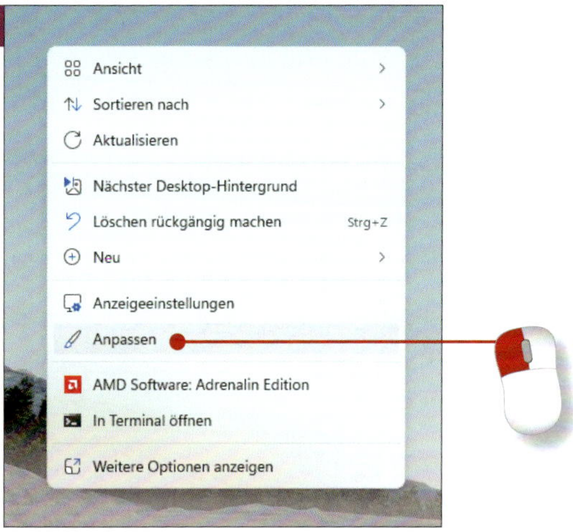


3

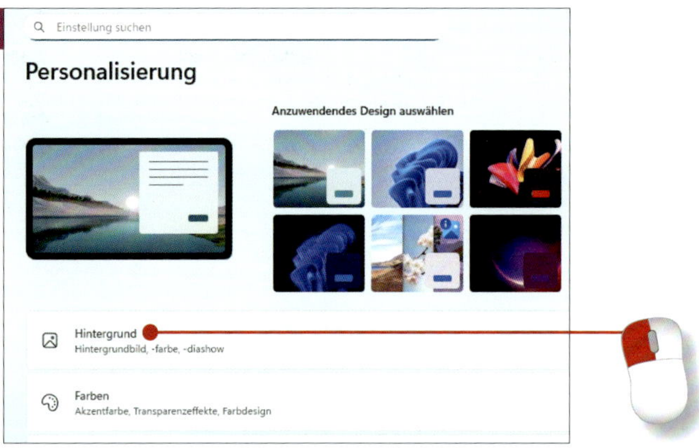


*Wünschen Sie sich für Ihren Desktop mehr Individualität? Wie wäre es z. B. mit einem anderen Bild für den Hintergrund? Sie haben die Wahl, ob es ein Windows-Foto oder eine eigene Aufnahme sein soll.*

## Schritt 1

Zunächst einmal müssen Sie das Kontextmenü öffnen. Das erreichen Sie durch einen Rechtsklick auf einen freien Bereich des Desktops.

## Schritt 2

Fahren Sie in der Liste hinunter, bis Sie den Eintrag **Anpassen** erreichen. Setzen Sie einen Mausklick darauf.

## Schritt 3

Klicken Sie in den so geöffneten Personalisierungseinstellungen auf **Hintergrund**.

**Änderung des Erscheinungsbildes**

Beachten Sie, dass sich durch die Änderung des Desktop-Hintergrundes auch das Erscheinungsbild der Fenster ändert. Die Fensterfarbe wird nämlich automatisch angepasst, sofern die entsprechende Option in den Einstellungen gesetzt ist. Lesen Sie dazu auch Seite 275.

## Schritt 4

Stellen Sie **Hintergrund personalisieren** gegebenenfalls um auf **Bild**. Wenn Sie den Abschnitt »Das Design anpassen« ab Seite 272 durchgearbeitet haben, dürfte hier noch **Diashow** gelistet sein.

## Schritt 5

Klicken Sie unter **Zuletzt verwendete Bilder** auf ein Miniaturbild, das Ihnen gefällt. Alternativ entscheiden Sie sich für **Fotos durchsuchen**.

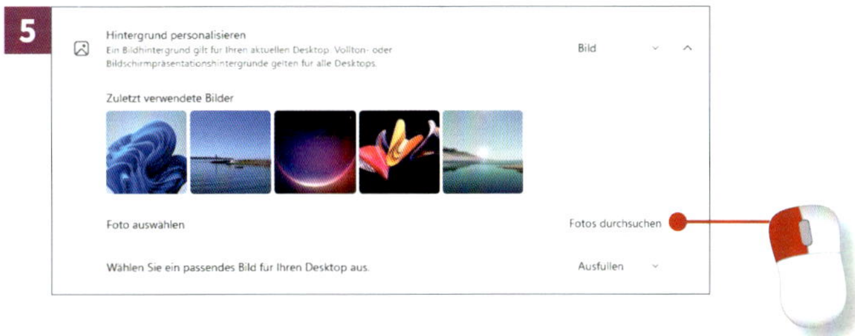


## Schritt 6

Sie gelangen nun in das Standardverzeichnis **Bilder**. Suchen Sie hier (oder in einem Ordner darin) nach einem geeigneten Foto, markieren Sie es und bestätigen Sie die Wahl mit **Bild auswählen**. Genießen Sie Ihren »neuen« Desktop.

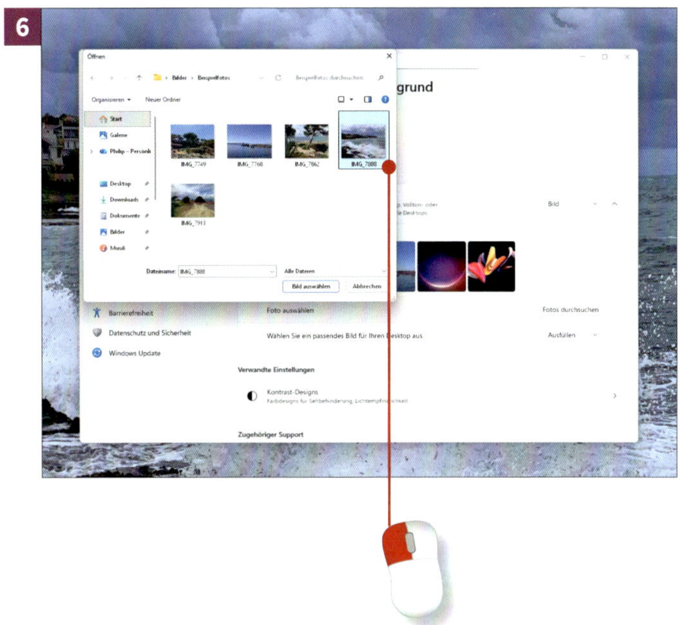


**Bildgrößen beachten!**

Für den Desktop-Hintergrund sollten Sie keine zu kleinen Fotos wählen, da diese ansonsten in schlechter Qualität angezeigt werden. Immerhin muss ja die gesamte Fläche Ihres Monitors abgedeckt werden.

# Den Sperrbildschirm anpassen

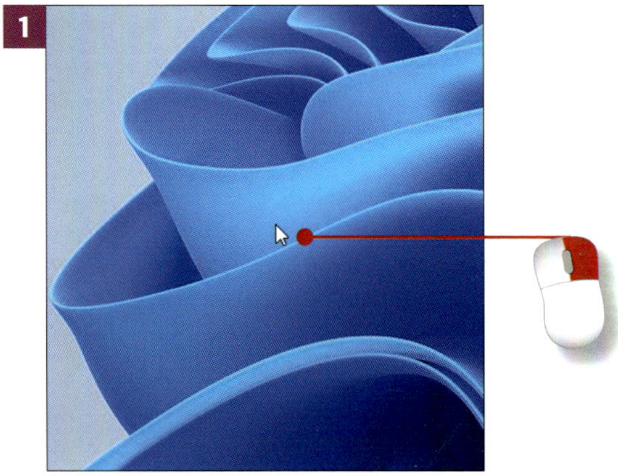

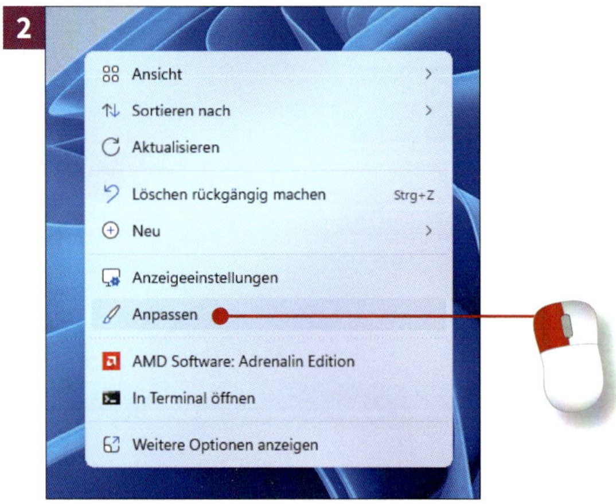


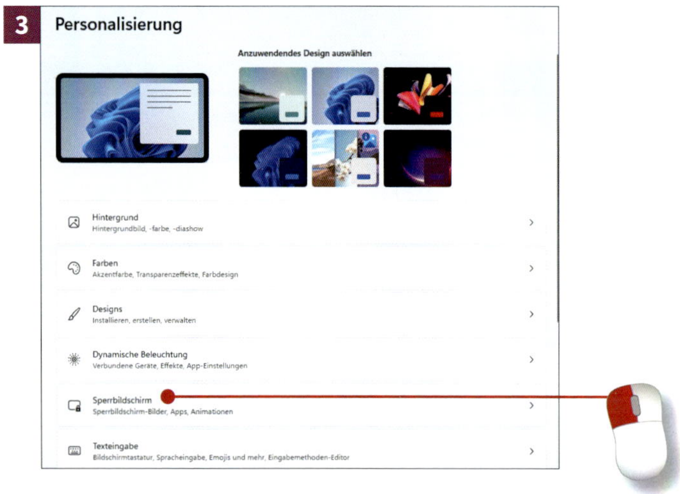


*Der Sperrbildschirm kommt immer dann zum Einsatz, wenn sich eine Benutzerin oder ein Benutzer abmeldet oder ein Benutzerwechsel ansteht. Das vorgegebene Bild müssen Sie aber nicht bedingungslos akzeptieren.*

## Schritt 1

Führen Sie an einer freien Stelle des Desktops den mittlerweile schon bekannten Rechtsklick aus, um das Kontextmenü aufzurufen.

## Schritt 2

Im Kontextmenü entscheiden Sie sich durch einen normalen Mausklick (linke Taste) für **Anpassen**.

## Schritt 3

Wählen Sie unten im Menü **Personalisierung** den Listeneintrag **Sperrbildschirm** aus.

**Sperrbildschirm schnell aktivieren**

Wenn Sie in voller Größe sehen möchten, wie der Sperrbildschirm aktuell aussieht, drücken Sie [Win] + [L]. Danach müssen Sie Ihr Passwort wieder eingeben.

### Schritt 4

Oben im Fenster **Personalisierung ▸ Sperrbildschrirm** sehen Sie das Motiv für den Sperrbildschirm. In der Zeile **Ihren Sperrbildschirm personalisieren** sehen Sie die aktuelle Einstellung. Ein einzelnes Foto weisen Sie mit **Bild** zu, während eine **Diashow** Bilder eines frei wählbaren Bilderordners präsentiert. Wenn Sie jedoch täglich wechselnde Windows-Hintergrundbilder bevorzugen, lassen Sie **Windows-Blickpunkt** stehen.

### Schritt 5

Falls Sie sich nicht für **Windows-Blickpunkt** entschieden haben, können Sie nun ein Bild zuweisen, indem Sie auf **Fotos durchsuchen** klicken. Ist Ihre Wahl auf eine Diashow gefallen, klicken Sie auf **Durchsuchen**.

### Schritt 6

Suchen Sie den Ordner, der als Diashow abgespielt werden soll. Markieren Sie ihn und bestätigen Sie dies mit einem Klick auf **Diesen Ordner auswählen**. Beachten Sie bitte auch die Hinweise im Kasten auf Seite 280.

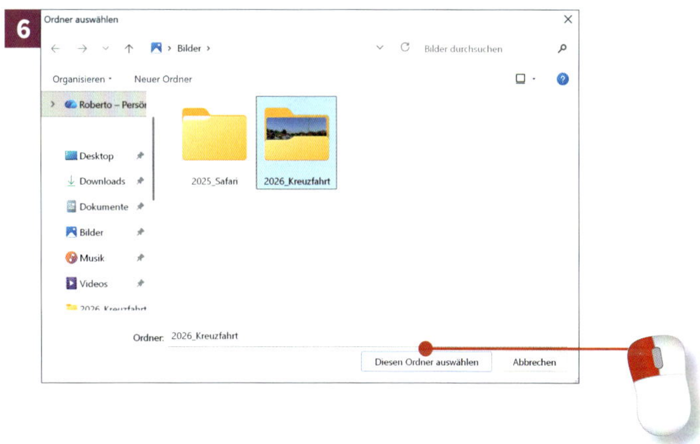

# Apps für den Sperrbildschirm

1

*So ein simpler Sperrbildschirm hat ja nicht viel zu bieten, oder? Wie wäre es stattdessen mit einer App? Dann haben Sie wenigstens etwas zu tun, während Sie versuchen, sich an das Passwort zu erinnern ☺.*

2
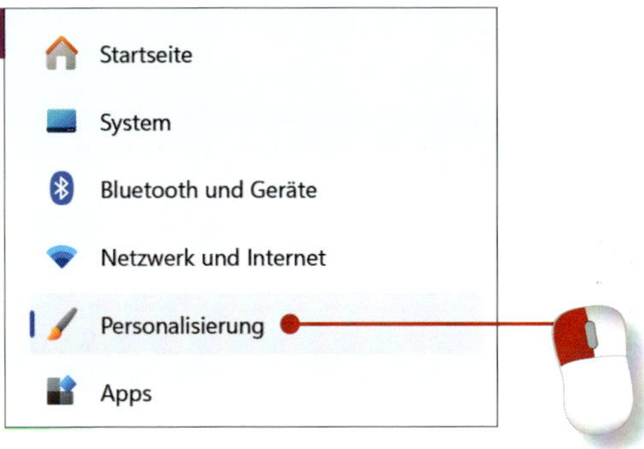


3

## Schritt 1

Immer dasselbe zu tun, ist langweilig. Deshalb gehen wir jetzt noch einmal über das Startmenü, das per **Windows**-Symbol in der Taskleiste geöffnet werden kann. Klicken Sie auf **Einstellungen**. Alternativ drücken Sie [⊞] + [I].

## Schritt 2

Entscheiden Sie sich in der linken Spalte für **Personalisierung**.

## Schritt 3

Klicken Sie im Bereich rechts auf den Eintrag **Sperrbildschirm**.

**Noch schneller zum Sperrbildschirm**

Wenn Sie sich schon etwas besser mit Windows 11 auskennen, werden Sie das Start- oder Kontextmenü gar nicht mehr benötigen, sondern nach dem Druck auf [⊞] + [I] gleich »Sperrb« eingeben. Danach drücken Sie [↵].

### Schritt 4

Wenn Sie im vorherigen Workshop etwas verändert haben, stellen Sie zunächst wieder den **Windows-Blickpunkt** ein.

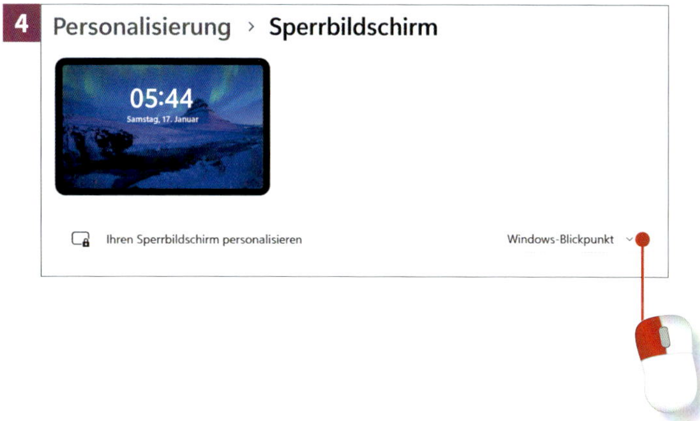


### Schritt 5

Eine Zeile tiefer (im Bereich **Status des Sperrbildschirmes**) lässt sich eine App bestimmen, die ausführliche Statusinfos präsentiert. Wollen Sie die App auswählen, führen Sie einen Mausklick auf der aktuell eingestellten App bzw. der eingestellten Option **Keiner** aus.

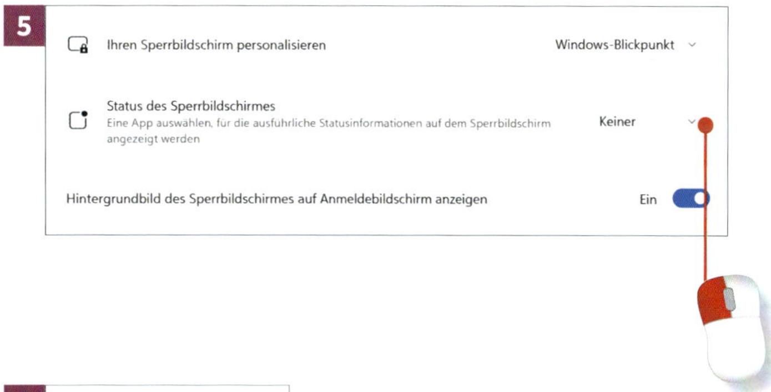


### Schritt 6

Wählen Sie die gewünschte App aus. Wir selektieren hier die App **Wetter**, die fortan auf dem Sperrbildschirm zu sehen sein wird.

**Apps entfernen**

Um eine App zu entfernen und den Sperrbildschirm ohne Apps anzeigen zu lassen, klicken Sie in Schritt 6 auf den Listeneintrag **Keiner**.

# Die Taskleiste anpassen

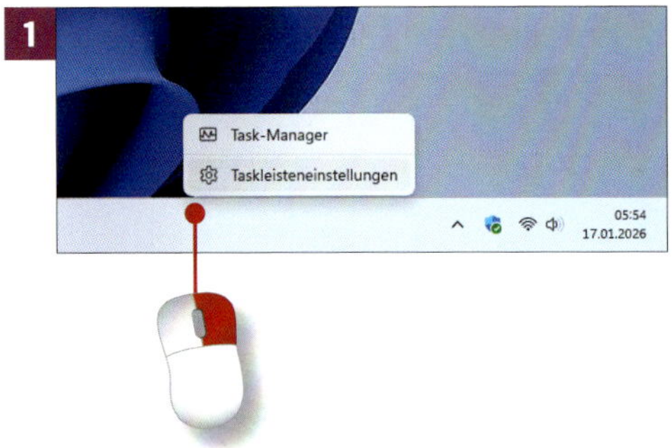


*Wenn eine App in Windows 11 geöffnet ist, erscheint ein Symbol in der Mitte der Taskleiste. Sie dürfen diese Elemente aber auch gerne (wie in älteren Windows-Versionen) nach links verschieben. Und wenn Sie die Taskleiste stört, blenden Sie sie ganz aus.*

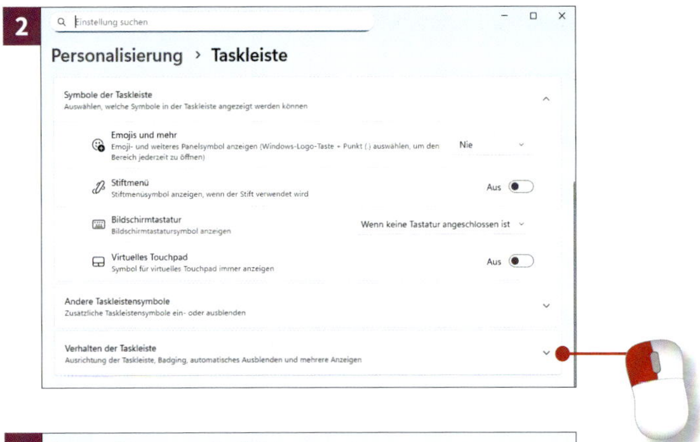


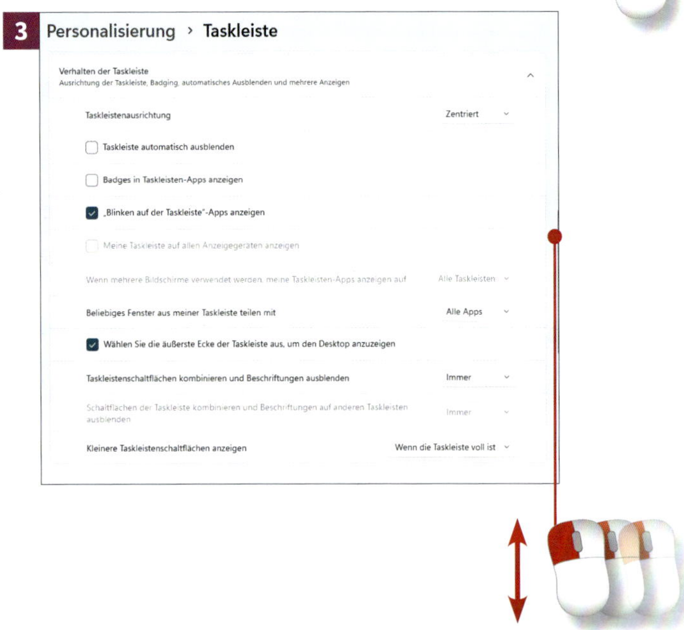


## Schritt 1

Klicken Sie mit rechts auf einen freien Bereich in der Taskleiste. Danach wählen Sie **Taskleisteneinstellungen** im recht überschaubaren Kontextmenü.

## Schritt 2

Scrollen Sie an der rechten Seite des Dialogs so weit nach unten, bis Sie den Bereich **Verhalten der Taskleiste** sehen können. Öffnen Sie die Liste mittels Mausklick.

## Schritt 3

Jetzt müssen Sie erneut scrollen, um sämtliche Steuerelementzeilen der Liste einsehen zu können.

## Schritt 4

Stellen Sie die gewünschte Position der Taskleiste in der Zeile **Taskleistenausrichtung** ein. **Zentriert** ist Windows 11-Standard, **Linksbündig** verschiebt die Symbole an den linken Rand der Taskleiste.

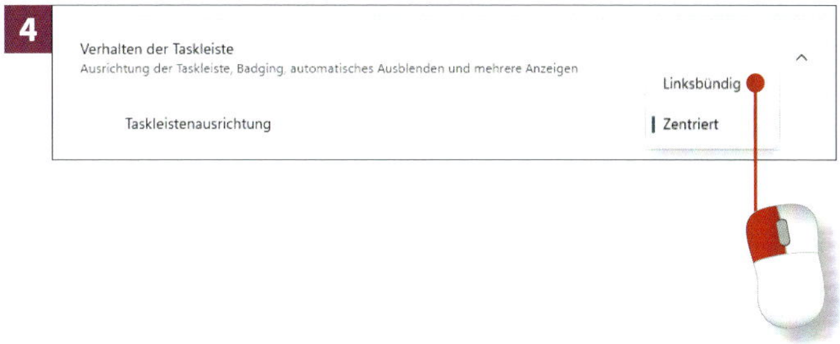


## Schritt 5

Aktivieren Sie die Checkbox **Taskleiste automatisch ausblenden**, rutscht die Leiste tatsächlich nach unten aus dem Bildschirm heraus.

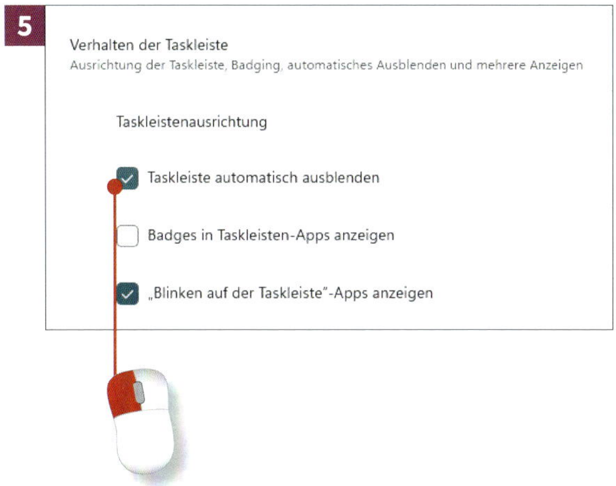


## Schritt 6

Das ist aber nicht weiter schlimm, denn sobald Sie die Maus ganz an den unteren Rand des Desktops stellen, erscheint sie wieder. Allerdings blendet sie sich nach Verlassen des Mauszeigers automatisch wieder aus. »Nichts für mich«, sagen Sie? Dann deaktivieren Sie **Taskleiste automatisch ausblenden** wieder.

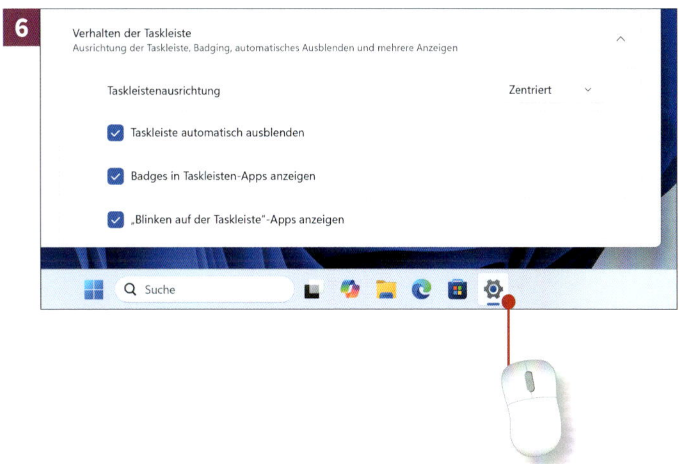


i

**Meine Taskleiste auf allen Anzeigegeräten anzeigen**
Diese Funktion bewirkt, dass die Taskleiste bei Verwendung mehrerer Monitore auf jedem Bildschirm zu sehen ist.

# Taskleisteninhalte bestimmen

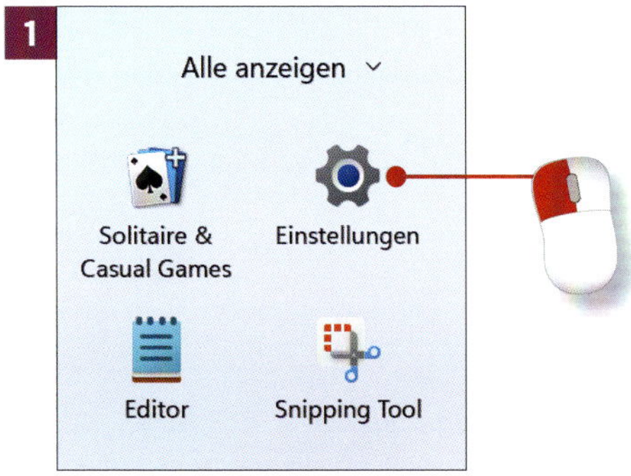


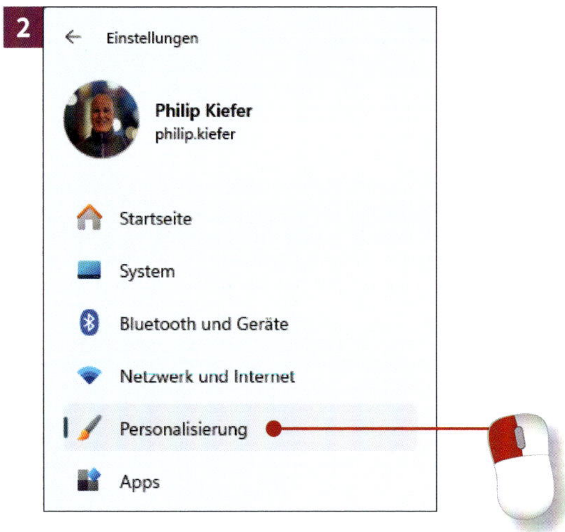


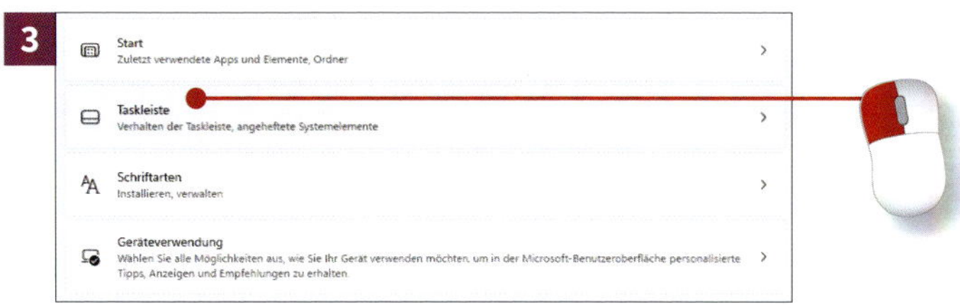


*Wie gefällt Ihnen die Taskleiste von Windows 11? Wollen Sie, dass dort beispielsweise aktive Anwendungen oder Widgets angezeigt werden? Oder möchten Sie lieber selbst bestimmen, welche Elemente in der Taskleiste sichtbar sind und welche nicht?*

## Schritt 1

Zunächst benötigen wir wieder die Windows-**Einstellungen**. Sie wissen ja, entweder gehen Sie dazu über das Startmenü und klicken auf das Zahnrad oder Sie drücken schlicht [Windows] + [I] auf der Tastatur.

## Schritt 2

In den Windows-**Einstellungen** entscheiden Sie sich einmal mehr für den Bereich **Personalisierung**.

## Schritt 3

Scrollen Sie auf der rechten Seite der Personalisierung nach unten und klicken Sie anschließend auf **Taskleiste**.

**Taskleisteneinstellungen schnell zugänglich machen**

Noch einmal kurz zur Erinnerung: Alternativ lassen sich die **Taskleisteneinstellungen** auch mit einem Rechtsklick auf einen freien Bereich der Taskleiste zugänglich machen.

## Schritt 4

Ganz oben in der Liste finden Sie jetzt die sogenannten **Taskleistenelemente**. Interessant ist hier vor allem, dass die Symbole denen auf der Taskleiste entsprechen. Wie Sie sehen, stehen hier alle Symbole auf **Ein**.

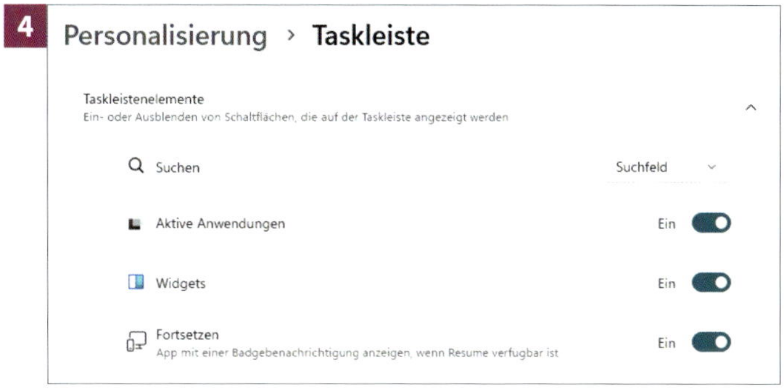


## Schritt 5

Deaktivieren Sie hier per Mausklick einen Schalter, wird das entsprechende Symbol aus der Taskleiste entfernt.

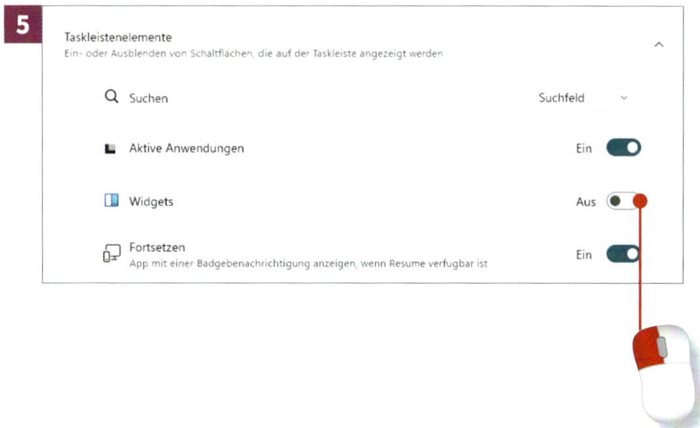


## Schritt 6

Das Suchfeld können Sie im Menü ausblenden (Auswahl **Ausblenden**). Da Sie auch im Startmenü ein Suchfeld finden, wäre das Ausblenden kein Problem. Alternativ können Sie es durch ein Lupensymbol ersetzen.

**Windows-Symbol immer vorhanden**

Das Startmenü ist auf die beschriebene Weise nicht editierbar und so wird das **Windows**-Symbol immer in der Taskleiste angezeigt.

# Taskleisteninhalte bestimmen (Forts.)

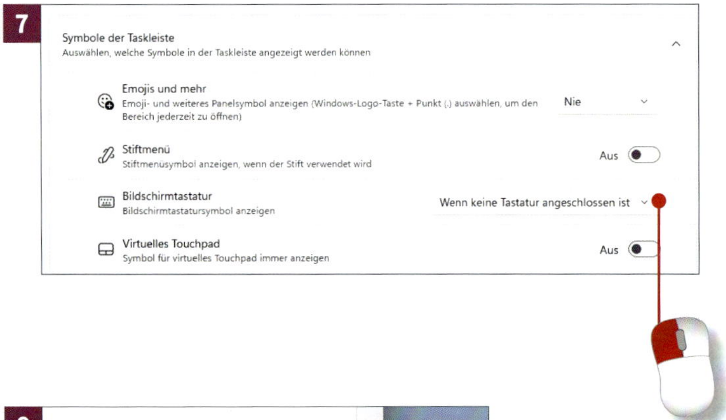


## Schritt 7

Scrollen Sie etwas weiter nach unten, finden Sie den Bereich **Symbole der Taskleiste**. Diese Symbole werden im Infobereich rechts in der Taskleiste angezeigt. Soll dort z. B. eine Bildschirmtastatur dauerhaft verfügbar sein? Dann klicken Sie auf das Menü bei **Bildschirmtastatur**.

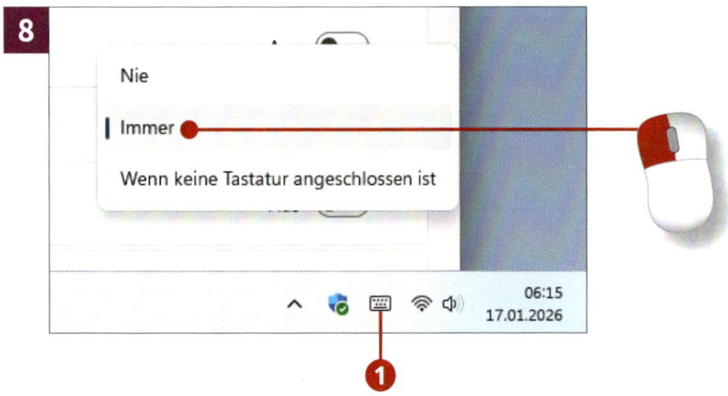


## Schritt 8

Wählen Sie in dem Menü den Eintrag **Immer**. Das Symbol für die Bildschirmtastatur ❶ erscheint prompt im Infobereich.

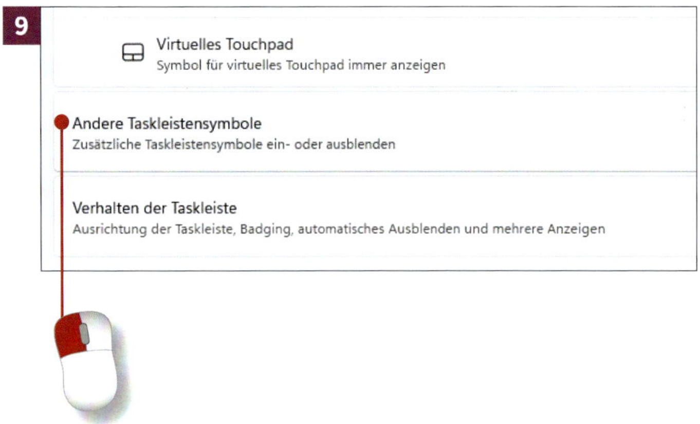


## Schritt 9

Nun klicken Sie noch auf den Eintrag **Andere Taskleistensymbole**.

**Datum und Uhrzeit**

Datum und Uhrzeit werden von Windows automatisch eingestellt und im Infobereich rechts unten auf dem Bildschirm angezeigt. Zum Ändern würden Sie rechts darauf klicken und **Datum und Uhrzeit anpassen** wählen.

## Schritt 10

Bestimmen Sie per Schalter, welche weiteren Symbole im Infobereich dargestellt werden sollen – oder eben nicht.

## Schritt 11

Und wissen Sie noch, wie Sie Programmsymbole aus der Taskleiste entfernen? Richtig, klicken Sie ein Symbol mit der rechten Maustaste an.

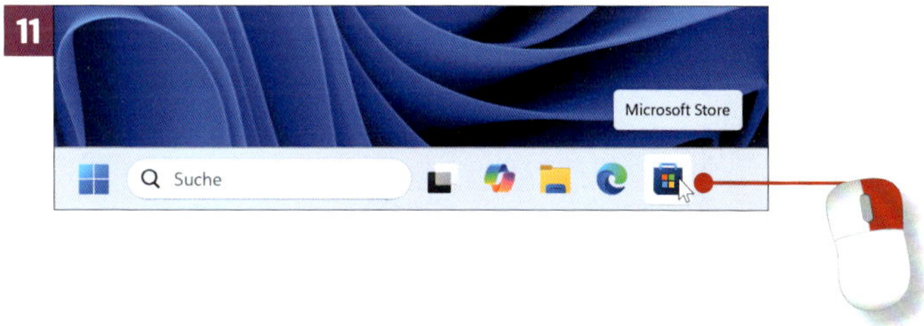


## Schritt 12

Wählen Sie anschließend im Kontextmenü den Eintrag **Von Taskleiste lösen**.

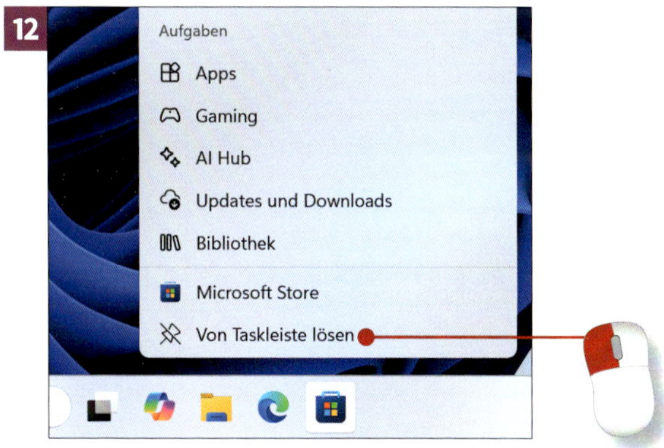


**Apps in der Taskleiste verschieben**

Die Symbole in der Taskleiste lassen sich anders anordnen. Möchten Sie ein Symbol anders positionieren, klicken Sie es an und ziehen es bei gedrückter Maustaste an die gewünschte Position.

# Das Startmenü anpassen

*Das Startmenü ist der Dreh- und Angelpunkt Ihrer Arbeit mit Apps und Dateien. Deshalb sollten Sie es auch nach Ihren Vorlieben konfigurieren. Hier finden Sie Tipps dazu, die das Arbeiten erleichtern können.*

1

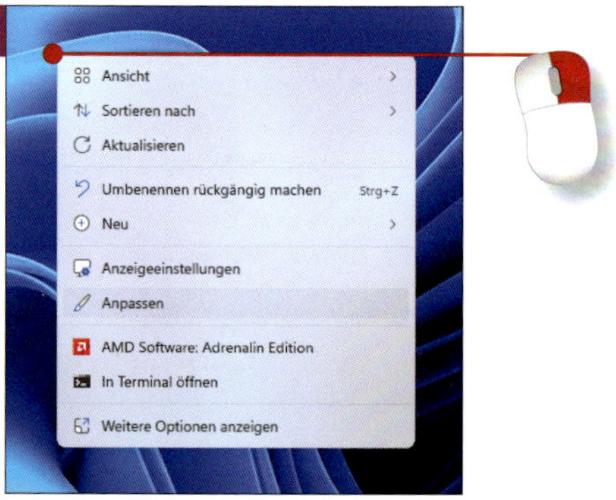


2

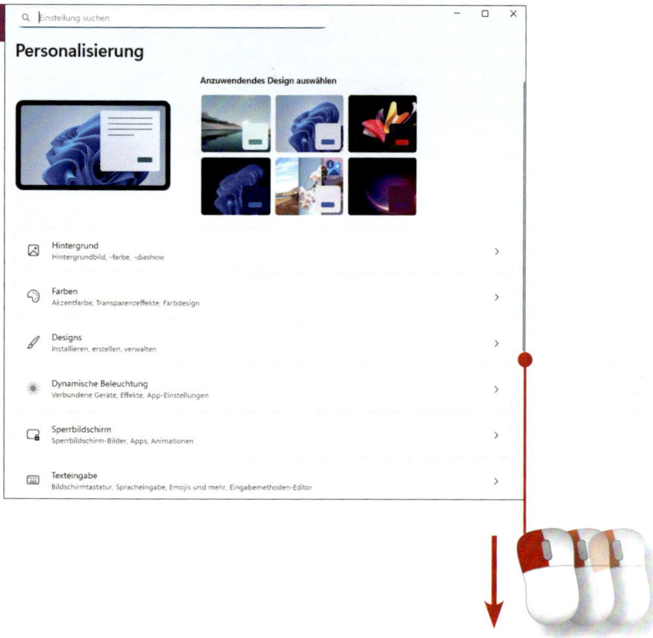


3

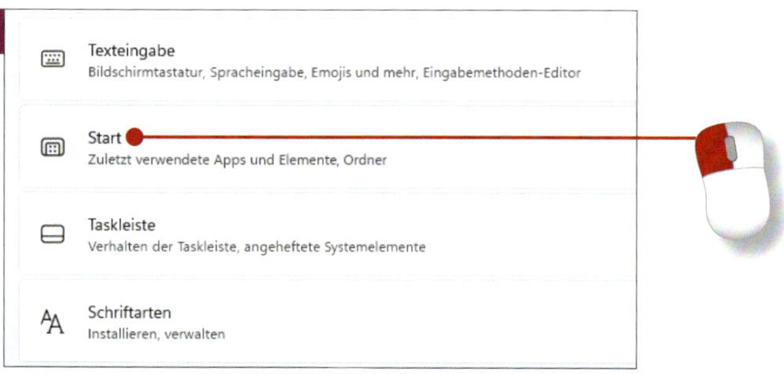


## Schritt 1

Klicken Sie mit rechts auf eine freie Stelle des Desktops. Wählen Sie (mit links) **Anpassen** im Kontextmenü aus.

## Schritt 2

Scrollen Sie auf der rechten Seite des Dialogs nach unten.

## Schritt 3

Jetzt lassen Sie einen Klick auf die Zeile **Start** folgen.

**Meistverwendete Apps anzeigen**

Aktivieren Sie **Meistverwendete Apps anzeigen** ❶, wird das Startmenü gewissermaßen automatisch angepasst. Wenn Sie Apps häufig verwenden, werden diese künftig auch vornean präsentiert.

## Schritt 4

Es ist sinnvoll, Windows damit zu beauftragen, **Zuletzt hinzugefügte Apps anzeigen** zu lassen. Diese erscheinen dann im unteren Bereich des Startmenüs und können dort künftig schnell angewählt werden.

## Schritt 5

Noch wichtiger sind aber die **Ordner**, die Sie jetzt mit einem Klick auf die gleichnamige Zeile öffnen sollten.

## Schritt 6

Wählen Sie hier alle Ordner an, die Ihnen wichtig erscheinen. Entsprechende Miniaturen finden Sie anschließend im Startmenü, und zwar ganz unten, direkt neben dem Ein- und Ausschalter.

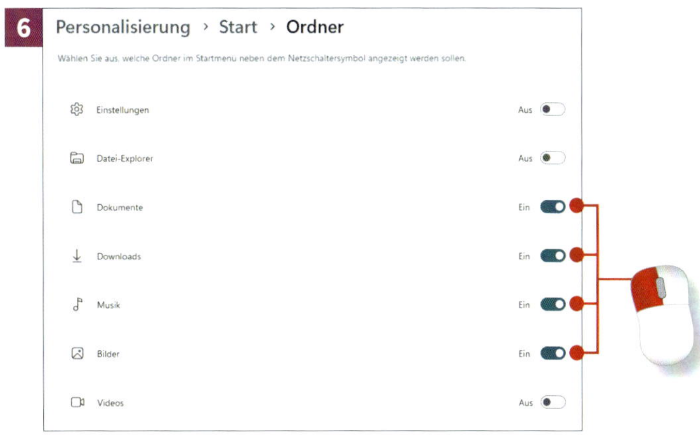


### Nicht zu viele Ordner einbinden

Nicht alle Ordner machen hier Sinn, da das Startmenü ansonsten unübersichtlich wird. Hier gilt einmal mehr das Motto: Weniger ist mehr.

# Die Bildschirmanzeige anpassen

*Wie groß – und wie hell – sollen die Inhalte auf dem Bildschirm dargestellt werden? Das lässt sich in den Anzeigeeinstellungen Ihre Windows-PCs einrichten.*

## Schritt 1

Zunächst einmal öffnen Sie das Startmenü (**Windows**-Symbol). Danach klicken Sie auf den Eintrag **Einstellungen**. Alternativ drücken Sie [Windows] + [I].

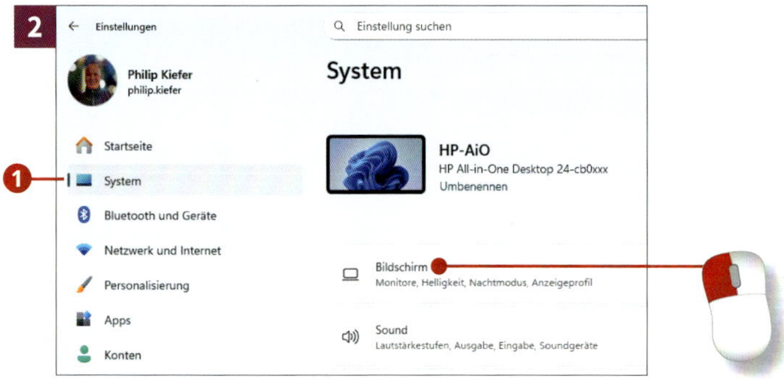


## Schritt 2

Klicken Sie nun unter **System** ❶ auf **Bildschirm**.

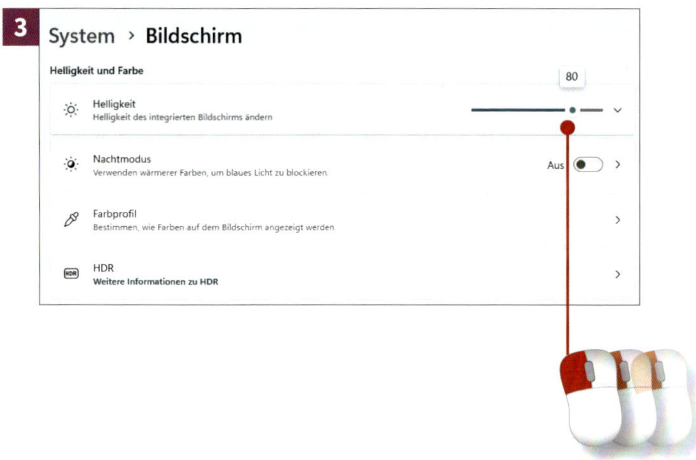


## Schritt 3

Passen Sie die Bildschirmhelligkeit so an, wie es für Sie angenehm ist – entweder in den Anzeigeeinstellungen oder direkt am Gerät.

**Informationen zur Anzeige erhalten**

Informationen zur Anzeige auf dem Bildschirm erhalten Sie, wenn Sie im Abschnitt **Verwandte Einstellungen** auf **Erweiterte Anzeige** klicken.

### Schritt 4

Scrollen Sie etwas nach unten zum Bereich **Skalieren und Layout**. Dort öffnen Sie das Menü bei **Bildschirmauflösung**.

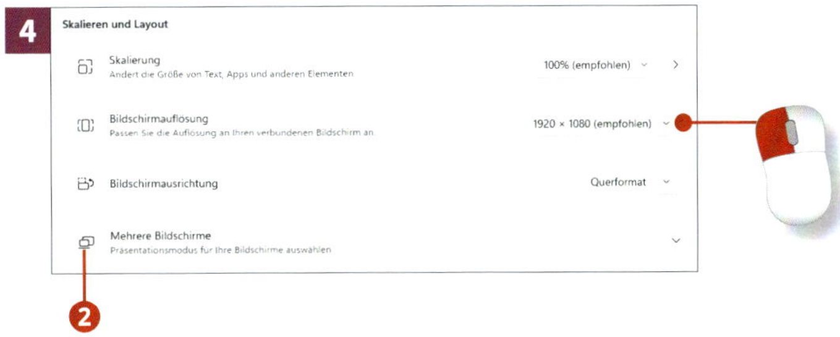


### Schritt 5

Wählen Sie eine passende Auflösung aus, hier z. B. **1280 × 1024**. Als Faustregel gilt: Je geringer die Auflösung, desto größer werden die Inhalte dargestellt, desto weniger Platz ist allerdings auch auf dem Bildschirm.

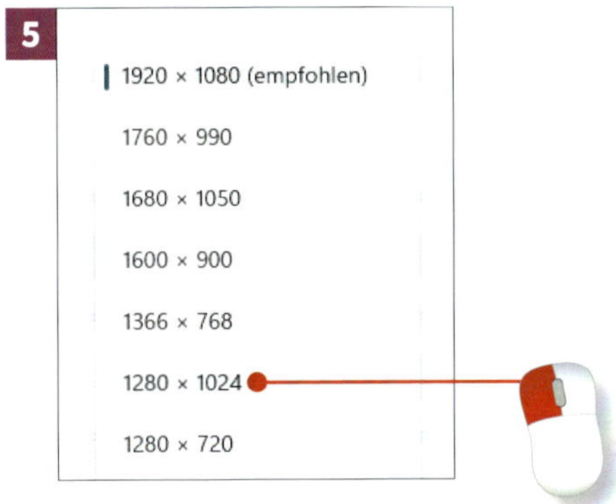


### Schritt 6

Alternativ können Sie zum Vergrößern der Bildschirminhalte bei **Skalierung** eine höhere Skalierung (= Vergrößerungsstufe) auswählen.

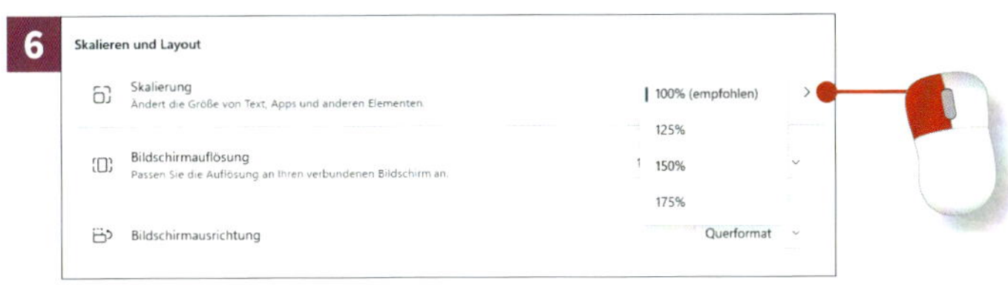


**Mehrere Bildschirme**

Falls Sie nicht nur einen Monitor verwenden, finden Sie unter **Mehrere Bildschirme** ❷ die entsprechenden Einstellungen.

# Ein Benutzerkonto einrichten

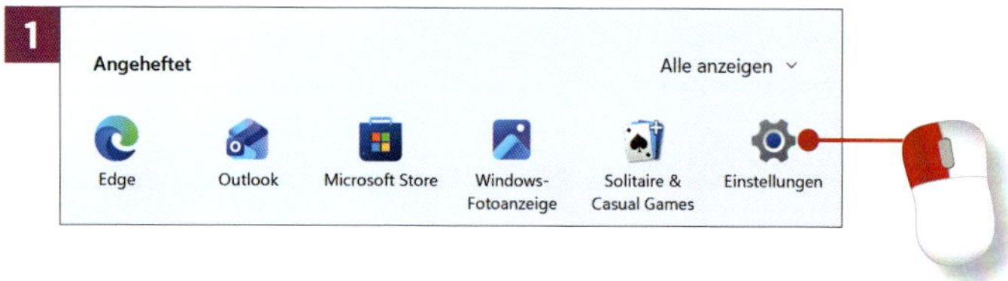


*In der Familie ist es oft so, dass mehrere Personen am gleichen PC arbeiten. In diesem Fall ist es sinnvoll, dass alle Benutzerinnen und Benutzer ein eigenes Konto haben. Benutzerkonten lassen sich rasch anlegen.*

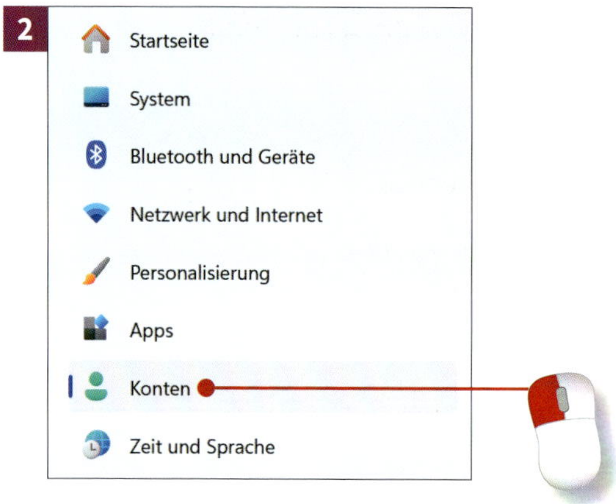


## Schritt 1

Um ein Konto hinzuzufügen, öffnen Sie zunächst im Startmenü die **Einstellungen** (oder öffnen Sie diese z. B. per [Windows-Taste] + [I]).

## Schritt 2

Wählen Sie in der Leiste links die Kategorie **Konten**.

## Schritt 3

Klicken Sie anschließend in den Kontoeinstellungen auf den Eintrag **Weitere Benutzer**.

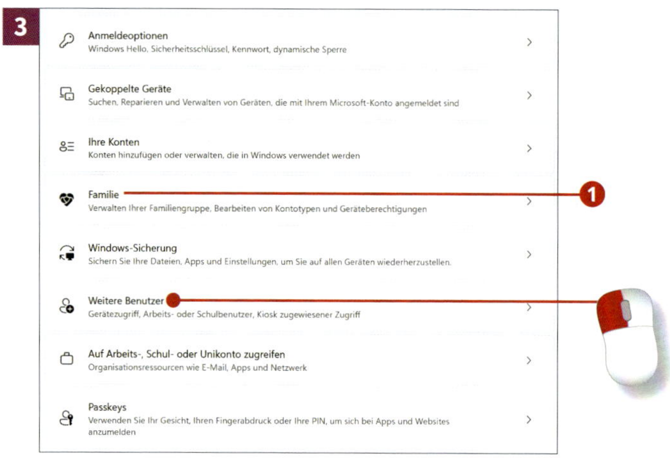


**Familie einrichten**

Wählen Sie in den Kontoeinstellungen den Eintrag **Familie** ❶, können Sie auch eine Familiengruppe einrichten. Die Mitglieder können sich ebenfalls auf dem PC anmelden. Die Aktivitäten von Minderjährigen lassen sich dabei überwachen.

## Schritt 4

Klicken Sie dann auf die Schaltfläche **Konto hinzufügen**.

## Schritt 5

Wenn die hinzuzufügende Person über ein Microsoft-Konto verfügt, geben Sie die Daten ein und bestätigen mit **Weiter**. Ist hingegen keine Adresse bekannt oder soll die Benutzung mit einem lokalen Konto erfolgen, gehen Sie auf **Ich kenne die Anmeldeinformationen für diese Person nicht** ❷.

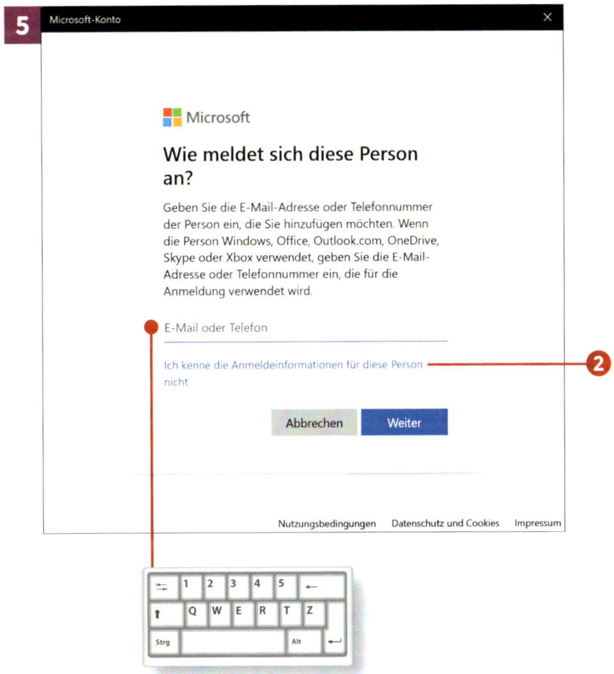


## Schritt 6

Sie können nun eine **Neue E-Mail-Adresse anfordern** oder einen **Benutzer ohne Microsoft-Konto hinzufügen**. Wir wählen hier die lokale Anmeldung ohne Benutzerkonto.

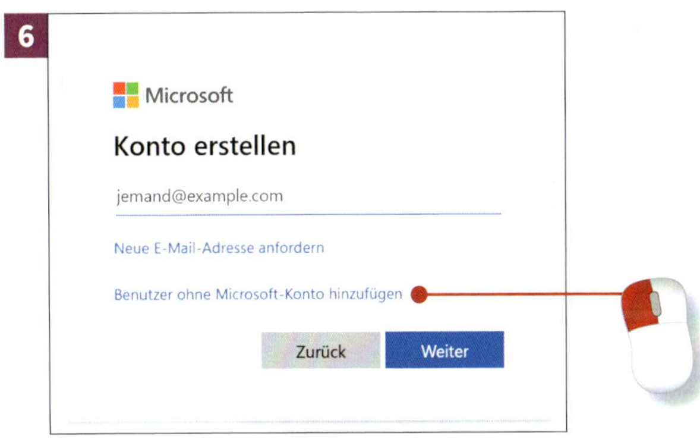


**Lokales Benutzerkonto**

Lokale Benutzerkonten sind reine Zugangskonten für den PC, daher ist hier keine Onlineanmeldung erforderlich.

# Ein Benutzerkonto einrichten (Forts.)

7

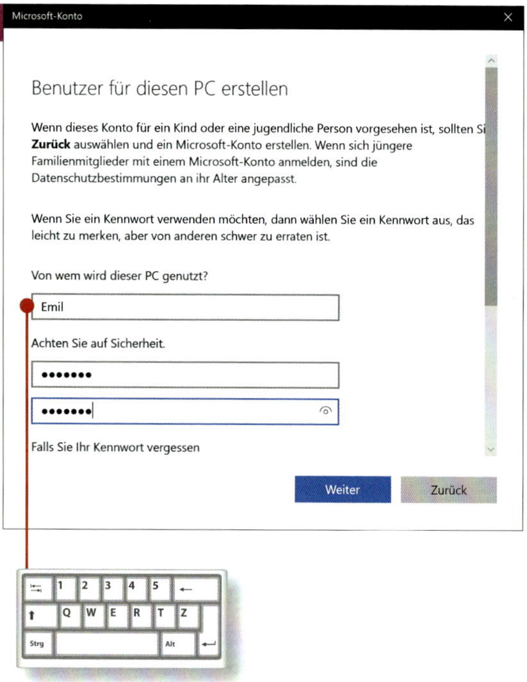


8

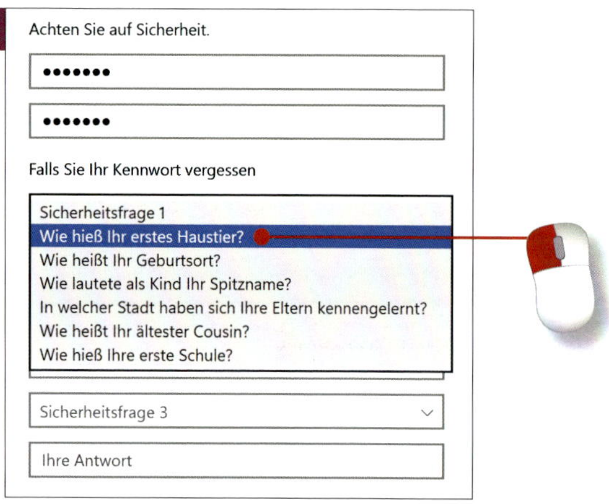


9

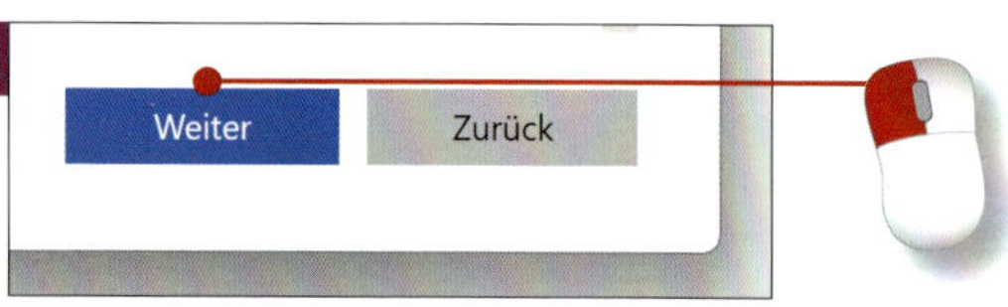


## Schritt 7

Im Feld **Von wem wird dieser PC benutzt** geben Sie bitte einen Namen bzw. ein Pseudonym ein. Vergeben Sie optional im Feld **Achten Sie auf Sicherheit** ein Kennwort und wiederholen Sie es in der untersten Zeile. Beachten Sie die Hinweise im Kasten.

## Schritt 8

Es sollen noch drei Sicherheitsfragen beantwortet werden, die gestellt werden, falls die Benutzerin oder der Benutzer das Kennwort vergessen sollte.

## Schritt 9

Nachdem Sie alle erforderlichen Eingaben getätigt haben, klicken Sie auf **Weiter**.

**Kennwort optional**

Sie müssen in Schritt 8 nicht zwingend ein Kennwort vergeben. Lassen Sie die Felder frei, muss der Benutzer auch später kein Kennwort eingeben, um sich anzumelden.

## Schritt 10

Unser Benutzer »Emil« ist jetzt angelegt. Wenn er keine Administratorrechte erhalten soll (für die Installation von Programmen oder die Änderung von Sicherheitseinstellungen erforderlich), sind Sie an dieser Stelle fertig. Zur Vergabe weitreichender Rechte klicken Sie den Benutzer an.

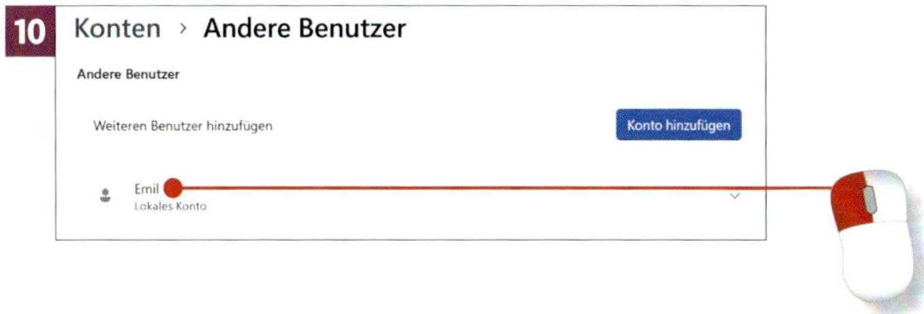


## Schritt 11

Nun folgt der nächste Mausklick auf die Schaltfläche **Kontotyp ändern**, die sich in der Zeile **Kontooptionen** befindet.

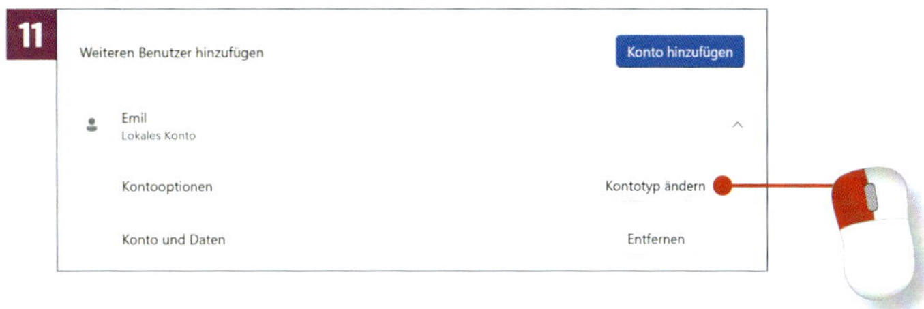


## Schritt 12

Klicken Sie auf **Standardbenutzer**. In der sich daraufhin öffnenden Liste entscheiden Sie sich für **Administrator** ❸ und bestätigen die Auswahl zuletzt mit **OK**.

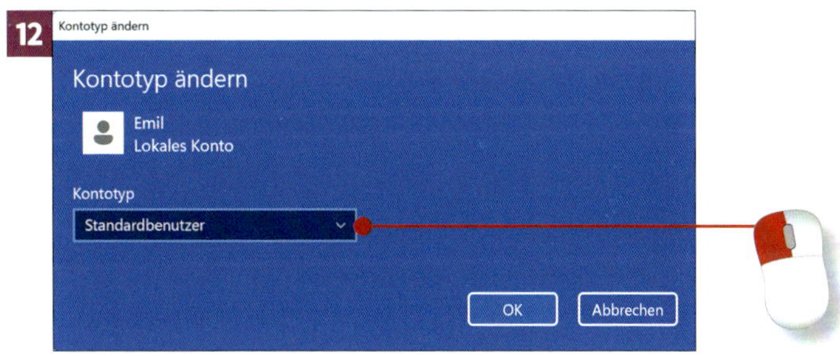


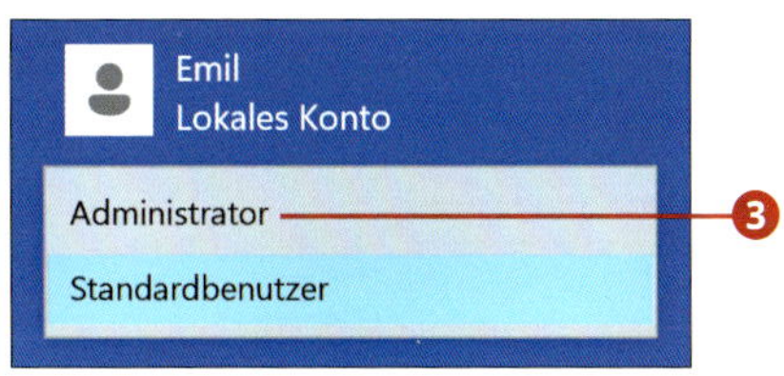


**Benutzer wechseln**

Wenn Sie einer anderen Person den PC übergeben wollen, melden Sie sich zunächst ab, indem Sie im Startmenü unten links auf Ihren Namen klicken und danach das andere Benutzerkonto wählen.

# Benutzerbild anpassen

1

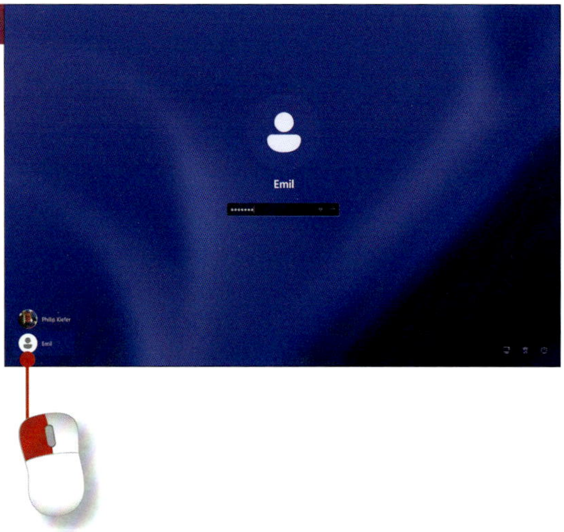


*Anwenderinnen und Anwender können jeweils ein eigenes Benutzerbild haben. Das macht das System etwas persönlicher. Hier erfahren Sie, wie Sie ein Benutzerbild zuweisen bzw. ein vorhandenes ändern.*

## Schritt 1

Der neue Benutzer kann nun im Anmeldefenster ausgewählt werden.

2

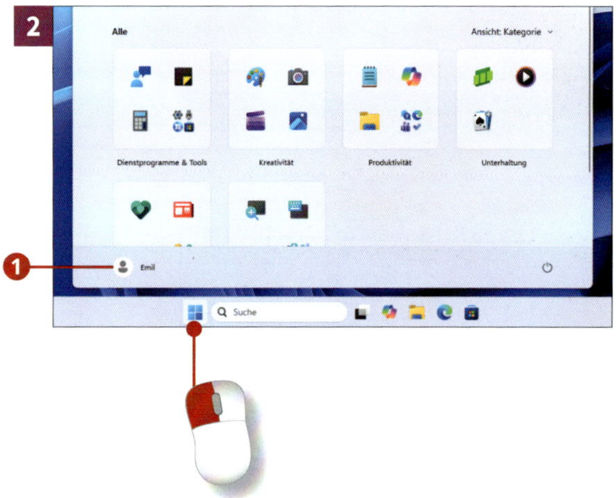


## Schritt 2

Öffnen Sie das Startmenü über die Taste [Windows-Taste] oder einen Klick auf das **Windows**-Symbol. Unten links im Startmenü finden Sie das derzeit aktive Benutzerkonto. Klicken Sie den Benutzernamen 1 an.

## Schritt 3

Wählen Sie als Nächstes **Mein Konto verwalten**.

3

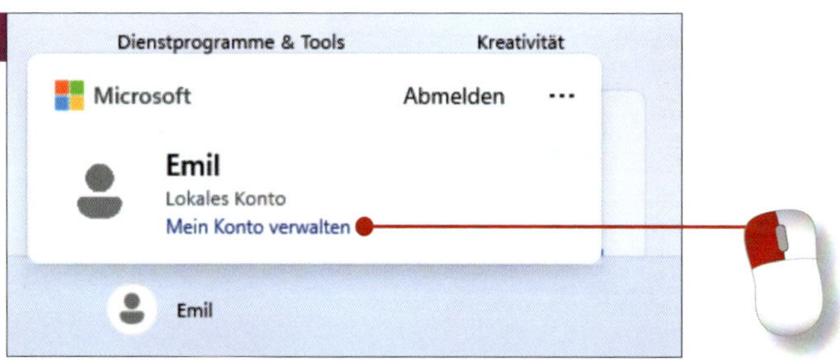


**Änderungen generell erlaubt**
Während bestimmte Aktionen, z. B. das Ändern des Kennwortes (siehe übernächste Seite), nur Personen mit Administratorrechten zustehen, darf das Bild von jedem Benutzerkonto aus geändert werden.

### Schritt 4

Auf der linken Seite finden Sie ein Kreissymbol, das augenblicklich nur einen Platzhalter zeigt. Klicken Sie deshalb weiter unten im Bereich **Foto anpassen** auf **Dateien durchsuchen**, um eine bereits vorhandene Bilddatei einzusetzen.

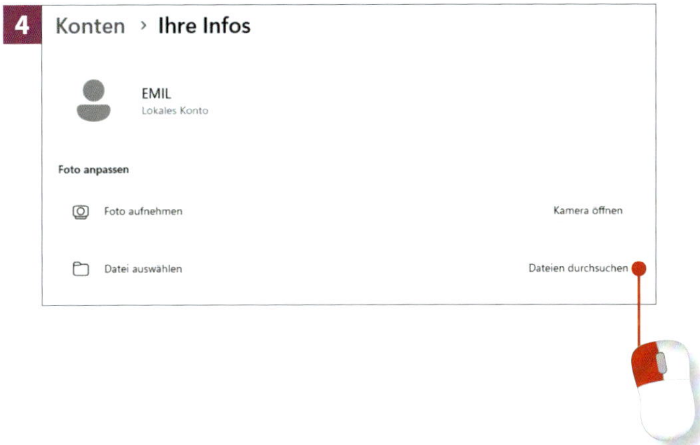


### Schritt 5

Navigieren Sie zu dem Foto, das als Symbol dienen soll. Markieren Sie es und klicken Sie anschließend auf **Bild auswählen**.

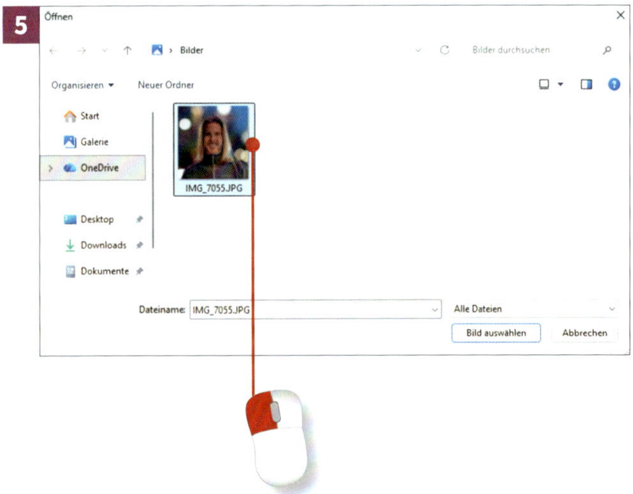


### Schritt 6

Schick, oder? Alles erledigt – Sie können den Dialog nun schließen.

**Ein Selfie als Profilbild**

Wenn Sie lieber ein aktuelles Profilbild mithilfe einer Webcam erzeugen möchten, müssen Sie im Bereich **Foto anpassen** auf **Kamera öffnen** klicken. Hier sind übrigens nicht nur Standbilder, sondern auch kleinere Videosequenzen möglich.

# Kennwort ändern

1

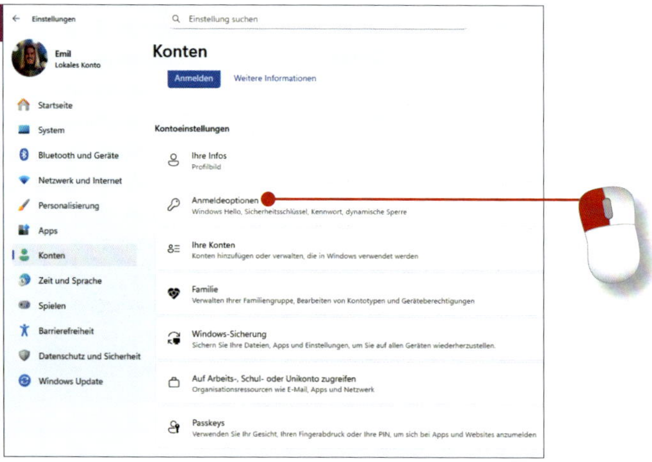


2

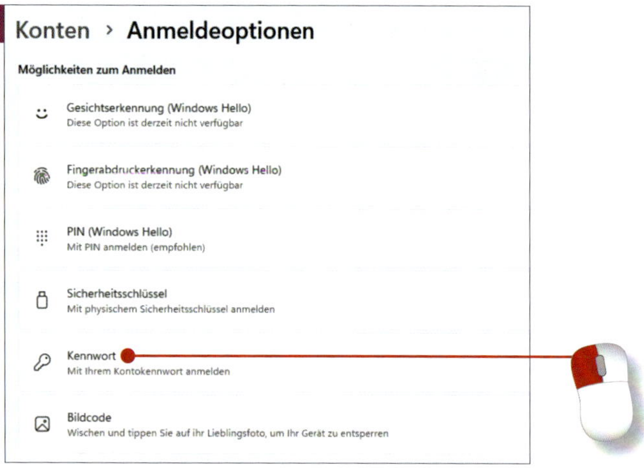


3

*Jetzt erfahren Sie noch, wie Sie bei einem lokalen Benutzerkonto das persönliche Kennwort ändern.*

## Schritt 1

Wählen Sie in den **Einstellungen** die Kategorie **Konten** und dann **Anmeldeoptionen**.

## Schritt 2

Klicken Sie nun auf den Eintrag **Kennwort**.

## Schritt 3

Wählen Sie die Schaltfläche **Ändern**. Falls dem lokalen Benutzerkonto noch kein Kennwort hinzugefügt wurde, kann dies hier nachträglich erfolgen.

### Administratorrechte

Administratoren haben Zugriff auf sämtliche Einstellungen aller Konten. Benutzer ohne Administratorrechte können aus Sicherheitsgründen nur wenige Änderungen vornehmen. Im Zweifelsfall wird das Administratorkennwort abgefragt.

### Schritt 4

Zum Ändern des Kennwortes muss zunächst das bisherige Kennwort eingegeben werden. Bestätigen Sie mit **Weiter**.

### Schritt 5

Legen Sie anschließend das neue Passwort fest. Geben Sie außerdem einen Kennworthinweis ein, der Sie später an ein vergessenes Kennwort erinnern kann. Wieder bestätigen Sie mit **Weiter**.

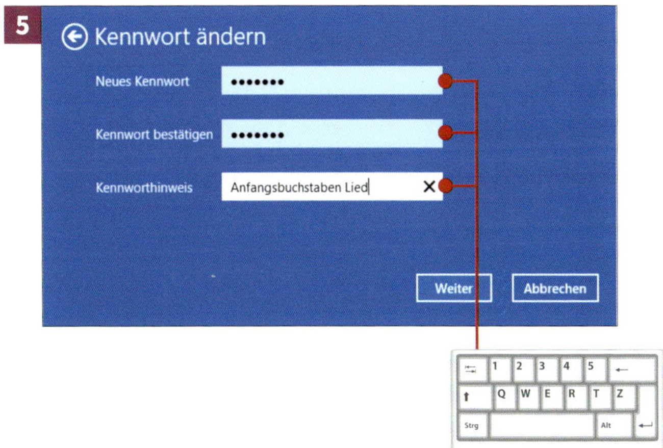


### Schritt 6

Bestätigen Sie zum Schluss mit der Schaltfläche **Fertig stellen**, um das neue Kennwort zu übernehmen.

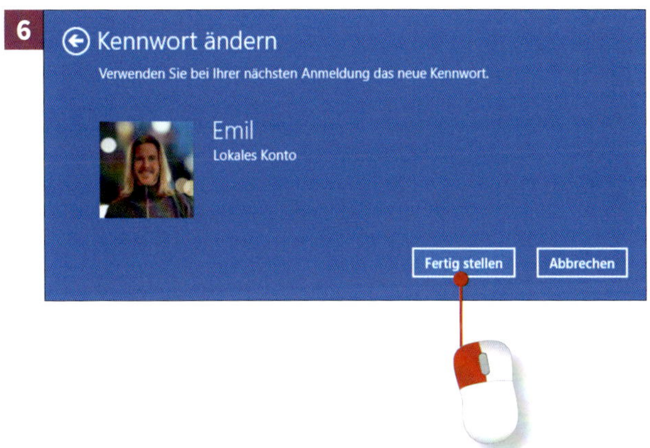


**Änderungen in Microsoft-Konto**
Das Ändern von Kennwort und Co. bei einem Microsoft-Konto erfolgt online unter *account.microsoft.com*.

# Kapitel 11
# Der PC im Netzwerk

Möchten Sie Ihren Rechner mit anderen Rechnern verbinden und ein Netzwerk einrichten oder ihn einem bestehenden Netzwerk hinzufügen? Die Anleitungen dieses Kapitels helfen Ihnen dabei.

**Rechner vernetzen**

Um zwei oder sogar mehrere Rechner miteinander zu verbinden ❶, sodass Sie Daten zwischen diesen Rechnern austauschen können, sind ein paar Schritte und Einstellungen notwendig. Sie erfahren hier Schritt für Schritt, wie es geht.

**Netzwerkgeheimnisse ergründen**

Das Netzwerk ist für viele Personen noch immer ein Buch mit sieben Siegeln. Zwar werden Sie auch mit den folgenden Informationen letztendlich kein Netzwerkprofi, jedoch nähern Sie sich diesem Thema doch beachtlich ❷.

**OneDrive**

Ein Netzwerk der besonderen Art ist *OneDrive* ❸, eine virtuelle Festplatte, die Ihnen immer und überall zur Verfügung steht und eine Menge Speicherplatz bietet. Wie OneDrive arbeitet, erfahren Sie am Ende dieses Kapitels.

1 Rechner miteinander zu vernetzen ist praktisch und gar nicht so schwer.

2 Mit der Netzwerkverwaltung unter Windows 11 wird das Thema auch weniger erfahrenen Anwenderinnen und Anwendern zugänglich.

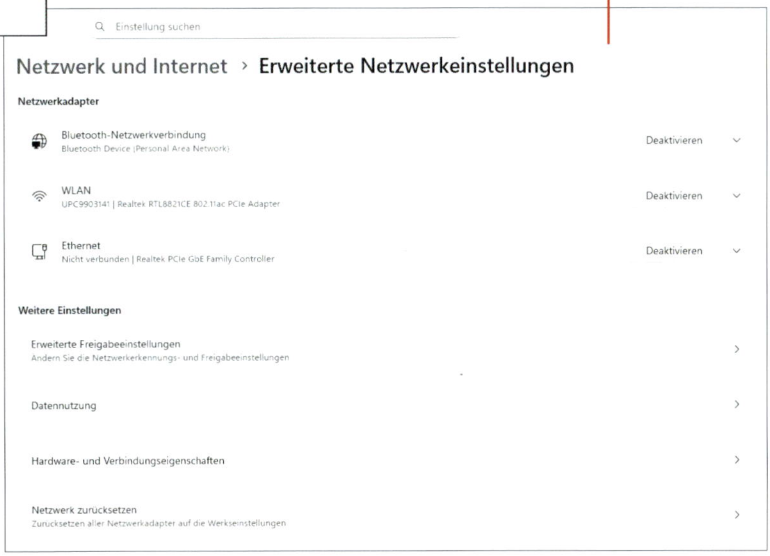


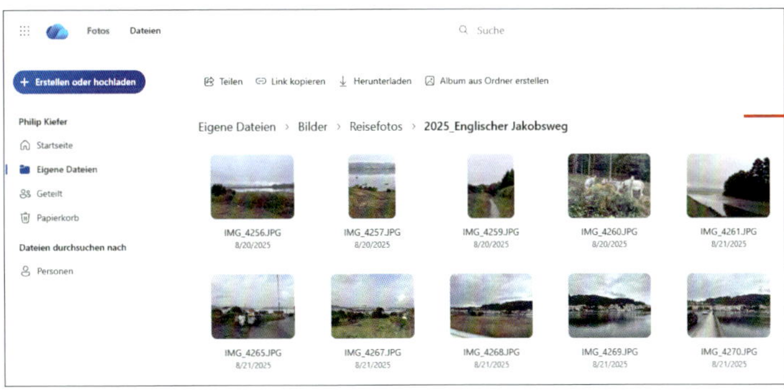


3 Über OneDrive erweitern Sie Ihren Speicherplatz beträchtlich.

# Netzwerkgrundlagen kennenlernen

*Das Thema Netzwerk mag Ihnen wie ein Buch mit sieben Siegeln vorkommen. So kompliziert ist es aber gar nicht. Sie werden sehen.*

1

## 1 Netzwerke

Netzwerke werden genutzt, wenn mehrere Computer zum Datenaustausch oder zur gemeinsamen Internetnutzung miteinander verbunden werden.

2

## 2 WLAN-Router

Sie benötigen zudem ein Gerät, auf das alle angeschlossenen Computer zugreifen können, z. B. den LAN- oder WLAN-*Router* (der wird meist vom Internetprovider zur Verfügung gestellt).

3

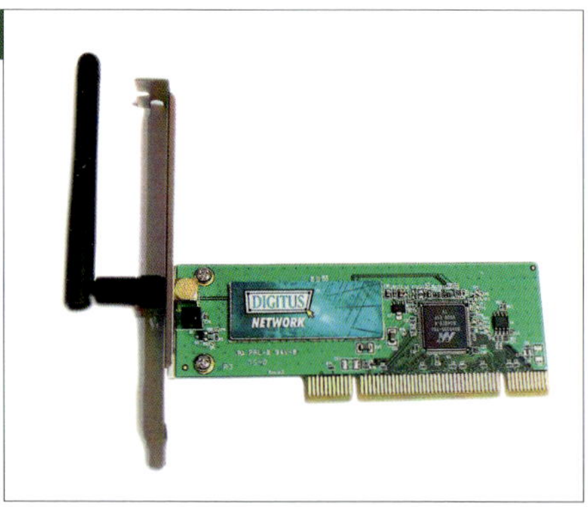


## 3 WLAN-Karte

Wenn Sie eine drahtlose Verbindung zum Router herstellen möchten, benötigt Ihr Rechner eine WLAN-Karte oder einen WLAN-Stick. Eine herkömmliche Netzwerkkarte (*Ethernet*) reicht, um die PCs über Kabel mit dem Router zu verbinden.

## 4 Weitere Geräte

Neben einzelnen Computern können auch weitere Geräte (sogenannte *Peripheriegeräte*) vernetzt werden. So ist es z. B. denkbar, einen Netzwerkdrucker zu installieren, den jeder PC nutzen kann.

4

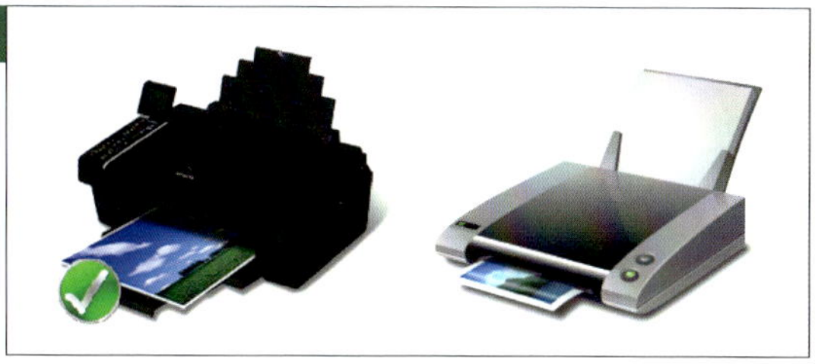

## 5 Ad-hoc-Netzwerk

Eine Alternative bilden *Ad-hoc-Netzwerke*. Hier stellen Computer temporär – also nur vorübergehend – eine Drahtlosverbindung her, um Daten gemeinsam zu nutzen oder untereinander auszutauschen.

5

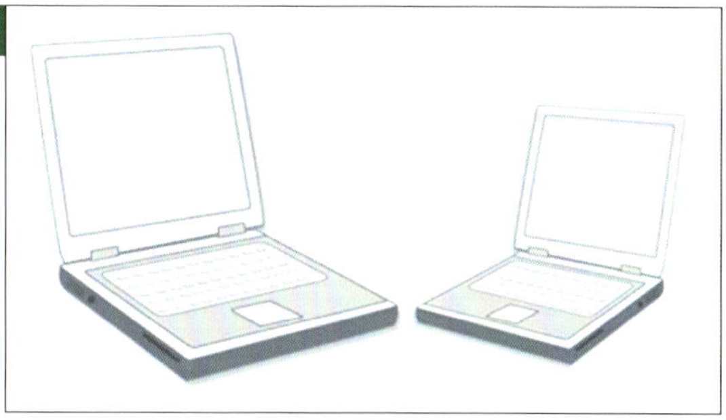

## 6 Aufbau des Netzwerkes

So könnte ein klassisches Netzwerk aufgebaut sein: Drei Computer werden an einem Router zusammengeführt und nutzen die dort vorliegende Verbindung zum Internet.

6

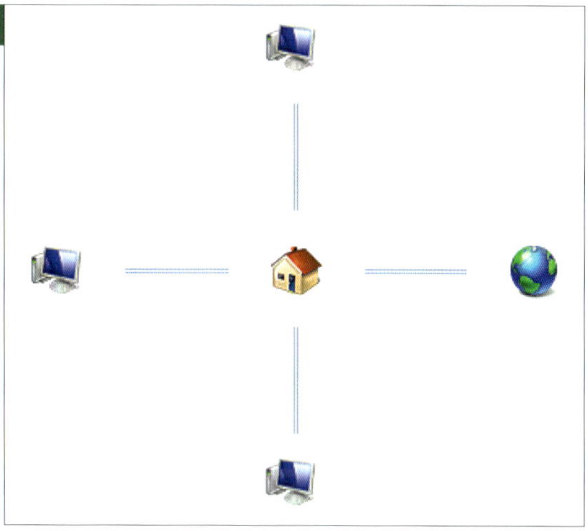

**LAN-Verbindung**

Die Verbindung eines kabelgebundenen Netzwerkes erfolgt über spezielle Netzwerkkabel. Jeder Computer belegt dabei einen Eingang des Routers.

# Netzwerk- und Internetverbindung wählen

1

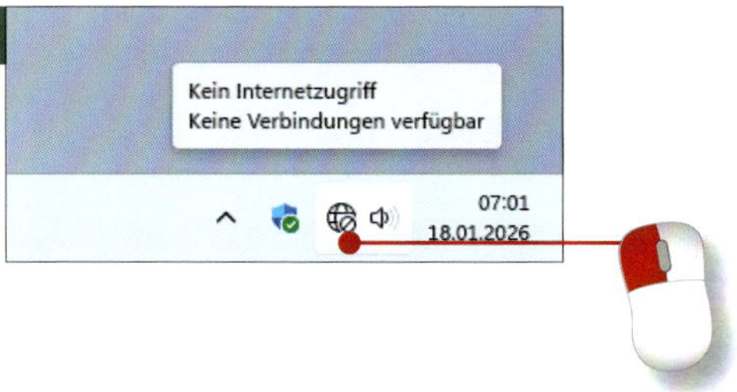


2

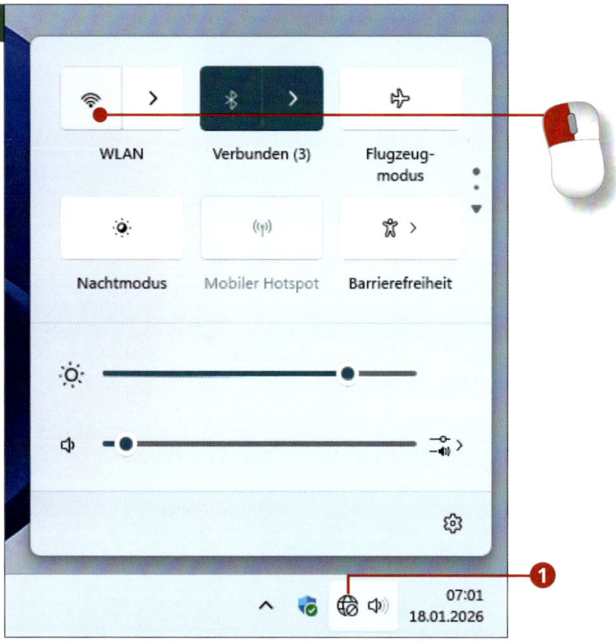


3

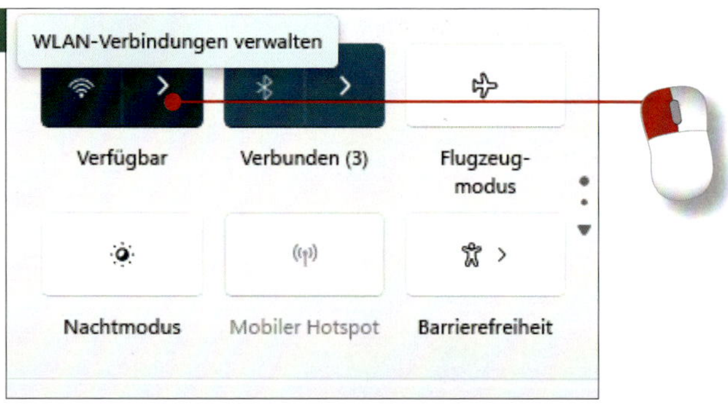


*Nach einem Neuanschluss, dem Wechsel des Internetdienstanbieters oder der Anschaffung eines neuen Routers kann ebenso ein Wechsel der Netzwerkverbindung anstehen wie nach einer Umstellung von kabelgebundenem LAN auf WLAN.*

## Schritt 1

Klicken Sie unten rechts auf das Symbol, das die Netzwerkverbindung repräsentiert bzw. in diesem Fall eine nicht hergestellte Verbindung anzeigt.

## Schritt 2

Ganz oben links wird angezeigt, ob derzeit eine Verbindung besteht. Ist das Symbol (wie hier) nicht eingefärbt und erscheint zudem in der Taskleiste der Globus mit Haltsymbol 1, besteht keine Verbindung. Zum Aktivieren von WLAN klicken Sie das Symbol an.

## Schritt 3

Jetzt wird das Symbol blau gefärbt dargestellt. Klicken Sie auf den Pfeil rechts daneben.

**Offene Netzwerke vermeiden!**
Achten Sie auf die Auszeichnung **gesichert**. Offene Netzwerke (z. B. offene Hotspots) sind potenziell unsicher.

### Schritt 4

Nun ist zwar WLAN verfügbar, aber noch keine WLAN-Verbindung ins Internet herstellt. Wählen Sie ein WLAN aus und klicken Sie auf **Verbinden**. Bei der ersten Inbetriebnahme müssen Sie das Passwort eingeben, das in der Regel direkt am WLAN-Gerät steht oder das Sie anderweitig erhalten. Kurz darauf sollte dann die Verbindung hergestellt sein.

4

### Schritt 5

Für weitere Einstellungen zur WLAN-Verbindung klicken Sie unten links auf **Mehr WLAN-Einstellungen**.

5

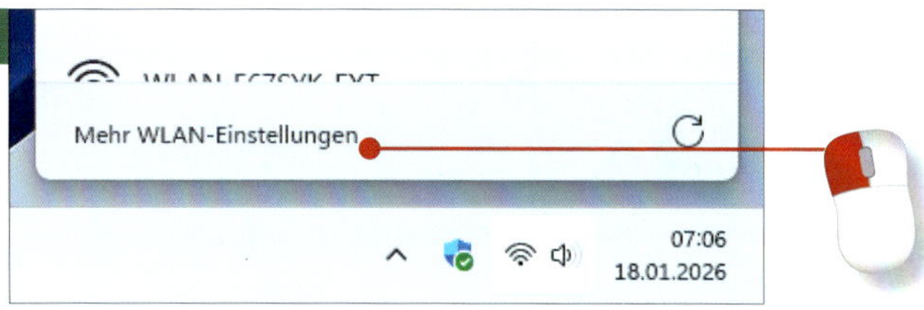


### Schritt 6

In den WLAN-Einstellungen können Sie Einstellungen zum aktuellen Netzwerk vornehmen, bekannte Netzwerke verwalten und mehr.

6

**Netzwerkeinstellungen**

Weitere wichtige Schritte in Bezug auf die Einstellungen von **Netzwerk und Internet** (Schritt 6) werden in diesem Kapitel später noch angesprochen.

# Netzwerkeinstellungen verwalten

1

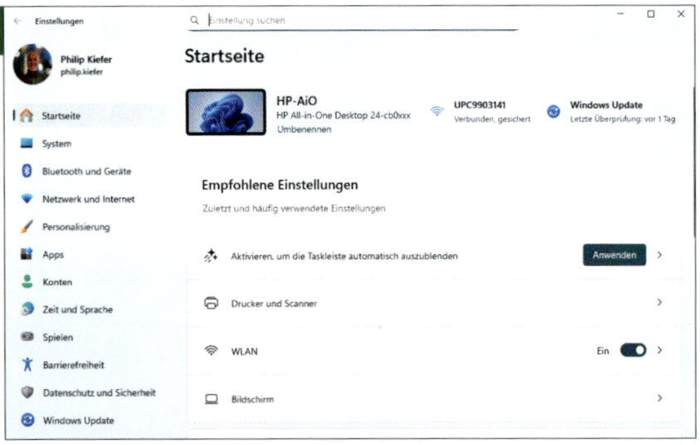

2

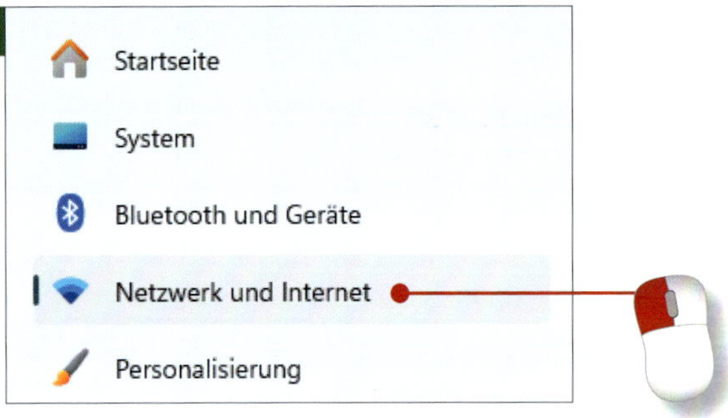


3

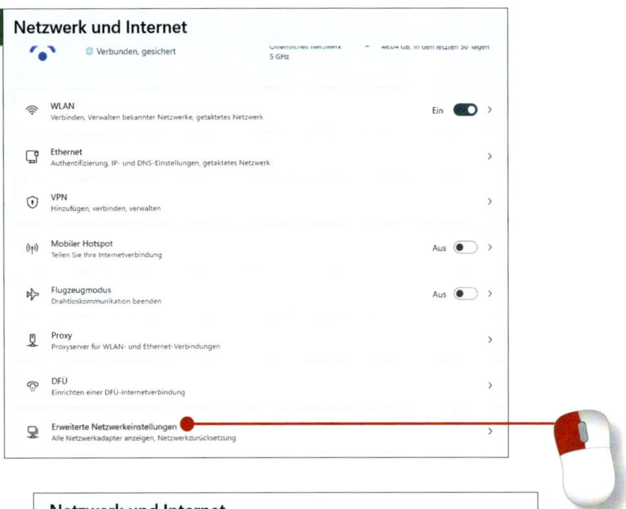


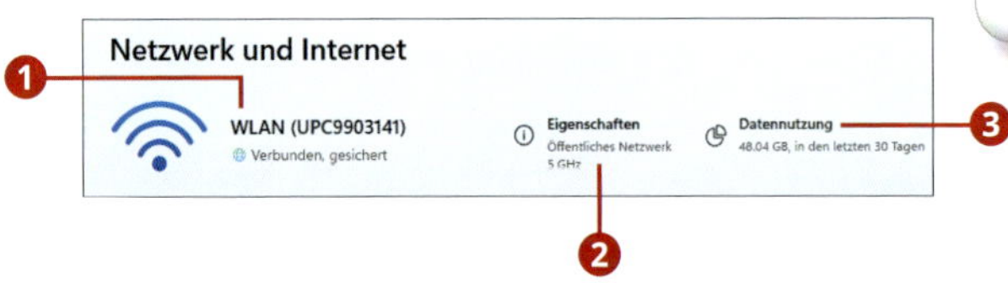


*Bestimmte Netzwerkeinstellungen sollten nur von entsprechend geschultem Personal vorgenommen werden. Man muss aber kein Profi sein, um beispielsweise ein Netzwerk umzubenennen oder sich bestimmte Netzwerkfunktionen anzeigen zu lassen.*

## Schritt 1

Der erste Schritt – wie könnte es anders sein – ist wieder einmal das Aufrufen der **Einstellungen** mittels [Windows-Taste] + [I].

## Schritt 2

Entscheiden Sie sich in der linken Spalte für den Listeneintrag **Netzwerk und Internet**.

## Schritt 3

Scrollen Sie rechts bis ganz nach unten zum Menüpunkt **Erweiterte Netzwerkeinstellungen**. Öffnen Sie die Liste per Mausklick.

### WLAN-Verbindung

Bevor Sie, wie in Schritt 3 beschrieben, nach unten scrollen, achten Sie doch einmal auf die Anzeige ganz oben im Dialog. Hier lassen sich neben der Internetverbindung ❶ auch die Eigenschaften des Netzwerkes ❷ sowie die Datennutzung ❸ der letzten 30 Tage ablesen.

## Schritt 4

Um eine Netzwerkverbindung zu trennen (in unserem Beispiel die **Bluetooth-Netzwerkverbindung**), würde ein Klick auf **Deaktivieren** reichen. Die Schaltfläche wäre danach mit **Aktivieren** betitelt. Das Netzwerk ließe sich also durch erneuten Klick auf die Schaltfläche wieder einschalten.

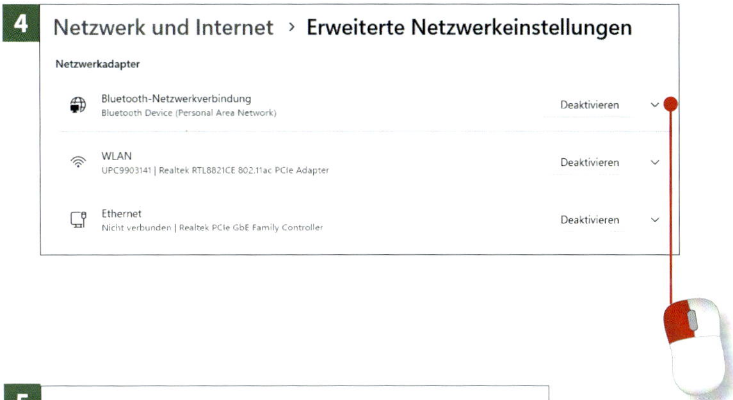


## Schritt 5

Unser Ziel ist aber die Umbenennung des Netzwerkes, da **Bluetooth-Netzwerkverbindung** ja nicht gerade schick ist. Klicken Sie den Eintrag deshalb an.

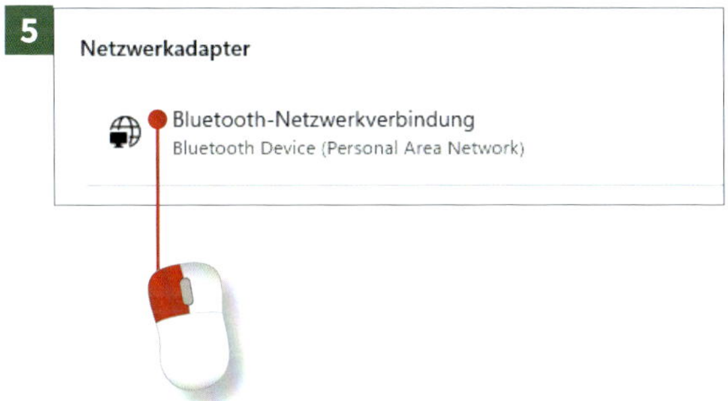


## Schritt 6

Als Nächstes gehen Sie auf die Schaltfläche **Umbenennen**, die sich in der Zeile **Diesen Adapter umbenennen** befindet.

**Allgemeingültige Einstellungen**

Die hier gezeigten Einstellungen gelten übrigens nicht nur für **Bluetooth**, sondern lassen sich auch für **WLAN** oder **Ethernet** (kabelgebundene Verbindung) vornehmen. Die Vorgehensweise ist identisch.

# Netzwerkeinstellungen verwalten (Forts.)

7

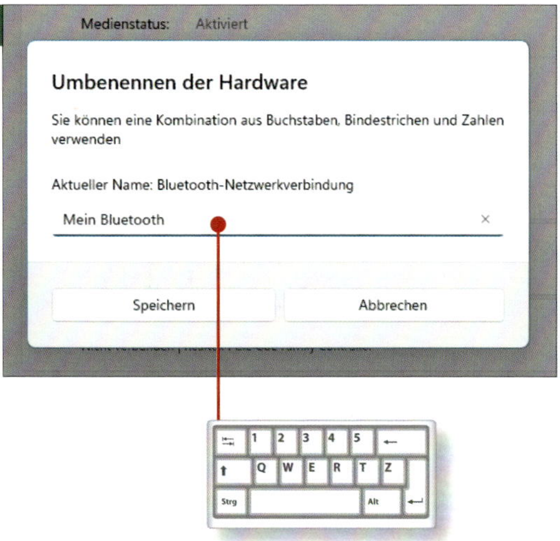


## Schritt 7

Beginnen Sie jetzt mit der Eingabe der neuen Netzwerkbezeichnung via Tastatur.

8

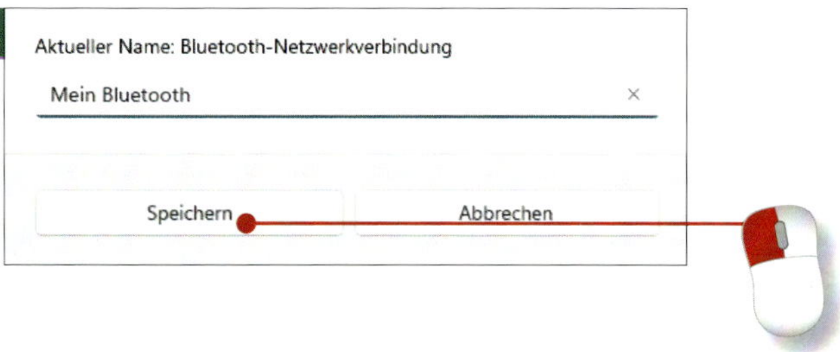


## Schritt 8

Wenn Sie fertig sind, klicken Sie unten links auf **Speichern**. Ab sofort wird auf dem Computer der neue Name verwendet. Die Verbindung bleibt übrigens bestehen (sofern Sie diese in Schritt 4 nicht deaktiviert haben.)

9

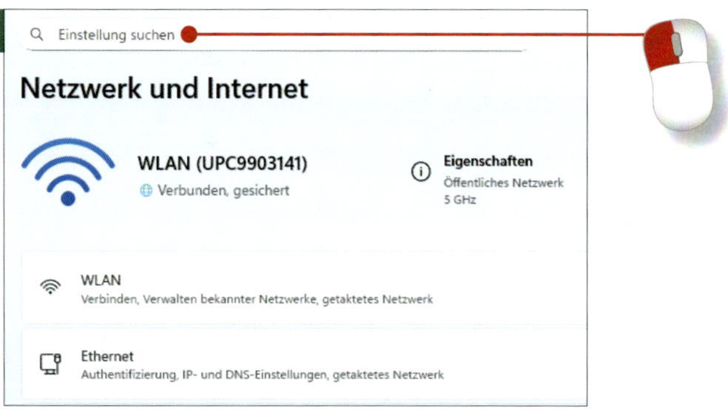


## Schritt 9

Möchten Sie besonders schnell auf Netzwerkeinstellungen zugreifen? Dann klicken Sie in das Suchfeld oben in den Einstellungen.

**Ersten Eintrag öffnen**

Geben Sie in das Suchfeld einen Begriff ein und drücken die ↵-Taste, wird der erste gelistete Begriff geöffnet.

### Schritt 10

Geben Sie als Suchbegriff »netzwerk« ein, drücken Sie jedoch *nicht* die [↵]-Taste.

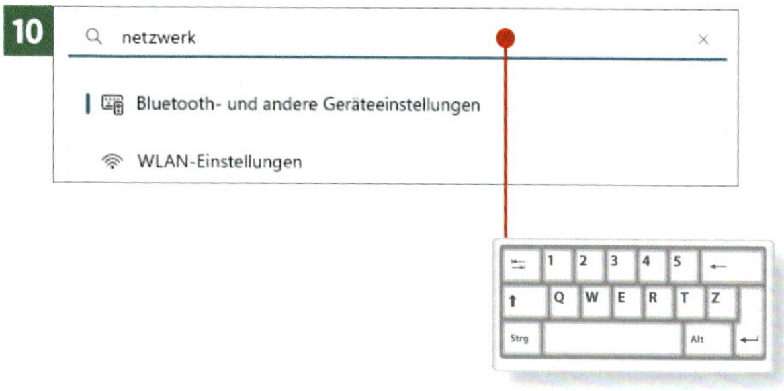


### Schritt 11

Für unser Beispiel scrollen Sie nach unten zum Eintrag **Erweiterte Freigabeeinstellungen verwalten**. Klicken Sie den Eintrag an.

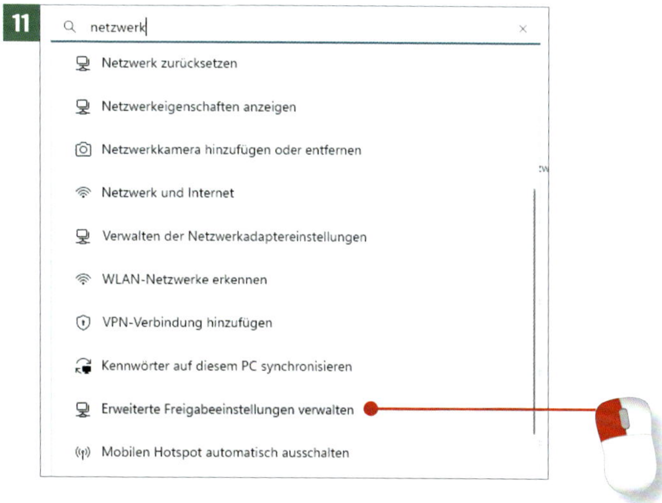


### Schritt 12

Hier können Sie die Datei- und Druckerfreigabe im Netzwerk aktivieren oder deaktivieren.

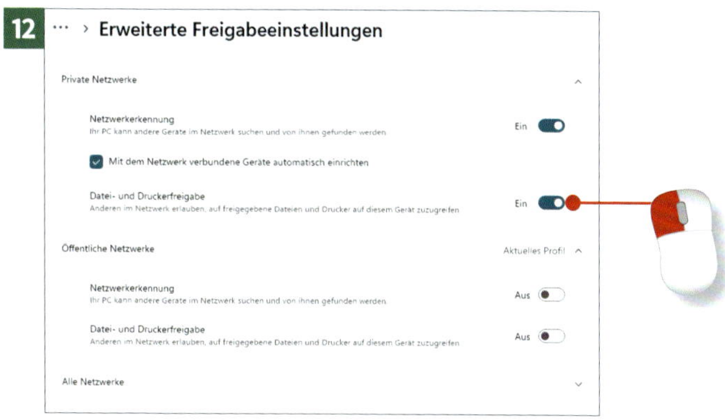


**Private und öffentliche Netzwerke**

Beachten Sie den Unterschied zwischen privaten und öffentlichen Netzwerken. In öffentlichen Netzwerken sollte der Datenaustausch nur kennwortgeschützt erfolgen.

# Die Datennutzung abrufen und begrenzen

*Im Zeitalter von Daten-Flatrates ist die Menge der verbrauchten Daten oft sekundär. Doch schauen Sie einmal nach, wie groß die Datenmenge der letzten 30 Tage tatsächlich gewesen ist.*

1

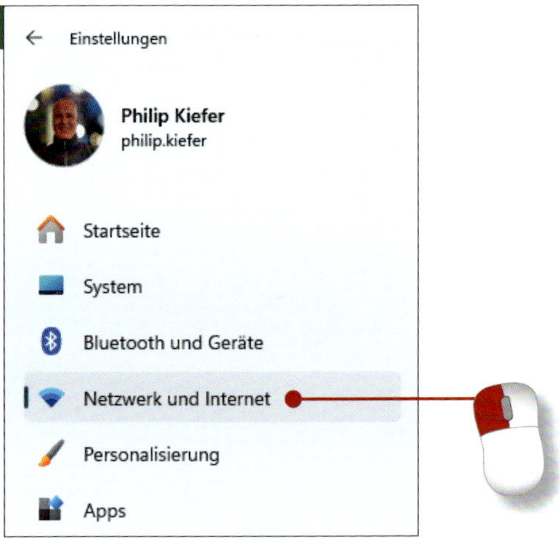


## Schritt 1

Dass Sie zu Beginn einer Beschreibung [Windows] + [I] drücken müssen, wissen Sie längst. Auch die anschließende Wahl von **Netzwerk und Internet** ist Ihnen sicher nicht neu.

2

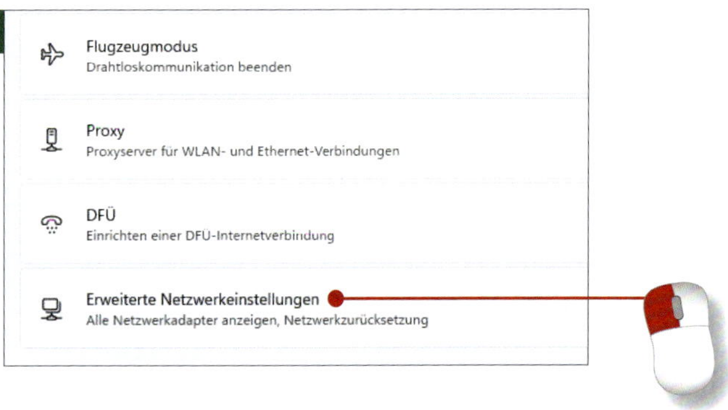


## Schritt 2

Sollten Sie die Zeile **Erweiterte Netzwerkeinstellungen** nicht sehen können, scrollen Sie zunächst hinunter. Klicken Sie besagte Zeile an.

3

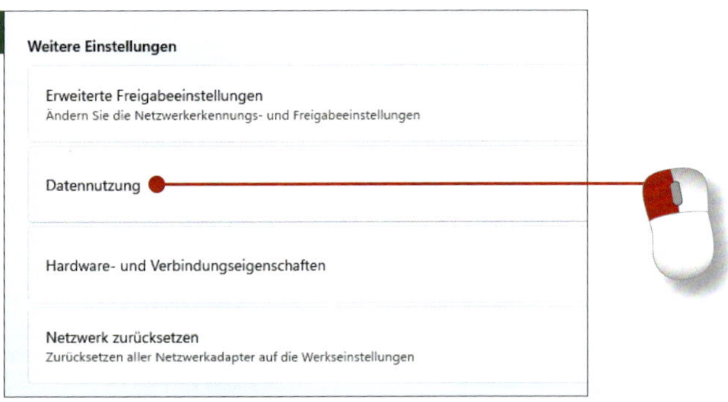


## Schritt 3

Etwas weiter unten, im Bereich **Weitere Einstellungen**, finden Sie den Eintrag **Datennutzung**. Wählen Sie ihn jetzt bitte an.

**Erstaunliche Ergebnisse**

Mitunter sorgen jene Apps, von denen man es am wenigsten erwartet hätte, für enormes Datenvolumen. Ich denke, dass sich das Nutzungsverhalten mit kritischer Betrachtung der Ergebnisse ein Stück weit verändern lässt.

## Schritt 4

Nach kurzer Zeit sollte das Ergebnis vorliegen. Wer ist Ihr »Spitzenreiter«? Hätten Sie es gedacht? Beachten Sie auch den Wert ❶ oben links. Er zeigt, wie viel Datenvolumen in den letzten 30 Tagen insgesamt angefallen ist. Wenn Sie das Datenvolumen begrenzen wollen, klicken Sie auf **Grenzwert eingeben**.

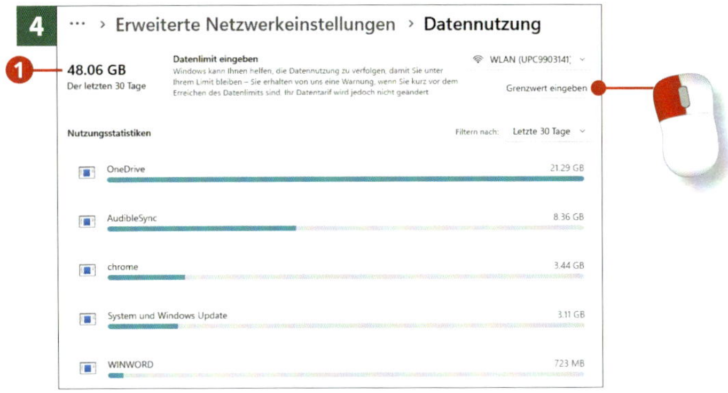


## Schritt 5

Der **Limittyp Monatlich** ❷ macht Sinn. Danach sollten Sie die Einheit ändern, denn mit Megabytes kommt man heutzutage nicht weit. Stellen Sie auf **GB** (Gigabytes) um. Anschließend geben Sie das **Datenlimit** ❸ ein.

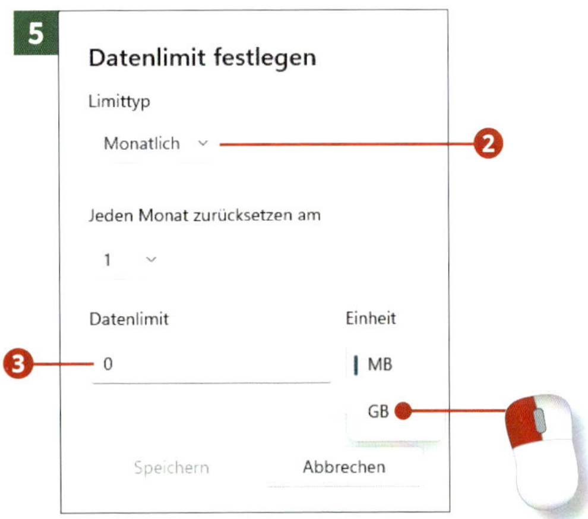


## Schritt 6

Fertig. Den Dialog verlassen Sie mit einem Klick auf **Speichern**. In der Folge verrät ein Fortschrittsbalken, wie viel Volumen noch zur Verfügung steht. Kurz vor Erreichen des Limits gibt Windows 11 künftig eine Warntafel aus.

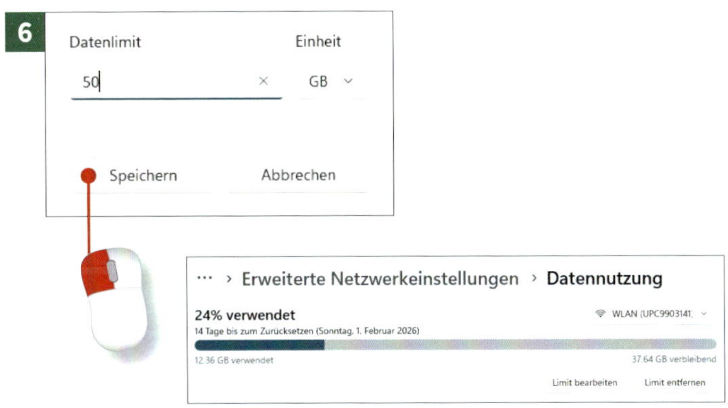


### Limit ändern oder entfernen

Nach Aktivierung eines Limiters erscheinen zwei neue Schaltflächen. Mit **Limit bearbeiten** kann das Datenvolumen angepasst werden, mit **Limit entfernen** wird die Begrenzung wieder aufgehoben.

# OneDrive – Dateien überall griffbereit

*Ein Netzwerk der ganz besonderen Art wird mit OneDrive ermöglicht. Diese »Onlinefestplatte« steht Ihnen nämlich an jedem erdenklichen Ort der Welt zur Verfügung.*

1

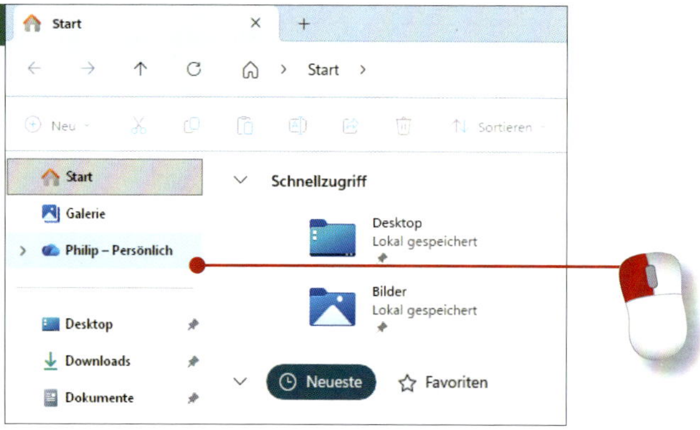


## Schritt 1

Es gibt verschiedene Möglichkeiten, die OneDrive-Konfiguration auf Ihrem PC zu erreichen. Die einfachste: Öffnen Sie den **Explorer** und navigieren Sie in der linken Spalte zum Verzeichnis **OneDrive** (hier **Philip ▸ Persönlich**).

2

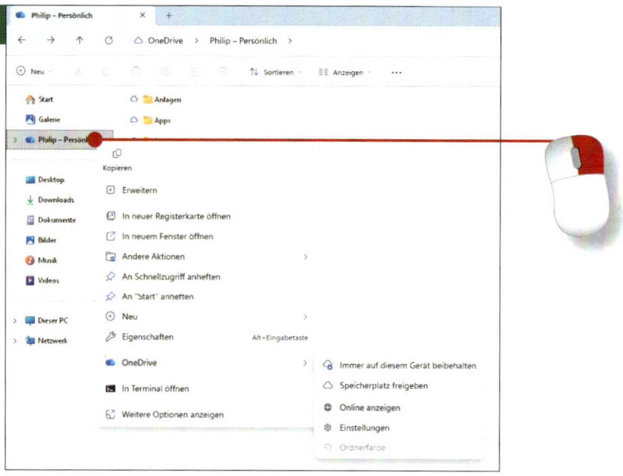


## Schritt 2

Danach klicken Sie mit rechts auf den Eintrag, zeigen im Untermenü auf **OneDrive** und klicken zuletzt die Zeile **Online anzeigen** an.

## Schritt 3

Danach befinden Sie sich idealerweise direkt auf Ihrer persönlichen OneDrive-Plattform und fahren mit Schritt 8 fort.

3

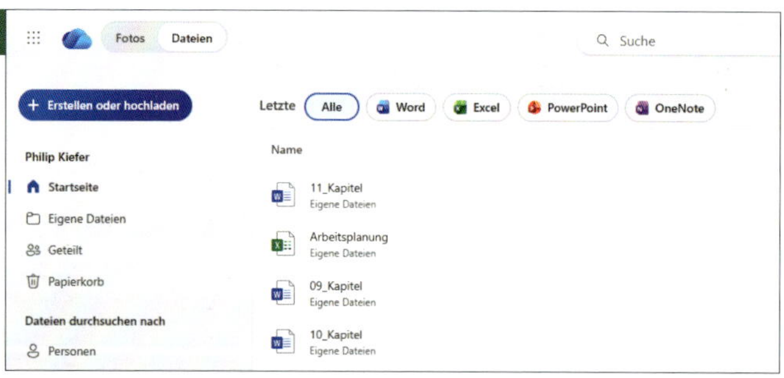


### Konfiguration

Die Konfiguration von OneDrive müssen Sie, wenn überhaupt, nur einmal durchlaufen. Nachdem das erledigt ist, lässt sich OneDrive ganz normal öffnen.

### Schritt 4

Sollten Sie noch keinen OneDrive-Zugang haben, richten Sie einen ein, indem Sie im Internetbrowser auf die Seite *https://onedrive.live.com/* gehen.

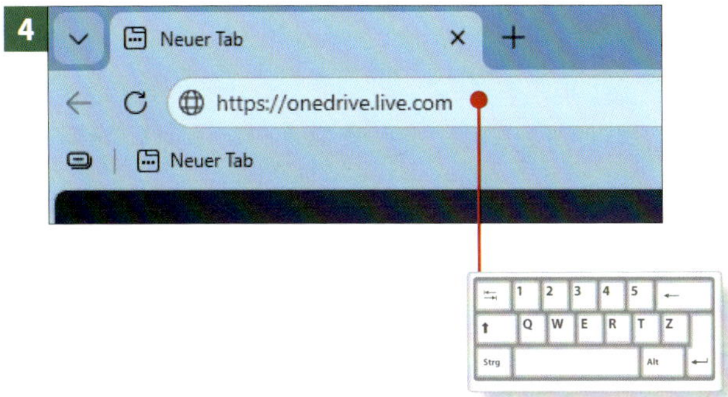


### Schritt 5

Wer sich zunächst informieren möchte, geht bitte jetzt auf **Pläne und Preise anzeigen** ❶. Haben Sie bereits ein Microsoft-Konto? Dann klicken Sie auf **Anmelden** und springen zu Schritt 7.

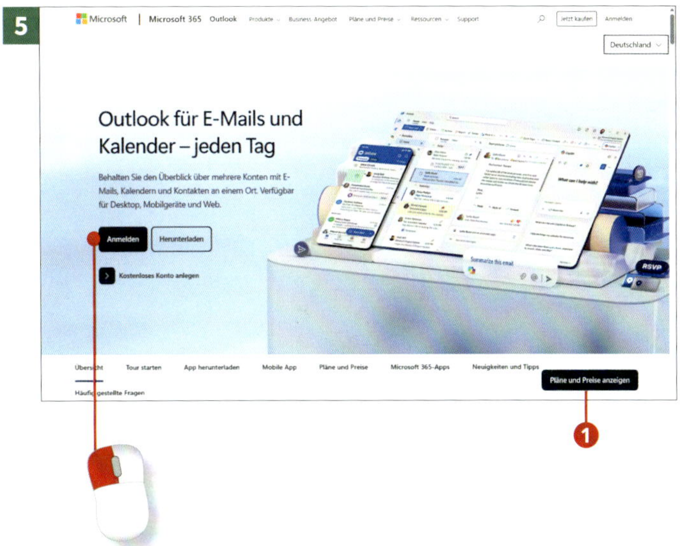


### Schritt 6

Beachten Sie, dass nur die Basisversion mit 5 GB OneDrive-Speicherplatz kostenlos ist. Wählen Sie, sofern Sie kein anderes Modell bevorzugen, die Schaltfläche **Kostenloses Konto anlegen**.

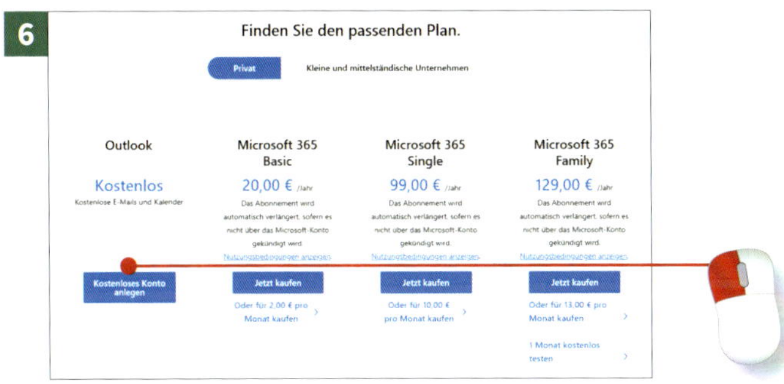


**OneDrive online und offline**

OneDrive ist sowohl ein lokaler Ordner auf Ihrer Festplatte als auch ein Speicherplatz auf einem entfernten Server im Internet. Der Inhalt des PC-Ordners wird automatisch mit dem Onlinespeicherplatz synchronisiert.

# OneDrive – Dateien überall griffbereit (Forts.)

7

## Schritt 7

Nun können Sie entweder ein bereits bestehendes Microsoft-Konto angeben oder ein neues Konto erstellen. Letzteres erreichen Sie mit einem Klick auf **Erstellen Sie jetzt eins!** Wie dem auch sei – zuletzt müssen Sie sich anmelden.

8

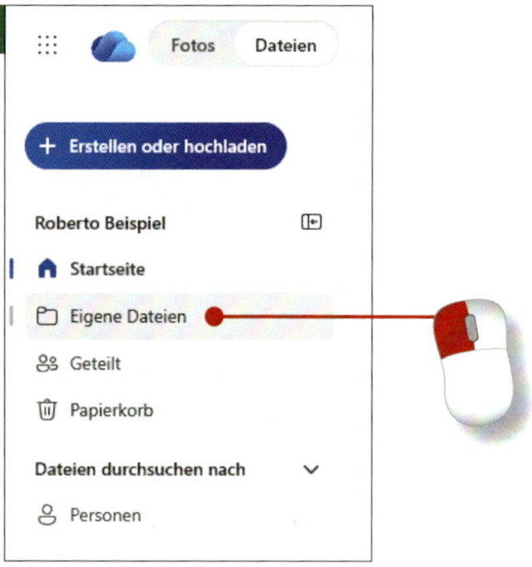


## Schritt 8

Nach der Eingabe der Anmeldedaten befinden Sie sich in OneDrive Online. Klicken Sie in der Navigationsleiste links auf **Eigene Dateien**.

## Schritt 9

Die Ordner sehen hier etwas anders aus als in Windows 11. Um einen von ihnen zu öffnen, reicht ein einzelner Mausklick anstelle des sonst üblichen Doppelklicks. Wechseln Sie z. B. in den Ordner *Bilder*.

9

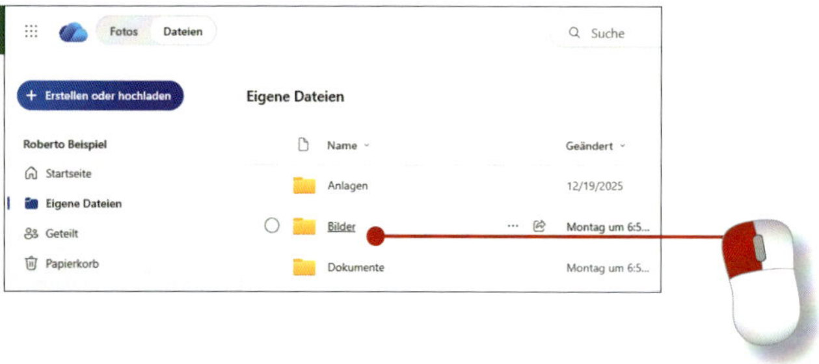


**Ordner erzeugen**

Erzeugen Sie neue Ordner, indem Sie einen freien Bereich der OneDrive-Oberfläche mit rechts anklicken, dann **Neu** betätigen und zuletzt auf **Ordner** klicken.

## Schritt 10

Möchten Sie eine einzelne Datei oder einen Ordner herunterladen, klicken Sie in den Kreis oben rechts ❷. Danach klicken Sie auf die Schaltfläche **Herunterladen**.

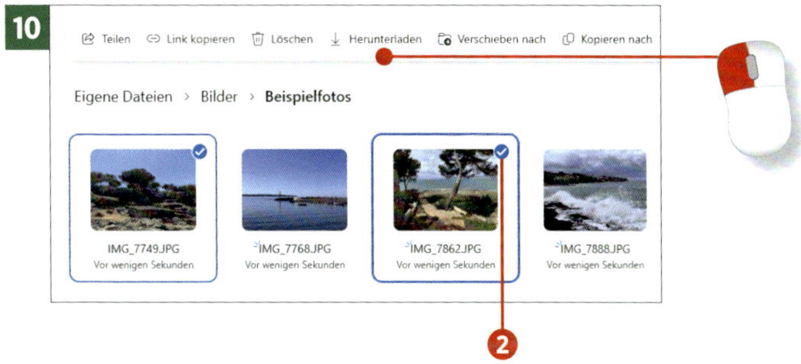


## Schritt 11

Auch das Hochladen von Dateien ist kein Problem. Dazu öffnen Sie auf OneDrive den Ordner, in den eine oder mehrere Dateien geladen werden sollen. Wählen Sie **Erstellen oder hochladen** und dann **Dateien hochladen**.

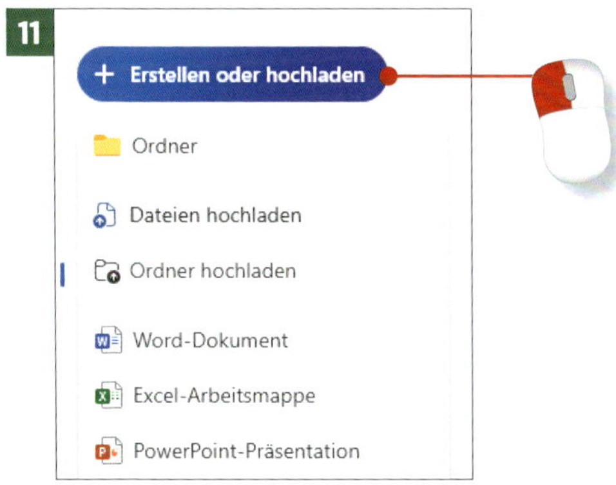


## Schritt 12

Wählen Sie nun eine oder – durch Anklicken bei gedrückter Strg-Taste – mehrere Dateien aus und bestätigen Sie mit **Öffnen**.

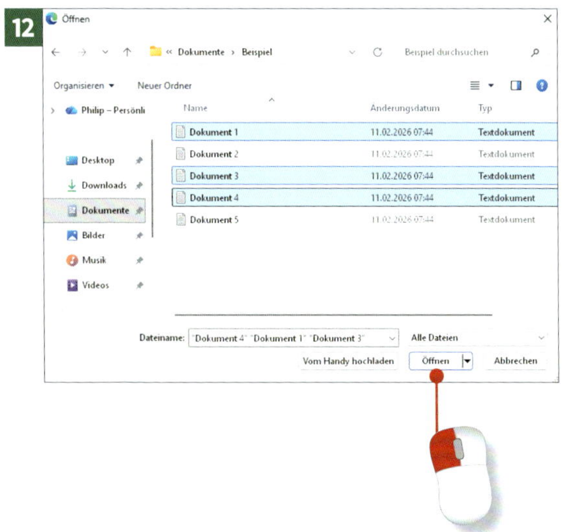


### Heruntergeladene Objekte

Heruntergeladene Dateien finden Sie auf dem PC im Ordner *Dieser PC\Downloads*. Sofern Sie mehrere Objekte herunterladen, werden diese »gezippt« (also komprimiert) und müssen nach einem Rechtsklick auf die Datei zunächst mit **Alle extrahieren** geöffnet werden.

# Kapitel 12
# Windows 11 sichern und pflegen

Pflegen Sie Ihr Windows 11 gut. Nur so läuft das System auch über längere Zeit reibungslos. Und da es immer wieder passieren kann, dass etwas Unvorhergesehenes geschieht, ist es wichtig, Sicherungen vorzunehmen, um Ihre Daten im Falle eines Falles wiederherstellen zu können.

**Eine Sicherung des Systems erstellen**

Um das System vor Viren und anderer schädlicher Software zu schützen ❶, bietet Windows 11 unterschiedliche Lösungswege an. Sie können sogar, sollte einmal etwas schiefgehen, immer wieder auf einen früheren Zustand zurückgreifen. Wie Sie diese Möglichkeiten nutzen, erfahren Sie in diesem Kapitel.

**Mit Benachrichtigungen arbeiten**

Windows 11 verfügt über einen sogenannten Benachrichtigungsassistenten ❷. Damit können Sie anstehende Probleme sofort beheben und Ihr System frisch halten.

❶ Es ist überaus wichtig, dass Sie Ihren Computer vor Viren und anderer Schadsoftware schützen.

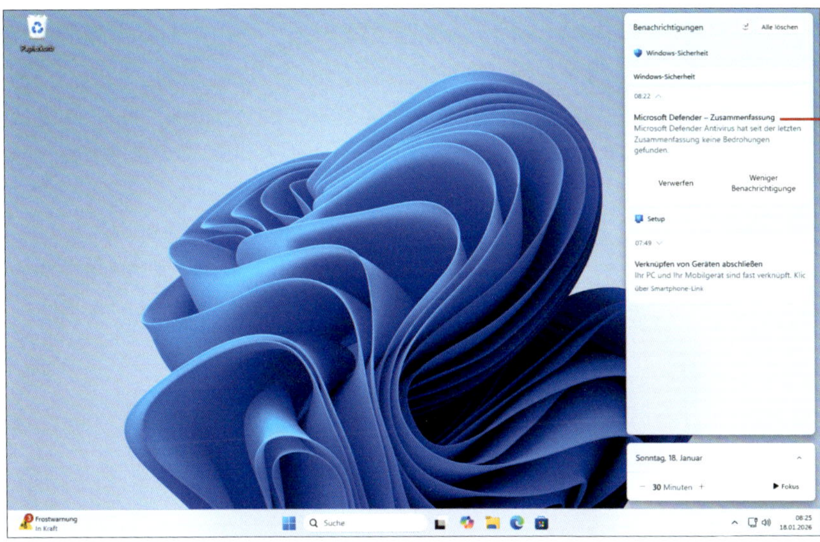


❷ Der Benachrichtigungsassistent fungiert als Schaltzentrale für individuelle Einstellungen, ist aber auch Ausgangspunkt für anstehende Problemlösungen

# Mit dem Benachrichtigungsassistenten arbeiten

1

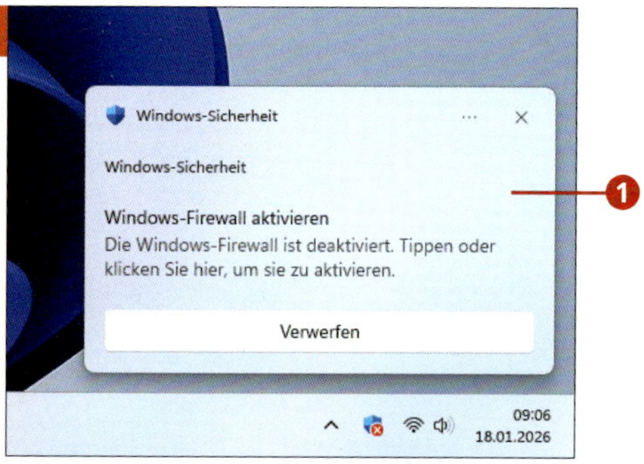


2

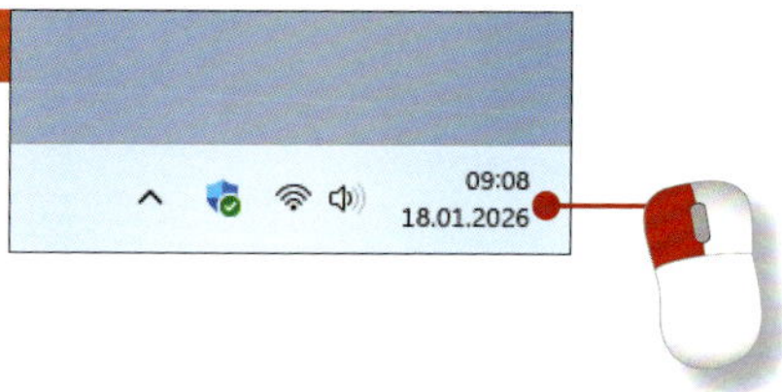


3

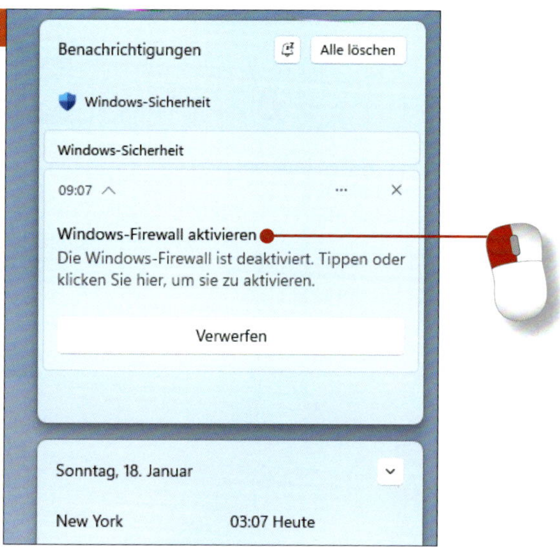


*Störungen oder Beeinträchtigungen des Systems, aber auch Updates und automatische Wartungsarbeiten werden im Benachrichtigungsassistenten protokolliert.*

## Schritt 1

Hat Windows eine wichtige Benachrichtigung für Sie, wird diese rechts unten auf dem Bildschirm eingeblendet ❶.

## Schritt 2

Um den Benachrichtigungsassistenten zu öffnen, klicken Sie auf Datum und Uhrzeit.

## Schritt 3

Möchten Sie sich einer Meldung oder einem Problem widmen, klicken Sie auf die entsprechende Schaltfläche. Ist keine vorhanden, platzieren Sie einen Mausklick auf der Meldung (im Beispiel die Info, dass die Firewall, ein Schutz gegen Angriffe von außen, deaktiviert ist).

## Schritt 4

Damit gelangen Sie direkt zum Problem. Im konkreten Fall öffnen sich die Sicherheitseinstellungen. Klicken Sie bei **Firewall und Netzwerkschutz** auf die Schaltfläche **Aktivieren**.

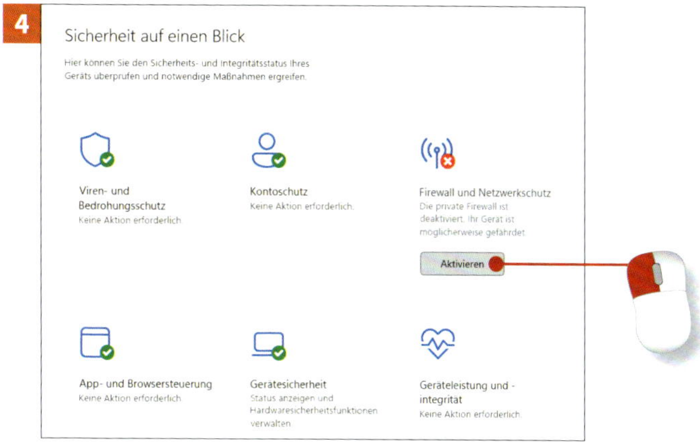


## Schritt 5

Klicken Sie nun noch einmal auf **Datum und Uhrzeit** im Infobereich.

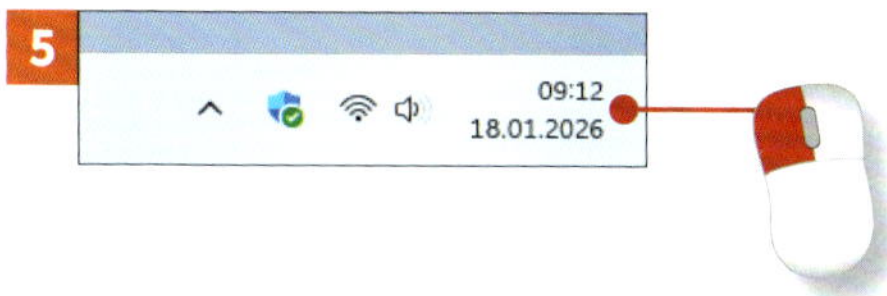


## Schritt 6

Wie Sie sehen, ist die bearbeitete Meldung verschwunden. Klicken Sie auf einen freien Bereich des Desktops, um den Benachrichtigungsassistenten wieder zu schließen.

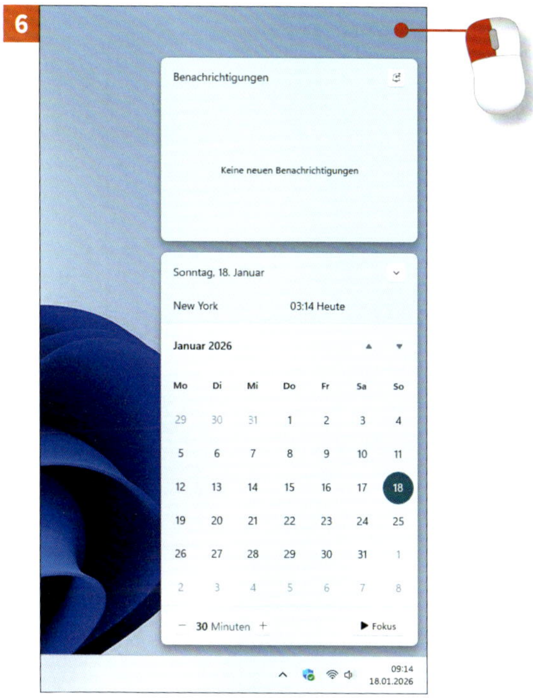


**Desktop anzeigen**

Wenn Sie in die äußerste rechte Ecke der Taskleiste klicken, wird der Desktop angezeigt, es werden also alle geöffneten Fenster minimiert.

# Benachrichtigungen konfigurieren

1
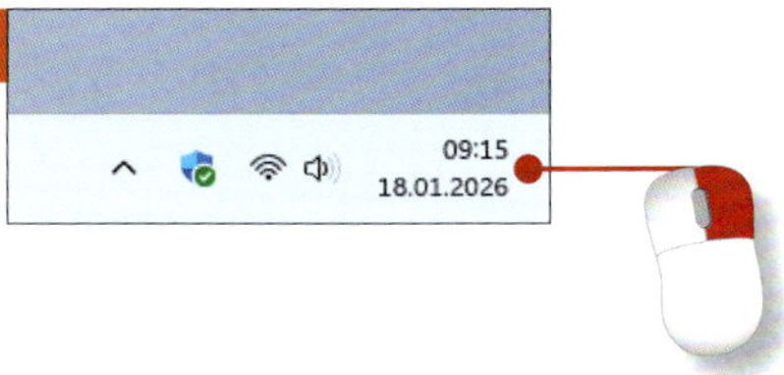


2
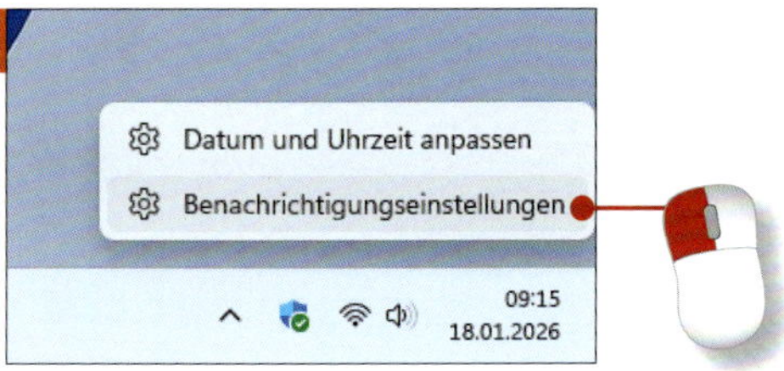


3
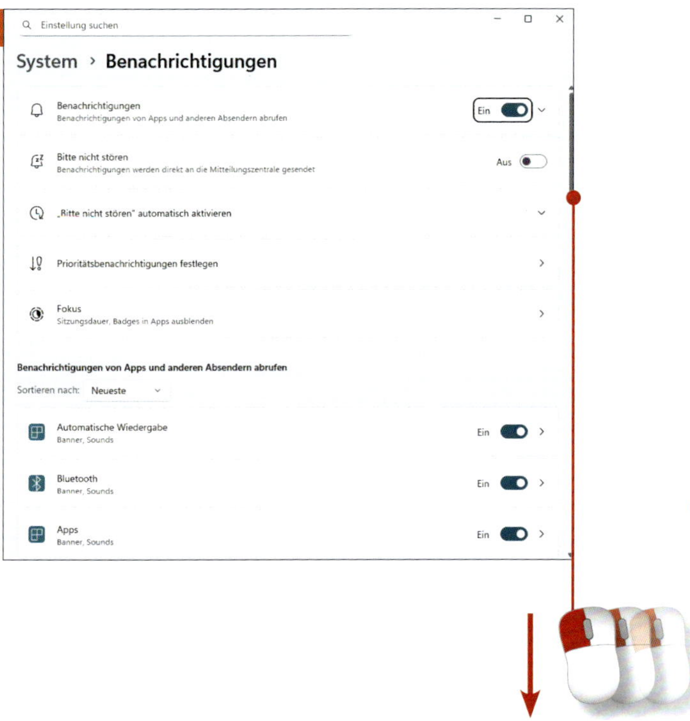


*Viele Apps senden alle möglichen Nachrichten, egal, ob sie für Sie von Interesse sind oder nicht. Bestimmen Sie selbst, welche Apps sich melden und welche Nachrichten nicht veröffentlicht werden sollen.*

## Schritt 1

Führen Sie zunächst einen Rechtsklick auf Datum und Uhrzeit im Infobereich aus.

## Schritt 2

Als Nächstes klicken Sie mit der linken Maustaste auf **Benachrichtigungseinstellungen**.

## Schritt 3

Jetzt öffnen sich die **Benachrichtigungen**. Scrollen Sie in der recht langen Liste einmal nach unten.

**Tipps und Vorschläge deaktivieren**
Ganz unten auf der Seite befinden sich im Abschnitt **Zusätzliche Einstellungen** zwei Checkboxen. Zumindest die unterste, **Tipps und Vorschläge erhalten, wenn Windows verwendet wird**, können Sie deaktivieren, wenn Sie sich schon ein wenig mit Windows 11 auskennen.

## Schritt 4

Apps, die auf **Ein** gestellt sind, zeigen Nachrichten im Benachrichtigungsassistenten an. Hier sollten Sie zunächst einmal deaktivieren, was für Sie eher unwichtig ist.

## Schritt 5

Wenn beispielsweise der **Microsoft Store** von Bedeutung ist, lassen Sie den Schalter aktiv und klicken den entsprechenden Eintrag an.

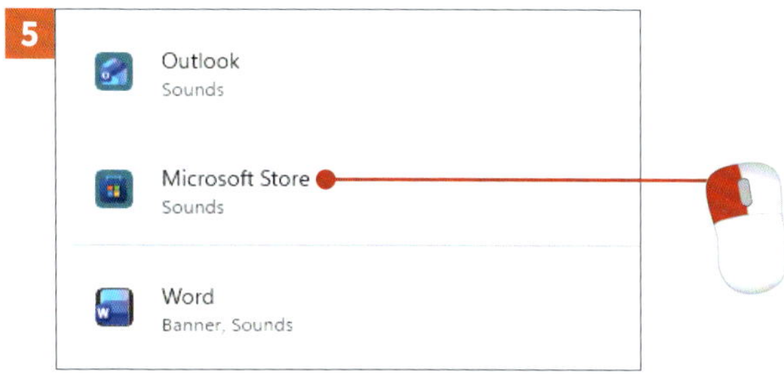


## Schritt 6

Legen Sie fest, was genau die App darf. Soll beispielsweise auf eine selbstständig erscheinende Infotafel auf dem Desktop verzichtet werden, deaktivieren Sie **Benachrichtigungsbanner anzeigen**.

**Benachrichtigungen im Benachrichtigungscenter anzeigen**

Deaktivieren Sie diese Checkbox, wenn verhindert werden soll, dass Nachrichten überhaupt im Benachrichtigungsassistenten erscheinen (ab Schritt 2 der vorangegangenen Beschreibung).

# Benachrichtigungen konfigurieren (Forts.)

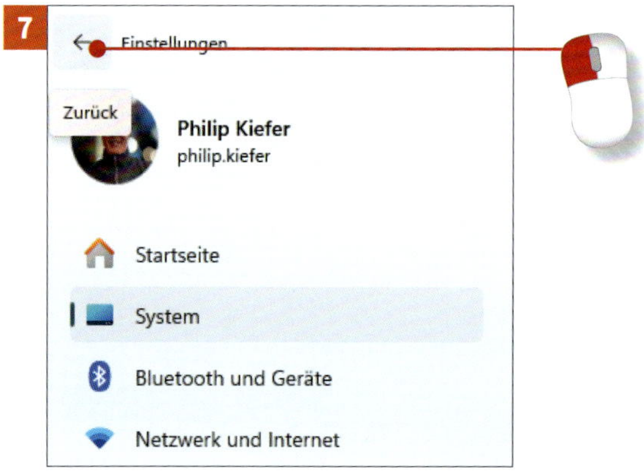


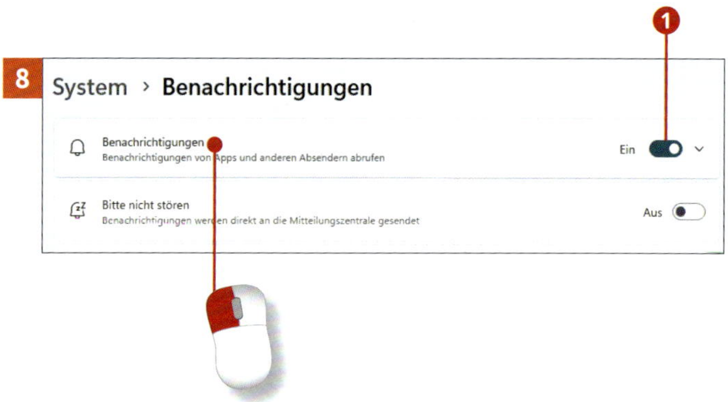


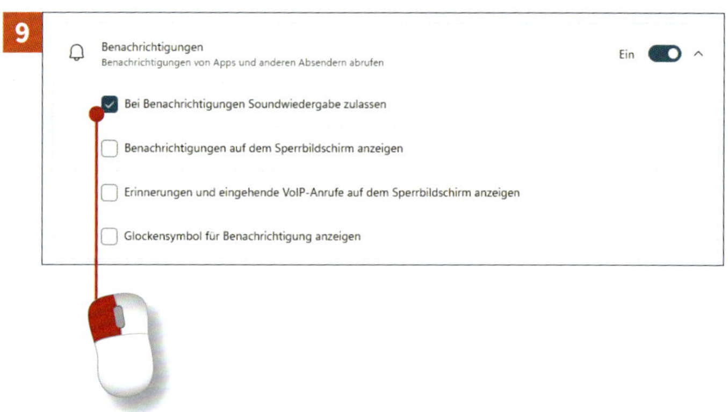


## Schritt 7

Nachdem Sie alle Einstellungen einer aktivierten App vorgenommen haben, kehren Sie mit einem Klick auf den Pfeil oben links zurück zur vorherigen Ansicht.

## Schritt 8

Für die folgenden Schritte kontrollieren Sie, ob der Schalter **Benachrichtigungen** eingeschaltet ist ❶. Wenn das der Fall ist, klicken Sie auf die Zeile **Benachrichtigungen**.

## Schritt 9

Hier können Sie festlegen, ob bei eingehenden Nachrichten ein Sound abgespielt werden soll oder nicht. Des Weiteren veranlassen Sie bei Bedarf, dass Benachrichtigungen auch dann angezeigt werden, wenn der Sperrbildschirm aktiv ist.

**Fokussitzung starten**

Sie möchten sich für eine bestimmte Dauer voll auf eine Aufgabe konzentrieren und nicht durch Benachrichtigungen gestört werden? Dann klicken Sie auf Datum und Uhrzeit im Infobereich und wählen **Fokus**. In den Benachrichtigungseinstellungen unter **Fokus** richten Sie ein, was während einer Fokussitzung erlaubt ist und was nicht.

## Schritt 10

Auf der folgenden Doppelseite werden Sie erfahren, wie Sie Benachrichtigungen für einen bestimmten Zeitraum stoppen. Aber vielleicht sollen besonders wichtige Benachrichtigungen trotzdem erlaubt sein? Um das festzulegen, klicken Sie auf **Prioritätsbenachrichtigungen festlegen**.

10

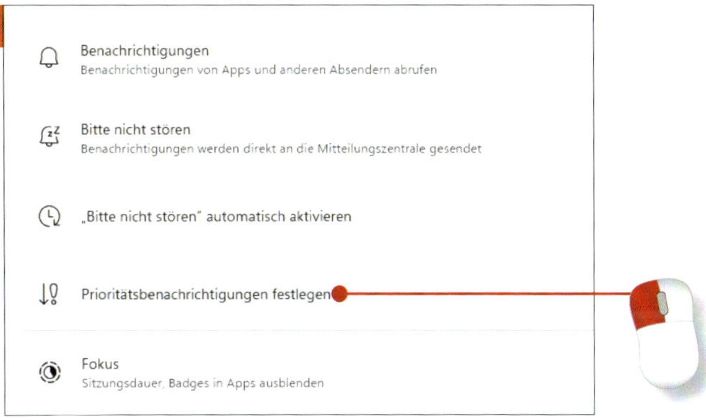


## Schritt 11

Um einer App auch im Nicht-stören-Modus Benachrichtigungen zu gestatten, fügen Sie diese über die Schaltfläche **Apps hinzufügen** hinzu.

11

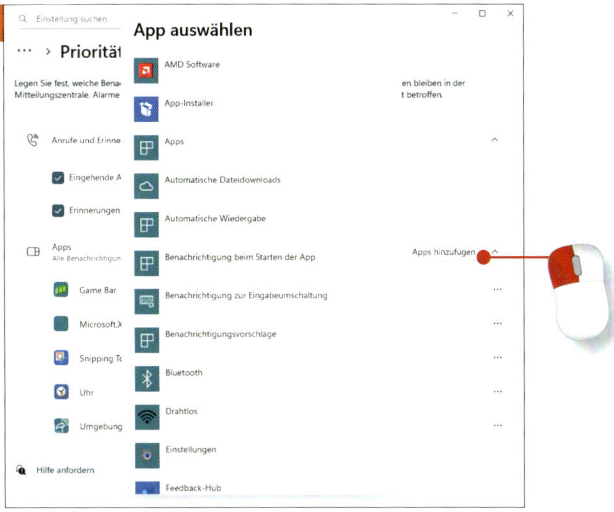


## Schritt 12

Um hingegen eine App aus der Prioritätsliste zu entfernen, klicken Sie auf das zugehörige Drei-Punkte-Symbol und wählen Sie **Entfernen**.

12

# Zeitraum für Benachrichtigungen festlegen

*Wer tagsüber nicht durch Benachrichtigungen gestört werden will, sollte eine entsprechende Benachrichtigungsregel definieren.*

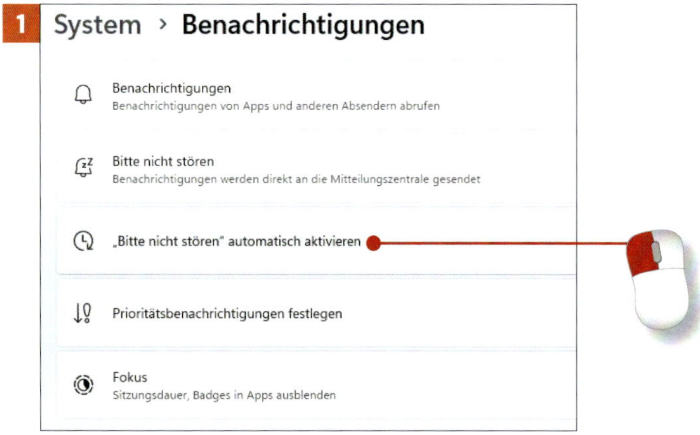


## Schritt 1

Nehmen wir an, Sie wollen sich an Wochentagen zwischen 8 und 17 Uhr nicht durch Benachrichtigungen von Ihrer Arbeit ablenken lassen. Klicken Sie dazu in den Benachrichtigungseinstellungen auf den Eintrag **„Bitte nicht stören" automatisch aktivieren**.

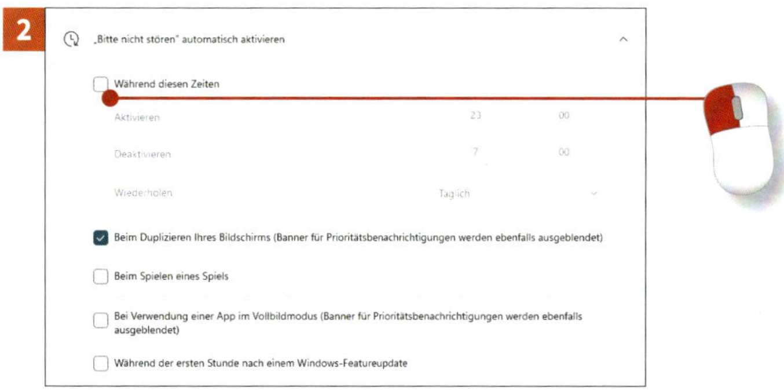


## Schritt 2

Aktivieren Sie die Checkbox **Während diesen Zeiten**.

## Schritt 3

Standardmäßig aktiviert sich der Benachrichtigungsassistent täglich um 23 Uhr. Klicken Sie auf die Stundenanzeige der **Startzeit** (also auf die **23**).

**Zeit eingeben**

Bitte bedenken Sie, dass Sie dem Benachrichtigungsassistenten nicht mitteilen müssen, wann er inaktiv sein soll, sondern wann er aktiv ist. Deshalb müssen Sie als Startzeit auch 17 Uhr eingeben und nicht 8 Uhr.

### Schritt 4

Wählen Sie im Menü **17** (für die Startzeit 17 Uhr).

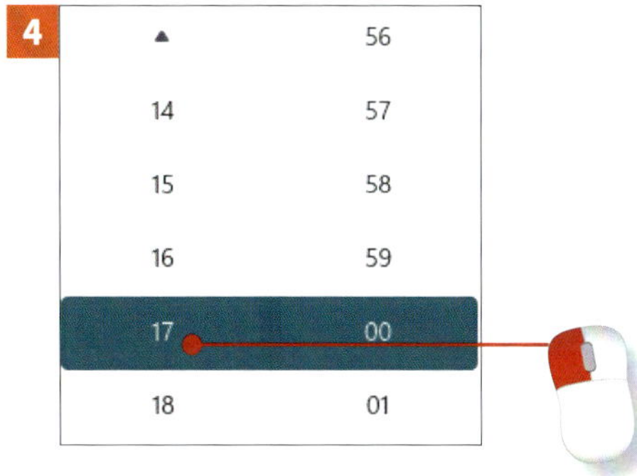


### Schritt 5

Nachdem die Zeit eingestellt ist, klicken Sie auf das Häkchen unten links in der Zeitwahlanzeige. Verfahren Sie dementsprechend auch mit der Endzeit, die auf 8 Uhr gestellt werden muss.

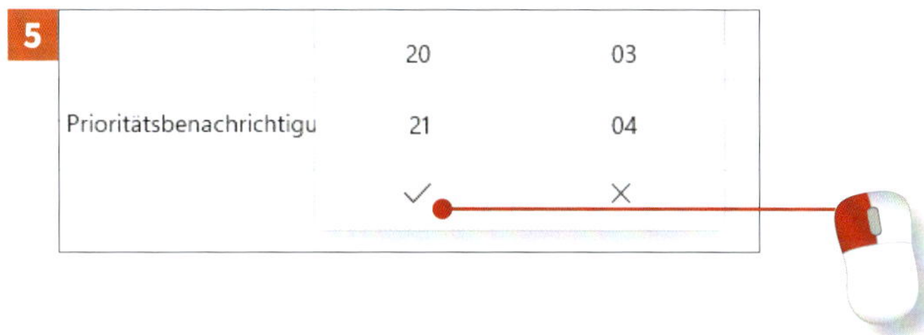


### Schritt 6

Da die Zeitvorwahl nun täglich, also auch sonntags, gelten würde, müssen Sie jetzt noch die Liste **Wiederholungen** öffnen und auf **Wochentage** umschalten.

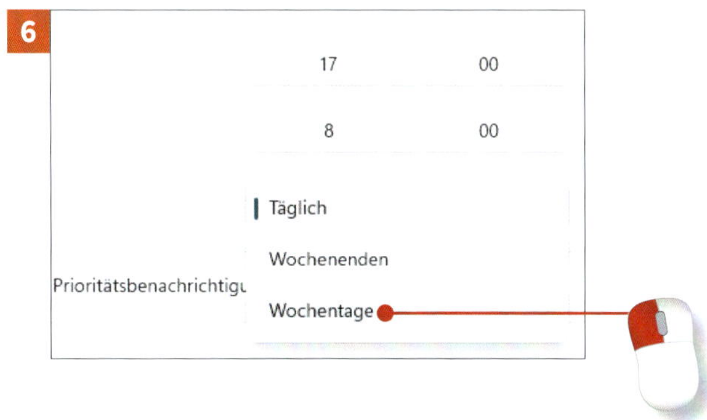


**Weitere Einschränkungen**

Per Checkbox können Sie außerdem festlegen, dass Benachrichtigungen nicht im Vollbildmodus, beim Spielen oder beim Duplizieren des Bildschirms angezeigt werden sollen.

# Systemwiederherstellung konfigurieren

*Im Prinzip gibt es zwei schlimme Szenarien: Windows läuft nicht mehr richtig rund oder – noch unangenehmer – Windows läuft gar nicht mehr. Was Sie im ersten Fall tun können, lesen Sie hier.*

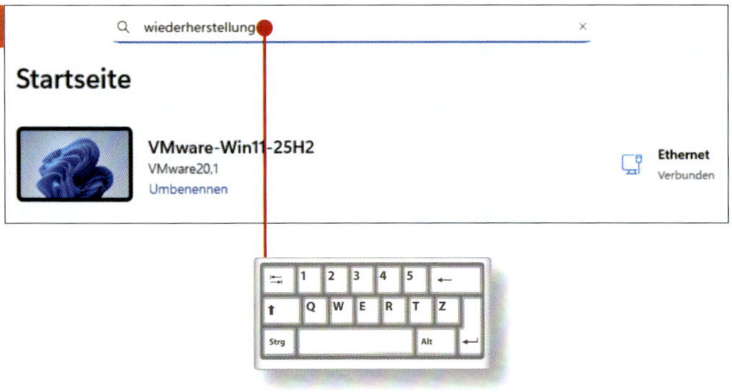


## Schritt 1

Zunächst sollten Sie die **Einstellungen** öffnen ([Windows-Taste] + [I]). Tippen Sie »wiederherstellung« oben in das Suchfeld.

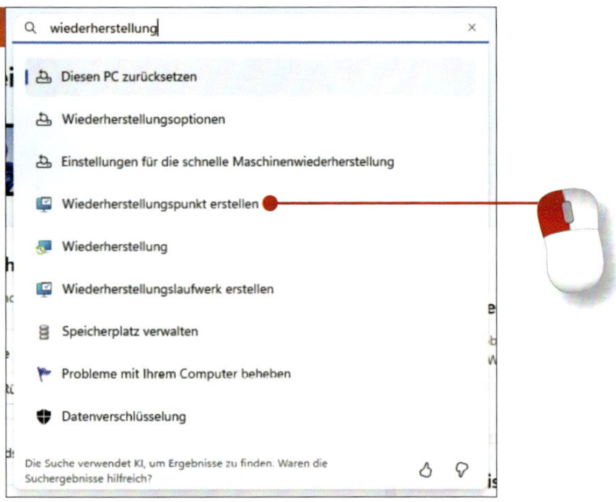


## Schritt 2

In der Liste, die sich daraufhin öffnet, entscheiden Sie sich bitte für den Eintrag **Wiederherstellungspunkt erstellen**.

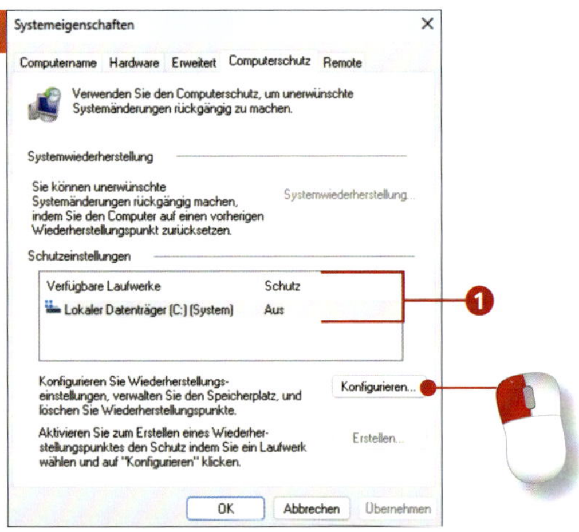


## Schritt 3

Nachdem Sie den Hinweiskasten unten gelesen haben, klicken Sie auf **Konfigurieren**.

### Mehrere Festplatten?

Achten Sie auf die Rubrik **Schutzeinstellungen** ❶. Dort werden die Datenträger aufgelistet. Falls hier mehrere aufgeführt sind, müssen Sie zunächst die Windows-Festplatte auswählen.

## Schritt 4

Nun sollten Sie die Option **Computerschutz aktivieren** mit einem Mausklick auswählen. Lassen Sie den Dialog noch geöffnet.

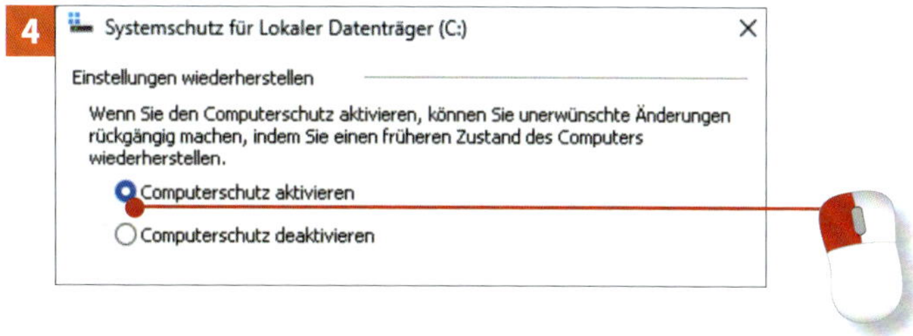


## Schritt 5

Die **Maximale Belegung** bestimmen Sie, indem Sie den Regler mit gedrückter Maustaste verschieben. Da die Wiederherstellungsdateien nicht allzu groß sind, müssen Sie auch nicht sonderlich viel Platz bereitstellen. Klicken Sie auf **OK**.

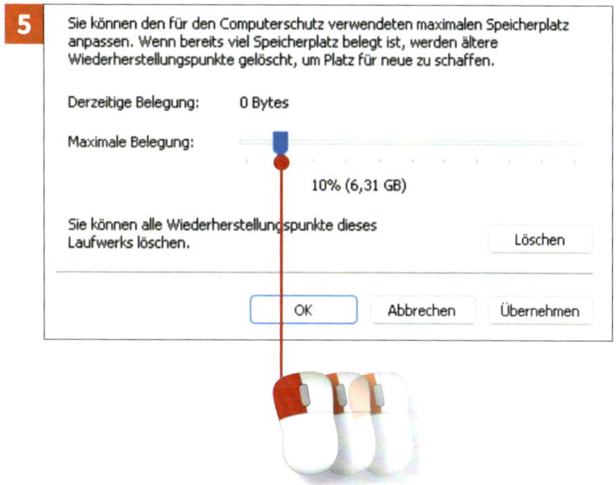


## Schritt 6

Falls bislang noch keine Wiederherstellungsdatei erzeugt worden ist, klicken Sie im nächsten Dialog auf **Erstellen** ❷ und vergeben eine Bezeichnung für die Datei. Bestätigen Sie auch dort mit **Erstellen**.

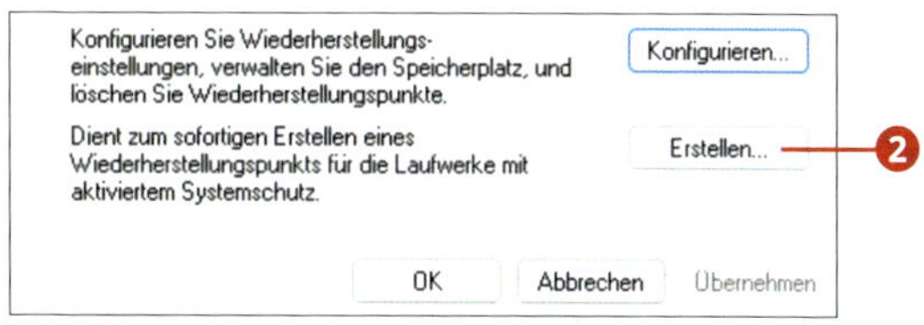


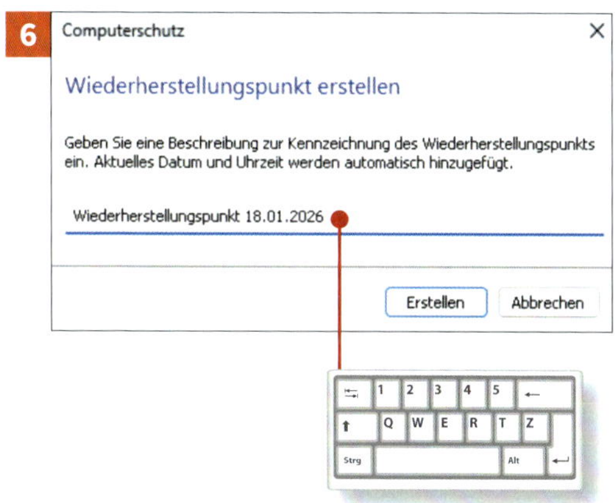


**Systemwiederherstellung**

Wie Sie zur Wiederherstellung des Systems vorgehen müssen, erfahren Sie im Abschnitt »Windows wiederherstellen« ab Seite 332.

# Ein komplettes System-Backup erstellen

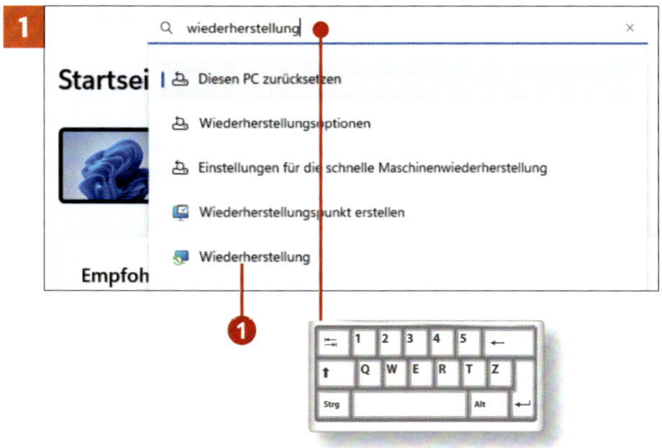


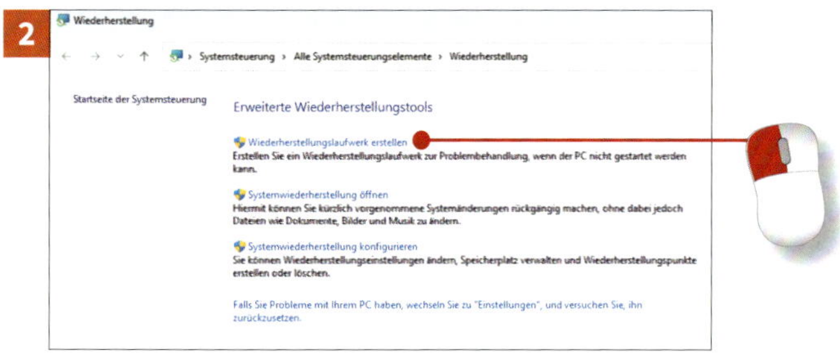

*Im Unterschied zur Systemwiederherstellung, wie sie im vorangegangenen Abschnitt beschrieben worden ist, lassen sich bei einem System-Backup auch Daten außerhalb von Windows sichern (z. B. sämtliche Ordner). Das gesamte Backup wird auf einen Datenträger geschrieben, auf den Sie zurückgreifen können, wenn Windows gar nicht mehr will.*

## Schritt 1

Schließen Sie eine freie Festplatte an, die für den Fall einer Wiederherstellung genutzt werden soll (siehe dazu den Kasten auf der rechten Seite). Danach drücken Sie erneut ⊞ + I und geben »Wiederherstellung« ein. Klicken Sie auf **Wiederherstellung** ❶.

## Schritt 2

Im nächsten Dialogfenster klicken Sie auf den Link **Wiederherstellungslaufwerk erstellen**.

## Schritt 3

Jetzt gibt Windows gewöhnlich eine Kontrollabfrage bezüglich der Benutzerkontensteuerung aus, die Sie mit einem Klick auf **Ja** beantworten.

## Schritt 4

Daraufhin gibt es noch einmal einige Hinweise zu dem hier beschriebenen Verfahren. Das Ankreuzkästchen sollte auf jeden Fall aktiv sein. Verlassen Sie den Dialog mit **Weiter**.

## Schritt 5

Windows sucht jetzt nach potenziellen Speichermedien. Anschließend wählen Sie mit einem Klick die Festplatte aus, die für die Erstellung des Backups verwendet werden soll. Wenn nur eine Festplatte angeschlossen ist, wird auch nur ein Eintrag gelistet.

## Schritt 6

Sämtliche Vorbereitungen sind nun getroffen. Über **Erstellen** wird das Backup erzeugt.

4

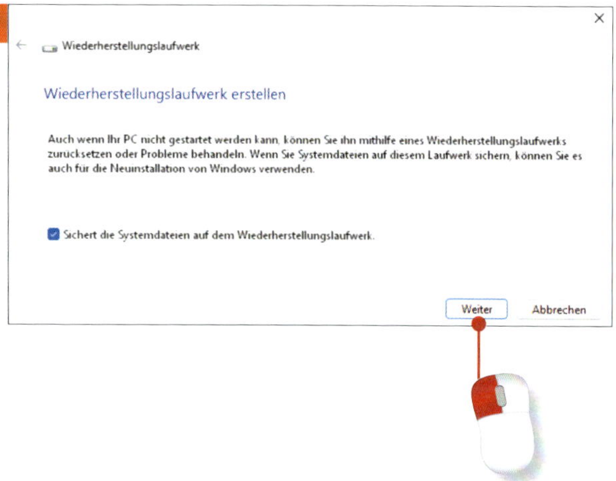


5

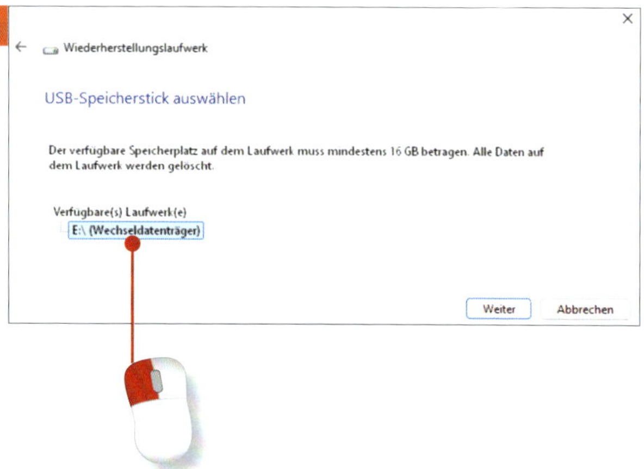


### Festplatte wählen

Falls in Schritt 5 mehrere Festplatten angeboten werden, achten Sie darauf, dass Sie wirklich die für die Wiederherstellung vorgesehene Platte verwenden. Sollten Sie versehentlich eine andere wählen, gehen alle darauf bereits enthaltenen Daten unwiederbringlich verloren.

6

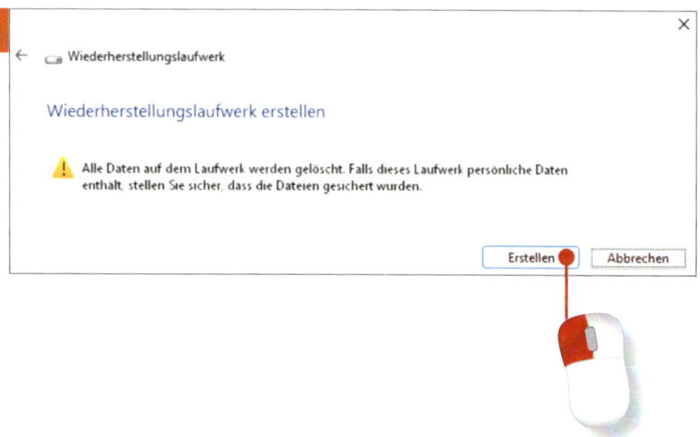

# Windows wiederherstellen

1

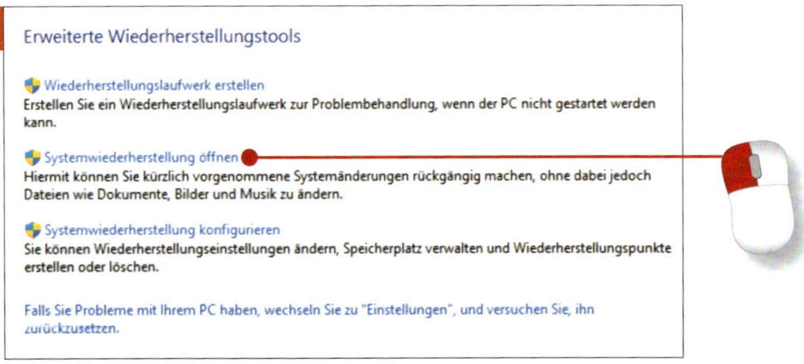


*Lässt sich das vorhandene Betriebssystem noch starten, reicht der Zugriff auf die Wiederherstellungsdatei, die Sie im Abschnitt »Systemwiederherstellung konfigurieren« auf Seite 328 angefertigt haben. Starten Sie dann hier mit Schritt 1. Falls Windows 11 gar nicht mehr funktioniert, beginnen Sie mit Schritt 5 dieser Anleitung.*

2

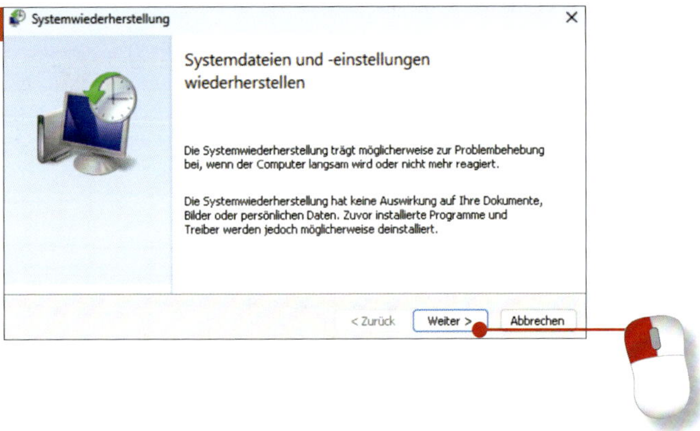


## Schritt 1

Öffnen Sie abermals die **Wiederherstellung** (Schritt 1 der vorangegangenen Anleitung). Klicken Sie im folgenden Fenster auf **Systemwiederherstellung öffnen**.

## Schritt 2

Nun öffnet sich das Fenster **Systemwiederherstellung**, das Sie mit einem Klick auf **Weiter** gleich wieder verlassen dürfen.

3

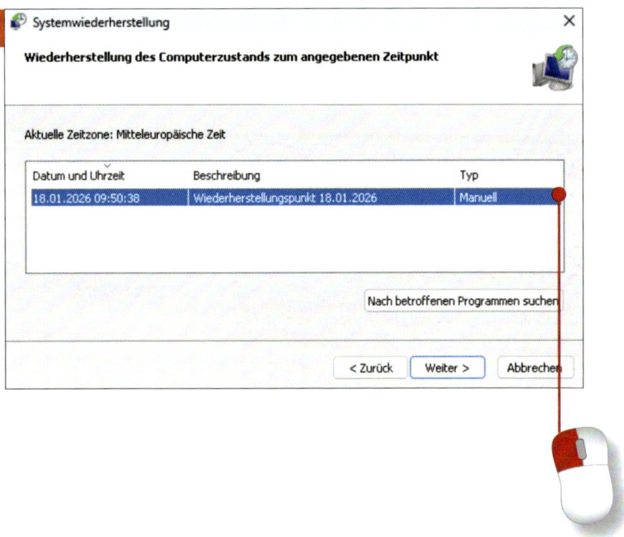


## Schritt 3

Jetzt müssen Sie zunächst den Wiederherstellungspunkt wählen. Wenn nur einer vorhanden ist, gibt es hier auch nur eine Zeile, die Sie anklicken müssen. Klicken Sie danach abermals auf **Weiter**.

## Schritt 4

Nun folgt noch ein letztes Dialogfenster, das gewissermaßen als Zusammenfassung gilt. Mit einem Klick auf **Fertig stellen** stoßen Sie die Wiederherstellung an.

4

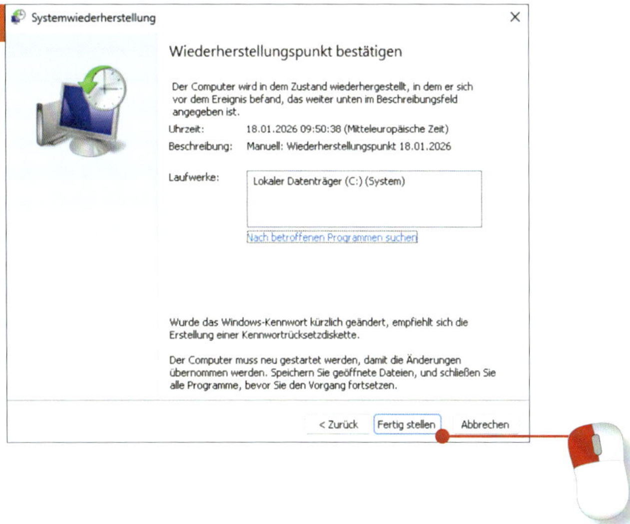


## Schritt 5

Sollte Windows überhaupt nicht mehr starten, müssen Sie auf das Backup zurückgreifen, das Sie im Abschnitt »Ein komplettes System-Backup erstellen« auf Seite 330 angelegt haben. Starten Sie den PC neu und folgen Sie nach dem Einschalten der Anleitung zum Erreichen des Bootmenüs **1** im BIOS.

5

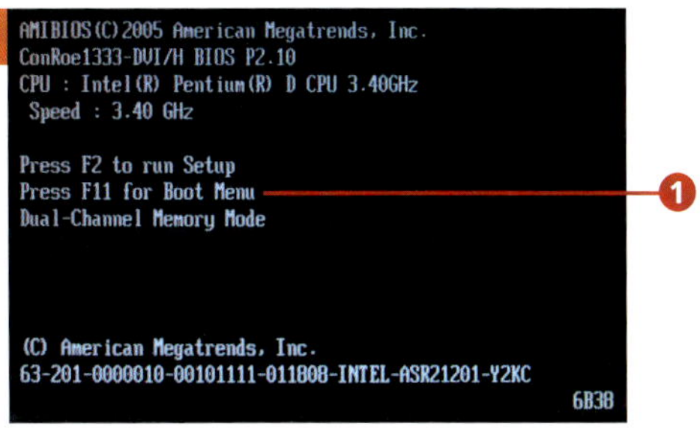


## Schritt 6

Jetzt dürfen Sie nicht das normale Betriebssystem starten. Das erreichen Sie, indem Sie [↓] drücken, bis die Backup-Festplatte (**HDD**) markiert ist, und dann [↵] drücken.

6

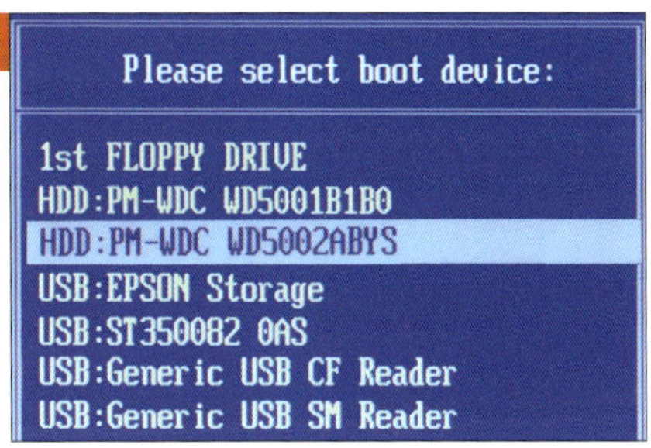


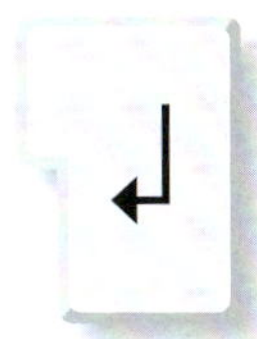

**!**

**Unterschiedliche BIOS-Systeme**

Leider kann man nicht generell sagen, welche Tasten Sie in das Bootmenü bringen. In unserem Beispiel ist es [F11] (**Press F11 for Boot Menu 1**). Sie merken, dass die Maus hier nicht funktioniert. Sie müssen zuletzt noch die Taste für **Save and Exit** wählen. Welche das ist, verrät Ihnen das BIOS.

# Windows-Updates konfigurieren

*Windows hält sich automatisch »auf dem Laufenden«, indem Updates (Aktualisierungen) heruntergeladen und installiert werden. Dieser Vorgang sollte Sie nicht bei der täglichen Arbeit beeinträchtigen.*

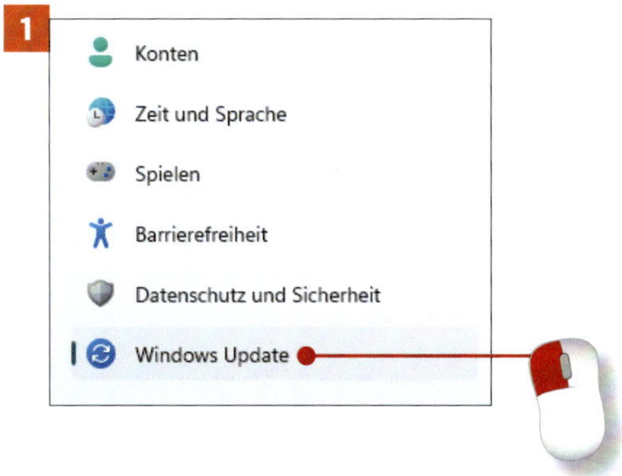


## Schritt 1

Drücken Sie [Windows] + [I], um schnell in die **Einstellungen** zu gelangen. Danach entscheiden Sie sich für die Rubrik **Windows Update**.

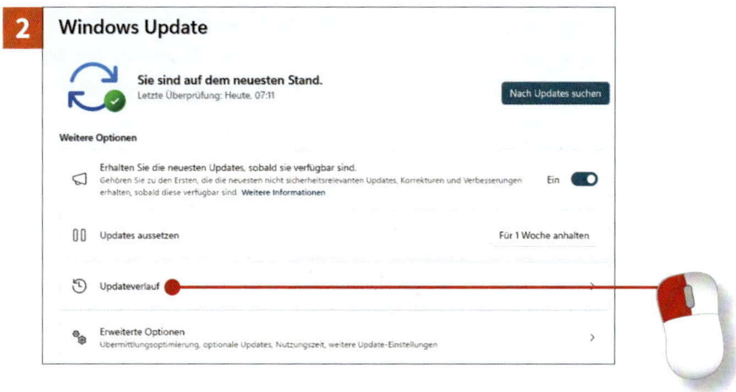


## Schritt 2

Mit einem Klick auf **Updateverlauf** können Sie prüfen, wann welche Updates erfolgt sind.

## Schritt 3

Kehren Sie mittels Klick auf den Pfeil oben links im Fenster wieder zur vorherigen Ansicht zurück. Danach entscheiden Sie sich bitte für **Erweiterte Optionen**.

**Updates deinstallieren**

Einzelne Updates können in Schritt 2 auch geändert oder deinstalliert werden. Klicken Sie dazu auf **Updates deinstallieren**. Allerdings sollten Sie nur dann Änderungen vornehmen, wenn Sie über fundierte Windows-Kenntnisse verfügen.

## Schritt 4

Eine interessante Funktion verbirgt sich hinter dem Eintrag **Nutzungszeit**, den Sie jetzt einmal anwählen sollten. Dadurch erscheint unmittelbar darunter die Zeile **Anpassen der Nutzungszeit** ❶. Klicken Sie auf **Automatisch** ❷ und schalten Sie auf **Manuell** um.

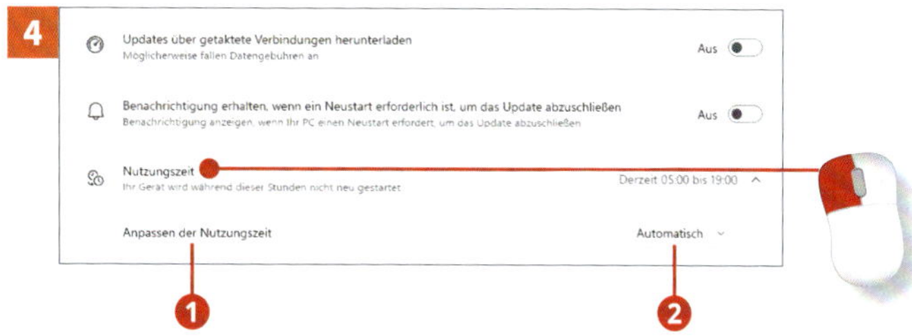


## Schritt 5

Stellen Sie die gewünschten Zeiten ein, indem Sie auf die entsprechende Uhrzeit klicken, und bestätigen Sie Ihre Auswahl mit dem Häkchen.

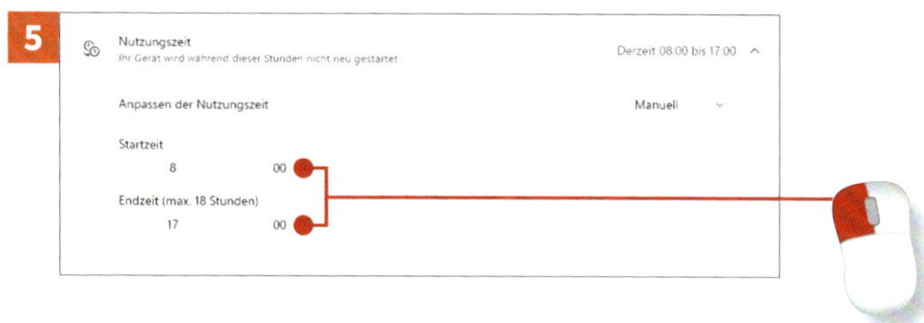


## Schritt 6

Auf diese Weise sollten Sie Arbeitsbeginn und Arbeitsende festlegen. Schließen Sie die Einstellungen mit einem Klick auf das Kreuz oben rechts.

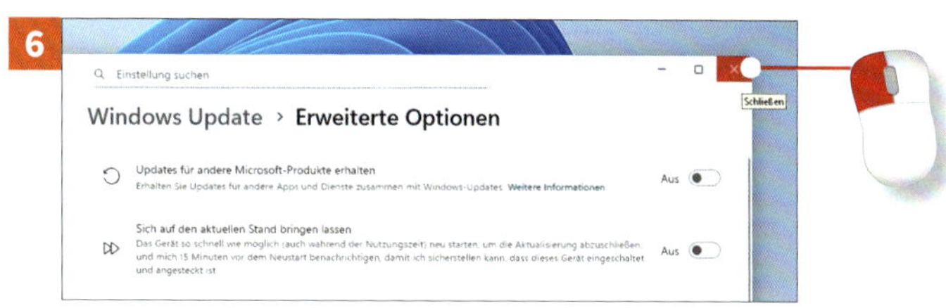


### Nutzungszeit

Ein nach einem Windows-Update erforderlicher Systemneustart wird fortan automatisch auf einen Zeitraum außerhalb Ihrer Nutzungszeit verlegt. Schließlich sollen Sie dadurch nicht gestört werden.

# Die Windows-Firewall

*Eine Firewall ist eine Barriere, die Ihren Computer vor Angriffen von außen schützt. Mit ihr wird verhindert, dass Daten Ihren Rechner durch unerlaubten Zugriff verlassen.*

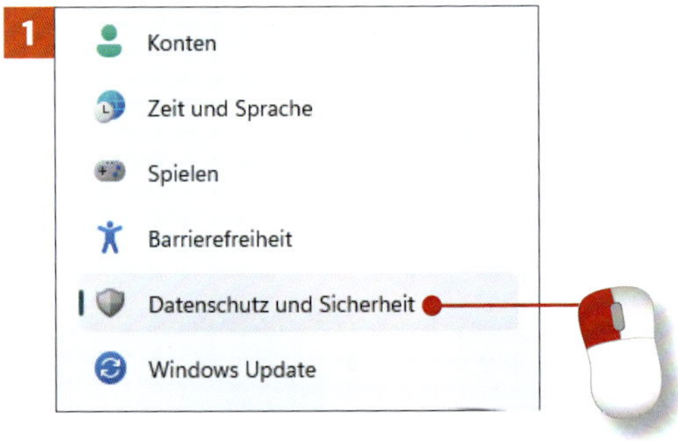


## Schritt 1

Öffnen Sie die Windows-Firewall-Umgebung, indem Sie sich nach Betätigung von [Windows] + [I] für die Kategorie **Datenschutz und Sicherheit** entscheiden.

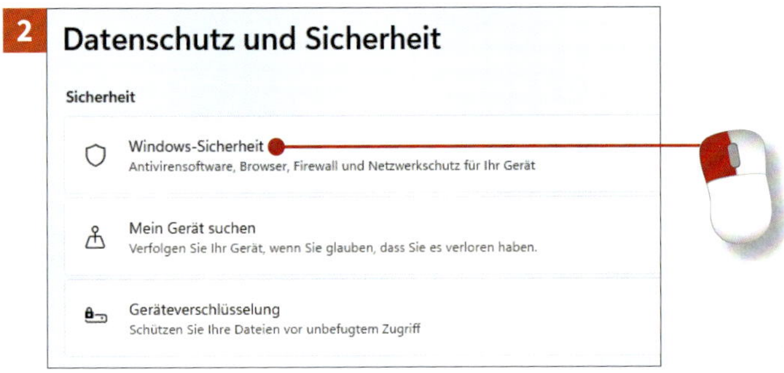


## Schritt 2

Klicken Sie im Abschnitt **Sicherheit** auf **Windows-Sicherheit**.

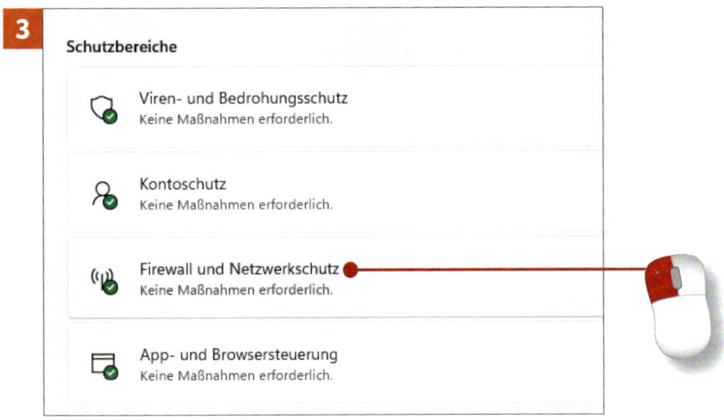


## Schritt 3

Es ist schon mal ein gutes Zeichen, wenn beim Eintrag **Firewall und Netzwerkschutz** steht: **Keine Maßnahmen erforderlich**. Klicken Sie den Eintrag dennoch einmal an.

**Windows-Sicherheit per Symbol**

Zum Öffnen der Windows-Sicherheit steht im Infobereich rechts in der Taskleiste ein Symbol zur Verfügung, das ein blaues Schutzschild darstellt.

## Schritt 4

Eine deaktivierte Firewall würden Sie hier aktivieren. Nun klicken Sie aber auf den Link **Zugriff von App auf Firewall zulassen**.

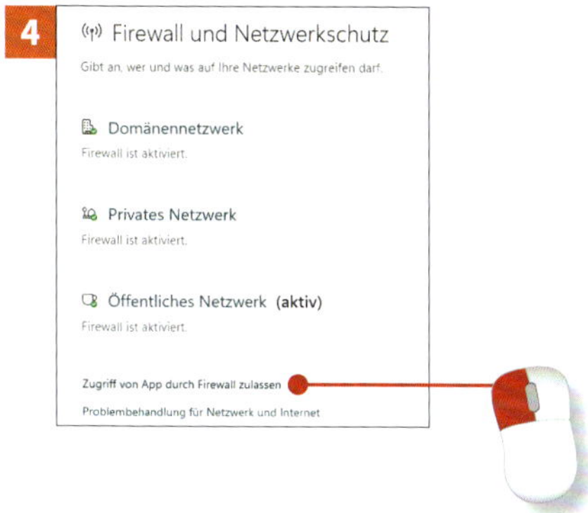


## Schritt 5

Markieren Sie per Mausklick die Zeile, über deren Eigenschaften Sie mehr wissen wollen, und klicken Sie auf die Schaltfläche **Details**.

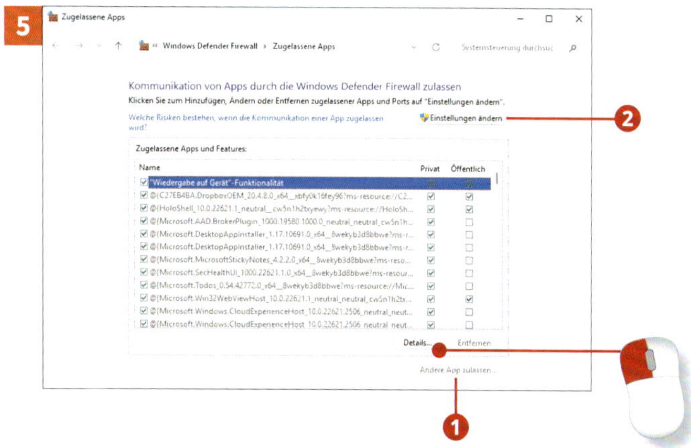


## Schritt 6

Die Beschreibung verrät in der Regel mehr über die App oder das Feature, das die Firewall ungehindert passieren darf. Verlassen Sie die Ansicht mit einem Klick auf **OK**.

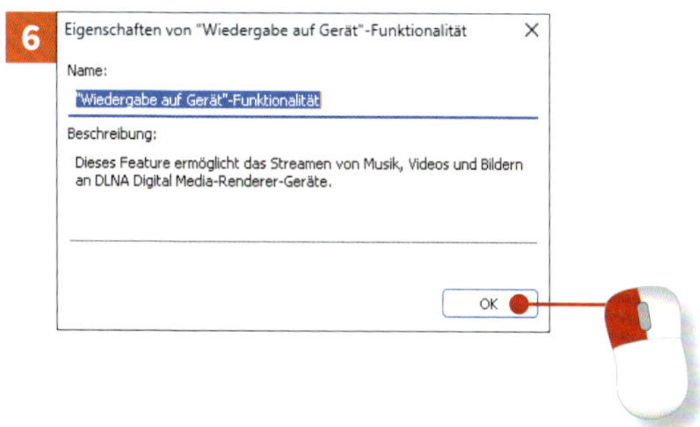


### Andere App zulassen

Soll eine App freigegeben werden, die nicht in dieser Liste aufgeführt ist, kann sie über **Andere App zulassen** ❶ hinzugefügt werden. Zuvor muss allerdings **Einstellungen ändern** aktiviert werden ❷.

# Schadsoftware bekämpfen

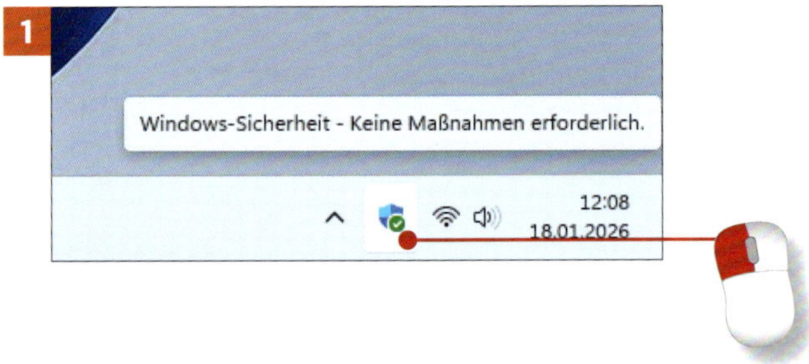


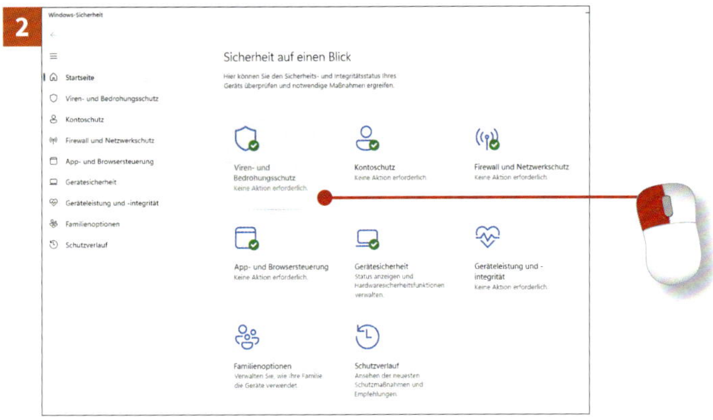


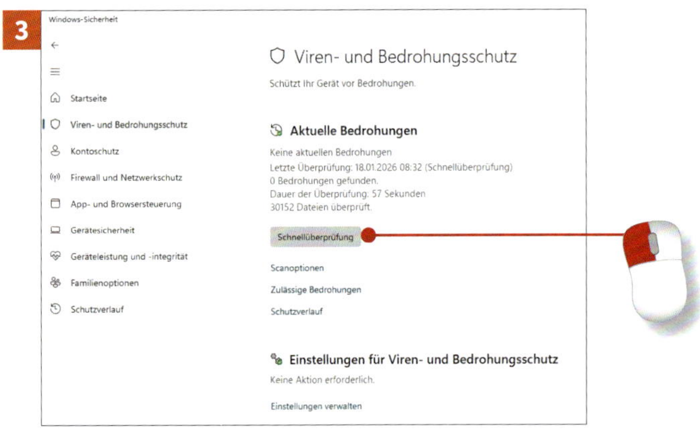


*Sie sollten Ihren Rechner vor Viren schützen und von Zeit zu Zeit auf Spyware überprüfen lassen.*

## Schritt 1

Klicken Sie nun einmal auf das blaue Schutzschild im Infobereich rechts in der Taskleiste. Sie öffnen damit das Fenster **Windows-Sicherheit**.

## Schritt 2

Entscheiden Sie sich in dem Fenster für die Option **Viren- und Bedrohungsschutz**.

## Schritt 3

Zwar ist Ihr Gerät permanent geschützt, jedoch können Sie zu jeder Zeit eine **Schnellüberprüfung** starten, indem Sie die gleichnamige Schaltfläche betätigen. Wie lange die Prüfung voraussichtlich dauern wird, können Sie im Text ablesen.

**Alternative Schutzsoftware**

Sofern Sie Schutzsoftware anderer Hersteller verwenden (z. B. von Kaspersky, Avira, Avast oder AVG), ist der Defender in der Regel inaktiv. Er muss in diesem Fall nicht hinzugeschaltet werden.

## Schritt 4

Über die Restdauer der Überprüfung werden Sie auf dem Laufenden gehalten. Dauert es Ihnen aktuell zu lange, können Sie auf **Abbrechen** klicken und den Test wiederholen, wenn Sie etwas mehr Zeit haben.

4

## Schritt 5

Nachdem die Überprüfung beendet wurde, erhalten Sie eine Meldung. Wenn (wie hier) **0 Bedrohungen** ❶ gefunden wurden, klingt das zwar gut, ist jedoch nicht per se ein Grund zur Entwarnung. Klicken Sie auf **Schutzverlauf**.

5

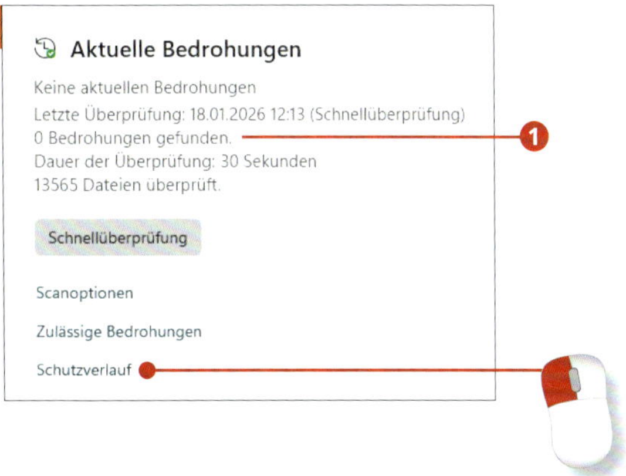


## Schritt 6

In diesem Fall ist alles okay. Sollte eine Aktion erforderlich werden, werden Sie von der Windows-Sicherheit darauf hingewiesen.

6

**Schadsoftware gefunden?**

Wenn der Defender Viren oder Spyware findet, wird dies in einem Dialog angezeigt. Windows bietet daraufhin entsprechende Lösungsmöglichkeiten an.

# Kapitel 13
# Hilfe bei Problemen

Wenn Sie schon ein wenig Erfahrung mit Windows 11 gesammelt haben, werden Sie sich sicherlich die eine oder andere etwas kniffligere Frage stellen: »Wie kann ich installierte Software wieder entfernen?« Oder: »Was mache ich, wenn mein Rechner nicht mehr so flott läuft?« Diese und weitere Fragen werden auf den folgenden Seiten beantwortet.

**Software wieder entfernen**
Ab und zu sollten Sie auf Ihrem PC aufräumen und nicht mehr genutzte Software wieder entfernen ❶. Das funktioniert über die Windows-Einstellungen. Wie genau, erfahren Sie in diesem Kapitel.

**Das System optimieren**
Auch ein Betriebssystem wie Windows 11 sollte ab und zu optimiert werden ❷. Denn mit der Zeit wird das System träge. Manchmal will auch ältere Software nicht mehr so richtig »mitmachen«. Damit müssen Sie sich aber keinesfalls abfinden. Für alles gibt es eine Lösung.

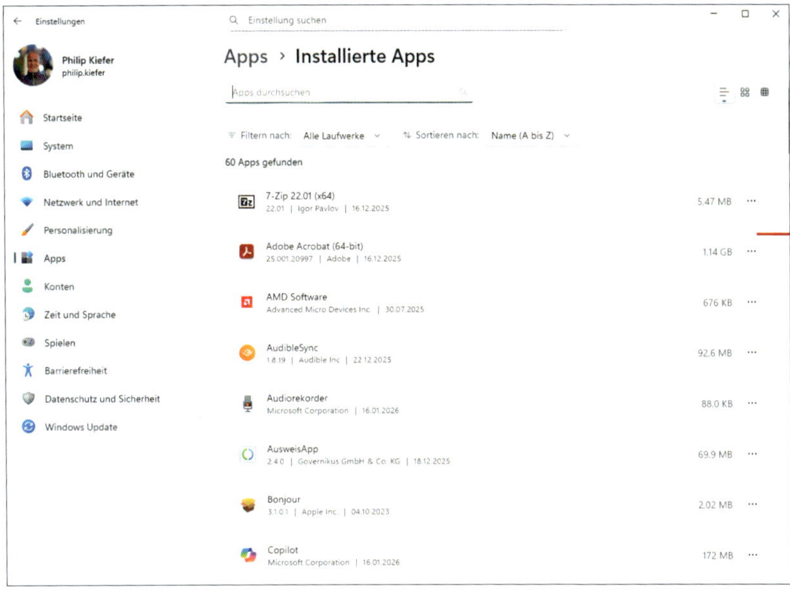


**1** Gelegentlich sollten Sie nicht benötigte Software deinstallieren.

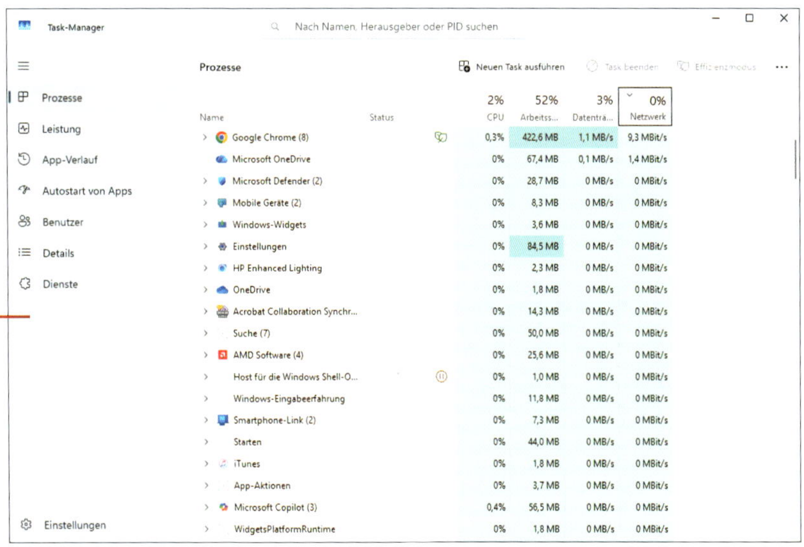


**2** Sie können Ihr System optimieren, indem Sie Datenfragmente bereinigen und nicht benötigte Prozesse deaktivieren.

# Die Windows-Version auslesen

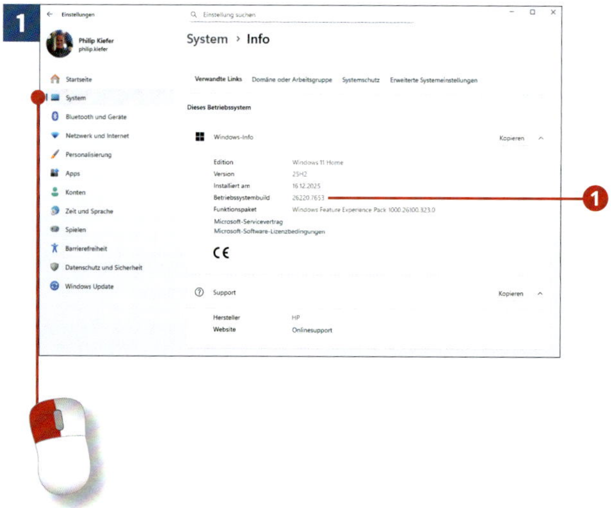


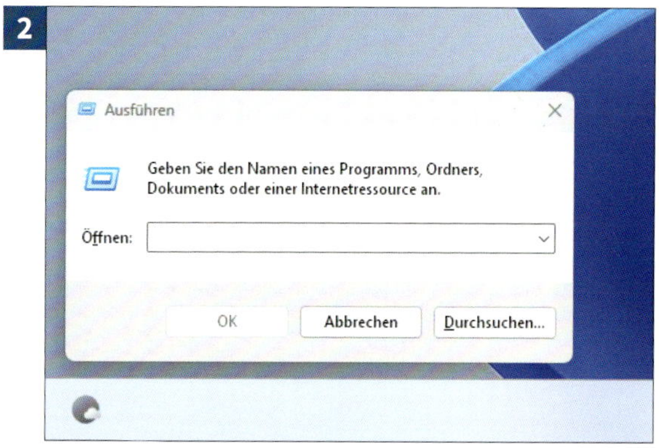

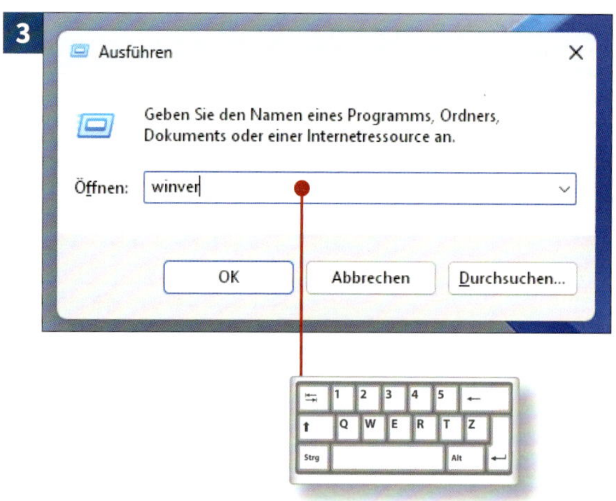


*Wenn Sie Hilfe benötigen (z. B. von Microsoft) oder eine neue Software eine bestimmte Windows 11-Version voraussetzt, müssen Sie genau wissen, welche Version auf Ihrem System installiert ist.*

## Schritt 1

Sie mögen es möglichst unkompliziert? Dann überspringen Sie Schritt 1. Wenn Sie es jedoch genau wissen wollen, öffnen Sie die Windows-**Einstellungen** (mit [Win] + [I]), scrollen auf der rechten Seite des Dialogs **System** bis ganz nach unten, drücken **Info**, scrollen etwas nach unten und finden so die **Windows-Info** mit dem **Betriebssystembuild** ❶.

## Schritt 2

Versuchen Sie aber auch einmal diese Methode: Drücken Sie die Tastenkombination [Win] + [R]. Damit öffnet Sie das Fenster **Ausführen**.

## Schritt 3

Tippen Sie »winver« in die Zeile **Öffnen** ein.

**Systemanforderungen checken**

Bevor Sie Software installieren, checken Sie die vom Softwarehersteller herausgegebenen Systemanforderungen! Darin erfahren Sie, welche Hardware und welches Betriebssystem benötigt werden.

### Schritt 4

Nachdem das erledigt ist, müssen Sie nur noch die Schaltfläche **OK** betätigen.

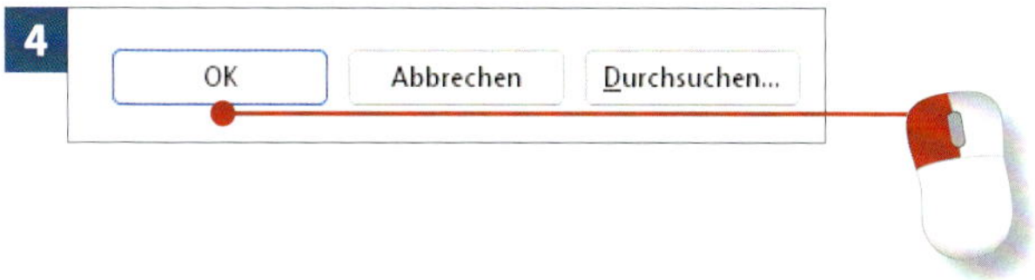


### Schritt 5

Lesen Sie jetzt die Windows-Version aus (hier **25H2**) und notieren Sie im Falle einer Supportanfrage (z. B. bei Microsoft) auch die daneben in Klammern stehende **Build**-Nummer ❷.

### Schritt 6

Schließen Sie das Fenster, indem Sie entweder oben rechts auf das Schließenkreuz klicken oder die Schaltfläche **OK** benutzen.

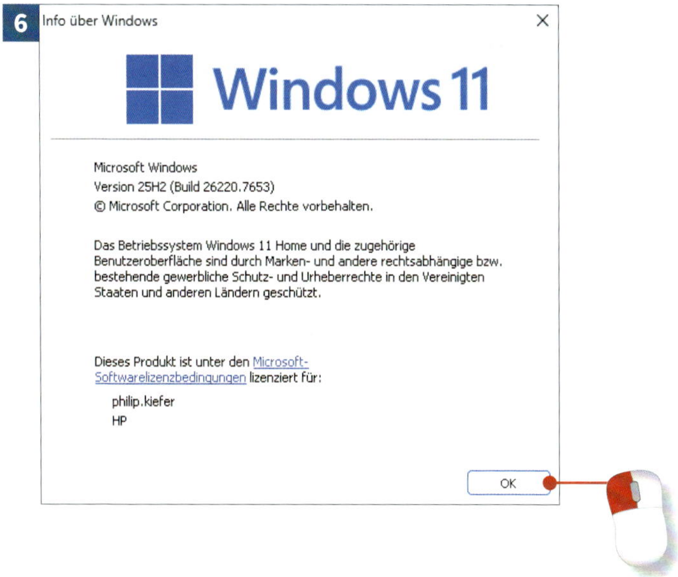


**Bedeutung der Versionsangabe**

Bei der Angabe **25H2** handelt es sich um den Veröffentlichungszeitraum der Version. Die ersten beiden Ziffern stehen für das Jahr (**2025**), die Angabe **H2** bezeichnet das 2. Halbjahr.

# Infos zu Updates einholen und Hilfe anfordern

1

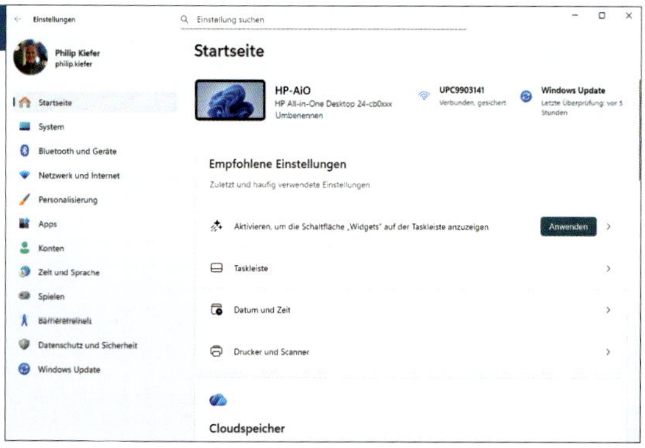

*Sie erhalten regelmäßig automatische Updates. Das ist auch gut so. Allerdings weiß man meist gar nicht, was genau installiert wurde. Bei Problemen kann dies aber sehr wichtig sein.*

## Schritt 1

Schauen Sie sich die letzten Updates einmal etwas genauer an. Der Weg dorthin beginnt wieder einmal mit [Windows] + [I].

2

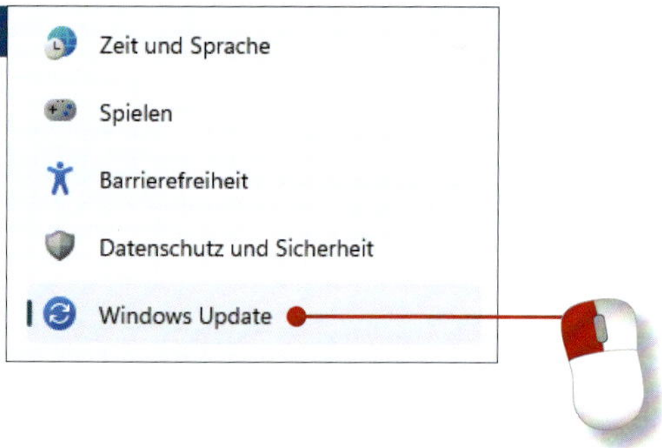


## Schritt 2

In den Windows-**Einstellungen** gehen Sie dann ganz unten links in den Bereich **Windows Update**.

## Schritt 3

Klicken Sie als Nächstes auf der rechten Seite des Fensters auf **Updateverlauf**.

3

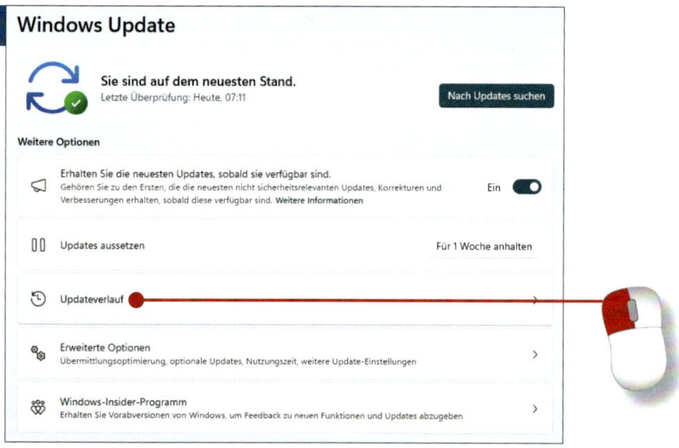


**Nach Updates suchen**

Mitunter werden mehrere Updates kurz hintereinander angeboten. Wenn Sie auf **Nach Updates suchen** klicken und die weiteren Anweisungen befolgen, können vorhandene Probleme oft schon gelöst werden.

## Schritt 4

Sie finden jetzt die letzten Updates chronologisch gelistet (das jüngste zuoberst). Klicken Sie, wo verfügbar, bei einem Eintrag auf **Weitere Informationen**, um mehr über das Update zu erfahren.

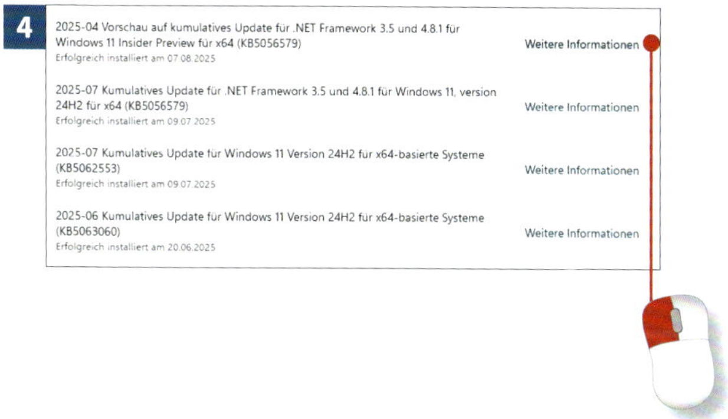


## Schritt 5

Lesen Sie im Browser, der sich automatisch öffnet, was genau hier installiert wurde. Danach dürfen Sie das Fenster wieder schließen.

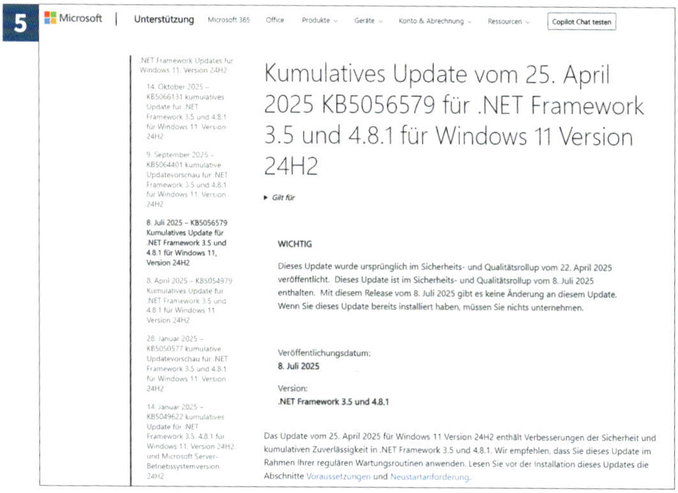


## Schritt 6

Die Updates werden nach Kategorien sortiert nach **Funktionsupdates**, **Qualitätsupdates**, **Treiberupdates** usw. Diese Kategorien wiederum lassen sich einklappen, um mehr Übersicht zu erhalten.

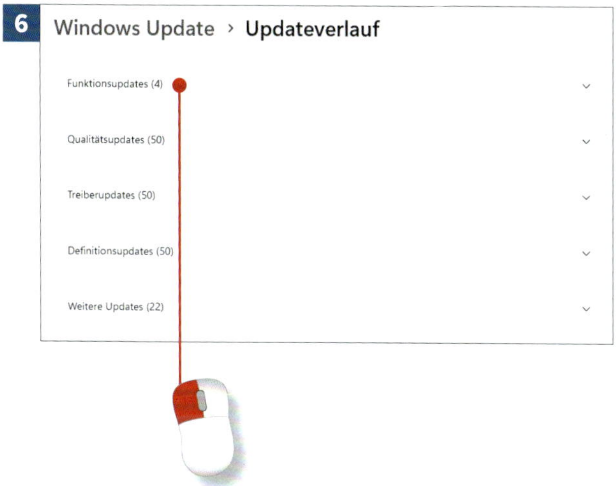


**Updates deinstallieren**

Wenn Sie im **Updateverlauf** nach unten scrollen, finden Sie die Option **Updates deinstallieren**. Dort lassen sich einzelne Updates (nicht alle) der entsprechenden Schaltfläche **Deinstallieren**. Hier ist jedoch generell fachkundige Unterstützung empfohlen!

# Apps zurücksetzen und Software deinstallieren

1

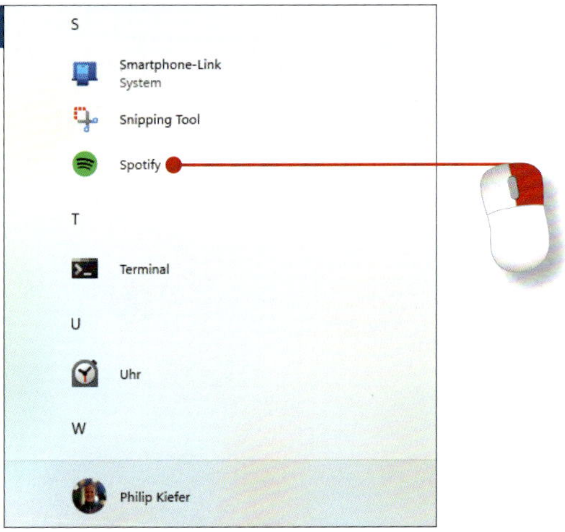


*Auf dem PC installierte Programme kann man nicht einfach in den Papierkorb stecken. Sie müssen ordnungsgemäß deinstalliert werden. Manche Probleme (wenn z.B. eine App nur noch träge funktioniert) lassen sich auch durch sogenanntes Zurücksetzen beheben.*

## Schritt 1

Wenn Sie eine App zurücksetzen wollen, beginnen Sie bitte mit Schritt 4. Manche Apps lassen sich direkt vom Startmenü aus deinstallieren. Drücken Sie [Windows-Taste] auf der Tastatur und klicken Sie mit rechts auf den Softwareeintrag.

2

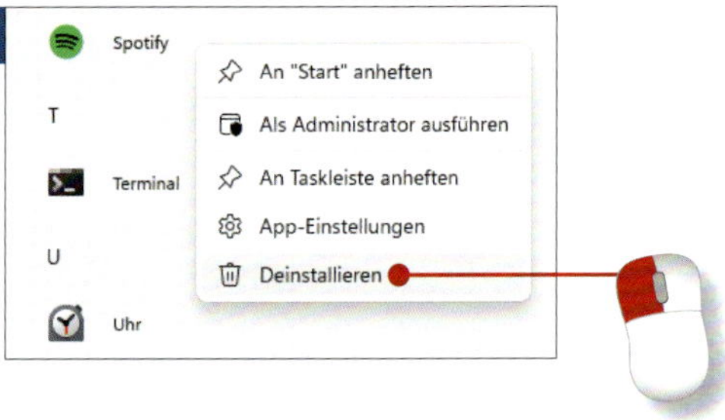


## Schritt 2

Klicken Sie im Kontextmenü auf den Eintrag **Deinstallieren**.

3

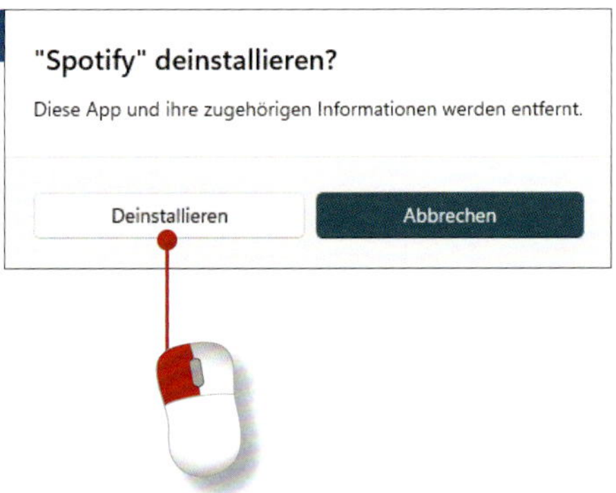


## Schritt 3

Im nächsten Dialog müssen Sie noch einmal auf **Deinstallieren** klicken. Leider ist es nicht bei jedem Programm so einfach. Wenn ein kompliziert anmutender Dialog folgt, empfehle ich Ihnen, diesen zu schließen und mit Schritt 4 fortzufahren.

### Schritt 4

Sowohl zur Deinstallation als auch zum Zurücksetzen drücken Sie ⊞ + I und klicken dann in der linken Spalte zunächst auf **Apps**, ehe Sie sich im Bereich rechts für **Installierte Apps** ❶ entscheiden.

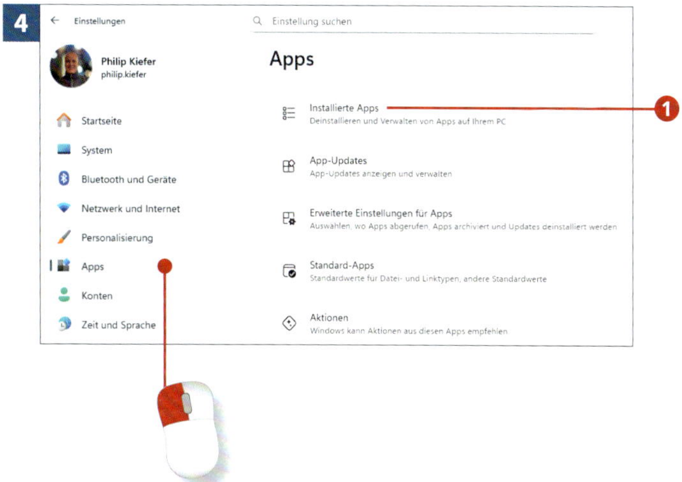


### Schritt 5

Jetzt müssen Sie den relevanten Eintrag ausfindig machen, indem Sie in der alphabetisch geordneten Liste der Apps gegebenenfalls nach unten scrollen und dann den Schalter ganz rechts (den mit den drei horizontal ausgerichteten Punkten) betätigen (hier beispielhaft **AMD Software**).

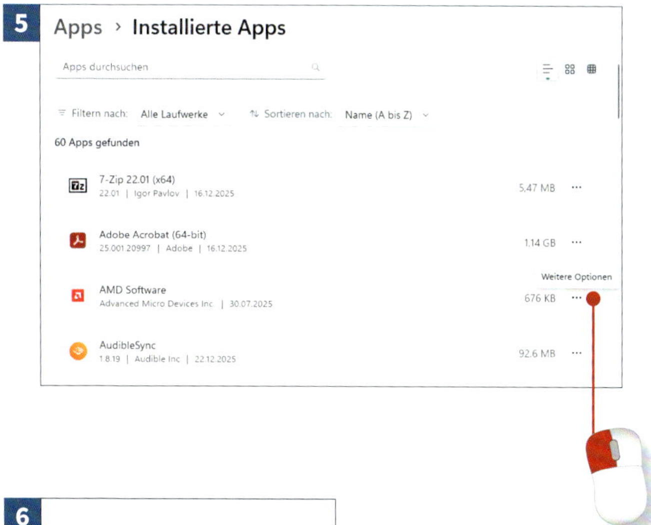


### Schritt 6

Ein Klick auf **Erweiterte Optionen** ❶ erlaubt gegebenenfalls das Reparieren oder Zurücksetzen der App. Sofern die Schaltfläche **Deinstallieren** nicht grau hinterlegt ist, kann die Software nach erneuter Bestätigung mit **Deinstallieren** entfernt werden.

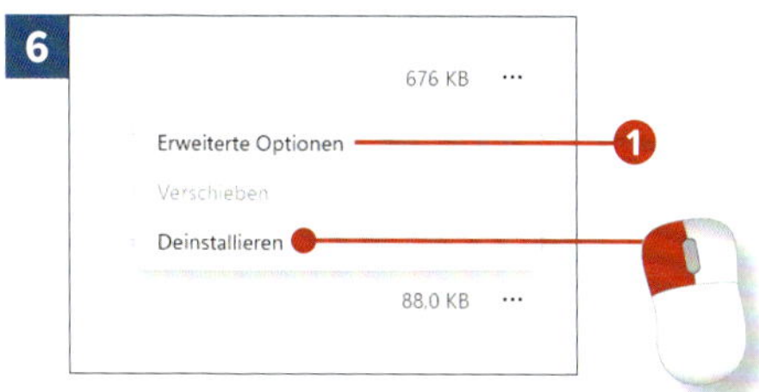


**Nicht alle Apps sind deinstallierbar**

Nicht jede App darf und kann deinstalliert werden. So ist z. B. die **Game Bar** relevant für das System und lässt sich nicht entfernen.

# Der Rechner wird langsamer – was tun?

*Durch das Löschen von Daten entstehen Lücken auf der Festplatte. Und mit der Zeit werden Daten dann nicht mehr kontinuierlich hintereinander, sondern an freien Stellen abgelegt. Das verlangsamt den Zugriff auf die Daten.*

1

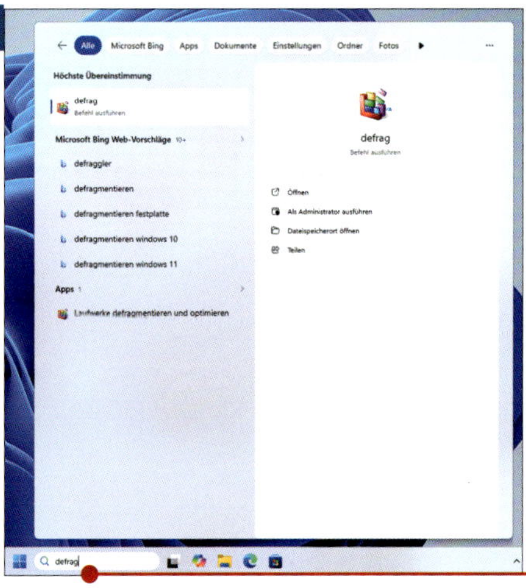

2

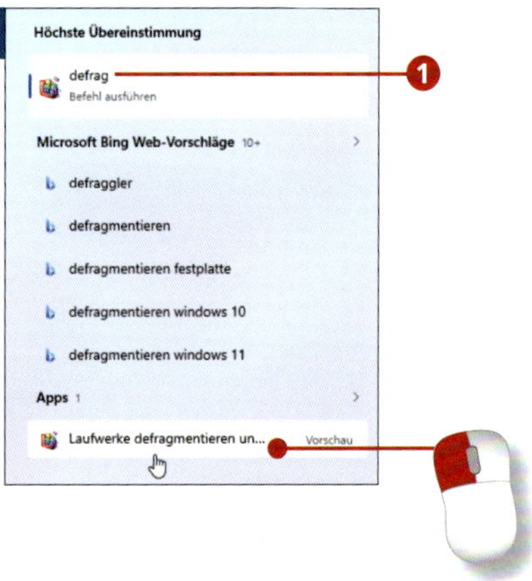


3

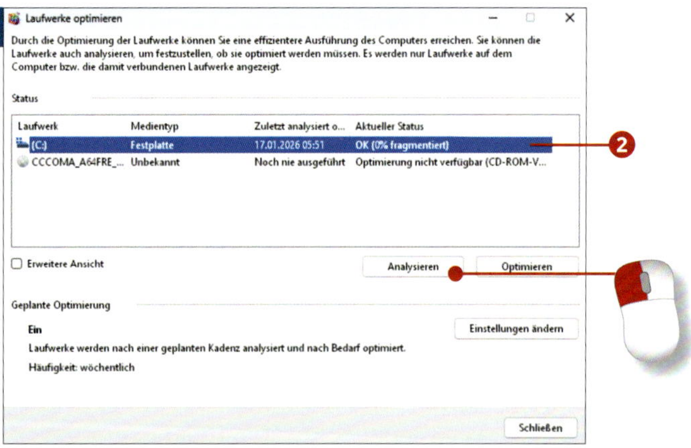


## Schritt 1

Von Zeit zu Zeit müssen Festplatten defragmentiert, also deren Daten geordnet werden. Der erste Schritt: Drücken Sie [Windows-Taste] und geben Sie »defrag« in das Taskleistensuchfeld ein. Bestätigen jedoch *nicht* die [↵]-Taste!

## Schritt 2

Entscheiden Sie sich per Mausklick für die Funktion **Laufwerke defragmentieren und optimieren**. Achten Sie darauf, dass Sie nicht den **defrag**-Befehl ❶ erwischen, er nutzt Ihnen an dieser Stelle nichts.

## Schritt 3

Markieren Sie die Festplatte ❷, die Sie prüfen und defragmentieren wollen. Danach klicken Sie auf **Analysieren**. Manche Festplatten können nicht analysiert, sondern nur optimiert werden.

### Schritt 4

Danach sollte Ihr Augenmerk der Spalte **Aktueller Status** ❸ gelten. Hier sehen Sie (sofern eine Analyse möglich war), wie stark die Fragmentierung ist. Wenn Sie jetzt defragmentieren wollen, klicken Sie auf die Schaltfläche **Optimieren**.

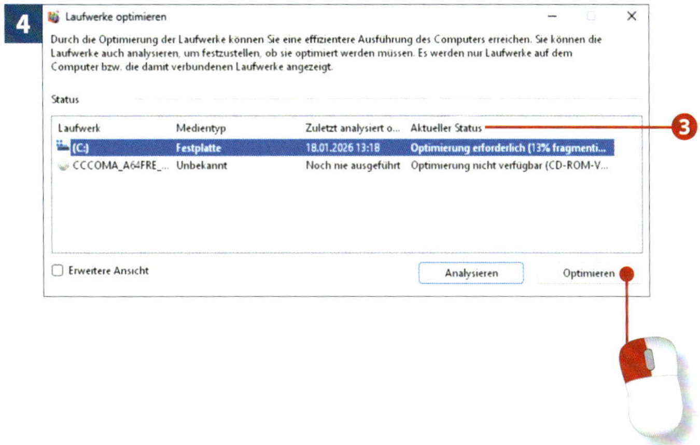


### Schritt 5

Während der Defragmentierung können Sie sich auch Gedanken darüber machen, ob und wann eine automatische Defragmentierung stattfinden soll. Dazu klicken Sie auf **Einstellungen ändern**.

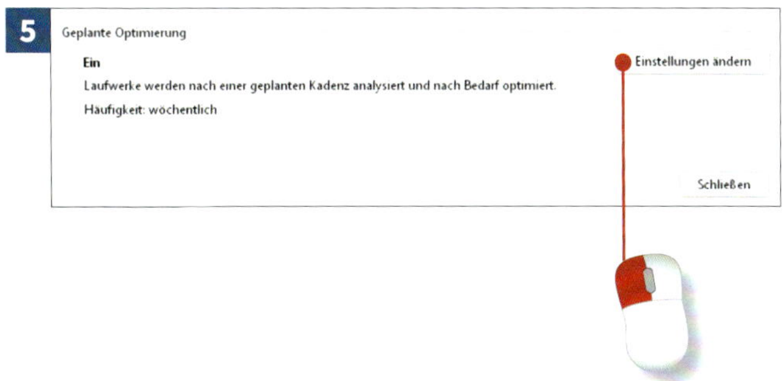


### Schritt 6

Sie sehen nun den Zeitplan, der zur automatischen Defragmentierung vorgesehen ist. Wichtig ist, hier einmal auf **Auswählen** zu klicken.

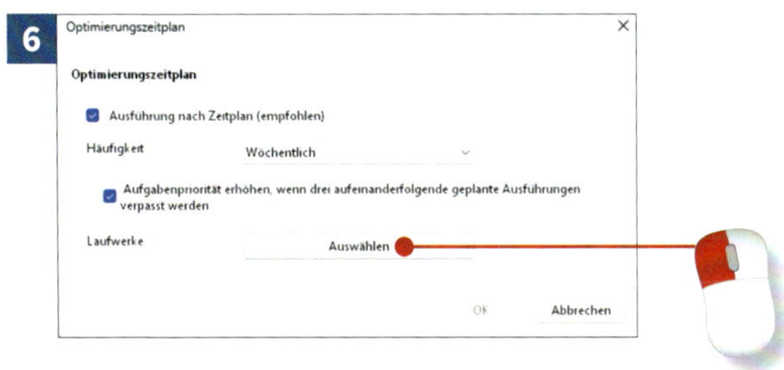


**Analyse?**

Es wird empfohlen, die Festplatte zu defragmentieren, wenn mindestens 10 % fragmentiert sind (siehe Schritt 4). Eine vorherige Analyse ist nicht zwingend erforderlich. Sie können auch direkt auf **Optimieren** klicken.

# Der Rechner wird langsamer – was tun? (Forts.)

7

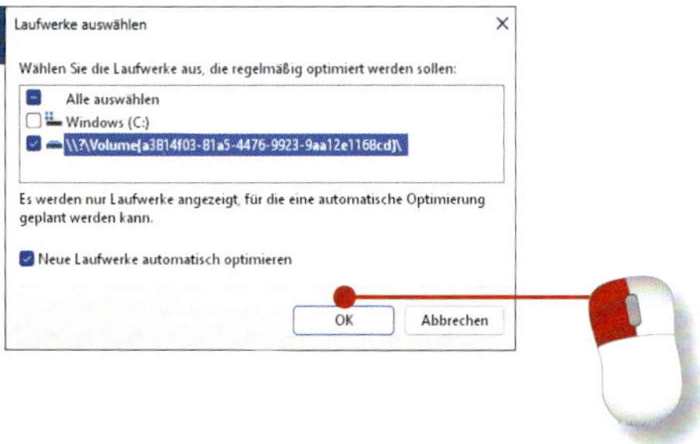


8

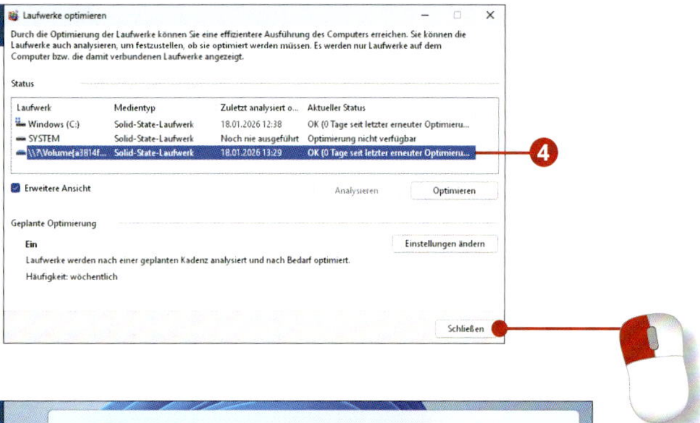


9

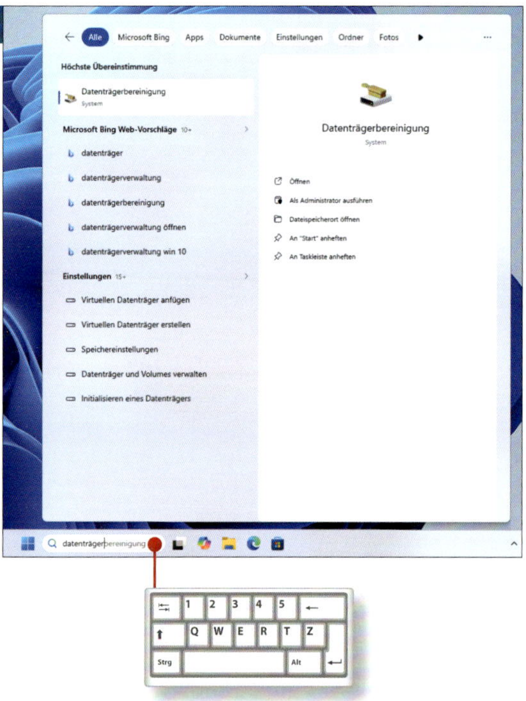


### Schritt 7

Dann nämlich haben Sie es selbst in der Hand, welche Festplatten automatisch defragmentiert werden und welche nicht. Bestätigen Sie mit **OK**.

### Schritt 8

Nach einer Weile wird der Vorgang abgeschlossen sein und der aktuelle Status steht auf **OK (0 Tage seit letzter erneuter Optimierung)** ❹. Nun können Sie beruhigt auf **Schließen** klicken.

### Schritt 9

Jetzt nehmen wir noch eine Datenträgerbereinigung vor. Dazu suchen Sie im Windows-Suchfeld nach »Datenträgerbereinigung« bzw. nach einem Teil des Wortes. Klicken Sie auf die gelistete App **Datenträgerbereinigung**.

**Datenträgerbereinigung**

Die Datenträgerbereinigung entfernt unnütze Systemdateien von Ihrem Computer. Dadurch kann zusätzlicher Speicherplatz gewonnen werden. Außerdem wird der Zugriff optimiert.

### Schritt 10

Entscheiden Sie mit den einzelnen Checkboxen, welche Daten bereinigt werden sollen. Ein besonderes Augenmerk richten Sie auf große Datenmengen.

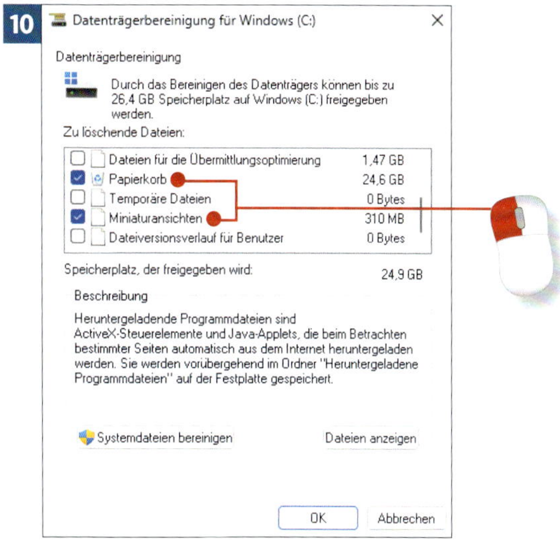


### Schritt 11

Systemdaten lassen sich separat bereinigen. Dazu klicken Sie auf die Schaltfläche **Systemdateien bereinigen**. Hierfür werden allerdings Administratorrechte benötigt, was am Schutzschild auf der Schaltfläche erkennbar ist.

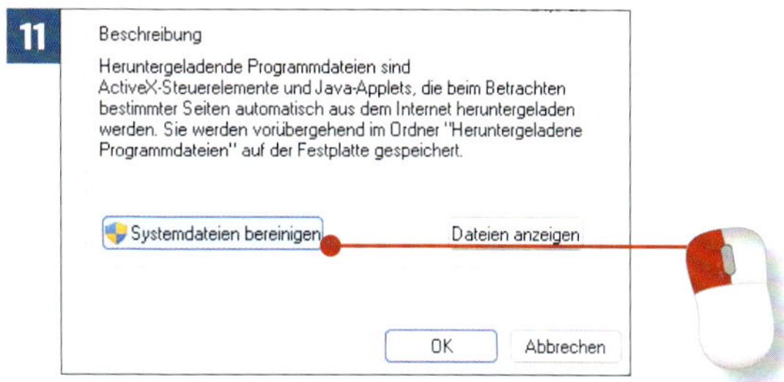


### Schritt 12

Bestätigen Sie das Bereinigen mit der Schaltfläche **OK**.

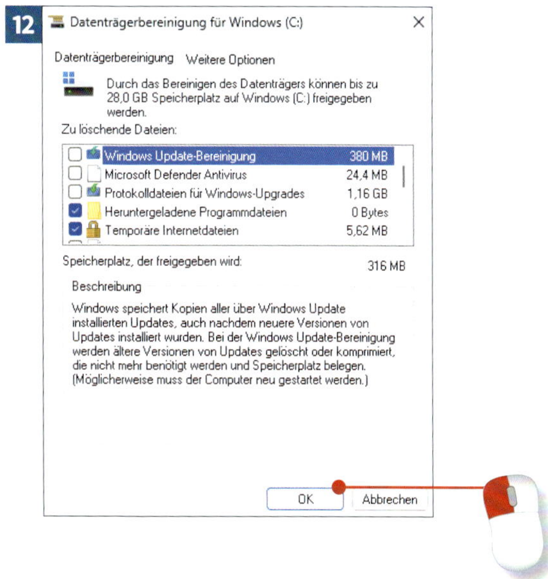


**PC nicht »zumüllen«**

Achten Sie auch selbst darauf, dass Sie auf Ihrem PC keinen Ballast aufbewahren. Nicht mehr benötigte Dateien sollten Sie zeitnah löschen.

# Die Speicheroptimierung nutzen

*Viele Dateien werden nicht mehr genutzt, verbleiben aber dennoch auf dem PC. Damit sie nicht unnötig Speicherplatz beanspruchen, sollten Sie Windows aufräumen lassen.*

1

## Schritt 1

Öffnen Sie zunächst die **Einstellungen**. Ob Sie das mithilfe des Zahnrades im Startmenü oder mittels ⊞ + I tun, entscheiden Sie.

2

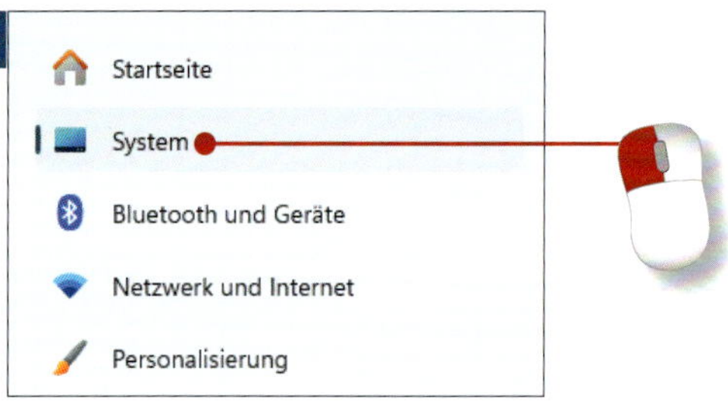


## Schritt 2

Wählen Sie in den Einstellungen links die Kategorie **System**.

3

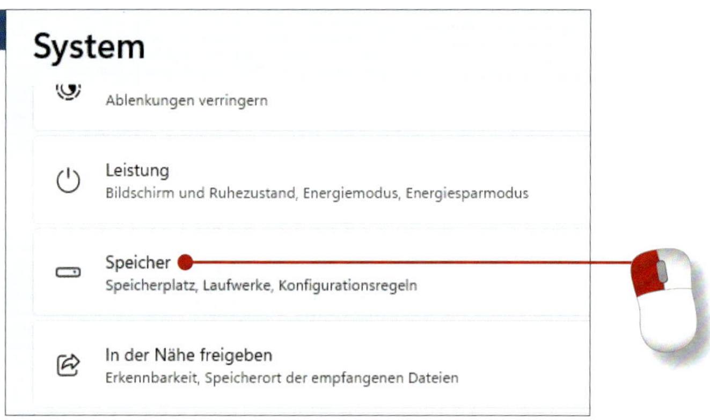


## Schritt 3

Führen Sie einen Mausklick auf der Zeile **Speicher** aus, um die Speicherverwaltung zu öffnen.

**Speicherort zuweisen**

Nach Aktivierung des Systembereichs **Speicher** sollten Sie einmal ganz nach unten scrollen. Unter **Erweiterte Speichereinstellungen** finden Sie auch **Speicherort für neue Inhalte**. Hier können Sie individuelle Speicherorte für Apps, Dokumente, Musik usw. bestimmen.

## Schritt 4

Kontrollieren Sie zunächst, ob der Schalter **Speicheroptimierung** aktiviert ist. Sollte er auf **Aus** stehen, stellen Sie ihn auf **Ein**.

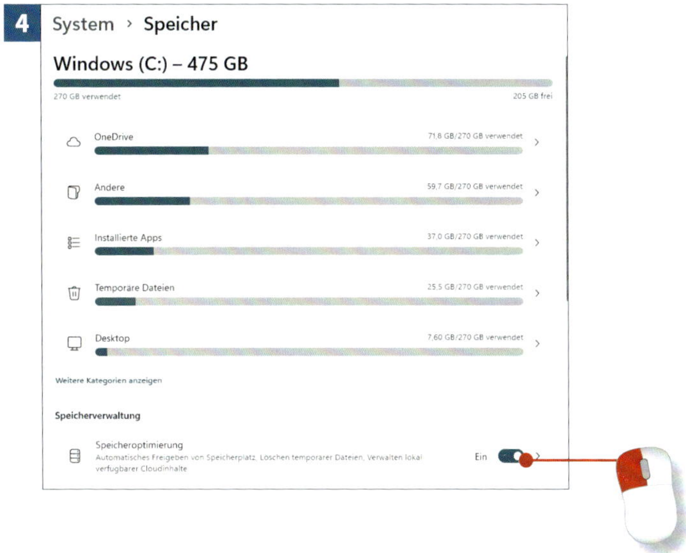


## Schritt 5

Klicken Sie die Zeile Speicheroptimierung anschließend an.

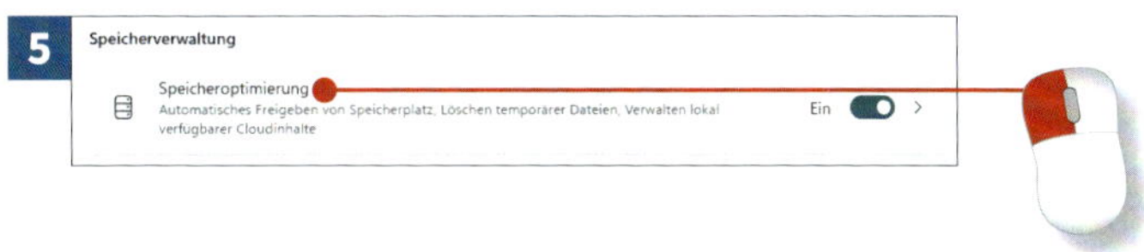


## Schritt 6

Ich empfehle Ihnen, die oberste Checkbox (**Bereinigung temporärer Dateien**) zu aktivieren. Im Segment **Konfigurieren von Bereinigungszeiten** belassen Sie idealerweise alle Einträge, die mit **(Standard)** betitelt sind ❶.

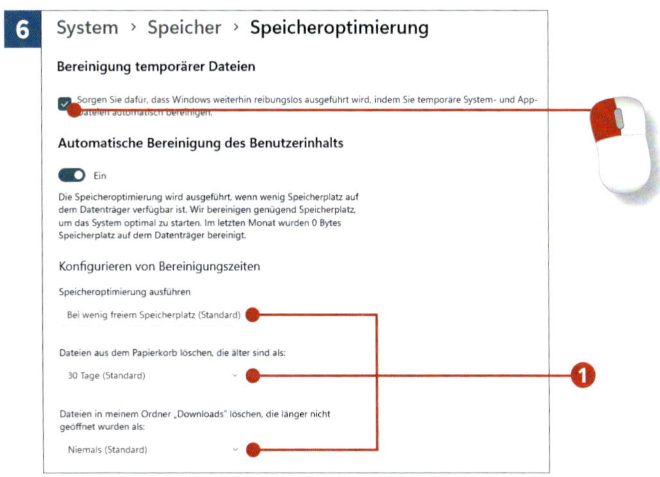


### Speicheroptimierung sofort durchführen

Wenn Sie im Anschluss an Schritt 6 eine sofortige Speicheroptimierung wünschen, scrollen Sie ganz nach unten und klicken auf die Schaltfläche **Speicheroptimierung jetzt ausführen**.

# Den Task-Manager kennenlernen

*Wollen Sie wissen, welche Programme auf Ihrem Computer ihren Dienst verrichten? Sie werden erstaunt sein, wie viel im Stillen gearbeitet wird.*

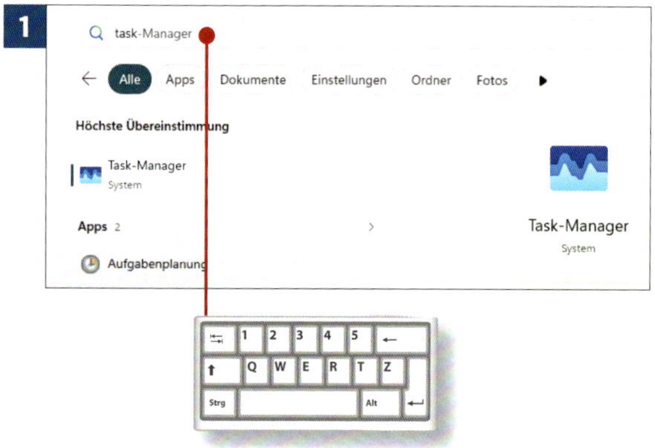


## Schritt 1

Starten Sie den Task-Manager, indem Sie [Windows-Taste] drücken, anschließend »task« eingeben und den Eintrag **Task-Manager** wählen. Noch schneller geht es mit dem Tastaturbefehl `Strg` + `⇧` + `Esc`.

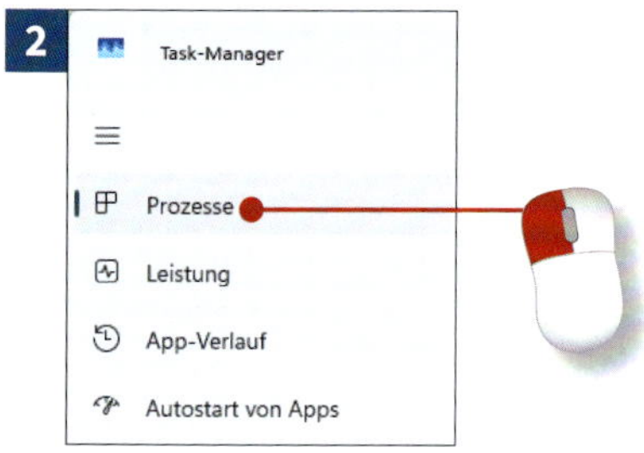


## Schritt 2

Im Task-Manager sollte die Kategorie **Prozesse** bereits aktiviert sein. Falls dies nicht der Fall sein sollte, klicken Sie auf die Kategorie.

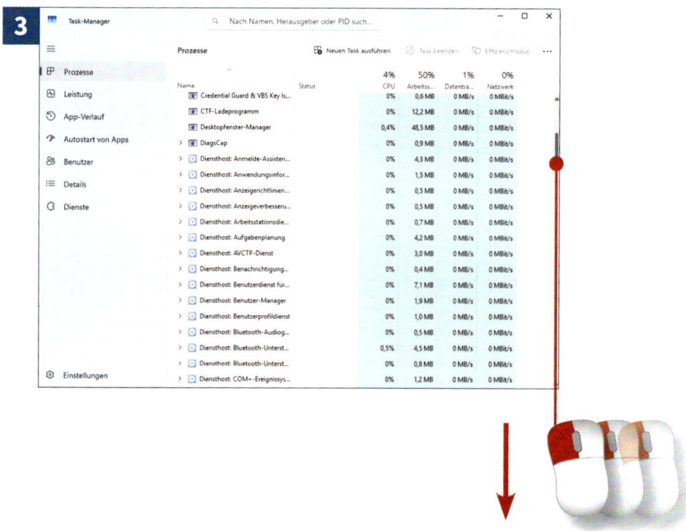


## Schritt 3

Jetzt haben Sie einen Blick auf alle Anwendungen und Prozesse, die aktiv sind. Scrollen Sie einmal etwas hinunter. Unglaublich, was im Verborgenen alles passiert, oder?

### CPU-Auslastung und Arbeitsspeicher

In der ersten Spalte (**CPU**) sehen Sie, zu wie viel Prozent die jeweilige Aktion die Prozessoren belastet, während die zweite Spalte anzeigt, wie viel Arbeitsspeicher für die Aktion benötigt wird.

### Schritt 4

In der Kategorie **Leistung** wird die Auslastung der verschiedenen Bereiche Ihres PCs grafisch dargestellt. Links wählen Sie, welche Grafik auf der rechten Seite dynamisch angezeigt werden soll (hier CPU ❶).

4

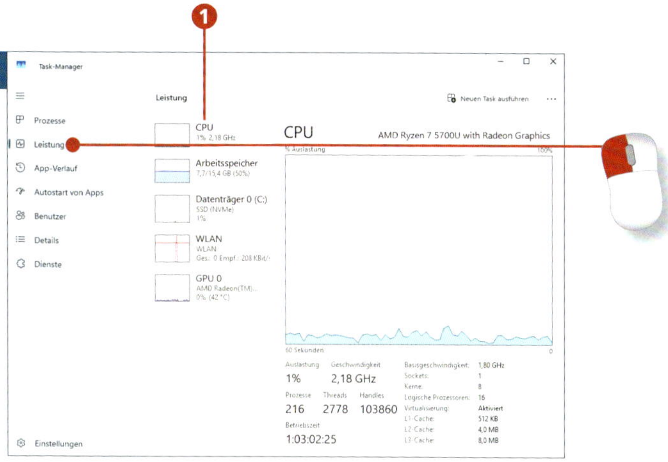


### Schritt 5

Wechseln Sie zur Kategorie **Autostart von Apps**. Dort ist ersichtlich, welche Programme beim Systemstart automatisch aktiviert werden. Wenn Sie eine aktivierte App anklicken (hier **OneDrive**) und **Deaktivieren** ❷ wählen, wird sie künftig nicht mehr automatisch gestartet.

5

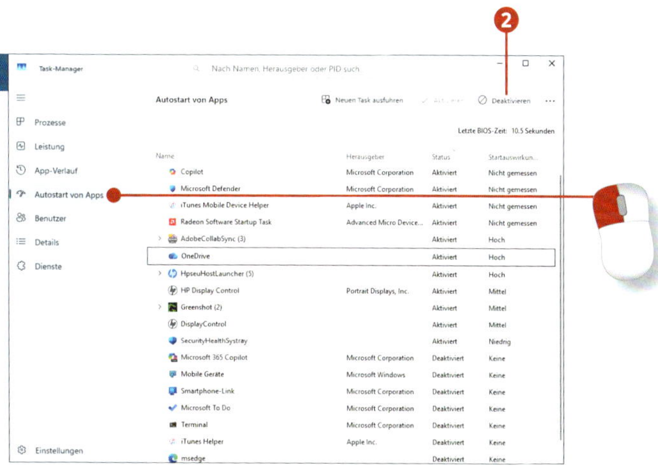


### Schritt 6

Umgekehrt lässt sich eine nicht aktivierte App nach deren Markierung mit einem Klick auf **Aktivieren** künftig wieder direkt starten.

6

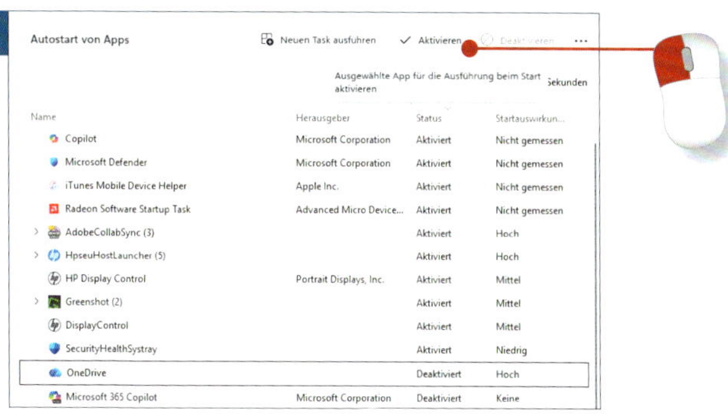


**!**

**Status**

Die Spalte **Status** in der Kategorie **Prozesse** gibt Aufschluss darüber, ob ein Feature ausgeführt wird oder nicht. Nach einem Rechtsklick auf eine bestimmte Zeile können Sie weitere Aktionen in die Wege leiten. Bitte löschen Sie aber auf keinen Fall irgendwelche Programme, wenn Sie nicht wissen, worum es sich handelt!

# Abgestürzte Apps schließen

*Wenn eine App einmal abstürzt, lässt sie sich oft nicht mehr bedienen und infolgedessen auch nicht mehr schließen. Sollte die Anwendung im wahrsten Sinne des Wortes eingefroren sein, benötigen Sie eine entsprechende Strategie.*

1

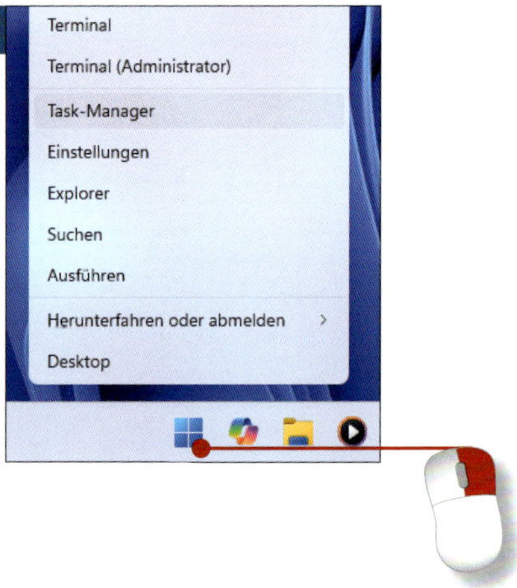


## Schritt 1

Zunächst einmal müssen Sie den Task-Manager öffnen. Klicken Sie dieses Mal mit rechts auf das **Windows**-Symbol in der Taskleiste und wählen im Sie im Kontextmenü den Eintrag **Task-Manager**. Sie sehen, viele Wege führen ans Ziel.

2

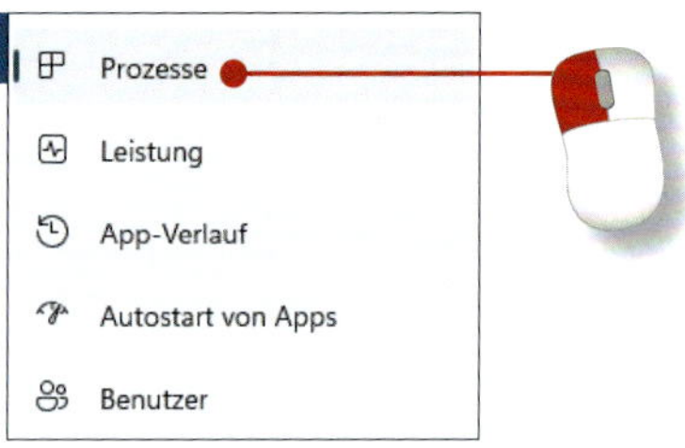


## Schritt 2

Wählen Sie, falls nicht angezeigt, die Kategorie **Prozesse**.

3

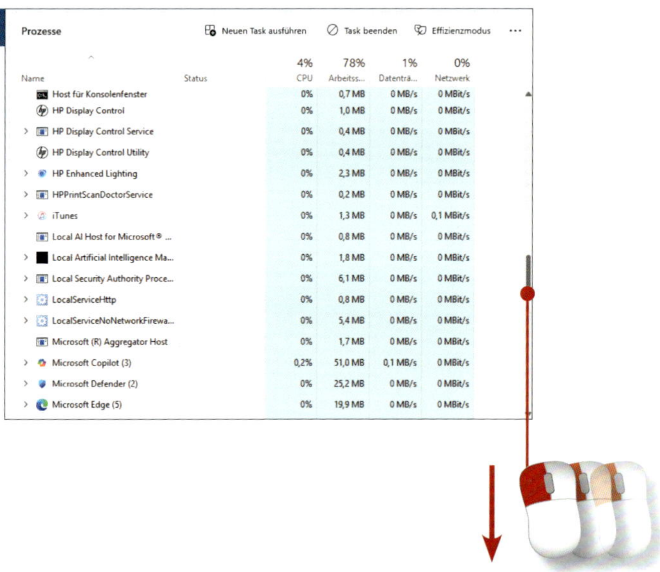


## Schritt 3

Suchen Sie nach dem Prozess, den Sie beenden möchten. Unter Umständen müssen Sie dazu scrollen. Hier wird als Beispiel **iTunes** gewählt.

### Suchfeld verwenden

Auch der Task-Manager verfügt über ein eingebautes Suchfeld, über das Sie Anwendungen und Prozesse noch schneller aufspüren.

## Schritt 4

Anschließend führen Sie einen Rechtsklick auf dem Eintrag der Anwendung aus, die Sie beenden möchten.

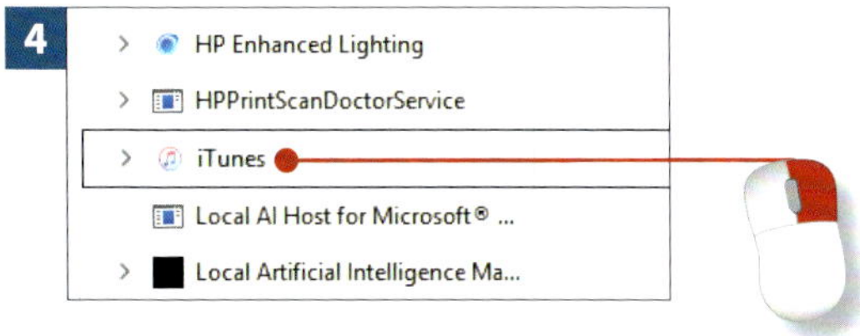


## Schritt 5

Entscheiden Sie sich im Kontextmenü für den Befehl **Task beenden**.

## Schritt 6

Passt alles? Dann können Sie den Task-Manager wieder schließen.

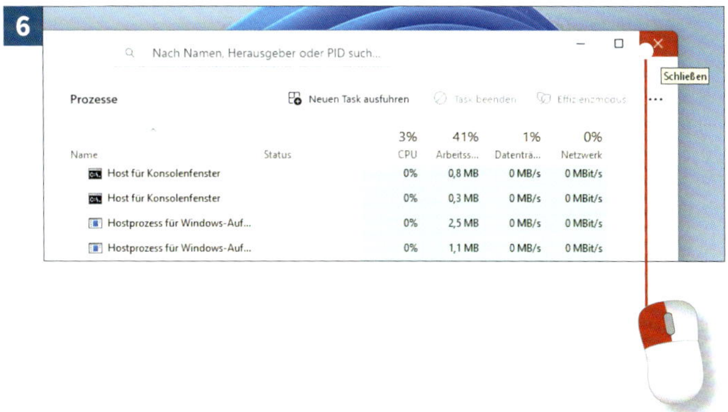


### Weiteren Dialog bearbeiten

Mitunter wird an dieser Stelle (Schritt 6) ein weiterer Dialog angeboten, in dem darauf hingewiesen wird, dass die App auch auf **Task beenden** nicht reagiert. Klicken Sie in diesem Fall auf **Sofort beenden**.

# Glossar

**Adobe Reader**

siehe *PDF*

**App**

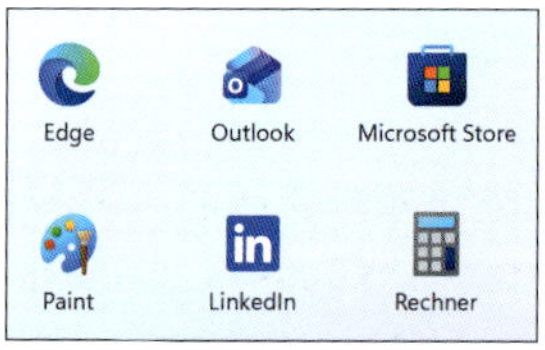


Eine App (kurz für *Application*) ist eine Anwendung bzw. ein Computerprogramm. So sind z. B. *Outlook*, *Rechner* etc. jeweils eigenständige und separat ausführbare Apps.

**Auflösung**

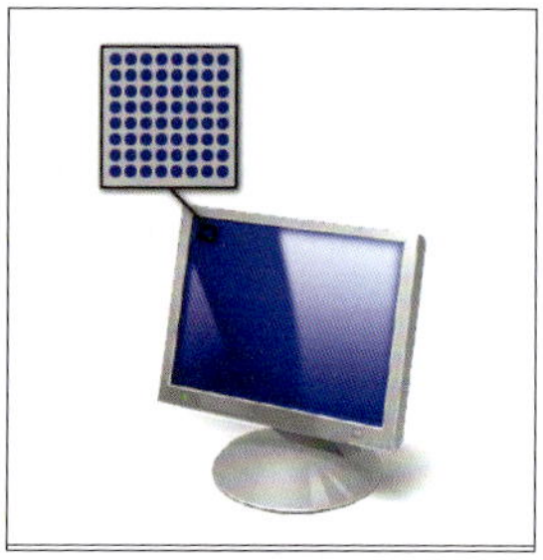

Die Auflösung beschreibt die Anzahl der einzelnen Bildpunkte auf einer Fläche (z. B. auf einem Monitor oder Foto). Je höher die Werte, desto höher die Auflösung. Allerdings sagt die Anzahl der Bildpunkte nichts über die Größe der Fläche aus, da die Bildpunkte unterschiedlich groß sein können.

**Backup**

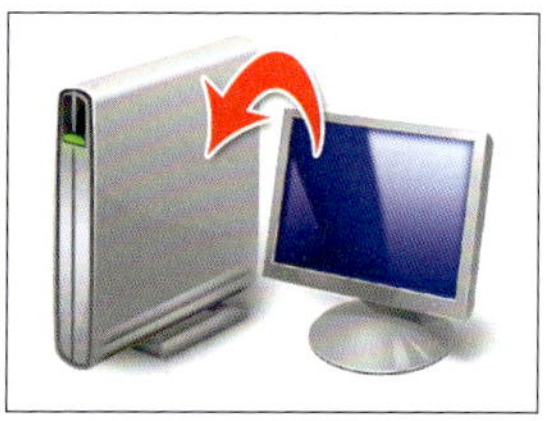

Sicherungskopie von Dateien oder Systemen zur eventuellen späteren Wiederherstellung

**Befehl**

Anweisung an den Computer. Zumeist lösen Sie einen Befehl aus, indem Sie eine Schaltfläche anklicken oder die Eingabetaste auf Ihrer Tastatur drücken.

**Benachrichtigungs-assistent**

Der Benachrichtigungsassistent ist ein Dialog, der mehr oder weniger wichtige Infos anzeigt (z. B. Empfang von E-Mails, Infos über Updates, aber auch potenzielle Probleme). Alle Meldungen können Sie direkt vom Benachrichtigungsassistenten aus behandeln.

# Glossar

**Betriebssystem**

Ein Betriebssystem ist eine Software, die den Computer steuert. Neben Windows gibt es unter anderem noch macOS und Linux.

**Bluetooth**

Drahtlose Schnittstelle zwischen zwei oder mehreren Geräten zum Datenaustausch. Die angeschlossenen Geräte müssen Bluetooth-fähig sein.

**Button**

siehe *Schaltfläche*

**Checkbox**

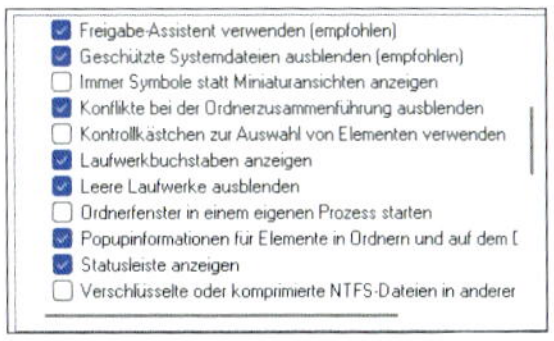


Das klassische Ankreuzkästchen. Im Gegensatz zum *Radiobutton* dürfen hier auch mehrere oder alle sowie einzelne oder keine Optionen angewählt sein. Die Checkbox wird jeweils per Mausklick aktiviert und deaktiviert.

**Copilot**

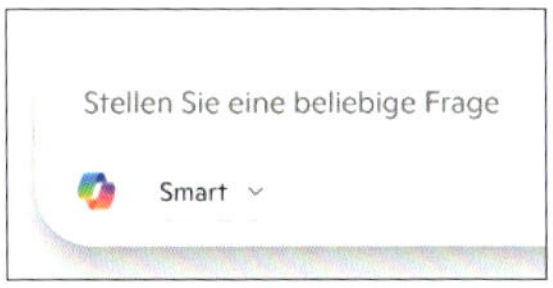


Copilot ist eine Anwendung, die künstliche Intelligenz (KI) verwendet, um Ihnen Fragen zu beantworten und Aufgaben für Sie zu lösen. Copilot steht unter Windows 11 als eigene App zur Verfügung, kann aber auch in verschiedenen Programmen genutzt werden, z. B. in Microsoft Edge oder Microsoft Word.

**Datei-Explorer**

Der Datei-Explorer bzw. Windows-Explorer oder Explorer ist der Standarddateimanager unter Windows. Von hier aus sind sämtliche Ordner und Verzeichnisse erreichbar. Außerdem stehen Suchoptionen zur Verfügung. Auf Englisch bedeutet *to explore* »erforschen«.

**Datenträger**

Grundsätzlich jedes Gerät und jedes Medium, das imstande ist, Daten aufzunehmen, nennt man Datenträger, z. B. Festplatte, USB-Stick, CD, DVD. Während man Daten auf eine Festplatte »schreibt«, werden Daten auf eine CD oder DVD »gebrannt«.

# Glossar

Desktop

Der Desktop ist der Hauptarbeitsbereich von Windows 11. Sie erreichen ihn stets mit [Windows] + [D].

Dialog

Auch Dialogfeld. Jedes Fenster, in dem Benutzer und Betriebssystem oder auch Programme miteinander in Verbindung treten und Informationen austauschen, hier z. B. Einstelloptionen für die Mauseigenschaften, ist ein Dialog.

Download

Dateiübertragung, in der Regel vom Internet auf den eigenen PC, mit dem Ziel, die Daten dort zu speichern. Klassische Downloaddateien sind Anwendungen, Bilder, Musik etc.

Drag and Drop

Bedeutet »ziehen und fallen lassen«. Damit werden Objekte verschoben. Klicken Sie auf das Objekt, halten Sie die Maustaste gedrückt und ziehen Sie es an seinen neuen Platz. An der gewünschten Stelle lassen Sie die Maustaste wieder los.

Eingabetaste

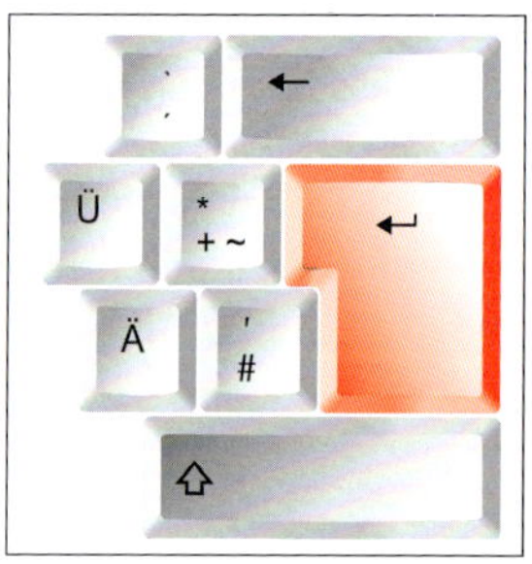


Auch **Enter**-Taste oder **Return**-Taste genannt – die Zeilenschaltungstaste der Tastatur. Mit ihr werden auch Eingaben (z. B. Texte) an das Betriebssystem oder die Anwendung übergeben.

# Glossar

Explorer

siehe *Datei-Explorer*

---

Gerätefreigabe

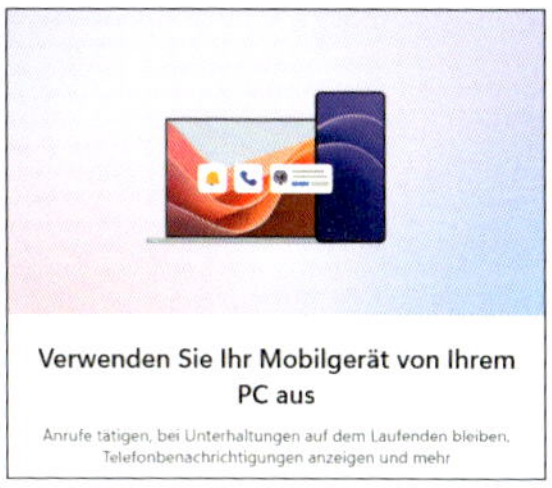


plattformübergreifendes System, das es ermöglicht, Dateien und Apps auf unterschiedlichen Endgeräten gemeinsam zu benutzen

---

Hyperlink

siehe *Link*

---

Icon

Bezeichnet ein grafisches Symbol. Es dient häufig dem Öffnen einer Datei, eines Verzeichnisses oder dem Start einer App.

---

IP-Adresse

192.168.1.1

IP steht für *Internet Protocol* und ist ein Protokoll (Verfahren), das Computer im Internet eindeutig identifiziert. Die IP-Adresse ist vergleichbar mit der Nummer eines Personalausweises. Der zugehörige Rechner lässt sich durch diese Nummer jederzeit eindeutig identifizieren.

# Glossar

**Kontextmenü**

Eine Sammlung von Befehlen, die unterschiedliche weitere Befehle bereithält. Das Kontextmenü lässt sich mit einem Rechtsklick öffnen.

**LAN**

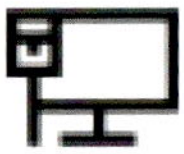

LAN (*Local Area Network*) ist eine kabelgebundene Verbindung zwischen zwei oder mehreren Endgeräten. Beim Internetzugang spricht man von einer LAN-Verbindung, wenn Computer und Router über LAN-Kabel miteinander verbunden sind.

**Link**

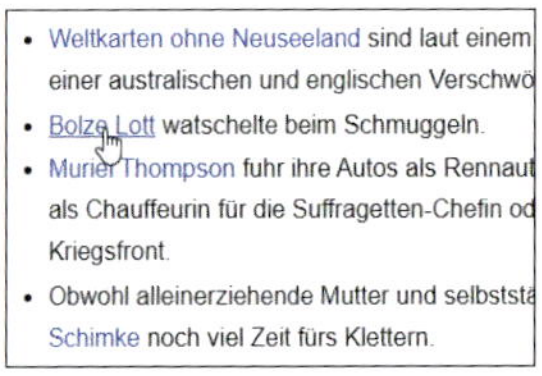


Ein Link oder *Hyperlink* ist eine Schaltfläche – meist in Textform –, die Sie mit einer Internetseite verbindet, sobald Sie daraufklicken. Links sind im Internet selbst, aber auch in Programmen, Betriebssystemen, E-Mails etc. zu finden.

**Menü**

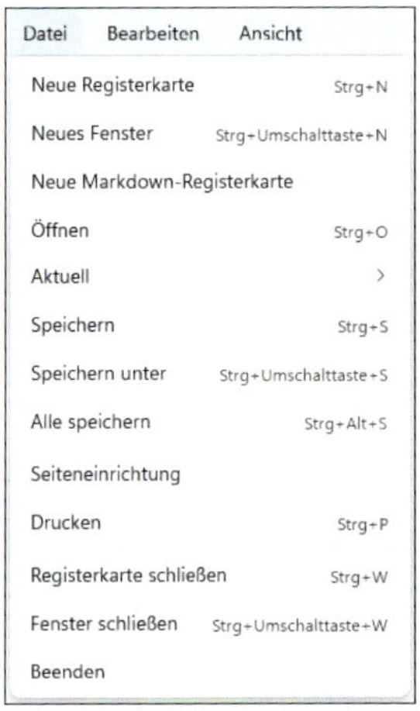


Menüs sind Zusammenfassungen mehrerer möglicher Befehle. Klicken Sie auf den Menüeintrag (hier **Datei**), öffnet sich eine Liste mit weiteren Befehlen, die Sie nun per Mausklick auslösen können.

# Glossar

| | | |
|---|---|---|
| Office | | Produkt von Microsoft – es handelt sich dabei um eine Zusammenstellung renommierter Büroanwendungen. Microsoft Office umfasst z. B. die Textverarbeitung Word, die Tabellenkalkulation Excel und die Präsentationssoftware PowerPoint. |
| Papierkorb |   | Im Prinzip sorgt der Papierkorb dafür, dass Dateien nicht auf direktem Weg und unbeabsichtigt gelöscht werden können. Gelöschte Dateien landen nämlich automatisch in einem Ordner, der Papierkorb heißt. Es sei denn, die Dateien sind zu groß dafür; dann erhalten Sie eine entsprechende Meldung beim Löschen. Wollen Sie Dateien endgültig loswerden, müssen Sie sie im Papierkorb noch einmal löschen, d. h. den Papierkorb leeren. |
| PDF |   | Seitenbeschreibungsformat, das aufgrund seiner Genauigkeit besonders gut zum Austausch bzw. zur Weitergabe geeignet ist. Zum Anzeigen von PDF-Dokumenten können Sie z. B. den kostenlosen Adobe Reader (*get.adobe.com/de/reader/*) verwenden. |
| Pop-up-Menü | | siehe *Pulldown-Menü* |
| Programm | | siehe *App* |
| Pulldown-Menü |   | Auch Dropdown-Menü genannt. Dabei handelt es sich um ein ausklappendes Menü, das weitere Schaltflächen in sich trägt. Oft verdeutlicht ein vorangestellter Punkt, welche Option gerade angewählt ist. |
| QuickInfo | 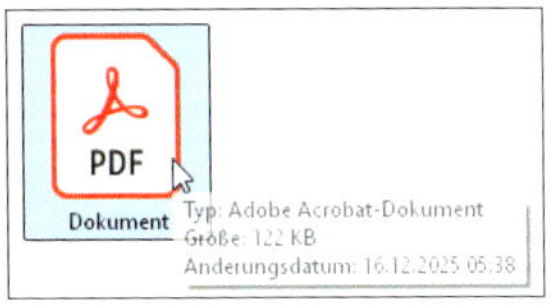  | Ein kleiner Hinweis, der sich automatisch öffnet, wenn Sie die Maus einen Moment auf einem Objekt verweilen lassen. Die QuickInfo gibt Informationen zu der dahintersteckenden Funktion. |

# Glossar

**Radiobutton**

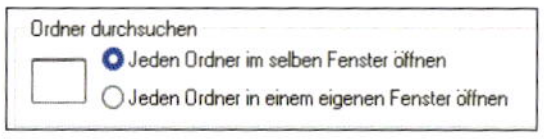


Radiobuttons finden Sie bei Listen mit mehreren zusammenhängenden Optionen, von denen immer nur eine angewählt sein kann. Wenn eine Option eingeschaltet wird, deaktivieren sich alle anderen automatisch. Der Begriff stammt aus den Anfangstagen des Radios, als an den Geräten ebenfalls immer nur ein Knopf gedrückt sein konnte.

**Registerkarte**

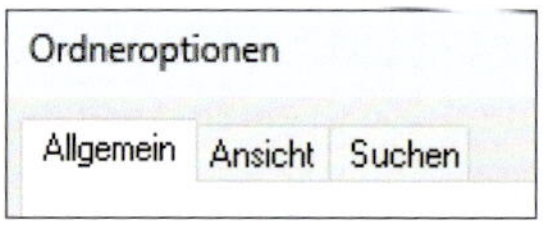


Zusammenstellungen von individuellen Befehlstafeln. Die dazugehörigen Register oder Tabs stehen meist am oberen Rand eines Fensters oder einer App und können durch einen Mausklick nach vorn gestellt werden.

**Schaltfläche**

Button, der beim Anklicken ein Ereignis auslöst. Vorselektierte Schaltflächen sind farbig hinterlegt und können auch durch Drücken von [↵] ausgelöst werden.

**Schnellstartleiste**

siehe *Taskleiste*

**Scrollen**

Verschieben des Inhaltsbereichs mithilfe eines Balkens, der immer dann auftaucht, wenn zu wenig Platz vorhanden ist, um den gesamten Inhalt darzustellen. Der Balken wird durch Ziehen mit gedrückter linker Maustaste bewegt.

**Software**

siehe *App*

**Startmenü**

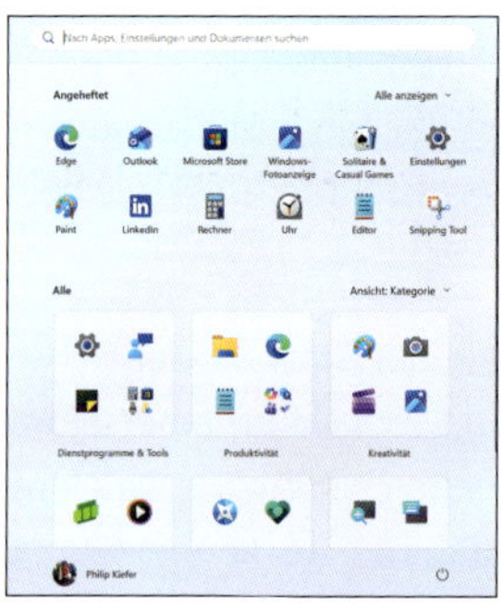

Sammlung wichtiger Apps, die durch Symbole repräsentiert werden. Das Startmenü lässt sich durch Klick auf die **Windows**-Schaltfläche in der unteren Mitte des Desktops oder durch Drücken der [⊞]-Taste öffnen.

# Glossar

| | | |
|---|---|---|
| Steuerelement | 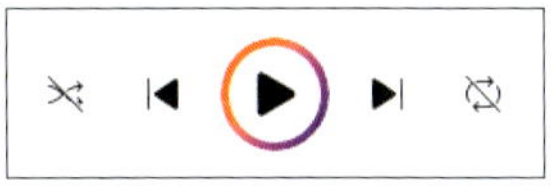 | Alle Elemente, die von Anwendern und Anwenderinnen bedient werden können. Das sind z. B. Schaltflächen, aber auch Schieberegler, Checkboxen und Menüs. |
| Taskleiste |  | Auch *Schnellstartleiste* oder Startleiste genannt. Eine Anordnung von Symbolen, die standardmäßig am unteren Bildrand des Desktops zu finden ist. Die Schaltflächen werden per Mausklick bedient. Zeigen Sie, ohne zu klicken, mit der Maus auf ein Objekt, um eine vergrößerte Info zu erhalten. |
| Windows-Explorer |  | siehe *Datei-Explorer* |
| Wireless | 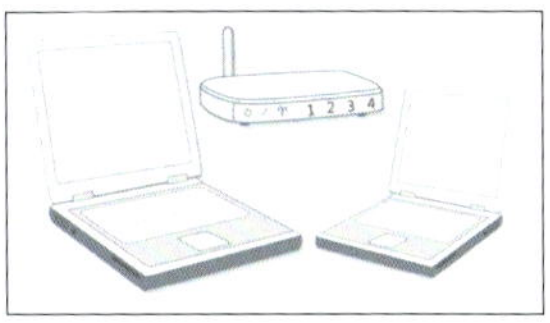 | Drahtlosverbindung zwischen zwei oder mehr Geräten für den Datenaustausch. Die Übertragung erfolgt über eine Funkverbindung. |
| WLAN |  | WLAN (*Wireless Local Area Network*) bezeichnet eine drahtlose Netzwerkverbindung zwischen mindestens zwei Endgeräten. Die Datenübertragung erfolgt via Funk. Beim Internetzugang spricht man auch dann von *WLAN* bzw. *Wireless LAN*, wenn die drahtlose Verbindung lediglich zwischen Router und PC besteht, der Datenaustausch zwischen Router und Hausanschluss jedoch via Kabel erfolgt. |

# Stichwortverzeichnis

## A



## B



## C



## D

# Stichwortverzeichnis

# Stichwortverzeichnis

# Stichwortverzeichnis

# Stichwortverzeichnis

# Stichwortverzeichnis